KB142306

朝鮮後期 政治史 研究 Ⅰ

仁祖代 政治論의 分化와 變通論

The Political History during late Chosŏn I

Theoretical Schisms and *Pyŏnt´ongnon* during the Reign of King Injo

Kim, Yong Hŭm

연세국학총서 86

朝鮮後期 政治史 研究 I

仁祖代 政治論의 分化와 變通論

金 容 欽

혜안

책을 내면서

　이 책은 朝鮮後期 政治史를 進步와 保守의 대립이라는 '發展'의 관점에서 파악하기 위해 그 출발점에 해당되는 仁祖代의 주요 정치적 사건들을 서로 다른 思想과 政策의 대립이라는 시각에서 분석하고 그 대립의 논리를 추출하여 朱子學 政治論의 分化라는 측면에서 정리해 보고자 한 필자의 학위논문 「朝鮮後期 仁祖代 政治論의 分化와 變通論」을 수정·보완하여 간행한 것이다.

　조선후기 정치사는 우리 민족이 장구한 기간 한반도를 무대로 활동하면서 형성된 독특한 政治思想과 制度 및 관행을 전제로 삼고 전개되었다. 여기에는 오랜 기간 國家를 운영해온 역사적 경험이 농축되어 있었으며, 나름대로의 경로를 통하여 近代化를 모색해 가고 있었다. 그런데 19세기 말 帝國主義의 침략을 받고 20세기에는 植民地, 戰爭, 分斷이라는 험난한 역정을 거치면서 전근대의 역사적 전통과 단절된 채로 왜곡된 近代化 과정을 밟아 왔다. 그리하여 21세기에 들어선 지금도 지구상에서 유일한 분단국가로 남아 있으며, 아직도 냉전체제를 벗어나지 못하고 있다. 우리 민족의 역량을 결집시켜 이러한 왜곡된 현실을 극복하기 위해서는 제국주의 침략에 의해 단절된 역사적 전통을 되살려서 오늘날의 각종 제도와 의식을 점검하는 일이 절실하게 요구된다고 생각된다.

조선후기 내지 조선시기 정치사에 대해서는 先學들에 의해 다양한
방면에서 연구가 이루어져 많은 성과가 쌓여가고 있지만 아직 이와 같
은 현실적인 문제에 대한 해답을 내놓을 정도에는 이르지 못한 것도
사실이다. 오늘날 정치와 정치인에 대한 왜곡된 인식으로 인해 정치적
무관심과 허무주의가 횡행하는 것도 이러한 사실과 무관한 것은 아니
었다. 政治, 政治人, 나아가서 政治史에 대한 올바른 인식을 정립하기
위해서는 科學的인 연구방법이 긴요하게 요구되고 있다. 政治制度의
연원과 실상을 밝히고 政治勢力의 부침을 분석하는 것만으로는 그러
한 요구를 충족시키기 어렵다. 우선 정치적 대립과 갈등을 思想과 政
策의 차이에서 연원한 것으로 파악하고, 保守와 進步의 대립으로 그
성격을 규명할 필요가 있다. 또한 政治史를 社會經濟史, 思想史 등 인
접분야의 연구 성과를 원용하여 이를 종합한 명실상부한 全體史로 재
구성해 낼 수 있어야 할 것이다. 그리고 그에 입각하여 政治的 사건을
因果關係 속에서 構造的이고 整合的으로 설명해 내야 한다.

돌이켜 보면 조선후기 정치사에 대한 문제의식을 이와 같이 정리하
기에 이르기까지 필자는 너무 먼 길을 돌아온 것 같다. 70년대 후반에
대학에 진학해서 제국주의 세력과 군사독재 정권에 의해 짓밟혔던 또
다른 역사의 흐름에 눈을 뜨고 학생운동에 가담하였다. 민주화의 도도
한 흐름 속에서 대학을 졸업하긴 하였지만 대학원 진학은 허용되지 않
아서 자의반 타의반 직장 생활에 묶여 10여 년을 방황하다가 겨우 학
문의 길로 돌아올 수 있었다.

우리 문제의 궁극적인 해결책은 우리 思想에서 찾을 수밖에 없다는
막연한 생각으로 대학원 진학을 결심한 필자를 받아주고 격려해주신
분은 金容燮 선생님이었다. 선생님의 지도 아래 석사과정에서는 朴世
堂에 주목하여 「朝鮮後期 老・少論 分黨의 思想基盤-朴世堂의 『思
辨錄』是非를 중심으로」(『學林』17, 연세대 史學硏究會, 1996)를 내놓

았지만 필자의 역량 부족으로 사상사도 아니고 정치사도 아닌 어중간한 논문이 되고 말았다. 儒敎·朱子學을 중심으로 한 동아시아의 방대한 知的 傳統 위에서 새로운 사상을 정립해 가고 있던 조선후기 官人·儒者들의 사상을 현대의 역사학 방법론에만 의존하여 분석해보겠다는 필자의 욕심은 말 그대로 욕심에 그치고 말았던 것이다.

이후 박사과정에 진학하여 사상사와 정치사 사이에서 방황하고 있던 필자에게 정치사 연구의 중요성을 일깨워 주신 분은 돌아가신 金駿錫 선생님이었다. 특정 인물의 전체적인 사유체계와 사상의 정합성을 밝히는 것을 사상사 연구의 본령으로 간주하고 여기에만 매달려 있던 필자에게 정치적인 입장과 정책을 통해서도 사상의 역사적 실체와 성격에 접근할 수 있다는 선생님의 지적은 참으로 뼈아픈 가르침이었다.

이후 정치사로 방향을 잡고 肅宗代 후반 노론과 소론 사이의 정치적 갈등을 다룬 두 편의 논문을 발표하였다. 그렇지만 숙종대 정치적 갈등은 모두 仁祖·孝宗·顯宗 연간의 정치적·사상적 대립을 전제로 삼고 전개되고 있었다. 특히 仁祖代의 정치사가 정리되지 않고는 숙종대는 물론 이후 英·正祖代의 蕩平論·蕩平策 및 實學思想의 역사적 성격을 제대로 드러낼 수 없다는 때늦은 자각에 도달하였다.

인조대 정치사를 학위논문 주제로 삼기로 한 것은 개인적으로 참 어려운 결정이었다. 이미 박사과정을 마치고도 4년이나 경과한 시점에서 내린 무모하기 짝이 없는 결단이었던 것이다. 그리고 인조대 정치적 사건을 통해서 사상과 정책의 대립을 드러낼 수 있다는 확신도 서 있지 않은 상태였다. 필자마저도 조선후기 정치사는 무의미한 권력투쟁의 연속이라는 선입관으로부터 완전히 자유롭지는 못하였던 것이다.

그런데 『朝鮮王朝實錄』을 비롯한 각종 연대기와 관련 개인 文集 등의 자료를 읽어가는 과정에서 그 정치적 사상적 논쟁의 풍부함과 심오함에 놀라지 않을 수 없었다. 특히 李貴의 문집인 『李忠定公章疏』를 통독하는 과정에서 그 사상적 깊이와 실천적 자세에 깊은 감명을 받았다. 인조대 역모사건을 둘러싼 정치적 논쟁, 인조의 생부 정원군을 원종으로 추존하는 과정에서 진행된 예론 논쟁, 대동법·호패법 등 사회경제 정책을 두고 진행된 논쟁, 특히 만주족 왕조인 후금(청)의 침략을 전후한 시기에 진행된 주화·척화 논쟁 등에서 變通論의 일관된 입장을 정리해 낼 수 있었던 것은 이귀의 문집에 크게 힘입은 것이었다.

인조반정 이후 병자호란기까지는 급변하는 국내외 정세로 인해 초래된 국가적 위기를 타개하기 위해 다양한 논의가 전개된 시기였다. 그렇지만 변통론에 입각한 진보·개혁 노선은 좌절되어 삼전도의 치욕을 당하였고, 이후에도 조선 봉건국가는 청국의 정치·군사적 압력에 시달리지 않을 수 없었다. 이것은 조선시기 초유의 역사적 경험이었고, 이후의 조선후기 역사에 결정적 영향을 미친 사건이었을 뿐만 아니라 한반도의 지정학적 위치로 보아 항상 현재적 의의가 있는 주제였지만 그 사실 관계에 대한 분석조차 연구자들의 주목을 받지 못하였다. 그로 인해 인조대 후반의 정치사에 대한 보수적 義理論者들의 왜곡된 인식이 오늘날까지 무비판적으로 수용되어 왔음도 알게 되었다.

조선후기의 진보·개혁 사상이었던 實學과 그것을 현실 정치에서 구현하기 위한 정치론이었던 蕩平論은 이처럼 뼈아픈 역사적 경험에 그 뿌리를 두고 있었던 것이다. 이 책의 내용은 결국 實學과 蕩平論이 등장하는 정치사적 배경을 규명한 셈이 되었는데, 양자의 意義를 폄하하려는 학계 일각의 흐름이 역사적 진실과는 동떨어진 것임을 분명하게 깨달을 수 있었다.

여러 가지 우여곡절을 거쳤지만 어쨌든 인조대 정치사로 3년만에 학위논문을 완성할 수 있었다. 그 과정에서 한 시대의 歷史像이 연구자 개인의 선입관과 편견에 의해 얼마나 크게 좌우되는지를 뼈저리게 느꼈으며, 자료를 통해서만 이를 극복할 수 있다는 평범한 진리를 직접 확인하는 계기가 되었다.

그렇지만 이제 이를 단행본으로 출판하기로 결정하고 나니 두려움이 앞선다. 과연 필자가 앞서 설정한 문제의식에 얼마나 철저하였는지, 혹 조선후기 역사상에 또 다른 편견만을 하나 더 보탠 것은 아닌지 등의 우려에서 완전히 벗어날 수 없기 때문이다. 그러나 출간을 통해서 관심 있는 많은 분들의 비판을 겸허하게 경청하고 수용하여 더 나은 연구를 위한 계기로 삼는 것이 옳다는 판단으로 없는 용기를 내기로 하였다.

그나마 이 정도의 내용이라도 담아낼 수 있기까지 많은 분들의 도움이 있었음을 밝히지 않을 수 없다. 필자를 학문의 길로 인도해 주신 恩師 김용섭 선생님의 엄격하면서도 자상한 지도는 항상 학문적 긴장을 유지하는 지표가 되었다. 최근까지도 역사학의 본령이 전근대와 근대의 연속성을 밝히는 것에 있음을 재삼 일깨워서 필자의 천박한 문제의식에 일침을 가하셨다. 부디 건강하시기를 기원한다. 돌아가신 김준석 선생님께는 늘 부담만 안겨드린 제자였다는 점이 죄스럽고 한스러울 뿐이다. 두 분 선생님의 은혜에 고개 숙여 감사드린다.

金度亨 선생님은 학위논문 지도를 맡아 세세한 부분까지 자상하게 신경을 써 주셨으며, 方基中 선생님은 논문의 체재와 목차를 정비하는 안목을 주셨고, 崔潤晤 선생님은 늘 용기를 북돋아 주셨다. 특히 외부에서 심사위원으로 참여하신 고려대학교 趙珖 선생님과 가톨릭대학교 朴光用 선생님의 격려와 배려는 잊을 수 없다. 여러 선생님들께 진심으로 감사드린다.

연세대학교 국학연구원의 白承哲 선생님은 필자 신상의 일을 늘 기꺼이 상담해 주시고, 이 책이 국학연구원의 지원을 받아 출판될 수 있도록 주선해 주셨다. 연세대학교 원주캠퍼스에 근무하는 李仁在 선생은 필자가 나태해질 만하면 나타나서 자극을 주었고, 吳永敎 선생은 학술진흥재단의 과제를 진행하면서 공동연구원이었던 필자에게 분에 넘치는 호의를 베풀어 주었으며, 王賢鍾 선생은 규장각에서 『李忠定 公章疏』를 비롯한 적지 않은 자료를 복사해서 손수 갖다 주었다. 이 자리를 빌어 감사의 뜻을 전한다. 그리고 필자와 함께 조선후기 사상사 연구 모임을 통해서 10년이 넘게 동고동락한 金貞信, 丁斗榮, 元在麟, 具萬玉, 鄭豪薰 선생이 변함없이 베풀어준 호의에 늘 감사한다. 이들 동학들과의 격의 없는 토론과 뒤풀이가 없었다면 필자는 긴 학위과정을 견뎌내기 어려웠을 것이다. 연세대학교 국학연구원은 연구비를 지원하는 한편 이 책이 연세국학총서로 간행될 수 있도록 도와주었다. 혜안출판사의 오일주 선배님, 편집실의 여러 분들은 꼼꼼하고 근사하게 책을 만들어 주셨다. 모든 분들께 두루 감사드린다.

공부한다는 핑계를 대고 집안일에 소홀한 가장을 참고 지켜봐준 가족들, 칠순을 넘긴 노모와 아내 김은영, 그리고 두 아들 낙준, 낙청과도 이 책을 출간하는 기쁨을 함께 나누고 싶다.

민주화 운동에 헌신하다 앞서 가신 영령들에게 이 책을 바친다.

2006년 11월
김 용 흠

차 례

제1장 序論

17세기는 한국사에서 봉건사회가 해체되기 시작하는 시기였다. 『經國大典』 체제로 표상되는 집권적 봉건국가였던 조선왕조는 16세기부터 점차 그 모순이 드러나기 시작하여 兩亂 이후 격화되면서 해체되기 시작하였다. 경제적으로는 『경국대전』 체제를 지탱하고 있던 收租權分給制가 폐기되고 私的 토지소유에 입각한 지주제가 본격적으로 발전하는 가운데 地主佃戶制의 모순이 심화되기 시작하였으며, 신분적으로는 양반의 사회적 특권이 강화되는 가운데 良賤制의 모순이 극대화되었다. 사상적으로는 주자학 정치사상이 國定教學으로 정착되고 심화 확대되는 가운데 점차 현실 적합성을 상실해 가기 시작하였고, 이를 반영하여 소위 '당쟁'으로 칭해지는 정치적 갈등은 격화되었다. 양란으로 인한 수난은 당시 지배층이 이러한 집권적 봉건국가의 모순에 제대로 대처하지 못한 필연적 결과였다.

17세기의 官人·儒者들은 양란을 전후한 시기의 국가적 위기에 처하여 전후 수습과 지배 체제의 재정비를 두고 자신들의 학문과 처지에 따라서 다양한 정치적 입장으로 분화되어 서로 대립하였다.[1] 크게 보

---

1) 17세기의 정치사를 정치사상의 분화와 갈등이라는 시각에서 조명할 것을 제창한 논고로서 金駿錫, 1997, 「탕평책 실시의 배경」, 『한국사』 32, 국사편찬위원회, 19~46쪽 ; 金駿錫, 1998①, 「兩亂期의 國家再造 문제」, 『韓國史研究』 101, 115~143쪽 ; 金駿錫, 1998②, 「18세기 蕩平論의 전개와 王權」, 朝鮮時

면 주자학에 바탕을 둔 것이냐, 아니면 주자학을 넘어선 汎儒敎 내지
는 老莊思想과 西學까지 포괄하는 새로운 사상을 모색할 것이냐를 두
고 서로 대립하였는가 하면, 주자학의 테두리 내에서도 당시의 절박한
현실과도 관련하여 주자학 名分論과 義理論을 고수할 것인가, 아니면
당시의 국가적 위기를 타개하기 위하여 주자학 명분론과 의리론을 굽
혀서라도 전반적인 제도개혁을 추구할 것인가를 놓고도 격렬한 정치
적 대립을 낳고 있었다. 이러한 정치적 대립은 政局運營論, 禮論, 사회
경제개혁론, 그리고 당시의 변화하고 있던 동북아시아 국제정세와도
관련하여 主和論과 斥和論의 대립 및 北伐論을 둘러싼 갈등 등으로
다양하게 표출되었다.[2]

이러한 다양한 논의들은 왜란에서 호란을 전후한 17세기 전반기의
소위 '兩亂期'를 경과하면서 당시의 국가적 위기를 '國家再造'의 차원
에서 타개책을 모색하면서 등장한 '國家再造論'의 범주를 통해서도 접

代史學會, 『東洋 三國의 王權과 官僚制』, 國學資料院 ; 金駿錫, 2003, 『朝鮮
後期 政治思想史 研究』, 지식산업사 등이 참고된다. 위의 논문들은 최근에
발간된 金駿錫, 2005②, 『韓國 中世 儒敎政治思想史論 Ⅱ』, 지식산업사에 모
두 모아서 재수록되었다.

2) 조선후기 정치사 연구경향에 대해서는 다음 연구사 정리가 참고된다. 金燉,
1986, 「朝鮮後期 黨爭史研究의 현황과 '국사' 敎科書의 敍述方式」, 『歷史敎
育』39 ; 近代史研究會編, 1987, 『韓國中世社會 解體期의 諸問題』, 한울 ; 李
成茂, 1992, 「朝鮮後期 黨爭研究의 方向」, 『朝鮮後期 黨爭의 綜合的 檢討』,
韓國精神文化研究院 ; 鄭萬祚, 1993, 「朝鮮時代의 士林政治－17세기의 政治
形態」, 『韓國史上의 政治形態』, 一潮閣 ; 朴光用, 1994, 「조선후기 정치사 연
구동향」, 『韓國史論』24, 國史編纂委員會 ; 鄭萬祚, 1994, 「17世紀 政治史의
理解方向」, 『韓國의 哲學』22 ; 鄭奭鍾, 1985, 「朝鮮後期 政治史研究의 課
題」, 『韓國近代社會經濟史研究』, 魯山劉元東博士華甲紀念論叢, 正音文化
社 ; 홍순민, 1995, 「정치세력과 정치운영」, 한국역사연구회 엮음, 『한국역사
입문②』, 풀빛 ; 朴光用, 1999, 「朝鮮時代 政治史 研究의 成果와 課題」, 『朝
鮮時代 研究史』, 韓國精神文化研究院.

근해 볼 수 있다. 그 경우에 17세기 후반 이후의 정치·사상적 지형은 크게 두 가지 흐름으로 정리된다. 즉 舊秩序·舊法制의 보수·개량에 의한 국가재조를 생각하는 논의와 이에 반대하고 새로운 인식태도와 방법론을 모색하여 구래 법제의 전면적 개폐·변혁에 의한 變法的 수준의 국가재조를 구상하는 논의가 그것이었다.[3] 전자가 양반제와 지주제의 유지 고수를 전제로 하면서 정통 주자학에 충실한 입장이라면 후자는 토지제도의 개혁을 포함한 지주제와 양반제의 폐지 내지 억제를 지향하는 脫朱子 내지 反朱子學의 입장이었다.

이와 같은 상호 대립적인 두 가지 계통의 국가재조론은 學淵·門地·血緣과 관련된 정치적 사상적 처지에 따라서 형성되어 당색·정파와 결합된 격렬한 대립으로 표출되었다. 17세기 후반의 西人과 南人의 대립, 18세기의 老論과 少論·南人의 대립은 그러한 사상적 차이를 반영한 것이었다. 이러한 정치적 대립 과정에서 朱子 道統主義가 확립되어 정계와 사상계를 지배하였으며, 여기에 반발하는 일군의 관인·유자들에 의해 주자학 정치론에 반대하는 蕩平論이 제출되었다. 그리고 국가재조론의 두 노선 가운데 진보·개혁 노선은 實學으로 수렴되어 갔다.

결국 實學과 蕩平論은 17세기 관인·유자들이 당시의 현실 속에서

---

3) 金駿錫, 1998①, 앞의 논문, 116쪽, 140~141쪽 참조. 國家再造論의 개념과 논리 구조에 대해서는 다음의 여러 논고가 참고된다. 金容燮, 1985, 「朱子의 土地論과 朝鮮後期 儒者」, 『延世論叢』 21(1990, 『增補版 朝鮮後期農業史研究』 II, 一潮閣에 재수록) ; 金駿錫, 2003, 『朝鮮後期 政治思想史 硏究－國家再造論의 擡頭와 展開』, 지식산업사 ; 白承哲, 2000, 『朝鮮後期 商業史研究』, 혜안 ; 吳永敎, 2001, 『朝鮮後期 鄕村支配政策 硏究』, 혜안 ; 정호훈, 2004, 『朝鮮後期 政治思想 硏究－17세기 北人系 南人을 중심으로』, 혜안 ; 具萬玉, 2004, 『朝鮮後期 科學思想史 硏究 I』, 혜안 ; 원재린, 2004, 『조선후기 星湖學派의 학풍 연구』, 혜안.

주자학 정치사상과 고뇌에 찬 투쟁을 전개한 결과 형성된 것이었다. 18세기 英·正祖代의 탕평정치·탕평책의 좌절은 정치에서 진보·개혁 노선의 좌절이었으며, 자율적 근대화의 과정에서 정치의 긍정적 역할이 사실상 이미 정지되었음을 의미하는 것이었다. 19세기 勢道政治에 의해 조성된 반동적 정치상황은 그것을 말해준다. 이로 인해 피지배 농민층의 항쟁과 운동만이 근대화의 역사적 과제를 힘겹게 감당하지 않으면 안 되었다. 19세기 후반의 준비 없는 문호개방과 제국주의 침략의 위기에 몰리게 되는 정치적 원인은 여기에서 찾아지는 것이라 하겠다.

따라서 조선후기 정치사 연구의 과제는 무엇보다도 이러한 일련의 과정을 학문적·객관적으로 인식하고 체계적으로 정리하는 일이었다. 그렇지만 해방 이후의 이에 대한 연구는 그러한 요구를 충족시키지 못한 것도 사실이었다. 지금까지의 조선후기 정치사 연구는 그 접근방식을 통해서 크게 세 가지 경향으로 구분해 볼 수 있다.

먼저 가장 지배적인 연구경향은 '붕당정치론'이었다.[4] 붕당정치론은 조선시기 정치사 인식과 관련하여 제기된 대한제국기의 당쟁망국론과 일제 식민사관에 의해 확대 재생산된 당파성론에 대한 대안적 논리로서 제기되어, 조선후기 정치사에 대한 부정적 이미지를 탈피하여 긍정적 측면도 있음을 부각시켰다는 점에 그 의의가 있다. 또한 조선후기

---

4) 李泰鎭, 朴光用, 洪順敏, 吳洙彰 등의 연구가 여기에 해당된다. 붕당정치론에 대해서는 여러 가지 측면에서 그것이 지닌 문제점이 지적되었지만 아직 체계적인 반론이 이루어진 것은 아니었으며, 이미 개설서에도 실려 있을 정도로 거의 정설화되어 있는 상태이다. 朋黨政治論에 대한 비판적 검토는 앞서 주 2)의 연구사 정리 외에도 다음 논고가 더 있어 참고된다. 鄭奭鍾, 1985, 앞의 논문 ; 金龍德, 1986, 「'朋黨政治論' 批判」, 『정신문화연구』 29 ; 李銀順, 1986, 「朝鮮後期 黨爭史의 性格과 意義」, 『정신문화연구』 29 ; 鄭玉子, 1989, 「17世紀 思想界의 再編과 禮論」, 『韓國文化』 10, 서울대.

정치사를 붕당정치-탕평정치-세도정치로 유형화시켜 인식하는 시각을 제공하였다는 점에서 연구사적 의의도 적지 않다. 그러나 여기에는 아직도 의문점이 많이 남아 있다.

우선 性理學 자체 내에 '붕당간 상호공존'을 인정하는 논리가 내재되어 있는지는 의문이다. 주자의 朋黨論은 君子小人論에 입각한 君子-朋黨論이지 多朋黨의 공존을 말하는 것은 아니었다. 둘째, 붕당정치론은 결국 주자학 정치론을 긍정적으로 평가하는 것인데, 이는 17세기 정치에서 주자학 정치론이 빚어낸 무책임성과 비현실성, 당파적 정치행태 등의 각종 폐단과 이에 대한 當代人들의 첨예한 문제의식을 도외시하는 문제가 있다. 셋째, 붕당정치론에서는 붕당정치에서 숙종대의 환국 및 영·정조대의 탕평정치로의 移行을 정합적으로 설명하지 못하고 있다. 어떻게 붕당정치가 성립되고 유지되었으며, 왜 숙종대 환국으로 붕당정치가 파탄에 이르렀는지를 논리적 인과관계로 일관되게 설명하지 못하고 있는 것이다. 넷째, 붕당정치론은 정치사에서의 발전에 대한 인식이 명확하지 않다. 붕당정치 그 자체가 가장 발전된 정치형태라는 것인지, 그렇다면 숙종대의 환국기는 역사의 일시적 후퇴기인지, 나아가서 탕평정치는 어떤 측면에서 발전인지에 대한 해명이 주어지지 않고 있다. 조선후기는 봉건사회 해체기이고 근대사회로의 지향이 사회·경제와 문화적 측면에서 나타난 시기이다. 사회·경제와 문화적 측면에서의 변화가 나타났다면 정치에서의 변화도 나타나지 않을 수 없을 것이다. 붕당정치론의 결정적 약점은 조선후기 사회변동과 정치와의 관련성을 '발전'의 관점에서 설명하지 못하고 있다는 점이다.

다음 西人·老論 계열을 중심으로 조선후기 정치사와 사상사를 인식하는 경향이 있다.[5] 이러한 경향에서는 동양의 우수성, 조선의 고유성을 강조하려는 문제의식이 앞서서 소위 '朝鮮 性理學'을 개혁사상이라고 주장하고, 주자학 의리론에 기초한 斥和論과 北伐論, 朝鮮中華主義를 관통하는 華夷論과 小中華意識을 오늘날 계승해야 할 역사적 전통으로 간주하였다. 이 계열에서는 柳馨遠에서 李瀷으로 이어지는 近畿南人 實學을 부정하는 것에서 한 걸음 더 나아가서 실학 그 자체의 진보성을 부정하고 北學思想만을 진보적인 사상이라고 내세웠다.[6] 정치사에서는 주자학 명분론과 의리론이 조선후기 정치에서 얼마나 많은 폐단을 낳고 역사발전을 방해하였는가에 대한 사실적 인식에는 눈을 감고, 권력을 장악한 지배층의 특정 분파만을 일방적으로 옹호하는 편향된 인식을 보인다는 점이 가장 두드러진 문제이다.

셋째로 조선후기 정치사를 사회·경제적 변동과 관련해서 구조적 변동 과정으로 파악할 것을 지향하는 연구경향이 있다.[7] 이 경향에서는 정치적 대립과 갈등을 정치사상의 차이에서 연원한 것으로 보고, 학파별·당색별로 그 사상적 특징을 규명하여 정치사에 접근하려 하였다. 그리하여 주자학과 실학, 주자학 정치론=붕당정치론과 탕평정치론을 상호 대립적인 '국가재조'론의 두 노선으로 통일적으로 파악한 뒤, 양자의 대립을 보수와 진보의 대립으로 규정하고, 그 대립 과정을 통하여 정치사를 발전적으로 체계화하려 하였다. 즉 정치사와 사상사를 통합하여 지금까지의 연구경향에서 드러난 문제점들을 극복하려 한 것이다. 그러나 아직은 조선후기의 중요한 정치적 사건들을 실증적

---

5) 이와 관련해서는 다음과 같은 논고가 있다. 鄭玉子, 1989, 앞의 논문 ; 정옥자, 1993,『조선후기 역사의 이해』, 일지사 ; 정옥자, 1998,『조선후기 조선중화사상연구』, 일지사 ; 지두환, 1998,『조선시대 사상사의 재조명』, 역사문화 ; 최완수, 1998,「조선 왕조의 문화절정기, 진경시대」,『진경시대』, 돌베개.

6) 이들의 실학 인식이 가진 문제점에 대해서는 金駿錫, 1998③,「실학의 태동」, 『한국사』31, 국사편찬위원회, 345~346쪽 참조(金駿錫, 2005②, 앞의 책에 재수록).

7) 金駿錫, 金成潤, 정호훈의 연구가 그러한 경향을 대표한다.

으로 분석하여 그 사상적 대립의 실상을 구체적으로 제시하지는 못하
였다.

조선후기에는 근대 지향적 움직임이 각 분야에서 폭넓게 등장한 시
기였지만, 그러한 근대 지향적 '발전'에도 불구하고 자율적 근대화에
실패하여 제국주의의 식민지로 전락한 것도 또한 엄연한 사실이었다.
조선후기 정치사에 대한 부정적 인식이 배태될 수밖에 없었던 중요한
원인 중의 하나는 여기서 비롯되었다. 구한말 유교 망국론 · 당쟁 망국
론이 제기되고 일제 치하에서 식민사관의 당파성론으로 왜곡되어 증
폭되는 빌미를 제공한 것도 이 때문이었다.[8] 따라서 이러한 왜곡된 논
리에 대한 치열한 비판의 한편에서는 우리 역사 속에서 조선후기 정치
가 수행했어야만 하는 역할을 제대로 감당하지 못한 것에 대한 비판과
반성도 또한 그에 못지 않게 치열하게 병행되어야 할 일이었다.

그것은 소위 '黨爭'이라고 지칭되어 온 조선후기의 정치적 대립과
갈등에 대한 과학적 인식을 요구하고 한다. 조선후기 정치에서도 진보
와 보수의 대립은 존재하였다. 그렇지만 진보는 좌절되었다. 이것이 자
주적 근대화가 좌절된 원인이기도 하였다. 조선후기 정치사에 대한 과
학적 인식이란 무엇보다도 우선 '당쟁'에 대한 지금까지와 같은 막연한
긍정 · 부정 여부를 떠나서, 정치적 대립과 갈등 속에서 진보와 보수의

---

8) 日帝 식민사관의 당파성론에 의한 조선정치사 왜곡에 대해서는 다음과 같은
   기존의 비판적 논고가 있으므로 상론하지 않는다. 李泰鎭, 1985,「黨爭을 어
   떻게 볼 것인가」,『朝鮮時代 政治史의 再照明』, 汎潮社 ; 鄭奭鍾, 1985,「朝
   鮮後期 政治史 研究의 課題」,『韓國近代社會經濟史研究』, 魯山劉元東博士
   華甲紀念論叢, 正音文化社 ; 金燉, 1986,「朝鮮後期 黨爭史研究의 현황과
   '국사'敎科書의 敍述方式」,『歷史敎育』39 ; 李成茂, 1992,「朝鮮後期 黨爭
   研究의 方向」,『朝鮮後期 黨爭의 綜合的 檢討』, 韓國精神文化研究院 ; 李成
   茂, 1994,「朝鮮後期 黨爭의 原因에 대한 小考」,『李基白敎授古稀紀念 韓國
   史論叢』, 一潮閣.

대립의 實狀을 인과관계에 입각하여 파악하고, 진보가 좌절된 원인이 무엇인가를 규명하는 작업이어야 할 것이다.

조선후기 정치사를 규정하였던 가장 큰 특징이 중세사상으로서의 주자학 정치사상에 있다는 점에 대해서는 이론의 여지가 없을 것이다. 주자학은 원래 원시유교에 바탕을 두면서도 漢·唐 儒學을 비롯하여 北宋代에 등장한 성리학까지 다양한 요소를 포괄하여 집대성한 '新儒學'이었는데, 그 규모의 방대함과 체계의 정합성에서 다른 중세사상의 추종을 불허하는 것이었다. 주자학이 12세기 南宋에서 성립되어 元을 거쳐 明·淸代에 이르기까지 수백 년이 넘는 기간 동안 지배 이데올로기로서의 지위를 다른 사상에 양보하지 않았던 것은 결코 우연이 아니었다.

조선의 관인·유자들이 이러한 주자학 정치사상에 매료되어, '주자보다도 더 주자적'인 소위 '朝鮮 朱子學'을 성립·발전시킨 것은 조선시기 역사의 중요한 특징이었다.9) 그리하여 주자학은 집권적 봉건국가였던 조선왕조를 지탱하는 국정교학으로서의 지위를 확고하게 구축하였으며, 그 양대 지주인 양반제와 지주제를 합리화하는 지배 이데올로기로서 작용하였다. 그렇지만 중세 사상으로서 주자학의 이러한 완벽성은 중세 해체기에는 오히려 강고한 역사의 질곡으로 작용할 수밖에 없었다. 따라서 당시의 유자들이 주자학을 벗어난 사고를 한다는 것은 그야말로 지난한 일이었으므로, 역으로 주자학과 다른 사상과 행동은 아무리 미세한 것이라도 범상하게 보아 넘겨서는 안 될 일이었다. 중세 해체기 진보와 보수의 대립은 이렇게 주자학 정치사상에 대한 찬반에서 일차적으로 드러날 수밖에 없었다. 따라서 조선후기 정치사에 대

---

9) 金駿錫, 2000, 「조선시기의 주자학과 양반정치」, 『實學思想硏究』 17·18, 龜泉元裕漢敎授 定年 紀念號(下), 毋岳實學會(金駿錫, 2005①, 『韓國 中世 儒敎政治思想史論 Ⅰ』, 지식산업사에 재수록).

한 과학적 인식이란 또한 주자학 정치사상의 특징과 모순 및 그 한계
에 유의하면서 제반 정치적 대립과 갈등을 그 저변에 깔려있는 정치사
상의 대립에서 연원한 것으로 파악하는 것이기도 하였다.

이 책에서는 이러한 시각에서 仁祖代의 주요 정치적 사건들을 분석
하여 그 사상적 대립의 실상을 드러내고자 하였다. 인조대(1623~
1649)는 호란을 전후한 시기로서 소위 '양란기'에 해당된다. 이 시기에
는 대내외적 여러 요인에 의해 국가적 위기가 증폭된 시기였다. 대내
적으로는 지주제의 확대, 농업생산력의 발전과 상품화폐경제의 성장,
이에 따른 농촌사회의 분해와 사회신분제의 동요, 수취체계의 문란과
군비·국방 대책과 관련된 재정수요의 증가 등과 같이 사회경제적 변
동과 집권체제의 모순이 서로 착종하면서 심각한 현실문제로 부각되
었으며, 대외적으로는 만주족의 성장으로 중국에서 왕조가 교체되는
대대적인 국제정세의 변동으로 인하여 중화주의 세계관을 고수하고자
하는 조선왕조 국가를 위협하였다.

이러한 국가적 위기상황에 직면하여 光海君代 大北政權이 주자학
과는 이질적인 사상을 끌어들여 이를 극복하려 하였다면, '反正'의 명
분으로 주자학 명분론과 의리론을 선양하면서 성립된 仁祖 정권에서
는 주자학 정치사상 그 자체가 전면적으로 시험대에 올랐다. 실로 인
조대는 당시의 대내외적으로 조성된 국가적 위기와 관련하여 주자학
정치사상의 모순과 한계가 가장 극적으로 표출된 시기였다. 병자호란
에 이은 삼전도의 치욕은 바로 그것을 상징하는 사건이었다. 이러한
모순된 현실 속에서도 주자학 명분론과 의리론을 고수할 것인가, 아니
면 그것을 굽혀서라도 국가적 위기를 타개하는 방안을 모색할 것인가
를 두고 정치적 대립이 격화될 수밖에 없었다. 그리하여 호란을 전후
해서는 華夷論에 집착하는 소극적 종속적 의미의 '再造藩邦'論이 '국
가'의 유지 보존을 우선하는 적극적 주체적 의미의 '國家再造'論으로

전화되어 간 시기이기도 하였다.10) 그러므로 이 시기의 정치적 대립과 갈등은 '재조번방'론과 '국가재조'론의 대립 구도 속에서도 파악해 볼 수 있다. 아직 柳馨遠의 『磻溪隨錄』과 같은 체계적인 국가재조론이 제출된 것은 아니었지만 이후에 전개되는 붕당정치론=주자학 정치론 대 탕평정치론에 대응되는 주요 정치적 논점들이 거의 대부분 드러난 시기였다. 따라서 조선후기가 '국가재조'라는 역사적 과제를 두고 정치적 사상적 대립 갈등이 전개된 시기로 규정한다면 인조대의 정치적 대립과 갈등에 대한 올바른 이해는 이후 조선후기 정치사에 대한 과학적 인식의 관건이 된다고 보지 않을 수 없다.

물론 인조대의 정치적 대립과 갈등은 환국이 반복된 숙종대처럼 격렬했던 것은 아니었다. 그러나 숙종대 환국으로 서인과 남인의 집권이 교대로 이루어지고, 서인이 노론과 소론으로 분화되어 이후 영·정조대까지 약 100여 년에 걸쳐 대립 투쟁하게 만든 뿌리는 인조대에 형성되기 시작했다고 볼 수 있다. 그런 점에서도 인조대는 조선후기 정치사에서 분수령으로서의 의미를 갖게 되었던 것이다. 따라서 인조대 정치적 사건들에서 드러난 사상적 대립 구도를 규명하는 작업은 향후 조선후기의 정치적 사상적 대립 구도를 올바르게 파악하기 위해서는 빠뜨릴 수 없는 일이었다.

인조대가 조선후기 정치사에서 차지하는 이러한 비중에 비하면 지금까지의 이 시기 정치사에 대한 연구는 그렇게 충분한 편은 아니었다. 역사학계에서의 인조대 정치사 연구는 金龍德에 의해 처음 시도되었다.11) 김용덕은 昭顯世子가 西學에 관심을 갖고 있었기 때문에 즉위하였다면 자주적 근대화의 가능성이 있었는데, 그것이 좌절된 원인

---

10) 金駿錫, 1998①, 앞의 논문 ; 金駿錫, 2003, 앞의 책, 13~14쪽 참조.
11) 金龍德, 1964, 「昭顯世子 研究」, 『史學研究』 18(1977, 『朝鮮後期思想史研究』, 乙酉文化社, 393~460쪽에 재수록).

이 무엇인가라는 문제의식 하에 인조에 의한 소현세자 독살설을 제기하고 이어진 姜嬪 獄事도 '誣獄'이라고 주장하였다.[12] 그렇지만 이 논고는 소현세자에 초점을 맞춘 것이므로 인조대 전체의 정치사를 다룬 것은 아니었다.

인조대 정치사 全般에 대해서는 1970년대 李泰鎭이 붕당정치론을 제창하면서 먼저 軍事制度의 변천을 중심으로 상세하게 논구하였다.[13] 그리하여 仁祖代 前半 金瑬 계열과 李貴 계열이 軍權을 두고 다투었다는 것을 처음으로 밝혔는데, 인조대 後半에는 그것이 親淸 세력인 金自點 계열과 反淸 세력인 李時白 계열로 이어진다고 보았다. 그리고 김용덕이 주장한 소현세자 독살설을 더욱 확대시켜 강빈옥사는 물론 沈器遠 역모사건까지도 '친청파'인 金自點이 조작하였다고 주장하였다. 이후 1980년대 들어서 吳洙彰에 의해 인조대 정치사 전반에 대한 본격적인 검토가 이루어졌다.[14] 오수창은 붕당정치론에 입각하여 인조대의 정치를 붕당간에, 즉 서인과 남인 사이에 상호비판과 공존이 이루어진 시기로 보았다. 아울러 인조대에는 붕당만이 아니라 공신세력과 비공신 士類 사이의 대립이 정국 변동의 주요 요인이었다고 지적하였다.

앞서 지적한 '붕당정치론'의 문제점은 이러한 인조대의 정치사 연구에서도 거의 그대로 드러났다. 인조대에 왜 '서인 주도하의 남인 공존'이 가능하였는지 인과관계에 입각한 설명은 주어지지 않았다. 그리고

---

12) 사실 이것은 老論의 黨論이었는데, 김용덕이 이를 주장한 이후 후대의 연구는 모두 이것을 그대로 답습하였다. 본서의 제6장에서는 이것이 사실과 일치되지 않음을 규명하였다.

13) 李泰鎭, 1977, 「中央五軍營制의 成立過程」, 『韓國軍制史』(近世朝鮮後期篇), 陸軍本部, 41~119쪽.

14) 吳洙彰, 1985, 「仁祖代 政治勢力의 動向」, 李泰鎭 編, 『朝鮮時代 政治史의 再照明』, 汎潮社, 76~130쪽.

인조대에 '붕당정치의 원리'가 구현되었다고 보면서도, 공신세력과 비공신 사류와의 대립에 의해 정치가 전개된 원인이 무엇인지에 대해서도 분명한 설명이 없다. 공신세력 내에서 金瑬와 李貴의 대립이 나타난 원인은 무엇인지, 과연 공신세력과 士類는 대립적이기만 한 정치세력인지, 崔鳴吉의 개혁론이 단지 공신세력의 이해관계만을 반영한 당파적인 성격의 것이었는지 등 여러 의문점들이 해결되지 않은 채 남겨져 있다. 또한 인조대에 정치에서 절대적인 영향력을 갖고 있던 국왕의 위상에 대한 고려가 거의 주어지지 않았다.

1990년대 이후에는 정치사 연구가 활성화되는 것에 힘입어 인조대에 대해서도 분야별로 활발한 연구가 진행되었다. 元宗 追崇 論爭과 관련해서는 服制論議의 측면에서[15] 연구된 이래 그 배경이 되는 禮學思想과 함께 그 사상사적 측면과[16] 논쟁의 전체 전개 과정이 정치사적 측면에서 규명되었다.[17] 그리하여 이와 관련된 사실 관계는 거의 드러났다고 보인다. 그럼에도 불구하고 그 논쟁이 갖는 의미와 성격은 아직 분명히 제시되지 못하였다.

또한 인조대의 정국 동향과 함께 山林, 閥閱 또는 反正功臣과 같은

15) 徐仁漢, 1984, 「仁祖初 服制論議에 대한 小考」, 『北岳史論』 創刊號, 국민대.
16) 李迎春, 1990, 「潛冶 朴知誡의 禮學과 元宗追崇論」, 『淸溪史學』 7 ; 同, 1991, 「沙溪 禮學과 國家典禮－典禮問答을 중심으로」, 『沙溪思想硏究』, 沙溪愼獨齋紀念事業會 ; 오항녕, 1992, 「17세기 전반 서인 산림의 사상」, 『역사와 현실』 9, 한국역사연구회 ; 琴章泰, 1992, 「17세기 朝鮮朝 禮學派의 禮學과 그 社會意識」, 『宗敎學硏究』 11 ; 朴鍾天, 1998, 「仁祖代 典禮論爭(1623~1635)에 대한 宗敎學的 再評價」, 『宗敎學硏究』 17.
17) 李成茂, 1992, 「17世紀의 禮論과 黨爭」, 『朝鮮後期 黨爭의 綜合的 檢討』, 韓國精神文化硏究院 ; 李賢珍, 2000, 「仁祖代 元宗追崇論의 推移와 性格」, 『北岳史論』 7, 국민대 ; 김세봉, 2003, 「예론(禮論)의 전개와 그 양상」, 한국역사연구회 17세기 정치사 연구반(이하 '한역연'으로 줄임), 『조선중기 정치와 정책』, 아카넷, 181~213쪽 ; 李賢珍, 2003, 「17세기 전반 啓運宮 服制論」, 『韓國史論』 49, 서울대 국사학과.

정치세력에 대한 연구,[18] 권력 구조에서 備邊司 또는 大臣의 기능과
역할에 주목한 연구,[19] 17세기 전반의 사상계의 동향을 정치세력별, 당
색별로 천착한 공동 연구,[20] 인조 말년의 세자 교체와 강빈 옥사를 왕
위계승의 정통성 문제라는 시각에서 분석한 연구,[21] 최명길의 변통론
에 대한 연구,[22] 병자호란을 전후한 시기의 對明·對淸 관계를 정치사
와 관련하여 분석한 연구[23] 등이 있다. 그런가하면 정치적 '適實' 지향

18) 禹仁秀, 1991,「朝鮮 仁祖代 政局의 動向과 山林의 役割」,『大邱史學』41
   (1999,『朝鮮後期山林研究』, 一潮閣) ; 李基淳, 1991,「'仁祖反正' 功臣勢力
   의 性格」,『白山學報』38(1998,『仁祖·孝宗代 政治史 研究』, 國學資料院)
   ; 車長燮, 1997,『朝鮮後期閥閱研究』, 一潮閣.

19) 李在喆, 1993,「仁祖代 備邊司의 運營과 性格」,『朝鮮史研究』2(2001,『朝鮮
   後期 備邊司研究』, 集文堂) ; 정홍준, 1996,『조선중기 정치권력구조 연구』,
   高大民族文化研究所.

20) 공동연구, 1992,「17세기 전반 조선사상계의 동향과 그 성격」,『역사와 현실』
   8, 한국역사연구회. 여기에 포함된 개별논문은 다음과 같다. 고영진,「총론 :
   17세기 전반 의리명분론의 강화와 사회경제정책의 대립」; 오항녕,「17세기
   전반 서인산림의 사상－김장생·김상헌을 중심으로」; 조성을,「17세기 전반
   서인관료의 사상－김류·최명길·조익을 중심으로」; 고영진,「17세기 전반
   남인학자의 사상－정경세·김응조를 중심으로」; 신병주,「17세기 전반 북인
   관료의 사상－김신국·남이공·김세렴을 중심으로」.

21) 李迎春, 1998,『朝鮮後期 王位繼承 研究』, 集文堂 중「Ⅳ. 昭顯世子와 孝宗
   의 繼承權」, 179~212쪽.

22) 오수창, 1985, 앞의 논문 ; 李綺南, 1992,「崔鳴吉의 政治活動과 權力構造 改
   編論」,『擇窩許善道先生停年紀念韓國史學論叢』, 一潮閣, 476~501쪽 ; 李在
   喆, 1992,「遲川 崔鳴吉의 經世觀과 官制變通論」,『朝鮮史研究』1, 43~86쪽
   ; 조성을, 1992, 앞의 논문 ; 배우성, 2003,「사회정책적 논의의 정치적 성격」,
   한역연, 앞의 책, 312~340쪽 ; 金泰永, 2003,「遲川 崔鳴吉의 現實 變通論」,
   『道山學報』9, 道山學研究院, 5~84쪽.

23) 韓明基, 1997,「17세기 초 인조반정과 조명관계」,『東洋學』27, 단국대 동양
   학연구소 ; 同, 1999,『임진왜란과 한중관계』, 역사비평사 중 제3부「인조반정
   과 대명관계의 추이」, 305~418쪽 ; 同, 2002,「17·18세기 韓中關係와 仁祖
   反正」,『韓國史學報』13, 高麗史學會 ; 同, 2003,「丙子胡亂 패전의 정치적
   파장－청의 조선 압박과 仁祖의 대응을 중심으로」,『東方學志』119, 延世大

성이라는 정치학의 개념을 원용하여 인조대 전체를 분석한 연구도 있다.[24] 이러한 연구들에 힘입어 인조대 정치사에 대한 이해는 보다 풍부해질 수 있었다. 그러나 부분적인 요인이나 분야 또는 지향성에 집착하여 인조대 정치사를 전체적으로 조망하는 시각을 얻지는 못하였다.

이러한 연구성과에도 불구하고 인조대에 발생한 여러 정치적 사건들이 인과관계 속에서 구조적이고 整合的으로 설명되지 못하는 중요한 이유는 국왕 인조를 포함한 이 시기 지배층인 관인·유자 일반을 지배하였던 정치사상에 대한 고려가 충분치 못하였다는 데 있었다. 이 시기의 다양한 정치세력과 정국 운영, 정치제도 등을 관통하는 일관된 요인이 바로 그 정치사상, 즉 주자학 정치사상이었다. 따라서 그것의 작용과 역할 및 모순과 한계에 대한 정확한 인식을 결여하고서는 이 시기 정치사를 과학적으로 인식하기 어렵게 된다.

이 책에서는 이러한 기존 연구의 문제점을 극복하기 위한 시도로서 이 시기의 정치적 대립과 갈등 속에서 정치사상의 대립의 실상을 규명하기 위해 다음과 같은 몇 가지 사항에 유의하고자 하였다. 첫째, 이 시기의 정치적 논쟁이 주로 주자학 정치론의 테두리 내에서 전개되었다는 것이다. 16세기 후반에 李滉과 李珥에 의해 소위 '조선주자학'이 형성된 이후에도 徐敬德의 花潭學派, 曹植의 南冥學派와 같은 程朱理學과 이질적인 학문 조류가 분명히 존재하였다. 이들이 李滉의 退溪學派와 함께 東人으로 묶여 있다가 퇴계학파의 南人과 분리되어 北人을 형성하게 된 중요한 원인도 그 사상적 차이에서 찾아져야 할 것이

國學硏究院 ; 同, 2003, 「조청관계(朝淸關係)의 추이」, 한역연, 앞의 책, 259 ~304쪽.

24) 金甲千, 1998, 「仁祖朝의 정치적 '適實' 지향성에 관한 연구―和斥論爭을 중심으로」, 서울대 정치학과 박사학위논문.

다.[25] 그런데 己丑獄事(1589)와 仁祖反正(1623)에 의해서 이들이 정계의 주도권을 상실한 것은 程朱理學 일변도로 정계와 사상계가 재편되었음을 의미하는 것이었다. 기축옥사와 인조반정을 주도한 서인과 남인은 정주이학에 입각한 주자학 명분론과 의리론 및 그것의 연장선상에서 제출된 주자학 정치론인 군주성학론을 주된 사상 경향으로 수용하는 사상적 학문적 공통 지반을 갖고 있었다. 그럼에도 불구하고 변화하고 있는 현실에 대한 인식 방법과 국가적 위기 타개 방안의 차이에 따라서 주자학 정치론 내부에서도 대립과 갈등이 조성되었던 것이다. 栗谷 李珥와 牛溪 成渾의 文廟從祀 문제를 제외하면 인조대에는 서인과 남인 사이에 당색에 따른 대립은 강하게 드러나지 않았다.[26] 이것은 이 시기에 이들이 사상적 학문적 공통 지반에 충실하였다는 것을 말해주는 것이었다.

둘째, 이 시기 주자학 정치론은 義理論과 變通論의 대항 관계 속에서 분화되었다는 점이다. 정치사상으로서의 주자학은 여러 가지 다양한 요소로 구성되어 있는데, 그 가운데 17·18세기의 조선후기에 정치적 쟁점으로 제기되어 가장 문제가 된 것은 의리론이었다. 국왕을 포함한 관인·유자 어느 누구도, 공신이든 사류든, 이 의리론의 절대적 권위로부터 자유롭지 못하였다. 인조대 서인과 남인의 붕당간 대립이

---

25) 화담학파와 남명학파의 사상적 특징에 대해서는 신병주, 2000, 『남명학파와 화담학파 연구』, 일지사 ; 정호훈, 2004, 앞의 책, 제2장 참조.

26) 李珥·成渾의 文廟從祀를 둘러싼 서인과 남인 사이의 대립에 대해서는 許捲洙, 1993, 『朝鮮後期 南人과 西人의 學問的 對立』, 法仁文化社가 참고된다. 인조대에는 이 문제가 아직 중요한 정치적 쟁점으로까지 부상하지 못하였으므로 이 책의 분석에서 제외하였다. 그렇다고 서인과 남인의 사상과 학문에 차이가 없다는 것은 아니다. 단지 인조대에는 동질성이 지배적이었다는 것이다. 인조대 서인과 남인이 공존한 것은 성리학적 붕당론 때문이라기보다는 이러한 사상적 동질성에서 구해져야 할 것이다.

정국변동의 일차적 규정 요소가 되지 못하였던 가장 큰 이유는 바로
국왕 인조를 포함한 지배층 일반의 정치사상이 주자학 명분론과 의리
론이라는 동일한 사상에 의해 규정받고 있었기 때문이었다.

　문제는 주자학 명분론·의리론이 17세기의 변화하는 현실과 괴리되
기 시작하였다는 것이다. 의리론 내부에서 정합적인 듯이 보였던 관계,
예를 들면 君臣義理와 父子義理가 서로 충돌을 일으키거나, 王權과
臣權이 충돌하는 것이 바로 그것이다. 그런가 하면 '禮論'과 같이 주자
학적 명분의리론에 입각해 볼 때 명확한 규정을 내릴 수 없는 일이 발
생하는 경우도 있었다. 나아가서는 만주족 왕조인 後金(=淸)의 등장이
라는 국제정세의 변동에 따라 주자학 명분론과 華夷論에 입각한 對明
義理論이 심각하게 위협받는 상황이 초래되기도 하였다. 이러한 변화
하는 현실을 어떻게 해석하고 대응하느냐에 따라서 정치적 대립과 갈
등이 일어날 수밖에 없었던 것이다.

　주자학 명분론과 의리론에는 왕권론과 신권론이 모두 포함되어 있
는데, 신료들은 그것을 신권 중심 정치론으로 제기하는 경향이 강하였
으며, 경제적으로는 지주제, 신분적으로는 양반제를 합리화하는 이데
올로기로 활용하였다. 지주제와 양반제의 확대는 부세제도의 모순과
결합되어 조선왕조 국가의 존립을 위협하는 요인이 되었다. 당시에 농
업생산력은 증가되어 가고 있었음에도 불구하고 소농의 몰락은 가속
화되었으며, 국가 재정 수입은 감소되고, 군사제도는 붕괴되어 외세의
침략에 무기력하게 노출되어 있었다. 인조대 관인·유자들은 모두 주
자학 명분론과 의리론을 절대적 진리로서 신봉하는 사람들이었지만,
이와 같은 심각한 국가적 위기에 부딪혀서는 주자학만을 고집하지 않
고 의리론을 범유학적 차원으로 확대 해석하면서 현실에 적합한 대처
방안을 모색하고 정치적 행동으로 표출하려는 사람들이 속속 등장하
였다. 이들이 내세운 것이 바로 변통론이었다.

變通論은 孔孟 儒學의 保民論과 治者의 責務意識에『周易』의 辨證法的 인식이 결합되어 형성된 논리로서 유교·주자학의 중요한 구성 요소였다. 왜란을 전후한 시기의 국가적 위기에 직면하여 법령과 제도의 개폐를 통해서 이를 극복하기 위한 변통·경장론을 제기하는 논자들이 이미 등장하였는데 이는 보민과 왕정이라는 유교·주자학 본래의 학문·사상의 전통을 반영한 것이었다.27) 여기에 주자학 정치론이 의리론과 변통론의 대립 구도 속에서 분화되는 소이가 있었다. 인조대에는 이러한 대립 구도가 사안에 따라서 여러 가지 형태로 변용되어 나타났는데, 정국운영과 관련해서는 도덕적 명분주의 대 정치적 현실주의, 조정론 대 조제론, 예론에서는 종통론 대 효치론, 신권론 대 왕권론, 정주학 대 공맹 유학, 대 후금(=청)의 관계 속에서는 척화론 대 주화론, 정론 대 권도론, 그리고 경세론에서는 수법론 대 변법론의 대립 등이 그러하였다.28)

변통론자들은 자신들의 주장과 행동을 주자학과 배치되는 것이 아니라고 강변하였지만 결국은 주자학 정치론과는 다른 새로운 정치사상의 등장을 예비하는 것이었다. 이러한 관인 유자의 사상적 분화는 공신과 사류, 재조냐 재야 산림이냐, 나아가서는 서인과 남인이라는 당색을 막론하고 광범위하게 나타나서 정치적 대립으로 표출되어 인조대 정치의 중심축을 형성하기에 이르렀다. 이것은 인조대 정치에서 보수와 진보의 대립이라는 형태를 띠고 전개되었으며, 이후 국가재조론이 본격적으로 대두하는 시기에는 주자학 대 실학, 붕당정치론 대 탕

---

27) 兩亂期에 變通論이 '國家再造'論의 중요한 구성 요소가 된 사정에 대해서는 金駿錫, 1998①, 앞의 논문, 117~123쪽 참조.
28) 정치적 현실주의와 도덕적 명분주의의 대립구도에서 정치적 현실주의는 변통론과 결합될 때만 진보적인 의미를 띠었다. 여기에 대해서는 제6장에서 상론하게 될 것이다.

평정치론의 대립 구도로 분명하게 분화되었다.

셋째, 인조대에는 당색간 대립이 표면화되지 않는 가운데 국왕이 정국 변동에서 가장 중심적 역할을 하였다는 점이다. 원래 조선왕조의 왕권은 이론과 실제에서 전제군주제의 실상에 걸맞지 않게 취약한 것이었다. 왕조의 성립 자체가 양반 사대부층의 합의의 산물이었던데다가 국정교학으로 정착된 주자학 정치사상은 국왕의 專制權을 제한하는 요소들로 가득 차 있었다. 주자학 명분론과 의리론에 기초한 군주성학론은 그러한 논리를 집약한 것이었다. 그리고 16세기 이후 '士林'들이 추구한 公論政治는 국왕과 신료 사이의 권력 균형과 사림층 전체의 권익 균점을 보장하기 위한 정국운영의 대원칙이었으며, 三司 言論으로 제도화되었다.29) 그런데 그 왕권 견제의 핵심 논리였던 주자학 명분론과 의리론을 내세워서 신하들이 군주를 폐출한 '반정'으로 군주권 그 자체를 상대화시키고 군주가 된 인조의 왕권은 말 그대로 백척간두에 서 있는 것과 같았다. 이런 상태에서 孝宗・顯宗・肅宗으로 이어지는 소위 '三種血脈'을 창출하여 英・正祖代 蕩平君主論이 출현할 수 있는 기반이 구축된 시기가 바로 인조대였다. 따라서 이것이 어떻게 가능하였는가 라는 점에 유의해야만 인조대 정치의 실상에 바로 접근할 수 있다.

국왕 인조 역시 당대에 누구 못지않은 의리론자였고 보수주의자였지만 현실 문제와 관련하여 끊임없이 정치적 결정을 내려야 하는 국왕이라는 위치가 갖는 정치적 속성상 주자학적 명분의리론에만 안주해

---

29) 조선시기 왕권의 위상에 대해서는 다음 논고가 참고된다. 李泰鎭, 1990, 「朝鮮王朝의 儒敎政治와 王權」, 『韓國史論』 23, 서울대 국사학과 ; 金駿錫, 1992, 「朝鮮後期 黨爭과 王權論의 추이」, 『朝鮮後期 黨爭의 綜合的 檢討』, 韓國精神文化硏究院(金駿錫, 2005②, 앞의 책에 재수록) ; 金駿錫, 2000, 「조선시기의 주자학과 양반정치」, 『龜泉元裕漢敎授 定年紀念論叢』(下), 혜안(金駿錫, 2005①, 앞의 책에 재수록).

있을 수는 없었다. 오히려 당시의 신료 일반을 지배하고 있던 주자학 정치론의 신권 중심적 지향에 대해 체질적으로 저항하면서 專制君主權의 확립에 절치부심하였던 인물이었다. 그리하여 주자학 명분론과 의리론에 매몰된, 公論政治를 내세우면서 자행되는 신료들의 무책임성과 비현실적인 정치행태에 대해서는 변통론자 못지않은 첨예한 문제의식을 보여 주었다.

이 책에서는 이러한 점들에 유의하면서 인조대의 정치적 대립과 갈등을 서로 다른 정치론의 대립으로 규정하고 그 대립의 논리를 추출하여, 그것이 정국 동향에 어떻게 작용하였는가를 정치과정을 통하여 드러내 보이고자 하였다. 제2장에서는 먼저 그에 대한 전제로서 조선후기 정치사를 규정한 의리론과 변통론의 연원을 추적하였다. 즉 '사림' 계열 관인·유자들에게 주자학 정치론이 정착되는 과정을 검토하고, 주자학 명분론과 의리론을 대원칙으로 하여 그것이 수용·정착되었음을 살피는 것과 함께 變通 指向 經世論의 작용에도 유의하고자 하였다.

제3장에서는 '仁祖反正'이라는 정치적 사건에 내재된 명분과 현실 사이의 모순에 대한 대응 논리의 분화를 통해서 정치사상의 분화의 일단에 접근하고자 하였다. 우선 仁城君 李珙을 둘러싼 역모사건과 그의 처벌 과정을 둘러싼 논란을 사상적 배경을 염두에 두면서 검토하였다. 그리고 반정의 정통성 논쟁의 연장선상에서 이루어진 또 하나의 정치적 갈등으로서 인조의 生父 定遠君 추존과 관련하여 진행된 일련의 禮論과 그 추진 과정을 검토하여 이 논쟁이 顯宗代 두 차례 禮訟의 선편을 이루었음을 살피게 될 것이다.

제4장에서는 중국에서의 명·청 교체라는 국제정세의 변동과 관련하여 전개된 만주족 왕조인 후금(=청)의 침략에 대한 대응책으로서 主和論과 斥和論의 대립을 검토하였다. 주화론은 丁卯胡亂 때는 李貴

가, 丙子胡亂 때는 崔鳴吉이 주도하였는데, 이들이 인조대의 대표적인
變通論者이자 王權論者였다는 점이 주목을 요한다. 먼저 정묘호란을
전후하여 이귀를 중심으로 제기된 변통론이 좌절되어 정묘호란 당시
에 주화론을 취할 수밖에 없었던 사정을 살핀다. 또한 정묘호란 이후
에서 병자호란 이전 시기까지 被擄人 刷還, 開市, 歲幣 등의 문제를
놓고 後金과 갈등하는 가운데 계속되었던 主和·斥和 논쟁을 분석하
였다. 또한 淸이 稱帝建元한 이후 척화론이 다시 등장하는 사정을 살
피고, 이 시기에는 척화론과 주화론 진영 모두에서 변통론자들이 등장
하였음을 보인 뒤, 斥和 變通論의 한계를 규명하였다. 그리고 병자년
당시의 주화·척화 논쟁을 개관하고, 양자의 논리를 대비시켜 그 성격
을 드러내고자 하였다. 그리하여 이 시기에 척화론에 대항하여 주화론
이 등장하였다는 것은 '재조번방'론에서 '국가재조'론으로의 전화를 보
여주는 '國家'觀의 변화를 의미한다는 점을 살폈다.

　　제5장에서는 주화·척화 논쟁의 저변에 깔려 있는 經世論의 차이를
규명하여 그것이 變法論과 守法論의 대립의 반영임을 보이고자 하였
다. 먼저 의리론자들이 제기한 修身 爲主 道學的 經世論의 내용을 분
석하여 그것이 '재조번방'론의 범주에 속하는 것임을 규명한 뒤, 이에
대항하여 법과 제도의 개혁을 통해 '국가' 체제를 정비함으로써 국방력
을 강화시킬 것을 주장하는 변통론, 즉 '국가재조'론이 등장하였지만
양자 사이의 갈등으로 제도개혁이 좌절되었음을 보이고자 하였다. 아
울러 이 시기 국가재조론의 두 가지 사례를 검토하였다. 즉 정묘호란
기의 주화론자인 이귀의 군정변통론을 분석하여 그것이 '國事와 民事
의 일치를 지향하는 保民論'의 입장에서 제기된 것임을 살폈다. 또한
병자호란기의 주화론자인 최명길의 관제변통론을 검토하여 그것의 내
용과 성격을 살펴보고, 그 계통을 추적하여 실학과의 연관성을 드러내
고자 하였다.

제6장에서는 병자호란에서 패배한 이후 淸國의 정치·군사적 압력이 인조대 후반의 정치에 미치는 영향을 염두에 두면서 정국 변동을 개관하였다. 우선 호란의 경험에도 불구하고 최명길의 관제변통론이 좌절되는 사정을 살핀 뒤, 청국의 정치·군사적 압력으로 인해 조선왕조 국가가 겪게 되는 좌절과 시련을 구체적으로 분석하고, 그로 인해 인조대 후반에 제기된 변통론 역시 좌절되었음을 보이고자 하였다. 그리고 이와 같이 청국의 정치·군사적 압력에 굴종할 수밖에 없는 현실로 인해 對明義理論은 내면화된 반면 정치적 현실주의는 강화되는 사정을 살폈다. 아울러 李貴·崔鳴吉의 변통론이 李時白·李時昉 형제에게 계승·발전되는 양상을 살펴서 향후 肅宗代에 西人이 老論과 少論으로 분열되었을 때 少論 變通論의 연원이 되었음을 드러내고자 하였다.

이처럼 인조대에 관인·유자들의 정치적 대립과 갈등은 주자학 명분론과 의리론을 대전제로 하여 이루어졌다. 그러나 변화하는 현실과 국가 존립의 위기에 직면하여 이를 새롭게 해석하고 그것을 확장하여 새로운 국가체제를 모색하려는 사상적 흐름이 당색을 떠나서 존재하였으며, 그것은 이후 국가재조론이 본격화되면서 변법적 개혁론 즉 실학과 그것을 현실정치에서 구현하기 위한 탕평정치론으로 수렴되어 갔다. 즉 소위 '양란기'에 해당하는 인조대에는 재조'번방'론이 '국가'재조론으로 전화되어 주자학 정치사상에 대항하는 논리가 싹튼 시기였다. 인조대의 정치적 대립과 갈등을 분석하여 이를 드러냄으로써 이후 전개될 실학과 탕평론의 정치사적 연원을 규명하여 17세기 후반 이후 그것의 본격적인 전개를 전망하고자 하였다.

이 책에서는 이러한 인조대 정치사상의 분화를 주자학 정치론에 한정해서 다루었다. 그리고 중앙정치의 갈등에 주로 초점을 맞추었으므로 정계에서 배제된 또 다른 사상적 흐름의 작용에 대해서는 고려하지 못하였다.30) 또한 인조대 모든 정치적 사건을 다룬 것도 아니다. 아울러서 농민층을 비롯한 피지배층 일반이 중앙정치에 미친 영향에 대해서도 구체적으로 규명하지 못한 한계를 갖는다. 자료와 관련하여 이 책에서는 『朝鮮王朝實錄』과 같은 年代記와 개인 文集에 주로 의존하였으므로, 조선후기에 활발하게 간행된 野史類나 黨論書를 충분히 반영하지는 못하였다. 이러한 한계는 추후의 연구를 통해서 보완하고자 한다.

---

30) 예를 들면 17세기 北人 계열 儒者들이 그 대표적인 경우인데 여기에 대해서는 정호훈, 2004, 앞의 책이 있어 참고된다.

제2장 '士林' 계열 政治論의 특징과 仁祖反正

1. 朱子學的 名分·義理論의 정착과 變通論의 분리

'士林' 계열 儒者들이 '勳舊' 계열에 맞서 전면적으로 수용할 것을 주장한 주자학 정치론의 핵심은 주자학적 명분론과 의리론이었다.[1] 名分論이란 원래 공자 정치사상의 핵심이었던 정명론에서 유래된 것이다. 공자는 周禮를 척도로 하여 명분을 바르게 하는 것을 '正名'이라고 말하였는데, 여기서 명분은 사람들이 차지하고 있는 정치적 지위와 신분등급을 의미하는 것이었다.[2] 이러한 '正名'으로서의 명분론은 이후 人倫論과 綱常說로 발전하였으며,[3] 그 뒤 '春秋大義' 또는 '大義名分' 등으로 표현되는 가운데 君臣의 義를 강조해서 北宋 時期에는 君主의 절대성을 보증하는 논리로 정착되었다.[4] 명분론이 이처럼 宋代에 이르러 君臣關係를 설명하는 논리로 원용된 이유는 그 시기의 지배층이었던 사대부 계층이 君臣間의 상하관계를 기축으로 해서 일체의 인

---

1) 김용흠, 2004, 「조선전기 훈구·사림의 갈등과 그 정치사상적 함의」, 『東方學志』 124, 延世大 國學研究院, 273~329쪽. 이 절은 이 논문의 내용을 요약한 것이다.

2) 任繼愈 편저, 전택원 옮김, 1990, 『中國哲學史』, 까치, 65쪽 참조.

3) 中國孔子基金會 編, 1997, 『中國儒學百科全書』, 北京 : 中國大百科全書出版社, 103쪽(「人倫說」), 105~106쪽(「綱常說」) 참조.

4) 武內義雄, 1967, 『中國思想史』, 東京 : 岩波全書 73, 247쪽 참조.

간·사회관계를 상하의 分으로 확정하려고 하였기 때문이었다. 또한 이것은 당시 지배적이었던 현실의 봉건적 토지소유관계 위에서 성립되는 지주전호제의 생산관계를 관철시키려는 논리이기도 하였다.5)

남송의 주자는 이러한 명분론을 宇宙·人性에 일관되는 법칙으로서의 '理'로까지 높임으로써 宋學的인 우주론·인성론과 명분론을 연결하여 하나의 사상체계에 포섭되는 주자학을 완성시켰다. 실로 주자학은 명분론을 기축으로 구축된 역사적 사상체계였다.6) 결국 명분론이란 "東洋 中世의 自然法 思想, 즉 理氣論·人性論의 철학적 기반 위에서 上下·尊卑·貴賤에 따라 階梯化함으로써 그 社會關係를 上下關係로 秩序化하려는 封建的 思惟樣式"이었으며,7) 의리론은 이러한 명분론적 사회질서를 유지하기 위한 '道德修養 準則'으로서 제시된 것이었다.8)

이러한 주자학적 명분·의리론은 麗末鮮初의 사회변동기에 양반 사대부 계층에 의해 집권적 봉건체제를 재편 강화시키는 이데올로기로서 도입되었고,9) 16세기에 이르러 봉건적 사회체제를 보수·안정시키는 체제긍정의 관념형태이자 사유양식으로서 정착되기에 이르렀다.10) 이와 함께 조선왕조에는 '朋黨'을 기축으로 하는 정치질서가 정착되었음은 잘 알려진 바와 같다.11) 그러나 주자학적 명분의리론이 정착되는

---

5) 守本順一郎, 1967,『東洋政治思想史研究』, 東京 : 未來社, 116~118쪽.

6) 守本順一郎, 1967, 위의 책, 133쪽.

7) 金駿錫, 1981,「朝鮮前期의 社會思想」,『東方學志』29, 190쪽(金駿錫, 2005 ①, 앞의 책, 186쪽).

8) 中國孔子基金會 編, 1997, 앞의 책, 112~115쪽,「仁義論」참조.

9) 김훈식, 1986,「여말선초 민본사상과 명분론」,『애산학보』4 ; 都賢喆, 1999, 『高麗末 士大夫의 政治思想研究』, 一潮閣, 258~259쪽.

10) 金駿錫, 1981, 앞의 논문.

11) 崔異敦, 1994,『朝鮮中期 士林政治構造研究』, 一潮閣 ; 金燉, 1997,『朝鮮前期 君臣權力關係 研究』, 서울대 출판부.

과정은 결코 순탄하게 이루어질 수는 없었다. 이른바 '士林', 또는 '士林派'가 중앙정계에 진출하기 시작한 成宗代 이래 '붕당정치'가 시작되었다고 알려진 宣祖代까지 약 1세기에 걸친 긴 기간이 소요되었으며, 이른바 '勳舊' 또는 '勳舊派', 權臣·戚臣 등 기존 정치세력에 대한 대항과정에서 '士禍'로 칭해지는 정치적 희생과 박해를 감수하면서 이루어졌다. 이 과정에서 사림파가 훈구파의 권력독점과 비리를 공격할 때 동원한 핵심 논리가 바로 주자학 명분론과 의리론이었다.

이 시기 사림 세력 정치 공세의 특징은 주자학 명분론과 의리론을 왕실의 특정인에 대한 의리와 관련시켜 제기하였다는 점이다. 成宗代 제기된 昭陵復位論이나 中宗代의 愼氏復位論 등은 그 대표적 사례였다.[12] 사림 세력은 이러한 왕실의 특정인에 대한 의리론을 내세우면서 정국의 주도권을 장악하고자 하였다. 이것은 인륜설과 강상론이라는 유교·주자학의 가장 보편적인 논리에 기초하여 자신들의 정치적 주장을 합리화하고 주자학 명분론과 의리론을 정착시키려는 독특한 양상으로 생각된다.

그 과정에서 주자학 정치론과 정치 현실 사이에 모순이 노출되기 시작하였다. 명분론과 의리론에 기초한 주자학 정치론은 궁극적으로 在地士族의 입장을 반영하여 君主權이 행사되는 것을 지향하였다. 그것은 이 시기에 君主聖學論으로 집약되었으며, 官人 儒者들의 정치 언

---

12) 이 시기의 昭陵復位論과 관련해서는 李秉烋, 1984,『朝鮮前期畿湖士林派研究』, 一潮閣, 44~46쪽 ; 정두희, 2000,『조광조-실천적 지식인의 삶, 이상과 현실 사이에서』, 아카넷, 제6장「단종의 어머니 권씨왕후 소릉의 복원」, 113~130쪽 ; 李賢珍, 2002,「조선전기 昭陵復位論의 추이와 그 의미」,『朝鮮時代史學報』23 등이 참조되고, 폐비 신씨 복위문제에 대해서는 李範稷, 1993,「訥齋 朴祥의 愼妃復位疏에 나타난 義理思想」,『韓國思想史學』4·5, 231~249쪽 ; 정두희, 2000, 앞의 책, 제5장「폐비 신씨의 복위 문제에 대한 논쟁과 조광조」, 91~112쪽 참조.

론을 통하여 극단적인 형태로 표출되었다. '權歸臺閣', '政出多門', '朋
黨的 행태의 등장' 등은 그러한 모순된 현실을 표현하는 말들이었다.
이는 결국 專制君主權을 견제하는 이론으로 작용하였는데, 군주가 동
의하지 않을 경우 파행적 정치현상이 나타나는 것을 막기 어려웠다.
이것이 戊午·甲子士禍의 발생 배경이었다.

이러한 모순된 정치 현실에 대하여 주자학 의리론과 붕당적 정치행
태에 초점을 맞추어 勳舊 세력이 士林 세력을 제거하려 한 것이 戊午
士禍였으며,13) 그 이후에도 君主聖學論에 의거한 三司 言論이 계속되
어 '政出多門'의 형세가 조성되고 군주권을 견제하려는 흐름이 멈추지
않자, 이에 대한 燕山君의 불만이 生母 尹氏의 廢妃 사건을 기화로 폭
발한 것이 甲子士禍였다.14) 갑자사화 이후 연산군에 의해 자행된 폭정
은 유교·주자학에 의한 군주권 견제의 족쇄가 풀어질 경우 초래될 수
있는 파행적 정치 행태의 극단을 보여 주었다.

---

13) 戊午士禍에 대하여 李秉烋와 李泰鎭은 서로 다른 정치세력의 대립이라는 관
점에서 사림파와 훈구파의 갈등을 그 원인이라 하였고, 와그너는 '三司의 역
할 증대에 대한 일종의 제재 조치'(Edward W. Wager, 1980, 「정치사적 입장
에서 본 李朝 士禍의 성격」, 『歷史學報』 85, 31쪽), 崔異敦은 '홍문관의 언관
화에 기초한 언권의 강화를 견제하기 위한 조처'(崔異敦, 1994, 앞의 책, 260
쪽)라고 정치제도의 측면에서 그 원인을 찾았고, 金燉 역시 '君權과 言官權
의 대립'을 그 원인으로 보았다(金燉, 1997, 앞의 책, 59쪽). 이것은 무오사화
에서 언관 전체를 처벌하지 못하고 金宗直 문인들로 처벌이 제한된 이유를
설명하기 어렵다는 점에 난점이 있다.
14) 갑자사화에 대해서는 宮中派와 府中派의 대립이라는 통설(李秉烋, 1996, 「사
림세력의 진출과 사화」, 『한국사』 28, 국사편찬위원회, 191쪽)에 대하여, '三
司의 諫諍權 남용에 대한 직접적 숙청'(와그너, 1980, 앞의 논문, 136쪽)이라
는 해석이 제출되어 있는 상태이다. 와그너의 해석은 갑자사화에서 尹弼商,
成俊, 李克均 등 훈구 대신들이 피화한 것을 설명하지 못한다. 세력간의 대
립이라는 통설적 이해는 그 대립의 필연성을 설명하지는 못한다는 문제가 있
다.

中宗反正 이후 戊午士禍의 도화선이 되었던 昭陵復位論이 中宗代 초기 정국에서 실현되는 과정은 주자학 의리론이 확대되는 형태로 진행되었으며, 그에 입각하여 변통론이 제기될 수 있는 발판이 되었다는 점에 그 의의가 있었다. 이어서 제기된 廢妃 愼氏 復位論爭은 趙光祖 일파가 정국의 주도권을 장악하는 계기가 되었다.15) 이 두 논쟁은 주자학 의리론이 당시 정국에서 갖는 先導性을 유감없이 발휘한 논쟁이었다고 생각된다.

그리고 신씨 복위논쟁 과정에서는 주자학 정치론이 현실 정치와의 사이에 빚어낸 모순에 대한 주의가 환기되기도 하였다. '권귀대각', '정출다문'에 대한 安瑭의 문제제기가 바로 그것이었다.16) 이후 정국 주도권을 장악한 己卯 士林은 그에 대한 나름대로의 해결책으로서 大臣 責任論을 제기하여 臺諫의 임무를 官吏 규찰이라는 본연의 임무로 제한함으로써 三公·六卿과 百官으로 이어지는 조정의 위계질서를 바로잡아서 군주권을 강화시킬 것을 구상하였다.17) 그리하여 이들에게서는

---

15) 中宗代 政局 동향에 대해서는 다음을 참조. 申奭鎬, 1935, 「己卯士禍의 由來에 관한 一考察」, 『靑丘學叢』 20(朴性鳳 譯, 1996, 『申奭鎬全集』 上, 新書苑, 445~488쪽) ; 朴榮圭, 1961, 「朝鮮 中宗初에 있어서의 大臣과 臺諫의 對立」, 『慶北大論文集』 5 ; 李楠浩·金光哲, 1982, 「朝鮮王朝 中宗代의 王權과 政治勢力의 動向」, 『馬山大學論文集』 4 ; 이병휴, 1984, 앞의 책, 117~159쪽 ; 金燉, 1997, 앞의 책, 101~164쪽 ; 윤정, 1997, 「조선 중종 전반기 정국구도와 정책론」, 『역사와 현실』 25, 138~176쪽 ; 정두희, 2000, 앞의 책.

16) 『中宗實錄』 卷22, 中宗 10년 乙亥 8월 庚辰, 國史編纂委員會 간행 『朝鮮王朝實錄』 影印本, 15책 104쪽(이하 '15-104'로 표기함), 67(판심쪽수) ㄱ(우측면)~ㄴ(좌측면).

17) 조광조의 정치사상과 그의 활동에 대해서는 다음을 참조. 姜周鎭, 1979, 『趙靜菴의 生涯와 思想』, 博英社 ; 金光哲, 1983, 「靜菴 趙光祖의 政治思想」, 『釜山史學』 7 ; 金基鉉, 1987, 「趙靜菴의 道學觀」, 『民族文化研究』 14 ; 曺昇鎬, 1990, 「靜菴 趙光祖의 改革政治 研究」, 『江原史學』 6 ; 金鏞坤, 1994, 『朝鮮前期 道學政治思想 研究』, 서울대 박사학위논문 ; 鄭杜熙, 1995, 「己卯士禍

주자학 의리론에 입각한 君主聖學論과 大臣 責任論, 王權論이 變通
指向 經世論과 밀접하게 결합되어서 나타났다.

　그와 함께 己卯 士林에 의해 다양한 활동이 變通의 차원에서 전개
되었다. 宮中 女樂이나 內需司 長利와 같은 왕실 내부의 전통적 인습
을 혁파하는 것, 忌晨齋 혁파나 昭格署 폐지와 같은 闢異端 운동,[18]
陵寢朔望祭 및 原廟制 改革論, 中宗繼妃 納妃禮時 廟見禮 실시론 등
과 같은 禮制 개혁운동,[19] 賢良科와 같은 과거제도 개혁론[20] 및 토지
제도 개혁론[21] 등이 모두 변통의 차원에서 논의되었다. 심지어는『小
學』보급운동이나 鄕約 보급운동을 변통의 차원으로 인식한 논자도
있었다.[22] 그리고 이처럼 개혁이 추진되는 가운데 변통론 자체가 첨예
한 정치적 쟁점이 되었다. 훈구 세력은 祖宗法制는 함부로 고쳐서는
안 된다면서 강하게 반발하였던 것이다. 중종 역시 기묘 사림의 집요
한 개혁 추구 성향이 오히려 국왕권을 위협하고 있다고 인식하였다.
따라서 현실 정치에서는 '權歸臺閣'에 의한 君主權 견제와 朋黨的 양

　　와 趙光祖」,『歷史學報』146 ; 鄭杜熙, 1999,「昭格署 폐지 논쟁에 나타난 趙
　　光祖와 中宗의 대립」,『震檀學報』88 ; 정두희, 2000, 앞의 책 ; 宋雄燮, 2001,
　　「中宗代 己卯士林의 形成과 學問的 交遊」,『韓國史論』45 ; 정재훈, 2005,『조
　　선전기 유교정치사상 연구』, 태학사, 223~239쪽.
　18) 李秉烋, 1984, 앞의 책, 125~135쪽 참조.
　19) 鄭景姬, 2000,「朝鮮前期 禮制・禮學 硏究」, 서울대 박사학위논문, 158~176
　　쪽 참조.
　20) 李秉烋, 1984, 앞의 책, 216~232쪽 ; 윤정, 1997, 앞의 논문 참조. 윤정은 천거
　　제와 함께 魯山君 立後 문제도 사림파의 대표적인 更張의 사례로 꼽고 있다.
　21) 李景植, 1988,「朝鮮前期의 土地改革論議」,『韓國史硏究』61・62 ; 金泰永,
　　1989,「朝鮮前期의 均田・限田論」,『國史館論叢』5 ; 李景植, 1998,『朝鮮前
　　期土地制度硏究Ⅱ－農業經營과 地主制』, 473~495쪽 참조.
　22) 李滉의 경우가 바로 그러하였다.『靜菴集』附錄 卷6,「行狀」, 民族文化推進
　　會 간행『韓國文集叢刊』22책 131쪽(이하 叢刊 22-131로 표기함), 4(판심 쪽
　　수) ㄱ(우측면) 참조.

상을 노출하지 않을 수 없었다. 이것이 기득권 세력인 勳舊 大臣과 국왕의 반발을 불러일으켜, 賢良科 실시와 靖國功臣의 僞勳削除 문제를 계기로 하여 '交結朋黨'과 '舊章變亂'을 이유로 사림 세력이 숙청된 것이 己卯士禍였다.[23]

경세론의 측면에서 볼 때 기묘사림 단계까지는 자영소농 경영과 재지사족의 이익을 동시에 추구하는 변통론이 제기되었다. 중종대 기묘사림이 제기했던 토지제도 개혁론은 그것의 정점에서 나온 주장이었다. 그러나 을사사화를 전후한 시기의 사림 계열의 경세론에서는 변통론은 약화되고 修身 爲主의 道學的 經世論이 지배하게 된다. 李彦迪의 君主聖學論은『大學』에서 제시한 修身·齊家뿐만 아니라 治國 그 자체의 문제까지도 군주의 心術을 바르게 한다는 君主修身의 도덕적 차원으로 환원시켜서 제기하고 있었다.[24] 을사사화 이후에는 제도개혁

---

23) 己卯士禍에 대하여 와그너 교수는 조광조와 그 일파가 三司를 거점으로 삼고 공통의 이념에 의해 붕당을 형성하여 배타적으로 국가를 운영하려 했기 때문에 중종이 숙청을 승인하여 발생한 것으로 인식하였다(와그너, 1980, 앞의 논문, 155쪽). 사화를 주도한 '기성세력'은 아마도 靖國功臣을 지칭한 듯하다. 李秉烋 교수는 "사림파의 성장과 그에 따른 일련의 개혁에 불안을 느낀 공신 및 비공신계 훈구파의 연합세력"(李秉烋, 1984, 앞의 책, 206쪽)이 僞勳削除 사건을 계기로 하여 일으킨 사건(이병휴, 1996,『한국사』28, 국사편찬위원회, 197쪽, 256쪽)이라고 하였다. 崔異敦은 "郎官權의 형성이 야기한 정치구조의 변화를 제지하려는 움직임"이 己卯士禍라고 하였다(崔異敦, 1994, 앞의 책, 145쪽). 高英津은 鄭光弼 등 대신과 예조의 전문관료들을 중심으로『朱子家禮』의 부분적 시행을 주장하는 '國朝五禮儀派'와 趙光祖를 위시한 신진사류들을 중심으로『朱子家禮』의 완전한 시행을 주장하는 '古禮派'의 대립이 기묘사화의 한 원인이 되었다고 보았다(高英津, 1995,『조선중기 예학사상사』, 한길사, 52쪽, 61쪽). 金燉은 "言官權의 지나친 비대화에 따른 王權·宰相權의 대대적인 반격"이 기묘사화라고 하였다(金燉, 1997, 앞의 책, 173쪽).

24) 李彦迪의 思想에 대해서는 다음 논저를 참조. 成均館大學校 大東文化研究院, 1992,『李晦齋의 思想과 그 世界』; 金鎔坤, 1994,「朝鮮前期 道學政治思

을 의미하는 경장과 변통을 통하여 당시 국가가 직면한 위기를 극복하려는 지향은 점차 약화되어 가고 있었다. 기묘사화 이후 조광조 등 기묘사림 소통 논의 과정과 을사사화를 전후한 이언적의 경세론의 변화는 바로 기묘사림 단계까지 견지되었던 자영소농의 이해관계를 반영하는 변통론이 약화되고, 성장하는 중소지주의 입장이 주로 관철되는 과정을 반영한 것이었다. 그리고 그것이 주자학 정치론의 본질이기도 하였다고 생각된다.

결국 주자학 의리론을 내세우면서 성종대 등장한 사림 세력의 진보적 역할은 기묘사림 단계에서 의리론의 연장선상에서 자영소농의 보호를 주장하는 변통론을 제론하여 그 정점을 보이다가 기묘사화 이후에는 훈척의 정치 공세와 박해에 내몰리면서 의리론 자체를 유지하는 데 급급하였으며, 그 과정에서 주자학 명분론과 의리론을 강조하는 조선 주자학의 독특한 양상이 李彦迪을 거쳐 李滉에 의해 정착되기에 이른 것이었다.

이황이 조광조보다는 이언적을 높이 평가한 것은 그가 주로 활동했던 명종대가 척신정치에 의한 정치적 박해가 아직도 맹위를 떨치던 역사적 상황의 산물이었으며, 동시에 그가 주자학 정치론의 본질에 보다 충실한 학자였음을 의미하는 것이었다. 문제는 그것이 지주제의 확대 발전을 방임하는 가운데 집권적 봉건국가의 위기가 심화된다는 데 있었다. 따라서 국가의 위기를 해결하고자 하는 관인 유자들 사이에서는 조광조의 변통론을 재평가하여 현실 문제 해결에 원용하고자 하는 인물이 나오기 마련이었다. 李珥는 그러한 경향을 대표하는 학자였다고 생각된다. 여기에 이황과 이이에 이르러 완성된 주자학 정치론의 결정

想 研究』, 서울대 박사학위논문 ; 默民記念事業會 編, 2000, 『晦齋 李彦迪의 哲學과 政治思想』, 博英社 ; 김정신, 2000, 「朝鮮前期 士林의 '公' 認識과 君臣共治論」, 『學林』 21, 延世大 史學研究會 ; 鄭在薰, 2005, 앞의 책.

체인 군주성학론의 서로 다른 특징이 나타난 소이가 있었다.25) 이후 진행된 당쟁에는 이러한 두 경향의 經世論이 상호 대립하는 측면도 반영되면서 진행되었던 것이다.

2. 李珥 · 成渾의 變通論과 東 · 西 分黨

1) 李珥의 破朋黨論과 更張論을 둘러싼 갈등

宣祖代에는 이제 사림파가 정국의 주도권을 장악하고 붕당으로 분열하여 상호 대립하던 시기였다. 그러나 의리론과 公論政治를 앞세운 사림파의 정국 운영은 곧 자체 모순을 노출하면서 무한 대립에 빠져 들어갔다. '사림'이 동인과 서인으로 분열된 이래, 동인이 남인과 북인으로, 북인이 대북과 소북, 대북이 골북과 육북 등으로 끝없이 분화되어 간 것은 그것을 말해 준다. 선조대에 사림정치의 이러한 모순을 의식하고 이를 극복하기 위해 가장 적극적으로 노력한 인물이 栗谷 李珥였다. 李滉 · 曹植보다 한 세대 뒤에 등장한 율곡 이이는 이들과 달리 의리론을 치인의 영역으로까지 확장하려 하였던 조광조를 계승하여 변통론 위주의 경세론을 전면에 내세웠다.

선조대에 '士林'이 집권하자마자 분열되어 무한대립으로 치닫는 정치 현실에 대하여 이이가 매우 개탄하면서 이를 극복하기 위해 노력하였다는 점은 잘 알려져 있다.26) 동서 분당에 대하여 이이는 동인이나 서인이 모두 사류라는 입장에서 '동 · 서인의 명목을 타파하고 士類를 보합할 것'[打破東西 保合士類]과 調劑論을 내세웠다.27) 그는 사류가

---

25) 李滉과 李珥 君主聖學論의 차이점에 대해서는 金駿錫, 2003, 앞의 책, 248~
   249쪽 참조.
26) 李泰鎭, 1977, 『韓國軍制史』, 陸軍本部, 54~58쪽.

분열되면 국가가 멸망할 것이라고 보고 이를 저지하고자 하였다.[28] 당시의 상황을 국가의 위기로 진단한 이이는 당시의 가장 시급한 과제는 연산군 이래 훈척정치 아래에서 파생된 폐정을 개혁하여 安民·保民을 이루는 것으로 간주하였다. 이를 위해서는 士類가 서로 협력하지 않으면 안 된다고 보았다. 이이는 '保合士類'를 弊政改革의 전제로 보고, 이를 당시 정치의 근본 문제로 간주하였다.[29]

소위 '三尹事'를 계기로 한 東人의 沈義謙과 西人에 대한 공격은 修身 위주의 의리론에 기초한 것이었다. '三尹事'란 尹斗壽·尹根壽·尹晛이 뇌물을 받았다는 것이고, 沈義謙이 外戚으로서 정치에 관여하려 한다는 것이 공격의 요점이었다.[30] 勳舊와 權臣·戚臣의 전횡에 의해 오랫동안 박해를 받아오면서 사림들에게 각인된 바로 그 주자학 의리론이었다. 동인은 당시 사림 일반의 공감을 얻고 있던 이러한 명분의 리론 상의 우위에 편승하여 심의겸을 소인으로, 그리고 심의겸과 삼윤을 비호하려는 서인을 邪黨으로 몰아서 '東是西非'를 '國是'로 공인받으려 하였다.

이에 대하여 이이는 '삼윤'은 스스로 부정한 일을 일으켜 사류의 비판을 받았으니 청직에 참여시키지 말 것이며, 심의겸은 작록은 보존하도록 하되 외척이니 요지에 두지는 말자고 제안하고, 그 나머지 서인들은 재능에 따라 벼슬을 주고, 동인 중에서 의논이 과격한 사람은 제재하여 억제하자고 주장하였다.[31] 이이가 이렇게 '打破東西 保合士類'

---

27) 鄭萬祚, 1992, 「朝鮮時代 朋黨論의 展開와 그 性格」, 『朝鮮後期 黨爭의 綜合的 檢討』, 韓國精神文化硏究院, 114~127쪽.
28) 『栗谷全書』 卷7, 「代白參贊仁傑疏」, 叢刊 44-139, 14ㄱ, '東西二字 是亡國之禍胎也.'
29) 『栗谷全書』 卷7, 「陳時事疏」(癸未), 叢刊 44-152, 41ㄱ~ㄴ.
30) 『宣祖修正實錄』 卷12, 宣祖 11년 戊寅 10월 戊寅, 25-479, 15ㄱ~16ㄴ.
31) 『栗谷全書』 卷12, 「答李潑」(庚辰), 叢刊 44-255~256, 30ㄴ~31ㄱ. 서인들은

를 내세우는 배경에는 '民生문제를 최우선의 해결 과제로 보는 그의 時局觀'이 깔려 있다는 점에 대해서는 일찍이 先學들에 의해 지적되어 온 바와 같다.[32] 말하자면 이이는 사림에게 계승되어 온 수신 위주의 의리론을 인정하면서도, 이로 인한 논쟁은 사류 사이에 대립만을 격화시킬 뿐 '國家治亂'과 '生民休戚'에는 아무 관계가 없으니, 變通 指向의 경세론으로 그 관심의 방향을 변화시켜야 한다고 보았음을 알 수 있다. 이는 이이가 의리론을 치인의 영역으로까지 확장시키는 것이 당시 정치적 대립을 완화시키는 관건이 된다고 보았음을 의미한다.[33]

'三尹'의 뇌물사건을 동인들이 서인을 제거하기 위한 음모의 소산으로 보고 있었다. 珍島郡守 李銖가 三尹에게 뇌물로 쌀을 보냈다는 것인데, 옥사를 일으켜 유생 鄭汝忠을 혹독하게 형신하였지만 끝내 李銖 등의 자백을 받지는 못하였다. 마침 진도의 邸吏 중에 李銖와 원한을 맺은 자가 이것을 李銖가 三尹에게 뇌물로 준 쌀이라고 공초하자, 선조는 邸吏의 자복에 근거하여 대간의 논의에 따라 三尹을 파직시켰다(『宣祖修正實錄』 卷12, 宣祖 11년 戊寅 10월 戊寅, 25-479, 16ㄴ). 서인은 이 옥사를 李潑 등이 三尹을 제거하기 위해 무고로 일으킨 옥사로 보고 있었다(『李忠定公章疏』 卷1, 「申明栗谷先生論議本末疏」, 12쪽). 이이 역시 '李銖의 獄事'를 士類의 '識見不明 用意不弘'에서 초래된 是非와 義理에서 어긋난 일로 보고, 이를 주도한 柳成龍과 李潑의 무리를 비판하였다(『栗谷全書』 卷30, 「經筵日記」, 宣祖 12년 4월, 叢刊 45-194, 27ㄱ~ㄴ). 그럼에도 불구하고 이이가 三尹을 청직에 의망하지 말자고 한 것을 보면 이러한 시비를 정치적으로 확대시키는 것에 반대한 것임을 알 수 있다. 말하자면 修身 위주의 의리론에 입각한 시비 논쟁은 무한대립을 피할 수 없으며, 다른 정치적 의도에 의해 이용당할 소지를 안고 있다는 점에 대한 그의 통찰의 소산이라고 할 수 있다. 당시에 이 일에 대해서 그 주안점이 부정을 바로잡으려는 것에 있는 것이 아니라 동인이 서인을 공격하려는 데 있다는 사람들의 인식을 그가 거론한 것이 그것이다(『栗谷全書』 卷7, 「辭大司諫兼陳洗滌東西疏」(己卯), 叢刊 44-134, 5ㄱ). 沈義謙의 일에 대해서는 兩是兩非論으로 대응하였음은 鄭萬祚, 1992, 앞의 논문에 자세하게 정리되어 있다.

32) 李泰鎭, 1977, 앞의 책, 54쪽 ; 鄭萬祚, 1992, 앞의 글, 117쪽.
33) 『栗谷全書』 卷7, 「陳時事疏」(癸未), 叢刊 44-153, 43ㄱ, '聖心旣正 朝廷旣和則可議得人而革弊矣.' 이렇게 본다면 선조대 士林系의 分黨이 '체제의 未改

이러한 이이의 제안을 거부하고 동인들이 심의겸을 小人으로, 서인을 邪黨으로 몰아서 '東是西非'를 '國是'로 만들려 하자 그것의 폐단을 통렬하게 비판하였다. 무엇보다도 인물의 능력 여부보다 논의의 異同에 의해 사람을 등용함으로써 대립을 격화시키는 것이 가장 큰 문제였다.[34) '東是西非'論이 나온 이후에는 신진들 사이에서 서인을 공격하는 것이 출세 수단[發身之路]이 되어 다투어서 동인에게 附會한다는 것이다.[35) 인품이나 능력에 관계없이 서인을 공격하기만 하면 무조건

革性을 止揚키 위한 노력으로서 士類間의 엄격한 상호비판이 앞세워진 데서 있게 된 것'(李泰鎭, 1977, 앞의 책, 47쪽)이라는 주장은 사실과 일치되지 않음을 알 수 있다. 여기서는 東·西 分黨은 士林 系列이 수신 위주의 의리론에 깊이 침윤되어 있었다는 사상적 한계에서 초래된 것으로 보고자 한다. 이러한 사림의 사상적 한계는 훈구와의 오랜 대립 관계에서 사림 일반에게 각인된 것이었다. 이이의 정치적 활동은 바로 이러한 사림의 사상적 한계를 자각하고 經世 지향의 의리론을 제기하여 그것을 극복하고자 한 것에 그 의미가 있었다. 여기에 이이의 경세론, 즉 更張論을 역사의 진보로 규정하는 근거가 있다. 이렇게 보면 분당과 붕당간 정치적 대립이 격화된 것은 역사 발전에 부정적 작용을 한 것임을 인정해야 할 것이다.

34) 『栗谷全書』 卷12, 「答李潑」(庚辰), 叢刊 44-255, 30ㄱ.
35) 『栗谷全書』 卷7, 「陳時事疏」(癸未), 叢刊 44-153, 42ㄱ, '士類之初進輕銳者 知發身之路 在於攻西 故爭起附會.' 李珥의 東人에 대한 비판의식은 『石潭日記』에서 자주 보인다는 점은 일찍이 이미 지적되었다(이태진, 1977, 앞의 책, 57쪽). 그런데 여기서는 이러한 동인에 대한 비판의식으로 인해 동인에 대한 비판·견제의 필요성에서 이이가 '서인으로 自定'한 것으로 보았으나, 필자는 그가 '서인으로 自定'한 근거를 찾지 못하였다. 이이가 '상호 비판·견제의 원리에 입각하는 政派의 共存體制를 스스로 인정'한 적은 없었으며, 그는 破朋黨論에 입각한 '打破東西'를 일관되게 주장하였다고 생각된다. 이이가 선조 14년에 동인과 서인간의 조정을 포기한 것으로 간주하였으나(앞의 책, 56쪽, 주40), 이이가 죽기 바로 전해인 선조 16년(癸未)의 바로 위 상소문에서도 그의 破朋黨論은 의연히 견지되고 있다. 癸未年에 이이가 이조판서로서 다시 조정에 돌아왔을 때, '主西者'와 '主東者', 그리고 '士林公心者'의 세 가지 설이 있었는데, 이이가 '士林公心者'의 입장에서 東·西 士類를 保合하려 하였다는 이귀의 주장(『李忠定公章疏』 권1, 「申明栗谷先生論議本末

등용하고, 자신들의 서인 공격에 동조하지 않으면 무조건 서인으로 지목하여 배척하는 행태에 대한 비판이었다. 나아가서 이이는 이러한 추세가 계속될 경우 '붕당의 이름으로 처벌이 반복'되는 士禍가 발생할 위험성이 있다고 경고하였다.36) 이러한 정치적 대립으로 인한 국가의 위기를 극복하기 위해 자신은 '和平'을 주장하는데 동인들은 '排斥'을 주장하니 '竝行'할 수 없다고 이이는 단호한 입장을 보였다.37) 宣祖 16년(癸未)에 이이가 다시 조정에 나갔을 때 동인들의 탄핵을 받은 것은 그의 '和平之論'에 대한 東人의 반발이었다. 즉 그것은 수신 위주의 의리론을 앞세운 동인들과 변통 지향 경세론을 실현시키려는 이이와의 대립이었다.38)

疏」, 30쪽)은 근거 없는 것은 아니었다. 이 때 이이는 主西者라고 모두 군자가 아니고, 主東者가 모두 소인이 아니라고 말한 것은 그러한 입장의 표현이라고 볼 수 있다(『宣祖實錄』卷17, 宣祖 16년 癸未 10월 庚午, 21-408, 50ㄴ).

36)『栗谷全書』卷7,「辭大司諫兼陳洗滌東西疏」(己卯), 叢刊 44-136, 8ㄴ. 이이가 '선조 5년 李浚慶疏에 대해서는 붕당 합리화를 꾀하다가 선조 12년경에는 붕당 출현에 우려를 나타내'어 그의 붕당에 대한 입장이 변화된 것으로 파악하는 견해가 있다(정만조, 1992, 앞의 논문, 121쪽). 그러나 필자가 볼 때 이이는 일관되게 破朋黨論를 견지하였다고 생각된다. 이 견해에서는 李浚慶의 遺疏를 비판하는 이이의 「論朋黨疏」(선조 5년)가 朋黨肯定論을 폈다고 파악하였는데(정만조, 같은 논문, 110쪽), 필자가 볼 때는 '붕당의 지목에 의한 士禍'를 우려하여 작성되었으며, 그 주된 논지는 역시 파붕당론에 있었다고 생각된다. 또한『聖學輯要』의 君子小人 항목에 대한 이이의 주석을 인용하면서 붕당정치를 합리화한 것으로 이해하였으나(정만조, 같은 논문, 111~112쪽), 역시 동의하기 어렵다. 이이의 調劑論이 실제로는 朱子가 비판한 調停論과 同質의 것이었다(정만조, 같은 논문, 122쪽)고 본 견해에도 의문이 있다. 이이의 기본적인 입장은 동인과 서인이 모두 士類라는 동질적 집단이며, 붕당으로 군자와 소인을 나눌 수 없다는 것이다. 따라서 주자가 비판한 군자와 소인을 병용하는 '調停論'과 이이의 '調劑論'은 성격을 달리한다고 보는 것이 합당한 것 같다. '調停論'과 '調劑論'의 공통점과 차이점에 대해서는 이 책 3장 1절에서 상론한다.

37)『栗谷全書』卷12,「答李潑」(庚辰), 叢刊 44-255, 30ㄴ.

38) 淸 말기에 康有爲는 '義理派', '經世派'로 나누어 中國儒學史를 정리한 바 있다(康有爲,「長興學記」). 원래 孔子의 학문에는 義理와 經世가 모두 포함되어 있었는데, 董仲舒와 劉向 등에 의해 발전된 漢學은 經世에 치중한 것이었다면 朱熹 중심의 宋學은 義理에 치중한 것으로 보았다. 宋明理學이 '義理之學'에 치중한 것이라는 것은 누구나 인정하지만, 二程이나 朱熹뿐만 아니라 陸象山이나 王陽明 등이 유학의 '經世'라는 기본적 宗旨를 결코 방기한 것은 아니었다. 북송대 사대부의 '經世意識'(戶川芳郎·蜂屋邦夫·溝口雄三 지음, 조성을·이동철 옮김, 1990,『유교사』, 이론과 실천, 248쪽)을 계승하여 주희 단계에 와서 표출된 소위 '道學의 격렬성'은 이들의 經世에 대한 의지를 보여주는 것이었다(『유교사』, 1990, 앞의 책, 270~276쪽). 그렇지만 宋明理學은 불교와 도교의 宇宙論과 개체의 修煉에 중점을 두는 특질을 흡수하여 중점이 우주 본체에 대한 사고와 개인 수양의 완전함으로 옮겨감으로써 결국 義理之學에 치중하게 되었다(馮天瑜, 1998,「實學과 儒家의 經世傳統」, 한국실학연구회 편,『韓中實學史硏究』, 민음사, 556~561쪽 참조). 南宋代에 葉適과 陳亮이 儒學 '經世'의 기치를 내세우며 이들과 대항하는 事功學派를 형성한 것은 朱子學의 본질이 義理論에 있었다는 점을 분명하게 보여준다(이승환, 1994,「결과주의와 동기주의의 대결 - 진량과 주희의 왕패논쟁」,『논쟁으로 보는 중국철학』, 예문서원, 214~216쪽 참조). 말하자면 陳亮과 朱熹 사이에 진행된 王覇論爭은 주자학적 경세론, 또는 道學的 經世論의 한계를 분명하게 보여준 것이었다. 宣祖代 東西分黨期에 東人과 李珥 사이에 전개된 일련의 정치적 대립의 본질은 결국 '修身 爲主 義理論'과 '變通 指向 經世論' 사이의 대립으로 환원시켜 볼 수 있다는 것이 이 책의 입장이다. 이이 자신이 주자학자이고 주자학 명분론과 의리론을 부정한 적이 없었을 뿐만 아니라 그 의리론을 내세우면서 당대에 대한 나름대로의 현실인식에 기초하여 士林의 관심을 '修身'에서 '經世'로 돌려놓으려는 것이 그의 기본적 의도였고, 이것이 東人들과 정치적 대립으로까지 비화되었으므로 필자는 이것을 '修身 爲主 義理論'과 '變通 指向 經世論'의 대립으로 규정할 수 있다고 보았다. 양자는 모두 의리론을 그 출발점으로 삼고 있는데, 통치자의 도덕적 수양만으로도 이상적인 정치가 가능하다는 입장과, 설사 통치자의 도덕적 수양이 전제되더라도 법과 제도의 개혁이 없이는 이상사회에 도달할 수 없다는 입장 사이의 대립이었다. 따라서 그 강조점이 의리론 그 자체에 있느냐, 아니면 變通을 지향하는 事功을 중시하느냐의 차이가 있으며, 이것은 중국 유학사의 양대 흐름과 대응된다고 보아, 앞으로는 그냥 의리론과 변통론의 대립이라고 표현하고자 한다. 의리론자들 역시 경세론을 주장하지 않는 것은 아니었으나, 그들이 주장하는 통치자의 도덕적 수신을 강조하는 道學的 經世論은 법과 제도

이처럼 이이는 의리론을 고집함으로써 사림이 분열되는 현실을 비판적으로 인식하고 '經世'에 대한 관심을 환기시키면서 이를 극복하고자 하였을 뿐만 아니라 의리론에 의해 절대적 가치를 가진 것으로 인식되었던 公論政治와 公論의 성격[39]에 대해서도 문제를 제기하였다. 이이는 동인들이 '東是西非'를 '國是'의 차원에서 공인받으려 하자, 그것은 東人 主論者의 견해일 뿐 '公論'이 아니라고 반박하였다.[40] 이이가 문제삼는 것은 '東是西非'論 그 자체만이 아니었다. 그는 이것이 '士類'의 뜻이 아닐 뿐만 아니라 그것에 동의하지 않는 東人 내의 '깊은 식견을 갖고 원대한 사고를 하는 선비'[深識遠慮之士]마저도 '衆議'에 몰려서 제대로 자기 주장을 하지 못하는 붕당정치의 논의구조를 문제삼고 있었다.[41]

이이는 公論을 가탁한 '浮議'에 의해 사림정치가 혼란에 빠지는 모순을 직시하였다. 어디서 나온 것인지도 알 수 없는 '浮議'가 점차 확대되어 廟堂을 동요시키고 臺閣을 혼란에 빠뜨리면서 조정을 휩쓸어도 아무도 저항하지 못하게 된다. 심지어는 '浮議之權'이 태산보다 무거워서 그것의 예봉을 잘못 건드리면 公卿도 그 지위를 잃고, 賢俊도 그 명예를 잃는다고 하였다.[42] 주목되는 것은 '浮議'에 의해 정치만 혼란에 빠지는 것이 아니라 자신이 그렇게 힘써 주장하는 更張·變通論에 사사건건 제동을 걸어 저지하는 것이 바로 '浮議'라는 이이의 인식이다.[43] 士林이 훈척과 대항하여 확립시킨 공론정치가 그 자체만으로

의 개혁을 강조하는 變通 指向 經世論과는 구별된다고 보고자 하는 것이다. 양자의 내용과 성격상 차이점에 대해서는 이 책 5장 1절에서 상론한다.

39) 崔異敦, 1994, 앞의 책, 238~250쪽 참조.
40) 『栗谷全書』 卷7, 「辭大司諫兼陳洗滌東西疏」(己卯), 叢刊 44-135~136, 7ㄴ~8ㄱ.
41) 위와 같음, 8ㄱ.
42) 『栗谷全書』 卷7, 「陳時弊疏」(壬午), 叢刊 44-146, 29ㄱ~ㄴ.

는 絶對善을 보장하지는 못할 뿐만 아니라 오히려 역사 발전을 방해할
수도 있다는 것을 이이는 분명하게 인식하고 있었음을 알 수 있다.

나아가서 이이는 銓曹 郎官의 自薦制에 대해서도 문제를 제기하였
다. 소위 '郎官權'이란 中宗代 사림이 勳舊와 대항하는 과정에서 확립
된 인사 관행이었다.44) 당시에 사림은 훈구 대신들의 인사 전횡으로부
터 사림을 보호하기 위한 자구책 차원에서 당하 낭관들의 자천제를 인
사 관행으로 확보하였던 것이다. 이러한 인사 관행은 소위 '權奸'의 권
력 독점을 견제하는 데는 효과적이었을지 모르지만, 言官權과 결합하
여 정치언론을 격화시키고 三公 六卿들에 의한 책임정치의 구현을 어
렵게 하는 결정적 문제점을 안고 있었다. 더구나 당시의 弊政을 變通
하는 것이 가장 시급한 정치적 과제라고 인식한 이이의 경우 여기에
대해 문제의식을 갖는 것은 자연스러운 일이었다.

이이는 선조대 이른 시기부터 사류가 집권하고도 책임정치가 구현
되지 못하는 현실을 여러 차례 지적하여 왔다.

三公은 본시 인망이 두터운 사람들인데도 감히 정책을 건의하는[建
白施設] 것이 없이 부질없이 공손하고[恭] 삼가고[愼] 두려워하고[畏]
꺼리기[忌]만 할 뿐이어서 전혀 국가[邦國]를 다스리고[經濟] 世道를
만회할 희망이 없으니 다른 사람들이야 責望할 것이 무엇이겠습니까.
大官은 위에서 유유히 지내면서 오로지 앞뒤로 눈치보기[瞻前顧後]에
만 힘쓸 뿐이며, 小官들은 밑에서 빈둥거리면서 오직 때를 보아 이익
을 추구하는 짓이나 일삼고 있습니다. 紀綱을 바로잡는 일은 오로지

---

43) 위와 같음, 38ㄱ. 이이가 변통론을 주장하는 여러 상소문에서 '議者'라고 하여
   인용한 말은 이이가 '浮議'로 간주하고 있음을 알 수 있다. 이것은 이이가 주
   자학 정치론과 현실 정치 사이의 모순에 대해서 비판적으로 성찰한 결과로
   볼 수 있어서 주목된다.
44) 崔異敦, 1994, 앞의 책, 132~172쪽 참조.

臺諫에게 맡겨져 있으나 다만 한두 명의 간사한 조무래기들을 잡아냄으로써 責任이나 면하려 하고, 銓選은 오로지 청탁으로 이루어져서 한두 명의 名士들을 벼슬자리에 안배함으로써 공정을 기하는 것처럼 가탁할 뿐입니다.[45]

여기서 이이가 三公이 '공손하고[恭] 삼가고[愼] 두려워하고[畏] 꺼리기[忌]'만 할 뿐 '정책을 건의하는'[建白施設] 것이 없다고 지적한 것은 당시 사림들 대부분이 修身 위주의 의리론에 함몰되어 經世를 도외시하는 일반적 경향에 대한 날카로운 비판이었다. 그는 이것이 책임정치를 가로막는 결정적 요인으로 보았다. 조정 搢紳들이 이처럼 修身 위주의 의리론에만 함몰되어 무책임한 상태에서는 자신이 구상하는 變通・更張論은 실현될 가망이 없다고 보았을 것임에 틀림없다. 弊法이 개혁되고 새로운 제도가 시행되려면 公卿百僚가 한 마음으로 나라를 위하여 자신의 직무를 다해야 하고, 臺諫이 이를 엄격하게 감시하지 않으면 안 되는 일이었다.[46] 郎官 自薦制는 바로 이러한 책임정치의 구현을 가로막는 관행으로 보일 수밖에 없었다.

선조 15년에 이이는 이조판서를 사직하는 계사에서 본격적으로 이 문제를 거론하였다. 祖宗朝에는 이조판서를 세도를 자임하는 사람으로 엄격하게 선발하여 인사를 공정하게 하고 청론을 주도하게 하였으며, 낭관은 그를 보좌하였을 뿐이었는데, 당시에는 館閣淸選이 모두 郎僚에게 돌아가서 이조판서는 그 눈치나 보고 있으니 淸議가 郎僚에게 있어서 紀綱이 서지 않는다는 것이다. 그는 조종조의 良法이 오랫동안 폐지된 채 시행되지 않고, 낭천제와 같은 잘못된 규정[謬規]과 弊

---

45) 『栗谷全書』卷5, 「萬言封事」(甲戌), 叢刊 44-101, 19ㄱ ; 同, 卷7, 「司諫院請進德修政箚(辛巳), 叢刊 44-142, 21ㄱ에도 비슷한 지적이 보인다.
46) 『栗谷全書』卷6, 「應旨論事疏」(戊寅), 叢刊 44-127, 24ㄱ~ㄴ.

54

習이 도리어 成憲처럼 성행하는 것이 오늘날 정치가 잘못된 이유라고 지적하였다.[47] 이러한 이이의 주장에 선조가 동조하여 자천제는 제도 상으로는 혁파되었지만, 동인들의 반발에 의해 그 관행은 쉽게 사라지지 않았다.[48]

이이가 이처럼 사림이 훈척과 대항하는 과정에서 사림 사이에 절대 선의 정치원리로 인식된 공론정치와 자천제에 대해 문제를 제기한 것은 당시를 국가의 위기로 파악한 현실인식 때문이었다. 훈구나 권간의 전횡을 공론에 의해 비판하고 자천제로 견제하는 것만으로 그러한 위기가 저절로 없어지는 것은 아니었다. 그는 당시 사림 일반을 지배하고 있던 수신 위주의 의리론으로는 이러한 위기를 타개할 수 없다는 것을 분명히 인식하고 있었다.

그는 선조에게 '義理'에 대한 소견은 정밀하면서도 그것을 '治國'으로 확장하지 못하는 것을 책망하였다.[49] 그런가하면 '整齊嚴肅'이 외모의 수양만으로 그치고 '政事'가 天理에서 나오지 못한다면 진정한 '정제엄숙'이 될 수 없다고 말하기도 하였다.[50] 修身 위주의 義理에서 경세 지향 義理로의 전환을 촉구한 것이다. 이는 金宇顒이 修身 위주의 의리론만으로도 정치가 이루어질 수 있다고 보는 것과 대비된다. 그는 이이가 경연에서 선조에게 한 말이 '事業'에 대한 말이 많고, '心學'에 대한 말이 적다고 비판하면서, 만약 선조가 學問하는 요령만 알면 政事는 저절로 이치에 맞게 될 것이라고 말하였다.[51] 柳成龍 역시

---

47) 『栗谷全書』 卷8, 「辭吏曹判書 三啓」(壬午), 叢刊 44-169, 13ㄱ~ㄴ.
48) 崔異敦, 1994, 앞의 책, 206~207쪽. 여기서 자천제 혁파를 동인에 대한 서인의 공세로 파악한 것은 너무 당론적 시각에서만 바라본 것이라고 생각된다.
49) 『栗谷全書』 卷29, 「經筵日記」二(선조 6년 10월), 叢刊 45-136, 15ㄱ.
50) 『栗谷全書』, 卷29, 「經筵日記」二(선조 6년 10월), 叢刊 45-138, 18ㄱ. '整齊嚴肅'은 宋學 도덕수양론의 핵심 개념인 敬을 실천할 때 나타나는 겉모습을 말한다(『中國儒學百科全書』, 1997, 앞의 책, 636쪽 참조).

이이가 更張에 적극적인 것을 그의 단점으로 보았다.[52] 당시 동인 주론자들의 이러한 인식에 비추어 볼 때 癸未年에 東人 三司가 이이를 탄핵한 것은 단순히 반대를 위한 반대가 아니었음을 알 수 있다.

사실 이이의 更張論에 대한 반발은 東·西 分黨 이전부터 그가 경험해 온 일이었다. 선조 9년에 이이는 성혼에게 편지를 보내어 시비와 이해를 따져보지도 않고 '更張'은 무조건 불가하다고 하는 士林의 풍토를 개탄하였다. 更張의 목적은 '便民'에 있으므로 貪官汚吏·幸民이 반대하는 것은 당연한 일이었다.[53] 그런데 '士林'이 깊이 생각해보지도 않고 탐관오리나 '행민'들이 떠드는 소리를 따라서[隨聲] '和附'하여 개혁하려는 사람만 처벌하려는 풍조가 만연되어 世道를 구제하기가 어렵다는 것이다.[54] 이것은 선조 7년 황해도 관찰사로 재직할 당시의 일을 말한 것이었다. 당시에 이이가 개혁한 것을 후임 감사가 모두 뒤집어버렸던 것이다. 그리고 조정에서는 큰 것은 일체 저지되고, 따라주는 것은 그다지 이해가 없는 것들이라고 불평하였다. 한 도의 정사는 두서너 달 만에 이루어질 수 없는 것인데 앞에서는 조정의 의논이 가로막고 뒤에서는 교대하러 온 사람이 무너뜨리니 어떻게 해볼 수가 없다는 것이다.[55]

2) 李珥·成渾과 東人의 대립

이후에도 이이는 기회가 있을 때마다 선조에게 개혁을 촉구하였지

---

51) 『栗谷全書』卷29, 「經筵日記」(선조 6년 10월), 叢刊 45-139, 21ㄱ, '(金)宇顒曰然. 公於經席 啓辭固好. 但事業上言語多 心學上言語少. 吾意則不然. 自上若知學問入頭處 則事爲自中於理矣.'

52) 『宣祖修正實錄』권19, 宣祖 18년 乙酉 5월 辛未, 25-541, 3ㄴ.

53) 『栗谷全書』卷11, 「答成浩原」(丙子), 叢刊 44-222, 5ㄴ.

54) 위와 같음, 叢刊 44-223, 8ㄴ.

55) 위와 같음, 叢刊 44-224, 9ㄱ.

만 선조의 신뢰를 얻지는 못하였다. 이러한 선조의 자세는 선조 14년 4월 成渾의 개혁을 촉구하는 상소에 대해 '李珥의 어법과 같다'고 불쾌한 뜻을 표명할 때까지 변하지 않았다.56) 그런데 같은 해 7~8월간 靑陽君 沈義謙을 탄핵하는 문제를 두고 삼사에서 이루어진 다툼을 보면서 선조의 이이에 대한 신뢰가 쌓였던 것 같다. 이 때 이이는 대사헌으로서 서인을 일방적으로 편든다는 李潑 등 東人의 의심을 벗어나서 東西의 調劑保合을 추진할 수 있는 입지를 구축하기 위해 심의겸 탄핵에 동의하면서, 그것이 정철을 비롯한 서인 일반으로 확대되는 것을 막으려 하였다. 이이의 이러한 입장에 대해서 처음에는 김우옹은 물론 정인홍도 동의하였다.57) 그러나 정인홍이 약속을 어기고 탑전에서 윤두수·윤근수·정철 등이 심의겸과 결탁하였다고 진계하자, 이이는 정인홍에게 약속을 어긴 것을 책망한 뒤, 정철이 심의겸과 결탁한 일은 없다고 주장하였다. 이에 윤승훈이 '정철을 구해한다'고 이이를 공격하자 이이 역시 윤승훈이 '식견'이 없이 사류의 '風旨'에 '承望'하여 '趣附' 하려든다고 비난하였다.58) 이에 대해 선조는 '경망스러운 자'가 '충직한 신하'를 공격한다고 윤승훈을 비판하고는 동인에게 이이와 협력하여 국사에 진력하라고 촉구하였다. 그리고 동인의 요구를 수용하여 이이를 대사헌에서 체직시키는 것과 함께 윤승훈을 신창현감으로 外補하여 버렸다.

---

56) 『宣祖修正實錄』卷15, 宣祖 14년 辛巳 4월 甲午, 25-498, 16ㄱ.

57) 위와 같음, 7월 壬戌, 25-500, 20ㄴ~21ㄱ.

58) 위와 같음, 8월 壬辰, 25-501, 23ㄱ~ㄴ. 여기서는 윤승훈이 이이를 논계하려 하자 동료들이 거의 따르지 않았다고 하였다. 「經筵日記」에서는 윤승훈이 時論에 추부하는 것을 옳지 않게 여겨 마땅히 체직시켜야 한다는 것이 당시의 公論이었다고 하였다. 그런데 李潑·金宇顒 등이 鄭澈을 매우 미워하여 윤승훈을 구제하려 하자 선조는 불만을 표시하고 李珥를 지지하였다. 그러자 이이의 윤승훈을 비판하는 啓辭가 나왔다(『栗谷全書』卷30, 「經筵日記」, 宣祖 14년 8월, 叢刊 45-220~221, 79ㄱ~81ㄴ).

그 해 10월 이이는 대신들의 추천으로 호조판서가 되어 선조가 천재에 대한 대책을 묻자 '經濟司'를 설치하여 弊政을 개혁할 것을 건의하였다.59) 이 때는 선조의 호응을 받지 못하였지만, 이듬해인 선조 15년 9월에 議政府 右贊成이 되어 올린 장문의 상소문에서 역시 '流俗과 浮議에 흔들리지 말고 更張하라'고 주장하여 '유념하겠다'는 비답을 받고 며칠 뒤 이에 대해 선조와 종일토록 토론할 정도로 호의적인 반응을 얻어냈다. 그러나 이번에는 副提學 柳成龍의 반대로 무위로 돌아가고 말았다.60)

그 해 12월에 병조판서가 된 이이가 선조 16년 1월에 출사하여 숙배하는 자리에서 선조는 이이에게 평소에 주장해온 '更張과 改紀'를 실천하여 '전래의 弊習을 모조리 혁파하고 養兵의 계획을 세운다면 국가에 다행일 것이다'라고 격려하기에까지 이르렀다.61) 이에 李珥는 그 해 2월과 4월에 연이어서 장문의 상소문을 통해 그 특유의 更張論을 피력하였다. 2월의 상소문에서는 우선 선조의 주문에 따라 '養兵'에 주안점을 둔 것이어서 다른 道學的 經世論과 외견상으로는 큰 차이가 없어 보인다. 그러나 李珥는 여기서도 呈病과 避嫌이라는 士林政治의 폐단을 개혁할 것을 주장하는 면모를 보였다.62)

4월의 상소문에서 李珥는 2월의 상소문을 의식하면서 '天下之事'에는 本末이 있는데, '군사를 길러서 방비를 굳히는 것'은 末이며, '조정

---

59) 『宣祖實錄』卷15, 宣祖 14년 辛巳 10월 丙午, 21-378~379, 18ㄴ~20ㄱ.
60) 『宣祖修正實錄』卷16, 宣祖 15년 壬午 9월 丙辰, 25-508, 8ㄴ~9ㄱ. 이 때 副提學 柳成龍이 이이의 논의가 時宜에 적합하지 않다고 극론하여 중지되었다. 당시 유성룡은 '更張'에는 반대하지 않지만 이이의 재주로는 불가능하다고 말했다고 한다. 선조 16년 4월 상소문에서 이이는 이를 거론하면서 '得人之難'을 핑계로 變通을 막는 논의라고 반박하였다(『栗谷全書』卷7, 「陳時事疏」, 叢刊 44-154, 44ㄱ, '今之議者 託於得人之難 每遏變通之論').
61) 『宣祖修正實錄』卷17, 宣祖 16년 癸未 正月 丙子, 25-509, 1ㄱ.
62) 『宣祖實錄』卷17, 宣祖 16년 癸未 2월 戊戌, 21-385~387, 4ㄴ~7ㄱ.

을 화합하게 하여 弊政을 개혁하는 것'이 本이라고 말하면서 更張의
전제로서 그에게 특유한 破朋黨論을 적극 개진하였다. 그는 여기서 다
시 한 번 朋黨 단위의 黜陟에 반대하고, 東西를 '녹여서 제거하고 진
정시켜서 조화롭게'[消融蕩滌 鎭定調和] 하여 '公是公非'를 일시의 公
論으로 삼을 것을 주장하였다.[63] 그는 이것이 革弊의 전제라고 명백하
게 표명하였다.[64]

　그리고 자신에 대한 유성룡의 비판을 염두에 두고서 '得人'의 어려
움을 핑계로 삼아서 변통을 거부하는 논의를 논척하였다. 이어서 당시
의 시급한 현안으로서 '공안을 고칠 것'[改貢案]·'군적을 고칠 것'[改
軍籍]·'주와 현을 합하여 줄일 것'[幷省州縣]·'감사의 임기를 길게
할 것'[久任監司] 네 가지를 거론하였다. 그 끝에서 다시 한 번 변통에
반대하는 사림의 일반적인 정서를 '俗情', '具臣의 常態'라고 비판하고,
자신의 계책을 써서 3년이 지나도 효과가 없다면 처벌을 달게 받겠다
고까지 말하였다.[65] 그리고 마지막으로 養兵과 관련하여 庶孼과 公私
賤 중에서 武才가 있는 자를 선발하여 스스로 식량을 갖추어 防戍에
나가는 조건으로 서얼을 仕路에 許通하고 公私賤은 免賤하여 良人으
로 만들어 주고, 武才가 없더라고 納粟하면 許通·從良할 것을 건의
하였다.[66]

　이러한 이이의 상소에 대하여 선조는 가상하다고 칭찬하고, 공안을
고치는 것[改貢案]은 논의가 합일되지 못한다는 이유로 유보하였지만
군적을 고치는 것[改軍籍]은 병조판서인 이이의 재량에 맡겼다. 그리
고 州縣을 합병하는 것과 監司를 久任하는 문제는 시험해 볼 것이며,

---

63) 『栗谷全書』卷7, 「陳時事疏」, 叢刊 44-153, 43ㄴ.
64) 위와 같음, 叢刊 44-154, 44ㄱ, '聖心旣正 朝廷旣和 則可議得人 而革弊矣.'
65) 위와 같음, 叢刊 44-156, 49ㄱ.
66) 위와 같음, 叢刊 44-156~157, 49ㄴ~50ㄱ.

庶孽과 賤人의 許通·從良 건은 즉시 시행을 명할 정도로 적극적인
의지를 표명하였다.[67] 그리하여 서얼을 허통하는 것과 공사천을 종량
하는 것,[68] 감사를 구임시키는 것,[69] 冗官을 태거시키는 것[70] 등이 착
착 실행에 옮겨졌다. 吏曹銓郞 自薦制가 폐지된 것도 이 무렵일 것으
로 보인다.[71]

　이러한 변통에의 흐름을 차단하고 나온 것이 兩司의 李珥 탄핵이었
다. 양사에서는 軍政은 중대한 일인데도 이이가 아뢰지도 않고 마음대
로 행하였고, 또 예궐해서 대죄하지 않았으며, 아울러 부름을 받고 궐
내에 왔으면서도 승정원에 들러 上敎를 받지 않았다고 논박하면서 임
금을 업신여긴 죄로 파직시키라고 청하였다.[72] 이것을 선조는 물론 들
어주지 않았지만 대간의 탄핵이 나왔으므로 이이 입장에서는 사직을

---

67) 『宣祖實錄』卷17, 宣祖 16년 癸未 4월 乙丑, 21-389~390, 12ㄴ~13ㄱ.
68) 『宣祖修正實錄』卷17, 宣祖 16년 癸未 4월 壬子, 25-515, 12ㄱ~ㄴ.
69) 『宣祖修正實錄』卷17, 宣祖 16년 癸未 5월 壬午, 25-515, 13ㄴ.
70) 『宣祖實錄』卷17, 宣祖 16년 癸未 5월 丁未, 21-391, 15ㄱ.
71) 吏曹銓郞 自薦制가 언제 폐지되었는지는 분명하지 않다. 『黨議通略』에서는
　　宗室 慶安令 李瑤의 건의로 폐지된 것으로 되어 있다(『黨議通略』宣祖朝).
　　李瑤가 선조를 면대한 사실은 『宣祖實錄』에는 기록이 나와 있지 않고, 『宣祖
　　修正實錄』(卷17, 宣祖 16년 癸未 4월 壬子, 25-515, 12ㄴ~13ㄱ)에 『黨議通
　　略』의 기록과 비슷한 내용이 실려 있다. 그리고 승정원에서 이 규정의 혁파
　　를 취소하라는 啓가 6월 20일자로 나온다(『宣祖實錄』卷17, 宣祖 16년 癸未
　　6월 庚午, 21-392, 17ㄴ). 또 『黨議通略』에 의하면 東人들에게는 李瑤가 李
　　珥의 지시를 받고 이런 주장을 한 것으로 알려져 있다고 되어 있다. 그렇다면
　　이이의 선조 16년 4월 상소문이 나온 뒤로부터 6월 東人 三司의 李珥 탄핵이
　　나오기 전에 自薦制가 폐지된 것으로 볼 수 있다. 말하자면 선조가 이이의
　　경장론에 공감하고 개혁을 실천에 옮기는 분위기 속에서 이루어진 일이라고
　　추론할 수 있는 것이다. 그러나 선조의 명령에도 불구하고 자천제는 실제로
　　는 폐지되지 않고 의연히 지속되어 당쟁을 격화시키는 중요한 요인이 되었으
　　며, 17세기 인조대는 물론이고, 18세기 영·정조대 탕평책을 추진하는 과정에
　　서도 치폐를 반복하였다.
72) 『宣祖實錄』卷17, 宣祖 16년 癸未 6월 辛酉, 21-391, 15ㄴ.

청하는 상소를 하지 않을 수 없는 처지여서 여섯 차례에 걸쳐서 상소를 올렸는데, 다섯 번째 상소에서 자신이 추진하는 정책을 방해하는 사람들 때문에 실패만 많고 성공은 적다고 자평하면서, 개혁을 추진하려면 위로는 임금의 마음을 얻고 아래로는 시대의 인망에 부합되어야 하는데, 이러한 정치적 환경 속에서는 자신이 더 이상 개혁을 추진하기 어렵다는 입장을 표명하였다.73) 이후 동인 삼사에 대항하여 이이와 그를 지지하는 세력들 사이에 상소를 통한 논전이 계속되어 결국 宋應漑·朴謹元·許篈 세 사람의 처벌로 귀결되었음은 잘 알려진 바와 같다.74)

계미년 동인 삼사가 이이를 공격한 요점은 성혼이 지적한 바와 같이 그의 파붕당론과 更張論에 있었다.75) 大司諫 宋應漑는 李珥가 調劑·保合을 내세워 세상을 현혹시켰지만 실제로는 심의겸과 정철을 비호하였으며, 하는 일마다 인심을 거슬러 당국한 지 반년 만에 원성이 창생에 미쳤고, 전선을 맡은 지 일 년 만에 벼슬길을 흐리고 어지럽게 만들었으니 참으로 '賣國의 奸物'이라고 탄핵하였다.76) 正言 李澍는 沈義謙·李珥·朴淳·成渾이 朋比를 이루어 士林을 傾陷하려 한다고 비판하였고,77) 司諫 成洛과 正言 黃廷式은 李珥가 편협하고 고집스러워 모든 設施가 物情과 괴리되었다고 進啓하였다.78) 이러한 비판들을 宣祖가 모두 수용하지 않자 兩司는 領議政 朴淳이 沈義謙의 지시에 따라 國柄을 제멋대로 휘둘렀고, 李珥와 成渾은 沈義謙의 門客이라고 지목한 뒤, 李珥는 東西를 조절한다는 설에 가탁하여 公을

---

73) 『宣祖修正實錄』卷17, 宣祖 16년 癸未 6월 辛亥, 25-516~517, 15ㄴ~16ㄱ.
74) 金燉, 1997, 앞의 책, 314쪽.
75) 『牛溪集』卷2, 「論三司劾栗谷疏」(癸未 7월), 叢刊 43-48, 68ㄱ.
76) 『宣祖實錄』卷17, 宣祖 16년 癸未 7월 乙未, 21-394~395, 22ㄱ~24ㄴ.
77) 위와 같음, 7월 丙申, 21-396, 25ㄴ~26ㄱ.
78) 위와 같음, 7월 丁酉, 21-396, 26ㄱ~ㄴ.

내세워 私를 성취하려 하였으며, 公論을 무시한 채 古法을 변란시켰다
고 合啓하였다.[79]

大司成 金宇顒은 銓曹의 郞薦制를 폐지한 것은 경솔하게 옛 규정
을 고쳐 權臣이 등장하는 길을 열어놓은 것이라고 비판하였고,[80] 弘文
館에서는 이이는 원래 西人의 領袖였다고 지목하고, 사사로운 원한을
품고 公議를 배척하였으며, 나라의 중임을 맡고서는 하는 짓이 모두
경망하고 자기 멋대로만 한다고 비난하면서, 庶孽 許通을 예로 들어
부방과 납속을 조건으로 서얼을 허통하는 것은 구차한 일이라고 비판
하였다. 그리고 원래 사대부 公論이 '東正西邪'였는데, 李珥가 이것을
'浮議'라고 말하여 선조를 현혹시켰다고 주장하였다.[81]

파붕당론과 경장론에 대한 비판을 핵심 내용으로 하는 동인 삼사의
이이 공격은 결국 무엇이 진정한 公論이냐의 논쟁을 유발하지 않을 수
없었다. 이이가 일찍부터 공론을 가탁한 '浮議'에 의해 사림정치가 혼
란에 빠지는 모순을 지적해 왔다는 것은 앞서 이미 언급하였다. 이이
가 대간을 무시하고 공론을 가로막고 있다[82]는 동인의 주장에 대하여
성혼은 '대간이라 하여 지적하여 논의할 수 없다'는 주장은 인정할 수
없다고 반박하고, 문제는 그 말이 邪인가 正인가에 있다고 주장하여
공론의 내용이 문제임을 명확하게 지적하였다.[83]

王子師傅 河洛은 '남의 田地를 빼앗았다'느니 '뇌물로 곡식을 받았
다'느니 하는 李珥에 대한 동인 언관들의 인신공격성 비난에 대하여
'人心이 拂鬱하여 여항간에 논의가 빗발치고 있다'고 하면서 '삼사의
공론 이외에 또 다른 공론도 있을 수 있다'고 주장하였다.[84] 나아가서

79) 위와 같음, 7월 戊戌, 21-397~398, 27ㄴ~29ㄴ.
80) 위와 같음, 21-398~399, 27ㄴ~31ㄴ.
81) 위와 같음, 7월 庚子, 21-399~400, 32ㄱ~33ㄴ.
82) 위와 같음, 6월 己巳, 21-392, 17ㄱ~ㄴ.
83) 『牛溪集』 卷2, 「論三司劾栗谷疏」, 叢刊 45-49, 69ㄴ~70ㄱ.

성균관 생원 柳拱辰 등 462인은 이이와 성혼을 옹호하면서 자신들의 주장이 公論이라고 주장하였다.[85] 이에 대해 다른 성균관 생원 李庭友 등은 公論 수렴 절차의 잘못을 들어서 그것은 성균관 유생의 공론이 아니라고 주장하여 갈등이 노정되었다.[86] 이에 삼사와 승정원의 신하들이 '붕당을 체결'하여 다수의 힘을 믿고 임금을 협박하고 있으며, 공론이 격발될까 두려워하여 유생들을 감시하고 위협하고 있다고 폭로하는 상소도 있었다.[87] 그리고 '黜陟하는 刑政의 권한이 임금에게도 있지 않고 대신에게도 있지 않으며 오직 郎僚에게 있어서' 政事가 낭료들에 의해 좌우된 것이 이미 오래 되었다고 지적하고, 權奸이란 작위의 높고 낮음에 있는 것이 아니라 '時論을 주장하여 인물을 진퇴시키고 公議는 아랑곳하지 않고 恣意的으로 권력을 행사하는 자'가 바로 권간이라면서, 지금은 '낭료가 바로 권간'이라고 주장하여 郎官 自薦制의 폐지를 옹호하는 상소도 나왔다.[88]

이처럼 이이의 파붕당론과 경장론 및 사림정치의 모순을 타파하기 위해 추진한 일련의 개혁은 동인 삼사의 격렬한 반발에 직면하였으며, 이이를 지지하는 성혼 등의 산림 및 초야 유생들과의 갈등으로까지 확대되었다. 선조 16년의 이러한 정치적 갈등은 결국 수신 위주의 의리론에 매몰되어 법과 제도의 개혁에 반대하고 자기 당파의 권력 독점을 공론정치에 가탁하여 정당화하려는 세력과 이에 대항하여 의리론을 경세론으로까지 확장하여 변통·경장을 통해 당시 국가가 처한 위기

---

84) 『宣祖實錄』 卷17, 宣祖 16년 癸未 8월 甲寅, 21-400~401, 34ㄴ~36ㄴ.
85) 『宣祖修正實錄』 卷17, 宣祖 16년 癸未 8월 庚戌, 25-525~526, 33ㄴ~34ㄴ.
86) 金燉, 1997, 앞의 책, 317~318쪽 참조. 여기서는 이러한 갈등을 儒生層이 朋黨化되어 가는 현상으로 파악하였다.
87) 『宣祖修正實錄』 卷17, 宣祖 16년 癸未 8월 庚戌, 25-529, 40ㄱ~ㄴ, 慶基殿 參奉 邊士貞 上疏.
88) 위와 같음, 25-529~530, 41ㄱ~43ㄱ, 全羅道 儒生 徐台壽 등 上疏.

를 타개해 보려는 세력과의 대립이었다. 즉 그것은 의리론과 변통론의 대립이라는 정치사상적 성격을 반영한 것이라고 간주해도 좋을 것이다.

이이의 파붕당론과 경장론은 선조 17년 1월 이이가 사거하면서 더 이상 추진되지 못하였다. 이후 이이 등은 다시 동인 언관들에 의해 '심의겸과 교결하였다'고 논박당하였다.[89] 이에 대항하여 이이의 문인인 趙憲과 李貴 등이 이이의 파붕당론과 경장론의 계승을 표방하면서 西人으로 결집되어 갔으며, 특히 이귀는 인조반정을 적극적으로 계획·추진하여 김류와 함께 정사공신의 원훈이 되었다.

3. 仁祖反正 主體의 형성과 破朋黨論

1) 大北 政權의 專政과 反正 主體의 형성

인조반정의 직접적인 계기가 된 것은 光海君代 大北勢力의 독점적 정국 운영이었다.[90] 선조에서 광해군으로의 왕위계승이 절차상으로 매끄럽지 못했고, 즉위 후에는 明나라로부터 誥命을 받기까지 여러 가지 우여곡절을 겪은 광해군은 이를 군주로서의 정통성 확립에 대한 심각한 위협으로 간주하였다. 이를 타개하기 위해 광해군은 즉위 과정에서

---

89) 『宣祖實錄』 卷18, 宣祖 17년 甲申 8월 辛酉, 21-412, 6ㄱ~ㄴ.

90) 광해군대 정국 동향에 대해서는 다음 논저들이 참고된다. 韓明基, 1988, 「光海君代의 大北勢力과 政局의 動向」, 『韓國史論』 20, 서울대 국사학과 ; 李綺南, 1990. 「光海朝 政治勢力의 構造와 變動」, 『北岳史論』 2 ; 申明鎬, 1993, 「宣祖末 光海君初의 政局과 外戚」, 『淸溪史學』 10 ; 李迎春, 1998, 『朝鮮後期 王位繼承 硏究』, 集文堂, 103~142쪽 ; 한명기, 2000, 『광해군—탁월한 외교정책을 펼친 군주』, 역사비평사 ; 정호훈, 2004, 『朝鮮後期 政治思想 硏究』, 혜안.

자신을 지지했던 鄭仁弘 중심의 대북 세력에 의존하지 않을 수 없었
다.

　광해군이 즉위할 당시에는 北人 내에서 소위 '柳黨'을 제외한 小北
과 大北이 三司나 銓曹를 중심으로 布列하여 정국을 주도하는 가운데
西人과 南人의 일부 중진들도 備邊司를 중심으로 어느 정도의 세력을
유지하고 있었다.[91] 그러나 金悌男 獄事와 廢母論議가 전개되는 가운
데 西人과 南人을 제거하고, 小北 세력마저도 점차 배제해 나가면서
鄭仁弘 · 李爾瞻 중심의 대북 세력이 정국 운영을 독점하였다. 폐모 논
의의 장기화와 그에 따른 정치적 긴장의 지속은 '討逆' 담당자로서 이
이첨 세력의 기반을 강화시키기 위한 것이었다.[92]

　대북 세력은 광해군 즉위년 이래 나타난 臨海君 역모사건, 金直
哉 · 金悌男 역모사건, 永昌大君 처리와 仁穆大妃 폐위 논의 등과 같
은 주요 사건에 한결같이 '家 · 國不同'의 政治論으로 대처하였다.[93]
'家 · 國不同'論은 國家 · 君權을 강조하는 정치론으로서, 국가의 영역
에서 이루어지는 君臣關係와 私的인 영역에서 이루어지는 가족관계
중에서 군신관계를 가족관계보다 우선시키는 논리였다. 이것은 유교의
대표적인 도덕규범인 親親과 尊尊이 서로 충돌하는 상황에서 親親보
다 尊尊을, 恩惠보다 義理를 강조하는 논리였다. 대북세력은 이러한
정치론에 입각하여 일관되게 討逆論을 견지할 수 있었고, 폐모 논쟁을
주도하였다.

　그러나 이는 親親의 원리에 기초하여 수립된 주자학 정치론에서 벗
어난 것이었을 뿐만 아니라 당시의 사림 일반이 공통적으로 인정하는
사유와 행동양식에서도 크게 어긋난 것이었으므로, 여러 정파간의 치

---

91) 한명기, 1988, 앞의 논문, 285쪽.
92) 한명기, 1988, 위의 논문, 325쪽.
93) 정호훈, 2004, 앞의 책, 64~78쪽 참조.

열한 논쟁과 대립을 피해 갈 수 없었다.[94] 이러한 정치적 대립과 갈등
에 대해서 대북 세력은 君主의 지위와 역할을 강조하는 의식을 기반으
로 黨爭 종식책을 구상하였다. 大北의 이론가였던 鄭仁弘은 君子黨의
一黨 專制를 분명하게 주장하였고,[95] 이는 중앙 정계에서 이이첨 등에
의해 실천에 옮겨졌다. 廢母論議 진행 과정은 그것을 잘 보여 준다. 이
로 인해 대북파의 권력 독점이 심화되자 궁극에는 광해군의 왕권을 위
협할 지경에까지 이르렀다.[96] 대북세력이 추구한 목적으로서의 國
家·君權 중심 정치론과 수단으로서의 君子 一朋黨論 사이에 모순이
노출된 것이었다.

국가의 公權과 君權의 강화를 강조한 대북계의 정국 운영은 倭亂
이후 긴급하고도 절실하게 제기되었던 '國家再造'라는 시대적 과제를
국가·군주 중심으로 풀어간다는 전략의 표출이기도 하였다. 당시의
사회경제적 각종 모순이 양반·지주 중심 지배구조에서 초래된 것임
을 감안한다면, 이러한 대북계의 대응 전략은 분명 진보적 성격을 내
포하고 있었다. 그러나 정국 운영이 綱常名分을 둘러싼 정쟁에 집중되
면서 광해조 후반에는 사회경제상의 여러 현안에 대한 조치가 추진력
을 지니지 못하였다. 광해군 즉위 초부터 논의되었던 大同法의 확대
운영, 銅錢 流通, 量田法, 號牌法의 실시와 같은 여러 과제들은 대체
로 논의에만 그치거나 시행이 미루어졌다. 이들 여러 정책은 戰亂 후
의 민생안정이나 국가재정의 확보, 군비확충과 관련하여 긴급한 과제
로서 논의되었던 것들이었다. 大北의 討逆論은 결국 자신들의 정치적
입지를 스스로 좁히는 결과를 초래하였고, 현실의 긴급한 과제도 제대
로 처리하지 못하는 모습을 노정하였다.[97]

---

94) 정호훈, 2004, 위의 책, 77쪽.
95) 정호훈, 2004, 위의 책, 83~84쪽.
96) 한명기, 1999, 『임진왜란과 한중관계』, 역사비평사, 295쪽.

대북 세력은 대동법의 확대 시행에 소극적이었으며, 호패법 시행에는 명백하게 반대하였다. 방납의 폐단을 시정하기 위한 대동법 시행에는 이원익·윤승훈 등 남인이 적극적이었으며, 호패법 시행에는 이항복·황신·이정귀 등 서인이 적극적이었다. 이이첨 등이 호패법에 반대한 것은 정인홍 일파의 재지적 기반을 염두에 둔 것이라는 지적이 있다.[98] 여기서 말하는 재지적 기반이란 왜란 당시 정인홍의 義兵 활동의 기반을 말하는 것이었다. 잘 알려진 것처럼 정인홍은 그 재지적 기반을 바탕으로 의병을 일으켰으며, 또한 의병활동을 계기로 치부하였고, 경상우도 일대의 향권을 장악하여 '지방관을 통제 압도'하였다.[99] 그의 주장은 '山林 淸議'라는 명분 하에 公論으로 통용되었다. 정인홍은 이러한 향촌사회에서의 군사적 경제적 기반을 바탕으로 '산림'으로서 선조대 후반에 중앙 정계에 진출하여 언관직을 장악할 수 있었다. 호패법은 이러한 정인홍의 정치적 기반을 잠식하는 제도였으므로, 정인홍의 학문적 정치적 영향력을 활용하여 광해군대의 중앙 정계를 주도하고 있던 이이첨 등 대북 계열은 호패법에 반대할 수밖에 없었던 것이다. 즉 대북 세력이 호패법에 반대한 것은 그들의 國家·君權 중심 정치론과 在地的 세력 기반과의 모순을 드러낸 것이었다.

이이첨과 정인홍으로 대표되는 대북 세력은 광해군의 對 後金 외교 정책에 대해서도 반대하였다. 광해군은 明의 요청에 따른 출병에 반대하고, 1618년(광해군 10) '사르허[深河] 전투'의 패전 이후에는 후금에 대한 유화정책을 지속하려 하였다. 그런데 정인홍은 물론이고, 특히 이이첨은 출병을 강력하게 주장하였을 뿐만 아니라 패전 이후 대 후금 교섭 과정에서도 胡使를 베어 죽이고 후금의 국서를 태워버릴 것을 주

---

97) 정호훈, 2004, 앞의 책, 105~106쪽.
98) 한명기, 1988, 앞의 논문, 296~297쪽.
99) 高錫珪, 1988, 「鄭仁弘의 義兵活動과 山林基盤」, 『韓國學報』 51, 49~53쪽.

장하는 등 과격한 斥和論을 견지하였다.[100] 광해군과 대북 세력 사이에 외교정책에서 결정적 균열이 발생한 것이었다.

왜란을 계기로 하여 동북아시아에 몰아친 국제적 세력관계의 변화, 즉 명의 약화와 만주족 왕조인 후금의 성장이라는 변화된 상황에 직면하여 광해군이 취한 외교정책은 국가와 민족의 유지 보존이라는 측면에서 그 탁월성이 인정되어야 할 것 같다. 명에 대해서는 기본적으로 사대관계를 유지하면서도 후금에 대한 羈縻를 통해 전쟁을 피하려 노력하고, 후금의 침략에 대비하여 무기 제작, 병력 확보, 군사 훈련 등 실제적 방어대책을 마련하려고 노력했던 점은 높이 평가해 마땅하다고 본다.[101] 그런 점에서 보면 이이첨으로 대표되는 대북 정권의 척화론은 자신들의 국가·군권 중심 정치론과도 모순된 것임을 알 수 있다.

그러나 광해군의 이러한 탄력적 대외정책 역시 國家와 民生 그 자체보다는 王室의 안정과 권위를 우선하는 대내 정책에 의해 그 의의가 반감되었다. '사르허 전투'의 패전과 항복, 그와 관련하여 조선에 대한 明의 의구심이 높아지고 있었던 상황에서도 광해군은 宮闕 營建 등 토목공사에 계속 집착하였다. 광해군 스스로는 변방 방어의 중요성을 늘 강조하고, 비변사 臣僚들에게 대책을 마련하라고 채근하였으면서도 정작 그에 필요한 재정을 조달하는데 걸림돌이 되었던 영건사업에 대해서는 광적으로 집착하는 모순적 태도를 보였던 것이다. 당시 궁궐 건설에 필요한 재원을 마련하기 위해 파견했던 調度使 가운데는 서얼이나 천인도 끼여 있었다. 그들이 각 지방에서 활동하는 도중에 나타났던 작폐는 지방 수령이나 사족들의 권위와 이익을 침해하는 것이었다. 이러한 일들은 士族 일반이 광해군 정권에 등을 돌리는 결정적 계

---

100) 한명기, 1988, 앞의 논문, 326~334쪽.
101) 한명기, 1999, 앞의 책, 315~316쪽.

기가 되었을 것이 틀림없다.[102] 여기에 더하여 뇌물에 의한 매관매직, 김상궁 등으로 대표되는 宮禁의 문란, 대북정권과 광해군의 파행적 인사,[103] 과거 부정[104] 등으로 광해군과 대북정권은 몰락을 재촉하고 있었다.

왜란 이후의 국가적 위기에 직면하여 대북 정권이 들고 나온 국가·군권 중심 정치론은 분명 진보적 성격을 내포하고 있었지만 정권 유지를 위한 토역론 이외의 영역에서 대북 정권은 그것을 일관성 있게 견지하지 못하였다. 민생안정과 직결된 사회경제 시책에 소극적이었을 뿐만 아니라 대 후금 외교정책에서도 당시의 현실과는 괴리된 의리론 위주의 斥和論에서 벗어나지 못하였다. 이로 인한 광해군과의 마찰은 분명 그들의 정치론과도 모순되는 것이었다. 광해군과 대북 정권 사이의 그러한 마찰과 균열은 정국 운영에서도 반영되어 변화의 조짐이 나타났다.

仁祖反正은 바로 이러한 배경 위에서 단행된 것이었다. 반정을 주도한 세력은 크게 세 세력으로 구분해 볼 수 있다. 첫째는 仁祖 집안과 그와 姻戚 관계에 있던 申景禛·具宏 등 武人 세력이고, 둘째는 金瑬 중심 세력, 셋째는 李貴 중심 세력 등이다.[105] 반정은 인조의 집안에서 가장 먼저 계획되었다. 申景禧 獄事로 인하여 綾昌君이 살해당하고, 그 충격으로 그 父 定遠君마저 사망한 뒤, 綾陽君(뒤의 인조)은 광해군에게 집을 빼앗기고 감시를 받는 등 박해를 받게 되자, 정변을 통한

---

102) 한명기, 1999, 앞의 책, 319~322쪽.
103) 『燃藜室記述』 卷21, 「廢主光海君故事本末」, 「光海亂政」, 민족문화추진회, 1966, Ⅴ책, 673~678쪽(이하『燃藜室記述』 인용은 모두 이 판본에 의거하며, 'Ⅴ-673~678'로 표기함) 참조.
104) 『燃藜室記述』 卷21, 「廢主光海君故事本末」, 「科場行私之弊」, Ⅴ-678~680 참조.
105) 李基淳, 1998, 『仁祖·孝宗代 政治史 硏究』, 國學資料院, 42~46쪽.

정권의 전복을 고려하게 된다.106) 여기에 적극적으로 동조하고 나선 것이 인조의 인척 平山申氏 가문과 綾城具氏 가문이었다.

인조의 外祖母가 平山申氏 申華國의 女이고, 인조의 伯父 信城君은 申華國의 子인 申砬의 사위였다.107) 인조의 동생 綾昌君이 信城君에게 입양됨으로써 인조 가문과 신립 가문은 더욱 돈독해졌다. 그리고 신립의 조카인 신경희 옥사를 계기로 평산 신씨 가문은 반정에 적극 가담하였다. 신립의 子 申景禛·申景裕·申景禮 형제는 모두 武科 출신이었으며, 신경진의 子 申埈 역시 무관직을 거쳤다.108)

인조의 母 仁獻王后는 綾城具氏 具思孟의 女였는데, 그녀는 申砬의 질녀이며, 신립의 아들 신경진과는 내외종 사촌간이었다.109) 그러므로 平山申氏와 綾城具氏 역시 인척 관계였다. 인조의 외숙인 具思孟의 子 具宏, 구굉의 자 具仁墍, 구굉의 조카 具仁垕 역시 모두 무과 출신이었고, 특히 구인기는 인조와 동문수학한 사이였다. 구굉의 설득으로 子 구인기, 조카 구인후, 외조카 沈命世·洪振道, 사위 유구 등이 정변에 가담하였다.110) 신경진의 설득으로 가담한 李曙는 역시 무과 출신 무신이었던 그의 조카 李起築과 妹婿 李義培 등을 끌어들였으며, 구인후의 설득으로 무신 李重老가 가담하였다.

신경진·구굉·이서 등이 포섭 대상으로 맨 처음 주목한 문신이 金瑬였다. 김류의 父 金汝吻과 신경진의 父 申砬은 임진왜란 당시 충주 전투에서 함께 전사하였으므로111) 신경진과 김류는 평소부터 교류가

---

106) 이기순, 1998, 앞의 책, 26쪽 ; 李迎春, 1998,『朝鮮後期 王位繼承 硏究』, 集文堂, 135쪽.

107) 지두환, 2000,『인조대왕과 친인척』, 역사문화, 115쪽.

108) 이기순, 1998, 앞의 책, 49~50쪽. 申景禧 옥사에 대해서는『燃藜室記述』卷 21,「申景禧之獄綾昌君」(乙卯), Ⅴ-637~640 참조.

109) 지두환, 2000, 앞의 책, 119쪽.

110) 이기순, 1998, 앞의 책, 42~43쪽.

있었다.112) 김류는 문신이었지만 병법에 능하여 將相이 될 재목으로 인정받아서 광해조 때 이미 元帥의 물망에 올랐을 정도로 문무를 겸비한 인물이었다.113) 김류는 신경진의 포섭으로 모의에 참여하여, 洪瑞鳳과 朴東善·朴炡 父子를 끌어들였다.114) 김류와 홍서봉·박동선 등은 모두 선조대에 이미 弘文錄에 들 정도로115) 문신으로서의 재능도 인정받고 있었으므로 상대 당파, 특히 북인의 지속적인 공격 대상이 되었다.116) 許筠이 '三淸 結義'로 金蓥와 洪瑞鳳·張維·金尙憲·趙希逸 등을 지목하여 제거하려 한 것도 그 연장선상에 있었다.117) 그러나 이들은 북인의 이러한 공격에 대해 집단적으로 적극적인 대응을 모색하지는 못하였던 것 같다. 이들 중 장유가 이귀 계열을 통해 반정에 가담하였던 점, 김상헌과 조희일은 반정에 가담하지 않았던 점이 그것을 보여 준다.118)

인조·김류 계열과는 달리 반정을 모색한 또 다른 세력으로서 李貴 중심 세력을 들 수 있다. 반정을 구체적으로 계획한 것은 인조 일족이 먼저였지만, 반정에 대한 구상은 이귀 일족이 먼저였던 것 같다.119) 이

---

111) 『宣祖修正實錄』 卷26, 宣祖 25년 壬辰 4월 庚寅, 25-613, 5ㄱ~ㄴ.

112) 『明谷集』 卷25, 「領議政平城府院君忠翼申公墓誌銘」, 叢刊 154-379, 20ㄱ.

113) 『白軒集』 卷30, 「北渚集序」, 叢刊 96-226, 15ㄴ.

114) 이기순, 1998, 앞의 책, 44쪽.

115) 『宣祖實錄』 卷128, 宣祖 33년 庚子 8월 庚辰, 24-110, 4ㄱ.

116) 『宣祖實錄』 卷141, 宣祖 34년 辛丑 9월 己酉, 24-297, 9ㄱ ; 『宣祖修正實錄』 卷36, 宣祖 35년 壬寅 2월 甲子, 25-684, 2ㄱ~ㄴ.

117) 『白軒集』 卷39, 「領議政昇平府院君金公諡狀」, 叢刊 96-364, 4ㄱ.

118) 반정 당시 김상헌은 모친상 중이었고, 조희일은 모친상을 마친 상태였다(『宋子大全』 卷182, 「石室金先生墓誌銘」, 叢刊 114-174, 2ㄴ ; 同, 卷165, 「竹陰趙公神道碑銘」, 叢刊 113-502, 22ㄴ).

119) 인조 일족이 정변을 구상한 것은 1619년 12월 인조의 父 정원군이 사망한 뒤로 보아야 할 것이다. 『光海君日記』의 졸기에 의하면 정원군은 능창군이 역모 혐의로 살해당한 이후 멸문의 위기에 봉착하여 삶에 대한 의지를 상실하

들은 金自點·金鍊 父子, 沈器遠·沈器成 형제, 崔鳴吉·崔來吉 형
제, 張維·張紳 형제 등의 儒生·文臣 세력을 끌어들이고, 柳舜翼·
李泏 등의 무신은 이귀가, 朴孝立·朴惟明·張暾·洪孝孫 등의 무신
은 이귀와 김자점이,[120] 훈련대장 李興立은 장신이 각각 정변에 가담
시켰다.[121] 그리고 남인인 都元帥 韓浚謙과 북인인 監司 李溟을 끌어
들인 것도 이귀였다.[122]

정변을 통해 권력을 장악한 이들 반정 주도 세력들은[123] 광해군의
폐위와 인조의 즉위를 알리는 왕대비 교서와 인조의 즉위 교서를 발표
하여 자신들이 정변을 단행한 이유를 밝히고, 민심을 수습하기 위한
조치들을 취하였다.[124] 왕대비 교서에서는 광해군이 대비의 부모를 형
벌로 죽이고, 그 종족들을 처벌하였으며, 영창대군을 죽게 하고, 자신
을 유폐하여 곤욕을 준 것을 '反道悖理'의 대표적인 사례로 거론하였

였음을 보여준다(『光海君日記』卷147, 光海君 11년 己未 12월 戊寅, 33-289,
18ㄱ~ㄴ). 이귀는 崔沂의 옥사로 伊川에 유배된 상태에서 戊午年(1618) 庭
請 소식을 듣고 그의 子 李時白과 정변에 대한 의지를 詩로써 화답하고는 李
時白·李時昉 형제와 함께 정변을 구상하였다고 한다(『李忠定公章疏』卷28,
附錄 3, 「年譜」14쪽 ; 『遲川集』卷18, 「奮忠贊謨立紀明倫靖社功臣輔國崇祿
大夫議政府左贊成延平府院君李公行狀(이하 '李貴行狀'으로 줄임)」, 叢刊
89-537, 8ㄴ). 崔沂 옥사에 대해서는 『燃藜室記述』卷21, 「廢主光海君故事本
末」, 「崔沂海州之獄」(丙辰), Ⅴ-640~643쪽 참조.

120) 이기순, 1998, 앞의 책, 45쪽.
121) 『遲川集』卷18, 「李貴行狀」, 叢刊 89-538, 9ㄴ. 훈련대장 이흥립을 끌어들인
것은 정변이 별다른 저항을 받지 않고 성공할 수 있었던 결정적 계기였다.
122) 延安李氏忠定公派, 1990, 『默齋日記』, 58쪽, 24ㄱ(이하 『默齋日記』는 모두
이 책을 인용하였다).
123) 반정의 진행 과정에 대한 자세한 내용은 金甲千, 1998, 「仁祖朝의 정치적 '適
實' 지향성에 관한 연구—和斥論爭을 중심으로」, 서울대 박사학위논문, 25~
35쪽 참조.
124) 『仁祖實錄』卷1, 仁祖 元年 癸亥 3월 甲辰, 5ㄱ~ㄴ, 王大妃 敎書 ; 同, 6ㄱ
~ㄴ, 仁祖 敎書.

다. 이어서 '형을 해치고 아우를 죽이며 여러 조카를 도륙하고 서모를 쳐 죽였고', 누차 큰 옥사를 일으켜 무고한 사람을 해쳤다고 지적하였다. 그리고 己未年(1619) 深河의 전투에서 오랑캐에게 투항함으로써 명나라의 임진년 '再造'의 은혜를 저버리고 夷狄禽獸가 되게 하였으니 그 통분함을 이루 말로 다할 수 없다고 하였다. 이러한 일들을 왕대비 교서에서는 '천리를 거역하고 인륜을 무너뜨렸다[滅天理 斁人倫]', 인조 즉위교서에서는 '彛倫之斁滅'이라고 표현하여 일치된 인식을 보였다. 다만 왕대비 교서는 이를 광해군의 잘못으로 규정하고 있는데, 즉위교서에서는 이이첨이 광해군을 현혹하여 권력을 휘두른 것에서 찾고 있는 점이 다르다. '반정'은 '奮發大義'하여 이러한 잘못을 극복하기 위한 것이었다. 즉 신하들이 모의하여 군주를 폐출한 '반정'의 최대 명분으로서 주자학 명분론과 의리론이 내외에 천명된 것이었다.

왕대비 교서에서는 이어서 10여 년을 이어온 궁궐 토목공사, 姻婭와 婦寺들만을 총애하고 신임한 일, 인사가 뇌물로 이루어진 것, 부역이 번다하고 가렴주구가 한이 없어 백성들이 도탄에 빠지고 이로 인해 종묘사직이 위기에 처했다고 주장하였다. 즉위교서에서는 이러한 '慈殿의 下敎'를 받아서 이를 해결하기 위한 '更始之化'로서 戊申年(1608) 이래의 옥사에 연루되어 죄받은 사람들을 모두 사면하고, 모든 토목공사의 부역과 調度使 등의 가혹한 수탈도 일체 제거하며, 귀척과 권세가에 대한 면세 조처를 환수하고, 內需司와 大君房에 빼앗겼던 民田도 일일이 환급하겠다고 약속하였다.

그러나 잘 알려진 것처럼 이러한 약속 중 대부분은 지켜지지 못하였다.[125] 나아가서 반정을 통해 기대했던 변화와 개혁의 전망은 불투명하였고, 그 범위와 속도는 사대부들의 기대에도 미치지 못하였다. 이것

---

125) 한명기, 2000, 앞의 책, 281~287쪽.

이 인조대에 반란 기도와 역모사건이 꼬리를 물고 일어난 중요한 원인이었다.[126] 그뿐만 아니라 仁城君 등을 역모혐의로 처형함으로써 인조역시 왕실의 인척을 보호하지 못하였고, 심지어는 외교정책의 기조 역시 달라지지 않았다.[127] 이것은 '반정'의 명분만으로는 변화하는 현실의 여러 문제들을 해결할 수 없었다는 명백한 증거였다. 말하자면 주자학 명분론과 의리론만으로는 위기에 처한 조선왕조 국가를 유지하기 어렵게 되었다는 것을 보여준 것이었다.

仁祖反正(1623)은 명분상으로 본다면 己丑獄事(1589)에 이은 程朱理學 진영의 闢異端 운동의 연장선상에 있었지만, 실질적 계기가 된 것은 大北 세력의 독점적 정국 운영에 있었다. 즉 광해군대 대북정권의 독주에 맞서 주자학 명분론과 의리론을 관인·유자 일반에게 다시한 번 각인시킨 정변이었다. 그리고 그것은 결국 양란기의 역사적 과제였던 '국가재조' 문제를 둘러싸고 전개된 지배층 내부의 이견과 갈등이 대규모 숙청으로 이어진 정변으로서 '붕당정치'의 자기모순을 드러낸 사건이기도 하였다. 이후 지배층 일반에게 명분론적 지향은 강화될 수밖에 없었는데, 그것은 현실과 괴리되어 국가적 위기를 오히려 심화시켰으며, 정권의 정통성 논쟁을 피해갈 수 없는 가운데 인조의 왕권은 지극히 취약한 상태에서 출발하게 되었다. 이로 인해 주자학 명분론과 의리론을 대전제로 하면서도 관인·유자 내부에서는 정치적 대립이 격화될 수밖에 없었다.

2) 反正 以前 李貴의 정치활동과 破朋黨論

반정 주체 세력 가운데 趙光祖에서 李珥로 내려오는 變通 指向 經

---

126) 金甲千, 1998, 앞의 논문, 41~64쪽 참조.
127) 한명기, 1999, 앞의 책, 365쪽.

世論을 분명하게 표방한 것은 延平 李貴(1557~1633)였다. 이귀는 성장 과정에서 李恒福(1556~1618)·李德馨(1561~1613) 등과 밀접하게 교유하였고, 李珥·成渾에게 수학하였다. 이항복과는 14세 때 서울로 올라오면서부터 가까이 살면서 친해져서, 자라서도 밤새워 놀다가 이별을 아쉬워할 정도로 절친한 사이였으며, '外飾而無實'하기보다는 '內直而無僞'할 것을 서로 권면하면서 성장하였다.128) 성인이 되어서는 '肝膽相照'할 정도로 서로를 잘 알아서 '마음으로 믿어주는 사이'[所信者心]가 되었다. 그리하여 선조 말에서 광해군대에 걸친 정치적 풍랑 속에서 서로 의지하는 동지적 관계였으며, '古道'로써 서로를 '責望'하는 관계를 유지하였다.129)

이덕형과는 어려서 尹又新 門下에서 같이 배우면서 절친하게 지냈으며, 죽을 때까지 변하지 않았다.130) 이러한 관계는 이귀가 스승인 이이와 성혼을 동인의 공격으로부터 옹호하는 상소를 올리다가 정치적 곤경에 처했을 때도 마찬가지로 유지되었다. 이로 인해 이귀가 가난하여 병으로 신음할 때마다 이항복과 이덕형이 '늘 녹봉을 덜어서 도와주었다'[常割俸以助]고 이귀는 고백하였다.131) 특히 그의 상소 가운데는 이덕형의 장인인 李山海를 비판하는 내용이 있었음에도132) 불구하고 이것은 둘 사이의 관계에 영향을 주지 못하였다.133) 처음에는 이덕형이 이이·성혼이 외척인 심의겸과 편당을 이루었다고 의심하여, 이

---

128) 『李忠定公章疏』卷25, 「祭鰲城李相國恒福文」, 41쪽.
129) 『白沙集』附錄 卷4, 祭文, 19ㄴ, 20ㄴ.
130) 『漢陰文稿』附錄 卷1, 「年譜」上, 叢刊 65-472~473쪽, 2ㄴ~3ㄱ ; 同 附錄 卷3, 「遺事」, 叢刊 65-556~557, 52ㄴ~53ㄱ.
131) 『漢陰文稿』附錄 卷3, 「遺事」, 叢刊 65-557, 53ㄱ~ㄴ. 이귀가 51세 때 배천 군수가 되어 임지로 떠날 때는 이덕형이 이귀의 노모를 모셔다가 음식을 대접할 정도로 극진하게 대하였다(同, 56ㄱ).
132) 『李忠定公章疏』卷2, 「詣政院陳白惟讓等反復之罪啓」, 1~2쪽.
133) 『李忠定公章疏』卷25, 「漢陰相公言行錄」, 51쪽.

귀가 누차 편지를 보내어 변론했음에도 불구하고 믿어주지 않자 絶交
를 생각하기까지 하였는데, 이덕형이 율곡의 문집을 보고 나서는 所見
이 변화되어 율곡의 학문에 退溪가 미치지 못하는 '高處'가 있음을 인
정하였으며, 결국에는 이이의 파붕당론에 동조하였다고 한다.[134]

이덕형은 38세에 우의정이 되고, 40대에는 이항복과 함께 앞서거니
뒤서거니 하면서 영의정까지 현달하였는데, 이러한 두 사람이 47세에
겨우 文科에 합격하여 지방관을 전전한 이귀와 같은 정치적으로 '失
志'한 인물과 밀접하게 교류한 것은 이귀에게 이들 못지 않은 治者로
서의 責務意識과 識見 및 政治的 實踐性이 있었기 때문이다. 계축년
김제남 옥사에서 당시 相府에 있던 이들에게 '국구인 김제남을 구원하
지 못한다면 폐모론을 어떻게 막을 수 있겠느냐'는 이귀의 편지에 대
해서 이덕형이 '事勢不便' 때문이라고 변명하자 이귀는 自古로 '弑父
與君'은 모두 '事勢不便'을 핑계로 일어났다고 이들의 소극적 태도를
비판하였다.[135]

일찍이 이항복은 자신과 이귀를 비교하여

공자와 나와 그대는 道가 각기 다르니 공자는 써주면 도를 행하고
버리면 감추고, 그대는 써줘도 행하고 버려도 행하고, 나는 써줘도 감
추고 버려도 감춘다.[136]

라고 말하면서 자신의 소극적 태도를 변명하였는데, 이는 이귀의 정치
적 실천성을 그가 인정하고 있음을 보여준다.

134) 『李忠定公章疏』 卷25, 「漢陰相公言行錄」, 51~52쪽. 이 기록은 『漢陰文稿』
附錄 卷3 「遺事」와 내용이 거의 같은데, 이덕형이 마침내 율곡의 破朋黨論
에 동조하였다는 이 부분만 빠져 있다.
135) 『遲川集』 卷18, 「李貴行狀」, 叢刊 89-537, 7ㄴ.
136) 『光海君日記』 卷23, 光海君 원년 己酉 12월 丁丑, 31-478, 12ㄴ.

이귀가 자신의 스승인 이이·성혼을 동인의 공격으로부터 방어하기 위해 문인들 중에 가장 적극적으로 상소를 올린 것, 선조 말년에 정인홍이 대사헌이 되었을 때 그의 '잘못과 악행'을 곧바로 지척하여 결국 그의 퇴진에 결정적 역할을 한 일이 있었는데,[137] 이로 인해 그가 大北黨人들로부터 '疏魔'로 지목되었던 일[138] 등은 그의 이러한 실천성을 잘 보여주는 사례였다. 그가 '국가에 일이 있을 때마다 즉시 소매를 걸어올리고 상소하여' 사람들로부터 '상소 잘하는 벽이 있다'는 비웃음을 산 것,[139] '나라 일을 담당하면서 견해가 있으면 말하였다'는 평가 등은 모두 그의 적극적인 정치적 실천이 치자로서의 책무의식에 기초하고 있음을 보여준다. 최명길은 이귀의 이러한 적극적인 정치적 실천성이 인조반정의 성공에 결정적 역할을 하였다고 평가하였다.[140]

이귀의 이러한 실천성은 왜란 당시에는 군사 분야에서도 발휘되었다. 軍士 모집에서는 그 적극성과 능력을 인정받아서 三道召募官·三道宣諭官 등을 여러 차례 역임하였으며, 軍糧米 募得에서도 수완을 발휘하여 군량미 부족으로 고민하고 있던 體察使 柳成龍을 구원한 일로 都摠檢察官이 되어 幕府의 실무를 전담하였다고 한다.[141] 그리고 長城縣監으로 있을 때는 '膽勇軍'이라는 정예군대를 조직하여 호남의 도적을 진압하기도 하였으며, 浙江兵法으로 '邑兵'을 훈련시키고, 笠巖山城을 수축하는 등 방어대책을 강구하여 실천에 옮긴 일로 '견고하게 수비하는 계책을 많이 제안한 자'[堅守之計 有足多者]라고 영의정 유성룡으로부터 그 識見과 실천성을 인정받았다.[142]

---

137) 具德會, 1988,「宣祖代 후반(1594~1608) 政治體制의 재편과 政局의 動向」,
『韓國史論』20, 258~259쪽 참조.
138)『光海君日記』卷25, 光海君 2년 庚戌 2월 甲寅, 31-493, 10ㄱ.
139)『宣祖實錄』卷106, 宣祖 31년 戊戌 11월 壬午, 23-528, 1ㄱ.
140)『遲川集』卷18,「李貴行狀」, 叢刊 89-560, 54ㄴ.
141)『遲川集』卷18,「李貴行狀」, 叢刊 89-535~536, 3ㄴ~6ㄱ.

이귀는 선조 16년(癸未)·18년(乙酉)·20년(丁亥), 모두 세 차례에 걸쳐서 자신의 스승인 이이·성혼을 변명하는 상소를 올려서 이들의 경장론과 파붕당론을 변론하였다.[143] 여기서 이귀는 이이가 일관되게 '打破東西', '保合士類'하려 하였는데 동인이 심의겸으로 함정을 만들어 이이의 이러한 '和平之論'을 배척하였다고 주장하였다. 따라서 이이는 서인이라고 스스로 인정한 적이 없는데, 李潑이 이이와 성혼을 배척하여 이들을 공격하지 않으면 서인으로 지목하였기 때문에 이이가 서인으로 인식되기에 이르렀다고 하면서, 서인의 名目이 네 번 바뀌었다고 주장하였다. 처음에는 沈義謙의 '故舊僑輩'인 三尹之類였다가, 다음에는 이들을 구원한 鄭澈之類, 다음에는 李珥之類와 같은 '동인도 아니고 서인도 아니고 중립을 지킨 자[不東不西 中立不倚者], 그리고 마지막으로는 '士林' 가운데 '이이와 성혼을 존경할 줄 아는 자'를 서인이라고 부르게 되었다고 말하고 이들이 바로 '今日 朝野의 公論之人'이라고 내세웠다.[144]

여기서 특히 주목되는 점은 이귀가 같은 이이·성혼의 제자인 趙憲의 양인을 변론한 상소[145]를 비판한 것이다. 조헌이 이이와 성혼을 공격하는 사람은 모두 '媚嫉之人'이고, 두 사람을 推尊하는 사람은 모두 '好善之人'이라고 지목하여, 그 인품이 어떠한가를 묻지 않고 '邪正'으로 단정한 것에 대해서 이귀는 '스승의 뜻을 크게 상실한 것'이라고 비

---

142) 위와 같음, 5ㄱ~ㄴ ;『宣祖實錄』卷46, 宣祖 26년 癸巳 12월 戊辰, 22-189, 34ㄴ. 이렇게 본다면 유성룡과 이귀가 똑같이 鎭管體制 復舊論을 주장한 것은 결코 우연이 아니었다고 생각된다. 두 사람이 생각하는 당시 조선의 방어 전략이 큰 틀에서 일치된 결과였던 것이다. 이귀의 진관체제 복구론에 대해서는 이 책의 5장 2절에 자세하다.

143)『李忠定公章疏』卷28,「年譜」, 2ㄴ~6ㄱ.

144)『李忠定公章疏』卷1,「申明栗谷先生論議本末疏」(丁亥 3월), 42ㄴ~43ㄱ.

145)『重峯集』卷5,「辨師誣兼論學政疏」(丙戌 10월), 叢刊 54-231~249, 5ㄴ~42ㄱ.

판하였다.146)

이귀는 이것을 기묘사화와 비교하여 논하였다. 기묘년에는 사림을 공격한 자들은 모두 '小人'이었지만 지금은 기묘년과 달라서 '士林'이 분열된 것[分而爲二]이므로 이이·성혼을 공격한다고 해서 그 사람의 본심을 따져보지도 않고 '소인'으로 몰아서는 안 된다는 것이다.147) 조헌이 공격한 金宇顒·柳成龍·金弘敏 등도 역시 '一時의 淸流'이고 이이가 '인정한'[稱許] 자들이라고 하면서, 이들이 비록 '아첨하는 무리'[附會諂佞之徒]를 억제하지 못하고 '더불어 한 몸이 된'[滾合爲一] 잘못은 있지만 '邪心'이 있어서 그런 것은 아니라고 규정하였다.148) 그리고 서인을 무조건 옹호하는 것도 잘못이라고 주장하였다. 서인에 대해서는 한 사람도 그 잘못을 말하는 것이 없고, 동인에 대해서는 한 사람도 그 장점을 말하는 것이 없는 것이 이이의 평일 소견이었느냐고 반문하였다.149) 또한 이귀는

자고로 붕당의 禍가 나라를 망치지 않은 적이 없다. 모두 사사로운 틈[私隙]에서 시작하여 점점 나라의 근심거리가 되어[轉成國患] 是非가 어지럽게 꼬이고[糾紛], 毁譽가 張皇하여 時君世主가 君子와 小人을 분명하게 구별하여 진퇴시키지 못하고 서로 傾軋하는 말을 따르기 때문에 충신과 참소하는 사람이 모두 진출하여 邪正이 뒤섞여서 충신이 참소하는 자에게 이간당하지 않는다고 보장할 수 없고, 正이 邪를 꼭 이긴다고 할 수가 없다. 그래서 君子는 멀리 떠나버리고 小人이 권

---

146) 『李忠定公章疏』 卷1, 「申明栗谷先生論議本末疏」(丁亥 3월), 50ㄴ~52ㄴ.
147) 위와 같음, 51ㄱ~ㄴ.
148) 위와 같음, 51ㄴ~52ㄱ. 이어서 이 몇 사람의 力量이나 所見이 비록 '擔當世道 鎭定浮疎 處置和平 以享同寅之福'하기에는 부족하지만 '流俗患失之徒 全然以利害爲心 不顧名義 趨時附勢 日事攻擊 貪濁媢嫉者'와는 다르다고 규정하였다.
149) 위와 같음, 52ㄱ~ㄴ.

력을 쥐면 하루아침에 禍가 일어나 人主도 自由하지 못한다. …… 기
묘사화와 을사사화의 교훈이 멀리 있지 않다. …… 이것이 바로 이이
가 늘 깊이 근심하고 탄식하면서 반드시 黨論을 타파하기 위해 東人
과 西人 사이에서 苦口力爭한 이유이니, 이것은 士類를 保合하려 한
것일 뿐만 아니라 국가를 다스리는 計策을 함께 모색하기 위한 것이었
다.150)

라고 말하여 이이의 파붕당론이 변통 지향 경세론을 구현하기 위한 방
편이었음을 분명하게 지적하였다.

李珥의 更張論을 王安石이 '變亂舊章'한 것과 같다고 비난하는 동
인 삼사의 공격에 대하여 이귀는 祖宗朝의 '良法美意'가 燕山君 때 모
두 무너졌기 때문에 이이가 '弊政을 혁파하고 良法을 회복'하려 한 것
이므로 왕안석이 '祖宗의 法을 변란시킨' 것과는 반대된다고 반박하였
다.151) 그리하여 지금 國家와 生民에게 해를 끼치는 것은 '先王의 舊
典'을 연산군 때 모두 무너뜨렸기 때문이라고 보고, 이것을 개혁하지
않고는 장차 保民할 방법이 없고 국가를 유지할 수 없기 때문에 이이
가 경장론을 주장한 것이라고 말하여 그것이 '國事와 民事의 일치를
지향하는 保民論'에 입각한 것임을 분명하게 지적하였다.152)

이귀는 스승의 파붕당론과 경장론을 옹호하는 데 그친 것이 아니라
몸소 실천하는 데도 주력하였다. 선조 36년(癸卯) 문과 합격을 전후해
서 지방관을 전전하면서도 大北 黨人들에게 지속적으로 탄핵을 당한
것은 그 때문이었다.153) 사실 앞서 언급한 선조 35년(壬寅) 이귀의 鄭

---

150) 위와 같음, 54ㄱ~ㄴ.
151) 위와 같음, 46ㄴ.
152) 위와 같음, 54ㄴ~55ㄱ. '國事와 民事의 일치를 지향하는 保民論'의 내용과
　　성격에 대해서는 이 책 5장 1절에 자세하다.
153) 그는 거의 모든 관직을 처벌받는 것으로 마쳤다. 예를 들면 1597년 兎山縣監

仁弘 탄핵도 그런 범주에서 접근할 수 있는 일이었다. 정인홍이 왜란
당시의 의병 조직을 바탕으로 지방관의 영향력을 배제하고 향촌을 장
악하려 한 시도에 대해 이귀는 이를 '豪右之弊'라는 폐정을 개혁한다
는 차원에서 탄핵한 것이었고,[154] 그의 이러한 문제의식에 대해서는
이덕형을 비롯한 鄭經世·韓浚謙·李時發·徐渻 등 西·南人을 막론
하고 공유하고 있었다. 그래서 이귀와 정인홍의 대립은 결국 破朋黨論
대 君子 一朋黨論의 대항 관계를 띠고 전개되었던 것이다.[155]

당시 이귀의 파붕당론에 대한 실천은 대담한 측면이 있었다. 그가
咸興判官으로 있을 때인 광해군 즉위년에 올린 상소에서는 '言路'를
위하여 정인홍을 용서하라고 청하였다든가[156] 남인 이덕형, 북인 윤효
선·최유원 등과 임해군 탄핵을 논의한 것 등은 그러한 사례에 속한다
고 생각된다.[157] 그렇지만 그는 결국 崔沂의 獄事에 연루되어 伊川으

파직(『宣祖實錄』卷95, 宣祖 30년 丁酉 12월 丙戌, 23-357, 28ㄱ~ㄴ), 1598
년 海西宣諭官 파직(同 卷100, 宣祖 31년 戊戌 5월 乙酉, 23-430, 1ㄱ), 1601
년 金堤郡守 파직(同 卷135, 宣祖 34년 3월 己未, 24-223, 29ㄱ~ㄴ), 1607년
良才察訪 파직(同 卷210, 宣祖 40년 4월 癸巳, 25-320, 1ㄱ), 1609년 咸興判
官 파직(『光海君日記』卷13, 光海君 元年 2월 甲寅, 31-392, 1ㄱ) 등이 그것
이다. 이귀에 대한 사평이 긍정과 부정 양극을 달리는 것은 그의 更張論에
대한 실천적 태도에서 연유하였다고 생각된다.

154)『李忠定公章疏』卷2,「陳鄭仁弘十罪疏」, 4ㄱ.
155) 당시 각 당파의 붕당론에 대해서는 韓明基, 1988, 앞의 논문, 288~292쪽 참
조.
156)『光海君日記』卷1, 光海君 卽位年 2월 庚午, 31-263~264, 10ㄴ~12ㄱ.
157)『光海君日記』卷3, 光海君 卽位年 4월 壬申, 31-296~297, 16ㄴ~17ㄱ ; 同
卷6, 光海君 卽位年 7월 辛卯, 31-325~326, 6ㄱ~8ㄴ. 이 때 이귀는 이덕형
과 함께 임해군 탄핵 모의에 가담했다가 北人들이 임해군을 처단하자고 주장
할 것을 우려하여 이덕형이 발을 빼려 하였는데, 이귀가 그것을 뒤늦게 눈치
채고 말을 바꾸었기 때문에 최유원과 윤효선이 상소하여 비판한 것이었다.
임해군 처벌과 관련된 논란에 대해서는 한명기, 1988, 앞의 논문, 286~287쪽
참조.

로 유배되고 말았다.158) 이귀는 이천에 유배된 상태에서 폐모 정청을
관망하고 반정을 구상하게 된다. 인조반정 이후 조성된 이른바 '붕당간
공존체제'는 이러한 이귀 일파의 파붕당론에도 힘입은 바가 컸다고 생
각된다.

지금까지 조선후기 정치사에서 표출된 의리론과 변통론의 대립 구
도에 대하여 그 연원을 추적하여 보았다. 양자는 모두 유교·주자학의
학문 전통에 깊이 뿌리박고 있었다. 그런데 사림 계열 관인·유자들에
게는 명분론과 의리론이 보다 강화된 형태로 주자학 정치론이 정착되
었다. 여기에는 정치 과정으로서의 士禍가 중요한 영향을 미쳤다. 조
광조 단계까지 거론되던 자영소농의 이익을 반영하는 변통론이 약화
되고, 주자학 명분론과 의리론을 강조하는 조선 주자학의 독특한 양상
이 이언적을 거쳐 이황에 의해 정착되기에 이른 것은 그 때문이었다.
그런데 지주제가 확대 발전되는 가운데 집권적 봉건국가의 위기가 심
화되자 이이는 조광조의 변통론을 제론하여 선조대 사림이 집권한 이
후 동·서 분당의 한 축을 형성하였다. 즉 이이·성혼 일파와 동인 삼
사의 대립은 변통론 대 의리론의 대립 구도로 전개되었던 것이다. 이
후 이이·성혼의 변통론은 조헌·이귀 등으로 계승되었는데, 이는 파
붕당론과 결합되어서 주장되었다는 점이 특징이었다.

기축옥사와 인조반정은 정주이학의 벽이단 운동의 일환이기도 하였
다. 특히 인조반정은 광해군대 대북정권의 독주에 맞서 주자학 명분론
과 의리론을 사림 일반에게 각인시킨 정변이었다. 그러나 그것이 현실
과 괴리된 가운데 인조정권은 물론 국가적 위기가 심화되자 이귀 일파
는 조광조에서 이이·성혼으로 전해진 변통론의 전통을 내세우면서
이에 대응하려 하였다. 여기에 인조대 정치적 갈등이 의리론과 변통론

---

158) 崔沂의 獄事에 대해서는 『燃藜室記述』 卷21, 「崔沂海州之獄」, V-640~643
쪽 참조.

의 대립 구도 속에서 전개되는 소이가 있었다.

제3장 反正의 名分과 政權의 正統性 論爭

1. 仁城君 李珙 처벌 논의와 '反正'의 名分

1) 責任論 대 義理論 : 李貴와 鄭經世·鄭蘊의 대립

(1) 政治的 現實主義 대 道德的 名分主義

인조반정은 '殺弟廢母'라는 綱常倫理를 저버렸다는 명분으로 신하가 군주를 폐출한 사건이었다. 즉 명분상으로는 君主에 대한 '忠'보다 父母에 대한 '孝'를, 그리고 형제에 대한 友愛라는 윤리를 앞세운, 보기 드문 정치적 事變이었다. '反正' 자체가 君主를 상대화시킨 사건이었으므로, 인조는 끊임없는 정통성 논쟁에 휘말려들어 그 왕권이 취약할 수밖에 없었다. 李适의 반란을 비롯한 빈발하는 역모사건은 '反正' 자체의 정통성에 문제를 제기하면서 발생하였던 것이다.

인조대에 발생한 전체 역모 사건은 총 17건인 것으로 밝혀졌다.[1] 그 중에 정국 변동과 밀접한 관련을 가진 14건을 정리한 것이 <표 1>이다. 李氏 왕족이 추대되었거나 관련된 사건은 그 중에서 총 10회인데, 광해군이 7회로 가장 많고, 仁城君은 5회, 興安君 2회, 仁興君과 懷恩君이 각각 1회이다. 그러나 인조 6년 仁城君이 죽기 전까지만 보면 총

---

1) 金甲千, 1998, 「仁祖朝의 정치적 '適實' 지향성에 관한 연구」, 서울대 박사학위논문, 44쪽.

<표 1> 인조대 역모 사건

구분	시기	고변자	주모자	관련자	추대자	비고
1	원년 7월 27일	柳應洞 兪應時 李愼	柳湔(正刑) 柳瀹·申大枝·許稷·李 光裕·鄭沈·鄭捑壽(杖 斃) 李光澔(遠竄)	柳夢寅(正刑) 柳欲(栲死) 奇自獻(付處) 成佑吉(放送)		32명 석방
2	원년 10월 1일	李時言 (絞用) 申得英	黃玹·李有林(正刑) 金義敏(杖斃) 韓孝立·郭宗魯·愼得 智·李馨衍·李中男·李 廷綏·鄭愛仁·成佑吉· 柳慶宗·丁彥琢·朴橲· 安遇吉·李淑·洪敬天· 黃珩·朴安道·劉應基· 申光濩·李汝怡·奇秀 發(이상 訊死)	文希賢(定配) 奇允獻·林江·金應鼎 (定配) 玄極·柳公亮(付處) 朴知述·柳尋(削職) 鄭龍榮·愼得義·權昱 (放送)	興安君 李瑅	崔弘誠의 밀고 (尹雲衢· 林端 등 이 훈신에 게 추천)
3	2년 정월 17일	文晦 李佑 權眕 鄭邦說 尹安亨 韓訴 金光燻	鄭仁榮(訊死) 鄭燁·鄭燦·成琢(處 刑) 金鉦·韓昌國·韓興國 (杖斃)	李适·韓明璉·尹仁發 (이상 叛亂), 柳斐·鄭 忠信·尹璘·李景立·尹 安國·李溟 (이상 勿 問), 奇自獻·柳夢寅· 柳慶宗·柳瀹(이상 文 臣) 李時言·成佑吉·玄楫 (이상 무 신) 全有亨 등	광해군 복 위 仁城君 仁興君 興安君	
4	2년 11월 8일	李怡 金仁 沈逸民	朴弘耉(自盡), 朴允 章·李大溫·李大儉(正 刑), 朴有章·朴晉章· 金廷幹 등(杖斃) 奇必獻(斬首), 金載 臣·成汝檛 등(定配), 朴以章·朴益章·朴啓 章(遠配) 李先哲·李珵(訊死)	鄭文孚(杖斃) 趙挺·崔瓘(放送)	光海君 (太上王) 仁城君	張晩이 金仁에게, 沈命世· 金盡國· 南以恭 등이 李怡 ·沈逸民 에게 譏察 을 시킴

5	3년 9월 8일	①文晦·朴應晟·權盼 ②朴宗一 ③朴應晟	朴應晟(正刑) 權盼(訊死) 文睍(絶島安置), 洪生(正刑)	權盼·鄭岦·丁好善·尹宖(放送) 崔瓘·金藎國	仁城君	李曙 등의 譏察
6	5년 10월 1일	①陳克一 ②洪囂 ③崔晛	李仁居·李重白·金得命 등 10인(死刑) 金裕 등 14인(流配)	許厚 등 24인(放送) 監司 崔晛(流配)	李仁居	
7	6년 정월 3일	①金振聲 ②崔山輝 ③許䙗	柳孝立·鄭遴·鄭沁·裵希度·金應獅·金應虎 등 50여인(處刑) 閔濬·尹繼倫(正刑) 金克鑌 등 20인(訊死) 金裕·韓仁發(杖死) 李秀香·曇華(正刑)	張世哲·南應敏·金景善·趙有恒·趙有道 등 14인(流配) 流配罪人 柳希亮·尹宖·徐㮁(絞刑) 柳訒·張德武·李景恒·鄭如麟·尹暉·權餘慶 등 27인(放送)	仁城君 慈殿 密旨 光海君 書札(趙挺·崔瓘·鄭昌衍·金藎國)	
8	6년 3월 4일	任之後	任就正·任錫後·吳玹·安大弘·高景星(不服而斃) 趙挺·張世哲(圍籬) 趙有道(還配)	崔瓘·睦敍欽·睦長欽·睦嗜善 등 20여 인(放送)	光海君 복위 仁城君 추대	
9	7년 윤4월 19일	金禮正	任慶思·孫大順·李善信·河義生·金龍林(모두 死刑)		光海君 옹립 連山으로 천도	
10	7년 11월 20일	陳命生	梁景鴻·李克揆·鄭雲白·韓會·申尙淵·崔拜善(伏誅) 鄭雲瑞·韓玉(杖死) 梁嗣福(絶島 定配)	韓潤·梁繼賢	光海君 追慕	

11	9년 2월 3일	①趙興賓 ②韓潎	鄭澣 등 30여 인(正刑) 楊時泰 등 10여 인(杖斃)	高用厚 등 6인(流配) 崔晛·박로 등 50여 인(放送)	光海君 복위 東宮은 仁城君의 아들로	赦免令 반포
12	13년 2월 24일	全羅監司 元斗杓	李基安(處刑) 金世淵(杖斃)	金世濂·李民宬·鄭蘊· 崔晛·李埈		
13	22년 3월 21일	黃瀷 李元老	沈器遠(伏誅) 李一元·權澋·鄭蕆·權 斗昌(正刑)	朴潢·沈東龜(流配)	懷恩君	具仁垕 金瑬
14	24년 3월 28일	李碩龍	柳濯·權大用	林慶業		

* 출전 :『仁祖實錄』의 해당 일자 참조

8회의 역모사건 중 인성군이 추대된 경우가 5회로서 압도적이고, 광해군을 복위시키더라도 인성군에게 전위하게 해야 한다고 주장하였으며, 광해군이 독자적으로 추대된 경우는 없었다.[2]

이들 사건의 주모자들은 광해군의 잘못을 인정하더라도 그를 축출한 뒤에 인조가 '스스로' 왕위에 오른 것은 잘못이라고 분명하게 주장하였다. 逆謀<1>의 주모자 柳湔은 '이번에 擧義를 한 사람들이 天命이 돌아간 사람을 세워야 마땅했는데, 今上(인조)이 스스로 왕위에 오른 것은 잘못'이라고 柳應洞을 설득하였다.[3] 역모<2>의 주모자 黃玹은 인조가 '모든 왕자를 제쳐두고' 스스로 왕위에 오른 것은 잘못이라면서, 李時言에게 興安君 李瑅를 추대할 뜻을 비쳤다.[4] 이러한 인식은 인성군을 추대한 인조 초기 역모사건 주모자들의 일반적 인식이었던 것 같다.

사실 광해군이 폐위되었다고 해서 인조가 왕위에 오를 절대적 정당
성은 어디에도 존재하지 않았다. 宣祖의 후손으로서 당시 왕위를 계승
할 수 있는 1차 후보군에는 靜嬪 閔氏 소생의 仁城君 李珙(1588~
1628) 이외에도 順嬪 金氏 소생의 義昌君 李珖(1589~1645), 貞嬪 洪
氏 소생의 慶昌君 李珦(1596~1644), 溫嬪 韓氏 소생의 興安君 李瑅
(?~1624)・慶平君 李玏(1600~?), 靜嬪 閔氏 소생의 仁興君 李瑛
(1604~1651)・寧城君 李㶛(1605~?) 등이 생존해 있었다.[5] 이들 가
운데 인성군은 가장 연장자였을 뿐만 아니라 광해군이 매우 꺼릴 정도
로 왕자들 가운데 명망이 있었다고 한다.[6] 반정 당시에 인성군에 뜻을
두었던 사람도 있었던 것 같다.[7] 역모<4>를 수습한 이후에 발표한 廟
堂 通諭文에서도 인성군이 '人望이 있었다'는 것은 인정하였다.[8]

인성군은 선조대에도 17세의 나이에 宗戚을 거느리고 尊號를 받으
라고 청한 적이 있었다.[9] 광해군대에는 광해군 5년에 종실을 대표하여

---

5) 李範稷, 1988, 「朝鮮後期 王室 構造 硏究－仁祖代를 中心으로」, 『國史館論
　叢』 80, 285~289쪽 ; 지두환, 2000, 「인조대왕과 친인척」, 역사문화, 380~381
　쪽 참조.
6) 『大東野乘』 卷72, 『荷潭破寂錄』, 민족문화추진회, 1973, 17책, 485쪽(이하
　'17-485'로 줄임) ; 李迎春, 1998, 「朝鮮後期 王位繼承 硏究」, 集文堂, 134쪽.
7) 『仁祖實錄』 卷4, 仁祖 2년 甲子 正月 壬申, 33-571, 5ㄱ. 이것은 역모<3> 告
　變者 尹安亨의 공초에 나오는데, 윤숙은 이로 인해 갇혀 있다가 이괄의 난이
　일어난 다음 大將 申景禛의 건의로 풀려났다(『仁祖實錄』 卷4, 仁祖 2년 甲
　子 2월 辛卯, 33-577, 17ㄱ). 신경진이 그에게 '感激自效'할 기회를 주자고 건
　의한 것을 보면 윤숙에게 혐의가 전혀 없었던 것은 아니라는 것을 알 수 있
　다. 그리고 李貴는 '李活과 金元亮이 본래 仁城君을 추대할 뜻을 가지고 있
　었다'고 말했다(『仁祖實錄』 卷7, 仁祖 2년 甲子 12월 丙戌, 33-661, 46ㄱ).
8) 『燃藜室記述』 卷24, 仁祖朝 故事本末, 「朴弘耈之獄」, Ⅵ-493~495. 이 廟堂
　通諭文은 實錄에는 보이지 않는다.
9) 『宣祖實錄』 卷177, 宣祖 37년 甲辰 8월 戊戌, 24-642, 36ㄴ~37ㄱ.

永昌大君의 처벌을 청하였고,[10] 광해군 10년에는 왕자 이하 여러 종실을 거느리고 仁穆大妃의 폐출을 청하였다.[11] 인성군이 광해군대의 이러한 대표적인 정치행사에 의례적으로만 참여한 것은 아니었다. 그가 여기에 참여하지 않은 종실을 탄핵한 것을 보면[12] 그것이 그의 자발적 의사에 의한 것임을 알 수 있다. 그는 광해군대 존호를 올리기를 청하는 상소에도 참여하였다.[13]

이러한 인성군의 행적은 그가 국가의 공권과 군권의 강화를 강조하는 대북세력의 정치론과 동일한 입장에 서 있었음을 보여준다. 그러나 그가 광해군대 끝까지 대북세력과 밀월 관계에 있었던 것은 아니었던 것 같다. 광해군 말년에 이이첨 일파를 대표하여 인사권을 장악하고 있던 李挺元과 갈등을 일으킨 것을 보면 그것을 알 수 있다.[14] 당시에 이정원은 이이첨의 권력을 배경으로 뇌물과 청탁을 받고 宮掖과 통하여 인사권을 문란시킨 대표적 인물이었다.[15] 말하자면 인성군은 대북세력의 국가·군권 중심 정치론에는 동조하였지만, 이들의 독점적 정국 운영, 특히 이이첨 일파의 인사권 독점과 남용에 대해서는 비판적 입장이었다고 볼 수 있다.

인조반정 직후 폐모론자들을 논죄할 때, 인조는 인성군을 至親이라 하여 특별히 용서하였다. 인목대비가 법대로 처치하려고 하였으나 인조가 거듭 다투고 변호하여 면하였다고 한다.[16] 그러나 그가 인조대

---

10) 『光海君日記』卷68, 光海君 5년 癸丑 7월 辛巳, 32-231, 32ㄴ.

11) 『光海君日記』卷123, 光海君 10년 戊午 正月 乙丑, 33-3, 5ㄴ～6ㄱ.

12) 『光海君日記』卷69, 光海君 5년 癸丑 8월 庚寅·辛卯, 32-235, 2ㄴ ; 『光海君日記』卷124, 光海君 10년 戊午 2월 丁酉, 33-19, 6ㄴ～7ㄱ.

13) 『光海君日記』卷144, 光海君 11년 己未 9월 丙午, 33-269, 15ㄱ.

14) 『光海君日記』卷180, 光海君 14년 壬戌 8월 庚午, 33-464, 3ㄴ～4ㄱ.

15) 『光海君日記』卷180, 光海君 14년 壬戌 8월 癸酉, 33-466, 7ㄱ.

16) 『燃藜室記述』卷24, 仁祖朝故事本末, 「朴弘耉之獄」, Ⅵ-495. 『燃藜室記述』卷23, 仁祖朝故事本末, 「癸亥罪籍」, Ⅵ-534에는 '削奪官爵秩'에 들어 있다.

전반에 발생한 역모사건 거의 전부에 직간접적으로 관련되었으므로 이에 대한 논의가 없을 수 없었다. 문제는 인성군을 처벌하는 것이 반정의 최대 명분과 배치된다는 것이었다. 광해군이 임해군을 비롯한 여러 왕자들을 역적으로 몰아서 죽인 것이 '綱常倫理'에 어긋난다고 하여 군주를 폐위시키고 성립된 것이 인조정권이었다. 그리고 이러한 반정의 명분은 주자학 명분론과 의리론으로 분식되었다. 이것은 단순한 '강상윤리'의 문제가 아니라 16세기 이래 '사림' 계열 양반 지배층을 지배해 왔던 세계관의 근본과 맞닿아 있는 문제였다.

그러나 이러한 명분론과 의리론에만 집착하게 될 경우 앞서 살펴본 바와 같이 끊임없는 역모사건으로 인해 정권의 안전이 지속적으로 위협받고 있는 政治 現實을 어떻게 타개할 것인가가 인조정권이 당면한 문제였다. 당시 官人·儒者들은 거의 모두 주자학 정치사상에 포섭되어 있었으므로 이 문제를 제기하는 것 자체가 쉽지 않았다. 누구보다도 정권의 정통성이 취약하다는 것을 절감하고 있던 인조 자신이 이를 쉽게 허용하기 어려웠다. 말하자면 관인·유자들을 지배하고 있던 정치사상으로서의 주자학 명분론과 의리론이 정치 현실 속에서 그 모순을 노출한 대표적인 문제였던 것이다. 따라서 인성군의 처벌 과정은 인조대 정치를 주도하고 있던 관인·유자들로서는 정치적 현실주의에 의해 도덕적 명분주의를 극복하는 과정이기도 하였다.

인성군과 관련된 옥사가 인조대 전반 전체에 걸쳐 일어났으므로, 인성군과 관련된 논란은 인조대 전반 내내 계속되었는데, 이를 대체로 다섯 시기로 나누어 살펴볼 수 있다. 제1기는 역모<1·2·3>에도 불구하고 인조가 고집하여 인성군 처벌에 실패한 시기(인조 원년 3월~2년 10월), 제2기는 역모<4>에 인성군이 관련된 것을 계기로 그의 처벌을 주장하여 결국 강원도 간성에 안치한 시기(인조 2년 11월~3년 8월), 제3기는 역모<5>에 대한 비판과 睦性善·柳碩 등의 상소를 계기로 석방, 量移, 석방이 반복된 시기(인조 3년 9월~5년 12월), 제4기는 역모<7·8>로 인해 결국 인성군이 죽음에 이르는 시기(인조 6년 정월~12월), 제5기는 인성군이 죽은 후에도 그것의 정당성 여부와 그 후손들의 처치 문제를 놓고 논란이 계속된 시기(인조 7년~14년) 등이 그것이다.[17]

이 때 인성군의 처벌에 가장 적극적이었던 것은 李貴였고, 신료 중에서 가장 적극적으로 반대한 것은 鄭蘊과 睦性善 등이며, 鄭經世·李埈 등은 소극적으로 반대한 것처럼 보인다. 그러나 李貴는 인성군 처벌에 반대한 핵심 논자를 鄭經世로 파악하고 있었다. 인조 2년(甲子)과 5년(丁卯)에 이 두 사람 사이에서는 인성군의 처벌을 둘러싸고 상소문과 편지를 통해 일대 논전이 벌어졌다.

甲子年에 仁城君 出置 논의(제1기)가 좌절된 것은 정경세의 역할이 컸다. 당시 그의 주장의 핵심은 '王子 중에서 賊의 공초에 나온 사람은 仁城君만이 아닌데' '광해군 때처럼 골육을 의심하여 협박'해서는 안 된다는 것이었다.[18] 이것은 역모 관련자들 공초의 증거 능력을 인정하지 않으면서, 反正의 명분을 내세우는 도덕적 명분주의의 전형적인 주장이었다. 이에 대해 이귀는 이괄을 비롯한 여러 '兇逆之徒'와 陰謀한 情狀이 공초에 분명히 드러났으며, 이괄의 난 당시에 이괄이 도성에 입성한 이후 인성군을 추대하여 都民을 曉喩하고 鐘街에 榜을 내걸기까지 하여 '逆狀'이 이미 현저하게 드러났다고 반박하였다.[19] 그리고 광해군 때는 이이첨의 무리가 자신들의 부귀를 위하여 王子를 搆殺한 것이고, 지금은 兇逆들이 合謀하였음이 누차에 걸쳐 드러났으며, 심지어 '擧兵犯闕'하기까지 하여 전혀 다른데도 광해군에 비교한다고 비판

---

17) 이와 관련된 논의 과정은 김갑천, 1998, 앞의 논문, 45~52쪽 참조.
18) 『愚伏集』 卷6, 「陳情乞遞箚」(甲子), 叢刊 68-115, 24ㄴ.
19) 『李忠定公章疏』 卷4, 「因玉堂論斥乞骸箚」(甲子 5월 3일), 23쪽.

하였다.20)

정경세는 이귀가 興安君 李瑅와 같은 일이 일어나지 않도록 하기 위해 '일에 앞서서 도모'하는 것은 '억지로 일을 만드는 것'으로서, '物來順應'·'行其所無事'에 어긋난다고 주장하였다. 그는 흥안군 이제와 이괄의 반란과 같은 일은 200년 만에 한 번 일어날 수 있는 일이므로 다시 일어날 리가 없으며, 설사 일어난다 하더라도 역적 이제를 처치한 것과 같은 방법으로 대처하는 것이 바로 '물래순응'이라고 말했다. 따라서 정경세는 '고금천하에 자신이 범한 죄가 없는데 선처할 방도를 강구한 적이 있었느냐'는 인조의 말을 '大聖人의 廣大한 雅量'이라고 추켜세웠다.21)

여기서 정경세가 말한 '물래순응'·'행기소무사'는 이귀가 두고두고 비판한 구절이었다. 이귀는 정경세가 평생 동안 독서하고서도 '문의'를 모르니 어찌 '국가를 위한 원대한 염려'[爲國遠慮]를 알겠느냐고 비웃었다. 이귀는 '물래순응'이라는 말이 '禍端이 이미 드러났는데 가만히 있다가 반드시 큰 변이 일어난 이후에 천천히 응하는 것을 말하는 것'이 아니며, '행기소무사'가 '置之度外하고 아무일도 하지 않는 것'이 아니라고 반박하였다. 이귀는 정경세가 이괄의 난 당시에 한 일이 무엇이냐고 묻고, 이괄의 난이 진압된 것은 결코 '행기소무사'의 결과가 아니라고 하면서, 정경세의 이 말은 '先儒'의 뜻과 어긋나는 '실체가 없는 큰 소리'[無實之大言]이며, 조금이라도 '君父를 아끼고 宗社를 걱정하는 마음'이 있다면 입 밖에 내놓지 못할 말이라고 하였다.22)

---

20) 위와 같음, 23~24쪽.
21) 『愚伏集』卷6, 「陳情乞遞箚」(甲子), 叢刊 68-115~116, 24ㄴ~25ㄱ.
22) 『李忠定公章疏』卷4, 「因玉堂論斥乞骸箚」, 24~25쪽. '物來順應'이란 말은 원래 北宋의 程顥가 張載에게 보낸 편지에 나오는 말이다(『河南程氏文集』卷2, 書記, 「答橫渠張子厚先生書」). 이 편지는 '定性'에 대한 장재의 질문에 정호가 답한 것인데, 후세 사람들이 「定性書」라고 칭하여 『宋元學案』에 수

이귀는 이제·이괄의 난과 같은 일이 '다시 일어날 리가 없다'는 정
경세의 말 역시 '어린 아이'도 하지 않을 말이라고 비난하였다. 그는 정
경세가 인성군이 반란을 일으키지 않으리라는 것을 어떻게 알아서 이
렇게 말하느냐고 되물었다. '설사 일어난다 하더라도 이제를 처치한 방
법으로 처치하면 된다'는 말에 대해서는 그런 일이 다시 일어난다면
어떻게 승리를 보장할 수 있느냐고 되물었다. 이귀는 정경세가 '學術
이 高明하여 매사를 天理에서 구하고 人情을 고려하지 않는다'면서,
만약 天理로만 말한다면 人臣이 반란을 謀議하는 것이 天理에 마땅한
일이어서 일어나느냐고 반박하였다.[23]

또한 정경세는 廟堂 大臣이 '깊이 근심하고 멀리 생각하여' 한 번쯤
'權宜處變之道'를 취하는 것도 불가할 것은 없지만, 玉堂은 兩司와는
다르다면서, 자신들은 '迂儒'로서 하나의 '經'字를 지키는 것이 자신들
의 직분이라고 주장하여 분명히 權道論에 이의를 제기하였다. 그는 우
의정 申欽 역시 여기에 동의하였다고 말했다. 그리고 자신은 迂濶하고
사물을 보는 것이 기민하지 못하여 常道를 지키는 것에 집착하고 변화
에 어두운 것을 인정하였다.[24] 이것은 권도론을 분명하게 거부한 것이
었다. 이에 대해 이귀는 자신과 정경세가 매사에 '經'이 다르다고 주장
하였다. 자신은 '叛臣賊子를 토벌하여 誅罰하는 것'과 '작은 낌새를 막
아서 화를 미연에 방지하는 것'을 經으로 보는데 정경세는 그렇지 않

록하였다(中國孔子基金會編, 1997, 『中國儒學百科全書』, 「定性書」, 北京,
625~626쪽 참조). 여기서 정호는 인간의 본성과 외계 사물은 본래 內外의 구
분이 없다는 物我一體的 관점에서 性을 정의하고, 그러한 精神의 경지이자
修養 방법으로서 이것을 제시하였다. 따라서 이것은 宋代 理學의 道德修養
論을 표현한 것이었다. 程顥의 이 편지는 『近思錄』에 朱熹의 자세한 注說을
붙여 수록되어 있으므로, 정경세를 비롯한 당대의 官人·儒者들에게는 익숙
한 표현이었을 것이다.
23) 위와 같음, 26~27쪽.
24) 『愚伏集』卷6, 「陳情乞遞箚」(甲子), 叢刊 68-116, 25ㄴ~26ㄱ.

다면서, 仁城君을 처치하는 것은 國家大事인데, '經幄의 長官이 迂儒라고 自稱하면서' 일개 '經'字를 지킨다고 핑계 대고 國家大事를 저버린다고 비난하였다.[25]

이귀는 정경세가 인성군을 出置하는 것이 잘못이라고 생각한다면 자신의 견해를 명백하게 밝혀 뭇 의혹을 풀어주고 자신을 왕자를 構陷하는 律로 처벌할 것을 청하든지, 아니면 인성군의 善處를 청하는 啓辭에 동의하든지, 둘 중에 하나를 택해야 할 것인데, '머뭇거리고 관망하면서' 宗社大計를 지연시킨다고 그 무책임한 태도를 비판하였다. 정경세는 이귀가 자신의 견해를 타인에게 강요하여, 견해가 같으면 좋다고 칭찬하지만, 다르면 노하여 욕한다면서, 元老大臣이나 공로가 같은 鉅卿이라도 욕보이기를 꺼리지 않는 거친 태도를 비판하였다.[26] 이에 대해 이귀는 만약 사사로운 일로 그렇게 했다면 정경세의 비난이 옳지만, 경연석상에서 국가의 안위가 호흡지간에 달려 있는 문제에 대하여 각각 자신의 견해를 고집하면서 소리지르면서 싸우다가 체면을 잃어버리더라도 '大義를 지키고 大計를 정하는 것'에는 손상될 것이 없다는 입장이었다.[27]

이처럼 두 사람의 대립은 정치적 현실주의와 도덕적 명분주의의 대립을 전형적으로 보여주었다. '物來順應'·'行其所無事'라는 宋代 理學의 道德修養 理論을 현실정치에 그대로 대입시키려는 정경세의 태도는 주자학 명분론과 의리론에 입각해 정치를 바라보는 당대 관인·유자들의 세계관을 반영한 최고의 수준이었다. 그들에게 정치는 道德

---

25) 『李忠定公章疏』 권4, 「因玉堂論斥乞骸箚」(5월 3일), 28~29쪽. 이귀의 이러한 주장도 權道論으로 간주할 수 있다. 權道論은 經 자체를 부정하는 것이 아니라 상황에 따라서 변화할 수 있다는 것이기 때문이다(葛榮晉, 1987, 『中國哲學範疇史』, 黑龍江人民出版社, 360쪽 참조).

26) 『愚伏集』 卷6, 陳情乞遞箚」, 叢刊 68-116, 26ㄴ.

27) 『李忠定公章疏』 卷4, 「因玉堂論斥乞骸箚」, 30쪽.

과 義理의 연장선상에 있으며, 분리될 수 없는 것이었다. 그것은 天理論, 守經論 등으로 합리화되었다. 이에 대해 人情論, 權道論으로 맞서면서 도덕과 의리에서 정치의 영역을 분리해 내려고 시도한 李貴가 근거한 논리는 바로 책임론이었다.

이귀가 정경세를 비판하는 핵심은 그 무책임성에 있었다. 이귀는 鄭經世가 '國事를 교묘하게 회피하면서 君主의 禍를 급하게 여기지 않는 罪'를 면할 수 없다고 보았다. 정경세가 '비록 萬卷의 책을 읽었지만 義理의 소재를 추구하지 않아서 그 하는 말이 菽麥을 구별하지 못한다'면서[28] '학문을 하지 않았다고 말해도 좋다'고까지 극언하였다. 그는 정경세가 학문을 하고서도 '世變에 어두워서 매번 졸렬한 계책을 내어서 자신과 국가가 모두 안전한 길만 추구하기 때문에' 그런 주장이 나온다고 보고 있었다. 그는 정경세의 이러한 무책임한 태도를 비판하고, 남의 신하된 사람들이 일에 임하여 교묘하게 회피하는 폐단을 막기 위해 상소한 것이라고 상소문 맨 앞에서 강조하였다.

이귀가 무책임하다고 비판한 것은 정경세만이 아니었다. 당시 양사의 인성군에 대한 논계도 '근본은 버려두고 말단만 논하여 책임이나 면하려 한다'면서, 目前의 姑息적인 일이나 비난만 면하려고 힘쓸 뿐 遠慮大計를 모른다고 비판하였다.[29] 그가 이렇게 양사를 비판한 이유는 당시 양사가 인성군을 논할 때 '母后를 弑害하자고 청한 죄'[請弑母后之罪]를 거론하지 않았기 때문이다. 이귀가 볼 때 '본인이 범한 죄가 없다'[身無自犯之罪]는 인조의 반론을 넘어서기 위해서는 인성군이 광해군 때 저지른 바로 이 '이미 현저하여 은폐하기 어려운' '首惡之罪'를 거론해야 하는데, 양사의 論箚는 이 일을 거론하지 않았다는 것이다.[30] 정경세의 무리가 인성군의 '弑逆을 성토하지 않는 것을 守經으

---

28) 『李忠定公章疏』 卷4, 「因玉堂論斥乞骸箚」, 21쪽.
29) 위와 같음, 32쪽.

로 간주하여 흔들리지 않는 것'은 '대세가 이미 지나간 것을 알고 스스로를 온전하게 보전하려는 계책을 도모하는 것에 불과'한데, 大臣과 諸宰, 兩司의 장관이 모두 여러 달에 걸쳐서 善處를 주장하여 왔음에도 불구하고 정경세에게 막혀 감히 입을 열지 못한다고[31] 무책임이 만연되는 정치 현실을 통렬하게 고발하였다.

(2) 責任論 대 義理論

정묘년에는 李仁居 역모사건(역모<6>)에 대해서 이귀가 金裕를 국문해야 한다고 주장하여 정경세와 서신을 통해 쟁론하였다. 역모<6>은 이인거가 주모자인 것처럼 보이지만 실제로는 柳孝立 등이 인성군과 공모하였다가 미리 발각되자 이인거가 모두 뒤집어쓰고 수습된 사건이었다. 결과적으로 볼 때 이 사건이 제대로 수사가 이루어지지 않았기 때문에 역모<7>의 대규모 역모사건이 가능하였다고도 볼 수 있다. 그런데 역모<6>에서 그 단서가 아주 없었던 것은 아니었다. 이인거의 공초에서 金裕가 '眞主가 군대를 일으킬 것이라고 말하였다'는 내용이 나왔다는 것이 그것이다.[32] 그러므로 이 때 김유를 미리 국문하였다면 역모<7>을 사전에 예방할 수 있었을지도 모를 일이었다.[33]

---

30) 『仁祖實錄』卷5, 仁祖 2년 甲子 4월 辛卯, 33-609~610, 41ㄱ~42ㄱ. 이 때 兩司의 論啓는 李貴에게 끌려서 마지못해 이루어진 인상을 주는 것이 사실이다. 그리고 인성군이 역적의 공초에 거론된 것에 대해서만 언급하였을 뿐, 광해군 때 폐모정청에 참여한 일은 거론하지 않았다. 그래서 이귀의 이런 비판이 나온 것이다.

31) 『李忠定公章疏』卷4, 「因玉堂論斥乞骸箚」, 32~33쪽.

32) 『李忠定公章疏』卷9, 「三請鞫問金裕箚」(戊辰 正月 4일), 47쪽.

33) 金裕는 역모<7>이 일어난 뒤에야 사헌부에서 국문할 것을 청하여 인조의 허락을 받았다(『仁祖實錄』卷18, 仁祖 6년 戊辰 正月 丁丑, 34-251, 12ㄱ). 김유와 한인발은 결국 杖死하였다. 김유를 국문하자는 이귀의 주장은 先見之明이 있었던 셈이다. 어쩌면 이런 정도는 당시 신료들 대부분이 예상할 수 있는

역모<6>이 일어나고 나서 역모<7>이 일어나기 전에 이 문제를 끝까지 물고 늘어진 것이 바로 이귀였다. 이귀는 양사가 인조의 '(누구를) 추대하였는지는 묻지 말라'는 下敎[勿問推戴之敎]에 구애되어 金裕를 국문하자고 주장하지 못하는 것을 여러 차례 지적하면서 비판하자, 양사가 이로 인해 모두 인피하였는데, 부제학 정경세 등이 처치하면서 '잘못은 그(이귀)에게 있으므로, 양사 관원은 피혐할 것이 없다'고 출사시킬 것을 청하였기 때문에34) 이귀가 정경세에게 편지를 보내 논전이 일어난 것이었다.

이귀는 인성군이 광해군 때 '國母를 시해하자고 청하였'는데도 남의 신하된 자가 이를 거론하지 않는 것은 '왕자를 구한다는 명예를 노리고 討逆 大義를 폐기한 것'이고, '그 逆謀한 情狀이 諸賊의 供招에서 명백히 드러난 前後 逆獄이 일곱 번이나 일어나서' 인성군이 추대되었는데, '적당을 救護하려는 뜻이 갈수록 깊어져서' 심지어는 '眞主'라는 말을 한 金裕를 鞫問하지 못하게 하기를 '절개를 세워서 구제하듯 하기에 이르렀다'[立節而救之]고 정경세를 비판하였다.35) 그는 이것을 '好名之心'이라고 부르면서, 玉堂의 처치를 '護逆'으로 몰아부치고, 이처럼 '討逆'에 대한 소견이 '每每相反'된다면 마침내 '不共戴天'에까지 이르고 말 것이라고 경고하였다. 정경세는 이귀가 '말을 가리지 않는' 것은 '중심이 不平하기' 때문이라고 비난하고36) 자신은 단지 인조가

일이었는지도 모른다. 단지 문제는 인조가 김유를 국문하지 못하게 하자 적극적으로 쟁론하지 못하였다는 것이다. 그것은 反正의 名分, 곧 義理論과 직결되는 문제였기 때문이다. 여기에 도덕적 명분주의와 정치적 현실주의가 대치하고 있는 당시의 시대적 특징이 있었다고 생각된다. 이 때 정치적 현실주의의 근거가 된 논리가 바로 李貴가 제시한 責任論이었다.

34) 『仁祖實錄』 卷17, 仁祖 5년 丁卯 11월 庚午, 34-236, 36ㄴ.
35) 『李忠定公章疏』 권25, 「與鄭愚伏經世書」, 13쪽.
36) 『愚伏集』 卷9, 「答李玉汝貴」, 叢刊 68-175, 36ㄱ~ㄴ.

광해군 때와 같은 '骨肉相殘'의 禍를 면하게 하려 했을 뿐인데, '護逆'
이라고 하는 것은 지나치지 않으냐고 항변하였다. 그리고 金裕의 일은
推鞫 大臣이 세 번이나 청하였는데도 인조가 끝까지 허용하지 않았다
면서, 그것은 '聖德之事'이니 인조의 뜻을 따르지 않을 수 없었다고 변
명하고, 이를 '好名'이라고 말하는 것은 지나치다고 반박하였다.37)

이귀는 당시의 일을 광해군 때에 비교하는 것은 鄭蘊·睦性善과 같
은 주장이라면서, 정경세의 이러한 논의가 '一世의 士夫'를 誤導하여
'討逆의 義理를 모르는 무리들이 휩쓸려 들어가듯이 이를 추종하여 憂
國遠慮가 도리어 세상에 용납되지 못하게 만들었다'고 반박하였다.38)
주목되는 것은 여기서 '勳臣을 공격하고 告變者를 죽이는 것을 하나의
士論으로 만들었다'면서 반정 이후 南人들의 언론을 나열하면서 비판
한 것이다.

이귀는 崔晛이 勳臣軍官을 비판한 일,39) 睦性善이 '四大將의 폐해
가 역적 李适보다 심하다'고 한 말,40) 趙誠立이 '功臣은 功臣이고 士
類는 士類여서 같이 일할 수 없다'고 한 것,41) 李埈이 '勳臣을 물리치

---

37) 『愚伏集』卷9, 「再答」, 叢刊 68-176, 37ㄱ.
38) 『李忠定公章疏』卷25, 「答愚伏第二書」, 21쪽.
39) 『仁祖實錄』卷7, 仁祖 2년 甲子 10월 戊子, 33-646, 16ㄱ. 이 箚子는 大司諫
崔晛이 주도하여 사간원 연명으로 올린 것인데, 西人 간관이 훈신 군관 문제
에 대해서는 이의를 제기하였지만 최현이 고집하여 집어넣었다. 이로 인해
물의가 일어나자 최현이 상소 과정을 밝히고 사직하자 사헌부에서는 출사를
청하였는데 인조는 최현만 특별히 遞差시켰다(同, 10월 戊戌, 33-649, 21ㄴ~
22ㄱ).
40) 『仁祖實錄』卷10, 仁祖 3년 乙丑 10월 癸巳, 34-38, 21ㄴ.
41) '功臣自功臣 士類自士類'라는 말에 대해 이귀는 반정 초부터 비판하였다. 『李
忠定公章疏』卷2, 「因別詢勳臣進言疏」, 34쪽, "近者有功臣自功臣 士類自士
類之論. 是以臣等輩流 皆非士類也. 臣不知彼所謂士類者 指何事而言也. 臣
愚竊恐知義理識廉恥 有所不爲者 是士類也. 若然則臣竊恐彼所自以爲士類
者 未必皆士類 而臣等輩流 未必非士類也……臣愚竊謂爲此言者 必是爲排

98

고, 다른 쪽 사람들을 등용하자'고 한 것,42) 趙絅이 '勳臣을 지목하여 魯나라의 三家'에 비기고, '倒至太阿'라고 비난한 것43)들은 모두 鄭經世가 반정 초에 '功이 많으면 賞을 주면 되고, 德이 많으면 爵을 주면 되는 것이니, 功臣을 반드시 등용할 필요는 없다'고 한 말을 따른 것이라고 보았다.44) 또한 이귀는 이인거가 일찍이 상소하여 인성군을 구호한 것이나, 강원감사 최현이 이를 토벌하지 못한 것도 모두 정경세의 餘論을 '祖述'한 것으로 간주하였다.45) 그리고 바로 이들이 '譏察'을 상

陷之計也."

42) 李埈은 훈신이 '부귀가 극에 달하여 자신의 몸을 아낀다'고 공격하였다(『蒼石集』권4,「陳弊疏」(丙寅), 叢刊 64-287, 33ㄴ, "今之二三勳臣 乃殿下所托以爲干城者 而其勇略之可合於戰陣 則此實已試而罔功 豈非以富貴已極 惜身之念爲重也"). 이귀는 인조 앞에서 이 말을 비판하였다가 '만일 공신들이 이 말로 인해서 각성한다면 어찌 유익함이 없겠는가'고 핀잔만 들었다(『仁祖實錄』卷14, 仁祖 4년 丙寅 9월 戊寅, 34-139, 22ㄴ, '若功臣因此言 有所惕悟 則豈無所益乎').

43) 『龍洲遺稿』卷6,「持平時疏」, 叢刊 90-83~84, 2ㄱ~3ㄱ 참조.

44) 『李忠定公章疏』卷25,「答愚伏第二書」, 21~22쪽 "令輩皆以攻勳臣 殺告者 爲一種士論. 崔晛以勳臣有軍官 爲家莊爪甲. 睦性善等 以四大將 爲甚於賊适. 趙誠立亦曰 功臣自功臣 士類自士類 不可同事. 李叔平亦曰 退勳臣 用一番人. 趙絅亦目勳臣爲魯三家 又曰倒持太阿. 令公當初 以副學入見君父 乃曰 功懋懋賞 德懋懋爵 功臣不可用." '功懋懋賞 德懋懋爵'은 원래 『尙書』(卷8, 商書,「仲虺之誥」)에 나오는 말로서 정확한 표현은 '德懋懋官 功懋懋賞'이다. 殷의 湯王이 夏의 桀王을 정벌한 뒤, 그 신하 仲虺가 湯王의 덕을 칭송하면서 나온 말이었다. 인조반정 초기에 남인들은 이 말을 인용하여 공신들이 꼭 덕이 많은 것이 아니라는 것을 강조하여, 서인의 독주를 견제하고자 하였던 것 같다. 이귀는 경연석상에서 자신이 반정 초기에 인사를 담당하여 공정하게 하였는데도 남인들이 무책임하게 이런 말을 하여 勳臣을 공격한다고 비난하였다(『仁祖實錄』卷2, 仁祖 元年 癸亥 7월 丙申, 33-540, 22ㄴ).

45) 이인거는 일찍이 횡성에 은거하여 隱者로 자처하다가 반정 이후 조정에서 관직을 주어도 나가지 않았다(『大東野乘』卷72,「荷潭破寂錄」, 17-439). 이인거의 상소란 그 때의 辭職疏를 말하는 것 같다. 그러다가 정묘호란 당시 後金과 講和하는 것을 보고 柳孝立 등과 역모를 꾀하였다고 한다(『大東野乘』

소로 '공격하여' 역모<6>의 고변자 陳克一이 결국 起兵을 기다려서 告變할 수밖에 없었으며, 자신이 5년간 인성군을 처벌하자고 일곱 번 上箚하였는데, 그 때마다 정경세에 의해 저지되었다고 비판하였다.

즉 정경세에 의해서 창도된 義理論에 입각한 도덕적 명분주의가 단순히 도덕적 명분에 머물지 않고 공신 계열을 비판하는 정치 공세의 성격을 띠고 전개되었으며, 그것은 역모사건에 빌미를 제공하여 반정 이후의 서인 정권을 위협하였다는 것이다. 이귀는 이러한 풍조가 남인들뿐만 아니라 당시 관인·유자 일반을 지배하고 있다고 보고 이른바 士類·士論·時論을 비판하였다.

오늘날 士夫들의 풍조가 모두 俗習을 따라서 용납받는 것을 謹厚하다고 하고, 隱諱하지 않는 것은 狂妄하다고 하며, 심한 자는 告變을 엄하게 다스리는 것을 先務로 삼고 逆黨을 깊이 討究하지 않는 것을 高論으로 여긴다.[46]

오늘날 조정에서는 是非가 混淆되어 士類라고 이름 하는 사람들이 國家大事에 대해서 是非를 따질 줄 모르고 苟且姑息을 謀身의 長策으로 삼는다.[47]

卷58,「逸史記聞」, 14-615). 이 때 이인거가 江原監司 崔晛을 보고 당국한 중신들의 죄를 극도로 헐뜯어 말하였는데, 최현은 미치고 어리석은 자의 시정에 분격해서 한 말이라고 생각하고 위에 알리지 않았다고 한다(『大東野乘』卷72,「荷潭破寂錄」, 17-440).「荷潭破寂錄」의 저자 金時讓은 南人이었으므로, 崔晛을 두둔하여 이렇게 말한 것 같다. 이귀는 최현이 이인거를 발고하지 않은 것은 그의 의리론적 지향의 표출로 간주하고 위와 같이 말한 것이었다. 최현은 이 일로 인해 결국 국문을 받고 유배되었다(『仁祖實錄』卷17, 仁祖 5년 戊戌, 34-231, 26ㄱ~27ㄱ 참조).
46)『李忠定公章疏』卷9,「三請鞫問金裕箚」(戊辰, 正月 4일), 48쪽.
47)『李忠定公章疏』卷11,「請治許적李垷之罪疏」(戊辰 9월 13일), 11쪽.

一種의 時論은 弑逆을 扶護하는 論議를 도리어 義氣라고 하여 數年
來 名公巨卿 및 持論名士輩 역시 이러한 議論에 빠져서 大義가 있는
곳을 알지 못한다.[48]

이것은 결국 당시 관인·유자 일반을 지배하고 있는 주자학 명분론
과 의리론이 인조반정 이후 서인 정권에 위협이 되고 있음을 지적한
것이었다. 反正의 명분과 현실 사이에 내재된 모순의 필연적 표출이었
다. 그리고 이러한 의리론에 기초한 도덕적 명분주의는 '謀身'을 '國家
大事'보다도 우선한다는 비판에서도 드러나듯이 봉건적 사유방식의 무
책임성을 분명하게 드러낸 것이었다.

이귀는 그러한 일련의 주장으로서, 全恩說, 承順說, 譏察을 四大將
의 罪目으로 삼는 것, 그리고 勳臣을 攻斥하는 것 등을 나열하였다.[49]
사실 이러한 의리론적 주장은 반정 초기부터 있었다. 소위 '伯夷之說'
이 그것이다. 즉 인조를 周 武王에 비긴다면 伯夷와 같이 광해군에 대
한 '節義를 지키는 사람'이 있어야 한다는 것이다.[50] 그리고 廢世子 李

---

48) 위와 같음, 12쪽.
49) 위와 같음, "或以全恩爲言 或以承順爲說, 使堂堂正論 不得見伸 而兇逆之徒
得以藉口 仍以譏察爲四大將罪目 又以攻斥勳臣爲一端時論 竟使國勢日弱
賊勢日盛."
50) 『仁祖實錄』卷8, 仁祖 3년 乙丑 3월 癸酉, 33-692, 50ㄴ~51ㄱ, "當反正之初
任叔英言於臣曰 今之時 若比殿下於武王 則宜有伯夷之節云 其後乃有柳夢
寅及諸賊 盖由此論也. 鄭蘊所見如此 故乃救仁城." 여기서 이귀는 鄭蘊이
仁城君을 구원하는 것을 반정 초의 伯夷之說의 연장선상에서 파악하고 있
다. '伯夷之說'을 처음 주장한 것은 柳夢寅이었던 것 같다(『仁祖實錄』卷7,
仁祖 2년 甲子 11월 丁丑, 33-658, 40ㄴ, '柳夢寅一唱伯夷之說 雖有識之人
有從而和之者'). 이 말은 朴弘耆 獄事 직후에 이귀가 國法이 엄하지 않아서
역모가 빈발한다면서 '此時不可徒仁而無威也'라는 말에 이어서 나왔다. 여기
서 이귀는 鄭經世와 崔晛이 '大將軍官을 혁파하라'고 주장하였으니, '斬해도
된다'[可斬]라고 말했다. 반정 직후에도 이귀는 '伯夷之說이 搢紳간에 橫行

㤼를 처리하는 과정은 이후 인성군을 처리하는 과정의 축소판이라고
도 할 정도로 유사하였다.

　반정 직후 강화도에 위리안치된 폐세자 이지가 땅굴을 파서 탈출을
시도한 사건이 있었는데, 그 모의에는 別將 權綵와 內官 朴弘秀 및 柳
希奮의 집 종 李末叱水 등이 함께 참여하였다.51) 단순한 탈출사건이
아니라 인조의 말대로 '內外가 相應한 事件'이었다.52) 당연히 兩司가
나서서 폐세자를 처형하자고 청하였는데, 인조는 뜻밖에도 거부하였
다.53) 그 때 인조가 내세운 논리가 광해군 때의 '骨肉之變'을 거울삼아
'保全性命'해야 한다는 것이었다. 여기에 司諫 鄭蘊이 동조하고 나왔
다. 정온은 양사의 합계 당시 이의를 제기하였지만 받아들여지지 않아
서 어쩔 수 없이 합계에 참여하였다면서, 인조의 비답을 보니 충정이
복받쳐 오른다고 말했다. 그래서 처음에 가졌던 생각을 끝까지 고수하
지 못하여 '聖德'을 그르치게 한 죄로 罷職을 청하였다.54) 그러자 大司
憲 吳允謙과 大司諫 朴東善 등 양사의 관원들 역시 처음의 주장을 바
꾸어 정온의 말에 동조하면서 피혐하였다.55)

　　한다'면서, "한 臺官(아마도 임숙영이었던 것 같다)이 이 설을 주장하면서 大
　　義를 내세워 强臣을 꺾어버리는 것을 자주 보았다"고 말했다(『李忠定公章
　　疏』卷3, 「進所論時務冊子仍請以韓浚謙爲體察使疏」(癸亥 10월), 23~24쪽).
　51)『仁祖實錄』卷2, 仁祖 元年 癸亥 5월 辛亥, 33-534, 11ㄱ~ㄴ.
　52) 위와 같음, 33-534, 11ㄴ, "下敎曰 昨觀江華狀啓 必是內外相應之事 其計豈
　　不兇且慘乎. 卿等宜深思善策." 폐세자 처리 문제로 인해 혼란이 빚어진 것
　　은 이러한 인조의 모호한 입장이 한 몫 했다.
　53) 당시 양사 합계의 내용이 『仁祖實錄』과 『承政院日記』 사이에 약간 차이가
　　있고, 『仁祖實錄』에는 비답의 내용이 없다. 『燃藜室記述』에서는 『靖社錄』을
　　인용하였는데, 『承政院日記』와 동일하다. 『承政院日記』1冊, 仁祖 元年 癸
　　亥 5월 26일 乙卯, 國史編纂委員會 편 영인본, 1961, 1권 39쪽(이하 1-39로
　　줄임) 참조. 이것은 廢世子의 '內外相應之事'가 '兇且慘'한 것을 강조한 앞서
　　5월 22일 下敎와는 분명히 달라진 것이다.
　54)『仁祖實錄』卷2, 仁祖 元年 癸亥 5월 丙辰, 33-535, 12ㄱ~ㄴ.

　6월에 李貴가 大司憲이 되자 兩司가 갑자기 말을 바꾼 것은 논의의
체통을 잃었다고 비판하고, 폐세자를 빨리 처치할 것을 다시 청하였다.
이 때 폐세자를 처형하자고 적극적으로 주장한 사람은 이귀를 비롯한
김자점·심기원 등 훈신들이었고, 이원익·정경세·이준 등의 남인과
북인 정온뿐만 아니라 서인 가운데서도 윤황·이경여 등은 全恩論을
주장하면서 반대하였다.[56] 광해군 때 임해군 옥사와 영창대군 처리 문
제를 놓고 북인들의 토역설에 반대하여 이원익·이항복·이덕형·鄭
逑 등이 주장하였던 바로 그 전은론이었다.[57]

　이처럼 폐세자나 인성군의 처벌은 주자학 의리론에 입각한 반정의
명분 그 자체와 모순되기 때문에 인조와 신료 일반이 선뜻 동의하기
어려웠다. 나아가서 그것은 인조를 비롯한 관인·유자 일반을 지배한
당대의 지배적 세계관이기도 하였다. 이러한 상황에서 이귀가 정치적
현실주의에 입각해 이들의 처벌을 주장한 논리가 바로 책임론이었던
것이다. 이귀는 전은론을 주장하는 의리론자들이 '고식적으로 비난을
면하여 一身의 안전을 도모하는 계책'으로 삼을 뿐 國家大計를 담당
하지 않는다고 기회 있을 때마다 비판하였다. 그는 '謀身者'와 '謀國者'

---

55) 위와 같음, 33-535, 12ㄴ. 여기서도 폐동궁을 처벌하는 것을 權道로 간주하고
　　 있다는 점에서 仁城君 처벌을 논의할 때와 유사함을 알 수 있다. 吳允謙·朴
　　 東善 등은 자신들이 權道論을 잘못 적용하였다고 반성하고, 仁意篤厚之情에
　　 서 나온 인조의 終始保全之意에 感激하여 '將順'하고자 한다고 말하였다. 바
　　 로 李貴가 말한 '承順說'의 전형을 여기서도 볼 수 있다. 吳允謙 등 西人들
　　 역시 朱子學 名分論과 義理論의 굴레에 갇혀 있기는 鄭蘊과 마찬가지였던
　　 것이다.

56)『燃藜室記述』卷23, 仁祖朝故事本末,「安置光海君 廢世子賜死附」, Ⅴ-739.

57) 한명기, 1988,「光海君代의 大北勢力과 政局의 動向」,『韓國史論』20, 서울
　　 대 국사학과, 286쪽, 316쪽 참조. 폐세자는 삼사의 주장에 인조가 굴복하여(『承
　　 政院日記』1冊, 仁祖 元年 癸亥 6월 21일 庚辰, 1-43. 이 때 副提學 鄭經世
　　 는 병을 핑계로 삼사의 논계에 참여하지 않았다) 결국 처형되었다(『仁祖實錄』
　　 卷2, 仁祖 元年 癸亥 6월 甲申, 33-538, 18ㄱ).

를 대비시켜서, '謀身者'는 '뜻이 세파의 흐름을 좇아 자신의 몸을 보전
하기에 겨를이 없을 뿐 국가의 원대한 계책은 생각하지 못하는 자'라
면, '謀國者'는 '뜻이 忘身殉國에 있으므로 국가를 위한 계책을 도모하
느라 겨를이 없어서, 자신의 몸에 쏟아지는 비난을 면할 수 없는 자'라
고 말하여, 全恩論者를 '謀身者'로 몰아세우고, 討逆說을 주장하여 그
들로부터 비난받는 자신을 '謀國者'라고 합리화하였다.[58]

　사실 李貴의 책임의식은 좀 유별난 데가 있었다. 이귀와 동시대의
인물로서 이귀만큼 자주 상소하고 길게 상소하는 사람은 없었던 것 같
다. 布衣 때부터 상소하여 그 말이 '累千萬言'에 이르렀으며,[59] '陳箚
抗疏'한 것이 '없는 날이 없었다'는 평을 받을 정도였다. 그가 '愛君憂
國하여 뭇 비방을 피하지 않고 생각한 것이 있으면 반드시 말하는' 그
의 '忠憤' 一節은 비교할 만한 사람이 없어서 같은 서인으로 부터는
'雜君子'라는 별명을 얻었고,[60] 광해군 때 북인들로부터는 '疏魔'로 지
목받았다.[61] 이귀는 인조가 자신의 말을 들어주지 않자 『論語』의 '군
주는 禮로써 신하를 부리고, 신하는 忠으로써 군주를 섬긴다'는[62] 구
절을 인용하여 설명하기를, 여기서 '禮'란 단순히 신하를 禮慕하는 것
만을 가리킨 것이 아니라 '그 말을 들어주고, 그 계책을 써주어 더불어
시대의 어려움을 구제하는 것'[言聽計用 共濟時艱]을 말하고, '忠'이란
군주에게 承順하는 것만을 가리킨 것이 아니라 '道로써 군주를 섬기되
말을 써주지 않으면 떠나는 것'[以道事君 不聽則去]을 말한 것이라고
하였다. 그러나 이것은 '君臣之義'를 '일반적으로 논한 것'[汎論]이고,

---

58) 『李忠定公章疏』 卷25, 「答李蒼石埈書」, 34쪽.
59) 『仁祖實錄』 卷28, 仁祖 11년 癸酉 2월 丁丑, 34-515, 10ㄱ.
60) 『仁祖實錄』 卷8, 仁祖 3년 乙丑 3월 癸酉, 33-692, 50ㄴ.
61) 『光海君日記』 卷25, 光海君 2년 庚戌 2월 甲寅, 31-493. 이귀가 大司憲 鄭仁
　　弘을 탄핵한 것 때문이었다(이 책 2장 3절 참조).
62) 『論語』 卷3, 「八佾」, 19-1, '君使臣以禮 臣事君以忠'.

자신과 인조의 관계는 그렇지 않다고 하였다. '한 번 말하여 써 주지 않으면 반드시 다시 말해야 하고, 한 번 諫하여 들어주지 않더라도 반드시 다시 諫하여', 반드시 써주고 들어주어야 그치는 것이 자신의 '職分'이라고 말했다.[63]

광해군 때 當局하고 있던 北人들이 尊尊 위주의 家·國不同論으로 자신들의 討逆 政局을 합리화하였다면,[64] 주자학 명분론과 의리론을 내세워 반정으로 이들을 축출하고 집권한 대표적 반정공신이었던 이귀는 책임론으로 討逆을 합리화하였다. 여기에 북인들과는 또 다른 방향에서 주자학을 넘어서는 정치론이 마련되는 계기가 주어지고 있었던 것이다.

2) 朋黨 打破論 대 朋黨 肯定論 : 李貴와 金瑬의 대립

(1) 治者의 責務意識과 破朋黨論

이귀는 주자학 의리론에 기초한 도덕적 명분주의에서 서인 역시 자유롭지 못하다는 것을 잘 알고 있었다. 인성군 처벌에는 서인의 중진으로서 대신급이었던 尹昉·申欽·吳允謙 등도 매우 소극적이었다. 갑자년에 윤방과 신흠은 인성군 처벌을 위한 庭請을 주도할 만한 위치에 있었는데 이를 거부하였다. 이어서 신흠이 윤방에게 편지를 보내 인성군에 대한 논계를 정지하려다가 이귀에게 公座에서 모욕당한 일도 있었다.[65] 병인년에 윤방과 오윤겸은 인조가 인성군의 석방을 묻자 이에 동의하였다. 반정 초 오윤겸은 폐세자 이지를 처형하는 것에 반

---

63) 『李忠定公章疏』 卷4, 「還朝陳十罪仍請罷免箚」(甲子 3월 18일), 8쪽. 이러한 이귀의 유별난 책임의식에 대해 그의 절친한 친구 李恒福으로부터도 인정받았음은 앞서 2장 3절에서 언급하였다.

64) 정호훈, 2004, 『朝鮮後期 政治思想 硏究』, 64~78쪽.

65) 『仁祖實錄』 권7, 仁祖 2년 甲子 12월 癸卯, 33-664, 52ㄴ.

대하여 대사헌에서 체직되었었다.66)

三司에서는 尹煌과 李敬輿가 廢世子 처형에 반대하였음은 이미 언급한 바와 같다. 이로 인해 경연석상에서 이귀에게 심하게 모욕당하면서도 이경여는 伯夷之說을 꺾지 않았다.67) 乙丑年에 이경여는 睦性善 상소를 비판하는 啓辭에서 인성군을 出置한 것이 '經常之道'가 아니었다는 것을 인정하고, '直臣莊士'로서 '時勢'을 헤아리지 못하는 자들이 그것을 비난하는 것도 불가할 것이 없다는 입장이었다. 그는 이것이 당시 鄭蘊의 의리론에 많은 사람이 동조한 이유였다고까지 말하였다.68)

사실 반정 초에 서인 내부에서도 반정의 불가피성은 인정하지만 그 정당성에는 의문을 제기하는 자들이 없지 않았다. 오윤겸은 이귀가 반정을 도모하는 것 자체에 찬동하지 않았다.69) 신흠 역시 홍서봉이 보낸 詩를 보고 반정을 미리 알았으나 응하지 않았다.70) 任叔英은 '伯夷之說'을 주장하여 柳夢寅 등과 같은 역적이 나오게 하였다고 이귀의 비판을 받았다.71) 장유는 李明漢의 손을 잡고 "宗社가 망하는 것을 차마 坐視하지 못하여 이 일을 하였지만 하늘과 땅에 부끄러워 낯을 들 수 없다"고 말하면서 눈물을 흘렸다고 한다.72) 鄭曄은 반정을 미리 듣고도 '迂儒'를 자칭하며 참가하지 않았고, 반정 직후 광해군을 강화도에 안치할 때 일찍이 그를 섬기던 신하로서 '哭送'할 것을 주장하여 좌우를 놀라게 하였다.73)

---

66) 『楸灘集』,「年譜」, 叢刊 64-92, 17ㄴ.
67) 『仁祖實錄』卷2, 仁祖 元年 癸亥 7월 丙申, 33-540, 23ㄱ.
68) 『白江集』卷12,「司諫時避嫌啓」(乙丑), 叢刊 87-431, 1ㄱ～ㄴ.
69) 『李忠定公章疏』卷25,「上楸灘吳相國允謙書」, 7쪽.
70) 『燃藜室記述』卷23, 仁祖朝故事本末,「癸亥靖社」, V-725.
71) 『仁祖實錄』卷8, 仁祖 3년 乙丑 3월 癸酉, 33-692, 50ㄴ～51ㄱ.
72) 『燃藜室記述』卷23, 仁祖朝故事本末,「癸亥靖社」, V-731.

반정 직후에 서인 내부에서 횡행하던 이러한 의리론에 기초한 도덕적 명분주의는 功臣들 내부에서의 다음과 같은 논의에서 그 절정을 보여줬다.

　一種 士論에 의하면 '우리들이 明倫을 위하여 반정을 하였는데, 관직에 나가는 것을 즐긴다면 이것은 功을 바라는 嫌疑가 있다. 그러니 조정은 다른 사람에게 맡기고 물러가는 것이 옳다'는 말이 있다. 張維와 崔鳴吉 등도 그렇게 여겼다.[74]

이 때 이귀는 "이 국면을 만든 자가 이 국면을 담당해야 한다. 만약 다른 사람에게 맡겼다가는 반드시 후회가 있을 것이다"고 거부하였지만 공신들 내부에서조차 받아들여지지 않았다.[75] 반정공신들 내부에서조차도 의리론에 기초한 도덕적 명분주의와 책임론에 기초한 정치적 현실주의가 첨예하게 대치하고 있었던 것이다. 그런데 계해년에 반정공신에 대한 녹훈이 마무리되고 나서 인조가 원훈들을 인견하고 宣醞하는 자리에서 최명길이 주목할 만한 발언을 하였다.

　당초에는 國事가 오늘에 이르도록 안정되지 않으리라고 생각지 못하였습니다. 申欽이 吏曹判書로 있을 때 신이 金瑬에게 말하기를 '오늘날 사람을 쓰는 일은 신흠에게 맡겨야 한다'고 하니 김류도 옳게 여겼습니다. 그런데 또 이귀에게 말하니 李貴가 말하기를, '옳지 않다. 일을 시작한 사람이 마땅히 일을 끝내야 한다. 우리들 스스로 맡아서 해야

73) 『月沙集』 卷44, 「左參贊贈右議政諡文肅鄭公神道碑銘」, 叢刊 70-207, 4ㄴ.
74) 『李忠定公章疏』 卷28, 「年譜」, 26~27쪽 ; 『遲川集』 卷18, 「李貴行狀」, 叢刊 89-538, 10ㄴ.
75) 『遲川集』 卷18, 「李貴行狀」, 叢刊 89-538~539, 10ㄴ~11ㄱ, "公獨曰 做此局者 當此局. 若付別人 終必有悔. 諸公不能聽. 故朴弘耈趙挺等 皆以昏朝助惡之臣 仍處相位 初頭處置 多失人望 識者始知公有先見也."

지 어찌 남의 손을 빌리겠는가?' 하기에, 신은 그의 말이 옳지 않다고
여겼습니다.

　그러다가 신흠의 사람 쓰는 것을 보니 옛날 방식대로만 하여 어려운
시대를 크게 구제할 솜씨가 못 되었습니다. 그 뒤에는 黨色이 다른 사
람들은 합심할 생각을 하지 않고 당색이 같은 사람도 功臣 대하기를
다른 士類와는 달리 보았습니다. 그래서 신이 아무리 힘을 다해 주선
해도 모두 기꺼이 따라주려 하지 않았습니다. 만약 그의 손에만 맡겨
두었더라면 사람을 등용할 때 필시 미진한 점이 많았을 것이니, 지금
와서 생각해 보면 이귀의 말에 所見이 없지 않았습니다.76)

　이러한 최명길의 발언은 인조반정 직후의 정국과 관련하여 매우 중
요한 시사점을 던져준다. 첫째로 무엇보다 중요한 것은 반정공신의 핵
심이었던 이귀와 김류 사이에는 책임론에 입각한 정치적 현실주의와
의리론에 기초한 도덕적 명분주의라는 사상적 차이가 내재되어 있었
다는 것이다. 반정 직후의 정국을 '공신들이 담당해야 한다'는 것은 이
귀의 책임론에 입각한 정치적 현실주의의 표현이었다. '用人'을 '申欽
에게 맡겨야 한다'는 것은 申欽이 '옛날 방식대로만 한다'[循途守轍]는
뒤의 비판으로 보아서 기존의 제도와 관행을 답습한 인사로 이해된다.
그것은 사림 계열 일반의 명분론과 의리론만을 인물 등용의 기준으로
삼았음을 시사하는 것으로 해석해도 무리가 없을 것이다. 즉 김류는
기본적으로 의리론에 기초한 도덕적 명분주의의 입장에 서 있었던 것
이다. 인조대 전반 내내 이귀와 김류 사이에 나타난 대립과 갈등은 그
러한 사상적 차이의 표출로도 볼 수 있을 것이다.77)

---

76) 『仁祖實錄』 卷3, 仁祖 元年 癸亥 11월 辛酉, 33-565, 35ㄴ.
77) 이귀와 김류의 대립·갈등에 대해서는 일찍이 이태진에 의해 군사권을 두고
　　대립하였음을 밝힌 이래(李泰鎭, 1977, 『韓國軍制史』(近世朝鮮後期篇), 陸軍
　　本部, 90~98쪽) 오수창에 의해서도 지적되었다(오수창, 1985, 「仁祖代 政治

둘째로 의리론에 입각한 도덕적 명분주의로는 朋黨간의 대립을 해소할 수 없을 뿐만 아니라 서인 내부에서조차 功臣과 非功臣 士類 사이의 대립을 격화시켜 분열을 막기 어렵다는 것을 최명길이 분명히 인식하였다는 것이다. 여기서 정경세를 필두로 한 남인과 북인 일부의 도덕적 명분주의에 입각한 정치 공세가 갖는 의미가 분명해진다. 그것은 그들이 의도하였든 그렇지 않든 간에 서인 내부에서 功臣과 功臣, 功臣과 士類 사이에 분열의 빌미를 제공하고 그 틈새를 비집고 들어가서 그들의 정국 주도를 무력화시키는 방향으로 작용하였다는 것이다. 이귀가 그렇게 정경세를 비판한 이유는 바로 여기에 있었던 것이다.

셋째로 최명길 자신이 처음에는 김류가 옳다고 생각하였지만 이후 전개되는 '정치 현실'을 보고 이귀가 옳다는 것을 알게 되었다는 것이다. 여기서 17세기 정치 주도세력인 관인·유자 들을 사로잡았던 의리론과 도덕적 명분주의의 지배력과 한계를 동시에 볼 수 있다. 최명길조차도 반정 초기에는 자신들이 '관직에 나간다면 공을 바라는 혐의가 있으니, 조정은 다른 사람에게 맡기고 물러가야 한다'는 도덕적 명분주의의 입장에 서 있었으므로, 반정 직후 인사라는 가장 중요한 정치행위를 신흠에게 맡겨도 된다고 생각하였었다. 최명길이 그것의 문제점을 느낀 결정적 계기는 신흠의 用人이 '옛날 방식대로만 하여[循途守轍] 어려운 시대를 크게 구제할 솜씨가 못 되었다[非弘濟艱難之手]'는 현실 인식이었다. 당시의 정치 현실에 대한 책임의식이 최명길로 하여금 그것의 한계를 자각할 수 있게 만든 것이다. 이것은 주자학 정치론의 명분론과 의리론에 깊이 사로잡혀 있던 당시의 관인·유자들이 현

勢力의 動向」, 李泰鎭 編, 『朝鮮後期 政治史의 再照明』, 汎潮社, 103~105쪽 참조). 그러나 오수창은 양자의 사상적 차이에 대해서는 주목하지 않았으며, 양자 간의 갈등보다는 功臣 대 非功臣 士類의 대립을 보다 강조하였다.

실인식에 기초하여 그것과는 다른 새로운 정치사상을 모색하게 되는 과정을 선명하게 보여준다. 이귀와 최명길은 이러한 정치에 대한 責務意識을 바탕으로 破朋黨論을 적극 피력하였던 것이다.

(2) 調劑論＝朋黨 打破論 대 調停論＝朋黨 肯定論

앞서 이귀와 정경세·정온 사이의 대립을 책임론과 의리론의 대립으로 규정한 바 있는데, 인조대 前半의 政局에서 이귀와 김류의 대립은 책임론과 의리론 사이에 표출된 갈등의 또 다른 유형을 보여준다. 앞서 언급한 바와 같이 이귀의 책임의식은 좀 유별난 데가 있었는데, 그것은 그의 '經世'에 대한 의지의 소산이기도 하였다. 그가 젊어서부터 '큰 뜻을 품고 항상 事功으로 자임하였다'는 평가도 그래서 나온 것이었다.78) 반정 직후에도 이귀는 기회 있을 때마다 상소하여 軍政 變通論을 비롯한 제반 經世論을 정력적으로 피력하였는데, 거의 정책에 반영되지 않았다. 이에 대해 이귀는 인조 앞에서 기회 있을 때마다 항의하고 불평해 마지않았다. 특히 '김류가 그것을 저지하였다'고 지적하여 말하고, '구차하게 常規에만 얽매이지 말고 赫然히 更張할 것'을 촉구하기도 하였다.79)

한 번은 이귀가 鹽·鐵의 이익을 거두어 國用에 보충하기를 청하니, 호조가 이를 받아들여 이귀를 兼判書나 鹽鐵使로 삼아서 調度에 편하게 할 것을 건의하자 인조가 대신에 묻게 하였는데, 대신이 이귀를 鹽鐵句管堂上이라 칭하여 호조와 함께 일하게 하자고 청한 일이 있었다. 그 뒤 대제학 김류는 '擬宋司馬光請罷鹽鐵使'라는 표제를 月課로 출제한 일이 있었는데, 이는 이귀가 개혁에 적극적인 것을 王安石에 비

---

78)『仁祖實錄』卷1, 仁祖 元年 癸亥 3월 甲辰, 33-503, 6ㄴ.
79)『仁祖實錄』卷3, 仁祖 元年 癸亥 윤10월 丁未, 33-561, 26ㄱ.

유하여 비판한 것이었다.[80] 이에 대해 이귀는 자신이 하는 일마다 김류가 저지하고 공격한다며 인조 앞에서 격렬하게 성토하였다.[81]

인성군 처벌 문제에서는 이귀와 김류가 입장을 같이한 것처럼 보인다. 사실 김류는 드러내놓고 인성군 처벌에 반대한 적은 없었다. 그러나 을축년 초에 인성군 이공에 대한 탄핵이 한창일 때 左議政 尹昉의 손자이고 海嵩尉 尹新之의 아들인 尹墀를 淸職에 의망한 것이 문제가 되었다.[82] 윤지는 광해군 때 대북정권과 결탁하여 청직을 차지한 일이 있었던데다가, 兪伯曾이 인성군 처벌에 반대하는 鄭蘊을 탄핵하려 할 때 윤지가 교묘하게 회피하는 태도를 취하자 물의가 매우 그르게 여겼으므로, 윤지가 바로 정언을 사직하여 체직되었다. 그런데 오윤겸이 이조판서로 있을 때 윤지를 청반에 의망하려 하자 최명길이 참판으로 있으면서 극력 저지하였다. 그 뒤 김류가 이조판서가 되자 바로 윤지를 헌납에 임용하여 인성군의 처벌을 요구하는 흐름에 찬물을 끼었으려 하였다. 이것을 집의 유백증이 논하자 김류는 사직소로 불만을 표출하였다. 이것은 김류가 사실상 인성군 처벌에 찬성하지 않음을 드러낸 것이나 마찬가지였다. 그런데도 인성군 처벌에 반대한다는 의논을 적극 개진한 적이 없었다는 점에서 김류의 무책임한 태도를 볼 수 있다.

인사 문제에서도 두 사람은 똑같이 破朋黨論에 입각한 調劑・保合을 주장한 것처럼 보인다. 그러나 두 사람 사이에는 罷朋黨의 방법에서 심각한 차이를 드러냈다. 잘 알려진 것처럼 인조는 반정 직후부터 신료들의 붕당 행위를 배격하고 '심하면 참형으로 다스리겠다'고까지

---

80) 『仁祖實錄』卷9, 仁祖 3년 乙丑 5월 癸丑, 34-5, 10ㄴ. 이귀의 鹽鐵에 관한 상소문은 『李忠定公章疏』卷5, 「請令廟堂料理經費畫一箚 再箚」(5월 16일), 11~15쪽 참조. 이에 대해서는 이 책 5장 1절 2) 「變法的 經世論의 등장과 갈등」에 자세하다.
81) 『仁祖實錄』卷9, 仁祖 3년 乙丑 7월 戊午, 34-19, 37ㄱ.
82) 『仁祖實錄』卷8, 仁祖 3년 乙丑 正月 戊辰, 33-673, 12ㄴ~13ㄱ.

말하면서 '공신들이라도 용서하지 않겠다'고[83] 엄중하게 경고하여 왔다. 그것은 광해군의 몰락이 대북 일파의 독주 때문이라는 인식에서 기인한 것이었을 뿐만 아니라 신료들의 집요한 정치공세에 맞서는 국왕으로서의 하나의 자구책이기도 하였다. 문제는 당시에 정치를 주도하던 관인·유자 들이 붕당으로 분열되어 있는 정치 현실 속에서 어떻게 붕당으로 인한 폐단을 제거할 것이냐, 즉 파붕당을 실현할 방법이 무엇이냐는 것이었다.

인조와 그의 罷朋黨에 대한 의지에 가장 적극적으로 부응하고 나온 김류가 선택한 방법은 '인물 등용을 당색에 따라 안배함으로써 특정 붕당의 독주를 막는다'는 것이었다.[84] 이것은 다음과 같은 문제점을 안고 있었다. 첫째는 파붕당을 목적으로 내세웠으면서도 방법으로서 붕당을 전제하는, 목적과 방법 사이에 모순이 내재되어 있다는 것이다. 따라서 주도하는 붕당을 견제하려고 그에 대응하는 붕당을 부추겨서 오히려 정치적 대립이 격화되고 붕당의 분열을 부채질할 수도 있었다. 둘째는 신료들의 정치행위가 군주 또는 정국 주도 세력의 의도에 어긋날 경우, 이들을 붕당으로 몰아서 공격함으로써 군주 또는 정국 주도 세력의 專制와 私利私益 추구를 합리화할 위험성이 있다는 점이다. 16세기 전반 소위 훈구세력이 사림 계열 유자들을 탄압할 때 이러한 방법을 사용하였다는 것은 잘 알려진 일이다.

이러한 문제점들은 인조대 전반의 정국에서 모두 현실화되어 나타났다. 인성군의 처벌을 둘러싸고 인조와 신료들이 대립하자 인조가 남인들을 부추겨서 서인들 내부의 분열을 도모한 것은 그 대표적 사례였다. 인조 3년과 7년에 일어난 南以恭·金世濂 등의 등용을 둘러싸고 전개된 논란도 사실은 인조와 김류 일파의 그러한 파붕당의 방법에 대

83) 『仁祖實錄』 卷1, 仁祖 元年 3월 庚戌, 33-511, 22ㄱ.
84) 오수창, 1998, 「붕당정치의 성립」, 『한국사』 30, 국사편찬위원회, 82쪽 참조.

한 신료들 일반의 이의 제기에서 나온 것이었다.

　인조 3년(乙丑)에 朴炡·羅萬甲·兪伯曾이 외직에 보임된 것은 표면적으로는 소북인 남이공을 대사헌에 임명한 것에 대한 반발 때문이었지만 사실은 꼭 그것 때문만은 아니었다. 이들이 남이공의 등용 자체를 반대한 것이 아니라 신료 일반의 반대를 무릅쓰고 꼭 대사헌에 임명하려는 그 의도 때문이었다. 이에 대한 인조의 대응은 자신의 의도와는 달리 인성군을 간성으로 출치하게 만든 신료들의 압력에 대한 보복의 인상이 짙었다. 인조가 특히 나만갑을 미워한 이유는 나만갑이 경연석상에서 인성군이 간성으로 출치될 때 인조의 인성군에 대한 지나친 배려에 이의를 제기한 때문이었다.[85] 김류는 자신의 아들 金慶徵을 탄핵한 것에 대한 보복으로 박정과 나만갑을 처벌하자고 청하였다. 鄭曄이 대사헌으로 있을 때 박정과 함께 김류의 아들 김경징의 살인죄를 논하였는데, 나만갑은 정엽의 사위였던 것이다.[86] 兪伯曾은 앞서 살펴본 바와 같이 윤지의 청직 의망을 놓고 김류와 신경전을 벌인 일이 있었다.

　인조 7년(己巳)의 일도 표면적으로는 李景稷·金世濂이 문제가 되었지만, 사실은 김류가 나만갑에 대하여 사감을 품고 붕당으로 몰아서 처벌하려 하여 시작된 일이었다. 김류는 나만갑을 외직에 보임하는 정도에서 멈추려 하였는데, 신료들의 국왕에 대한 비판을 지나친 간섭으로 간주하여 자주 싫은 기색을 내보이던 인조는 나만갑이 '時論을 주장하여 是非와 通塞을 자신의 의지대로 좌우하려 한다'면서 削職하여 遠竄케 하였다.[87]

　인조대에 신료들이 당색을 불문하고 인조와 김류의 파붕당 방법에

　85) 「仁祖實錄』 卷8, 仁祖 3년 乙丑 3월 壬子, 33-685, 37ㄴ.
　86) 『仁祖實錄』 卷9, 仁祖 3년 乙丑 7월 戊午, 34-18, 36ㄴ.
　87) 『仁祖實錄』 卷21, 仁祖 7년 己巳 7월 乙未, 34-335, 5ㄴ.

이의를 제기하고 나온 것은 이러한 폐단을 분명하게 인식하였기 때문이다.[88] 특히 이귀는 인조 3년에 이미 김류가 겉으로는 調劑를 내세우면서, 실제로는 '私的인 怨恨으로 다른 사람을 모함한다'고 사람들이 말이 많다고 지적하였다.[89] 이귀는 같은 공신이면서도 김류가 '심기원·최명길·장유·신경진의 무리'를 모함하려 한다고 적시하였다. 인조 7년에도 김류가 나만갑을 외직에 보임하려 하자 이귀는 사사로이 사람을 進退시키는 것은 잘못이라고 비판하였다.[90]

이에 대하여 인조는 "나만갑에게 朋黨을 조성하는 자취가 현저히 나타났기 때문에 김류가 그 풍조를 개혁하려 한 것"이라고 김류를 감쌌다.[91] 이귀가 선조의 '李珥·成渾의 당에 들어가고자 한다'고 한 말

---

88) 자세한 것은 오수창, 1985, 앞의 논문, 89~97쪽 및 108~109쪽 참조. 오수창은 인조 3·7년의 일을 '공신세력과 비공신사류의 세력 다툼의 일면'으로 보았다(같은 논문, 110쪽). 그렇다면 이귀를 비롯한 최명길·장유 등 '공신'이 인조와 김류의 파붕당 정책을 비판한 것은 설명이 되지 않는다.

89) 『仁祖實錄』卷3, 仁祖 3년 乙丑 7월 戊午, 34-18, 36ㄴ.

90) 『仁祖實錄』卷21, 仁祖 7년 己巳 7월 丁亥, 34-334, 2ㄴ, "李貴曰 治國之道 一公字而已. 目今唯私是循 用人之際 以私進退之 可謂舛矣." 사실 김류가 인사에서 '私情'을 따른다는 비판은 실록에 수도 없이 등장한다. 김류가 이조판서로 있을 당시에 이미 司憲府에서는 '銓曹의 注擬가 私情을 버리지 못하였다'고 비판하였다(『仁祖實錄』卷9, 仁祖 3년 乙丑 4월 辛巳, 34-2). 이외에도 '公論'에 비난받는 자들인 金緻(『仁祖實錄』卷9, 仁祖 3년 乙丑 6월 戊寅, 34-11, 21ㄴ 참조), 韓仁及(『仁祖實錄』卷9, 仁祖 3년 乙丑 6월 壬辰, 34-13, 26ㄴ 참조) 등이 모두 김류의 추천으로 등용되었다고 사평은 말하고 있다. 羅萬甲 등이 처벌받은 뒤에는 그들을 구제하는 듯이 하면서 더욱 모함하였다는 사평도 있다(『仁祖實錄』卷9, 仁祖 3년 乙丑 7월 辛亥, 34-17, 33ㄴ, "史臣曰 今者三臣之補外 皆出於金瑬之搆擠. 故一時士夫 皆不直其行事. 至是外示救解之色 而隱然比三臣於(王)伾(王)叔)文之黨 吁其甚矣"). 그런데도 당시 사람들이 이귀처럼 그것을 분명하게 밝혀서 비판하지 않고 김류가 도량이 좁다고 지적하는 것에 그치고 있었다(『仁祖實錄』卷14, 仁祖 4년 丙寅 8월 戊申, 34-130, 4ㄱ, "瑬以元勳重器 且有人望 而但性度偏係 專務自用 汲引之際 多不循僉議 致有乖張之氣象 今玆引疾 亦非和平之擧 人惜其度量之不廣").

과, 朱子의 '引君爲黨'說을 인용하여 신료들을 붕당으로 의심해서는
안 된다고 말하자 인조는 "'黨'이라는 한 글자는 비록 주자의 말이라도
듣기 싫다"고까지 말하였다.[92] 그러자 趙翼이 주자의 '引君爲黨'說을
옹호하면서도, 당시에 존재하는 붕당은 주자가 말한 당과는 달리 '한쪽
은 모두 군자이고 다른 한쪽은 모두 소인이라고 할 수 없으니', 주자의
말을 그대로 적용할 수는 없다고 말했다.[93]

이러한 조익의 주장에 대한 이귀의 반박이 주목된다. 사실 조익이
말한 당시의 현실은 주자도 역시 말하였다.[94] 주자는 元祐 연간에 구
법당이 실패한 원인을 진단하면서 "단지 異己者(=新法黨)가 군자가
아니라는 점만 알았을 뿐, 同己者(=舊法黨)가 반드시 소인이 아니라고
할 수 없다는 사실을 몰랐다"고 말했던 것이다. 이귀는 주자의 글(「與
留丞相書」) 중에서 바로 이 부분을 인용하면서, '조익처럼 古人의 책
을 많이 읽고 스스로 의리을 아는 것으로 자처하는 사람'도 성현이 말
한 本意는 따져보지도 않고 '주자의 말을 오늘에 시행할 수 없다고 말
한다'고 개탄하였다.[95]

그러면서 이귀가 주자의 '引君爲黨'說을 지금도 시행할 수 있다고
말하는 전제는 '어진 사람을 얻어서 믿고 맡기는 것'[得賢信任]이었다.
'堯가 皐陶를 얻고 湯이 伊尹을 얻은 뒤에야 不仁者가 멀어졌다'는 경
전의 말을 인용하면서, 요·탕이 현자를 얻어서 더불어 同心同德하여

91) 『仁祖實錄』卷21, 仁祖 7년 己巳 8월 己未, 34-341, 17ㄴ.
92) 『仁祖實錄』卷20, 仁祖 7년 己巳 윤4월 丁卯, 34-325, 25ㄱ.
93) 『仁祖實錄』卷20, 仁祖 7년 己巳 6월 甲子, 34-331~2, 37ㄱ~38ㄱ. 오수창은
　　이 조익의 말을 인용하여, "이것이 바로 인조 초년 남인 등용의 논리였다"고
　　결론지었다(오수창, 1985, 앞의 논문, 92쪽 참조). 문제는 이러한 논리는 '당색
　　을 안배하여 파붕당을 이루겠다'는 인조와 김류의 '調停論'을 극복할 수 없다
　　는 것이다.
94) 鄭萬祚, 1998, 「붕당의 성격」, 『한국사』30, 국사편찬위원회, 62쪽 참조.
95) 『李忠定公章疏』卷14, 「因玉堂箚申辨朋黨箚」(6월 15일), 1쪽, 4~5쪽 참조.

賢邪를 進退시키듯이 한다면 黨論은 저절로 타파되어 善者는 스스로 모여 한 무리가 되어 나아가고, 惡者는 저절로 한 무리를 이루어 물러 갈 것이니, 주자의 말을 오늘날에 실행하는 데 무슨 걱정할 일이 있느냐고 말하였다.96)

이귀는 주자의 '引君爲黨'說을 '得賢倚任'論으로 해석하고, 이를 破朋黨의 要道로 규정하였다.97) 이귀는 인조가 붕당을 미워하는 마음만 있을 뿐 파붕당의 요점을 모른다고 인조의 調停論을 비판하고, 인조가 "먼저 建極하여 好惡을 엄격하게 밝히고, 讒訴와 이간하는 말에 흔들리지 않고 요임금과 탕임금처럼 현자를 얻어서 시비를 공변되게 하여 하나가 된다면" 주자의 인군위당설이 파붕당의 요도가 될 수 있다는 것이다.98)

사실 이귀는 반정 초에 이미 '功臣自功臣 士類自士類'라는 말을 비판하면서 신하들을 편당으로 의심하지 말고 賢才를 골라서 '委任責成'할 것을 주장한 바 있었다.99) 나아가서는 대신에게 국사를 위임할 것을 거듭 주장해 왔다.100) 그는 또한 '지금의 급무는 붕당을 없애는 것'인데, 그것을 위해서는 편당이 없는 대신을 등용하여 인물을 진퇴시키는 발판으로 삼아야 한다고 인조에게 말했다.101) 그는 '적임자를 얻어서 믿고 맡겨야 한다'는 것을 강조하다 보니 '조정에는 반드시 權臣이 있어야 나랏일을 할 수 있다'고까지 말하였다.102) 요컨대 '得賢委任'論은 그의 責任論의 연장선상에서 나온 破朋黨論이었던 것이다.

---

96) 위와 같음, 3쪽.
97) 『李忠定公章疏』 卷13, 「因聖批申論朋黨箚」(6월 3일), 42쪽.
98) 『李忠定公章疏』 卷13, 「進朱子與留丞相論朋黨書箚」(5월 27일), 41쪽.
99) 『李忠定公章疏』 卷2, 「因別詢勳臣進言疏」, 34~36쪽.
100) 『仁祖實錄』 卷2, 仁祖 元年 癸亥 7월 壬子, 33-543, 29ㄴ.
101) 『仁祖實錄』 卷19, 仁祖 6년 戊辰 10월 壬寅, 34-298, 41ㄱ.
102) 『仁祖實錄』 卷20, 仁祖 7년 己巳 3월 丁丑, 34-321, 17ㄱ~ㄴ.

그렇다면 이귀는 어떤 목적으로 어떤 사람에게 '委任責成'해야 한다고 보았을까? 이귀는 반정 당시의 '국가'가 위기에 처해 있다고 보고 있었다.[103] 그는 그것을 당시 관인·유자 일반이 생각하고 있듯이 광해조의 '亂政'이나 '綱常倫理'의 타락에서만 유래한 것으로 생각하지 않았다. 그는 그것이 조선왕조 국가의 제도 자체의 문제 내지는 모순에서 초래된 것으로 보고 있었다. 따라서 그는 당시의 국가적 위기를 타개하기 위해서는 전반적인 제도의 개혁이 반드시 이루어져야 한다고 줄기차게 주장하였다.

그래서 이귀는 반정 이후의 정치적 과제를 '創業'과 같은 '中興'으로 보고 있었다. 그는 '창업'은 '守成'과 다르며, '중흥'은 '창업'과 같다고 말했다.[104] 그는 이를 위해서는 인재를 등용할 때 '履歷의 多寡'나 '門閥의 高下'에 얽매여서는 안 된다고 하였다. 守成의 시기에는 '낡은 제도를 답습해도'[仍循舊規] 되지만 '중흥의 規模'는 '수성'과는 다른 제도의 개혁, 즉 常規에 얽매이지 않는 비상한 조처가 요구되므로 '비상한 인물'이어야만 감당할 수 있다고 주장하였다. 그는 그러한 인물을 '俊傑'이라고 부르면서 그 결정적 요건으로서 '識時務'를 들었다.[105]

이귀는 인재가 갖추어야 할 조건으로서 유달리 '識見'을 강조하였다. 그는 당시의 폐단이 모두 '好名'에서 연유한 것이라면서 조정에서는 '식견'이 우선이라고 말했다. 그는 이것을 '好名'·'虛名'·'浮名' 등과 대비시키면서, 조정에서 浮名을 없애고 實效을 책임지는 賢者·能者

---

103) 『李忠定公章疏』 卷3, 「陳備虜機務畵一箚」, 5쪽.
104) 『李忠定公章疏』 卷3, 「進所論時務冊子仍請以韓浚謙爲體察使疏」(10월), 22~23쪽.
105) 위와 같음, "盖惟俊傑能識時務 而俊傑不可易得. 故用人不拘於常規也. 其用俊傑 旣不可拘於常規 則其所以論議 獨可拘於常規乎……規模制度 獨可拘於常規乎. 有非常之人 然後必有非常之擧 有非常之擧 然後必有非常之功. 夫非常者 豈人人所能知乎. 此所以中興之規模 與守成異也."

를 등용할 수 있다면 外寇를 두려워할 것이 없고 內治를 근심할 것이
없을 것이라고 하였다. 이귀는 당시의 관인·유자 들을 지배하고 있던
도덕적 명분주의만으로는 국가의 위기를 타개할 수 없음을 분명하게
자각하고 있었다. 당시 대부분의 유자들은 도덕적 수양에만 몰두하여
자신의 명예를 보존하는 데 급급할 뿐 국사를 염두에 두지 않는다는
것이다.106) 도덕적 명분주의자들의 무책임성에 대한 지적이었다. 이귀
는 이러한 유학자들을 '예절만 따지면서 낮은 목소리로 속삭이는 무
리'[繩趨尺步 低聲細語之輩]라고 불렀다. 이들은 특별한 잘못이 없어
서 臺閣에 의해 탄핵받는 일은 없지만107) 目前姑息만 일삼을 뿐 '謀國
遠慮'에는 뜻이 없다는 것이다.108)

그래서 이귀는 다음과 같은 許衡의 말을 즐겨 인용하였다.

朝廷에서는 識見이 우선이다. 識見이 밝지 못하면 仁慈禮讓 孝悌忠
信하더라도 亡國敗家에 이르는 일이 종종 있다.109)

仁慈禮讓·孝悌忠信이라는 儒者 최고의 도덕적 덕목으로도 亡國敗家
를 막을 수 없는 경우가 있다는 것이다. 개인의 도덕적 수양과 국가의

---

106) 『李忠定公章疏』 卷8, 「陳軍務畫一箚」(丁卯 7월 8일), 1쪽, '知恥者 僅保名字
而亦不以國事爲念.'
107) 『李忠定公章疏』 卷3, 「進所論時務冊子仍請以韓浚謙爲體察使疏」(10월), 24
쪽.
108) 『李忠定公章疏』 卷16, 「三請抄兵以待皇命箚 再箚」(庚午 3월 11일), 14쪽.
109) 『李忠定公章疏』 권14, 「論啓運宮典禮之失箚」(己巳 6월 27일), 10쪽. 이귀는
자신의 상소문 곳곳에서 이 말을 인용하고 있다. 이 말은 일찍이 이이도 인용
하여 '經世'의 중요성을 강조한 바 있다(『栗谷全書』 卷12, 「答李潑」(庚辰),
叢刊 44-255, 30ㄱ~ㄴ). 최명길은 이귀 行狀에서 인조반정 이후 이귀가 인조
앞에서 '好名의 폐단'을 지적하면서 이 말을 항상 즐겨 인용하였다고 말하였
다(『遲川集』 卷18, 「李貴行狀」, 叢刊 89-561, 56ㄱ 참조).

안위 내지는 정치적 현실 사이에 엄청난 간격이 존재할 수 있다는 인식의 명확한 표현이었다. 허형은 그 간격을 메우기 위해 현실에 대한 '식견'을 강조하였던 것이다.

문제는 이들 도덕적 명분주의자들이 수양과 보신, 호명에만 멈추지 않고 '非常之人'='俊傑'의 '謀國遠慮'를 사사건건 방해한다는 점이었다. 이귀는 자신의 變通·更張과 관련된 時務上疏가 바로 이 '低聲細語之輩'='好名無遠慮者'에 의해 사사건건 沮止되고 있다고 상소문마다 개탄하였다. 이귀는 이들을 '浮議之輩'라고 칭하였다. 이들은 "是非를 분별하여 辨釋하지도 못하면서 오로지 상대방을 공격하는 것을 능사로 삼아 들은 대로 논계하고 눈에 거슬리면 반드시 탄핵하여 謀臣智士가 手足을 둘 수 없게 하기 때문에 非常之人이 非常之功을 이루기 어렵다"고 당시의 잘못된 정치풍토를 통렬하게 고발하였다.110)

그런데도 인조는 이러한 인물의 본품을 따지지 않고 오로지 保合만 내세워 사람을 쓰기 때문에 '士類'라고 이름 하는 자들이 조정에 가득 차 있지만 國事가 나날이 潰裂되고 軍民의 원한과 고통은 나날이 깊어지고 있다고 비판하였다. 이러한 문제점을 극복하기 위해 이귀가 제시한 것이 바로 '得賢委任論'이었다.111)

이귀는 인조의 破朋黨論을 비판할 때 분명히 주자가 비난한 調停論을 염두에 두고 있었다.112) 따라서 여기서는 인조와 김류가 추진한 당색간의 안배를 통해 파붕당을 모색하는 파붕당론을 調停論으로 부르

110) 『李忠定公章疏』 卷3, 「進所論時務冊子仍請以韓浚謙爲體察使疏」(10월), 23쪽.
111) 『李忠定公章疏』 卷13, 「進癸未風雨錄趙憲丙戌疏及卞丁亥疏箚」(己巳 윤4월 2일), 32~33쪽.
112) 『李忠定公章疏』 卷14, 「因玉堂箚申辨朋黨箚」(己巳 6월 15일), 2~3쪽, "殿下痛惡黨議 不辨賢愚邪正 並欲調停兩間 以爲共濟之計." 여기에 이어서 이귀는 앞서 인용한 '得賢信任'論을 전개하고 있다.

고자 한다. 이것의 문제점을 인식하고 이귀가 제시한 得賢委任論은 결국 調劑에 의한 破朋黨論으로 볼 수 있으므로 調劑論으로 부르고자 한다. 조정론과 조제론은 모두 현실적으로 존재하는 붕당을 인정하면서도 궁극적으로 파붕당을 지향하는 공통점을 가지고 있다. 그러나 조정론이 당색간의 안배를 통한 세력균형에 초점을 맞추는 것에 비해서, 조제론은 당색을 고려한 인재 등용이 아니라 '재능에 따른 인재 등용' [隨才收用]을 주장한다는 점에서 차이가 있었다.113) 요컨대 調停論과 調劑論은 모두 罷朋黨을 내세우고 있지만, 조정론은 그 논리와 방법에서 붕당 긍정론을 벗어나지 못한 것임에 비해 조제론은 得賢委任論을 통해 파붕당을 실현할 수 있는 전망을 제공하였다는 점에서 調劑論만을 진정한 朋黨 打破論으로 간주할 수 있다는 것이다.

罷朋黨을 지향한다고 해도 도덕적 명분주의의 입장에서는 調停論을 넘어서기 어려웠을 것이다. 기왕의 사림이 견지해 왔던 의리론만으로는 당색의 차이를 넘어선 별다른 기준을 마련하기가 쉽지 않았을 것이기 때문이다. 김류가 겉으로는 '조제보합'을 표방하으면서도 실제로는 당색간 안배를 넘어서지 못한 것은 도덕적 명분주의에 매몰된 그의 사상적 한계의 필연적 귀결이었다. 인재 등용의 기준을 국가와 민생의 안정과 관련된 변통 지향 경세론에 둘 때 비로소 인물에 대한 변별을

---

113) 『李忠定公章疏』卷3, 「請於昏朝舊臣中隨才收用疏」, 37~40쪽 참조. 調停論과 調劑論에 대한 자세한 내용은 鄭萬祚, 1992, 「朝鮮時代 朋黨論의 展開와 그 性格」, 『朝鮮後期 黨爭의 綜合的 檢討』, 韓國精神文化硏究院, 130~141쪽 참조. 그런데 여기서는 朋黨 단위의 用人을 인정하느냐(調停論) 아니냐(調劑論)에 양자의 결정적 차이가 있음을 부각시키지는 않았다. 그리고 양자가 모두 이이의 調劑保合說과 흡사하다고 보았다. 이이의 破朋黨論은 調停論이 아니라 調劑論이라는 점은 앞서 2장 2절에서 이미 언급하였다. 李貴의 得賢委任論은 이러한 李珥의 調劑論에 입각한 破朋黨論을 계승 발전시킨 것으로 볼 수 있다.

120

통한 조제가 가능해진다. 인조와 김류의 파붕당론을 조정론이라고 비
판한 신료들 모두가 의식적으로 이러한 조제론을 주장하였다고 말할
수는 없지만, 그러한 명확한 기준을 설정하지 않고는 현실적으로 조정
론과 차별성을 갖기가 어려웠을 것이다. 인물 등용의 기준을 경세에
두고, 그것을 책임 있게 수행할 수 있는 현자·능자에게 믿고 맡겨야
한다는 이귀의 득현위임론은 파붕당론의 가장 발전된 형태로 볼 수 있
을 것 같다.114) 즉 이는 '國家再造'를 염두에 둔 명실상부한 破朋黨論
이었다.

지금까지 仁城君 李珙을 둘러싼 역모사건과 그의 처벌 과정 및 그
를 둘러싼 논란을 사상적 배경을 염두에 두면서 검토해 보았다. 정치
적 현실주의에 입각해 보면 잇따른 역모사건에 인성군이 관련되어 정

---

114) 그런 점에서 이귀와 趙翼의 붕당론이 동일하다고 파악한 것(오수창, 1985, 앞
   의 논문, 92쪽)은 부분적으로만 타당하다고 볼 수 있다. 조익은 調停論을 비
   판하면서도 그것의 문제점을 극복할 수 있는 방안을 분명하게 제시하지 못하
   였다. 그런 점에서 이귀의 '得賢委任論'이 갖는 의미가 있다고 생각된다. 특
   히 '공론에 입각한 반대당 공격을 공공연하게 합리화하였다'(오수창, 같은 논
   문, 93쪽), '반대당의 존재와 비판을 확실히 인정하는 논리를 지니고 정치에
   임했다'(오수창, 같은 논문, 97쪽)는 결론은 당시의 사실과 일치하지 않음을
   알 수 있다. 당시에는 인조와 신료들 모두가 당색을 불문하고 罷朋黨의 당위
   성에 대해서는 확실한 공감대를 형성하고 있었다. 당시 '朋黨'이 문제가 된
   것은 이러한 罷朋黨의 當爲性에 대한 광범위한 기초 위에서 仁祖와 金瑬 일
   파가 자신과 다른 주장을 하는 사람들을 '朋黨'으로 몰아갔기 때문이다. '朋
   黨'을 매개로 한 이들과 신료들 사이의 공방은 파붕당의 방법을 둘러싼 차이
   때문이라고 이해하는 것이 당시의 사실에 보다 근접하는 것이라고 본다. 그
   리고 이귀가 '주자의 引君爲黨說을 인용하면서 君子黨·小人黨의 구별을 강
   조'하였다는 견해(정만조, 1992, 앞의 논문, 133쪽) 역시 일면적인 이해였다.
   이귀가 주자의 引君爲黨說을 수용하는 전제가 바로 得賢委任論이었고, 그것
   은 更張, 곧 制度 改革을 통한 國家와 民生의 안정을 목표로 한 것이었으므
   로, 修身 위주의 義理論에 기초한 君子小人論에 바탕을 둔 주자의 朋黨論과
   는 그 역사적 성격을 달리하는 것으로 본다.

권의 안전을 지속적으로 위협하였으므로 제거해버리고 넘어가면 될 일이었음에도 불구하고 인조대 前半 내내 논란이 된 것은 그것이 반정의 명분, 즉 정권의 정통성과 직결된 문제였기 때문이다. 따라서 명분과 의리를 중시하는 주자학 정치론에 깊이 침윤되어 있던 국왕 仁祖와 官人·儒者 들로서는 쉽게 결단을 내리기 어려운 문제였다. 말하자면 지배적 정치사상으로서의 주자학 명분론과 의리론이 정치현실 속에서 그 모순을 노출한 대표적 사건이었던 것이다.

국왕 인조로서는 자신의 叔父이기도 한 仁城君을 어떻게든 보호하여 자신이 내세운 반정의 명분을 고수함으로써 정통성 논쟁에서 탈피하고자 하였다. 그러나 그를 둘러싼 역모사건이 끊임없이 일어나고 있었으므로 臣僚들 입장에서는 그를 처벌하여 정권의 안전을 도모하자는 주장을 하게 되는 것은 자연스러운 일이었다.

그러나 그로 인해 국왕과 신료들 사이에 갈등이 빚어지자 당시의 정치현실을 어떻게 볼 것인가, 그리고 현실을 중시할 것인가, 명분을 중시할 것인가 등을 놓고 서인과 남인·북인이라는 당색간의 차이에 의해, 그리고 집권 서인 내부에서도 공신이냐 사류냐에 따라서, 나아가서는 공신 내부에서조차도 대립과 갈등이 조성되었던 것이다. 그리고 이러한 대립은 반정의 정당성에 대한 논란, 폐세자 이지의 처리 문제, 반정 이후의 인재 등용 문제, 나아가서는 정국 운영방법 및 붕당론 등과 밀접하게 결부되면서 전개되었다.

인성군의 처벌에 반대하는 인조의 입장에 동조하고 나온 것은 정경세를 필두로 한 남인 일부와 북인 鄭蘊이었다. 이들은 인조의 '(누구를) 추대하였는지 묻지 말라'는 하교에 '承順'하여, 역모 관련자들 공초의 증거 능력을 인정하지 않으면서 반정의 명분을 내세우는 도덕적 명분주의에 입각하여 인성군 처벌에 반대하였다. 이러한 논리는 특정 왕족에 대한 의리론을 정치적 돌파구로 활용하였던 사림 계열 일반의 의

리론적 지향과 일맥상통하는 것이었으며, 광해군대 全恩論의 연장선
상에 서 있었다. 이들 의리론자들을 대표하는 최고의 이론가는 鄭經世
였다. '物來順應'·'行其所無事'라는 宋代 理學의 道德修養 理論을 현
실 정치에 그대로 대입시키려는 정경세의 태도는 주자학 명분론과 의
리론에 입각하여 정치를 바라보는 당대 관인·유자 들의 세계관을 반
영한 최고 수준이었다. 그들에게 정치는 도덕과 의리의 연장선상에 있
었으며, 분리될 수 없는 것이었다. 그것은 天理論·守經論 등과 결합
되어 整合的으로 표출되었다.

정경세에 의해 창도된 의리론에 입각한 도덕적 명분주의는 단순히
도덕적 명분에 머물지 않고 공신 계열을 비판하는 정치공세의 성격을
띠고 전개되었으며, 그것은 역모사건에 빌미를 제공하여 반정 이후 서
인 정권을 위협하였다. 즉 서인 정권 내부에 존재하던 반정에 대한 소
극적 태도와 반정의 정당성에 대하여 회의하는 의리론적 지향을 자극
하여 공신과 사류 사이, 그리고 공신과 공신 사이에 분열의 빌미를 제
공하고 그 틈새를 비집고 들어가서 그들의 정국 주도를 무력화시키는
방향으로 작용하였던 것이다. 집권 서인들 역시 주자학 명분론과 의리
론의 굴레로부터 결코 자유롭지 못하였기 때문이다. 이들의 정치공세
는 소위 사대장을 비롯한 훈신들의 군관을 공격하고, 기찰과 고변을
비판하여 결과적으로는 대·소북 잔당들의 역모를 간접적으로 지원한
셈이 되었다.

이들의 道德的 名分主義에 입각한 정치 공세로 인해 초래된 政權의
위기를 國家의 위기와 같은 차원에서 보고 가장 철저하게 논파한 인물
이 反正功臣 중 하나인 李貴였다. 이귀가 정경세로 대표되는 남인 의
리론자와 정온 등을 비판하는 논리의 핵심에는 國家와 政治에 대한
治者로서의 責任意識이 깔려 있었다. 그는 반정의 명분을 내세우면서
폐세자 이지나 인성군에 대해서 전은론을 펴는 정경세 등을 국가의 안

위는 置之度外하고 '王子를 구한다는 명예'를 탐내는 사람들로 간주하고 '好名'이라고 그 무책임성을 통렬하게 비판하였다. 정치에서 현실을 무시한 채 의리와 명분만 내세운다면 정권은 물론 국가도 그 존립을 위협받게 된다는 인식이었다. 도덕적 수양과 개인의 절개, 즉 治者의 道德性만으로는 政治가 제대로 전개되는 것은 아니라고 보았던 것이다. 여기에는 아직 분명하고 의식적인 것은 아니었지만 도덕과 정치는 분리되어야 한다는 인식이 나타나고 있었다. 즉 인성군 처벌 등의 논란에서는 의리론에 입각한 도덕적 명분주의에 대하여 책임론에 입각한 정치적 현실주의가 첨예하게 대치하고 있었던 것이다.

그리고 이귀는 고정된 사상이나 이론보다 변화하는 현실에 대한 사실적 인식을 더 중시하였다. 도덕적 명분주의자들이 변화하는 현실의 의미를 책임성을 갖고 깊이 따져보지 않고 天理論・守經論만 내세우는 것에 대해서 그는 人情論・權道論으로 대응하였다. 즉 도덕적 명분주의를 뒷받침하는 논리가 천리론・수경론에서 주어진다면, 정치적 현실주의를 뒷받침하는 논리는 인정론・권도론에서 찾을 수 있다는 것을 보여준 것이었다.

광해군 때 당국하고 있던 북인들이 존존 위주의 가・국부동론으로 자신들의 토역 정국을 합리화하였다면, 주자학 명분론과 의리론을 내세워 반정으로 이들을 축출하고 집권한 대표적 반정공신이었던 이귀는 책임론으로 토역을 합리화하였다. 여기에 북인들과는 또 다른 방향에서 주자학을 넘어서는 정치론이 마련되는 계기가 주어지고 있었던 것이다.

이귀는 같은 반정공신이었던 김류와도 첨예하게 대립하였다. 인조반정 이후 공신 내부에서 이귀가 책임론에 입각한 정치적 현실주의 입장을 취하였다면 김류는 의리론에 기초한 도덕적 명분주의를 대표하는 인물이었다. 만약 인조대 국가적 위기가 조선왕조 국가의 제도적 모순

에서 연원한 것이라고 한다면, 인조대 전반에 제도 개혁을 통해 국가
적 위기에 대처하지 못하게 만든 책임의 상당 부분은 김류에게 있다고
보아도 지나친 말이 아닐 것이다. 김류는 인조대 정국에서 인조와 함
께 권력의 중심에 서 있었으면서도 제도 개혁을 통해 국가의 위기를
극복하고 민생 안정을 도모한다는 관념이 없었다. 오히려 이귀가 이를
위해 적극적으로 변통과 경장을 모색하는 것을 사사건건 방해하였다.
그리고 파붕당을 내세웠지만, 그것은 黨色간의 안배를 통한 調停論,
즉 朋黨 肯定論을 벗어나지 못하였다. 이것은 도덕적 명분주의라는 그
의 사상적 한계의 필연적 표출이었다.

　이귀는 책임론에 입각한 정치적 현실주의의 입장에서 기존의 붕당
을 인정하면서도 黨色을 떠나 '재능에 따른 인재 등용'[隨才收用], 즉
調劑論을 주장하였다. 이귀의 파붕당론은 인물 등용의 기준을 변통 지
향 경세론에 둠으로써 조제론이 조정론으로 빠져드는 위험성을 극복
하고자 하였다. 인물 등용의 기준을 경세에 두고 그것을 책임 있게 수
행할 수 있는 현자·능자에게 믿고 맡겨야 한다는 이귀의 得賢委任論
은 당시 나온 破朋黨論 가운데 가장 발전된 형태로 간주된다. 그리고
이귀가 주자의 引君爲黨說의 전제로서 이를 강조한 것이 주목된다. 이
것은 得賢委任論이 朱子學 政治論 특유의 臣權論을 넘어서 王權論과
결합할 가능성을 시사하는 것이기 때문이다. 이귀가 표면적으로는 주
자를 내세우고 있지만, 그의 이러한 조제론은 수신 위주의 의리론에
기초한 군자소인론에 바탕을 둔 주자의 붕당론과는 그 역사적 성격을
달리하는 것이라고 보지 않을 수 없다. 그는 국가와 민생을 위한 변통
과 경장을 달성하기 위한 방편으로서 득현위임론과 조제론을 전개하
고 있었기 때문이다. 사실 이것은 앞으로 살펴보게 될 그의 '국가재조'
론의 중요한 구성 요소이기도 하였다.

　인조대 전반에 이귀의 책임론에 입각한 정치적 현실주의는 반정의

명분을 지키려는 인조와 사사건건 충돌하게 만들었다. 이원익을 비롯한 정경세·이준 등 남인들과 북인 정온 등은 인조의 주장에 편승하여 자신들의 입지를 구축하려 하였다. 그리고 이귀의 변통론과 조제론은 김류에게 음으로 양으로 저지되어 거의 구현되지 못하였다. 인조 역시 이귀의 득현위임론을 귀담아 듣지 않았다. 대부분의 신료들은 주자학 정치론에 매몰되어 있었으므로 이귀의 주장 자체를 거의 이해하지 못하였다. 다만 막연히 그의 국가를 위한 열성만은 인정할 수 있다는 분위기였다. 그러나 남인 중에서는 李睟光이 이귀의 주장을 전폭적으로 지지하였고, 서인 가운데는 崔鳴吉, 兪伯曾, 朴炡, 羅萬甲 등이 이귀의 주장에 동조하거나 그와 비슷한 주장을 내놓기 시작하였다. 17세기 관인·유자 들이 주자학 정치론을 벗어나는 것은 그처럼 쉽지 않은 일이었던 것이다. 그러나 17세기의 국가적 위기와 변화하는 현실 속에서 그것을 묵수하고만 있을 수 없다는 인식은 점차 그 저변을 넓혀 가고 있었다. 인성군의 처벌을 둘러싼 오랜 논란은 그러한 하나의 계기를 제공한 셈이었다.

2. 元宗 追崇과 政權의 正統性 論爭

인조반정의 정당성과 인조 정권의 정통성 논쟁은 인조의 생부 定遠君 추존과 관련하여 인조대 전반 내내 진행된 일련의 禮論과 그 추진 과정에서 정점에 달하였다.[115] 즉위 초기에 인조의 왕권이 취약했던

---

115) 仁祖代 元宗 追崇 論爭과 관련된 지금까지의 연구는 다음과 같다. 徐仁漢, 1984, 「仁祖初 服制論議에 대한 小考」, 『北岳史論』創刊號, 국민대 ; 李迎春, 1990, 「潛冶 朴知誡의 禮學과 元宗追崇論」, 『淸溪史學』7 ; 李迎春, 1991, 「沙溪 禮學과 國家典禮-典禮問答을 중심으로」, 『沙溪思想研究』, 沙溪愼獨齋紀念事業會 ; 李成茂, 1992, 「17世紀의 禮論과 黨爭」, 『朝鮮後期 黨爭의 綜

것은 꼭 '반정'의 모순 때문만은 아니었다. 주자학 정치론 그 자체가 전
제왕권을 제약하는 논리로 가득 차 있었다. 이를 내세운 신료들의 압
박에 대항하여 인조는 정원군의 追尊과 宗廟에의 입묘, 즉 元宗 追崇
을 자신의 정통성 확립의 관건으로 보고 있었다. 여기에 반정공신 가
운데서는 李貴와 崔鳴吉이, 山林에서는 朴知誡가 동조하고 나섰다.
이들이 서인 산림 金長生과 남인 鄭經世로 대표되는 다수의 관인 유
자들의 반발을 무릅쓰고 元宗 追崇에 찬성하였다는 것은 신료들 내부
에서도 주자학의 臣權 중심 정치론의 문제점을 인식하고 왕권론에 동
조하는 세력이 등장하였음을 의미하는 것이었다. 원종 추숭을 추진하
는 과정에서 서인과 남인을 막론하고 이에 동조하는 관인 유자들이 속
속 나타나고 있었다. 17·18세기를 통하여 官人 儒者들 사이에서 지속
적인 쟁점이 되었던 王權論과 臣權論의 대립은 바로 이 원종 추숭 논
쟁에서 본격화되었다.116)

논쟁의 전개 과정은 모두 4시기로 구분해 볼 수 있다. 첫째는 反正

合的 檢討」, 韓國精神文化研究院(同, 1995, 『朝鮮兩班社會研究』, 一潮閣에
재수록) ; 오항녕, 1992, 「17세기 전반 서인 산림의 사상」, 『역사와 현실』 9,
한국역사연구회 ; 琴章泰, 1992, 「17세기 朝鮮朝 禮學派의 禮學과 그 社會意
識」, 『宗敎學研究』 11 ; 李迎春, 1998, 『朝鮮後期 王位繼承 研究』, 集文堂 ;
朴鍾天, 1998, 「仁祖代 典禮論爭(1623-1635)에 대한 宗敎學的 再評價」, 『宗
敎學研究』 17 ; 李賢珍, 2000, 「仁祖代 元宗追崇論의 推移와 性格」, 『北岳史
論』 7, 국민대 ; 朴鍾天, 2001, 「조선시대 典禮論爭에 대한 재평가-入承大統
의 전례문제를 중심으로」, 『韓國思想과 文化』 제11집 ; 김세봉, 2003, 「예론
(禮論)의 전개와 그 양상」, 한국역사연구회 17세기 정치사 연구반(이하 '한역
연'으로 줄임), 『조선중기 정치와 정책-인조~현종 시기』, 아카넷 ; 李賢珍,
2003, 「17세기 전반 啓運宮 服制論」, 『韓國史論』 49, 서울대 국사학과.
116) 17·18세기 王權論과 臣權論의 대립에 대해서는 金駿錫, 1992, 「朝鮮後期
黨爭과 王權論의 推移」, 『朝鮮後期 黨爭의 綜合的 檢討』, 韓國精神文化研
究院 ; 金駿錫, 1998②, 「18세기 蕩平論의 전개와 王權」, 朝鮮時代史學會, 『東
洋 三國의 王權과 官僚制』, 國學資料院 참조.

직후부터 시작된 私廟 典禮 論爭(1623~1625), 둘째는 1626년(인조 4) 인조의 어머니 啓運宮 具氏의 죽음으로 촉발된 啓運宮 喪禮 論爭(1626년~1628년 2월), 셋째는 1628년(인조 6) 啓運宮 祔廟禮를 전후하여 본격화된 元宗 追崇 論爭(1628년 3월~1632년 5월), 넷째는 元宗 追崇 이후 宗廟에 祔廟하기까지 전개된 宗廟 入廟 論爭(1632년 6월~1635년 3월)이 그것이다.

1) 元宗 追崇의 論理와 王權論

(1) 現實論＝稱考論 대 名分論＝叔姪論

반정 직후에 私廟 典禮 論爭이 촉발될 수밖에 없었던 것은 우선 인조 정권이 당면한 정치적 현실이었다는 점에 주의를 환기할 필요가 있다. 인조로서는 그것이 禮治主義의 이념, 禮學思想이 어떠하냐를 떠나서 일상적인 國家 儀式으로 표출되는 정치현실이었다. 군주로서 인조가 어떤 儀式을 언제 어떻게 거행하느냐 하는 문제는 '反正'이라는 정치적 사건에 대한 反正 주체세력의 성격 규정과 合議 수준의 표출이었고, 王權과 臣權의 위상을 규정하는 것이었으며, 유교 주자학의 통치 이념으로서의 위상이 어떠한가를 대내외에 끊임없이 확인하는 정치적 사건이었다. 이처럼 복합적인 정치적 성격이 조선왕조의 王統에서 인조의 宗法的 지위로 집약되어 표현된다는 점에 이 시기 集權的 封建國家의 특징이 있었다.

이 시기의 지배사상이었던 유교 주자학은 군주의 전제권을 인정하면서도, 그것을 견제하기 위한 장치들이 정교하게 배합되어 형성된 독특한 정치사상이었다. 유교 주자학에 입각한 예학사상은 원리적으로는 각계각층의 모든 인간을 포섭하는 사회원리였지만 현실적으로는 치자 지배층 일반의 자기 규율 원리였으며, 군주에게는 군주의 초월적이고

자의적인 권력 행사를 견제하는 수단으로 작용하는 것이 일반적이었다.

유교 주자학의 세계에서 군주의 일거수일투족은 예에 의거하지 않으면 안 되었다. 따라서 신료들의 군주에 대한 평가, 즉 군주권의 강약역시 예의 형태로 표출될 수밖에 없었다. 신권에 치중한 주자학의 명분론과 의리론에 근거하여 무력 쿠데타라는 파행적 방식으로 국왕이된 인조로서는 출발부터 군주권의 위상을 높이기 위해 극도의 신경전을 전개하지 않으면 안 되었다. 사묘 전례 문제를 둘러싼 국왕 인조와신료들 사이에 정치적 긴장이 불가피한 所以가 바로 여기에 있었던 것이다.

'私廟 典禮'라는 호칭 자체가 이미 그러한 臣權 위주 禮 思想의 반영이었다. 인조는 '反正'으로 '綾陽君'이라는 일개 宗親에서 君主로 격상되었는데, 生父인 定遠君을 어떤 지위로 규정할 것인가가 우선 닥친문제였다. 일반적으로는 창업 군주가 아니라면 군주의 생부는 군주였어야 한다. 그러나 인조는 '반정'이라는 정변을 통해서 군주가 되었으므로 문제가 된 것이다. '사묘 전례'라는 호칭 자체에 이미 정원군을 군주로는 인정할 수 없다는 전제가 깔려 있었다. 정원군은 실제로 군주가 된 적도 없었고, 선조의 일개 서자 신분으로 생을 마감하였으므로, 인조가 먼저 나서서 군주로 인정하자고 주장하기도 어려운 형편이었다. 반정 주체세력을 포함한 신료들 내부에서도 이 문제에 대한 확실한 입장을 세우고 있지는 못하였던 것 같다. 그것은 '反正'의 성격 그자체에 대한 평가가 신료들의 입장에 따라서 미묘한 차이가 있었기 때문이다.

사묘 전례 논쟁은 인조가 생부 정원군의 사당에 告由하는 儀典에서발단되었다. 祝文의 頭辭에 쓸 인조와 정원군의 칭호를 각기 어떻게할 것인가가 문제로 된 것이다. 이에 대한 논란 끝에 조정에서는 예조의 건의에 따라 축문 두사에 정원군을 '定遠大院君'으로, 인조를 '子'로 칭하기로 결정하고, 며칠 후 이에 따라 인조의 親祭가 거행되었다.[117]

이 때 신료들 사이에 논란의 초점은 인조의 정원군에 대한 호칭을 어떻게 할 것이냐에 있었다. 잘 알려진 것처럼 당시 신료들은 인조와 정원군의 親生 관계를 그대로 인정하자는 稱考稱子論과, 인조가 '入承大統'하였으므로 정원군은 私親에 불과하니 伯叔父로 칭해야 한다는 叔姪論으로 크게 갈라졌다. 당시 조정에는 金長生과 朴知誡가 인조의 山林 우대방침에 호응하여, 각각 司憲府 掌令과 持平으로 現職에 있으면서 모두 논의에 참여하였다.

박지계는 '父子常經'論에 의거하여 稱考論을 주장하였으며, 그 연장선상에서 3년상과 인조의 親祭를 주장하였다가 신료들 다수의 반발을 받고 낙향하였다.[118] 조정 신료들은 또한 김장생이 적극 주장한 叔姪論에도 반대하였다. 김장생은 '入承大統'論에 의거하여 叔姪論을 주장하였는데, 그에 의하면 인조가 선조의 왕통을 直承하여 부자관계가 성립되었으므로 정원군을 또 아버지라 부른다면 아버지가 둘이 되는 결과가 되니[兩考之嫌][119] 인조는 정원군을 伯叔父로 칭해야 한다는 것이다.

이 때 신료들 다수가 칭고칭자론을 주장한 이유는 다음과 같았다.

지금 聖上이 위로 宣廟의 뒤를 이은 것은 손자로서 祖父를 이은 것이므로, 禮에 비추어 보면 考位가 비어 있는 것이다. 正統은 진실로 문란하게 할 수 없는 것이지만 天倫 역시 무시할 수 없다. 무릇 사람이란 …… 할아버지가 있고 난 다음에 아버지가 있고, 아버지가 있고 난 다

---

117) 李迎春, 1998, 앞의 책, 156~157쪽 참조.
118) 李賢珍, 2000, 앞의 논문, 60쪽 참조.
119) 李成茂, 1995, 앞의 책, 446쪽 참조.

음에 伯叔이 있게 되는 법이다. 지금 後嗣를 이은 곳에 稱考할 곳이
없는데, 親父를 伯叔으로 칭한다면 情과 禮에 모두 어긋나는 일이
다.[120]

신료들의 이러한 주장은 온건론이나 절충론이 아니라 현실론이었다.
즉 인조가 선조의 뒤를 이어서 군주가 되었다고 해서 선조의 손자이고
정원군의 아들이라는 현실이 뒤바뀌는 것은 아니라는 것이다. 그렇게
본다면 김장생의 叔姪論은 명분론의 극단적인 경우라고 할 만한 주장
이었다.

예조판서 이정구는 이러한 현실론에 의거하여 김장생의 숙질론을
분명하게 비판하였다. 첫째, 인조를 선조의 아들로 본다면 정원군과 인
조는 형제간이 되므로 숙질이 될 수 없으며, 둘째, 이미 생부를 아버지
로 부를 수 없게 된 상황에서 입후한 곳에서도 아버지라고 부를 데가
없으니 천륜이 끊어지게 되므로 '이런 일은 결단코 행할 수 없다'고 말
했다.[121] 몇 달 뒤에 나온 정경세 등의 홍문관 차자에서도 비슷한 논리
로 숙질론을 비판하고 칭고칭자론을 옹호하였다.[122] 역시 선조가 인조
의 祖이고, 정원군이 인조의 父라는 '현실'은 인정해야 한다는 논리였
다.

이와 같이 대부분의 신료들이 칭고론에 합의하였다는 사실은 매우
중요한 의미가 있었다. 잘 알려진 것처럼 칭고론은 이후 추숭론자들의

---

120) 『仁祖實錄』卷2, 仁祖 元年 癸亥 5월 壬辰, 33-529, 1ㄴ.
121) 『仁祖實錄』卷2, 仁祖 元年 癸亥 5월 丙申, 33-532, 7ㄴ. 그래서 그가 내린
　　 결론은 인조는 선조에 대해서 父子之道는 있지만 父子之名은 없으며, 정원
　　 군에 대해서는 父子之名은 있지만 父子之義는 없다는 교묘한 것이었다.
122) 『仁祖實錄』卷3, 仁祖 元年 癸亥 9월 戊戌, 33-551, 6ㄱ~ㄴ. 인조가 선조의
　　 친손자이므로 祖를 禰로 만들 수 없다는 것, 만약 선조에게 稱考한다면 정원
　　 대원군은 형이라고 해야지 伯叔이 될 수 없다는 것, 정원군을 伯叔이라고 칭
　　 한다면 父子之名을 둘 곳이 없어진다는 것 등이 그 이유였다.

논리적 발판이 되었는데, 김장생과 같은 극단론자들을 제외한 '입승대
통'론자들 대부분 역시 이 점은 부정하지 못하였다. 그러나 신료들 대
부분이 인조와 정원군 간에 종통상의 부자관계를 부정하려 한 것은 김
장생과 마찬가지였다. 이들은 김장생의 숙질론이 이후 나타날지도 모
르는 인조의 사친을 추숭하려는 시도를 근원적으로 봉쇄하려는 의도
속에서 나온 것이라는 점을 잘 이해하고 있었다. 그리하여 예조에서는
"稱考하되 '皇'字를 더하지 말고, 稱子하되 '孝'字를 더하지는 말 것"과
"그 제사는 별도로 支子를 세워 주관토록 할 것"을 건의하였다.

이에 대한 인조의 불만은 신주의 改題를 반대하는 것으로 나타났다.
祭文의 頭辭는 定遠大院君으로 하는 것에 동의하였지만 奉祀者를 밝
히는 傍題에 綾原君(인조의 친동생)을 명시하려는 신료들의 주장에는
반대하였던 것이다. 결국 방제는 비워둔 채, 禮官을 보내 告祭할 것을
주장하는 신료들의 반대를 무릅쓰고 인조는 직접 친제를 거행함으로
써 추숭에 대한 자신의 의지를 신료들에게 과시하였다. 그리고 김장생
의 숙질론에 대해서는 "무릇 인간이란 누구나 할아버지가 있고 난 이
후에 아버지가 있고, 아버지가 있고 난 이후에 자기 자신이 있는 것인
데, 어찌 할아버지는 있는데 아버지가 없는 이치가 있느냐"고 '父子常
經'論에 의거하여 반박하였다.[123]

이후 박지계의 상소가 갑자년 정월에 있었는데, 이괄의 난으로 조정
에서 논의되지 못하였고 인조의 사묘 친제도 하반기로 미루어졌던 것
같다. 이에 대해 처음 거론한 것은 이귀였다. 이귀는 같은 해 8월에 박
지계의 상소에 대한 회계가 없었음을 상기시키고, 선조 때에 李滉은
선조의 사묘 친제를 불가하다고 하였지만 李珥는 '그 말은 잘못이다'
고 힘주어 말했다고 밝혔다. 그리고 '전하의 반정은 선조의 입승대통과

---

123)『仁祖實錄』卷2, 仁祖 元年 癸亥 5월 壬辰, 33-530, 2ㄴ~3ㄱ.

132

는 다르다'고 하면서 대원군의 신주를 사묘라고 칭하는 것은 '극히 미안한 일'이라고 말하고, 漢 光武帝의 別廟를 원용할 수도 있을 것이라고 하였다. 그러자 인조는 박지계의 상소에 대해 該曹에서 논의하여 속히 회계하게 하였다.[124]

그러나 박지계의 상소에 대한 더 이상의 논의는 나타나지 않고, 10월 인조의 친제를 앞두고 사묘 신주의 방제 문제 때문에 다시 경연석상에서 논의가 이루어졌다. 여기서 인조는 방제 문제는 '후일을 기다리라'고 계속 미루고, '김장생과 박지계의 의논 중에서 어느 것이 옳은가'를 물었는데, 정경세와 이정구는 애초의 칭고칭자론을 되풀이하면서, 김장생의 의논은 '정론이기는 하지만 중도를 얻지 못하였고', 박지계의 의논은 '극히 무리'하다고 답하였다. 인조는 '爲人後者라도 稱考하였다면 3년상이 없을 수 없지 않느냐'고 다시 묻자 정경세가 '父가 죽고 祖가 살아 있다면 마땅히 降服해야 한다'는 예를 들어 그것이 불가함을 말하였는데, 인조는 "내가 비록 예를 모르지만 조부 때문에 아버지의 복을 낮추었다는 말은 듣지 못했다"고 불쾌한 기색을 감추지 않았다.[125]

이를 통해서 당시 인조가 신료들의 칭고칭자론의 약점을 간파하고 있었음을 알 수 있다. 이에 대해서는 박지계가 '稱考稱子'하고서도 '喪不斬 祭不主'하게 하는 것은 '名은 子인데 實은 子의 도리를 다하지 못하는 것'이니 '虛名無實'이라서 '綱常의 實理와 實心'에 도움이 안 된다고[126] 이미 비판하였을 뿐만 아니라 김장생 역시 稱考稱子하였다면 三年喪과 禰廟를 세우는 것은 피할 수 없을 것이라고 인정할 정도였다.[127]

---

124) 『默齋日記』, 79쪽.
125) 『仁祖實錄』卷7, 仁祖 2년 甲子 10월 甲辰, 33-650, 23ㄱ~ㄴ.
126) 『潛冶集』卷1, 「應旨疏」(甲子), 叢刊 80-95~96, 18ㄴ~19ㄱ.

그리고 나서 몇 일 뒤에 인조는 사묘에 친제하였는데, '그 전날 미리 대궐을 나와서 齋宿하였고, 그 절차도 宗廟 祭享과 전혀 차이가 없게 하는 것은 매우 미안한 일'이라고 양사의 비판을 받았다. 그리고 "백관이 반열에서 기다리고 있는데도 私室에 머물러 있는 것은 거동을 엄하게 하고 사사로움에 빠지는 것을 방지하는 뜻에 어긋난다"고 양사가 논핵하고, 승정원이 다시 환궁을 촉구하고서야 비로소 '알았다'는 비답을 내리는 것을 보면, 인조는 자신의 의지가 무엇인지를 신료들에게 주지시키기 위해 극도의 신경전조차 마다하지 않았음을 알 수 있다.[128]

인조가 정원군 신주의 방제를 거부함으로써 추숭 문제를 두고 신료들과의 긴장 관계가 지속되는 가운데 인조의 生母인 啓運宮이 졸서하여 상례 논쟁이 본격화되기까지 추숭논자와 반대론자의 상소 역시 간간히 이루어졌다. 박지계의 문인이자 일가인 敬陵參奉 李義吉은 '전하의 宗廟는 殿下의 父·祖·曾·高祖를 위해서 만든 것'이라고 追崇과 入廟를 단도직입적으로 주장하는 상소를 올렸다.[129] 그런가 하면 선조 때 醫官의 子로서 문과에 오른 前判官 柳咸亨의 추숭을 주장하는 논리 정연한 상소도 있었다.[130]

---

127) 『沙溪全書』 卷21, 典禮問答, 「與右相等書」, 5ㄱ~ㄴ, "若以稱考稱子爲是 則 必如朴疏 爲三年喪 百官從服期 且立禰廟 而後乃已. 定爲父子 則豈有父母 喪三年朞年差等之理乎." 이것은 물론 이제 三年喪과 禰廟를 받아들여도 된다는 것이 아니라 김장생이 叔姪論의 입장에서 鄭經世와 李廷龜 등이 주장한 稱考稱子論의 잘못을 비판하기 위해 한 말이었다(李迎春, 1991, 앞의 논문, 179쪽 참조).

128) 『仁祖實錄』 卷7, 仁祖 2년 甲子 10월 丙午, 33-651, 25ㄱ.

129) 『仁祖實錄』 卷7, 仁祖 2년 甲子 9월 甲子 33-641, 6ㄴ.

130) 『仁祖實錄』 卷8, 仁祖 3년 乙丑 正月 乙丑, 33-671~672, 9ㄴ~11ㄱ. 柳咸亨은 朴知誡와는 직접 관계가 없었던 것 같다. 李賢珍이 유함형을 '李義吉의 무리'라고 한 것(2000, 앞의 논문, 64쪽)은 착오로 보인다. 그는 宣祖·光海君

추숭반대론 측에서는 을축년 12월에 趙相禹의 극단적 상소문이 나
왔다. 조상우는 김장생의 의논이 박지계의 의논보다 낫다고는 하지만
그 주장이 분명하지 못하여 盡善하지는 못하다면서, '尊祖敬宗'하는
도리를 더욱 돈독히 하기 위해 선조를 '皇考'라 칭하고, 定遠君을 '王
伯叔父 定遠大君'이라 부르고 大院君이라고 칭하지 말 것이며, 傍題
에 綾原君을 쓰고 제사를 주관하게 하여 '國家의 宗統을 둘로 나누지
않는 大義'를 나타내 보이라고 주장하였다.[131]

  이러한 조상우의 주장은 김장생으로부터도 인정받지 못하였을 뿐만
아니라,[132] 오히려 김장생이 주장한 숙질론의 약점인 '無考之嫌'을 부
각시키는 결과가 되고 말았다. 선조에게 칭고하자는 조상우의 주장이
잘못이라는 것을 인정하면서도 정원군에게 칭고하지 않는다면 인조는
'無考'의 상태에 처하게 된다는 張維의 반론을 보면 그것을 알 수 있
다. 장유는 祖孫의 天倫을 父子로 칭하는 것은 의리상 결단코 불가하
다고 보고 定遠君 稱考說에 동의하고 있었다.[133] 程朱學的 의리론과

대에 여러 차례 지방 현령으로 떠돌다가 종5품 判官으로 관직을 마감한 듯하
다. 『仁祖實錄』의 사평은 그의 상소에 대하여 '承望一隊風旨 敢進無倫之言
無所忌憚 人皆駭憤'이라고 극도의 적대감을 표출하고 있으면서도, 또한 '地
望卑賤 而文辭有餘'라고 그 문장에 대해서는 인정해 주고 있다. 즉 유함형은
당시 中人 출신 非主流 官人·儒者라고 할 수 있는데, 이런 인물이 추숭을
주장하고 있다는 점이 주목된다. 明代 陽明學은 朱子學이 포섭하는데 한계
를 노출시킨 바로 이러한 비주류 지식인들에게까지 유교 윤리를 침투시키기
위해 등장한 것으로 보는 견해도 있다. 그의 주장 역시 孝治論에 입각한 王
權論이라는 측면에서 陽明學의 그것과 놀라울 정도의 유사성을 보였다.

131) 『仁祖實錄』卷10, 仁祖 3년 乙丑 12월 丁丑, 34-50, 45ㄴ.
132) 李賢珍, 2000, 앞의 논문, 64쪽 참조.
133) 『谿谷集』卷3, 「答沙溪先生」, 叢刊 92-54, 15ㄴ~16ㄱ, "於天倫 則以祖孫 而
稱以父子 其義斷不可也." 장유는 '爲人後'와 '爲祖後'를 다른 것으로 간주한
다는 점에서 朴知誡와 같은 입장이었다. 그런데 朴知誡는 漢 宣帝가 史皇孫
에게 稱考한 것을 비판한 程子의 주장을 '爲人後'의 사례로서 인정하고 있는

명분론의 결정적 약점이 바로 이 '無考'의 문제에 있었던 것이다. 유교 주자학의 이념 즉 입승대통=명분론이 부자의 윤리라는 현실과 충돌하여 그 모순을 드러낸 것이었다. 이러한 모순은 계운궁 상례 논쟁을 격화시킨 중요한 요인이 되었다.

(2) 孔孟 儒學=孝治論 대 程朱學=宗統論

朴知誡가 追崇論을 본격적으로 제기한 것은 甲子年이 되어서였다. 그 주장의 핵심은 『儀禮』의 '爲人後'와 '爲祖後'를 구별하려 한 것에 있었다. 박지계는 당시 신료들이 정원군을 인조의 私親으로 규정하여 부자관계를 부정하려는 주장은 『의례』의 '위인후' 조항에 근거하여 인조가 선조의 종통에 입계한 것으로 해석하였기 때문으로 보았다. 이에 대해 박지계는 인조는 선조에게 立後한 적이 없으므로 '爲人後者'에 해당되는 것이 아니라 『의례』의 또 다른 조항인 '위조후자'에 해당된다고 주장하였다. 인조는 선조의 친손으로서 본종의 직계를 이은 것이지 방친으로서 타인의 종통에 입계한 것이 아니라는 것이다.[134]

것에 비해 張維는 그러한 程子의 설을 의심하고 있다. 그는 馬端臨의 『文獻通考』에서도 결국 정자를 비판하고 있음을 예로 들었다. 漢 宣帝가 史皇孫에게 禰考하지 않는다면 바로 '無考'의 상태에 빠진다는 점이 장유가 정자 주장의 타당성을 의심하는 이유였다. 이로써 程朱學的 義理論의 약점이 바로 이 '無考'의 문제에 있음을 알 수 있다. 김장생은 장유의 바로 이 주장에 대해 끝까지 비판하였다(『沙溪全書』 卷21, 典禮問答, 「與趙飛卿崔子謙張持國鄭子容書」(辛未 正月), 31ㄱ).

134) 『潛冶集』 卷1, 「應旨疏」(甲子), 叢刊 80-91~92, 10ㄴ~12ㄱ. 박지계는 이 상소문 말미에서 이 상소와 함께 『儀禮』의 '爲人後'와 '爲祖後'에 대한 상세한 논증을 가한 「禮辨」을 작성하여 주요 신료들에게 보냈다고 밝혔다(同, 80-97, 21ㄱ). 『潛冶集』에는 「禮辨」 5편이 실려있는데, 그 중 第一, 第二, 第三의 3편은 이 두 조항에 대한 상세한 비교 논증으로 구성되어 있다(『潛冶集』 卷7, 「禮辨」, 80-217~224 참조).

신료들이 자신의 주장을 뒷받침하기 위해 제시한 漢 宣帝, 宋 英宗, 明 世宗, 그리고 宣祖의 경우는 모두 '受國於傍親者'로서 '위인후'의 조항에 해당되므로 本生父에 대해서는 伯叔이라고 칭하고 상복은 期服을 입어야 하지만, 선조의 친손인 인조의 경우는 '受國於祖者'로서 '위조후'의 조항에 해당되므로 그 부모에 대해서 부모라는 호칭을 고칠 필요가 없으며 상복은 斬衰服을 입어야 하므로 양자는 전혀 다른 경우라는 것이 박지계의 주장이었다.[135]

박지계는 이러한 주장의 연장선상에서 신료들이 선조는 大宗이고 정원군은 小宗으로 규정하는 것은 잘못이라고 비판하였다. 신료들의 이러한 주장은 漢의 宣帝가 昭帝를 이어서 황제가 된 후 그 本生父인 史皇孫을 皇考라고 칭한 것을 宋代에 范鎭이 '小宗을 大宗에 합하였다'고 비판하고, 程子 역시 '失禮亂倫'이라고 貶下한 것에 근거한 것이었다. 선제가 소제에게 '위인후자'의 경우에 해당하므로 이러한 범진과 정자의 비판은 정당하다고 박지계도 인정하였다. 그러나 정원군은 선조의 친자이므로 史皇孫과 昭帝의 관계에 비유할 수 없다는 것이 그의 주장이었다.[136] 그리고 『近思錄』의 '諸侯奪宗'說에 근거하여 인조

---

135) 漢 宣帝 때의 '爲人後者' 禮說에 대해서는 金容天, 1999, 「漢 宣帝期 禮制論議 - '爲人後者' 禮說의 變化를 中心으로」, 『東國史學』 33 참조. 宋 英宗代 濮王 典禮論爭에 대해서는 諸橋轍次, 1975, 『儒學の目的と宋儒の活動』, 『諸橋轍次著作集』 第一卷, 東京 : 大修館書店 ; 이승준, 2002, 「濮議(1065~1066)와 臺諫 세력의 대두」, 『學林』 23, 연세대 사학과 참조. 明 世宗 때의 소위 '大禮議'를 둘러싼 정치적 대립에 대해서는 中山八郎, 1957, 「明の嘉靖朝の大禮問題の發端に就いて」, 『人文研究』 8-9, 大阪市立大 文學會 ; 同, 1963, 「再び嘉靖朝の大禮問題の發端に就いて」, 『淸水博士追悼記念明代史論叢』, 東京 ; 曺永祿, 1985, 「嘉靖初 政治對立과 科道官 - '大禮議'를 중심으로」, 『東洋史學研究』 21(1989, 『中國近世政治史研究』, 지식산업사, 143~175쪽) ; 鄭台燮, 1990, 「'大禮議'의 典禮論 分析」, 『東國史學』 24 ; 同, 1994, 「明末의 禮學」, 『東國史學』 28 등 참조.

136) 『潛冶集』 卷1, 「應旨疏」(甲子), 叢刊 80-94~95, 16ㄱ~17ㄱ.

가 반정을 통해 諸侯가 된 것은 '旁枝小宗'에서 현달하여 '正幹'이 되었으므로 大宗을 자신에게 옮겨 온 것이라고 주장하였다.[137] 선조를 이을 大宗이 없는 상태에서 인조가 조상의 정통을 이은 것은 程子 등이 비판한 '小宗合大宗'이 아니라 '小宗達而爲大宗'으로 보아야 정당하다는 것이었다.[138]

그리고 박지계는 父子와 君臣의 관계를 다른 어떤 윤리보다도 중요하게 여겼다.

우주에 가득차고 古今을 관통하는 大經大法으로서 父子・君臣의 관계보다 큰 것이 없으니, 국가를 經綸하는 방법으로서 어찌 이 두 가지를 넘어서는 것이 있겠는가? [139]

군주는 군주답고 신하는 신하답고 아비는 아비답고 아들은 아들다운 것이야말로 天地의 常經이다. 만약 할아비를 아비로 삼는다면 그것은 이미 천지의 常經을 문란시키는 일이다. [140]

이처럼 그는 父子와 君臣의 관계를 공간[宇宙]과 시간[古今]을 초월

---

137) 『潛冶集』 卷1, 「應旨疏」(甲子), 叢刊 80-95, 17ㄴ, "近思錄曰 旁枝達而爲幹 故古者天子建國諸侯脫宗. 註曰 諸侯雖非宗子 亦必移宗於己. 今主上殿下 旣爲諸侯 則旁枝之禰廟 達而爲正幹 而上繼祖上之正統 是所謂移大宗於己也."

138) 『潛冶集』 卷1, 「應旨疏」(甲子), 叢刊 80-95, 18ㄱ, "凡旁枝之達而爲幹者 當曰小宗達而爲大宗可也. 若曰 合大宗 則恐不可也.……今無繼宣廟之大宗 誰與之合 而乃謂之合乎." 박지계의 이러한 주장은 인조반정의 의의를 가장 적극적으로 평가하는 논리이다.

139) 『潛冶集』 卷1, 「應旨疏」(甲子), 叢刊 80-96, 20ㄱ~ㄴ, "充塞宇宙 貫徹古今之大經大法 無大於父子君臣 經綸之道 豈有過於此二者哉."

140) 『潛冶集』 卷8, 「鄭副學經世八條箚辨」, 叢刊 80-252, 11ㄴ, "君君臣臣父父子子 是乃天地之常經也. 如以祖爲父 則已爲亂天地之常經."

138

하여 변화될 수 없는 '大經大法'이자 '天地의 常經'으로 간주하였다. 그러므로 현실적인 父子 관계를 부정하는 것은 어떤 경우에도 용납될 수 없는 '亂常悖倫'이었다.

그는 특히 孝悌를 통치의 근본이 되는 準則으로 보고 있었다. 그것은 성현의 덕이 효제에 근본하고 있기 때문이었다. 따라서 인군이 먼저 '孝悌慈'를 躬行하여 '一家之則例'로 삼아야만 法令에 의한 '善을 상주고 惡을 벌주는 정치'가 가능하다고 생각하였다. 孝悌慈를 위에서 몸소 행하여 아래에서 본받게 함으로써[上行下效] 민이 각각 효제자하는 마음을 갖게 하는 것이 『대학』에서 말하는 치국평천하의 요점이라고까지 말하였다. 말하자면 孝治論을 주장한 것이었다.[141]

나아가서 '父子之倫'이 '君臣之分'보다 우선한다고 생각하였다.[142] 위로는 天子로부터 아래로 士庶에 이르기까지 누구나 高祖─曾祖─祖─禰의 四廟 奉祀를 해야 하는데, 君主가 되지 못했다고 해서 禰廟를 없애버리려 하거나[143] '受國 與否' 때문에 父나 祖의 喪服을 隆殺하는 理致는 없다는 것이다.[144] 따라서 삼년상 역시 천자로부터 서인

---

141) 『潛冶集』 卷1, 「請務本疏」(癸亥), 叢刊 80-88, 3ㄴ~4ㄱ, "人君必先躬行孝悌慈 以爲一家之則例. 苟非一家之則例 則雖有條敎法令之施 賞善罰惡之政 所令反其所好 而民不從矣. 上行下效 而民興於孝悌慈 則爲民上者 推己度物 使民各遂其孝悌慈之心 此乃大學傳所謂治國平天下用工之地也." 孝治論은 후대 尹鑴에 의해서 적극적으로 천명되었는데 그것은 박지계를 비롯한 이 시기 원종 추숭논쟁에 그 기원을 두고 있었다. 孝治論의 기원과 그 내용에 대해서는 李成珪, 1998, 「漢代 『孝經』의 普及과 그 理念」, 『韓國思想史學』 10 참조. 尹鑴 孝治論의 내용과 그 성격에 대해서는 정호훈, 2003, 「朝鮮後期 새로운 정치론의 展開와 『孝經』」, 朱子思想研究會 編, 『朱子思想과 朝鮮의 儒者』, 혜안, 213~224쪽 ; 同, 2004, 앞의 책, 277~293쪽 참조.
142) 『潛冶集』 卷7, 「禮辨」 第三, 叢刊 80-223, 10ㄱ, "大凡論經綸之道 則君臣之分 可以掩嫡庶之序 故小宗變爲大宗. 父子之倫 可以掩君臣之分."
143) 『潛冶集』 卷1, 「應旨疏」(甲子), 叢刊 80-94, 16ㄱ.
144) 『潛冶集』 卷7, 「又辨金沙溪書」, 叢刊 80-238, 40ㄱ.

에 이르기까지 삼대 이래 행하여 온145) '天經地緯'이기 때문에 어떤 이유로도 변개할 수 없는 '大經大法'이었다.146)

이처럼 인조가 禰廟를 만들고 그 부모에 대하여 三年喪을 행하는 것은 절대적 타당성을 갖는 지극히 당연한 일이므로 이것이 신료들의 반대에 부딪혀 실현될 수 없다면 인조가 독단으로 행하여도 된다고 박지계는 주장하였다. 그는 『孟子』에 나오는 滕文公이 父兄과 百官의 반대를 무릅쓰고 三年喪을 거행한 경우를 예로 들면서, 이는 맹자가 '深勸'한 것이고, 朱子註에서 '極贊美之'하였다고 상기시켰다.147)

박지계는 人君이 '捨己從人'해야 할 때가 있고, '獨斷行之'해야 할 때가 있다고 하였다. 人君이 하려는 일이 人欲之私에서 나왔다면 마땅히 衆論을 따라서 捨己從人해야 하지만, 만약 그것이 天理之正에서

---

145) 『潛冶集』 卷7, 「禮辨」 第二, 叢刊 80-221, 6ㄱ, "三年之喪 自天子達乎庶人 三代共之 盖以人之生於父母 無貴賤一也." 박지계의 입장을 '朱子에 대한 극도의 尊崇'으로 인해 『家禮』에 대한 지나친 傾倒', 또는 '王朝禮의 固有性까지 몰각'한 '性理學的 普遍主義 觀念'의 소산으로 규정하는 견해가 있다(李迎春, 1991, 앞의 논문, 175~176쪽 참조). 여기서 이영춘 씨가 인용한 부분은 '三年喪'과 '孝悌'의 중요성을 강조하는 것으로 보아야지 『朱子家禮』의 준행을 강조한 것으로 보거나 '帝王家의 禮나 士大夫의 禮의 차별을 인정하지 않'으려는 것으로 보는 것은 확대 해석이라고 생각된다. 그리고 박지계가 '孝悌'를 통치의 근본으로까지 간주하는 것은 주자학 그 자체에 대한 존숭 때문이라고 보는 것은 좀 평면적인 접근인 것 같다. 박지계의 이러한 주장은 다분히 양명학을 연상시키는 점이 있다. 양명학이 孝를 강조한다는 점에 대해서는 岩間一雄, 1990, 『中國政治思想史硏究』, 未來社(김동기·민혜진 옮김, 1993, 『중국 정치사상사 연구』, 동녘) 참조. 물론 박지계는 주자와 주자학에 대한 절대적 신뢰를 보이고 있고, 양명학에 대해 언급한 적도 없다. 그러나 그가 '天地之道 不外於吾心'(『潛冶集』 卷7, 「又辨金沙溪書」, 叢書 80-240, 43ㄱ)이라고 말한 것이나, 인식능력으로서의 '良知良能之天'(같은 책, 50ㄱ)을 자주 언급하는 것은 양명학과의 유사점을 보여주는 대목으로 볼 수 있다.

146) 『潛冶集』 卷7, 「又辨金沙溪書」, 叢刊 80-243, 49ㄱ~50ㄴ.

147) 『潛冶集』 卷7, 「又辨金沙溪書」, 叢刊 80-243, 50ㄴ, "滕文公排父兄之衆論 反先君之所行 獨斷行之者 出於孟子之深勸也 而朱子之註 極贊美之."

나왔는데 衆論이 '舊俗에 汚染된 昏塞'에서 나와서 이를 저지한다면 人君이 獨斷으로 행하여도 불가할 것이 없다는 것이다. 따라서 그것이 천리에서 나왔는지 인욕에서 나왔는지를 따져보지도 않고 무조건 인군이 '독단으로 행할' 수 없다고 한다면 인군은 단지 부형과 백관의 논의에 '俯仰從順'할 뿐이어서 오히려 무한한 폐단을 낳을 것이라고 주장하였다.148)

그렇다면 인군이 행하려는 일이 천리인지 인욕인지를 어떻게 변별할 것인가? 박지계는 이것을 변별하기 위해 人君이 '格物致知之學'에 힘써야 한다고 주장하였다. 이것은 박지계가 주자학 정치론에 입각한 君主聖學을 강조한 것처럼 보이기도 한다. 그런데 그는 人君이 格物致知之學에 從事해야 하는 목적으로서 '세속의 오염'에서 벗어나 '大經大法의 유의'를 찾아서 '특별히 분발하여[挺特奮發] '獨斷行之'하기 위한 것으로 설정하고 있다.149) 말하자면 강력한 군주권을 행사하기 위한 전제로서의 학문을 권장하고 있는 것이다. 따라서 박지계가 말하는 격물치지지학은 당시 신료들이 군주권을 견제하기 위해 경연석상에서 강조하는 군주성학과는 그 근본 방향을 달리하는 것이 되지 않을 수 없었다.

박지계는 大經大法이 땅에 떨어지고 末俗에 의해 汚染되어, 세상 사람들이 모두 聖賢을 輕侮하고 禮義가 아닌 말을 한다고 당시의 풍토를 비판하면서, 그 예로서 三年喪을 變改해야 한다는 논의가 '知禮之家'에서 나올 정도라고 말하고 있다. 여기서 '知禮之家'는 물론 김장생을 가리키는 것인데, 이는 김장생과 그 문인들로 대표되는 당시 관인·유자 일반의 학문 풍토에 대한 강한 불신을 표명한 것으로 볼 수 있다.150)

---

148) 『潛冶集』卷7, 「又辨金沙溪書」, 叢刊 80-244, 51ㄱ.
149) 『潛冶集』卷7, 「又辨金沙溪書」, 叢刊 80-244, 52ㄱ.

甲子年에 집중적으로 제시된 박지계의 이러한 일련의 주장은 다음
과 같은 특징이 있는 것으로 보인다. 첫째로는 入承大統한 君主는 자
신의 私親을 추숭할 수 없다는 유교 주자학의 군주권 견제 논리를 부
정하지 않고도 선조-정원군-인조의 종법적 정통성을 합리화할 수
있는 經典상의 근거를 확보하였다는 것이다. 『儀禮』의 '爲人後' 조항
과 '爲祖後' 조항의 차이에 주목한 것은 그의 현실적 문제의식과 禮學
的 소양이 결합되어 이루어진 성과로 평가된다. 둘째로는 『近思錄』의
'諸侯奪宗'說에 근거하여 仁祖反正에 대한 평가를 극대화하였다는 점
이다. 仁祖가 反正을 통하여 '小宗'에서 현달하여 '大宗'이 되었다고
간주한 것은 反正의 정당성을 가장 적극적으로 천명하는 논리였다. 셋
째로는 儒敎 倫理 중에서 孝의 절대성에 기초하여 君主 專制權을 적
극적으로 긍정하는 孝治論을 천명하였다는 점이다. 그는 강력한 군주
권을 통해서 당시 관인·유자 일반에 만연된 잘못된 학문 풍토를 개혁
하지 않으면 안 된다고 보고 있었다. 이러한 박지계의 주장은 주자학
그 자체는 부정하지 않으면서도 원시유교의 정신에 입각하여 신료 일
반의 신권 중심 정치론과는 다른 왕권 중심 정치론의 한 형태를 제시
하였다는 점에 그 의의가 있었다.

　이에 대한 金長生의 비판은 다음과 같다. 우선, 정원군과 인조는
『儀禮』 '爲祖後' 조항에 해당되지 않는다고 보았다. 김장생은 '大統當
繼之君'과 '旁枝入繼之君'을 구별하고, 大統當繼之君만이 이 조항에
해당되며, 인조는 旁枝入繼之君이므로 '爲人後' 조항을 적용해야 한다
는 것이다.[151] 賈公彦의 疏에 의하면 '위조후' 조항이 적용될 수 있는

---

150) 박지계는 이러한 잘못된 학문 풍토를 바로잡기 위해서는 과거제도와 학교제
　　도의 개혁이 필요하다고 보고 變通의 차원에서 논였다. 박지계의 변통론에
　　대해서는 김용흠, 2006, 「잠야(潛冶) 박지계(朴知誡)의 효치론(孝治論)과 변
　　통론」, 『역사와 현실』 61 참조.

것은 '始封之君'이거나 '繼體로서 그 父나 祖가 군주가 될 자격이 있지
만 廢疾로 인해 즉위하지 못하여, 본인이 즉위할 자격을 가진 자'라야
하는데, 인조가 반정을 일으킨 공이 크기는 하지만 '創業'이라고 볼 수
는 없으며, 정원군은 '즉위할 자격이 있는 자'[合立之人]는 아니라는
것이다.152)

　그리고 인조가 旁枝가 아니라 선조의 친손이라고 박지계가 강조하
는 것에 대해서는 비록 친손이지만 실제로는 소종으로서 입승대통하
였으므로 한 선제의 경우와 다를 것이 없다고 보았다. 소종으로서 입
승대통한 것이 중요한 것이지 방지나 친손이나 마찬가지라는 것이
다.153) 따라서 김장생은 『근사록』의 '제후탈종'설은 이 경우와는 무관
한 것으로 보았다.154) 김장생은 인조반정의 공이 비록 크다고는 하지
만 大統의 중요성을 넘어서 사친을 추승할 정도는 못된다고 간주하였
다.155)

　그렇다면 유교 윤리의 근본인 孝에 대해서는 어떠한가? 김장생은

---

151) 『沙溪全書』 卷21, 典禮問答, 「與右相申敬叔延平李玉汝吏判吳汝益禮判李聖
　　徵副學鄭景任趙飛卿鄭子容崔子謙張持國書」(甲子 6月), 1ㄱ~ㄴ(이하 「與
　　右相等書」로 줄임).

152) 『沙溪全書』 卷21, 典禮問答, 「書延平府院君李貴筵奏後」, 30ㄱ~ㄴ, "主上擧
　　義之功固大 而不可與創業者 比大院旣非合立之人 而曾無受國於宣祖."

153) 『沙溪全書』 卷21, 典禮問答, 「書延平府院君李貴筵奏後」, 29ㄱ, "主上雖曰親
　　孫 而實乃小宗也. 以小宗 而承大統 何異於漢宣乎. 只觀其以小宗入承而已
　　旁枝與親孫 固不當論也." 김장생은 다른 곳에서 『儀禮』의 '爲祖後' 조항은
　　'適長孫'의 경우에만 해당되며, 衆孫은 해당되지 않는다고도 하였다(同, 「答
　　張持國書」, 12ㄱ, "儀禮適長孫爲祖後 則爲其父爲三年喪 其餘衆孫不言之").
　　여기에 대해서는 박지계의 상세한 논변이 있다(『潛冶集』 卷7, 「又辨金沙溪
　　書」, 叢刊 80-240~242, 43ㄴ~47ㄴ).

154) 『沙溪全書』 卷21, 典禮問答, 「與右相等書」, 2ㄱ~ㄴ.

155) 『沙溪全書』 卷21, 典禮問答, 「書宋戶部憲禮議後」, 25ㄱ, "若繼體旁枝入承
　　則雖有鴻烈 而大統爲重 其可推恩於私親乎."

'父子之倫'이 비록 중요하지만 '入繼之義'가 至嚴하여 범할 수 없다고 말했다.[156] 그는 爲人後者는 所生 父母를 伯叔父母로 칭해야 한다는 정자의 말을 인용하여, 이것은 '天地之大義'이고 '生人之大倫'이므로 '不可得而變易者'라고 강조해 마지않았다.[157] 이것은 김장생이 孔孟

---

156) 『沙溪全書』卷21, 典禮問答,「與右相等書」, 5ㄱ, "父子之倫雖重 入繼之義至 嚴 不可犯也." 이는 다음과 같은 朴知誡의 말과 정확하게 상반된다(『潛冶集』 卷9,「趙參奉相禹疏辨」, 叢刊 80-280, 27ㄱ, "受國之義雖重 未嘗以此 而絶 父子之倫").

157) 『沙溪全書』卷21, 典禮問答,「書知事李廷龜筵奏後」, 9ㄴ, "程子曰 爲人後者 爲其所後者 爲父母 而謂其所生爲伯叔父母 此天地之大義 生人之大倫 而不 可得而變易者也."『儀禮』의 '爲人後' 조항을 둘러싼 해석은 중국에서도 여러 가지로 이루어졌다. '爲人後者' 禮說은 前漢 宣帝 때 生父 史皇孫 進의 追尊 을 제어하는 논리로서 처음 제기되었다. 당시에 이를 제기한 주론자였던 霍 光은 '爲人後者' 禮說에 근거하여 大宗을 우선시하는 것을 '大孝'라 하고, 혈 연적 생부에 대한 황제의 효는 私情으로서 公的 秩序를 침해하는 행위라고 비판하였다. 이러한 곽광의 논리는 前漢 哀帝의 定陶共王, 宋代 英宗의 濮 王, 明代 世宗의 興憲王 追尊 등 典禮 論議 때 추존 반대론자들에 의해 계 승되었다. 그런데 당시에는 '爲人後者' 禮說이 꼭 皇帝權을 견제하는 논리로 만 작용한 것은 아니었다. 선제 역시 親政體制를 강화한 이후에는 皇帝權 강 화의 논리로서 '爲人後者' 禮說을 수용하였던 것이다(金容天, 1999,「漢 宣帝 期 禮制 論議-'爲人後者' 禮說의 變化를 中心으로」,『東國史學』33 참조). 즉 '爲人後'에 대한 해석에는 이미 양면성이 존재하였던 것이다. 이것을 宋學 의 名分論과 義理論에 입각하여 皇帝權 견제의 논리로 정립한 것이 바로 程 頤였다. 程頤는 宋 英宗代 濮王 典禮論爭에서 英宗이 生父인 濮王을 稱考 하는 것에 반대하고 선대 황제인 仁宗을 稱考하여야 한다고 주장하였다(『河 南程氏文集』卷第五,「代彭思永上英宗皇帝論濮王典禮疏」,『二程集』一, 1983, 臺北 : 漢京文化事業有限公司, 515~518쪽). 濮王 典禮論爭에 대해서 는 宋代 正名論의 반영으로 보는 諸橋轍次의 고전적 논고가 있고(『諸橋轍次 著作集』第一卷, 1975,『儒學の目的と宋儒の活動』, 東京 : 大修館書店, 247 ~255쪽 참조), 최근 국내에서 宰相과 臺諫의 대립이라는 정치사적 시각에서 접근한 논문이 발표되어 참고된다(이승준, 2002,「濮議(1065~1066)와 臺諫 세력의 대두-北宋 舊法黨 형성의 정치적 맥락과 관련하여」,『學林』23, 연 세대 史學研究會, 59~109쪽).

儒學보다 程朱學을 더 중시한다는 명백한 증거였다.

따라서 김장생은 박지계가 인조에게 등문공을 본받아서 삼년상과 정원군 입묘를 '斷然行之'할 것을 권한 것은 있을 수 없는 일로 보았다. 박지계가 삼년상과 禰廟에 대한 의견을 말하는 것은 있을 수 있는 일이지만 군주를 인도하여 자기의 독단을 반드시 행하도록 유도하는 것은 '公共之言'이 아니라는 것이다. 그러다가 인군이 부형이나 백관의 말을 듣지 않고 매사를 독단한다면 그 폐단이 어떠하겠느냐고 반문하였다.158) 만약 박지계의 말대로 인조가 정원군의 追崇入廟를 추진한다면 三公으로부터 言官에 이르기까지 諫諍하여 저지하려 할 것이 뻔한데, 人主가 다른 사람의 말을 듣지 않고 '斷然行之'한다면, 明 嘉靖 연간에 世宗이 興憲王을 追崇하는 과정에서 閣老 6~7인을 放黜하고, 禮官 10여 인을 파직하거나 형장을 가하고, 言者 200여 인을 殺戮한 것과 비슷한 일이 벌어질 것이니, 박지계의 이 말은 '悖理害義'라고 비난하였다.159)

이처럼 김장생은 박지계의 '爲祖後' 조항의 적용을 거부하고, 인조반정에 대해서 '爲人後' 조항에 근거한 '入承大統' 이상의 의미를 부여하

---

158) 『沙溪全書』卷21, 典禮問答, 「與右相等書」, 2ㄴ.

159) 『沙溪全書』卷21, 典禮問答, 「與右相等書」, 3ㄱ. 明 嘉靖 初, 소위 '大禮議'를 둘러싼 정치적 대립에 대해서는 曹永祿, 1985, 「嘉靖初 政治對立과 科道官 -'大禮議'를 중심으로」, 『東洋史學研究』 21(1989, 『中國近世政治史研究』, 지식산업사, 143~175쪽) 참조. 조영록은 그 대립의 정치적 본질을 '君主專權' 論 대 '分權公政'論의 대립으로 파악하였다. '大禮議'의 禮論에 대한 분석으로는 鄭台燮, 1990, 「'大禮議'의 典禮論 分析」, 『東國史學』 24 ; 同, 1994, 「明末의 禮學」, 『東國史學』 28 등 참조. 특히 議禮派와 反議禮派의 대립을 新舊 思想의 대립이라는 각도에서 접근한 논고로서 中山八郎, 1957, 「明の嘉靖朝の大禮問題の發端に就いて」, 『人文研究』 8-9, 大阪市立大 文學會 ; 同, 1963, 「再び嘉靖朝の大禮問題の發端に就いて」, 『清水博士追悼記念明代史論叢』, 東京가 있어 참고된다. 여기서 의례파는 陽明學에, 반의례파는 朱子學에 각각 대응시켜 이를 新舊 사상의 대립이라는 시각에서 이해하였다.

지 않았다. 그리고 程朱學的 의리론과 명분론을 유교 본래의 孝 윤리
보다 우선하는 가운데 仁祖의 私親 추숭을 반대하는 臣權 중심 정치
론을 천명하였다.

즉 원종 추숭과 관련하여 박지계와 김장생은 '父子常經'論과 '入承
大統'論, 孝治論과 宗統論, 孔孟儒學과 程朱學으로 서로 그 사상적 학
문적 입장을 달리하였다. 이는 사묘 전례 논쟁에서는 稱考論과 叔姪論
의 대립으로 나타났는데, 계운궁 상례 논쟁에서는 마침내 王權論과 臣
權論의 대립으로 표출되기에 이른 것이었다.

(3) 王權論 대 臣權論

사묘 전례 논쟁에서 '부자상경'론에 입각한 박지계의 칭고론과 '입승
대통'론에 입각한 김장생의 숙질론이 서로 맞서는 가운데 조정 신료들
은 칭고칭자의 현실을 인정하면서도 인조와 정원군의 부자관계를 이
념적으로는 부정하는 모순된 태도를 취하였다. 이에 대해 인조가 반발
하여 긴장관계가 해소되지 않은 상태에서 인조의 생모인 계운궁의 상
을 당하여 잠재되어 있던 논쟁이 표면화된 것이 계운궁 상례 논쟁이었
다. 상례와 관련된 일반적인 논쟁이 그러하듯이 계운궁의 장례 절차에
서 상제와 상구 문제, 복제와 주상 문제, 혼궁과 제사 문제 등 허다한
쟁점들이 가로놓여 있었다.[160]

먼저 복제 문제에 대해서는 인조가 삼년상을 고집하여 신료들의 강
력한 반발에 직면하였다. 신료들은 계운궁의 병세가 악화되자 을축년
말에 이미 김장생의 입승대통론에 입각하여 不杖朞로 합의해 둔 상태
였는데, 인조가 갑자기 삼년상을 들고 나오니 당황할 수밖에 없었

---

160) 이에 대해서는 徐仁漢, 1984, 앞의 논문 및 李賢珍, 2000, 앞의 논문 참조. 여
기서는 이러한 선학의 논고에 유의하면서 국왕과 신료들의 대립이 갖는 정치
적 의미를 추구해 보고자 한다.

다.161) 인조는 삼년상이 천자부터 서인에 이르기까지 공통된 것이고, 자신이 入承한 이후에도 부모라고 칭하였으므로 삼년상을 행하지 못할 이유가 없다고 주장하였다.162)

이에 대해 영의정 이원익, 좌의정 윤방, 우의정 신흠 등은 삼년상이 '聖人立敎之常'이라는 점은 인정하지만 인조는 선조에게 '子之道'가 있어서 宗統에 壓尊되므로 삼년상을 시행할 수 없다고 반론하였다. 만약 삼년상을 거행한다면 그것은 國喪이 되므로 국왕이 주관해야 하는 종묘와 산천의 제사에 여러 모로 난처한 일이 생길 것이라고도 주장하였다.163)

대사헌 정경세, 대사간 홍서봉 등은 삼년상이 '天地의 常經'이라는 것을 인정하지만 『의례』의 '위인후' 조항을 근거로 삼아서 대종에 압존되어 사친을 위한 정을 펼 수 없다는 것도 '천지의 상경'이라고 주장하였다. 親親은 恩이고 尊祖는 義이므로 義가 있는 곳에서 恩은 굽힐 수밖에 없다는 것이었다. 승정원에서는 인조의 몸은 인조의 것이 아니라 조종을 위해 존재하는 것이므로 사은을 펼 수 없다면서 삼년상을 치르겠다는 명을 즉시 거두어들여서 '統緒之重'을 밝히라고 요구하였다.164)

대신을 비롯한 대부분의 신료들이 인조의 三年喪을 부정하는 논리를 보면 이 시기 官人·儒者들을 지배하고 있던 程朱學의 위력을 실감할 수 있다. 그들은 孔孟 儒學의 根本 원리인 孝=父子之倫보다 入承大統이라는 名分을 우선적인 것으로 보고 있었다. 인조의 삼년상 주장은 정원군에게 이미 칭고하였으므로 의당 있을 수 있는 주장이었다.

---

161) 李賢珍, 2000, 앞의 논문, 66~68쪽 참조.
162) 『仁祖實錄』卷11, 仁祖 4년 丙寅 正月 戊午, 34-56, 5ㄱ, "上下敎于大臣曰 三年之喪 自天子達于庶人. 予旣入承之後 猶稱父母 豈可不幸三年之喪乎."
163) 위와 같음, 正月 己未, 5ㄴ.
164) 위와 같음, 6ㄱ~ㄴ.

부모에 대한 삼년상은 유교 주자학의 근본 원리인 효를 실천하자는 것
이었기 때문이다. 또한 이것은 신료들이 취하고 있던 칭고론의 약점을
간파한 가운데 나온 인조의 의도적인 공격이기도 하였다. 그렇다고 인
조 역시 삼년상 자체가 가능하다고 생각하였던 것은 아니었던 것 같
다. 이후 논쟁의 진행 과정을 보면 인조의 실질적인 목적은 계운궁의
장례 절차를 國葬에 준해서 시행하는 것에 있었음을 알 수 있다.

　인조는 삼년상 주장이 신료들의 강력한 반발에 직면하자 하루 만에
杖期로 물러설 수밖에 없었다. 그러나 이후에는 不杖朞를 주장하는 신
료들의 거센 반발에도 불구하고 더 이상 입장을 바꾸지 않았다. 장기
와 부장기는 상기는 똑같이 1년이지만 杖을 짚느냐 마느냐의 외형적인
장례 형태상에는 결정적 차이가 있었다. 내심으로는 삼년상을 원하고
있던 인조로서는 삼년상과 외형상 뚜렷이 구별되는 부장기는 참을 수
없는 것이었을 뿐만 아니라 부장기로 하는 것은 '위인후'를 인정하는
것과 마찬가지였으므로 받아들일 수 없었을 것이다.

　다음으로 구체적인 장례 절차와 관련해서는 인조의 친동생 綾原君
李俌를 상주로 세우라는 신료들의 열화 같은 주장을 모두 거절하면서,
銘旌은 金篆으로 쓰고, 5일 成殯, 6일 成服을 명하였는데 이는 모두
王后의 상사에 해당하는 것들이었다. 그리고 殮殯의 모든 절차를 國葬
謄錄에 의거하여 시행하라고 하교하여, 이번 장례를 國喪에 준하여 거
행하려는 인조의 본심을 감추지 않았다. 능원군을 상주로 삼고 복제를
부장기로 해야 한다는 삼사와 대신들의 주장 및 3일 成殯, 4일 成服을
주장하는 玉堂의 차자에 대해서는 '이미 해조에 유시하였다'고 버텼으
며, 이번 장례는 '王子夫人의 喪'에 불과한데 국휼의 예법을 써서 인조
일인의 私情으로 '先王之定制'를 폐하고 '祖宗之大統'을 干犯할 수 있
느냐는 홍문관의 항의 차자는 留中不下하였다.[165]

　신료들이 國葬謄錄에 의거하라는 자신의 명을 이행하지 않자, '辱됨

이 심하다', '都監은 없어도 될 듯하다'고 불만을 표출하고, '이 상사가
아무리 압존되는 바가 있어 降殺하였다고는 해도 君上의 親喪이니 신
료된 자들이 輕視할 수 없는데', 이처럼 소홀히 하니 '매우 경악스럽다'
고 분노하였다. 그리고는 '銘旌의 鳳頭는 螭頭로 바꿔라', '銘旌의 받
침대를 다시 만들어 오라', '殯殿은 集禧殿에 배설하라'는 등 자신이
직접 나서서 일일이 지시하는가 하면,166) '찬궁을 내일까지 배설하지
못하면 당상 이하는 重責을 면치 못할 것'이라고 협박하기도 하고, '태
만한 관리'는 일일이 적어두었다가 나중에 書啓하라고 겁주기도 하였
다.167)

같은 날 능원군을 상주로 삼고 분에 넘치는 예를 쓰지 말 것을 청하
는 습司가 여덟 번째 반복되었고, 좌의정 윤방 등이 2품 이상을 거느
리고 진계하고, 대신 이상이 여러 차례 같은 주장을 되풀이하였지만
인조는 끝내 따르지 않았다. 다음 날 다시 습司하여 능원군을 상주로
삼고 부장기로 복제를 결정할 것이며, 국장의 예에 준한 것은 모두 중
지하라고 진계하자 인조는 "아들이 어머니 상에 상주가 되는 것은 조
금도 불가할 것이 없으며, 杖期를 행하려는 것도 사실은 情을 억누르
고 예를 따르려는 것"이라면서 喪을 당한 사람의 '罔極한 情'을 헤아려
'빨리 정지하고 번거롭게 하지 말'고 답하였다.168) 결국 이 날 대신
들이 백관을 거느리고 庭請을 시작하였다.

그러나 인조는 신료들의 집요한 반발을 무릅쓰고 결국 5일째 成殯
하고, 6일째 成服하여 杖期服을 관철시켰다.169) 그 과정에서 인조는

---

165) 『仁祖實錄』 卷11, 仁祖 4년 丙寅 正月 己未, 34-57, 7ㄱ~ㄴ, 8ㄱ.
166) 『仁祖實錄』 卷11, 仁祖 4년 丙寅 正月 庚申, 34-57, 8ㄴ.
167) 위와 같음, 34-58, 9ㄴ.
168) 『仁祖實錄』 卷11, 仁祖 4년 丙寅 正月 辛酉, 34-58, 10ㄱ.
169) 『仁祖實錄』 卷11, 仁祖 4년 丙寅 正月 壬戌, 34-59, 11ㄴ ; 同 癸亥, 34-59,
12ㄱ.

군주가 가진 모든 권한을 휘두르고, 때로는 호소하기도 하고, 때로는 협박하기도 하는 등 쓸 수 있는 모든 방법을 써보았다고 할 만하였다. 그래서 이번 장례가 비록 형식적으로는 期年服이지만 내용적으로는 國葬에 준해서 거행해야 한다는 군주의 확고한 의지를 과시한 셈이 되었다. 그리고 成服이 이미 지나갔는데도 복제를 不杖期로 할 것과 능원군을 상주로 삼을 것을 청하는 계청이 계속되자, 인조는 "종통에 압존되어 상주가 되기 곤란하다면 李俌로 하여금 攝行하게 하라"는 교묘한 명령으로 이를 회피하려 하였다.170)

이런 가운데 李貴와 崔鳴吉이 인조의 3년상 주장에 동조하고 나왔다. 우선 병조판서 이귀는 『의례』의 '위조후' 조항에 근거하여 김장생의 '위인후' 설을 비판하고, 인조반정의 '강상을 지키고 천지의 위치를 바로잡은 공'이 한 광무보다 빛난다고 반정의 의미를 높이 평가한 점 등은 박지계의 논의와 동일하였다. 이귀는 여기서 한 걸음 더 나아가서 『經國大典』의 '奉祀' 조항171)에 근거하여 정원군이 '宣祖의 長者'이고, 인조의 父이며 '合立之君'이라고 주장하였다. 따라서 이번 계운궁 상례에서 '服喪 三年'하는 것은 '古今'의 바꿀 수 없는 '常經'이라고 결론지었다.172)

'爲人後'이거나 旁枝孫으로 承重하였다면 不杖朞가 맞지만, 인조는 長孫으로서 祖統을 이었는데 '合立之父'인 정원군을 叔父라고 보고 위인후 조항을 적용한 것은 경전에 근거가 없다고 이귀는 단정하였다.

---

170) 『仁祖實錄』卷11, 仁祖 4년 丙寅 正月 丁卯, 34-61, 16ㄱ, "答曰 壓於宗統 難於主喪 則令俌攝行."
171) 이귀가 인용한 문장은 "經國大典曰 嫡子無後 則衆子承重 衆子無後 則妾子承重"으로 되어 있는데, 정확한 문장은 "若嫡長子無後則衆子 衆子無後則妾子奉祀"(『經國大典』卷3, 禮典,「奉祀」, 韓國學文獻硏究所 編, 1983, 亞細亞文化社 影印本, 276쪽)이다.
172) 『仁祖實錄』卷11, 仁祖 4년 丙寅 正月 戊辰, 34-62~63, 17ㄱ～19ㄱ.

이것은 김장생이 '禮文'의 本意를 잘못 본 것에 불과한데 온 조정이 휩쓸리듯이 추종한다고 당시 조정의 행태를 비판하고, 심지어는 영의정 이원익마저도 김장생의 설을 옳게 여겨 거취를 놓고 쟁론하고 있으니, 식견이 없는 것을 알 수 있다고 비난하였다. 그리고 선조가 살아 있더라도 降服은 부당한 것인데, 인조가 압존되어 장기로 강복한 것은 예문의 본의를 제대로 살피지 못한 것이라고 비판하였다.

그리고 지금까지 상례 논쟁에서 나온 신료들의 계사를 비판하였다. 우선 정청의 계사 가운데 나온 '稱考한 것은 權宜에서 나온 不得已이한 호칭였다'라는 구절에 대해서는 稱考하는 중요한 일을 어떻게 權宜로 말할 수 있느냐고 비판하고, 대원군은 선조의 장자인데도 '小宗'이라 하고, 인조는 人後가 아닌데도 억지로 人後라고 하여 종통을 문란시키려 한다고 공격하였다. 홍문관 차자에서 인조를 '宗廟에 得罪하였다'라고 비판한 부분173)에 대해서는 광해군은 '不母'하여 '宗社에 得罪하여 失國'하였는데, 지금 諸臣들은 인조를 '不父'로 인도하여 '廢母'한 광해군보다 더 심하게 될까 염려스럽다고 반격하였다. 그리고 계운궁을 '일개 王子 夫人'이라고 표현한 부분174)에 대해서는 계운궁이 처음에는 왕자 부인이었지만 지금은 '전하의 어머니'인데 臣子로서 어떻게 이렇게 말할 수 있느냐고 개탄하였다.

副提學 崔鳴吉 역시 조정 신료들의 주장이 진실로 '聖人의 本意'를 얻었는지 모르겠다고 완곡하게 부인하였다. 최명길은 이번의 예론이 '상하 수천 년 간 전혀 견줄 만한 데가 없다'고 전제하고, '受國於祖'와 '聖庶奪嫡' 조항을 적용할 수는 있지만 '爲人後' 조항을 적용하는 것은 부당한 듯하다고 보았다. 따라서 期年으로 降服하는 것은 자신의 본의가 아니었고, 不杖期로 하기를 청하는 것은 더욱 이해할 수 없다고 하

---

173) 『仁祖實錄』 卷11, 仁祖 4년 丙寅 正月 庚申, 34-58, 10ㄱ.
174) 『仁祖實錄』 卷11, 仁祖 4년 丙寅 正月 己未, 34-57, 8ㄱ.

였다. 이것은 사실상 이귀의 삼년상 주장과 동일한 내용이었으며, 김장생에게 편지를 보내 '別廟'를 세우는 것이 옳다고 역설하였다가 집중적인 비방의 대상이 되었다.[175]

이에 대해 삼사가 나서서 이귀의 처벌과 최명길의 파직을 거듭 청하자 인조는 이귀의 말이 사리에 맞지 않는다 하더라도 다 잘못된 것이 아니라서 결코 따르기 어렵지만, '侮慢元老'한 죄도 작지 않으니 이귀는 職名을 삭제하라고 명하였다. 최명길에 대해서는 '체차도 불가한데 어떻게 파직시킬 수 있는가' 하고 버티다가 누차 아뢰자 推考를 명할 수밖에 없었다.[176]

그리고 좌의정 윤방과 우의정 신흠이 나서서 '상주를 (능원군에게) 섭행하게 하라는 하교'의 모호함을 비판하고, 조정의 의논은 공허한 말이 아니라 모두 예경에 근거를 둔 말로서 인조를 中正한 곳으로 인도하기 위한 것이므로 '결코 그치지 않을 것'이라고 경고하였다. 이어서 禮에 대해서는 전문적 지식이 없으면 논할 수 없다면서, 오직 宋나라 程子와 朱子의 禮說이 성인의 본지를 얻었기 때문에 지금 논의하는 사람들이 이에서 벗어난 주장을 하면 모두 정도가 아니라고 말했다. 宗統을 따지는 法은 程朱의 學說이 극히 엄한데도 인조가 따르지 않는다고 비판하고, 자신들이 걱정하는 것은 바로 宗統을 문란시킬 수 없다는 것 한 가지일 뿐이라고 차분하게 설득하였다. 그리고 綾原君을 喪主로 삼으라는 명령을 흔쾌하게 내릴 것을 청하여 마침내 인조로부터 '힘써 따르겠다'는 답을 얻어냈다.[177]

이처럼 대신들의 차분한 설득으로 상주 문제가 신료들의 주장대로 결정되자 신료들 역시 이후의 장례 진행을 庚子年 國葬을 참작하여

---

175) 『仁祖實錄』卷11, 仁祖 4년 丙寅 正月 己巳, 34-65, 23ㄱ~ㄴ.
176) 『仁祖實錄』卷11, 仁祖 4년 丙寅 2월 乙亥, 34-68, 29ㄴ.
177) 『仁祖實錄』卷11, 仁祖 4년 丙寅 2월 乙亥, 34-68, 29ㄴ~30ㄱ.

마련함으로써 일단 인조와 타협이 이루어졌다.[178] 말하자면 인조의 입
장에서는 喪主를 綾原君에게 양보함으로써 장례를 실질적으로는 國葬
에 준하여 거행하고자 하는 본래의 의도를 관철시킨 셈이 되었다. 그
렇지만 인조와 신료들 사이에 상호불신이 깊었던 데다가 이것이 신료
들의 광범위한 합의에 기초한 타협이 아니었고, 인조 역시 틈만 보이
면 喪禮를 격상시키려는 의도를 갖고 있었으므로 순탄하게 진행될 수
는 없는 일이었다.[179] 그리고 근본적으로 이번 상례를 보는 시각이 孝
道(現實)와 宗統(名分), 爲祖後와 爲人後, 孔孟 儒學과 程朱學 가운
데 어느 것을 우선적으로 보느냐 하는 사상적인 출발점을 달리하였으
므로 쉽게 마음에서 우러나는 타협이 이루어지기도 어려웠다고 생각

---

178) 『仁祖實錄』卷11, 仁祖 4년 丙寅 2월 丙子, 34-69, 31ㄱ. 庚子年(1600) 國葬
  은 宣祖妃 懿仁王后 朴氏의 喪을 말한다.

179) 이러한 타협이 구체적으로 어떤 과정을 거쳐서 이루어졌는지는 『仁祖實錄』
  에서도 분명하게 제시되어 있지 않다. 아마도 이귀와 최명길의 처벌에 인조
  가 동의한 것이 그것의 계기가 되었을 것으로 보인다. 그리고 대신과 삼사가
  차례로 停啓한 다음 앞서 살펴본 左議政 尹昉과 右議政 申欽의 陳啓가 있었
  던 것 같다. 이들이 말한 상주 문제를 인조가 勉從하겠다고 표명하자, 禮官이
  都監堂上과 함께 大臣들과 의논하여 庚子年 國葬을 참작하여 상례를 건의
  하고 있었다. 그러므로 이것은 인조와 신료 일반의 타협이라기보다는 실무자
  들과 인조 사이의 묵계였다고 보는 것이 실상에 가까울 것 같다. 따라서 신료
  일반의 인조에 대한 불신이 제거된 것은 아니었다. 이어지는 同知中樞府事
  鄭經世의 상소와 都承旨 鄭蘊의 상소는 그러한 신료들의 분위기를 대변하여
  인조가 신료들의 公論에 따르려 하지 않고 이귀와 최명길의 주장을 옳다고
  하는 태도를 비판하고 있다(『仁祖實錄』卷11, 仁祖 4년 丙寅 2월 丙子,
  34-69~70, 31ㄱ~34ㄴ, 同知中樞府事 鄭經世 上疏 ; 同, 2월 戊寅, 34-71, 35
  ㄱ~36ㄴ, 都承旨 鄭蘊 上疏). 정경세는 여기서 『禮記』의 관련 조항에 대한
  상세한 검토를 통해서 박지계·이귀·최명길의 주장을 반박하였다. 鄭蘊은
  인조가 신료들의 公論을 거부하려는 시도들을 조목조목 짚어내어 반박하면
  서 그것을 私意로 규정하여 비판하였다. 이에 대한 박지계 등의 반비판은 후
  술하였다.

된다. 그리하여 인조와 신료들 사이의 대립은 지속될 수밖에 없었다.

따라서 이후에도 仁慶宮에 魂宮을 설치하는 일이나 發靷할 때의 궐문 밖 哭送 등과 같은 소소한 절차를 결정하는 데도 인조는 신료들과의 격렬한 논쟁을 거치지 않을 수 없었던 것이 당시의 현실이었다. 인조가 실제로 얼마나 효성이 지극했는지는 알 수 없는 일이지만 기록에 나타난 것만으로 볼 때는 정말 지극한 효자라고 할 만했다. 문제는 자연인으로서의 인조의 효성을 국왕이라는 公人으로서의 위상과 모순된 것으로만 보려고 하는 당시 신료들을 지배하고 있던 사상, 즉 주자학 명분론과 의리론에 있었음을 간과해서는 안 될 것이다. 신료들이 경전 해석이나 禮書 인용 및 前例를 참조할 때도 가능한 한 박한 쪽으로 이용하면서 늘 '非禮', '踰制', '壓尊', '降殺' 등의 단어를 구사하면서 확신에 차서 국왕을 압박할 수 있었던 것은 바로 그 의리론과 명분론에 기초한 주자학 정치사상 덕분이었다. 이쯤 되면 조선왕조가 과연 유교윤리를 통치의 근본원리로 삼은 국가인지 의심스러울 지경이었다.

李貴·崔鳴吉·朴知誡 등은 이러한 신료들 일반의 臣權論에 맞서서 왕권론을 적극 개진하였다. 이들의 계운궁 상례에 대한 기본 입장은 다음과 같다. 삼년상이 천자로부터 서인에 이르기까지 '천지의 상경이므로 고칠 수 없다'는 전제 하에 위조후와 위인후를 구별하고, 위인후의 경우는 삼년상의 예외가 되지만 인조는 위조후의 경우이기 때문에 삼년상을 하지 않으면 안 된다고 주장하였다. 그리고 '祖不壓孫'이므로 宣祖 때문에 母의 상복을 降服할 필요가 없으며, 신료들이 가장 강조하는 '宗統에 壓尊되어 父母를 낮출 수밖에 없다'는 주장은 근거가 없다고 보았다. 그리고 '父子祖孫은 萬古에도 바꿀 수 없는 定名'이라고 보아 위인후 적용은 '人倫之變'이며, 稱考稱子論을 인정하면서도 위인후를 적용하는 것은 모순이라고 반박하였다. 그리하여 稱考가 옳다면 降服은 잘못이고, 칭고와 綾原君 主祭 역시 모순이며, '父子祖孫

의 倫理'가 '顚倒失次'한 '人倫之變'이라고 비판하였다.

이러한 입장에서 이들은 계운궁 상례에서의 신료들의 행태를 비판하였다. 연평부원군 이귀는 조정 신료들의 예론에 이의를 제기하였다가 병조판서 직에서 쫓겨난 뒤에도 차자를 올려 '지금의 상사는 역대에 없던 변례'이므로 이론이 제기될 수도 있는 일이며, 그것을 절충하여 是非之公을 얻도록 하여 화합에 힘써야 되는데, '迎合'·'邪論' 등의 말로 마구 비난하여 '다른 사람의 말을 막는'[箝制人言] 것은 부당하다고 항의하고 과연 신료들이 모두 진정으로 인조가 '위인후'라고 믿고 있는지 의심스럽다고 하였다.180)

또한 예관과 대신이 잘못된 견해를 억지로 고집하여 '막대한 重禮'를 '無倫'에 빠지게 한다고 비난하고, '不父'나 '廢母'는 예경을 위배하기는 마찬가지이므로 '지금의 대간은 광해군 때의 대간이나 다름없다'고 극언하였다. 광해군 때의 대간은 이익을 위해서였는데 지금의 대간은 한갓 '명분'을 위해서 그러니, 다만 名利 사이에서 다투는 것일 뿐이라고 하면서, 반정의 명분이 '明倫紀'에 있는데, 지금의 대간과 함께 조정에 나가 윤기가 끊어지는 것을 차마 볼 수 없으니 자신의 직을 삭탈해 달라고 청하였다.181)

최명길은 신료들이 아무런 '明文的證'도 없이 먼저 가슴 속에 私意를 품고 왜곡된 주장을 늘어놓으면서 반드시 '降殺'시키려고만 한다고 비판하였다182). 그는 신료들이 인조가 '直承祖統'한 것을 '人後'라고 지목하고, '君之父母'를 '旁親'으로 대우하는 것은 '先王之禮制'를 무너뜨리고, '父子之大倫'을 말살한 것으로서, 이로 인해 '조정에 가득찬 名流들이 모두 無父之罪에 빠졌다'고 극론하였다. 또한 啓運宮 喪에서 신

---

180) 『仁祖實錄』 卷11, 仁祖 4년 丙寅 2월 戊戌, 34-76, 46ㄴ.
181) 『仁祖實錄』 卷12, 仁祖 4년 丙寅 5월 庚申, 34-99, 42ㄴ~53ㄴ.
182) 『遲川集』 卷8, 「論典禮箚」(丙寅), 叢刊 89-379~393.

료들의 행태를 비판하였다. 士友 간에도 父母喪이 있으면 가서 哭하는 것이 人情之常인데, 君父의 喪에 會哭 한번 하지 않으면서 '哭을 하면 國喪이 된다'고 말하고, 군부가 成服하였는데도 신료들은 吉服을 하고서는 '從服하면 國喪이 된다'고 말하면서 '오로지 降殺하는 것만을 正論으로 삼는다'는 것이다.

박지계 역시 갑자년 上疏의 연장선상에서 조정 신료들의 행태를 비판하였다. 조정에서 이미 稱考하였다면 啓運宮 喪은 바로 '君主의 母喪'인데 '達官貴臣'들이 마치 平日처럼 '衣紅紫'하고 있다고 비판하면서 명칭은 군주의 모상인데 복색은 마치 '길거리 사람의 상'과 같으니 이로 인해서 國人이 '君之爲重'과 '母之爲重'을 모르게 될 것이라고 통탄하였다.[183]

최명길이 이귀·박지계와 다른 점은 신료들의 '위조후' 조항 해석에서 '대원군은 지위가 마땅히 즉위할 위치에 있지 않았다'[大院君位 不在當立之次]고 주장하는 부분에 대한 반론에서이다. 이들 두 사람이 大院君의 '合立' 또는 '當立'을 강조하기 위해 '宣祖의 長者'이고, '만약 反正 당시에 살아 있었다면 인조가 반드시 양위했을 것'이라고 주장하는 것이 일리가 있다는 것은 인정하였다. 그러나 최명길은 여기서 강조점은 '當立'에 있는 것이 아니라 '君之父母'에 있다고 주장하였다.

> 適孫이냐 庶孫이냐를 물론하고 祖에게서 受國한 것은 똑같고, 當立이냐 不當立이냐를 물론하고 君之父母인 것은 똑같다.[184]

따라서 정원대원군이 '즉위할 자격이 있느냐 없느냐'는 문제가 안 된다는 것이다. 그리고 반정을 통해 인조는 '直嗣祖統'하였으므로 大院君

---

183) 『潛冶集』卷1, 「擬上疏」(丙寅), 叢刊 80-97~106, 28ㄱ~ㄴ.
184) 『遲川集』卷8, 「論典禮箚」(丙寅), 叢刊 89-382, 8ㄱ.

을 父로 삼는 것은 당연하다고 보는 점은 두 사람과 같은데, 최명길은
나아가서 인조반정이 '名은 비록 繼體이나 義는 始封과 같다', 즉 그
의의는 『儀禮』注疏에 나오는 '始封之君'과 같다고까지 높이 평가하고
있다.

최명길은 신료들의 주장이 다수라는 것을 인정하지만 반드시 '多者
爲公'인 것은 아니라고 하였다. 온 조정이 옳다고 하는 것을 한 사람이
잘못이라고 하는 경우도 있다면서 문제는 '言之是非'에 있을 뿐이라는
것이다. 최명길은 이러한 신료들의 잘못이 명분을 숭상하는 풍토에서
비롯된 것으로 보고 있었다.

> 오늘날 숭상하는 것은 名이고 내가 힘쓰고자 하는 것은 實이다. 세
> 상에서 논하는 것은 迹이고 내가 믿는 것은 心이다. …… 우리나라 사
> 람들의 心性이 偏隘하여 움직일 때 꺼리는 것이 많은 것은 婦人이나
> 小兒와 같은 점이 있다. 그리하여 近似한 것에 미혹되어 眞實된 의견
> 이 결핍되어 있고 謹嚴한 것이 지나쳐서 忠厚之實이 부족하다.[185]

그래서 세상에 '眞儒'가 없어 '是非가 混淆되고 풍속이 澆薄'해졌다
고 진단하였다. 程朱學 또는 주자학 명분론과 의리론의 의미를 깊이
새겨 보지 않고 유행처럼 무조건 추종하는 당시의 풍토에 대한 비판적
인식이었다. 여기에 대해 최명길 자신이 힘쓰고자 하는 것은 '實'인데,
그것은 바로 '忠厚之實'이고, 자신이 믿는 것은 '心'인데 그것은 '近似'
한 것에 미혹되지 않고 '眞實之見'은 마음에서 얻어진다는 확신 바로
그것이었다.

최명길의 이러한 주장은 결국 仁祖의 孝를 名分이나 先入見을 앞세
우지 말고 '現實' 그대로 받아들여야 한다는 주장으로 볼 수 있다. 신

---

185) 위와 같음, 叢刊 89-390, 24ㄴ ; 叢刊 89-392, 28ㄴ.

료들의 주장이 나온 근원은 바로 追崇이나 入廟로 나아가는 '기미를 막기'[防微] 위한 것임을 그 역시 모르지 않았다. 그러나 '事君之道'는 '防微'도 중요하지만 '務實' 역시 중요하다는 것이 그의 입장이었다. 더구나 君父는 바로 禮樂之宗이고, 天叙天秩의 所自出이므로 그 喪祭를 미진하게 할 수 없다는 것이 그의 생각이었다. 이것은 최명길의 尊君論이라고 할 수 있겠는데, 그가 現實論 또는 務實論으로서 尊君論을 제기하고 있는 점이 주목된다.[186]

박지계가 최명길과 다른 점은 주로 朱子의 말을 전거로 인용하는 데 있었다. 그는 특히 주자가 『家禮』에서 '從厚之道'를 강조하였는데, '今世之士'는 '前聖之制作'에 근거하지 않고 경솔하게 변개하여 '從薄'하려 하고, 오로지 '抑損'에만 힘쓴다고 비판하였다. 더구나 삼년상에 대해서는 孔子·曾子·子思·孟子가 강조하여 논한 것이 經傳에 명백하고, '반드시 厚한 것을 따라서 綱常의 근본을 강화하고자 하였다'[必欲從厚 以固綱常之根本]고 강조하였다. 즉 박지계가 朱子를 내세우고 있지만 그것은 孔孟 儒學의 본지를 宣揚했을 경우에 그러하였음을 여기의 문맥에서 분명하게 알 수 있다.[187]

---

186) 위와 같음, 叢刊 89-390, 23ㄱ~ㄴ ; 叢刊 89-393, 29ㄱ. 최명길의 이러한 말들과 자신의 3년상 주장에 대한 확신을 '良知之天 一朝開悟 而不可掩也'(同, 3ㄱ)라고 표현한 것 등은 그의 양명학적인 소양을 보여주는 대목이다. 務實論, 孝治論, 尊君論 등이 陽明學의 내용과 유사하다는 것은 앞서 朴知誡의 주장을 검토하면서 이미 언급하였다. 중요한 것은 이들이 陽明學을 먼저 학습하고 이러한 주장을 내 놓은 것이 아니라 朱子學 名分論과 義理論에 매몰되어 있던 당시 主流 官人·儒者 일반의 인식과 행동의 문제점을 비판하는 과정에서 이러한 논의를 제기하였다는 점이다. 따라서 최명길과 박지계가 양명학자냐 아니냐를 떠나서 이들의 이러한 인식은 宋明理學이 朱子學에서 陽明學으로 변모할 수밖에 없었던 그 필연성을 상기시키는 소중한 체험이라고 해야 할 것이다.

187) 『潛冶集』卷1, 「擬上疏」(丙寅), 叢刊 80-97~106, 33ㄱ~ㄴ.

그는 삼년상이 이처럼 명백한데도 인조가 '조정의 논의에 쫓겨서'[迫於朝論] '期服'으로 상복을 낮춘 것[降爲期服]을 통탄하였다. 조정 신료들이 『儀禮』 '爲祖後' 조항을 '先君之長者'에게만 적용하고 定遠大院君은 그 지위가 '合立'이 아니므로 여기에 해당되지 않는다고 주장하는 것에 대해서 박지계는

> 末俗은 先君之長者가 重한 것만 알 뿐 君之父母가 중한 것을 모른다. …… 末俗은 弟가 兄에게 양보하여 長者가 즉위하는 것이 합당하는 것만 알 뿐 子가 父에게 양보하여 父가 즉위하는 것이 합당한 줄은 모른다.[188]

라고 '朝論'을 아예 '末俗'이라고 표현하면서, 孔孟 儒學의 근본 취지는 따져보지도 않고 주자학 명분론과 의리론만을 무차별적으로 추종하는 당시의 풍토를 비판하였다.

그리하여 당시에 이러한 '말속의 오염'이 이미 심각하여 선비들이 모두 성현을 경시·모욕하고, 예와 의가 아닌 것을 주장하여 '부자군신의 대경대법'이 명분만 남고 실질은 사라졌다고 개탄하였다. 그리하여 삼년상을 변개하려는 주장이 나와서 '一國之人'을 선동하여 따르게 하자, 賢智者는 '權勢에 겁먹고 時議를 두려워하여'[㥘權勢 畏時議] 是非를 분변하여 말하지 못하고, 愚不肖者는 기꺼이 '大經을 멸하고 喪制를 헤치는' 일에 동참하여 '함께 제창함'[和而倡之]으로써 한 시대의 사대부가 서로 이끌려 야만의 상태로 빠져들어 가니 '不仁'함이 심하다고 당시의 풍토를 비판하였다.[189]

박지계는 인조에게 이러한 '時俗의 汚染'을 벗어나 大經을 찾아서

---

188) 위와 같음, 35ㄴ, 36ㄱ.
189) 위와 같음, 38ㄱ~ㄴ.

특별히 분발하여 '獨斷行之'할 것을 요청하였다. 『孟子』에 나오는 滕
文公을 예로 들면서 人君이 자신이 하고자 하는 바가 孝悌慈와 같은
天理에서 나왔는데도 滕文公의 父兄이나 百官처럼 末俗에 오염된 사
람들이 반대한다면 人君이 '獨斷行之'해야 한다는 것이었다. 그리고
人君이 하고자 하는 바가 天理에서 나왔는지 人欲에서 나왔는지를 분
별하기 위해서 格物致知之學을 해야 한다는 것을 덧붙이는 것 또한
잊지 않았다. 박지계는 君主가 강력한 군주권을 행사하기 위한 전제로
서의 格物致知之學이란 고차원적이고 어려운 일이 아니라고 하였다.
오로지 聖賢을 篤信하고 訓辭를 究索하는 데 있을 뿐이다. 聖訓을 尊
敬하고, 聖法을 遵奉한 然後에야 大經大法이 세상에 행해질 수 있을
것이니 大經을 經綸하여 世路를 救濟하는 計策이 '篤究聖訓'을 벗어
나지 않는 것이었다.[190] 여기서 박지계가 말하는 '大經大法'은 父子君
臣의 倫理를 가리키는 것이었으므로 이것은 그의 孝治論을 재천명한
것으로 볼 수 있다. 아울러 그 수단으로서 강력한 君主權의 행사를 옹
호하는 王權論의 입장에 있음도 확인할 수 있다.

　계운궁 상례 논쟁에서 조정 신료들이 인조가 친생 부모에 대한 효성
을 표출하는 것에 사사건건 제동을 걸고 나온 것은 신료들 개개인의
이해관계의 소산이라기보다는 그들을 지배하고 있던 정치사상으로서
의 주자학 정치론에 입각한 것이었다. 그것에 의하면 인조는 자신의
친생 부모에 대하여 사적인 감정에 매몰된 분수에 넘친 효성은 자제해
야 하며 군주로서 주어진 공적인 역할에만 충실해야 하는 존재일 뿐이
었다. 이러한 신료들의 문제의식은 경연에서 표출되는 군주성학, 그에
입각한 궁금과 왕실 사치에 대한 경계, 내수사와 제궁가의 횡포에 대
한 끊임없는 비판 등과 함께 군주의 전제는 주자학적 의리론과 명분론

---

190) 위와 같음, 37ㄴ.

에 의해 일정하게 제한되어야 한다는 臣權 중심 정치론의 반영이었던 것이다.

이에 대해 삼년상을 주장하는 논자들은 인조의 친생 부모에 대한 효성을 유교윤리의 근본으로서 인정하고, 나아가서는 그것을 통치원리이자 목적으로서 수용해야 한다는 입장이었다. 이들은 인조의 경우 정주학은 물론 유교 그 자체에 비추어 보아도 선례가 없는 變禮인데, 무리하게 '위인후' 조항에 끼어 맞추어 자연인으로서 인조의 효성을 말살하려는 신료 일반의 주장에 동조할 수 없었다. 군주이기 때문에 자기 아버지를 아버지로 대우할 수 없다는 것은 주자학 명분론과 의리론이 낳은 유교 윤리의 전도 현상이었다. 그것은 명분 과잉이었고, 이념 과잉이었으며, 명분에 의한 현실의 명백한 왜곡이었다. 이들이 주자학 명분론과 의리론을 부정하는 것은 아니었지만 그것은 공맹 유학과 모순되지 않는 범위 안에서의 일이었다. 이처럼 주자학적 명분론('입승대통'론)이 공맹유학의 근본 윤리('부자상경'론)와 충돌할 때마저 무조건적으로 명분론만을 추종할 수는 없는 일이었다. 더구나 이들이 보기에 인조의 경우 정주학에서도 삼년상을 부정할 만한 분명한 근거가 결여되어 있었다. 오히려 정주학이 가진 유교 본연의 속성에 의해 삼년상을 주장할 수 있는 근거가 더 많아 보였다. 사정이 이러한데도 제대로 따져보지도 않고, 군주의 전횡과 전제는 견제되어야 한다는 선입견에 사로잡혀 신료들 내부에서의 수적 우위를 내세워 '공론'이라고 강변하면서 군주의 의지에 반하는 예론을 집단적으로 강요하는 것은 이들로서는 인정하기 어려운 일이었다. 그것은 명백히 잘못된 학문 풍토의 소산이었다. 이들은 조정 신료들 대부분이 유교 나아가서는 주자학 정치론 그 자체에 대한 깊이 있는 이해를 결여하고 있다고 확신하였다. 일부 신료들의 불성실한 논계와 그릇된 예경 인용은 그러한 확신을 더욱 굳혀주었다.

그리고 당시 사대부 일반을 지배하고 있던 그러한 잘못된 풍토는 단순한 君主 專制의 견제에서 나아가서 治者로서의 책임과 의무를 저버린 채, 모든 책임을 군주에게 전가하고 심지어는 신료들의 잘못과 부정을 은폐하려는 불순한 의도와도 닿아 있다는 것이 그들의 인식이었다. 이러한 신료들 다수를 사로잡고 있는 잘못된 학문 풍토와 정치 행위를 바로잡지 않는다면 제대로 된 정치는 기대할 수 없는 일이었다. 그러나 이러한 자신의 입장을 조정에서 구현하기에는 수적으로 밀리는 입장에 처해 있었다. 따라서 이들은 군주권에 의지하여서라도 자신들의 주장을 구현하는 길을 모색할 수밖에 없었다. 여기에 17세기 관인·유자 일각에서 왕권 중심 정치론이 형성되는 所以가 있는 것이었다.

이처럼 啓運宮 喪禮 논쟁에서는 『儀禮』의 '爲人後' 조항을 적용하여 齊衰不杖期를 주장하는 신권론과 『儀禮』 '爲祖後' 조항에 근거하여 삼년상을 주장하는 왕권론이라는 사상적 대립이 저변에 깔려 있었다. 전자는 주자학 명분론을 절대화하는 입장이라면, 후자는 程朱學보다 공맹 유학을 중시하는 입장이었다. 齊衰 不杖期를 주장하는 臣權論者들은 인조는 宣祖에게 '入承大統'하였으니 친부모인 定遠大院君과 啓運宮은 '私親'에 불과하므로, 啓運宮 喪은 國喪이 아니며 인조는 喪主가 될 수 없고, 따라서 제반 장례 절차도 상주인 綾原君이 주관하여야 한다는 입장이었다. 이에 비해 삼년상을 주장하는 王權論者들은 仁祖는 反正을 통해서 '直承祖統'하였으므로 父子祖孫의 倫理=父子常經을 굽힐 이유가 없다고 보고, 稱考論의 연장선상에서 啓運宮 喪은 國葬으로 진행되어야 하며, 인조는 喪主로서 모든 장례 절차를 직접 주관할 수 있다는 입장이었다.

앞서 私廟 전례 논쟁에서 대부분의 신료들은 稱考論에 합의하였지만, 이들 가운데 다수를 차지하고 있던 齊衰 不杖期論者들의 주장은 사실상 叔姪論에 의거하고 있었다. 인조는 다수 신료들의 주장에 밀려 삼년상을 양보할 수밖에 없었지만 杖期를 주장하여 '爲人後' 조항의 적용을 거부하고 稱考論과의 일관성을 유지하고자 하였으며, 친동생인 綾原君을 상주로 삼으라는 신료들의 주장을 수용하는 대신 啓運宮 상례를 國葬에 준하여 진행한다는 암묵적인 합의를 끌어냈다. 그리고 신료들의 온갖 압력과 저항에도 불구하고 내용적으로 삼년상을 확보하는 데 주력하였다. 따라서 우여곡절 끝에 戊辰年 정월에 大祥祭까지 마친 뒤에는 禫祭 이후 祔廟를 앞두고 인조와 신료들 사이의 대립은 새로운 국면을 맞게 되었다.

2) 國王 仁祖의 대응과 元宗 追崇論의 확산

(1) 國王 仁祖의 대응과 元宗 追崇의 과정

定遠大院君이 元宗으로 追崇될 수 있었던 가장 중요한 요인은 인조의 확고한 의지에 있었다. 啓運宮 喪禮를 진행하면서 인조는 이러한 자신의 의지를 신료들에게 분명하게 각인시켰다. 인조의 '효성'은 이제 신료들 누구나 인정할 수밖에 없는 하나의 정치적 현실이 되었다. 그런데 대부분의 신료들은 주자학 명분론에 입각하여 追崇에 반대하였다. 현실과 명분의 괴리였다. 명분과 현실이 괴리되어 정치적 갈등이 빚어질 때 현실론자들이 등장하는 것은 당연한 일이었다. 비록 소수였지만 朝野의 官人·儒者 들이 지속적으로 追崇論을 제기한 것이 追崇이 성사된 두 번째 요인으로 간주된다. 이들은 주자학 그 자체를 부정하지 않으면서도 孔孟 儒學에 근거하여 자신들의 논리를 합리화하려 하였다. 따라서 추숭을 둘러싼 신료들 사이의 대립은 공맹 유학과 程朱學이라는 사상적 대립의 형태를 띠었다. 그리고 그러한 명분과 현실의 괴리가 문제로 표출될 수밖에 없게 만든 사건들이 있었다. 啓運宮

의 禪祭에 이은 祔廟와 穆陵 遷葬, 그리고 명나라 宋獻의 禮說이 유입된 것 등은 그러한 사건에 속한다.

우선 인조 6년(戊辰) 3월 啓運宮의 祔廟를 앞두고 이귀와 최명길에 의해 別廟論이 제기되었다. 이귀는 만약 '사묘'에 부묘하고 능원군에게 봉사하게 한다면 '위인후'를 인정하는 것이 되며 이미 칭고칭자한 현실과 모순되니 '반드시 별묘를 세워야 한다'면서, 부묘 날짜를 늦추어서라도 다시 논의할 것을 청하였다.191) 최명길은 인조가 계운궁 상에서 '예를 굳게 지켜 상복을 벗은 후에는 別殿에 나아가고, 朝會에는 玄袍를 입고 朔望에는 반드시 親祭하여' '명칭은 비록 降服되었지만 실제로 삼년상을 행한' 것은 그 효성이 神明을 감동시킬 만하다고 높이 평가하였다. 그런데 禰廟가 없어서 '魂宮'에 봉안했던 神主를 '私廟'에 合祔한다는 것은 情理에 어긋나는 일이며, 그렇다면 園號를 쓰고, 參奉을 두어 관리하게 한 것이나 諸侯의 禮로 제사지내는 것도 모두 잘못된 일이 될 것인데, 經籍이 있었던 이래로 '상복을 낮출 수 있는 아비'[可降之父]와 '아비가 없는 종묘'[無禰之廟]가 있었느냐고 반문하면서 別廟를 세우자고 주장하였다.192)

그러나 당시 인조와 신료들 사이의 대립점은 별묘의 건립 여부에 있었던 것이 아니라 祔廟祭의 親行 여부에 있었다. 신료들은 初喪과 虞祭・卒哭祭・祥祭・禪祭를 모두 綾原君이 이미 주관하였는데, 유독 祔廟만 親行하려는 것은 일관성이 결여된 처사라고 반대하였지만 인조는 끝내 親祭를 관철시켰다.193) 그리고 私廟 祔廟祭를 親行할 때 관여하였던 관원들에 대하여 '前例가 없다'는 신료들의 반대를 무릅쓰

191) 『仁祖實錄』 卷18, 仁祖 6년 戊辰 3월 己巳, 34-264, 37ㄱ ; 『默齋日記』 戊辰年 3월, 130~1쪽.
192) 『仁祖實錄』 卷18, 仁祖 6년 戊辰 3월 己巳, 34-264, 37ㄴ~38ㄴ.
193) 『仁祖實錄』 卷18, 仁祖 6년 戊辰 3월 癸酉, 34-265, 39ㄴ.

164

고 '本曹에서는 이와 같이 멸시하지만 나에게는 부모이니 前例에 의해 施賞하겠다'면서 施賞도 강행하였다.[194]

이로써 계운궁 상례는 완전히 종결되었다. 부묘제를 인조가 친행한 것은 칭고론과 숙질론, 삼년상과 자최 부장기, 별묘론과 사묘론 등으로 상호 대립하는 어느 쪽도 만족시킬 수 없는 것이었지만, 칭고론의 연장선상에서 명목상의 상복은 장기로 하되, 내용상으로는 국장에 준하여 삼년상을 관철시킴으로써 추숭·입묘의 여지를 남겨두려는 인조의 본래 의도에 비추어 본다면 나름대로의 일관성은 유지한 셈이었다. 부묘를 앞두고 삼년상론자들에 의해 별묘론이 제기될 수 있었던 것도 인조의 이러한 일관된 처신의 소산이기도 하였던 것이다.

최명길이 別廟論과 追崇入廟를 구분하려 하였지만 별묘론은 사실상 追崇論의 출발이었다. 그것은 인조가 비록 반정으로 군주가 되었지만 정원군과 선조에 대한 父子 祖孫의 관계가 변화된 것은 아니라는 '현실'에서 출발되었고, 반정 초에 다수의 신료들 역시 이를 인정하였으므로 확고한 논리적 근거를 갖고 있었다. 그럼에도 불구하고 선조에게 입승대통하였으므로 인조의 부모는 '사친'에 불과하다는 신료들 다수의 명분론적 주장은 군주를 '無考'의 상태에 빠뜨리는 결정적 약점을 안고 있었다. 군주이기 때문에 자기 아버지를 아버지로 대우할 수 없다는 주장은 주자학 명분론과 의리론이 낳은 유교 윤리의 전도 현상이었던 것이다. 이제는 정치적 현실이 된 인조의 '지극한 효성'은 바로 그러한 신료들 주장의 약점을 간파한 가운데 나온 것이기도 하였다. 여기에 추숭론이 지속적으로 제기될 수 있는 근거가 있었다. 별묘론은 이러한 현실과 명분의 괴리를 해소해 보자는 의도에서 나온 것이었지만, 그것은 결국 군주의 부모를 부모로 인정하자는 것이었으므로, 전제

---

194) 『仁祖實錄』 卷18, 仁祖 6년 戊辰 3월 丙子, 34-266, 41ㄴ ; 同, 3월 丙戌, 34-267, 44ㄱ.

군주제의 속성상 다음에는 어떤 지위를 부여하는 것이 합당한가라는
또 다른 논쟁으로 이어지기 마련이었다. 따라서 별묘론은 추숭입묘로
나아가는 징검다리 이상의 의미를 갖기 어려웠고, 실제로도 그렇게 전
개되었다.

다음으로 비록 소수이기는 했지만 조야의 관인·유자들이 지속적으
로 추숭론을 제기한 것도 추숭이 성사될 수 있었던 중요한 요인이 되
었다. 인조 6년(戊辰)에는 朴知誠 門人인 生員 邊麟吉·李重馨이, 인
조 7년(己巳)에는 陽陵君 許禰이, 그리고 인조 8년(庚午)에는 음성현
감 鄭大鵬 등이 각각 상소하여 조정에서 논란이 일어났고, 그 때마다
이귀가 이들을 적극 지지하는 상소를 올려 호응하였다.[195]

穆陵 遷葬이 박두하면서 朝野의 追崇論은 보다 활기를 띠었다.[196]
이귀가 목릉 천장을 앞두고 '목릉의 지문을 개찬해야 하니 추숭의 禮
를 議定해서 添入해야 한다'고 주장하자 인조가 작정하고 속내를 드러
냈다.

이 일은 알기가 어렵지 않다. 諸臣들이 모두 '근거가 없다' 또는 '불
가하다'고 쟁론하는 것은 필시 君上에게 조금도 功德이 없으므로 그
父母를 追崇할 수 없다고 여긴 때문일 것이다. 德宗은 成廟에 대해 叔
父인데도 追尊하였고, 皇朝에서도 私親을 追尊한 일이 있었다. 近古
의 前例를 헤아려보아도 이미 이와 같고, 歷代 이래에도 행한 경우가

---

195) 李賢珍, 2000, 앞의 논문, 86쪽 참조.
196) 穆陵은 宣祖의 능인데, 이 해 2월에 原州牧使 沈命世가 "목릉은 땅이 불길
하고 능 안에 물이 찼다"고 상소하여 능을 옮기는 논의가 시작되어 11월에
遷葬하였다. 그런데 막상 능을 열어보니 물이 발견되지 않아 심명세는 처벌
을 받았다. 이귀는 이것을 이용하여 능 안에 있는 선조의 誌文을 이 기회에
개찬해야 하니 정원군을 추숭하는 일을 결단해야 한다고 주장했던 것이다.
穆陵遷葬에 대한 자세한 내용은 『燃藜室記述』 卷24, 仁祖朝故事本末, 「穆陵
遷葬」, Ⅵ-512~513 참조.

있는데, 群下가 이처럼 기꺼이 행하려 들지 않는 것은 비록 곧바로 指
斥하지는 못하지만 그 의도가 따로 있는 것이다. 이것이 내가 감히 스
스로 행하지 못하는 이유이다.[197]

여기서 인조는 처음으로 追崇의 정당성을 주장하고 그럼에도 불구하
고 신료들이 반대하는 이유는 자신이 功德이 없다고 생각하기 때문이
라고 모든 책임을 신료들에게 전가하였다.

그리고 인조는 영의정 오윤겸에게 이귀의 주장에 대한 입장을 물었
는데, 그는 세 가지 이유를 들어 반대하였다. 첫째는 추숭은 창업 군주
만이 가능하다는 것, 둘째는 『中庸』의 '그 지위에 있었으므로 그 禮를
행하며 그 음악을 연주한다'는[198] 구절을 인용하여 '그 지위에 있었던
적이 없는'[不踐其位] 사람을 追尊할 수 없다는 것, 셋째는 定遠君을
追崇入廟하면 成宗을 桃遷해야 되는데, 그것은 '追遠盡孝의 도리'에
어긋난다는 것 등이 그것이다. 인조가 중국 조정에서는 正宮 소생이
아니더라도 嗣位하게 되면 자기 어머니를 추존하는 경우가 있는데, 이
것은 어떻게 가능하였느냐고 묻자 오윤겸은 그것은 '간쟁하는 사람이
없어서' 그랬던 것이라면서, 광해군 때도 자신의 어머니를 추존하였지
만 한 사람도 감히 말하는 사람이 없었으니 통탄스러운 일이라고 말하
고, '人臣이 굳게 간쟁하는 일은 하기가 쉽지 않다'고 못 박았다.[199] 이
로 인해 인조의 기가 크게 꺾이고 말았다.

그런데 인조 8년(庚午) 12월에 追崇論者들을 고무하는 결정적 사건
이 터졌다. 賚咨使로 명나라에 갔던 崔有海를 통해서 明의 戶部郎中

197) 『仁祖實錄』 卷23, 仁祖 8년 庚午 8월 丙寅, 34-395, 21ㄱ~ㄴ.
198) 『中庸章句』 19-5, '踐其位 行其禮 奏其樂.'
199) 『仁祖實錄』 卷23, 仁祖 8년 庚午 9월 戊子, 34-396, 27ㄱ~ㄴ. 이러한 오윤겸
    의 주장은 나중에 이귀에 의해 조목조목 논파되었다(『李忠定公章疏』 卷19,
    「申論大禮箚」, 20~32쪽 참조).

宋獻의 禮說이 조정에 공개된 사건이 그것이었다.200) 송헌은 '爲人後'
가 아니라면 '근본이 둘이 되는 혐의'[二本之嫌]가 없으니 추숭하더라
도 의리에 해가 될 것이 없다는 입장이었다.201) 이러한 그의 예설은
'위인후'와 '위조후'를 구별하여 선조로부터 '직승조통'한 것을 강조하
고, 인조반정의 의미를 극대화하려는 박지계·이귀 등의 주장을 그대
로 옮겨놓은 듯 너무도 흡사하였다.

따라서 조야에서 추숭을 주장하는 상소가 봇물처럼 터져나왔다. 이
귀는 거의 매일 차자를 올리다시피 하였고, 양릉군 허적을 비롯하여
忠原 幼學 金燧, 進士 李元瑞, 全州의 前僉正 安旭, 利川 幼學 金益
銑 등도 상소하여 추숭하는 예를 속히 정할 것을 청하였다.202)

여기에 대해 사헌부에서는 최유해가 국가의 막중한 일을 私的으로
중국인과 경솔히 논의한 죄로, 사간원에서는 이런 길이 한 번 열리면
사신이 왕래할 때마다 본국의 사정이 누설되지 않는 것이 없게 되어
장래의 화가 이루 말할 수 없게 될 것이라면서, 모두 削去仕版할 것을

---

200) 『仁祖實錄』卷23, 仁祖 8년 庚午 12월 戊申, 34-407, 44ㄱ~ㄴ ; 李賢珍,
    2000, 앞의 글, 88쪽 참조. 최유해가 사신으로 간 것은 己巳年 9월이었으며,
    돌아온 것은 庚午年 상반기였던 것 같다. 그러니까 최소한 6개월 이상 宋戶
    部의 禮說을 숨겨온 셈이 된다. 최유해는 '柳希奮의 門客'이었다는 것으로 보
    아 南以恭·金藎國 등과 함께 小北에 속했던 것 같다(구덕회, 1988, 앞의 글,
    265쪽 참조). 인조대 살아남은 小北 계통 인사들은 대체로 추숭을 옳다고 여
    기면서도 드러내놓고 주장하지는 못하는, 이귀의 표현에 의하면 '心是而口非
    者'에 해당되는 처신을 보였다.

201) 『沙溪全書』卷21, 典禮問答, 24ㄱ~ㄴ. 明 嘉靖 年間에 世宗의 興獻帝 追崇
    에 대해서는 張聰·桂萼과 같은 陽明學 계통 官人뿐만 아니라 陳建과 같은
    朱子學者도 그 정당성을 인정하였다(『沙溪全書』卷21. 典禮問答, 「書宋戶部
    憲禮議後」, 26ㄱ~ㄴ). 따라서 戶部郎中 宋獻이 明나라에서 얼마나 유명한
    儒者인지는 알 수 없지만 그의 견해는 명나라 儒者 일반의 견해를 대변한다
    고 보아도 좋을 것이다.

202) 李賢珍, 2000, 앞의 논문, 88~89쪽 참조.

청하였지만, 인조는 '물으면 대답하는 것은 사세상 부득이한 일'이니 '이처럼 중하게 논하는 것은 괴이한 일'이라면서 끝내 거부하였다.[203]

최유해의 일로 인해 이처럼 조야가 소란해지자 인조로서도 입장 표명이 없을 수 없었다. 이귀가 宋戶部 禮說의 원본을 올리면서 그의 예설이 박지계의 그것과 꼭 같으니 이는 '天下의 公論'이라면서 '속히 大禮를 결정하라'고 주장하자 인조는 "이 일을 卿들이 힘써 주장하였지만 나는 본래 無識하고, 또 여러 사람의 반대가 두려워[畏不許者衆] 大禮를 결정하지 못하였다"고 솔직하게 말하고, 지금 宋戶部 禮說과 '서로 모의하지 않고도 동일한'[不謀而同] 것을 보고 '비로소 경들이 예에 대해 識見이 있음을 믿게 되었다'고 하였다. 이어서 이 일은 고금에 그 유례를 찾아볼 수 없는데, 비슷하지도 않은 사실을 끌어대면서 '재갈을 물려 억압하는'[箝抑] 것이 매우 심하고, 사람들이 혹 추숭이라는 말만 하면 눈을 부라리며 제멋대로 배척한다고 신료들을 비판하였다. 그러면서도 인조는 신료들이 이처럼 반대하는 것은 우연이 아니며, 兩司가 崔有海를 탄핵하는 것은 깊은 뜻이 있는 것이기에 '내가 실로 부끄럽다'면서 다음과 같이 말했다.

아, 부모를 높이고 싶어하는 것은 자식된 자의 常情인데, 지위를 얻지 못하고 재물이 없어서 못하는 것은 모두 지극히 슬픈 일이지만, 지위를 얻고도 높이지 못하는 것 역시 지극히 슬픈 일이니 이런 마음이 없다면 사람이 아니다. 그러나 사람들이 모두 분노하고 모욕하는 말이 벌떼처럼 일어난다면 이것은 높이려다가 도리어 욕을 끼치는 것이다. 그리고 先君은 德이 없고 나 역시 功이 없다. 조정 신료들이 감히 대놓고 말은 못하면서도 분노하는 것은 바로 이 때문이다. 그러니 내가

---

203) 『大東野乘』 卷48, 『凝川日錄』 5, 庚午年 12월 6일, 12-221 ; 『仁祖實錄』 卷 23, 仁祖 8년 庚午 12월 庚戌, 34-407, 44ㄴ.

어떻게 감히 여러 사람들의 반대를 물리치고 억지로 청할 수 있겠는
가. 명나라 공론이 그렇다 하더라도 나는 부끄러워서 감히 말도 꺼내
지 못하겠다. 경은 이런 뜻을 알고 나로 하여금 뭇 신료들에게 죄를 짓
게 하지 말라.204)

인조 자신도 인간으로서 부모를 추숭하고 싶은 간절한 소망이 있지
만 신료들의 반대 때문에 못한다는 것을 분명히 하고, 신료들이 그렇
게 반대하는 것은 정원군과 자신이 德과 功이 없다고 생각하기 때문이
라고 그 책임을 명백하게 신료들에게 전가하였다. 따라서 인조의 이러
한 입장 표명은 추숭에 대한 논란을 더욱 격화시키는 결과를 초래하였
다.

승정원에서는 비답이 준엄하다고 거두어줄 것을 청하고, 사간원에서
는 사직을 청하기에 바빴다. 이귀는, 우리나라의 예악문물은 모두 중국
을 본받아 예로부터 先儒들의 定論이 모두 중국에서 나왔는데, 조정에
서 난처한 禮가 있어서 중국 선비와 문답한 것이 무슨 '私交'의 혐의가
있느냐고 崔有海의 처벌을 청한 兩司를 비난하고는 '群議에 동요하지
말고 속히 大禮를 정하라'고 요구하였다.205) 양릉군 허적은 신료들이
반대하는 것은 先賢의 말을 잘못 인용하고 古禮를 잘못 해석하였기
때문이지 '군주를 오도하고 예를 그르치려는 마음'에서 그런 것은 아니
라며 인조가 신료들에게 책임을 전가하는 것을 오히려 비판하고, 이
일은 인조의 결단에 달려 있음을 다시 한 번 분명히 한 다음, '전하의
효성으로 전하의 부모를 높이는 일인데 중국인의 말을 듣고 결정할 것
이 뭐가 있느냐' 면서 '속히 大禮를 정하라'고 촉구하였다.206) 인조는

---

204) 『仁祖實錄』卷23, 仁祖 8년 庚午 12월 壬子, 34-407, 45ㄴ.
205) 『仁祖實錄』卷23, 仁祖 8년 庚午 12월 乙卯, 34-408, 46ㄱ~ㄴ.
206) 『仁祖實錄』卷23, 仁祖 8년 庚午 12월 乙卯, 34-408, 46ㄴ~47ㄱ.

이귀에게 '내 뜻은 이미 밝혔으니 경은 깊이 생각하라'고 답하였지만, 허적의 주장에 대해서는 宋戶部의 글을 길게 인용하면서 허적의 소견이 出衆하다고 칭찬하였다.

이귀는 인조의 이러한 모호한 태도뿐만 아니라 앞서 인용한 비답에서 드러난 신료들에게 책임을 전가하는 태도를 싸잡아 비판하였다. 그는 宋戶部의 禮說은 '程朱의 定論'에서 나온 것이라면서, 天下의 是非는 '衆多'로 결정할 수 있는 것이 아니라 인조의 '明斷'에 달려 있다고 강조하여 '여러 사람의 반대가 두려워'서 못한다는 말을 비판하고, '지위를 얻고도 높이지 못하는 것'은 '누구 책임이냐'고 반문하였다.207) 따라서 인조가 '지극히 슬픈 일'이라고 말한 것이 무슨 말인지 모르겠다면서 "전하가 이미 깨달았다면 무엇을 꺼려서 행하지 못하느냐"고 탄식하였다. '先君은 德이 없고 나 역시 功이 없다'는 말에 대해서는 朱子가 孫從之를 비판한 말을208) 인용하면서 대원군이 선조의 아들로서 인조를 낳아서 '단절된 종통을 다시 이었으니', '인조를 낳은 功德이 있다'고 주장하였으며, '여러 사람의 반대를 물리치고 억지로 청할 수 없다'는 말에 대해서는 인조의 효성이 未盡하기 때문이 아니냐고 물었다.209)

그리고 '남의 신하된 자'라면 '吾君'의 '뼈아픈 하교'[至痛之敎]를 듣고 將順하여 인조의 至情을 펼 수 있도록 해주어야 하는데, 승정원에서는 奉還하기에 급급하고, 大小臣僚는 '고요히 움직일 기미가 없으니' '君臣의 義理'가 없다고 신료 일반을 질타하였다.210) 영의정 오윤

207) 『默齋日記』, 庚午年 12월, 178쪽, 133ㄱ~ㄴ.
208) 『朱子語類』 卷107, 孝宗朝, 黎靖德 編, 中華書局, 1204쪽. 宋 英宗 당시 조정에서 太祖의 高祖인 僖祖를 締遷하려는 논의가 있었는데, 孫從之가 '僖祖無功德'하다면서 체천을 주장한 것을 주자가 반박하였다.
209) 『默齋日記』 庚午年 12월, 178~179쪽, 133ㄴ~134ㄱ.
210) 『默齋日記』 庚午年 12월, 179쪽, 135ㄱ~ㄴ.

겸에게는 따로 편지를 보내 격하게 비난하였다.[211] 이러한 이귀의 공격으로 인해 영의정 오윤겸과 대사헌 장유는 모두 자신의 입장을 변명하면서 의례적으로라도 사직을 청하지 않을 수 없었다. 그것을 인조가 수용하지 못하는 것을 확인한 뒤 양사에서는 마침내 이귀와 허적을 탄핵하였다.[212]

'追崇論은 본례 正禮가 아님'을 전제한 뒤, 연평부원군 이귀에 대해서는 "날마다 차자를 올려 방자한 말을 기탄없이 하고 재상에게 편지를 보내어 낭자하게 모욕하였으며, 마치 군부를 협박하고 조정을 억누르듯이 하였다"고 비난하고, '준동하는 무뢰배들이 번갈아 상소하여 조정을 모욕'하여 '상소꾼'이라는 지목이 나올 정도라고 하면서 이것은 필시 이귀가 선동한 것으로 규정하고 중신이라는 이유로 용서할 수 없으니 파직하고 서용하지 말라고 청하였다. 양릉군 허적은 '본래 愧亡한 사람인데 무슨 학식이 있어서 禮를 논할 수 있겠느냐'면서 그런데도 여러 번 상소한 것은 '때를 틈타서 자리나 노리는' 짓에 불과한데 인조가 '優容'하자 '농간'을 부리는 것이 '無所不至'하다고 비난하고, 역시 무뢰배와 접촉하여 번갈아 상소하게 하고는 그들을 초야의 선비라고 칭한 것은 '군부를 기만하고 조정을 우롱한 것'이라면서 관작을 삭탈하라고 청하였지만 인조는 끝내 모두 따르지 않았다. 이틀 뒤 사헌부가 다시 최유해·이귀·허적 등의 일을 논하자, 이귀에게만 相臣을 侵辱한 죄로 推考를 명하였을 뿐이다.[213] 이 때 추숭을 반대하는 신료들의 입장을 집약한 것이 장유의 「典禮問答」 '八段'이었으며,[214] 이것

---

211) 『李忠定公章疏』 卷25 別集,「上楸灘吳相國允謙書」(庚午 12월 20일), 1ㄴ~8ㄱ.

212) 『仁祖實錄』 卷23, 仁祖 8년 庚午 12월 己巳, 34-410, 50ㄴ~51ㄱ.

213) 『仁祖實錄』 卷23, 仁祖 8년 庚午 12월 辛未, 34-411, 52ㄱ.

214) 『谿谷集』 卷18,「典禮問答」, 叢刊 92-304~308, 28ㄴ~35ㄴ.

을 이귀는 축조 비판하고 추숭 찬성과 반대를 明倫 대 廢倫의 구도로
몰고 갔다.215)

　이러한 상황 속에서 인조는 追崇에 대한 결심을 굳히고 이를 반대
하는 신료들에 맞서 먼저 明에 奏請하겠다고 나섰다. 인조 9년(辛未)
4월에 인조는 해창군 윤방, 영의정 오윤겸, 좌의정 김류, 우의정 이정
구를 인견한 자리에서 장유의 「전례문답」은 '매우 이치에서 어긋나서
한 번 웃을 거리도 못 된다'[甚不近似 未滿一笑]고 비판하고, 김장생
의 숙질론이 근거가 없는 것을 보면 '理學'도 믿을 수 없다고 말했다.
이어서 廷臣들이 끝까지 반대한다면 중국에 奏請하겠다고 나섰다.216)

　이에 양사가 합계를 거듭하면서 반발하자 인조는 應敎 李行遠 등을
삭출하고 예조판서 장유는 체차시켰으며, 좌의정 김류는 면직시키면서
이를 강행하려 하였다. 이로 인해 삼사의 합사가 반복되고 대신이 백
관을 거느리고 정청을 시작하였으며, 太學生 李之恒 등도 반대 상소와
공관으로 반발하는 등 정국에 회오리바람이 일어났다.217) 이러한 신료
들의 반발 정도를 가늠해 보던 인조는 天災地變을 이유로 李行遠 등
을 용서하고 奏請件을 철회한 뒤 追崇의 일은 조용히 '講定'하라고 일
단 물러섰다.218)

　그러자 이러한 사태 진전에 대해 이귀가 가장 격렬하게 비판하고 나
왔다. 우선 이귀는 속히 추숭 전례를 거행할 것을 요구하는 차자를 연
이어 올리고,219) 경연 석상에서 오윤겸・조경・장유・장현광 등 추숭
반대론자들을 성토하는가 하면 최명길을 의망하지 않는 전조를 비판

---

215) 『李忠定公章疏』 卷19, 「申論大禮箚」(辛未 2월), 20ㄱ~32ㄱ.
216) 「仁祖實錄』 卷24, 仁祖 9년 辛未 4월 癸亥, 34-421~2, 21ㄴ~23ㄱ.
217) 李賢珍, 2000, 앞의 논문, 89~90쪽 참조.
218) 『仁祖實錄』 卷24, 仁祖 9년 辛未 5월 丁亥, 34-429, 37ㄱ.
219) 『李忠定公章疏』 卷20, 「請速定大禮箚」(辛未 7월 7일), 27~28쪽 ; 同, 卷21,
　　 「因備局回啓申請速定大禮箚」(8월 21일), 1~6쪽 ; 同, 「再箚」, 6~34쪽.

하면서 속히 최명길을 이조판서로 삼고 박지계를 대사헌으로 삼는 한편 그의 제자들을 조정에 벌여 세우면 대례는 즉시 거행될 것이라고 말했다. 문제의 이조판서 자천 발언은 여기에 이어 나온 것이었다.[220] 그리고 당시의 이조판서 홍서봉이 뇌물을 받고 벼슬을 팔았다고 폭로하자[221] 인조는 홍서봉을 체직시키고 이귀를 이조판서, 최명길을 예조판서, 이성구를 이조참판으로 임명하여 추숭을 강행할 준비를 마쳤다.[222]

이에 양사에서 이귀가 이조판서를 자천한 일을 너무도 형편없는 일이라고 비판하면서 한 달을 넘게 다투자 인조는 執義 金世濂 등을 외직에 보임하는 것으로 맞섰다.[223] 그리고 승정원에 추숭을 속히 의논하여 결정하라고 하교하자[224] 예조에서는 追崇과 別廟를 대신에게 물을 것을 청하였는데,[225] 이후 삼정승은 별묘는 수용하되 추숭은 반대하는 입장을 취하였다가 추숭은 받아들이되 입묘는 안 된다는 선으로 후퇴하면서 인조와 타협이 이루어지게 된다.[226] 그리하여 예조에서는 대신과 삼사가 추숭 반대 논의를 정계하는 것을 기다려서 추숭 절목을 만들고 추숭도감을 구성하여 우선 별묘를 설치하였다. 그리고 예조와

---

220) 『仁祖實錄』 卷25, 仁祖 9년 辛未 9월 戊戌, 34-444, 16ㄱ~17ㄱ.
221) 『仁祖實錄』 卷25, 仁祖 9년 辛未 10월 壬寅, 34-445, 20ㄴ.
222) 『仁祖實錄』 卷25, 仁祖 9년 辛未 11월 己亥, 34-456, 41ㄴ, 42ㄱ.
223) 『仁祖實錄』 卷25, 仁祖 9년 辛未 윤11월 壬戌, 34-460, 50ㄱ.
224) 『仁祖實錄』 卷25, 仁祖 9년 辛未 12월 乙酉, 34-462, 54ㄴ~55ㄱ.
225) 『仁祖實錄』 卷25, 仁祖 9년 辛未 12월 丙戌, 34-462~463, 55ㄱ~56ㄴ. 이것은 최명길이 예조판서로서 낸 타협안으로 볼 수 있다. 이귀는 여기에 반대하여 즉시 추숭을 거행할 것을 주장하였다[『李忠定公章疏』 卷21, 「三論大禮箚」(12월 22일), 51~56쪽].
226) 李賢珍, 2000, 앞의 논문, 92~93쪽 참조. 이 시기에 兩司·禮曹·三公이 모두 김장생의 '爲人後' 주장을 폐기하고 박지계의 '爲祖後' 주장을 수용하고 있는 것이 주목된다.

174

대신, 삼사의 반대에도 불구하고 이조판서 이귀의 거듭되는 건의를 받아들여 元宗으로 종호를 결정하고, 奏請使가 明으로 출발함으로써 추숭이 완료되었다.227)

추숭이 완료되고 명나라로부터 시호를 받은 뒤에도 宗廟 入廟가 순탄하게 진행된 것은 아니었다. 종묘 입묘는 인조가 먼저 제기하고 양릉군 허적이 이에 호응하였지만 역시 삼사와 예조, 승정원, 삼공은 모두 강력하게 반대하였다. 인조의 주장은 '종묘에 아비 신위가 없고, 나라에 종묘가 둘인 것'[廟無禰位 國有二廟]은 禮에 미안하다는 것과 明의 封典이 이미 내렸으니, 入廟해도 안 될 것이 없다는 것이었는데,228) 이에 대해 신료들이 반대하면서 내세운 논리는 '그 지위에 있지 않았으므로 종묘에 들일 수 없다'[不踐其位 不入其廟]는 것과 成宗을 祧遷할 수 없다는 것이었다.229)

신료들의 강력한 반대에 직면하자 인조는 大司憲 姜碩期와 大司諫 趙廷虎를 삭출하고, 이 명령을 봉환하는 승지를 잡아다 국문하여 처벌하게 하였으며 尹鳴殷과 申敏一은 遠竄, 李德洙는 북변 정배, 부제학 金光炫 등은 북변으로 찬출하게 한 뒤 이를 비판하는 우의정 김류는 체차시켰다. 그리고 나서 새로 임명된 大司憲 李聖求와 大司諫 朴潢이 합사를 정계하였지만 인조는 차마 강행하지 못하고 해를 넘긴 뒤에

227) 李賢珍, 2000, 앞의 논문, 94~96쪽 참조. 이 과정에서도 이귀의 끈질긴 주장이 중요한 견인차 역할을 하였다[『李忠定公章疏』 卷22, 「論追尊諡號箚」(3월 13일), 15~17쪽 ; 同, 「第二箚」(3월 25일), 17~20쪽 ; 同, 「第三箚」(4월 10일), 20~25쪽 ; 同, 「追尊上冊時請親祭箚」(4월 24일), 31쪽 ; 同, 「第二箚」(4월 25일), 31~34쪽 ; 同, 「第三箚」(4월 30일), 34~35쪽 ; 同, 「申論諡號箚」(5월 14일), 35~38쪽 ; 同, 「辨禮曺回啓箚」(5월 19일), 38~43쪽].
228) 『仁祖實錄』 卷29, 仁祖 12년 甲戌 7월 丙午, 34-556, 30ㄱ, "上下敎曰 廟無禰位 國有二廟 於禮未安 於法無據. 且皇朝封典旣降 入廟尤無可議. 其令禮官 考例擧行 毋使寡昧 再貽笑於天下後世."
229) 『仁祖實錄』 卷29, 仁祖 12년 甲戌 7월 辛亥, 34-557, 31ㄴ.

야 成宗을 不遷之位로 삼아 世室에 봉안하고 원종을 입묘하는 의절을 거행하였다.230) 이 때는 이귀가 사거한 상태에서 최명길이 적극 추진 하였는데, 유백증, 박황, 정태화 등뿐만 아니라 이홍주까지도 입묘에 찬성하였다.231) 특히 조익 역시 이 때는 적극적으로 상소하여 入廟를 주장하였다.232) 즉 元宗 追崇 과정은 執權 官人 내부에서도 王權論이 확대되는 형태로 진행되었던 것이다.

(2) 元宗 追崇論의 확산과 그 의의

조정에서 박지계의 王權論과 孝治論을 지지한 대표적인 인물이 反正功臣 李貴와 崔鳴吉이었음은 잘 알려진 바와 같다. 이들 역시 박지계와 비슷한 논리로 삼년상을 주장하였지만 朱子學 名分論者들의 공세에 밀리고 있었다. 여기서 우선 지적해 둘 것은 이와 유사한 인식은 西人 내부에서도 광해군 때부터 있었다는 점이다. 광해군이 所生母를 추숭한 것에 대해 白沙 李恒福이 긍정적인 입장을 보인 것이 그러한 사례에 해당된다.233) 이귀는 이항복과 절친한 관계였으므로 이귀가 원종 추숭에 찬성할 개연성은 충분하였다고 생각된다.

그렇지만 이귀도 처음부터 추숭을 주장했던 것은 아니다. 그도 처음에는 정경세의 宗統說을 듣고 杖期도 '의리에 해로울 것이 없다'고 보고 쟁변하지 않았다가 『儀禮』를 보고 3년상을 확신하게 되었으며, 『禮記』와 程子 · 朱子가 僖祖 典禮를 논한 것을 보고 추숭을 주장하게 되었다고 토로하였다.234)

---

230) 李賢珍, 2000, 앞의 논문, 99~101쪽 참조.
231) 李賢珍, 위의 논문, 99~102쪽 참조.
232) 『浦渚集』 卷23, 「入廟私議」, 叢刊 85-425~427, 25ㄴ~30ㄱ.
233) 『大東野乘』 卷72, 『荷潭破寂錄』, 17-451.
234) 『李忠定公章疏』 卷21, 「再箚」(辛未 9월), 21ㄱ. 여기서 '維輩'는 장유의 「典禮問答」에 동조하는 사람들을 지칭한 것이다. 이귀는 다른 곳에서는 鄭逑의

　최명길이 계운궁 상례에서 삼년상에 확신을 갖게 되는 과정은 보다 극적인 데가 있다. 그 역시 처음에는 정경세의 견해가 옳다고 여겼다가 장유의 반론으로 그것이 잘못이라는 것을 알았다고 말했다. 그런데 장유에게 爲人後를 부정하면서도 삼년상이 아닌 杖期를 주장하는 이유를 반복하여 캐묻는 과정에서 그의 주장이 당시 주류 관인·유자 들의 분위기를 의식한 ‘義起之論’이라는 것을 비로소 간파하게 되었던 것이다. 그리고 장유의 ‘삼년설은 귀에 붙이면 귀고리 코에 붙이면 코걸이와 같다’[三年之說 可以東 可以西]라는 말에 충격을 받고 비로소 『儀禮』·『禮記』를 비롯한 기록들을 검토하여 고심 끝에 삼년상이 옳다는 확신을 갖기에 이르렀다고 고백하였다.235)

　이귀와 최명길은 김장생·정경세·장유 등 ‘主論者’, 즉 ‘俗稱知禮之人’ 몇 사람의 잘못된 주장에 온 조정이 제압당하여 異論을 용납하지 않는 조정 분위기를 비판하였음은 앞서 언급한 바와 같은데, 이러한 조정 분위기 때문에 ‘마음 속으로는 (3년상 또는 원종 추숭이) 옳다고 생각하면서도 말은 반대로 하는 사람들’[心是而口非者]이 많다고 이귀는 누차에 걸쳐 지적하였다.236) 그렇다면 여기에 해당되는 사람은

『五先生禮說分類』를 보고 追崇入廟의 정당성을 주장하게 되었다고 말하기도 하였다[同, 卷19, 「因諫院啓辭乞致仕箚」(辛未 正月 29日), 16ㄱ]. 따라서 이귀는 나름대로의 검토 과정을 거쳐서 박지계의 예론에 동조하게 된 것이었음을 알 수 있다.

235)『遲川集』卷8, 「論典禮箚」(丙寅), 叢刊 89-379～380, 1ㄴ～3ㄴ. 이렇게 본다면 이귀가 禮文을 잘 알지도 못하면서 ‘名重之人’이 주장하는 설에 다투어 ‘和附’한다고 당시 조정 신료들을 비판한 것이 근거 없는 주장이 아님을 알 수 있다(『李忠定公章疏』卷19, 「因諫院啓辭乞致仕箚」, 16ㄱ).

236)『李忠定公章疏』卷10, 「論大禮箚」(戊辰 6월 4일), 17ㄱ ; 同, 卷19, 「申論大禮箚」(辛未 2월), 22ㄴ. 金時讓은 西人 가운데 尹昉, 南人에서는 權濤를 그러한 유형의 인물로 묘사하였다(『大東野乘』卷72, 「荷潭破寂錄」, 17-449, 17-487 참조).

과연 누구였을까? 이하에서는 이 말의 타당성 여부를 검증해보기로 하자.

서인 名流로서 삼년상과 추숭에 찬성한 대표적 인물로서는 조위한과 이명준이 있다. 趙緯韓(1558~1649)은 成渾 문인으로서 선조 말년에 成渾·鄭澈과 黃廷彧 父子의 신원을 청한 서인의 대표적 논객이라 할 만한 인물이었다.[237] 그는 원종 추숭에 대하여 반정 초에 이미 박지계와 의견을 같이하여 변함이 없었다고 한다.[238] 그러나 계운궁 상례 논쟁이 있을 때는 襄陽都護府使로 외직에 나가 있었으므로 논쟁에는 참여하지 못하였다. 李命俊(1572~1630)은 어려서는 서인의 名流인 李廷馣·李恒福·申欽에게 受學하였고, 자라서는 성혼 문하에서 공부하였다. 선조 36년(1603)에 庭試 壯元으로 관직에 나아갔는데 癸丑獄事에 연루되어 10년간 盈德에 귀양가 있다가 인조반정 이후에 다시 발탁되어 淸顯職을 두루 역임하였다.[239] 이명준은 반정 초에 김시양과 토론하여 원종 추숭이 '예에 맞다'는 김시양의 주장에 동조하였다고 한다.[240] 그런데 당시 조정 분위기는 이명준과 같은 名流조차도 조정의 배척이 두려워 추숭에 대한 논의를 감히 입 밖에 낼 수 없는 분위기였다.

이명준은 일찍부터 박지계와 교류하였던 것 같다. 이명준의 제자로 趙克善(1595~1658)이 있는데, 이명준은 영덕에 귀양가 있는 동안 조극선을 박지계와 조익에게 보내 수학하게 하였다.[241] 계운궁 상례 논쟁 당시에 이명준은 조정에 있지 않았는데, 조극선에게 말하기를 "禰

---

237)『南溪集』外集 卷15,「知中樞府事玄谷趙公行狀」, 叢刊 142-45, 2ㄴ~3ㄴ.
238) 위와 같음, 叢刊 142-48, 9ㄴ~10ㄱ.
239)『樂全堂集』卷13,「兵曹參判李公行狀」, 叢刊 93-374~375, 33ㄴ~34ㄱ, 35ㄱ
    ~ㄴ 참조.
240)『大東野乘』卷72,「荷潭破寂錄」, 17-445.
241)『藥泉集』卷22,「掌令趙公行壯」(壬戌), 叢刊 132-325, 1ㄱ~ㄴ.

廟의 일은 박지계의 말이 매우 옳은데, 世人이 그것을 깨닫지 못하고 비난한다"고 말하면서 禮란 人情에서 벗어난 것이 아닌데, 사람들이 '다른 사람의 입에 재갈을 물려 억제하기 때문에'[箝制人口] 감히 말하지 못한다고 하였다.242)

조극선 역시 계운궁 상례에 대하여 '君母之喪'으로 보고 '羣臣이 마땅히 期服을 입어야 하는데 國論이 불가하다고 한다'고 말한 것을 보면 박지계와 같이 인조의 삼년상을 정당하다고 보고 있음을 알 수 있다.243) 이로 인해 인조가 '경황 중에 있는데 어떻게 臣子가 마음이 편안할 수 있겠는가'고 이어서 말한 것은 그가 박지계의 王權論에도 동조하고 있음을 시사하는 것으로 볼 수 있겠다.

朴世采는 孝宗朝 이래 과거에 합격하여 출세한 賢士들이 假飾的으로 治道를 논하는 일이 많았는데, 이러한 '출세한 선비'[登崇賢士]와는 구별되는 '행동이 순수하고 학문이 독실하여 단연 존경할 만한 인물'[純行篤學 卓然可敬者]로 趙克善을 꼽았다.244) 말하자면 조선후기에 주류 지식인은 아니었지만 그 學行에서 본받을 만한 인물로 인정한 것이었다. 조극선에 대해서는 肅宗代 少論의 주요 지도자였던 尹拯(墓碣銘)ㆍ 南九萬(行狀)ㆍ朴世采(墓誌銘) 등이 묘도 문자를 써서 칭찬하고 있는 것을 보면 그 사상적 관련성을 시사하는 대목으로 볼 수 있을 것이다.

이명준이 조극선에게 소개한 두 스승 박지계와 조익에 대하여 윤증은 성혼과 이이 이후에 태어나서 모두 '道學'으로 '自任'하였는데, 두 사람의 학문이 모두 '孝悌'에 근본을 두고 있으며, '실천을 위주로 삼아

---

242) 『潛冶先生年譜』(국립중앙도서관 본, 古 13814), 22쪽.
243) 『藥泉集』卷22, 「掌令趙公行壯」(壬戌), 叢刊 132-325, 2ㄴ.
244) 『南溪集』卷79, 「司憲府掌令贈吏曹參議冶谷趙公墓誌銘」, 叢刊 141-68, 19 ㄴ.

서 진실하고 속이지 않는 학풍의 종주가 되었기'[踐履爲主 眞實無僞爲宗] 때문에 학자들이 많이 추종하였다고 평하였다.245)

두 사람은 모두 주자학을 존신하였는데, 조익이 『대학』·『중용』에 대해 독자적인 주석을 가한 것을 보면 주자의 四書集註에 대해 문제가 있다고 본 것은 분명한 것 같다. 조극선이 그의 『대학곤득』을 보고 박지계에게 편지를 보내 '주자의 『대학장구』와 다른 곳이 많은데' 이것을 어떻게 보아야 할지를 물었다. 박지계는 조익이 '주자를 盡信하지 못하는 것이 병'이라고 말했다.246)

계운궁 상례 논쟁에서 조익은 위인후와 위조후는 차이가 없다고 보아 조정의 '위인후'론이 옳다는 입장이었고,247) 박지계는 '위조후'론에 의거하여 삼년상이 옳다는 입장이어서 서로 전혀 다른 것처럼 보인다. 그러나 두 사람의 공통점은 程朱學보다 孔孟 儒學을 우선하였다는 점에 있었다.248) 정주학이 공맹 유학과 충돌하거나 모순될 때는 공맹 유학에 준해서 정주학을 평가하려 했다는 것이다. 윤증이 두 사람의 공통점으로서 '효제를 근본으로 삼았다'라고 지적한 것도 바로 그 점을 지적한 것으로 볼 수 있을 것이다.

---

245) 『明齋遺稿』卷38, 「司憲府掌令贈吏曹參議冶谷先生趙公墓碣銘」, 叢刊 136 -291, 1ㄴ.

246) 『潛冶先生年譜』, 12ㄱ. 두 사람은 『大學』의 格物說을 두고 서로 편지로 토론하였다(『潛冶集』卷4, 「答趙浦渚翼」, 叢刊 80-166~172, 49ㄴ~61ㄱ ;『浦渚集』卷16, 「答朴仁之論物格書」, 叢刊 85-275~280, 1ㄱ~12ㄱ).

247) 『浦渚集』卷8, 「進啓運宮服制議箚」, 叢刊 85-146, 19ㄱ~20ㄱ ; 同, 卷8, 「啓運宮服制議」, 叢刊 85-146~152, 20ㄱ~32ㄱ ; 李賢珍, 2000, 앞의 논문, 74쪽 참조. 趙翼은 啓運宮 喪禮 論爭에서는 不杖期說을 지지하였지만, 元宗으로 追崇한 이후 종묘에 입묘하는 데는 찬성하였다(『浦渚集』卷23, 「入廟私議」, 叢刊 85-425~427, 25ㄱ~30ㄱ 참조).

248) 이러한 시각에서 趙翼의 學問論을 검토한 논고로서 다음을 참조. 金容欽, 2001, 「浦渚 趙翼의 學問觀과 經世論의 性格」, 韓國史硏究會 編, 『韓國 實學의 새로운 摸索』, 景仁文化社, 287~322쪽.

박지계가 정구의 禮學에 접했다는 점도 그가 단순히 주자학 一遵에만 빠져 있었던 것이 아님을 말해 준다.249) 寒岡 鄭逑가 私家禮에 치중되어 있는 『朱子家禮』에 만족하지 않고 『五先生禮說分類』를 편찬하여 王家禮의 중요성을 강조하였으며,250) 그의 영향을 받은 眉叟 許穆이 尊君論에 입각하여 己亥禮訟을 주도한 것은 잘 알려진 일이다.251) 기해예송의 두 주역이라고 할 수도 있는 許穆과 尹鑴의 尊君論과 孝治論이 이미 박지계에서 나타나고 있는 점이 주목된다 하겠다.252)

---

249) 李賢珍, 2000, 앞의 논문, 61~62쪽.

250) 鄭逑가 주자 만년의 저술인 『儀禮經典通解』를 본격적으로 연구하여 『五先生禮說分類』를 저술한 것은 朱子禮學의 심화로 볼 수 있다. 주자예학은 전반기의 『朱子家禮』에서 만년의 『儀禮經典通解』로 변화된 것으로 이해된다. 그러한 변화는 분명히 송대 사대부 계급의 입장을 반영하는 의리론을 국가의 公的인 차원으로까지 확장한 것으로 볼 수 있다(鄭景姬, 2000, 「朝鮮前期 禮制·禮學 硏究」, 서울대 박사학위논문 참조). 조선에서 본격적으로 『儀禮經典通解』 또는 朱子後期 禮學이 주목되기 시작한 것은 16세기 후반 사림파의 집권 이후로 볼 수 있는데, 그 방식에서 鄭逑와 金長生이 서로 다른 입장을 취한 것이 주목된다. 鄭逑는 "『朱子家禮』 중심의 禮의 行用秩序를 수정해서 私家·王室·邦國에 각기 적용되는 禮의 格式體系"를 세운 것에 비해서(金駿錫, 2003, 앞의 책, 53~54쪽 참조), 金長生은 『儀禮經典通解』를 비롯한 朱子後期 禮學으로 士禮인 『朱子家禮』를 보완하는 방식을 취하였다(鄭景姬, 2000, 앞의 논문, 245~248쪽 참조). 여기서 두 사람의 예학이 모두 朱子禮學의 심화라고 할 수 있되, 왕권론과 신권론으로 그 방향을 달리하고 있음을 알 수 있다. 朴知誡는 그 중 鄭逑와 입장을 같이 하였던 것이다. 그것은 주자학의 심화이면서도, 金長生과의 대립 관계에서 보면 脫朱子學이라고도 할 수 있을 것이다. 여기에 17세기 官人·儒者들이 신봉하는 주자학이 자신들이 부딪힌 현실에 따라서 분화되는 所以가 있음을 알 수 있다.

251) 金駿錫, 2003, 앞의 책, 48~52쪽 참조.

252) 白湖 尹鑴의 孝治論에 대해서는 정호훈, 2003, 앞의 논문, 213~224쪽 참조. 朴知誡 門人인 金克亨은 戊辰年에 追崇入廟를 주장하는 상소를 올렸는데(『仁祖實錄』 卷23, 仁祖 8년 庚午 10월 戊辰, 34-402, 35ㄴ), 그는 나중에 尹鑴와도 긴밀하게 교류하여, 윤휴의 삼년상을 청하는 상소문을 편지를 보내

원종 추숭 논쟁에서 박지계와 김장생의 대립은 기해·경자 예송에서 남인 대 서인의 대립으로 표출된 왕권론 대 신권론 대립의 선편을 이루었다고 볼 수 있다. 다만 차이점은 그 대립의 중심이 서인 내부에서 이루어졌다는 점이다. 즉 인조반정 이후 집권세력이었던 서인 내부에서는 당시의 변화하는 현실과 관련하여 그 모순의 해결을 모색하는 가운데, 주자학 정치론 내부에서조차도 왕권론 대 신권론의 대립으로 표출되었다는 것이며, 그것은 주자학 정치론 그 자체가 심화 발전되는 서로 다른 두 방향이라고도 할 수 있다는 것이다.

박지계 문인 또는 그와 교유한 사람들은 대체로 주자학이 심화되는 방향에 대해서 박지계와 공감대를 형성한 사람들로 볼 수 있다. 朴知誠 門人錄에 올라 있는 인물들을 살펴보면 앞서 언급한 조극선을 비롯하여 이의길, 김극형, 변호길·변인길 형제, 이중형 등 나중에 원종 추숭을 주장하였던 비주류 관인·유자가 있는가 하면, 반정공신 중에는 효종대 좌의정까지 현달한 元斗杓와 그 형 元斗樞, 咸陵君 李澥 등이 있었고, 인조와 이종사촌간인 洪振禮, 權得己의 子 權諰 등도 올라 있다.253) 이들은 대체로 박지계의 禮論을 공유하였다고 보아도 무리가 없을 것이다.

남인 가운데 계운궁 상례 논쟁에서 삼년상을 지지한 논자로서 조정에서 현달한 사람으로는 金時讓과 李民宬이 있고,254) 북인으로는 허적과 金藎國이 있다. 金時讓(1581~1643)은 선조 말년에 등과하여 鄭世規·尹孝先 등과 교류하면서 南人으로 자정하였던 것 같다. 광해군

칭찬하였으며(『白湖集』附錄, 叢刊 123-564, 12ㄴ), 윤휴는 그의 제문을 썼다(『白湖集』卷17,「祭金泰叔文」, 叢刊 123-291, 4ㄱ~5ㄱ). 이를 통해 朴知誠, 金克亨, 尹鑴로 이어지는 사상적 연관성을 추론해 볼 수도 있을 것이다.
253)『潛冶先生年譜』附錄,「門人錄」, 19쪽 참조.
254) 徐仁漢, 1984, 앞의 논문, 124쪽 참조.

때 大北 政權과 불화하여 鍾城·寧海 등에 귀양가 있다가 反正 이후에 淸顯職을 두루 역임하고 이후 金瑬의 추천으로 都體察使까지 올랐다.[255] 鶴峰 金誠一 문인이었던 李民宬(1570~1629)은 선조 말년에 등과하여 광해군 때 弘文錄에 올랐지만, 역시 대북 정권과의 불화로 결국 조정에서 쫓겨나 있다가 반정 직후에 奏請使 書狀官이 되어 명나라로부터 인조가 책봉을 받은 공로로 通政大夫로 陞資하였다.[256]

이 두 사람은 계운궁 상례 논쟁 당시 김시양은 홍문관 응교로, 이민성은 좌승지로 현직에 있었지만 자기 주장을 적극적으로 펴지는 못하였다. 그러나 김시양은 반정 초부터 원종 추숭의 정당성을 주장하였고, 계운궁 상례 논쟁에서 신료들의 잘못된 예론과 불성실한 언론을 비판하였다.[257]

許𥪥(1563~1640)은 陽川 許氏 집안으로서 許篈(1551~1588)·許筠(1569~1618)과 再從 형제간이고,[258] 南以恭(1565~1640)·金世濂(1593 ~1667) 등과도 긴밀하게 交遊하였던 것 같다.[259] 그리고 朴知訓과 李貴의 挽詞를 쓰고 있는 것으로 보아 이들과도 교류가 있었음을 짐작할 수 있다.[260] 허적은 여러 차례에 걸쳐 삼년상을 주장하는 상

---

255) 『龍洲遺稿』卷20,「判中樞府事荷潭金公神道碑銘」, 叢刊 90-359~364 참조.
256) 『敬亭集』卷14, 附錄,「家狀」, 叢刊 76-425~431 참조.
257) 『大東野乘』卷72,「荷潭破寂錄」, 17-444~451.
258) 허적의 문집에 許篈의 祭文이 있고(『水色集』卷7,「祭岳麓堂兄文」, 叢刊 69-113~114, 5ㄱ~8ㄱ),『水色集』의 서문을 許筠이 작성한 것을 보면 이들과 교류가 있었음을 알 수 있다.
259) 金世濂은『水色集』詩文을 전편에 걸쳐 비평하였다. 광해군 7년(1615)에 허적은 南以恭 집에서 여러 달을 지냈다고 한다(『韓國文集叢刊解題』3, 1999, 民族文化推進會, 2~3쪽 참조).
260) 『水色集』卷6,「延平府院君挽詞」, 叢刊 69-99, 14ㄱ~ㄴ ; 同,「朴知訓挽詞」, 19ㄴ~20ㄱ. 朴知訓은 朴知誡의 4째형으로서 丙寅年에 三年喪을 청하는 상소를 한 일이 있다고 한다(『潛冶先生年譜』, 22쪽 참조). 朴知誡가 許筬(1548~1612)의 추천으로 王子師傅가 된 것을 보면(『潛冶先生年譜』, 8쪽), 陽川

소문을 작성하였다.[261] 그 논리는 인조가 선조에게 出繼한 적이 없으
므로 그 부모 상복을 降服한다면 근본이 없어진다[無一本]는 것이었
다. 그리고 그는 '宗廟의 昭穆을 비워두는 것은 큰 죄'라고 보아 追崇
入廟를 인조에게 촉구하였다. 그는 이렇게 하는 것이 바로 '重宗統'인
데 조정 신료들이 '近似하지도 않은 古禮의 餘論을 주워 모아서 大事
를 망치고 君父을 그르치고 있다'고 비난하였다. 허적은 무진년에 柳
孝立 獄事를 고변한 공로로 寧社功臣 1등에 책봉된 이후에도[262] 추숭
입묘를 적극 주장하였다. 따라서 그와 긴밀한 관계에 있던 南以恭·金
世濂 등도 啓運宮 喪禮와 追崇 入廟에 대한 기본적 입장은 유사하였
을 것으로 간주된다.[263]

許氏 가문과 朴知誡 가문의 교류를 상정해 볼 수 있다.

261) 『水色集』에는 啓運宮 喪禮와 관련된 두 편의 상소문이 실려 있다. 그 중 조
정에 올려진 것은 그 중 나중에 작성된 第二疏였다. 그런데 앞서 작성된 상
소문(『水色集』 卷8, 「請行三年喪追崇入廟疏」, 叢刊 69-118~121, 1ㄱ~8ㄱ)
에 의하면 이미 계운궁 상이 나기 전에 追崇을 주장하는 상소문을 작성한 것
을 그대로 옮겨 적고 있다(同, 69-118, 2ㄴ, "臣曾於上年 以不可不追崇之意
已構疏辭 而自以身在外方 久而未上 今敢錄進 其辭曰……").

262) 『仁祖實錄』 卷18, 仁祖 6년 戊辰 3월 丙子, 34-266, 41ㄱ.

263) 仁祖 9년에 金世濂이 司憲府 執義로 있으면서 李貴가 吏曹判書를 자천한
일을 탄핵하는 상소에 참가했다가 玄風縣監으로 좌천된 일이 있었는데, 이것
이 김세렴이 원종 추숭에 반대하는 입장으로 간주하는 근거는 되지 못한다고
생각된다. 그리고 許穆에게서도 상호 모순된 행동이 나타난다. 丙寅年에 東
學 齋任으로서 朴知誡에게 儒罰을 가하는 것(『記言』 年譜 卷1, 叢刊
99-345, 2ㄱ)과 허적의 문집인 『水色集』 跋文을 쓰고 있는 점(『記言』 別集
卷10, 「水色集跋」, 叢刊 99-96, 3ㄱ~ㄴ)이 그것이다. 박지계와 허적은 모두
元宗 追崇에 찬성하는 입장이었고, 그 사상적 바탕은 王權論에 기초하고 있
다. 許穆 역시 己亥·庚子 禮訟에서 尊王論에 입각하여 三年說을 주장하였
다. 따라서 그 사상적 일관성이라는 점에서 볼 때 허목이 원종 추숭에 반대했
다고 간주할 수는 없다고 생각된다. 南以恭은 원종 추숭과 관련된 예론을 표
명한 적이 없지만 京畿道觀察使로서 앞서 언급한 金克亨의 追崇入廟를 청
하는 상소문을 제대로 살펴보지 못하고 올려보냈다고 승정원이 남이공의 처

金藎國(1572~1657)은 선조·광해군대 小北의 영수로 활약하였고, 廢母庭請에도 참여하여 인조반정 이후 일시 유배되기도 하였다. 그러나 그 經世的 재능을 인정받아 인조대에도 호조판서로서 활약하였다.[264] 啓運宮 喪 당시에 김신국은 禮殯都監 提調로 봉직하고 있었는데, 銘旌에 玉軸을 쓸 것을 주장하면서, '君父의 親喪이므로 쓰지 않을 수 없다'라고 말한 것을 보면 내심 삼년상을 지지하고 있었음을 알 수 있다.[265] 김신국 이외에도 北人系 인물로서 인조대에도 관료로서 중요한 역할을 한 남이공, 김세렴 등도 대체로 비슷한 입장이었을 것이라는 점은 앞서 언급하였다. 이들이 인조대 후반에 최명길과 함께 變通指向 經世論을 적극 실천에 옮긴 것은 결코 우연이 아니었던 것이다. 그러나 이들 역시 서인 주류의 정주학적 의리론자들에 맞서 자기 주장을 드러낼 만한 위치에 있지는 못하였다.

계운궁 상례가 종결된 뒤에는 이귀와 양릉군 허적이 적극 나서서 추숭을 주장하였는데, 여기에는 주로 비주류 관인들이었던 박지계 문인들뿐만 아니라 忠原 幼學 金燧, 進士 李元瑞, 全州의 前僉正 安旭, 利川 幼學 金益銑 등 지방 유생들 역시 동조하고 나섰다.[266] 이에 인조는 西人과 南人의 主流 官人들의 반대를 무릅쓰고 이귀를 이조판서로 임명하여 추숭을 강행하였다. 이귀는 박지계 문인들과 趙緯韓, 呂爾徵 등을 등용하여 추숭을 성사시킨 뒤, 내친김에 宗號까지도 빨리 정할 것을 촉구하자 인조는 예조와 대신의 반대에도 불구하고 元宗으로 정하여 밀어붙인 과정은 앞서 살핀 바와 같다.[267]

벌을 청하는 것을 보면(『仁祖實錄』卷23, 仁祖 8년 戊辰 10월 戊辰, 34-402~403, 35ㄴ~36ㄱ) 그의 본심이 무엇인지를 추측할 수 있을 것이다.

264) 申炳周, 1992, 「17세기 전반 북인관료의 사상」, 『역사와 현실』 8, 역사비평사, 134~135쪽 참조.
265) 『仁祖實錄』卷11, 仁祖 4년 丙寅 正月 庚申, 34-57, 8ㄴ~9ㄱ.
266) 李賢珍, 2000, 앞의 논문, 89쪽.

이후 원종을 종묘에 입묘하는 과정 역시 순탄치 않았다. 삼사와 예조, 승정원, 삼공이 강력하게 반대하였는데, 인조는 대간을 쫓아내고 승지를 파직하는 등의 무리를 범하면서 강행하였다. 이 때는 이귀가 사거한 상태에서 최명길이 적극 추진하였는데, 兪伯曾(1587~1646), 朴潢(1597~1648), 鄭太和(1602~1673) 등뿐만 아니라 李弘冑(1562~1638)까지도 입묘에 찬성하였다.268) 유백증은 평소부터 추숭의 논의를 주장하였는데, 갑술년 입묘 당시에는 대사간으로서 적극 찬성하였다.269) 이 때 유백증이 제시한 논리는 다음과 같다.

반정 이후 12년간 민생은 거꾸로 매달린 것과 같고, 인심은 離叛하였으며, 기강은 땅을 쓸어버린 듯이 없어져서 君父가 辱을 당하고 나라가 危亡한 단서가 한두 가지가 아닌데도 누구 한 사람 나서서 進言한 마디, 계책 한 가지라도 올려서 진심으로 나라를 근심하는 자는 볼수 없었다. 그런데 오늘날 入廟의 일은 국가의 存亡과는 관계없는 일인데도 滿朝의 신료들이 피하지 않고 힘써 다투는 것을 人臣의 大節로 삼아서 마치 국가가 朝夕간에 멸망할 것처럼 다투는 것은 옳은 일이라고 할 수 없다.270)

---

267) 李賢珍, 위의 논문, 93~96쪽 ; 김세봉, 2003, 앞의 글, 209쪽 참조. 조위한이 본래 추숭논자였지만 감히 자기 주장을 내세우지 못하였음은 앞서 살폈고, 呂爾徵(1588~1656)은 인조와 동서지간이었으므로 역시 본래부터 추숭에 동조하는 인물이었다고 볼 수 있다.

268) 李賢珍, 위의 논문, 99~102쪽 참조.

269) 『大東野乘』 卷72, 「荷潭破寂錄」, 17-448. 김시양은 이 때 大司憲 李聖求는 본래 추숭을 반대하는 입장이었다가 인조의 뜻이 확고한 것을 보고 찬성으로 돌아선 것으로 보았다.

270) 『西溪集』 卷15, 「吏曹參判杞平君兪公諡狀」(壬午冬), 叢刊 134-302, 5ㄱ~ㄴ. 이러한 논리는 이후 박세당이 현종대의 두 차례 예송을 비판하는 논리와 기본적으로 일치한다(同, 卷7, 「禮訟辨」, 叢刊 134-130~131, 15ㄴ~18ㄱ). 박세당이 소론의 주요 지도자임을 감안한다면 이것은 仁祖代 元宗 追崇論者와

즉 유백증은 당시에 국가적 위기를 앞두고 신료들이 주자학 명분론과 의리론[人臣大節]을 내세우면서 입묘에는 적극 반대하면서도 經世는 도외시하는 것을 비판하였던 것이다.

특히 추숭에는 반대해 오던 예조판서 趙翼이 입묘에는 적극 찬성하는 입장으로 선회한 것도 주목된다. 그는 추숭에 반대하는 것이 '一世의 定論'이었음을 인정하지만 이제 元宗은 '大王'으로 높여져서 '皇考'가 되었으며 명나라로부터 封典을 받기까지 하였으므로 이미 '先君'이 되었으니 추숭을 반대할 때와는 상황이 변화되었다고 주장하였다. 따라서 '大院君'일 때는 入廟해서는 안 되지만 이미 '先君'이 되고 나서는 入廟하지 않으면 불가하다고 주장하였다.[271] 이러한 조익의 논리는 변화된 '현실'에 따라서 '명분'도 변화되어야 한다는 인식의 분명한 표명이었다. 그는 이미 현실이 변화되었는데 명분을 고수하는 것을 명백하게 비판하였다. 조익은

> 士君子는 名節을 중하게 여긴다. 따라서 名節을 중하게 여기지 않는 자는 鄙夫다. 그리하여 사대부의 自好者는 追崇은 불가하다고 하면서 '守身의 大節'로 삼고 (상황이 바뀌었는데도) 지금까지도 오히려 다투면서 觸犯을 고상하게 여기고 得罪를 두려워하지 않으니, 그 名節을 숭상하는 풍채는 가상하지만 그 이치를 따져 보면 실로 타당하지 못한 것이다.[272]

라고 말하면서 '入廟는 그만둘 수 없으며 入廟하지 않으면 이치에 어긋난다'고 단정하였다.

조익은 이러한 자신의 주장을 權道論으로 합리화하였다. 그는 '大

肅宗代 少論 사이의 사상적 유사성을 시사하는 것으로 볼 수 있다.
271) 『浦渚集』 卷23, 「入廟私議」, 叢刊 85-425, 26ㄱ.
272) 위와 같음, 叢刊 85-426, 27ㄴ~28ㄱ.

人'은 '道全識周'하여 "다양한 변화에 대응할 수 있어야 하며 이전의 자취에 집착해서는 안 된다"고 주장하면서 입묘를 반대하는 것은 '지나간 자취에 집착하는 것'[膠於陳迹]이라고 비판하였다. 지금 '入廟'는 '變禮'라고 규정하고, 禮에는 常과 變이 있는데, 常은 前例가 있지만 變은 근거할 만한 전례가 없으므로 '단지 事理에 의해 推度할 수 있을 뿐'인데 그것이 바로 '權'이라고 말하였다.273) 이미 원종으로 추숭되었으므로 군주가 되었는데 어떻게 입묘를 그만둘 수 있느냐고 반문하고 이것은 '事理가 分明하여 쉽게 알 수 있는 일'이고 '事勢'에 따라서 그 마땅함을 취하는 '隨時處中'이라고 합리화하였다.

조익의 이러한 논리는 현실의 변화에 따라서는 주자학 명분론과 의리론을 굽힐 수도 있다는 논리를 제시한 것으로서 주목되는 바이다. 17세기 관인·유자를 지배하였던 주자학 정치론은 이처럼 현실에 대한 대응 여부를 두고 주자학 명분론과 의리론을 고수하려는 경향과 권도론으로 변화된 현실을 긍정하고 새로운 논리와 명분을 추구하는 경향으로 분명하게 분화되고 있었는데, 원종 입묘 논쟁은 그러한 하나의 계기가 되기도 하였던 것이다.

인조가 자신의 생부 정원군을 원종으로 추숭하고 종묘에 입묘하였다는 것은 인조반정의 정당성에 대한 논란에 종지부를 찍고 인조 자신의 정통성을 확립하여 양란이라는 미증유의 국가적 위기 속에서 약화 일로에 있던 국왕권을 재확립하는 중요한 계기가 되었다. 그 과정에서 정주학의 명분론과 의리론에 기초한 신권론에 맞서 孔孟 儒學과 孝治論에 입각한 王權論이 제기되어 국왕권의 확립을 뒷받침하였다. 공맹유학에 입각한 효치론은 주류 관인·유자 내부에서는 소수였지만 당대의 비주류 지식인 사이에서는 공감대를 확대시켜 가고 있었음을 논

273) 위와 같음, 28ㄴ, "禮有常變 常者世所常有也 有事例可據. 變者不常有 無前例可據. 只當以事理推度之耳. 所謂權也."

쟁 과정은 보여주었다. 그것은 주자학 명분론과 의리론을 부정한 것은 아니었지만 당시의 정치 현실과도 관련하여 주자학이 심화 발전되는 한 유형으로 간주된다. 즉 원종 추숭 논쟁은 주자학 정치론의 분화를 촉발하고 심화시킨 정치적 사건이기도 하였던 것이다.

제4장 主和論과 斥和論의 대립

1. 丁卯胡亂期의 主和·斥和 論爭

1) 丁卯胡亂과 李貴의 經權論

(1) 丁卯胡亂 以前의 軍備 對策

반정 직후에 인조 정권이 직면한 대내외적 정세는 험난하기 짝이 없었다. 대외적으로 後金은 1619년 사르허 대전 이래 국세가 날로 팽창하여 1626년까지는 瀋陽·遼東·廣寧 등 남만주의 전략적 요지를 차지하고 寧遠을 경계로 明과 대치하고 있으면서 조선의 정국 변동을 예의 주시하고 있었다.[1] 그리고 1621년 후금이 遼東을 완전히 장악하자 이를 피하여 요동의 난민들이 조선으로 몰려들었고, 이들 요동반도 연해 지역 漢人들을 배경으로 鐵山 앞 바다 椵島에 웅거해 있던 毛文龍 (1576~1629) 일파의 행태도 인조 정권의 끝없는 두통거리였다. 모문룡은 인조가 明 조정으로부터 책봉을 얻어내는 과정에서 일소한 사실을 내세우면서 자신의 군대와 요동의 난민들에게 식량을 공급해줄 것을 요구하여 신생 인조 정권에 엄청난 재정 부담을 안겨 주었다.[2] 모문룡은 당시 명 조정에서 권력을 휘두르고 있던 宦官 魏忠賢과 결탁

---

1) 金鍾圓, 1999,『근세 동아시아관계사 연구』, 혜안, 84쪽 참조.
2) 한명기, 1999,『임진왜란과 한중관계』, 역사비평사, 374~383쪽 참조.

하여 명 조정의 대리인으로 자처하면서 허장성세로 明 조정을 기만하고 조선을 압박하였으며 후금을 자극하였다.

정묘호란의 직접적 계기로서는 가도에 주둔하고 있던 모문룡 세력을 정벌하기 위한 것이지 조선 정벌이 우선적인 목적이 아니라는 점에 대해서는 대부분의 논자들이 인정하고 있다.[3] 왜 이 시기에 모문룡과 조선에 대한 정벌이 필요하였는지에 대해서는 후금 太宗 홍타이지의 대 조선 강경책이라는 정치적 요인을 강조하는 견해와 호란에 즈음한 대기근으로 촉발된 식량 조달과 물자 공급원 확보라는 경제적 요인을 강조하는 견해가 제출되어 있다.[4]

그러나 보다 근본적인 요인은 만주족 정권의 대 異民族, 특히 이 지역 漢人 지배정책의 변화에서 찾아야 할 것 같다. 여기에는 1619년 사르허[薩爾滸] 전투 이래 승승장구하여 1625년 심양으로 천도하고 요동 전역을 장악하는 데 성공하였던 후금이 1626년 寧遠城 전투에서 袁崇煥에게 패배한 사건이 중요한 영향을 미친 것으로 판단된다. 이 전쟁에서 누르하치는 원숭환의 견고한 수비와 紅夷砲의 위력으로 말미암아 큰 패배를 맛보고, 결국에는 忿恨을 품은 채 죽음에 이르는 계기가 되어 후금 지배층에 큰 충격을 주었다고 한다.[5]

누르하치를 이어 등극한 홍타이지는 遼東의 漢人에 대한 정책을 착취와 살륙 위주에서 포용과 회유 위주로 전환하여 요동 지역 한인에 대한 대우를 개선하고, 한인 관료의 투항을 유도하는 한편, 요동에서 한인 반란의 근거지 역할을 하면서 준동하고 있던 모문룡 세력에 대해서는 정벌을 단행하게 된다. 이러한 대 한인 정책의 전환은 홍타이지

---

3) 崔韶子, 1997, 『명청시대 중·한 관계사연구』, 이화여자대학 출판부, 93~105쪽 참조.
4) 崔韶子는 정치적 요인을 강조하였고, 金鍾圓은 경제적 요인을 강조하였다.
5) 金鍾圓, 1999, 앞의 책, 81~82쪽 참조.

의 권력 기반 강화 과정과도 밀접한 연관 속에서 전개되었으며, 후금
의 만주족 집단이 요동에서 사회경제적 기반을 확립하는 데서도 관건
이 되는 정책의 변화였다. 이는 滿洲族으로서의 '後金'에서 장차 滿·
蒙·漢의 3종족을 아우르는 多民族國家 '大淸'으로 나아가는 과정에
서 나타난 필연적 정책 변화이기도 하였다.6)

따라서 조선이 모문룡과 연결되어 만주족에 적대정책을 지속하는
한 이들의 침략을 피하기는 어려워 보였다. 인조 정권의 담당자들은
이것을 잘 알고 있었다. 그리하여 반정 직후 인조는 후금의 침략에 대
비한 군사 동원을 서둘러 반정의 명분에 충실하고자 하였다. 반정이
일어난 지 10일도 지나지 않아서 달려온 모문룡의 差官인 守備 應時
泰를 접견한 자리에서 인조는 광해군이 '天朝'의 '再造之恩'을 저버린
것을 비판하고 모문룡과 협력하여 후금을 칠 것을 약속한 뒤,7) '변방의
급보도 없'는데 광해군대 병조판서를 역임한 張晩(1566~1629)을 都元
帥로 서둘러 차출하여 변방 방어를 책임지게 했다.8) 그리고 軍粮과 武
器도 갖추어지지 않았고 將領도 적임자를 얻지 못한 상태에서 서북지
역 赴防軍 5천여 명을 下三道에서 서둘러 차출하여 副元帥 李适이 거
느린 1만 명과 함께 연말 안으로 모두 내려보냈는데, 이는 결국 이괄의
반란에 이용되고 말았다.9)

그럼에도 불구하고 반정 초의 이러한 어려운 여건 속에서도 후금의
침략에 대한 대비책이 다각도로 논의되었다. 우선 군사력 증강과 관련
해서는 號牌法이 오랜 논의 끝에 결정되었다. 잘 알려진 것처럼 號牌

---

6) 金斗鉉, 1989,「淸朝政權의 成立과 發展」, 서울大學校東洋史學硏究室 編,『講
　座 中國史』Ⅳ, 지식산업사, 153~158쪽 참조.

7)『仁祖實錄』卷1, 仁祖 元年 癸亥 3월 壬子, 33-512, 24ㄱ~ㄴ.

8)『仁祖實錄』卷1, 仁祖 元年 癸亥 3월 乙卯, 33-515~516, 30ㄴ~31ㄱ.

9) 李泰鎭, 1977,「中央 五軍營制의 成立過程」,『韓國軍制史』(朝鮮後期編), 陸
　軍本部, 77쪽, 79쪽 참조.

와 軍籍, 量田과 大同 등이 反正 初부터 제기되어 논란을 거듭하였는데, 맨 먼저 시행에 들어갔던 大同法은 시행 1년 만에 결국 중단되고 말았다. 인조 3년에는 호패・양전・군적의 선후 관계를 놓고 또다시 논란을 거쳐 마침내 호패법을 먼저 시행하기로 결정하기에 이른다.[10] 이는 李貴・李曙・崔鳴吉 등 變法論者들의 견해가 관철된 대표적인 사례라 할 만한데, 당시 정계의 원로였던 李元翼과 재야의 대표적 山林 金長生은 끝까지 반대하였다. 이들이 반대하는 핵심 논리는 '民心을 거스른다'는 것이었는데, 이는 道學的 經世論의 '與民休息'='寬民力'論에 입각한 것이었다.[11] 인조 역시 이 논리를 내세우면서 계속 거부하다가, 좌고우면 하면서 눈치만 살피던 左議政 尹昉, 右議政 申欽 등 대신들이 거듭 청하고, 張維・李植 등 당대의 名類들도 여기에 동조하여 그 시행을 촉구하자 마침내 호패법 시행을 결정하기에 이른다.

이 때 승정원에서 호패법 시행을 촉구하는 논계 가운데 나온 다음과 같은 말은 '寬民力'論에서 말하는 民心의 실체가 무엇인지 잘 보여준다.

　　지금 기강이 날로 해이해지고 민심이 갈수록 흩어지는데 간교한 토호의 무리[豪猾奸巧之徒]가 朝廷 보기를 어린아이 장난처럼 여겨 政令이 내려지면 반드시 비난부터 합니다. 그런데 윗사람[在上之人]이

---

10) 李光麟, 1955, 「號牌考」, 『庸齋白樂濬博士還甲紀念國學論叢』, 595~604쪽 ; 金鍾洙, 1990, 「17세기 軍役制의 推移와 改革論」, 『韓國史論』 22, 서울대 국사학과 ; 김성우, 2001, 『조선중기 국가와 사족』, 역사비평사, 456~459쪽 ; 吳永敎, 2001, 『朝鮮後期 鄕村支配政策 硏究』, 혜안, 84~85쪽 참조.
11) 『仁祖實錄』 卷13, 仁祖 4년 丙寅 윤6월 丁未, 34-113, 19ㄱ ; 同, 卷14, 仁祖 4년 丙寅 9월 庚午, 34-137, 18ㄱ~ㄴ. 道學的 經世論의 '寬民力'論에 대해서는 이 책 5장 1절 참조.

깊이 살피지 아니하고 문득 스스로 의혹하여 그 교만하고 완악하며 윗사람을 무시하는 버릇을 자라도록 내버려 두어 마침내 위력을 잃고 두려워하면서 팔짱만 끼고 앉아 망하기를 기다리므로 유식한 선비[有識之士]가 解體되지 않음이 없으니 진실로 마음 아픈 일입니다.[12]

寬民力論에서 말하는 '民'은 바로 이들 '간교한 토호의 무리'였다. 이들이야말로 왜란 이후 전후복구 사업의 최대 수혜자들로서 개간사업에 참여하여 소유 토지를 늘려나가고, 양인 은닉과 모점을 통해 농장 경영을 확대시켜 나가면서도, 양안과 호적에의 등록을 기피하여 토지와 호구를 은폐·탈루시킴으로써 면세·면역을 추구하는 바로 그들이었다.[13] 이들은 "부역에서는 누락되면서도 자기 집 울타리 안에 1백호의 家戶를 기르며, 良·賤人을 가리지 않고 자기 소유로" 삼는 '土豪'들이기도 하였다.[14]

승정원에서는 이들이 호패법에 반발하는 것은 당연한 일인데 '윗사람'이 깊이 살피지 못하고 이들을 두려워하여 국가가 망하는 것을 방관하고 있다고 호패법 반대론자를 비판하였다. 아울러 이로 인해 '有識한 선비'가 解體되고 '羣情'이 억울해 한다고 말하여 대부분의 여론이 호패법에 찬성하고 있음을 전하고, 국왕 인조가 '浮議'에 흔들리지 말고 赫然히 奮發하여 '大志를 세우고 大計를 결정'할 것을 촉구하였다.[15] 여기서 드러난 '간교한 토호의 무리'를 억제하지 못하면 '국가'가 망한다는 인식이야말로 당시 變法的 經世論의 핵심으로 볼 수 있으며, 호패법 시행은 바로 그러한 국가의 존립과 직결되는 사안이었던 것이다. 승정원 계사는 이러한 변법적 경세론이 관인·유자 사이에 점차

---

12) 『仁祖實錄』卷9, 仁祖 3년 乙丑 7월 庚申, 34-19, 38ㄱ~ㄴ.
13) 김성우, 2001, 앞의 책, 410~419쪽 참조.
14) 吳永敎, 2001, 앞의 책, 361쪽 참조.
15) 『仁祖實錄』卷9, 仁祖 3년 乙丑 7월 庚申, 34-19, 38ㄴ.

확산되고 있음을 보여준다.

그런데 호패법이 결정되기에 이르는 과정에서 金瑬의 태도가 주목된다. 김류는 이조판서라는 요직에 있었음에도 불구하고 당시 중요한 국가적 현안이었던 호패법에 대한 자신의 입장을 분명하게 드러내지 않았다. 그런데 호패법 논의가 점차 확산되는 시점에서 김류는 남이공에 대한 탄핵을 빌미 삼아 박정·유백증·나만갑 등의 처벌을 주장하였다. 좌의정 윤방이 호패법의 시행을 청하는 자리에서 김류는 겉으로는 이들을 구원하는 척하면서도 내면적으로는 이들의 처벌을 기정사실화 하였다.16) 며칠 뒤 이귀는 우의정 신흠이 호패법 시행을 다시 청하는 자리에서 김류가 세 사람을 모함하여 처벌하려 한다고 비판하고, 그것이 자신의 변법론에 대한 김류의 반발과 관계가 있다고 논계하였다.17) 이들 중 박정과 유백증은 변법적 경세론에 동조하는 名類들이었던 것이다. 말하자면 김류가 이들의 처벌을 주장한 것은 이귀의 변법론이 삼사의 명류들에게 확산되어 가는 경향을 차단하려는 시도로도 해석될 수 있는 것이었다.

우여곡절을 겪으면서 호패법이 완성되고 그에 의거하여 軍籍을 작성하는 과정에서 落講儒生 처리 문제가 부각되었을 때 인조 정권은 이들을 무조건 군역에 충정하려다가 三司의 반발로 결국 '四祖에 顯官이 있는 자'에게는 考講을 면제하는 것으로 후퇴하였다. 여기서 짚고 넘어가고자 하는 것은 그 논의 과정에서 士族收布는 이미 기정사실화되었다는 점이다. 당시 삼사의 일부 언관들은 사족인 낙강유생을 군역에 충정하는 것을 반대하였지만 이들에게 수포하는 것은 모두 인정하였다.18) 그런데 정묘호란이 발발한 직후에 호패법이 폐기되는 것과 함

---

16) 『仁祖實錄』 卷9, 仁祖 3년 乙丑 7월 辛亥, 34-17, 33ㄴ.

17) 『仁祖實錄』 卷9, 仁祖 3년 乙丑 7월 戊午, 34-18~19, 36ㄱ~37ㄱ. 변법론을 둘러싼 이귀와 김류의 대립에 대한 자세한 내용은 이 책 5장 1절 참조.

께 사족수포 역시 폐기되었다. 이후 영조대 균역법이 제정되기까지의 100년이 넘는 양역변통론의 전개 과정을 생각하면 인조 초의 사족수포론의 선진성을 인정하지 않을 수 없게 된다. 어쨌든 어렵게 도입된 호패법에 의해 16세기 이래의 고질적인 군역의 폐단을 시정하여 군사력을 증강하고자 한 시도는 정묘호란으로 좌절되고 말았던 것이다.

다음 방어전략과 관련해서는 李适의 난 이후 邊方防禦論, 都城防禦論, 山城防禦論, 首都防衛論, 鎭管體制 復舊論 등이 분분하게 제기되는 가운데 도성방어론은 불가능한 것으로 판명되었고, 진관체제 복구론은 원칙론에는 모두 찬성하면서도 그 시행 가능성을 믿는 사람은 거의 없는 형편이었으며, 대체로 변방방어론과 산성방어론 및 수도방위론이 동시에 추진되었다. 인조반정 이후 이귀는 변방방어는 불가능하다고 보고 南軍赴防論을 비판하고, 진관체제 복구론을 주장하였으며, 그 대신 강화도와 남한산성을 보장으로 삼는 수도방위론과 五衛制 復舊論에 의한 중앙군의 강화를 끈질기게 주장하였다.[19]

남군부방론을 비판한 것은 이귀만이 아니었다. 兵法에 대한 상식이 있는 사람들은 모두 그러한 주장에 동의하였다.[20] 下三道의 군사들을 서쪽 변경에 赴防시킬 경우 이들은 전투 능력도 의욕도 없었으며, 무엇보다도 軍粮의 조달이 문제였다. 더구나 인조 원년에 동원된 하삼도

---

18) 『仁祖實錄』卷14, 仁祖 4년 丙寅 8월 己酉, 34-130, 4ㄱ ; 『仁祖實錄』卷14, 仁祖 4년 丙寅 11월 庚寅, 34-149, 42ㄱ. 호패법 시행 당시 士族을 '四祖有顯官者'로 제한하여 호패법이 실패에 이르게 한 자세한 사정은 이 책 5장 2절 3) 「兵農分離와 士族收布論」 참조.

19) 李貴의 軍政變通論에 대해서는 이 책 5장 2절에 자세하다.

20) 『仁祖實錄』卷2, 仁祖 元年 癸亥 8월 甲戌, 33-546, 35ㄱ. 여기서 윤방은 '儒疏'를 인용하여 南軍赴防論 대신 '西邊游手者'를 雇立하여 방어에 임하게 할 것을 주장하고 있다. 정묘호란 직전에 승지 李明漢은 이순신의 조카 李莞의 말을 인용하여 비슷한 주장을 하였다(『仁祖實錄』卷14, 仁祖 4년 丙寅 8월 丙辰, 34-132, 8ㄱ).

의 부방군을 이용하여 부원수 이괄이 반란을 일으킨 이후인 인조 2년
과 3년에는 남군을 동원하지 않고 평안도와 황해도의 군사들로 서쪽
변경의 방어를 담당하도록 하였다.

그렇지만 평안도와 황해도, 소위 양서에서 부방에 동원할 수 있는
군사력은 많아야 1만을 넘기기 어려웠으므로 압록강이 얼어붙을 경우
변방 방어가 불가능한 것은 물론이고 사실상 청천강 이북의 주요 거점
을 방어하기에도 턱없이 부족한 액수였다.[21] 따라서 당시의 현실적 여
건 아래서는 변방 방어는 불가능하였다고 보아야 할 것이다. 그럼에도
불구하고 도체찰사 장만은 남군부방론을 계속 고집하였고, 평안병사의
진영을 청천강 이남의 안주성으로 옮기자고 주장하였다.[22] 장만과 都
元帥 李弘胄, 平安兵使 南以興 등에 의해 주장된 平安兵使의 安州城
移陣論은 당시의 불가피한 현실 속에서 나온 것이었지만 이는 지배층
일각의 패배 의식을 반영한 것으로서 국가가 청천강 이북의 방어를 포
기한 것이나 마찬가지였다. 이귀는 남군부방론과 함께 평안병사의 안
주성 이진론을 격렬하게 성토하였다.[23]

그렇다면 이귀는 남군을 부방시키지 않으면서도 어떻게 청천강 이
북을 방어할 수 있다고 본 것일까? 이에 대한 대안으로서 이귀가 제출
한 것이 바로 鎭管體制 復舊論이었다. 남군을 부방시키더라도 後金의
鐵騎에 정면으로 맞서는 것은 어차피 불가능하므로 압록강 방어는 포
기하는 대신 청천강 이북은 주요 거점을 중심으로 수령이 주도하여 각
지역의 土兵을 이끌고 방어하게 해야 한다는 것이었다. 이를 위한 전
략으로서 그가 제시한 것이 소위 '據險淸野' 전술로서 각 지역의 소규
모 山城 중심 防禦論이 된다. 이귀는 安州와 平壤은 물론 龜城·寧

21)『仁祖實錄』卷7, 仁祖 2년 甲子 12월 壬寅, 33-664, 52ㄱ.
22)『仁祖實錄』卷9, 仁祖 3년 乙丑 6월 乙未, 34-14, 27ㄴ~28ㄱ.
23)『仁祖實錄』卷9, 仁祖 3년 乙丑 7월 壬子, 34-17, 34ㄱ.

邊·成川 등을 방어 거점으로 본 祖宗朝 五鎭管制度의 방어전략을
복구해야 한다고 주장하였다. 이 때 평안병사는 청천강 이북의 영변이
나 귀성에 진영을 설치하고 이들 주요 거점의 산성과 상호 밀접한 연
계 하에 遊擊戰을 전개하여 後金의 鐵騎가 내륙으로 치고 들어가는
것을 방해해야 할 것으로 보았다. 이귀의 주장대로라면 평안병사는 특
정한 성에 들어가서 守城에만 매달리면 안 되는 존재였다. 평안병사가
변방에서 죽음을 각오하고 싸우지 않고 安州로 후퇴하여 살기를 도모
한다면 도내 수령들이 모두 성을 버리고 다투어 안주로 들어와서 군율
을 면하려 할 것이라는 것이 그의 예상이었다.[24]

그러나 이귀의 이러한 주장에 도체찰사를 비롯한 도원수·부원수
등 서북 지방 방어 책임자들로서는 선뜻 따르기 어려웠을 것이다. 이
귀의 주장은 수령의 적극적인 방어 의지가 없으면 실현 불가능한 것이
었는데, 반정 이후 평안도와 황해도에 배치된 수령들은 그렇지가 못하
였다. 당시 조정의 관인들은 이 지역의 수령을 기피하여 변방에 있는
자는 모두 '物議가 가볍게 여기는 자들'이었으며, 오랑캐의 난리를 두
려워하여 임명되더라도 부임하는 것을 기피하였고, 부임하더라도 죄를
지어서 교체되기를 바랄 정도였다. 그리하여 '화살 하나 만들지 않고
군사 한 명 훈련시키지 않는다'는 지적이 나오는 형편이었다.[25]

이귀의 주장 중에서 실천에 옮겨진 것은 江華島와 南漢山城을 保障
으로 삼는 首都防衛論이었다. 이것은 도성은 지킬 수 없다는 인식에서
나온 차선책이었다. 당시의 현실에서 도성의 築城이나 방어는 현실적
으로 불가능하다는 점에 대부분의 중신들이 일치된 인식을 보이면서
강화도의 수비체제 정비와 남한산성의 축성이 논의되었다.[26] 강화도는

---

24) 『李忠定公章疏』卷5, 「論平安兵使移鎭安州之失箚」(乙丑 6월 30일), 32쪽.
25) 『仁祖實錄』卷3, 仁祖 元年 癸亥 11월 乙丑, 33-566, 36ㄴ~37ㄱ.
26) 『仁祖實錄』卷5, 仁祖 2년 甲子 3월 庚午, 33-598, 18ㄱ~ㄴ.

李時發을 江都次知堂上으로 삼아서 그 수비체제를 정비하게 하였고, 李曙는 당시의 험난한 여건 속에서도 南漢山城을 완축하였으며, 摠戎軍 2만을 확보하여 조련시켜 놓았다.[27]

인조 4년에는 모문룡의 심상치 않은 동태와 관련하여 이미 여름 무렵부터 後金의 침략을 알리는 첩보가 쇄도하여 위기의식이 고조되었다.[28] 그리하여 중단된 南軍 赴防을 재개하여 5천을 변방에 배치하고, 訓練都監 哨軍을 2초 증파하였고, 여기에 新舊 出身들까지 동원하여 서북지방의 방어를 강화시키려 하였다.[29] 겨울에 압록강이 얼어붙자 도체찰사 장만은 후금의 침략이 반드시 있다고 가정하고 함경남도 군사에게까지도 동원령을 내릴 것을 청하였다.[30]

(2) 江都 保障論 대 臨津江 把守論

잘 알려진 것처럼 그럼에도 불구하고 정묘호란 당시 西路의 방어체제는 거의 힘을 쓰지 못하였다.[31] 상황은 이귀가 예상한 것보다 훨씬 더 나쁜 방향으로 치닫고 있었다. 의주성과 안주성 전투에서 패배한 것은 피할 수 없는 일이었는데, 郭山의 凌漢山城은 산성임에도 불구하고 함락당하였다. 산성으로서 방어에 성공한 것은 의주의 龍骨山城뿐이었고, 그것도 義兵에 의해서였다. 이귀가 평안병사에게 기대한 유격

---

27) 李泰鎭, 1977, 앞의 책, 86~87쪽 참조.

28) 『仁祖實錄』卷13, 仁祖 4년 丙寅 7월 己卯, 34-124, 41ㄴ, 接伴使鄭斗源馳啓 ; 同 卷14, 仁祖 4년 丙寅 10월 癸亥, 34-146~147, 36ㄴ~37ㄱ, 平安監司尹暄馳啓.

29) 李泰鎭, 1977, 앞의 책, 90~91쪽.

30) 『仁祖實錄』卷14, 仁祖 4년 丙寅 11월 辛未, 34-148, 39ㄴ.

31) 정묘호란의 자세한 경과에 대해서는 다음 논저가 참고된다. 李泰鎭, 1977, 앞의 책, 90~94쪽 ; 柳在城, 1986, 『丙子胡亂史』, 國防部戰史編纂委員會, 48~113쪽 ; 金鍾圓, 1995, 「정묘호란」, 『한국사』 29, 국사편찬위원회, 236~266쪽 ; 金鍾圓, 1999, 앞의 책, 86~111쪽.

전은 평안도 지역 인민들이 조직한 의병에 의해 간헐적으로나마 수행되어 후금 군대에 타격을 주었다. 平安監司 尹暄과 黃海兵使 丁好恕는 후금군의 예봉을 피하여 각각 平壤城과 黃州城을 버리고 도피하였다.

후금의 침입 소식을 듣자 인조는 關西, 즉 평안도는 지킬 수 없다고 보고 海西, 즉 황해도에 병력을 동원하는 방안을 논의하였는데, 이귀는 해서 역시 지킬 수 없다고 보고 안주성이 함락되면 강화도로 들어갈 것을 청하였다가 '그런 의논은 천천히 하라'는 핀잔을 들었다.[32] 그러나 도체찰사 장만으로 하여금 平山을 방어하게 하였지만 군대도, 군량도, 탄약도 없는 상태에서 방어는 불가능하였으며, 적의 선봉이 黃州에 도착하자 서둘러 開城으로 후퇴할 수밖에 없었다.

정묘호란 당시 방어전략과 관련해서 가장 논란을 빚은 것은 臨津江把守論이었다. 임진강이 수심이 얕은 곳이 많아서 수비하기가 곤란하다는 것은 영의정 윤방과 四道 體察使 이원익 등이 이미 지적하였지만 아무도 이를 인정하려 하지 않았다.[33] 임진강 수비에는 많은 군대와 군량이 요구되는 일이었는데, 군량에 대한 고려는 차치하고 어떤 군대를 동원하여 지키게 할 것인가만이 논란의 초점이 되었다. 논란의 대상이 된 것은 申景禛의 訓練都監 군대와 李曙의 摠戎軍, 水原防禦使 李時白의 정예군 3천 등이었다.[34] 김류는 이원익의 말임을 내세우면서 이시백의 수원병으로 하여금 임진강을 파수하게 할 것을 청하자 인조도 동의하였는데, 이귀가 군량도 갖추어지지 않은 상태에서 임진강으로 보낸다면 다만 죽음이 있을 뿐 아무런 도움이 되지 않는다면서, 이시백의 정예병으로 차라리 국왕의 호위를 담당하게 해야 한다고

---

32) 『仁祖實錄』 卷15, 仁祖 5년 丁卯 正月 乙酉, 34-159, 6ㄱ.
33) 『仁祖實錄』 卷15, 仁祖 5년 丁卯 正月 乙酉, 34-159, 7ㄱ.
34) 李泰鎭, 1977, 앞의 책, 92쪽.

주장하였다. 그제서야 국왕 호위군이 허술한 것을 깨달은 인조는 훈련
노삼군을 국왕 호위에 진속시키고, 이시백의 수원병은 강화도로 들어
가게 하였으며, "지금의 사세는 강도와 남한산성에 전력을 다해야 한
다"고 말했다.[35]

　　인조가 강화도로 파천한 뒤에도 양사 합계로 임진강 파수론이 계속
주장되어 결국 개성에 주둔하고 있던 장만으로 하여금 함경도와 강원
도의 군사를 합하여 임진강 파수를 담당하게 하고, 이서의 남한산성군
은 하삼도 군사와 함께 한강 방어를 맡게 하였다. 그리고 장만의 청으
로 호조에서 군량을 실어 보냈음에도 불구하고 곧 한강과 임진강 두
곳의 군량이 고갈되어 10일을 버티지 못할 것이라는 논의가 나오고,
임진강의 군사는 곧 무너져 흩어질 형세라는 보고가 이어졌다.[36]

　　그럼에도 불구하고 후금과의 화친을 배척하는 논의는 끊일 줄 몰랐
다. 정묘년 1월 8일에 조선 침공을 개시한 후금군은 1월 13일에 압록강
을 도하하여 14일에 의주를 함락시킨 후 즉시 평안감사 윤훤에게 총사
령관 아민의 명의로 된 국서를 보내어 조선측에 화의를 제의하였다.
그리하여 우여곡절 끝에 조선 조정이 화의에 응하기로 결정하고 사신
이 양 진영을 왕래하고 있었다.[37] 이 때 司諫 尹煌은 '이름만 화친이지
사실상 항복'이라면서 '虜使'를 斬하여 '羣情을 위로하라,' '主和誤國之
臣'을 斬하여 邪說을 끊어버려라, 패전한 장수를 참하여 軍律을 振作

35)『仁祖實錄』卷15, 仁祖 5년 丁卯 正月 丙戌 34-160, 8ㄱ～ㄴ. 이 때 이귀는
　　李時白이 자신의 아들이지만 자신은 본래 피혐을 하지 않는다면서 이렇게
　　주장하자 김류가 臨津江 把守論을 주장하면서 강하게 반발하였지만 인조는
　　이귀의 주장을 수용하였던 것이다. 후술하는 바와 같이 이귀는 臨津江 把守
　　論 자체를 인정하지 않는 입장이었다.
36)『仁祖實錄』卷15, 仁祖 5년 丁卯 2월 己未, 34-177, 42ㄱ～ㄴ.
37) 정묘호란 당시 후금과 조선 사이의 강화 교섭에 대해서는 柳在城, 1986, 앞의
　　책, 98～113쪽 참조.

하라고 주장하였다.[38] 그리고 兩司 合啓로 주화론을 주도하였던 이귀
와 최명길에 대한 탄핵이 이어졌다.[39] 斥和論者들은 도성을 포기하고
강도로 파천한 것, 임진강을 파수하지 않은 것, 이서가 남한산성에 대
군을 주둔시키고 動兵하지 않은 것 등을 모두 주화론자들의 책임으로
돌렸다.

그리고 이어서 후금이 내왕하는 문서에 明의 연호를 사용하지 말라
고 요구하자 胡差 劉海의 제안에 따라서 '揭帖'의 형식을 받아들이기
로 하였는데, 역시 兩司 合啓로 이것은 '君臣之分'과 '天經地義'를 저
버리는 것이라면서 '국가가 망하더라도' 수용할 수 없다는 논계가 계속
되었다.[40] 후금이 和盟 儀式에 국왕의 親臨을 요구하자 인조는 '宗社
와 生靈을 위해 부득이하다'고 하면서 수용하려 하자 司諫 李敬輿는
어떻게 '千乘之尊'을 굽혀서 개돼지와 맹약을 할 수 있느냐고 힐난하
였다.[41] 그리고 합계를 무릅쓰고 인조가 맹약의식을 강행하려 들자 양
사의 관원들은 '향을 피우고 하늘에 맹세하는 것'[焚香誓天]은 '天下萬
古에 없는 수치'이고 '一國民人'의 '無窮한 至痛'이라고 말하면서 사직
을 청하였다.[42]

이러한 척화론자들의 논리는 주자학 명분론과 의리론에 입각한 '正
論'이라고 할 만한 것이었다. 이들은 이것을 '국가'의 존립보다 우위에
두고 있었다. 그리고 華夷論에 입각하여 만주족의 후금을 대등한 관계

---

38) 『仁祖實錄』卷15, 仁祖 5년 丁卯 2월 壬子, 34-175, 38ㄱ~ㄴ.
39) 『仁祖實錄』卷15, 仁祖 5년 丁卯 正月 丙申, 34-166, 20ㄱ ; 同, 2월 庚戌,
     34-174, 36ㄴ.
40) 『仁祖實錄』卷15, 仁祖 5년 丁卯 2월 己未, 34-177, 43ㄱ. 이에 대한 논의 과
     정은 金鍾圓, 1999, 앞의 책, 96~102쪽에 자세하다. 다만 여기서는 李景稷이
     게첩의 형식을 제안한 것으로 되어 있는데(99쪽), 게첩의 형식을 제안한 것은
     劉海이며, 이경직은 이것을 받아들이겠다고 회답한 사람이다.
41) 『仁祖實錄』卷15, 仁祖 5년 丁卯 2월 丁卯, 34-189, 48ㄱ.
42) 『仁祖實錄』卷15, 仁祖 5년 丁卯 3월 己巳, 34-181, 50ㄱ.

로 인정하려 들지 않았다. 그 과정이야 어쨌든 丁卯年의 화약은 이러한 지배층 일반을 지배하고 있던 주자학 명분론과 의리론이 무력을 앞세운 후금의 위협에 의해 굴절되는 결과를 초래하였다고 볼 수 있다.

그렇다고 해서 주화론자들이 주자학 명분론과 의리론을 부정한 것은 아니었다. 이귀는 和議를 수치스럽게 여기는 대간들에 대하여 '事에는 權道가 있는데 어찌 작은 절개에 구애될 것인가'라고 '權道論'를 내세우고, 이들이 軍務에 어두워서 그러한 주장을 한다면서 '어리석은 儒者가 일을 망치는 것'이라고 비난하였다.43) 비변사에서도 '事勢'가 위급하여 부득이한 '權時之計'로서 揭帖의 형식을 수용한 것이라고 변명하였다.44)

돌이켜보면 정묘호란은 후금이 궁극적으로 명을 치기 위한 전제로서 모문룡을 제거하기 위해 일으킨 전쟁이었고, 전쟁 초기부터 후금이 스스로 화의를 요청하였으므로 그들의 진의가 무엇인지를 파악하여 현명하게 대처할 수도 있는 일이었다. 의주성과 안주성 전투에서의 패배는 사실상 군사력으로 후금에 맞서기는 어려운 상황임을 분명하게 보여주었으므로 인조 정권은 그 사실을 인정해야만 했다. 그럼에도 불구하고 척화론자들은 임진강 파수론에 매달렸다.

임진강에는 얕은 여울이 많아서 소규모 군사로는 방어할 수 없다는 것을 윤방과 이원익도 인정하였음은 앞서 이미 지적하였다. 이귀는 수십여 개의 여울에 군대를 배치하여 방어할 수 있다는 말은 들어본 적이 없다면서 '幾萬'의 군사로 임진강과 한강을 파수하여 적의 '長毆之勢'를 저지할 수 있다고 보는 것은 兵法의 상식을 모르는 일로 간주하였다. 이귀는 蜀漢의 昭烈帝가 80리에 걸쳐서 진영을 배열했다는 말을 듣고 孔明이 그 必敗를 예상했다는 예를 들어 그것이 병법의 상식에

---

43) 『仁祖實錄』 卷15, 仁祖 5년 丁卯 2월 甲子, 34-178, 45ㄴ.
44) 『仁祖實錄』 卷15, 仁祖 5년 丁卯 2월 己未, 34-177, 43ㄱ.

어긋나는 일임을 지적하고, 그렇게 진영을 배열하였을 때 적이 충돌해 와서 '一灘'이라도 먼저 무너지면 모든 여울을 지키는 군사들이 파죽지세로 붕괴될 것이라는 것이 그의 주장이었다.[45]

따라서 이귀는 정묘년의 강화는 단순히 종사만을 위한 것이 아니라 '保生民'을 위해서도 피할 수 없는 일이었다고 주장하였다.[46] 어떻게 '부모된 자'로서 賊이 '우리 赤子'를 '양떼' 몰고 다니듯 하는 것을 차마 볼 수 있겠느냐면서, '保生民'이야말로 '安宗社'의 관건이라고 하여 이귀는 자신의 主和論이 '國事와 民事의 일치를 추구하는 保民論'의 발현이었음을 누누이 강조하였다. 자고로 오랑캐[戎狄]와 강화하는 것은 종사를 보존하고 邊民을 보호하기 위한 것인데 天子之尊으로도 歲幣나 求婚 또는 割地의 請조차도 따라주면서 '羈縻'하는 계책으로 삼는다는 것이다. 적을 막는 방법은 戰·守·和 三策이 있는데, '方今事勢'가 戰·守 兩策을 쓸 수 없는 상황이어서 '生聚敎訓'하기 전에는 마땅히 '강화'라는 '一策'에 의해 '羈縻之計'로 삼아서 목전의 다급한 상황을 구하는 것이 謀國大計라는 주장이었다. 따라서 강화한 이후의 自强之策은 安民·保民에 가장 역점을 두어야 마땅한 일이었다.[47]

그리고 그는 이것이 對明義理論과도 전혀 모순되지 않는다고 보았다. 그는 정묘년의 강화가 임진왜란 때 우리를 구원해준 '天朝之恩'을 저버린 것이 아니라 '臨時制權'한 것으로서 '權變爲經'은 '自古로 聖賢도 면하지 못한 일'이라고 합리화하였다.[48] 1630년 後金軍이 明의 수도인 연경을 포위했다는 소식이 전해지자 이귀는 '君父'를 위해 근왕

---

45) 『李忠定公章疏』卷9,「申論軍務畫一箚」(丁卯 9월), 8쪽.

46) 『李忠定公章疏』卷9,「申論軍務畫一箚」(丁卯 9월), 5ㄱ.

47) 『李忠定公章疏』卷13,「請別贈金差且給宴資箚」(己巳 2월 27일), 16ㄴ.

48) 『李忠定公章疏』卷15,「請令各道預爲抄兵以備入援天朝啓」(庚午 2월 4일), 33ㄱ.

병을 소집할 것을 주장하였는데, 그는 이것이 정묘년 주화론과 전혀
모순되지 않는다고 간주하였다.[49] 정묘년의 주화론이 '國勢를 헤아려
서' 나온 '권도로 국가를 도모하는 계책'[權宜謀國之計]이었다면, 당시
'미리 정예병을 선발하여 皇命을 기다리는 것'[預抄精銳 以待皇命者]
역시 '謀國의 權道'라는 것이다.[50] 이로써 그가 '臨時制權'하여 '權變
爲經'할 수 있다고 보는 기준은 國勢=事勢에 있음을 알 수 있다. 이
귀는 자신의 이러한 經權論을 "국가를 도모하는 방도는 하나만 있는
것이 아니다. 經도 있고 權도 있는데, 勢가 있는 곳에서는 權이 변해서
經이 될 수도 있다"라고 정리하였다.[51]

2) 丁卯胡亂 이후 主和·斥和 論爭

(1) 權道論과 '正論'의 대립

정묘호란으로 후금과 강화하고 난 이후에도 동북아 정세는 더욱 긴

---

49) 金鍾圓 1999, 앞의 책, 142~143쪽 참조.
50) 『李忠定公章疏』 卷16, 「三請抄兵以待皇命箚 再箚」(庚午 3월 11일), 14ㄴ.
51) 『李忠定公章疏』 卷10, 「請對不許時啓」(戊辰 7월 2일), 27ㄴ, "謀國非一道 有
經有權 勢之所在 權亦變而爲經." 조선후기에 經權論이 중요한 정치 논점으
로 떠오른 것에 대해서는 김용흠, 2000, 「朝鮮後期 肅宗代 老·少論 대립의
論理」, 『韓國史의 構造와 展開』, 河炫綱敎授定年紀念論叢, 650~654쪽 ; 박
현모, 2001, 『정치가 정조』, 푸른 역사, 제1부 제1장 「정조의 정치현실 인식과
권도론」 참조. 숙종대 후반이나 정조대에 탕평론을 합리화하기 위해 權道論
이 원용되었다는 점이 주목을 요한다. 이것은 仁祖代 主和論이 18세기 탕평
정치론의 先河를 이룬다는 점을 시사하는 것으로도 볼 수 있기 때문이다. 이
보다 앞서 朴光用은 宋時烈의 經常論에 맞선 許積의 處變論을 주목한 바 있
고(朴光用, 1999, 「『許相國奏議』 解除」, 大東文化硏究院), 정조의 탕평론을
權道論으로 규정하였다(朴光用, 2000, 「李同歡, 「正祖 聖學의 性格」 토론문」,
『民族文化』 23, 36~37쪽). 그리고 정조의 측근 신하였던 洪良浩의 '經權論'
을 인용하여, 經·權·覇 3분법이 정치현상을 설명하는 데 유효하다고 주장
하였다.

장이 고조되고 있었다. 후금과 명의 충돌은 더욱 잦아지는 가운데 椵島에 주둔하고 있던 모문룡이 1629년에 寧遠巡撫 袁崇煥에게 참수된 뒤, 1630년에는 劉興治 형제가 명과 후금 양쪽에서 間計를 부리다가 1631년 沈世魁・張燾 등에게 피살되었으며, 1633년에는 登州에 있던 명의 孔有德・耿仲明 등이 반란을 일으키고 후금에 투항하는 등 정세가 시시각각으로 급변하고 있었다.[52] 한편 정묘호란 이후 '明에는 事大, 後金에는 交隣'이라는 원칙 하에 '兄弟之國'으로서 후금과의 공식적인 관계가 시작된 이래 歲幣・開市・刷還 등의 문제로 조선과 후금 사이의 갈등 역시 고조되어 갔다.[53] 이러한 복잡한 정세의 변동으로 인하여 주화론과 척화론의 논쟁도 더욱 격화되지 않을 수 없었는데, 이귀는 자신의 독특한 '經權論'에 의거하여 거의 모든 사안에 대해 자신의 주장을 적극 개진하였다.

刷還 문제는 胡亂 중에 붙잡힌 조선인이 본국으로 도망오는 경우, 조선정부가 이를 붙잡아서 되돌려 보내야 한다는 규정에서 비롯되었다. 그런데 조선정부가 그것을 성실히 이행하지 않았기 때문에 점차 문제가 되었다. 포로로 후금에 붙잡혀 간 것만도 억울한데 후금을 탈출하여 돌아왔다고 해서 잡아보내는 일은 아무리 和約에 규정이 있더라도 정부로서 차마 할 수 없는 일이었기 때문이다. 조선정부가 쇄환에 적극성을 보이지 않자 후금 태종은 '贖還'이라는 합법적 방법을 제시하고, 피랍된 조선 피로인의 속환 장소에서 開市할 것을 제안하자 조선정부는 이를 수용할 수밖에 없었다.

이에 '속환'을 빙자한 후금인의 농간이 점차 심화되었으며, 1626년 2

52) 金鍾圓, 1999, 앞의 책, 114~115쪽, 143쪽, 151쪽 ; 한명기, 1999, 『임진왜란과 한중관계』, 역사비평사, 390~406쪽 참조.
53) 崔韶子, 1997, 앞의 책, 105~120쪽, 304~313쪽 ; 金鍾圓 1999, 앞의 책, 113 ~155쪽 참조.

206

월 개시가 열린 이래 속환되어 오는 사람은 점차로 감소하는 반면 도
망자[走回人]의 수는 점차로 급증하자 같은 해 5월에 후금에서는 國書
를 보내 강력하게 항의하고, 이어서 6월에는 胡差 朴仲男을 보내 도망
자 쇄환과 회령개시를 추가로 요구하였다.54)

　여기에 대해 인조는 "의리로 말한다면 온 나라가 兵禍를 입는다 하
더라도 결단코 刷送할 수 없다"고 말하자 洪瑞鳳, 鄭經世가 여기에 동
조하였다.55) 李景稷, 李貴 등이 事勢論을 내세워 몇 명이라도 쇄송해
야 한다고 주장하자 吏曹判書 張維가 상소하여 쇄송은 '天理와 人情
에 비추어 보아 차마 할 수 없는 일'[天理人情之所不忍]이라고 전제하
고 '비록 한두 사람을 쇄송하더라도 千百人을 보내는 것과 다를 것이
없다'고 강력하게 반발하면서 '국가의 근본은 민'[國之爲國 以民爲本]
인데 '민을 버리고 나라를 다스리는 것'은 '自古로 있어 본 적이 없다'
라고 民本論을 내세웠다.56)

　이귀는 장유의 말이 '經'이지만 '謀國에는 一道만 있는 것이 아니라
經도 있고 權도 있다'면서 '勢之所在'에 따라서 '權이 변해서 經이 되
는 경우도 있다'고 반박하였다.57) '今日의 國勢'가 '때에 맞추어 기미를
살펴서 變에 대처하는 것이 마땅함을 얻지'[隨時察機 處變得宜] 못하
면 장차 '예측하기 어려운 큰 환란'이 반드시 있을 것인데, 장유 등이
"오로지 당당한 正論만을 고집할 뿐 변화에 대처하는 權道의 마땅함
을 모른다"[徒守堂堂之正論 不顧應變之權宜]고 비판하고 義州에 拘
留되어 있는 약간 명을 쇄환하여 후금을 무마해야 한다고 주장하였
다.58)

<hr>

54) 金鍾圓, 1999, 앞의 책, 133~136쪽 참조.
55) 『仁祖實錄』 卷18, 仁祖 6년 戊辰 6월 壬子, 34-277, 64ㄱ.
56) 『谿谷集』 卷18, 「論刷送箚」, 叢刊 92-298, 15ㄱ～ㄴ.
57) 『仁祖實錄』 卷19, 仁祖 6년 戊辰 7월 庚申, 34-278, 1ㄱ.
58) 『李忠定公章疏』 卷10, 「請釋送義州拘留人箚」(戊辰 6월 30일), 36ㄴ.

이귀는 장유의 주장은 宗社의 存亡을 고려하지 않고 '억지로 큰 소
리를 쳐서 사람들 듣기에만 시원하게' 하는 '명예를 구하는 선비'[沽名
之士]나 하는 짓이지 '국가 대계를 도모하는[謀國大計] 자'는 차마 못
할 짓이라고 비판하고, '沽名之士'='低聲細語'者를 '識時務'='謀國大
計'者와 대비시키면서, 장유의 '큰 소리'에 넘어가 소견을 바꾼 대신들
을 비난하였다.[59] 이 일은 당초에 元老大臣과 廟堂諸宰의 '멀리 내다
보는 식견이 있는 사람들'이 正論을 固守하는 것이 '강직하다는 명예
를 얻는'[以沽直名] 것임을 알면서도 國勢의 緩急을 參酌하여 '權宜處
變之道'로 대처하기로 한 것이었는데, 장유의 '큰 소리'가 한 번 나오자
아무도 여기에 대항하지 못하였고, 備局에서도 처음의 자기 견해를 고
수하지 못하였다는 것이다.[60] 또한 인조가 '장유의 말이 자신의 뜻과
같다'면서, '이 일로 인해 비록 兵禍를 다시 당하더라도 차마 후금의
주장대로 따를 수 없다'고 말한 것을 '愛民의 小恩'만 알 뿐, '宗社의
大計'는 모르는 것이라고 비판하였다.[61]

여기에 대해 注書 姜瑜가 상소하여 인조에게 '聖意를 굳게 견지하
고 괴상한 의논을 통렬하게 배척'하여 '의리를 어기지 말고 인심을 잃
지 말라'고 청하고, 이귀를 '妄言으로 나라를 그르치고 다른 사람의 입
을 막으려는 죄'로 처벌하여 '忠臣義士를 위로해야 한다'고 주장하자[62]
大司諫 李楘 등이 여기에 동조하면서 이귀를 비판하였다.[63]

---

59) 『李忠定公章疏』卷10, 「復請對時啓」(戊辰 7월 3일), 33ㄱ~ㄴ. 이때 소견을
   바꾼 대신은 좌의정 오윤겸과 우의정 김류였다(『仁祖實錄』卷19, 仁祖 6년
   戊辰 7월 壬戌, 34-278~279, 1ㄴ~2ㄱ 참조).
60) 『李忠定公章疏』卷10, 「被臺論後申請刷送疏」(戊辰 7월 5일), 34ㄱ~ㄴ.
61) 『李忠定公章疏』卷10, 「復請對時啓」(戊辰 7월 3일), 31ㄴ.
62) 『承政院日記』22冊, 仁祖 6년 戊辰 7월 2일 辛酉, 2-1, 上ㄱ~ㄴ.
63) 『仁祖實錄』卷19, 仁祖 6년 戊辰 7월 壬戌, 34-278, 1ㄴ, "大司諫李楘 司諫
   金南重 正言鄭百亨啓."

그러자 이귀는 자신이 '다른 사람이 근심하지 않는 것을 근심하고 다른 사람이 말하지 않는 것을 말하여'[憂人所不憂 言人所不言] 主和論을 주장한 이래 늘 '目前姑息'者='時輩'에게 공격당하여 '時人이 發身하는 奇貨'가 되었다고 개탄하였다. 즉 자신을 공격하는 것을 '立功'으로 삼고 자신을 배척하면 명예를 얻어서 顯班으로 나가게 되니, 빨리 출세하고 싶은 사람은 자신을 공격하지 않으면 안 되게 되었다는 것이다.64)

이 일은 병조판서 이정구가 상소하여 이귀의 권도론에 동조하고 최종적으로 비변사에서 이정구의 계사를 따를 것을 청하자 인조가 따라줌으로써 의주에 있는 구류인 몇 명을 쇄환하는 것으로 종결되었다. 이 때 비국계사는 다음과 같다.

　쇄송 주장은 深思遠慮에서 나온 禍를 완화시켜 保民하는 계책인데, 쇄송이 불가하다는 주장은 단지 그것이 불가하다고만 말할 뿐 폐단을 구할 수 있는 방책을 제시하지는 못하였다.65)

이처럼 당시 조정에서 刷送이 '紓禍保民'으로 공인되는 데 여러 가지 우여곡절을 겪지 않으면 안 되었는데, 여기에는 주자학 명분론과 의리론이 도덕적 명분주의자들에 의해 유력한 정치공세의 수단으로까지 이용되었기 때문이기도 하였던 것이다. 이에 맞서 정치적 현실주의자들이 국가와 민생을 보존하기 위해 내세운 논리가 바로 권도론이었음을 쇄환을 둘러싼 이 시기의 논쟁은 분명하게 보여준다. 이러한 문제는 당시 관인 유자들을 지배하고 있던 주자학 명분론과 의리론이 변화하는 국제정세의 현실과 괴리되면서 발생한 것이었는데, 권도론은

---

64) 『李忠定公章疏』卷10,「請罷斥疏」(戊辰 7월 6일), 35ㄴ~36ㄱ.
65) 『仁祖實錄』卷19, 仁祖 6년 戊辰 7월 丙寅, 34-279, 2ㄴ.

주자학 명분론의 모순과 한계를 극복하는 논리로서 원용되었던 것이다.

정묘호란에서 병자호란 사이에 이러한 문제들은 계속 발생할 수밖에 없었다. 주자학 명분론과 의리론에 입각하여 명에는 事大하고 후금에는 교린한다는 원칙은 명과 후금 사이의 역학관계의 변동에 따라서 현실과 괴리될 수밖에 없는 상황에 처해 있었기 때문이다. 정묘년의 화약은 조선과 후금 모두에게 불만스러운 것이었으므로 언제든지 깨어질 수 있는 성질의 것이었다. 그렇지만 조선으로서는 독자적인 역량으로 후금을 방어할 수 없는 한 이를 어기는 것은 무모한 일이었다. 그리하여 이귀는 가능하면 후금을 자극하지 말고 힘을 키우자는 입장이었다. 그런데 주자학 명분론・의리론에 집착하는 한 후금과 교류하는 가운데 사소한 일에서도 사사건건 마찰을 피하기 어려웠다.

예를 들면 후금의 사신 가운데 우리나라 '北道의 土兵 출신'으로서 후금에 항복한 朴仲男에 대한 대우가 문제되었다. 박중남은 당연히 다른 후금인 사신과 동일하게 대우해 줄 것을 요구하였는데, 여기에 대해 가장 강력하게 문제를 제기한 것은 金尙憲이었다. 인조가 금나라 사신을 만날 때 박중남을 의자에 앉게 하자 김상헌이 상소하여 여기에 반발하였는데, 그 이유는 '禮義名分'에 어긋난다는 것이었다. 그는 우리나라가 兵力이 隣敵에 비해 떨어지더라도 이처럼 유지 보존해 온 것은 '예의명분' 때문인데 이제 그것을 스스로 무너뜨리고 박중남을 '전하 앞에 앉혀서 사신의 예로 대우'하였으니 '동해 바다의 물을 다 퍼서도 그 부끄러움을 씻기에 부족하게 되었다'고 극언하였다.[66] 敵國을 대응하는 방도에는 따를 수 있는 것과 없는 것이 있는데, 禮에 어긋난 일은 '存亡'이 달려 있는 일이라도 자결할 각오로 결사적으로 싸울 뿐

허례로 가볍게 허락해서는 안 된다는 것이 그의 주장이었다.[67]

이에 대해 이귀는 박중남을 더욱 더 厚待해야 한다고 대조적인 주장을 폈다. 박중남이 '오랑캐로서 매우 흉악하고 교활한 자'이기는 하지만 그의 父兄이 모두 우리나라에 살고 있고 그도 또한 우리나라에서 태어난 사람이니 '자질구레한 예절'은 따지지 말고 도리어 '厚貨'로 '그의 마음을 기쁘게 하기에 힘써야' 한다는 것이었다.[68] 그래서 우리가 그를 대우하는 것이 후금의 汗이 그를 대우하는 것보다 더 낫다면 그를 우리편으로 끌어들일 수도 있다고 보고 있었다. 이귀는 孫子兵法의 反間計를 인용하면서 '敵間'을 얻어서 '吾間'으로 만들어 가지고 '間敵'하게 하여 '吾事'를 성취시키기 위해서는 厚弊가 반드시 필요하다고 보았다. 이귀는 박중남을 잘못 다루었을 때 그가 후금에 가서 우리나라를 모함하여 '和事'를 무너뜨려 '大禍가 장차 미칠' 수도 있는 일이니, 박중남에게 별도의 뇌물을 주어 그를 '內間'으로 삼는 것이 '當今의急務'라고까지 주장하면서 '謀國之言'이 '正論'과 相反되는 것은 '이치가 그러하기 때문이다'[理固然也]라고 합리화하였다.[69] 이귀는 권도론에 의거하여 박중남을 間者로 활용하자는 파격적이면서도 진취적인 주장을 개진하였던 것이다.

開市 문제에 대해서도 이귀는 김상헌과 대조적인 논리를 폈다. 식량조달과 물자 공급 문제는 정묘호란의 중요한 원인으로 거론될 정도로당시 후금으로서는 절박한 문제였는데, 정묘호란 이후 후금은 명나라로부터 공급받던 식량과 물자를 조선을 통해서 조달하기를 원하고 있었다. 그들이 속환을 구실 삼아 개시를 제의한 것도 바로 그것 때문이

---

67) 『淸陰集』卷18,「論金差招見禮講定錯謬箚」(己巳 8월 23일), 叢刊 77-249,
　　17ㄱ.
68) 『李忠定公章疏』卷13,「請別贈金差且給宴資箚」(己巳 2월 27일), 17ㄱ.
69) 위와 같음, 17ㄴ.

었다.

조선왕조에서는 명나라의 반응을 의식하면서 개시에 소극적이었는데, 후금의 강력한 요구에 의해 매매 물품은 土産物로 제한하고 中國物化의 판매를 엄금하게 한다는 조건을 붙여서 개시에 동의할 수밖에 없었다.[70] 그러나 정작 개시가 열리자 거래되는 물품은 중국산 견직물[緞子]과 면포[靑布]가 많았다. 후금의 고관이 대개 중국산 고급 견직물을 원했기 때문이다. 이에 조선정부는 이를 왜관과 가도에서 무역하여 개시에 내놓을 수밖에 없었는데, 김상헌이 이를 비판하고 나왔다.

김상헌은 정묘년 화약은 事勢가 부득이하다는 것을 알기 때문에 명나라에서 용서해줄 수도 있는 일이지만 만약 中國 物貨를 갖고 후금과 互市하는 줄 알면 반드시 '大怒하여 배척'하게 될 것이고 모문룡이 명나라 조정에 우리나라를 모함하는 단서가 될 것이라고 하였다. 그리고 '도적의 侵凌'을 두려워하여 '大義'를 돌보지 않아서는 안 된다면서, '父母之國'에서 물화를 취해다가 원수인 오랑캐에게 공급하는 것이 대의에 어떻겠느냐고 힐난하였다. 이미 화약을 맺었으니 '通關互市'는 부득이하다는 것은 인정하지만 거래되는 물화는 토산품으로 제한하고 중국 물화는 일절 嚴禁하여 後弊를 막고 후환을 끊어버려야 한다는 것이 그의 주장이었다.[71]

이에 대해 이귀는 오히려 富商大賈로 하여금 椵島의 '段紬'를 무역하여 후금의 '銀參'과 바꾸게 한다면 정묘호란으로 흩어진 '西土流民'을 還集시키는 방법이 될 수도 있다고 하면서 적극적으로 찬성하였다.[72] 그리고 臺諫이 '商賈가 후금에 왕래하는 것을 일절 금지하자'고

---

70) 開市 문제에 대해서는 金鍾圓, 1999, 앞의 책, 115~132쪽을 주로 참고하였다.
71) 『淸陰集』 卷17, 「請勿以中國物貨與虜箚」(丁卯 12월), 叢刊 77-239~240, 32ㄱ~33ㄴ.

주장하는 것은 '正論'이므로 말하기는 쉽지만 이미 강화하고 商賈의 왕래를 금지하는 것은 불가능하다면서 '正論'과 '謀國'은 '自古로 합하기 어려웠다'라고 역시 權道論을 내세웠다.[73] 그는 羈縻之計를 위해서는 開市는 불가피하다고 보고, 후금인들이 원하는 것은 중국 물화이니, '天朝'에 '移咨'하여 登州에서 중국물화를 '販貿'해다가 후금과 互市하면 數年은 무사할 것이라고 하였다. 그리고 瀋陽에 왕래하는 潛商을 엄하게 처벌하는 것은 후금의 분노만 돋굴 뿐이니 '禁商之令'을 완화해서 '사람마다 원하는 대로 시장에 나가게' 하면 '固國의 長算'은 못 되지만 目前之急은 구할 수 있을 것이라고 하였다.[74]

모문룡과 유흥치가 잇달아 피살된 뒤 가도를 둘러싸고 명과 후금 사이에 일진일퇴의 충돌이 반복되는 가운데 후금의 조선에 대한 요구사항은 점차 그 강도를 높여 나갔다. 1631년에는 유흥치가 피살된 뒤 후금이 1만 2천의 병력으로 가도를 습격하면서 조선에 군량과 병선을 요구하였지만 조선정부는 이를 거절하였다. 1632년에는 후금의 사신에게 명나라 사신과 동일한 대우를 할 것을 요구하면서 특히 후금 사신이 입국할 때는 '연로의 4대관,' 즉 平安監司, 平安兵使, 黃海兵使, 開城留守 등이 모두 성을 나와서 영접할 것을 요구하였다.[75]

1633년에는 '중국 사신으로 대우할 것'[待以華使], '군대를 파견하고 선박을 내놓을 것'[借兵助船]과 명나라와의 '사신 왕래를 단절할 것'을 歲幣 증액과 함께 요구하여 조선정부를 긴장시켰다. 이에 조정에서는 '絶和'를 각오하고 팔도에 교서를 내려 후금에 대항하여 싸울 결의를

---

72) 『李忠定公章疏』 卷9, 「申請並赦潰逃軍兵仍陳西事箚」(丁卯 12월 15일), 45ㄴ.
73) 『李忠定公章疏』 卷13, 「請勿禁通賈於虜中且送朴蘭英箚」(己巳 4월), 27ㄱ~ㄴ.
74) 『李忠定公章疏』 卷19, 「請勿禁通市虜中箚」(辛未 3월 5일), 35ㄴ~36ㄱ.
75) 金鍾圓, 1999, 앞의 책, 144~145쪽 참조.

굳혔다.76) 그리하여 안주성에는 1만의 병력이 4개월을 먹을 수 있는 양식을 마련하고, 청천강 이북의 산성에도 5, 6개월의 양식을 갖추게 하였으며, 이를 마련하기 위해 서울과 개성에서는 사대부로부터 서민에 이르기까지 3등급으로 나누어, 上戶는 5두, 中戶는 3두, 下戶는 1두씩 '出米'하게 하여 한성부에서 관장하고, 兩西는 1결당 3두씩 거두어 본도의 군량으로 삼되 管餉使가 이를 주관하게 하고, 기타 6도는 1결당 2두씩 거두어들이게 하였다.77) 그리고 體察使 金時讓을 4도 도원수로, 林慶業을 淸北防禦使로 삼고 북도의 兵馬를 조발하여 변란에 대비하게 한 다음 回答使 金大乾을 차출하여 후금의 요구를 거절하고 '이것은 너희들이 먼저 끊은 것이지 우리가 끊은 것이 아니다'라는 '絶和'를 내용으로 하는 國書를 갖고 가게 했다.78)

이 때도 이귀는 答書가 '直截'함이 지나치다고 지적하고, '絶和'라는 말이 우리에게서 먼저 나오는 것은 위험하니 답서를 고쳐서 보낼 것을 청하였다.79) 이어서 후금의 本意가 예물을 증액하는 데 있지 '맹약'을 깨자는 것은 아닌 것 같다고 지적하면서, 회답사를 파견하지 말고 후금의 반응을 지켜보자는 입장을 취하였다.80)

이 때 인조는 이를 무시하고 회답사 김대건을 파견하였는데, 도원수

---

76) 金鍾圓, 1999, 앞의 책, 124~125쪽, 149쪽 참조.

77) 『仁祖實錄』 卷28, 仁祖 11년 癸酉 正月 辛酉, 34-512~513쪽, 4ㄴ~5ㄱ. 인조가 '出米' 대상에서 '경외의 군병'은 제외하도록 하자(同, 壬戌, 34-513, 5ㄱ), 며칠 후 비국에서 外方에서도 人口數에 따라 收米하자고 건의하였지만 인조는 전결에 따른 收米를 고집하였다(同, 2월 丙寅, 34-514, 7ㄱ~ㄴ).

78) 『仁祖實錄』 卷28, 仁祖 11년 癸酉 正月 庚申, 34-512, 4ㄱ.

79) 『李忠定公章疏』 卷24, 「請改送回答胡書箚」(癸酉 2월 5일), 15ㄱ~16ㄴ.

80) 『李忠定公章疏』 卷24, 「請勿回答胡書箚」(癸酉 2월 6일), 16ㄴ. 이 때 최명길역시 상소하여 絶和의 위험성을 경고하였지만 인조는 살피지 않았다고 한다 (『仁祖實錄』 卷28, 仁祖 11년 癸酉 2월 戊辰, 34-514, 7ㄴ). 이 때 사평에서 최명길만 상소하였다고 한 것은 李貴의 이 箚子를 몰각한 것이었다.

214

김시양과 副元帥 鄭忠信 등이 김대건을 의주에 머물러 있게 하고 연명으로 상소하여 그들의 본심은 예단을 증액하는 데 있고, '絶和'는 위험하니 국서를 고쳐 보내야 한다고 주장하였다. 이들은 '현재 서로의 군량은 2만 명의 병사가 반 년 동안 먹을 것도 없다'면서 '한 해 동안 군사를 부리는 비용'이 '수년간 내는 예단'보다 많으니 어느 정도는 후금의 요구를 수용해서라도 전쟁은 피해야 한다는 입장이었다.[81]

인조는 이를 비국에 내렸는데, 비변사에서 비로소 '絶和는 위험하다'고 보는 것이 중론임을 밝히면서 이들의 요구대로 국서를 고칠 것을 청하고, 그러나 김시양 등의 상소는 '장수는 화의를 말하지 않는 대의에 어긋난다'면서 추고할 것을 청하였다. 아마 김시양 등의 상소보다 비국의 이러한 계사가 인조의 분노를 촉발하였던 것 같다.

인조는 '무신은 춥지도 않은데 떨고 문관은 천장을 보고 슬퍼하며 황황히 날을 보내면서 군상에게 허물을 돌린다'고 신료들의 무책임한 태도를 질타하고, 김시양 등이 '멋대로 사신을 구류하고 조정을 지휘'한 죄는 斬首 죄에 해당한다고 분노를 표출하였다.[82] 그렇지만 결국 신료들의 의견을 수용하여 국서를 고쳐 보내자, 후금에서 세폐를 증액시키고 화의를 지속할 뜻을 보내와 이를 수용하여 문관으로 春信使를 차출하여 예물을 보냄으로써 잠정적으로 긴장 국면이 해소되었다.[83]

(2) 經權論의 變奏 : 抄兵待命論 대 劉興治 討伐論

그러나 이귀가 늘 主和의 입장에만 있었던 것은 아니다. 1630년 초에 후금이 연경을 포위했다는 소식을 듣자 이귀는 明에 대한 '事大의 大義'를 내세워 후금을 공격하자고 강력하게 주장하였다. 후금은 1629

81) 『仁祖實錄』 卷28, 仁祖 11년 癸酉 2월 癸酉, 34-514, 8ㄱ~ㄴ.
82) 『仁祖實錄』 卷28, 仁祖 11년 癸酉 2월 癸酉, 8ㄴ~9ㄱ.
83) 『仁祖實錄』 卷28, 仁祖 11년 癸酉 3월 戊戌, 34-518, 15ㄱ~ㄴ.

년 10월에 종래와 같이 寧遠·錦州로 진격하지 않고 우회하여 만리
장성을 넘어 關內의 薊州·三河·通州를 거쳐 燕京을 핍박하였고, 다
음 해인 1630년 2월까지 遵河·永平·灤州·遷安 등지를 점령하여 이
곳을 대 베일레[貝勒] 阿敏(누르하치의 동생 슈르가치의 아들)을 시켜
수비하게 하고 원정군은 귀환하였다. 그러나 그 해 5월 명군의 대반격
을 받고 후금군은 대패하여 막대한 군사적 손실을 입고 아민은 병기를
버린 채 도망하였다고 한다.[84]

　　이 소식이 조선에 전해진 것은 1630년 정월 말경이었는데, 인조 역
시 "만약 병력이 조금이라도 있다면 이끌고 가서 오랑캐의 소굴을 뒤
엎어버릴 바로 그 시기에 도리어 그들에게 信使를 파견하려니 일로 보
아도 옳지 않고 마음도 불안하다"고 아쉬움을 표현하였다.[85]

　　이 때 이귀가 나서서 병력의 동원을 강력하게 주장하였는데, 흥미로
운 것은 다음과 같이 특유의 權道論으로 그것을 합리화하고 있다는 점
이다.

　　　事에는 완급이 있고 時에는 놓쳐서는 안 되는 때가 있는데, 智者만
　　이 因時制事하여 後悔하는 일이 없다[86]

'因時制事'를 강조하는 時勢論, 또는 事勢論이라 할 만한 주장인데, 정
묘년 주화론을 주장하면서 내세운 바로 그 經權論이었다. 말하자면 丁
卯年(1627)의 主和論과 庚午年(1630)의 主戰論은 논리는 같되 時勢가
다르다는 것인데, 경오년에 달라진 시세란 후금과 명나라가 서로 대치
한 상태에서 몇 개월이나 승패가 결판나지 않았다는 점을 들고 있다.

---

84) 金鍾圓 1999, 앞의 책, 142쪽 참조.
85) 『仁祖實錄』卷22, 仁祖 8년 庚午 正月 戊申, 34-363, 8ㄴ.
86) 『李忠定公章疏』卷15, 「再箚」(庚午 2월 9일), 35ㄱ.

216

그는 '抄兵'의 利點을 세 가지로 제시하였는데, 첫째는 우리나라 '民人'
이면 누구나, '愚夫愚婦'라도 모두 '君臣大義'를 알게 한다는 점, 둘째
로는 명나라에 우리나라가 한 마음으로 충성할 마음을 갖고 있다는 것
을 알게 할 수 있다는 점, 셋째로는 후금에게는 조선이 명나라를 위해
'죽는 한이 있어도 절개를 지킬 것'[爲君死節]이라는 점을 보여서 '우
리를 꺼리는 마음'을 갖게 한다는 점 등이 그것이다. 그리고 전국적으
로 2만여 명을 동원할 수 있는 구체적인 調兵 방안을 제시하고, 여기
서 제외된 사람들은 兩班·常漢을 물론하고 각각 米·布를 내어 3개
월분의 군량을 마련하게 하며, 軍器와 戰馬는 '公私家'에서 '있는 대로
책임지고 내게'[隨所有責出] 하여 各道의 兵使가 이들을 인솔하고 조
정의 명령을 기다리게 하자고 제안하였다.[87]

　이귀는 자신의 의견이 받아들여지지 않자 우선 자신의 箚子에 대한
備局回啓를 축조 비판하면서 묘당의 대신들이 인조의 '事大'에 대한
'至誠'을 저버리고, 天下後世에 大義를 밝힐 수 없게 했다고 비난하였
다. 이어서 이귀의 비판의 화살은 침묵을 지키는 대간들에게로 향하였
다. 이귀는 '강화도에서 斥和를 외치던 臺諫들은 모두 어디로 갔느냐'
면서 자신의 '抄兵' 주장을 '大言'이라고 비판한 대간은 '大義'에 어두
워서 '天下萬世에 得罪'한 것인데 이들을 출사시킬 것을 청한 또 다른
대간의 處置 啓辭는 '윤리를 해치고 기강을 무너뜨리는 말'로써 '萬古
의 綱常이 이 말 한 마디로 남김없이 추락하였다'고 극언하면서[88] '君
臣大義'가 臺閣에서 무너졌다고 개탄하였다.[89]

---

87) 『李忠定公章疏』 卷16, 「申請抄兵入援天朝箚」(庚午 2월 23일), 6ㄴ.
88) 『李忠定公章疏』 卷16, 「因臺諫攻斥請罪箚」(庚午 3월 4일), 9ㄴ～11ㄱ. 사헌
　　부의 처치 계사는 연대기에서는 찾을 수 없는데, 이귀 차자에 인용된 것을 보
　　면 "臺諫被人譏議 則法當引嫌 箚中提起往事 則勢難處置 而連起鬧端 失有
　　所歸 不可以此輕遽言官"(同, 9ㄴ)으로 되어 있다.
89) 『李忠定公章疏』 卷16, 「三請抄兵以待皇命箚」(庚午 3월 5일), 13ㄴ, "君臣大

이귀는 이처럼 '君臣大義'를 내세워 신료들을 비판하였지만 자신의 정묘년 주화론이나 그 뒤의 포로 쇄송을 주장한 것이 모두 '直截'한 논의가 아니라 '國勢'를 헤아려서 나온 '權宜謀國之計'였던 것과 마찬가지로 지금 '미리 정예병을 뽑아서 皇命을 기다리자'[預招精銳 以待皇命]고 주장하는 것도 '謀國의 權道'이지 '直截한 大言'은 아니라고 하였다. 義理로 말한다면 君父가 포위되었으니, '우리 병력을 모두 동원하여 저들의 소굴을 바로 공격해야'[盡我兵力 直擣巢穴] 마땅한 일인데, 자신이 '抄兵待命'을 주장하는 것은 '觀望'에 가까울 뿐 어떻게 '大言'이 되겠느냐고 반박하고 나서 자신의 주장이 실제로는 '利害를 計較해서' 나온 것이라고 고백하였다.[90]

이귀는 자신의 주장이 '堂堂大義'가 아니라 실제로는 '謀國의 遠慮'에서 나왔다면서 다음과 같이 말했다.

> 단지 天朝에게 우리의 충성심[拱北之忠]을 알려서 후금과 결탁하였다는 의심을 깨는 것뿐만 아니라 胡虜에게도 우리가 主君을 위한 死節之義가 있음을 알게 하여 주도권이 우리에게 있게 되면 그들도 우리를 꺼리는 마음을 갖게 되어 操縱與奪이 그들에게 있지 않게 될 것이다.[91]

즉 후금과의 관계에 대한 명나라의 의심을 씻어버릴 뿐만 아니라 '군주를 위해 죽음으로 절개를 지키는 의리'에 대한 단호한 의지를 후금

義 竟壞於臺閣 烏可以堂堂大義 有所責望於今日之臺閣乎."
90) 『李忠定公章疏』卷16, 「三請抄兵以待皇命箚 再箚」(庚午 3월 11일), 14ㄴ~
　　15ㄱ. 당시 이귀의 주장은 "조선의 병력을 총동원하여 적의 소굴을 쓸어버리자[盡我兵力 直擣巢穴]"(金鍾圓, 1999, 앞의 책, 143쪽)는 것이 아니라 "미리 정예병을 뽑아 皇命을 기다리자[預抄精銳 以待皇命]"는 것이었다.
91) 『李忠定公章疏』卷16, 「四請抄兵事仍請治李時英之罪箚」(庚午 3월 24일),
　　19ㄴ.

218

에 과시함으로써 후금과의 관계에서 주도권을 확보하자는 계산이 깔려 있다는 것이다. 이귀는 이것을 兵法에서 말하는 虛虛實實의 전술[以虛爲實 以實爲虛]이라고 주장하였다. 즉 그의 權道論은 義理 속에서 利益를 극대화시키고, 利益를 통해서 義理를 구현하려는 政治的現實主義의 극치를 보여준 것이기도 하였던 것이다.

이귀의 이러한 끈질긴 주장은 결국 수용되지 않았는데, 끝까지 여기에 동의하지 않는 신료들을 비판하는 이유로서 그가 '君臣의 義理'와 '父子의 倫理'을 돌보지 않아서 '義理가 모두 무너졌기 때문'이라는 것과 함께 '大利害'에 직면하여 '目前姑息만을 급하게 여긴다'고 지적한 것 역시 그의 이러한 權道論의 소산으로 볼 수 있는 것이었다.92) 여기에 나열된 이귀를 비판하는 계사를 보면 당시 조정 신료들이 무조건 斥和와 主和 한 편에 서 있었던 것은 아니라는 것을 확인할 수 있다.

이 때 이귀는 현직 兵曹判書였고, 인조반정 공신 중에서도 김류와 같은 靖社 '元勳'이었으며, 70대의 老政客이었다. 그런 지위에 있는 그의 상소문이 무려 10여 차례가 넘게 제출되었는데도 철저히 무시되었다는 것 자체가 이례적인 일이었다. 그것도 명나라에 대한 '事大의 義理'를 내세우는 상소문이 이처럼 무시되었다는 것은 특기할 만한 일이었던 것이다. 『仁祖實錄』에 보이는 여기에 동조한 상소문은 副護軍申誠立의 上疏 딱 하나뿐이었다. 그는 명나라가 '父母의 나라'이고 우리로서는 '再造의 은혜'를 입었는데, 皇城이 몇 개월째 포위되었다는 소식을 듣고도 군사를 징발하지 못하는 현실을 통탄하면서, 元老重臣, 즉 이귀에 의해 여러 차례에 걸쳐 표명된 '군대를 훈련하여 명령을 기다리자는 뜻'이 수용되지 못한 것을 비판하였다. 그는 군사 수만을 선발하여 황주와 평산 사이에 진주시켜 '곤경에 달려가는 의리'를 밝히고

---

92) 『李忠定公章疏』 卷16, 「五請抄兵事箚」, 24ㄴ.

'주변을 굳히는 계책'으로 삼는다면 일거양득이라고 주장하였지만 비국에서 '그대로 놔둘 것'[姑置之]을 청하자 인조가 따라서 역시 철저히 무시되었다.[93)]

이것은 사실 이귀와 김류의 대립을 반영하는 것이기도 하였다. 정묘호란 이전에도 그랬지만 그 이후에도 두 사람은 사사건건 대립하였다. 앞서 살펴본 바와 같이 인성군 이공의 처벌을 둘러싼 책임론 대 의리론, 정국 운영을 둘러싼 조제론 대 조정론, 원종추숭 논쟁에서 드러난 왕권론 대 신권론 및 이후 살피게 될 경세론에서의 변법론 대 수법론 등의 대립은[94)] 모두 이귀 대 김류의 대립에 대응되는 것이었다. 표면적으로만 보면 정묘호란 당시 주화론에서는 이귀와 김류가 동일한 듯이 보이지만, 앞서 살펴본 바와 같이 강화도와 남한산성을 보장으로 삼는 이귀의 수도방위론에 대항하여 김류는 임진강 파수론을 주장하여 대립한 바 있다.

정묘호란 이후에는 방어전략을 두고도 이귀와 김류는 서로 대립하였다. 정묘호란 이전과 마찬가지로 이후에도 이귀는 南軍赴防論에 반대했는데, 김류는 '南軍 調發은 그만둘 수 없다'는 입장이었으며,[95)] 이귀가 정묘호란 이후 兩西의 民生이 피폐하여 築城보다 保民이 급하다는 입장이었던 것에 비해 김류는 안주성 축성은 그만둘 수 없다는 입장이었다.[96)]

이것은 연대기에 드러난 것일 뿐 사실상 김류는 이귀의 鎭管體制 復舊論과 五衛制 復舊論을 골자로 하는 首都防衛論에 반대했다고 보

---

93) 『仁祖實錄』卷22, 仁祖 8년 庚午 3월 辛卯, 34-367, 17ㄴ.

94) 이 책 5장 1절 참조.

95) 『仁祖實錄』卷16, 仁祖 5년 丁卯 6월 甲寅, 34-210, 44ㄱ.

96) 『仁祖實錄』卷16, 仁祖 5년 丁卯 7월 辛未, 34-214, 51ㄱ. 여기에 대한 이귀의 비판은 『李忠定公章疏』卷9, 「申論軍務畫一箚」(丁卯 9월), 5ㄴ~7ㄱ.

아야 할 것이다. 이러한 두 사람의 대립의 절정을 보여주는 일이 인조 8년(庚午)에 일어났다. 경오년 2월부터 3월까지는 이귀가 앞서 살펴본 바와 같은 經權論=虛虛實實論에 의거하여 '抄兵待命'論을 주장하였 는데, 인조와 김류가 반대하였다. 그런데 같은 해 4월에는 椵島에서 劉 興治가 반란을 일으키자 인조와 김류가 이의 토벌을 주장하였는데 이 귀는 반대하였다.[97]

이 때는 인조가 적극적으로 정벌 의지를 표명하고 여기에 좌의정 김 류와 이조판서 정경세가 적극 동조하였다. 그 이유는 '유홍치가 主將 을 戕殺하였으니 天朝의 叛賊'이므로 토벌해야 한다는 단순하면서도 명쾌한 것이었다.[98] 인조는 군사기밀이 누설되면 안 된다면서 이들이 후금과 내통하기 전에 신속하게 공격해야 한다고 주장하였다. 이 때 김류는 李曙를 대장으로 추천하여 육군은 이서가 대장이 되고 수군은 鄭忠信(1575~1636)이 맡게 되었는데, 이들은 모두 이귀 계열의 무신 들이었다.[99] 이는 이귀의 반발을 예상하고 무마하려 한 김류의 절묘한 인사였다. 그러나 이미 이귀·최명길·심기원 등이 모두 상소하여 불 가하다고 하였고, 영의정 오윤겸과 해창군 윤방도 우려를 표명하였지 만 인조는 고집을 꺾지 않았으며, 이귀가 조목조목 그 불가함을 논하 자 분노를 표출하면서[100] 그를 파직시켰다.

그렇지만 이 때도 이귀의 책무의식은 유감없이 발휘되어 이미 파직

---

97) 劉興治 반란사건의 전말에 대해서는 李泰鎭, 1977, 앞의 책, 102~103쪽 ; 金 鍾圓, 1999, 앞의 책, 143쪽 ; 한명기, 1999, 앞의 책, 396~399쪽 참조.
98) 『仁祖實錄』卷22, 仁祖 8년 庚午 4월 庚午, 34-374, 30ㄴ.
99) 李曙가 이귀의 군정개혁론에 입각하여 남한산성을 축조 관리하고 총융군을 육성하였음은 이미 언급한 바와 같고, 鄭忠信은 李恒福의 수제자이고, 이귀 의 아들 李時白과 李恒福 문하에서 동문수학한 사이였으므로 이귀 계열로 간주할 수 있으며, 그의 국방관 역시 이귀와 유사한 면이 많다(『瑞石集』卷 14, 「振武功臣錦南君鄭公謚狀」, 叢刊 145-30~35 참조).
100) 『仁祖實錄』卷22, 仁祖 8년 庚午 4월 甲戌, 34-374~375, 31ㄴ~32ㄴ.

되었음에도 불구하고 전후 약 10여 차례가 넘는 상소로 그 불가함을 논변하였다. 이귀는 義理와 利害 양 측면에서 그것을 주장하였는데, 우선 의리의 측면에서 보면 그것은 원칙적으로 명나라의 일이므로 '藩臣'인 조선이 명나라의 처치를 기다리지 않고 출병하는 것은 명분이 없다는 것이었다[出兵無名]. 따라서 그는 戰勝해도 문제라고 보고 있었다.101) 이해의 측면에서 보면 유홍치와 명 및 후금과의 관계가 불투명하고,102) 농사철인 6월 동병은 폐단이 이루 말할 수 없으며, 삼남의 한발로 인한 피해를 고려해 볼 때 한 마디로 '民力이 미치지 못한다'는 것이었다. 그의 일관된 保民論에 입각한 事勢論이었다.103)

그런데 이 때는 玉堂과 兩司에서도 이귀의 주장과 비슷한 논리로 출병에 반대하였다.104) 그리고 이서와 정충신은 정벌의 명을 받고도 사석에서 공공연하게 정벌 불가의 논리를 편 일이 최명길에 의해 인조의 면전에서 폭로되었는데도 인조는 이들을 처벌하기는커녕 자기도 좋아서 하는 일이 아니라 '조금이나마 皇恩에 보답하기 위한 것'이라고 달래기 바빴다.105) 이귀 역시 '한두 명'의 '無遠慮'한 신하들이 앞날의 이해를 따져보지도 않고 '亡國의 계책'에 찬성하였다고 비판하고,106) '名公巨卿'도 '엄격한 위엄' 때문에 '內外에서 말이 다른 것'을 면하지 못하고 있다고 꼬집어 말하였다.107) 三司에 대해서는 인조의

---

101) 『李忠定公章疏』 卷17, 「申請勿討劉興治啓」(庚午 4월 28일), 3ㄱ~4ㄱ.
102) 『李忠定公章疏』 卷17, 「申請勿討劉興治啓 第二啓」(庚午 4월 29일), 7ㄴ.
103) 『李忠定公章疏』 卷17, 「被罪後三請勿討劉興治疏」(庚午 5월 8일), 11ㄱ~ㄴ.
104) 『仁祖實錄』 卷22, 仁祖 8년 庚午 4월 丁丑, 34-376, 34ㄴ, 玉堂 上箚 ; 同, 戊寅, 34-376, 35ㄱ, 兩司 合啓.
105) 『仁祖實錄』 卷22, 仁祖 8년 庚午 4월 丙子, 34-375~376, 33ㄴ~34ㄱ.
106) 『仁祖實錄』 卷22, 仁祖 8년 庚午 4월 己卯, 34-377, 57ㄱ, "李貴覆啓曰……今日之擧 國人皆曰不可 而一二臣無遠慮者 不顧前頭之利害 贊成亡國之計."
107) 『李忠定公章疏』 卷17, 「申請勿討劉興治啓 第二啓」(庚午 4월 29일), 8ㄱ.

말 한 마디에 停啓하였다고 비판하였다.108)

유흥치의 반란은 가도를 비롯한 요동반도 연안의 섬들에 대한 명·후금의 힘의 공백 상태에서 일어난 사건이었으므로, 명나라에서조차 그를 회유하려고 하는 마당에 조선으로서 그를 토벌하는 것은 아무런 명분도 실익도 없는 일이었다. 그럼에도 불구하고 인조는 그의 토벌에 집착하여, 유흥치가 등주를 향하여 가도를 떠났는데도 수군을 가도로 진군하게 하였다.109) 인조는 書狀官 鄭之羽의 狀啓를 통해서 명 조정의 애매한 입장을 확인하고서야 비로소 '빈 섬을 공격하는 것은 무익하다'고 토로하고, 김류의 강력한 반발에도 불구하고 육군은 회군하게 하였다.110) 그러나 당시 酷暑期를 맞이하여 오랫동안 바다에 떠 있게 되자 소금과 식수 부족으로 전염병에 시달리는 수군의 참상은 말이 아니었으며, 장마철이라 弓箭과 火藥은 무용지물이 되었고, 군량마저 떨어져 기아에 허덕이고 있었다.111)

이런 상황임에도 불구하고 철병에 반대하는 '한두 신하'들을 이귀는 '識見不明'으로 몰아세웠다.112) '지금의 事勢'가 이미 공격할 수 없는 상황임을 모두 알고 있는데, 이전의 소견을 고수하는 것은 '公議에 굴복하는 것을 부끄럽게 여기는 것'[恥見屈於公議]이고 '오로지 다른 사람을 이기는 것을 일삼는 것만 알 뿐' 수천 명의 수군이 해상에서 조석

---

108) 『李忠定公章疏』 卷17, 「被罪後三請勿討劉興治疏」(庚午 5월 8일), 10ㄴ.

109) 『仁祖實錄』 卷22, 仁祖 8년 庚午 5월 戊戌, 34-381, 44ㄱ. 인조는 '군대를 동원하였다가 중도에서 그치는 것은 도적이나 하는 짓'이라면서 진군을 독려하였고, 나중에는 密書를 내리면서까지 끝까지 싸울 것을 주문하였다(『仁祖實錄』 卷22, 仁祖 8년 庚午 6월 壬戌, 34-383, 49ㄱ; 同 丙寅, 49ㄴ).

110) 『仁祖實錄』 卷22, 仁祖 8년 庚午 6월 丙子, 34-385, 52ㄱ.

111) 『仁祖實錄』 卷22, 仁祖 8년 庚午 6월 壬申, 34-384, 50ㄱ; 同, 6월 丙子, 34-385, 52ㄴ, 參贊官崔鳴吉啓; 『李忠定公章疏』 卷18, 「請罷空島舟師箚」(7월 2일), 4ㄱ.

112) 『李忠定公章疏』 卷18, 「請勿討空島啓」(庚午 6월 29일), 3ㄱ.

간에 죽음에 이르는 상황은 염두에 두지 않아서, 軍民의 원성이 국가에 돌아가게 만드는 무책임한 행동이라고 하였다.[113] 이러한 이귀의 논계를 통해서 그의 경권론＝사세론＝보민론이 식견에 바탕을 둔 치자의 책무의식의 소산으로서 정묘년 그의 주화론과 동일한 논리에 입각한 것임을 다시 확인할 수 있다.

이러한 논란은 유흥치가 등주에서 가도로 돌아온 이후에도 한 차례 더 있었는데, 이 때에도 김류가 罷兵에 반대하자, 동석하고 있던 이귀가 '김류의 말은 지나치다'고 정면에서 반박하면서, '지난날 공격하려던 마음이 아직도 가슴 속에 버티고 있기 때문에 이런 의논이 나오는 것'이라고 비판하고, '수군은 결단코 파하지 않을 수 없다'는 기존의 주장을 강하게 개진하였다. 여기에 인조가 동조하여 유흥치 토벌을 둘러싼 논란은 마침내 종결되기에 이르렀다.[114]

경오년에 일어난 이 두 사건, 즉 후금이 연경을 포위한 것에 대응한 이귀의 抄兵待命論과 김류의 劉興治 討伐論은 표면적으로는 모두 명에 대한 事大의 의리를 명분으로 삼고 제기된 것이지만 실제로는 두 사람의 사상적 차이를 반영한 것이었다. 이귀의 '抄兵待命'論이 실현되었다면 그의 평소 구상대로 전국의 군대를 精銳兵과 收布軍으로 구분하고, 전국적으로 정예병 2만이 서울에 집결하여 어떤 형태로든 군사 훈련이 실시되었을 것이다. 아마 이것이 이귀의 실제 목적이었던 것 같다. 이귀는 병조판서로서 병조에서 군사훈련을 하기 위해 여러 차례 시도하였다가 모두 김류의 반대로 인해 좌절되었다.[115] 말하자면

---

113) 『李忠定公章疏』 卷18, 「請罷空島舟師箚 第二箚」(庚午 7월 6일), 7ㄱ.

114) 『仁祖實錄』 卷23, 仁祖 8년 庚午 7월 甲辰, 34-392, 14ㄱ～ㄴ.

115) 『李忠定公章疏』 卷12, 「申論敎鍊事仍請遞職箚」(戊辰 11월 10일), 9ㄱ. 여기의 相臣은 左議政 金瑬를 말한다(『仁祖實錄』 卷21, 仁祖 7년 己巳 10월 丁卯, 34-350, 35ㄱ～ㄴ).

이귀의 초병대명론에는 명에 대한 事大의 義理를 내세워 이러한 김류의 방해를 벗어나 병조판서로서 군사훈련에 전념하려는 의도가 있었던 것이다. 인조와 김류는 이로 인해 이귀에게 권력이 집중되는 것을 경계하여 그의 주장에 동조하지 않았던 것으로 보인다.

명분과 실제에서 모두 이귀에게 한 발 뒤진 인조와 김류가 이를 의식하고 이에 대한 반작용으로서 이를 만회하기 위한 계기로 활용하고자 제기한 것이 劉興治 討伐論이었던 것 같다. 유흥치 토벌을 위해 병력을 동원할 경우 그 군령권은 도체찰사 김류에게 귀속되도록 되어 있었다. 당시 가도의 중국인들은 조선에서 식량을 공급하여 연명하는 형편이었고, 더구나 가도는 명나라 영토도 아니었다. 따라서 유흥치 토벌은 쉬워 보였지만 실제로는 수많은 수군만 희생한 채 중단되고 말았던 것이다.

지금까지 정묘호란과 그 직후의 主和·斥和 논쟁을 개관하여 보았다. 왜란으로 표면화된 동북아시아 국제정세의 변동은 만주족의 성장을 자극하여 동북아시아에 새로운 긴장을 조성하였다. 만주족의 통일과 후금의 건국은 일정한 생산력 발전에 기초하고 있지만 그것의 한계에 의해 만·몽·한을 아우르는 다민족 국가로의 지향은 필연적 추세가 되고 있었다. 그리고 이미 쇠퇴해 가고 있던 명은 이들과의 공존을 모색할 역량과 비전을 상실한 상태였기 때문에 후금과 명의 충돌은 피할 수 없는 일이었다. 따라서 주자학 명분론과 의리론에 의해 對明 사대 노선을 취하고 있던 조선과 후금의 충돌 역시 불가피한 상황이었다. 더구나 인조반정으로 광해군대 명과 후금 사이에서 취한 등거리 외교를 비판하고 주자학 명분론과 의리론을 반정의 명분으로 내세우면서 집권한 인조 정권으로서는 후금의 침략에 대한 방어대책에 절치부심하지 않을 수 없었다.

그러나 국방력이라는 것이 단순히 군사력 증가나 군사 조직의 창설로 강화되는 것은 아니었다. 당시에는 『경국대전』 체제 자체가 마비된 상태였으므로 새롭게 국가체제를 재정비해야만 국방력을 강화시킬 수 있는 상황이었으며, 그 방향은 그 때까지 조선왕조를 지탱하고 있던 양대 중심축인 양반제와 지주제의 모순을 어떤 방식으로든 해소하는 것이어야만 했다. 그리하여 반정 초의 개혁 국면에서 국가의 유지와 보존을 통한 보민을 모색하는 변법론자들에 의해 양전과 대동, 호패와 균역이 논의되고, 관인·유자 사이에서 점차 지지자를 확대시켜 갔다. 이들은 호패법 시행에 역량을 집중시켜 나가고자 하였지만 수법론자들의 반발과 정묘호란으로 호패법은 결국 결실을 보지 못하고 폐기되고 말았다. 이것은 조선 봉건왕조가 국가를 방어할 수 있는 군사력을 정상적인 방법으로 증강시키는 것이 이미 불가능해진 상태에 처하였음을 의미한다.

제도개혁을 통한 국가체제의 재정비와 그를 통한 국방력 강화가 지지부진한 상황에서 후금과 정면으로 맞서는 것은 무모한 일이었다. 여기에 변법론자들이 주화론을 취하게 되는 필연성이 있었다. 수법론자들은 주자학 명분론과 의리론 및 화이론으로 대표되는 자신들의 이념을 국가 그 자체보다 중시하면서 척화론의 입장에 섰다. 이것은 이들이 아무리 자신들의 주장을 민본론으로 포장하더라도 치자로서의 책무의식을 방기한 것으로 보지 않을 수 없는 것이었다. 여기에 변방방어론, 남군부방론, 임진강 파수론으로 이어지는 이들의 방어전략은 봉건제도의 모순을 심화시켜 민의 반발만 격화시킬 뿐 방어전략으로서의 유효성을 기대하기 어려운 실정이었다.

그러나 主和論者들 역시 對明 의리론을 포기한 것은 아니었다. 정묘호란기에 주화론을 대표하였던 延平 李貴는 對明 義理論을 고수하면서도 후금과 강화하지 않을 수 없는 현실을 經權論으로 합리화하였다. 후금의 위협으로부터 국가를 유지하는 것이 保民의 관건이라고 간주한 이귀는 事勢·形勢·時勢에 따라서 權道를 행사하면[因時制權] '權이 變하여 經이 될 수도 있다'고 보았다. 그것은 물론 自强을 위한 限時的인 '謀國의 權道'로서였다. 이념보다 현실을 중시하는 이러한 사상은 治者로서의 책무의식의 표현이기도 하였다. 그가 제출한 경권론, 즉 사세론은 주자학 명분론과 화이론 그 자체를 부정하지는 않았다고 하더라도, 그러한 이념 그 자체보다 국가를 우선하는 사고였다. 따라서 현실 상황의 변화에 따라서는 주자학 명분론과 의리론을 부정하는 방향으로 나갈 수도 있는 가능성을 내포한 정치사상으로 규정하지 않을 수 없다. 즉 정묘호란기 이귀의 권도론에 입각한 주화론은 再造'藩邦'論에서 '國家'再造論으로의 전환을 분명하게 보여주었다고 생각된다.

정묘호란으로 성립된 강화는 對明 義理論 그 자체를 부정하지 않은 것이 성과라면 성과였다. '明에는 事大, 後金에는 交隣'이라는 원칙 하에 兄弟之國으로서 공식적인 외교관계가 성립되었던 것이다. 서로 충돌할 수밖에 없고, 충돌하고 있는 두 나라와 공식적인 외교관계를 맺게 된 조선으로서는 양국 사이의 관계 변동에 따라서 여러 가지 해결하기 어려운 난제에 봉착하지 않을 수 없었다. 당시 관인·유자를 지배하고 있던 주자학 명분론과 의리론에 집착하는 한 후금과 교류하는 가운데 사소한 일에서도 사사건건 마찰을 피하기는 어려웠다. 따라서 주화론과 척화론의 논쟁은 더욱 격화될 수밖에 없었다.

당시 조선과 후금 사이에서는 被攄人 刷還, 開市, 歲幣 등의 문제가 주요 논점이 되었는데, 정묘년 주화론의 연장선상에서 특유의 경권론에 의거하여 이귀는 가능하면 후금을 자극하지 말고 힘을 키우자는 입장이었다. 天理人情論, 民本論을 내세우면서 刷還 불가를 주장하는 張維·姜瑜 등 주자학 명분론자들에 대해서 이귀는 그것이 '經'이지만 謀國 방도에는 '權'도 있다면서 事勢에 따라서는 權이 變해서 經이

될 수도 있다고 반박하고 어느 정도의 쇄환은 불가피하다고 주장하였
다.

金尙憲이 '禮義名分'을 내세우면서, 후금에 투항한 조선인 토병 출
신 朴仲男을 使臣으로 대우할 수 없다고 주장하자, 이귀는 오히려 후
대하여 우리 쪽의 間者로 활용할 것을 주장하면서 謀國之言은 때때로
正論과 상반될 수도 있다는 입장을 취하였다. 김상헌이 開市에서 중국
물화를 거래하는 것이 명에 대한 사대의 의리에 저촉되는 것으로 간주
하는 것에 대하여 이귀는 도리어 명나라에 공식적으로 중국 물화를 요
청하여 후금과 互市할 것을 주장하였다. 이와 함께 '禁商의 법령'을 완
화하여 원하는 사람은 누구나 개시에 참가할 수 있게 하자고 제안하였
을 때도 이귀는 謀國과 正論은 '옛날부터 합치하기 어려웠다'고 權道
論을 내세웠다. 歲幣에 대해서도 이귀는 이로 인해서 '絶和'에 이르는
것은 막아야 한다는 입장이었다.

그러나 이귀가 늘 主和論만 주장한 것은 아니었다. 경오년 초에 후
금이 명의 수도를 포위 공격하고 있을 당시에는 명에 대한 '君臣大義'
를 내세우면서 명의 徵兵에 대비하여 '抄兵待命'할 것을 주장하였다.
흥미로운 것은 경오년에 主戰論을 주장하면서 정묘년 주화론을 주장
할 때 내세운 經權論에 의해 그것을 합리화시키고 있다는 점이었다.
아울러 이귀는 자신의 이러한 주장이 단순한 명분론, 의리론에서 나온
것이 아니라 후금과의 관계에서 주도권을 확보하자는 謀國의 遠慮에
서 나온 것임을 또한 강조하였다.

이 때 이귀의 명분론·의리론에 입각한 주전론에 대해 신료 일반이
동조하지 않은 것은 주자학 명분론과 의리론의 절대적 권위 그 자체에
심각한 회의를 불러올 수도 있는 일이었다. 명분과 의리 못지않게 사
세·형세에 대한 식견이 중요한 것임을 역설적으로 환기시킨 사건이
기도 하였던 것이다. 그리고 여기에는 李貴와 金瑬의 대립이 반영되어

있었다. 이미 두 사람은 인성군 이공의 처벌에서는 책임론 대 의리론, 정국 운영을 두고 조제론 대 조정론, 원종추숭 논쟁에서 왕권론 대 신권론, 경세론에서 변법론 대 수법론, 방어전략에서 진관체제 복구론 대 변방방어론＝남군부방론, 수도방위론 대 임진강 파수론 등으로 대립해 왔다. 경오년 2월에서 3월까지 이귀가 명에 대한 '사대의 의리'를 내세우면서 주전론을 주장하였을 때 인조와 김류는 반대하였는데, 같은 해 4월에서 6월까지 유흥치 토벌론을 이들이 적극 주장한 것은 앞서 이귀의 주전론을 의식한 혐의가 강하였다. 이것은 주자학 명분론과 의리론이 사세·형세에 따라서는 정치적 목적을 위해서 왜곡될 수 있음을 보여준 사건이었다. 권도론을 내세운 이귀의 국방력 강화를 위한 노력은 이처럼 정치적 역학관계에 의해서도 방해받고 있었던 것이다.

2. 丙子胡亂期의 主和·斥和 論爭

1) 丙子年 斥和論의 재등장과 變通論

(1) 淸의 성립과 斥和論의 재등장

병자호란과 이어지는 丁丑年 三田渡의 치욕은 異民族의 武力에 의해 국가권력이 제압당한 조선왕조 초유의 수난으로 기록된다. 여기에 대해서는 주화론과 척화론의 대립이라는 선입관을 벗어나서 우선 어떻게 해서 그런 일이 일어날 수 있었는지, 그 사실 관계에 대한 냉정한 분석이 요구된다. 여기서는 그것을 당시 국가권력의 담당자였던 국왕을 포함한 官人·儒者 들의 사상적 한계라는 측면에서 살펴보고 그것이 정치 과정에서 어떻게 표출되었는가를 검토해 보고자 한다.

앞서 살펴본 바와 같이 정묘년의 화약에 의해 조선은 여러 가지 우여곡절에도 불구하고 명에는 사대하고 후금에는 교린한다는 원칙을

유지하여 왔다. 이로 인해 세폐·쇄환·개시 등의 문제를 놓고 크고
작은 갈등이 없지 않았지만 이러한 원칙이 유지되는 한 화약을 지속한
다는 것이 조선정부의 기본 입장이었다. 그러나 1633년 후금이 '중국의
사신으로 대우할 것'과 '군대와 선박을 제공할 것'을 요구하자 인조가
이를 단호하게 거절하고 전쟁 준비를 서둘렀던 것에서도 드러나듯이
주자학 명분론과 화이론에 입각한 대명의리론에 어긋나는 요구에 대
해서는 단호하게 거부해야 한다는 것이 국왕 인조를 비롯한 관인·유
자 일반의 지배적인 정서였다.

그러나 정묘년 화약은 만주족 국가인 후금이 만·몽·한을 아우르
는 다민족 국가로의 발전을 모색하는 그들의 지향과 모순되는 것이었
으므로, 만주족의 성장에 따라서 깨어지는 것은 시간 문제였을 뿐이다.
1633년에는 明將 孔有德과 耿仲明 등이 투항하고, 1634년에는 尙加喜
가 黃鹿島에서 항복함으로써 후금의 남쪽 도서 지방에서 明軍의 반항
이 사라지자 후금은 몽골족 정벌에 역량을 집중하여 같은 해 6월에는
챠하르[察哈爾]를 정벌하여 전 몽골 부족을 병합하였다. 1635년에는
챠하르 정벌에 참여하고 있던 호쇼 베일레 多爾袞 등이 元의 '傳國玉
璽'를 입수하였다. 이들이 '制誥之寶'라고 새겨진 이 옥새를 입수한 것
에 대하여 '皇上의 洪福'이고 '一統 萬年의 瑞氣'라고 흥분하였던 것은
바로 그러한 다민족 국가를 지향하는 만주족의 오랜 숙원을 실현시킬
수 있는 조짐으로 여겨졌기 때문이다. 이들의 그러한 지향은 1636년 4
월에 국호를 大淸, 홍타이지를 寬溫仁聖皇帝라고 칭하고, 建元하여
연호를 崇德이라고 칭하는 것에서 일단 성취되었다.[116]

그 과정은 홍타이지의 부하들인 만주족 유력 부족들과 몽골족 등에
의한 추대 형식을 취하였는데 후금은 여기에 조선이 가담해 주길 간절

---

116) 崔韶子, 1997, 앞의 책, 314~315쪽 ; 金鍾圓, 1999, 앞의 책, 153쪽, 165쪽 참
　　조.

히 바라고 있었다. 그래서 몽골족을 평정한 이후 조선에 대한 외교공
작이 전개되었다.

후금이 전국새를 얻은 사실은 1635년 연말에 추신사 박로에 의해 조
정에 보고되었으며, 이어서 후금의 差人 馬夫大가 와서 汗의 國書를
전하였다. 여기에는 명나라의 孔有德·耿仲明·尙加喜 세 장수가 '歸
附'하였고, 몽골이 '歸來'하여 '서북 천하의 반을 모아 하나로 통일하여
위력이 날로 융성'하게 되었다고 만주족의 성장을 과시하였다. 그리고
別紙에서는 '大明臣下'들이 '君上을 欺誕'한 사실을 적시하면서 인조
에게 '大明의 國運'이 쇠퇴하지 않고 영원히 지속될 것이라고 생각하
느냐고 반문하고, 자신들은 명나라가 기울어져 무너질 때가 되었다고
생각한다고 단언하였다.117) 즉 자신들의 국력은 성장하고 있는 반면
명나라는 쇠퇴하고 있음을 밝혀 조선이 고수하고자 하는 대명의리론
은 현실과 괴리되어 가고 있음을 우회적으로 지적한 것이었다. 이 때
는 仁祖妃가 산실청에서 갑자기 승하하여 國喪중이었던데다가 후금의
국서에 특별히 조선을 자극하는 말이 없었으므로 조선은 답서에서 '근
래에 후금의 국세가 날로 성장하고 있음을 잘 알고 있다'고 정중하게
답하고 세폐에 대해서만 변명했을 뿐 별지의 내용에 대해서는 언급하
지 않았다. 그리고 이듬해 병자년 초에 세폐를 증액해 주는 선에서 미
봉하고자 하였다.118)

그런데 그 해 2월에 龍骨大 등이 국상에 조문한다는 핑계로 다시 와
서 汗의 國書와 함께 '金國執政八大臣'과 '金國外藩蒙古' 명의의 서신
을 전달하려 하자 이의 접수를 거부하였다.119) 이 때는 용골대가 황제
추대 문제를 의논하러 왔다고 義州府尹에게 미리 밝혀 둔 상태였으므

---

117) 『仁祖實錄』 卷31, 仁祖 13년 乙亥 12월 丙午, 34-620, 76ㄱ~ㄴ.
118) 『仁祖實錄』 卷32, 仁祖 14년 丙子 2월 己卯, 34-623, 5ㄱ~ㄴ.
119) 『仁祖實錄』 卷32, 仁祖 14년 丙子 2월 己亥, 34-625, 10ㄱ~ㄴ.

로 이들이 서울에 들어오기도 전에 이미 조정에서는 척화의 분위기가
팽배해 있었다. 司諫 趙絅은 몽골인[西㺚]을 '國門'에 들이지 말 것을
청하고, 掌令 洪翼漢은 金差를 효수하라고 극언하였으며, 홍문관 상소
에서는 拘禁하여 上京하지 못하게 하라고 청하자, 備局에서는 이에 의
거하여 금차를 접견하지 말 것을 청하여 仁祖의 동의를 끌어냈다.120)

용골대 등이 입경한 뒤에는 조정에서 한창 그 회답할 일을 논의하는
중에 大司諫 鄭蘊은 우물쭈물 구차한 말을 하여 구실 잡히는 일이 없
도록 하라고 청하였고, 太學生 金壽弘 등 138인과 幼學 李亨基는 상
소하여 금차를 斬하고 국서를 불태워서 大義를 밝히라고 요구하였
다.121) 이 때 완성군 최명길이 상차하여 '관례에 따른 서신'에는 답하
고 '도리에 어긋난 말'은 거부하면 된다면서 금차는 만나도 무방하며,
서달도 박대할 필요가 없다고 주장하였지만 강경한 조정 분위기를 되
돌리기는 역부족이었으며, 결국 금차가 도망치듯이 서울을 떠나게 만
들었다.122)

이로 인해 조야에서는 위기의식이 팽배해졌다. 인조는 언관들의 제
안을 받아들여 금차의 요구를 거부하였음을 밝히고 '忠義之士'와 '勇敢
之人'의 분발을 촉구하는 下諭文을 8도에 공포하였다.123) 이어서 양사
에서는 이러한 위기 상황에서 묘당의 신하들이 대책 마련에 적극적이
지 않다고 공격하고, 군사 조발과 군량 및 군수를 마련하기 위한 제안
을 쏟아내었다.124) 예조판서 김상헌 역시 국가 종사의 안위를 안주성

---

120) 『仁祖實錄』卷32, 仁祖 14년 丙子 2월 丙申, 34-624~625, 8ㄴ~10ㄱ.
121) 『仁祖實錄』卷32, 仁祖 14년 丙子 2월 己亥・庚子, 34-625, 10ㄴ.
122) 『仁祖實錄』卷32, 仁祖 14년 丙子 2월 辛丑, 34-625~626, 10ㄴ~11ㄱ.
123) 『仁祖實錄』卷32, 仁祖 14년 丙子 3월 丙午, 34-626, 11ㄴ. 이것이 홍타이지
    가 언급한 병자호란의 직접적 빌미가 된 문서이다(『仁祖實錄』卷34, 仁祖 15
    년 丁丑 正月 壬寅, 34-662, 1ㄴ~2ㄱ).
124) 『仁祖實錄』卷32, 仁祖 14년 丙子 3월 戊申, 34-626~627, 12ㄴ~13ㄱ, 憲府

의 승부에만 걸고 있으니 한심하다고 비변사의 무대책을 비판하였고,[125] 부제학 정온은 인조에게 松都에 進駐할 것을 요구하는 차자를 거듭해서 올렸으며[126] 參議 金德誠은 平壤으로 進駐할 것을 청하였다.[127]

이러한 흐름은 같은 해 4월에 후금이 '大淸'으로 국호를 고치고 황제 즉위식을 거행할 당시에 그 곳에 있던 春信使 羅德憲과 回答使 李廓이 의리에 의거하여 이를 거부하고 자결하지 못하였다고 이들을 梟示할 것을 주장하는 데서 절정을 이루었다.[128] 인조는 청나라가 황제를 칭한 이후 '우리나라를 업신여기는 것이 전보다 더욱 심해졌다'면서 '수천리 국토를 갖고 있는 우리나라'가 한결같이 두려워하고 위축되어

啓 ; 同, 3월 己酉, 34-627, 13ㄱ, 諫院啓.

125) 『仁祖實錄』 卷32, 仁祖 14년 丙子 3월 壬子, 34-627, 13ㄴ~14ㄱ.

126) 『仁祖實錄』 卷32, 仁祖 14년 丙子 3월 庚申, 34-628, 15ㄱ.

127) 『燃藜室記述』 卷25, 仁祖朝故事本末, 「丙子虜亂丁丑南漢出城」, Ⅵ-542쪽.

128) 春信使 羅德憲을 언제 파견하였는지는 확인되지 않으나 回答使 李廓을 파견하기로 결정한 것은 같은 해 3월 3일이었다(『仁祖實錄』 卷32, 仁祖 14년 丙子 3월 戊申, 34-626, 12ㄴ). 이것은 인조의 絶和 下諭文이 나온 직후의 일로서 당시의 고조되고 있던 척화 분위기 속에서도 비변사에서는 後金과의 외교적 교섭을 포기하지 않은 것을 알 수 있다. 이 때 보낸 국서는 弔祭에 대하여 정중하게 사례하고, 세폐와 함께 문후하는 내용이었다. 그리고 別書에서 金差가 도망치듯 서울을 떠난 일에 대하여 해명한 뒤, 황제로 추대하는 일에 대해서는 거부하는 의사를 분명히 하였다. 이들이 도착했을 때 마침 즉위식이 있었는데 이들은 황제 즉위를 축하하는 반열에의 참가를 죽기로 거부하고 황제 명의의 국서를 원본은 버리고 내용만 베껴가지고 돌아왔다. 그럼에도 불구하고 이들이 의주에 도착하자 평안도 유생을 비롯한 평안감사 洪命耉 등이 상소하여 梟示할 것을 청하였다. 이 때 吏曹判書 金尙憲조차도 '죽이기까지 할 것은 없다'는 입장이었지만 三司와 백관, 유생들이 연이어 상소하여 목을 베기를 청하였다. 備局과 仁祖는 이들이 '분명히 죄가 없는 것을 알면서도 중론에 밀려' 羅德憲은 白馬山城에, 李廓은 劍山山城에 徒刑 3년의 定配에 처하는 것으로 이들을 처벌하지 않을 수 없었다(『燃藜室記述』 卷25, 仁祖朝故事本末 「丙子虜亂丁丑南漢山城」, Ⅵ-541).

그들의 모욕을 감수하고만 있을 수는 없다고 일전을 불사하겠다는 의지를 下教로 표현하였다.[129]

그리고 청나라에 답서를 보내는 것에 대해서는 대사헌 김상헌이 '다시 화친한다면 나라의 체통이 전도될 것이다'고 반대하고, 우의정 홍서봉이 '답서를 보내는 것은 무익할 것 같다'고 말하여 중지되었다가[130] 최종적으로 檄文을 보내는 것으로 결론지었던 것 같다. 그리하여 작성된 장문의 檄書에서는 기존의 '명에는 사대하고 후금에는 교린한다'는 원칙을 재확인하고, 强弱과 成敗를 따지지 않고 '中朝'에 대한 '臣節'을 변한 적이 없다면서 청나라를 황제로 섬길 수 없음을 분명히 하였다. 그리고 정묘년에 화약을 맺은 것은 '保境安民'을 위한 것이었는데, 그간 후금의 '강제 매매와 약탈'에 의해 '민의 힘이 다하고 시장에는 남은 물건이 없을 지경'이어서 兵禍를 당하여 망한 것과 다를 것이 없어지자 '國人'이 모두 분노하여 화친을 잘못이라고 여긴다고 전하고, 병력이 강하다는 이유만으로 '兄弟之國'을 협박하니 '의리를 지키다가 병화를 당하는 것'은 그 兵禍가 아무리 참혹하더라도 民心이 떠나지 않을 것이므로 혹 '國命'을 보존할 수도 있을 것이라고 말하여 조선의 臣民이 모두 청나라를 거부하고 있음을 밝혔다.[131]

그리고 병자년에는 아래에서 살피게 될 것처럼 主和·斥和 兩 진영 모두에서 變通論을 주장하는 논자가 있었지만 조정에서는 모두 수용

---

129) 『仁祖實錄』 卷32, 仁祖 14년 丙子 5월 己巳, 34-634, 27ㄴ.
130) 『仁祖實錄』 卷32, 仁祖 14년 丙子 5월 甲子, 34-634, 27ㄱ.
131) 『仁祖實錄』 卷32, 仁祖 14년 丙子 6월 庚寅, 34-635~636, 30ㄱ~31ㄴ. 이 격서는 義州府尹 林慶業이 馬夫大에게 전달하였으나 받지 않았다. 이 때 마부대는 청이 이미 '大號'를 정했는데 '어떻게 조선을 위해 옛 칭호를 다시 쓸 수 있겠느냐'면서, 汗이 여러 왕자와 더불어 늘 말하기를 '조선은 아녀자의 나라인데 무엇을 믿고 그러는지 모르겠다'고 웃는다고 말하고는, '꼭 보내고자 한다면 따로 사람을 보내는 것이 좋겠다'면서 거부하였다(『仁祖實錄』 卷33, 仁祖 14년 丙子 9월 辛亥, 34-646, 18ㄱ 참조).

하지 않았다. 6월에는 尹煌과 金時讓의 變通論에 대한 논의가 있었는데, 윤황의 상소에서는 陵寢의 五享을 혁파하고 御供物膳을 減損하는 것만 채택되었으며, 김시양의 '良妻幷産之法' 혁파에 대해서는 인조가 깊은 관심을 보였음에도 불구하고 홍서봉이 '명분에 크게 해롭다'고 반발하고 김류 역시 '軍役에는 충정해도 되지만 科擧를 보게 하는 것은 허용할 수 없다'고 반대하여 결국 시행되지 못하였다.[132]

大司諫 尹煌이 8월에 다시 올린 상소를 인조가 비변사에 내리자 비변사에서는 城池, 兵器, 足食, 足兵 등의 일은 '民力이 감당하지 못하여 혹시 內潰에 이르지 않을까' 염려되기 때문에 시행할 수 없다고 하였고, 종실 이하 市民과 公私賤까지 모든 사람을 병사로 만들게 되면 '나라의 근본이 흔들릴 것'이라면서 거부하였다. 이에 대해 인조는 만약 적군이 깊이 쳐들어온다면 '體臣도 重責을 면하기 어려울 것'이라고 답하였다.[133] 9월에 大司諫 李植이 주화 변통론을 개진한 상소에 대해서도 비변사가 난색을 표하여 시행되지 못하였다.

그렇다고 당시 조선정부가 전쟁에 대한 대응책을 전혀 강구하지 않은 것은 아니었다. 나름대로 무기와 병력 충원, 성지의 수축과 보수에 대해 논의하고 일부는 실천에 옮기기도 하였으며,[134] 都元帥 金自點을 중심으로 서쪽 변경을 산성 중심으로 방어하는 방어전략도 수립해 놓았다.[135] 문제는 그것이 누가 보아도 청의 침략을 방어하기에는 역

---

132) 『仁祖實錄』卷32, 仁祖 14년 丙子 6월 辛卯, 34-636, 31ㄴ~32ㄱ. 이들의 상소문에 대해서는 바로 뒤에서 상세하게 검토할 것이다.

133) 『仁祖實錄』卷33, 仁祖 14년 丙子 8월 辛卯, 34-644, 14ㄴ~15ㄱ, "答曰 敵若深入 則體臣亦難免重責. 愼勿如前怠忽." 羅萬甲의 『丙子錄』에서 金瑬가 본래 斥和를 주장하다가 和議로 돌아서게 만들었다는 인조의 말은 아마 이것을 지칭하는 듯하다(『丙子錄』, 1987, 尹在英 譯, 明文堂, 19쪽).

134) 金鍾圓, 1999, 앞의 책, 179~183쪽 참조.

135) 李泰鎭, 1977, 앞의 책, 105쪽.

부족이라는 것이 분명하였다는 점에 있었다. 인조 역시 점차로 이것을 깨달아 가고 있었다. 7월에 平安監司 洪命耉가 義州와 昌城의 城池 수축을 건의하는 장계를 올렸는데, 체찰사 김류는 의주성은 수축해야 하지만 창성 수축에는 반대하였다. 이에 대해 인조는 정묘호란 이후 10년이 지나도록 아무런 준비도 없이 이제서야 성지 수축을 논의한다고 비판하고 오합지졸을 갖고 평지 대성을 지킬 수 없는데 묘당이 주관도 없이 이에 따르려 한다고 비난하였다.[136] 9월 초에는 김류에게 의주 방어대책을 꼬치꼬치 캐물으면서 '미리 대비하지도 않으면서 말로만 지킬 수 있다고 하니 어찌 이상하지 않은가'라고 힐난하였다.[137]

(2) 斥和 變通論과 主和 變通論

그렇다면 과연 당시 인조 조정에서는 스스로 표명한 斥和論에 걸맞은 국가 방위 역량을 갖추고 있었을까? 정묘년 화약 이후 10여 년이

---

136) 『仁祖實錄』卷33, 仁祖 14년 丙子 7월 乙丑, 34-640, 7ㄱ. 義州와 昌城은 병자호란 당시 淸軍이 경유한 두 경로의 요충지, 바로 그 곳이었다(柳在城, 1986, 앞의 책, 143쪽 청군의 이동경로 지도 참조). 평안감사 홍명구가 이 두 성지의 수축을 건의한 것은 실로 우연이 아니었던 것이다. 그러나 당시로서는 이미 시기를 놓친데다가 인조의 말대로 설사 축성한다고 하더라도 平地大城이었으므로 방어를 보장하기는 어려웠을 것이다.

137) 『仁祖實錄』卷33, 仁祖 14년 丙子 9월 乙巳, 34-645, 17ㄱ. 인조가 의주성 방어대책을 묻자 김류는 白馬山城의 軍器와 軍粮 및 강변의 戍卒을 의주성으로 들여보내면 지킬 수 있다고 답하였는데 이는 당시의 실정과는 전혀 동떨어진 말이었기 때문에 인조가 김류를 힐난한 것이었다. 대체로 의주성은 성곽이 안전하고 7천 병력이 있으면 지킬 수 있다고 말해지고 있었는데, 淸이 침략했을 당시 淸北防禦使 林慶業은 3천의 병력으로 白馬山城을 수비하고 의주성은 비워 두었으므로 청군이 무혈 입성하였다(柳在城, 1986, 앞의 책, 136~137쪽 참조). 아마도 인조가 김류에게 기대한 말은 의주성은 지킬 수 없다는 솔직한 답변이 아니었을까 한다. 그것을 전제로 김류가 주화론을 책임지고 제기해 주기를 바랐을 가능성이 높았다고 생각된다.

지났지만 국방력은 거의 강화되지 못하였다는 것은 인조를 포함한 당시 뜻 있는 識者들의 일치된 인식이었다. 국방력이라는 것이 단순히 병사를 많이 확보하고 군사조직을 창설하는 것으로 강화되는 것은 아니었다. 이를 위해서는 왜란 이후에 마비된 국가체제 자체를 새롭게 정비해야 하였으며, 그것은 제도의 변통과 개혁을 요구하고 있었다. 정묘호란을 전후하여 이를 위한 이귀 일파의 노력은 김류 일파의 반대로 수포로 돌아갔다. 이는 이귀·최명길 등 주화론 진영에서의 변통과 개혁을 위한 시도가 수법론자들에 의해 좌절되었음을 의미하였다.[138] 따라서 병자호란 당시 국방력이 강화되지 못한 것은 그것의 필연적 귀결이었을 뿐이다.

그런데 병자호란을 전후한 시기에는 척화론 진영에서도 變通論이 강하게 제기되어 주목을 요한다. 尹煌(1571~1639), 兪伯曾(1587~1646), 趙錫胤(1606~1655) 등이 바로 그들이었다. 尹煌은 당시에 各樣의 弊政으로 인해 '국가를 좀먹고 민을 병들게'한 상태에서 '更張'하지 않으면 외적의 침입이 없더라도 나라가 멸망할 지경에 이르렀다고 절박한 위기의식을 표출하였다. 그는 인조가 위기의식을 갖고 크게 결단하여[大警動大作爲] 지금까지의 폐습을 '痛革'하지 않으면 인조와 신하들이 아무리 열심히 노력해도 '국가가 멸망에 이르는 禍'를 막을 수 없을 것이라고 소리 높여 주장하였다.[139]

윤황은 일찍부터 '賦役'이 번거롭고 무거워 民力이 다하고 원한이 쌓여 민들이 '叛亂을 일으킬 생각을 한 지가 이미 오래 되었다'[思亂久矣]고 지적해 왔다.[140] 그는 당시의 '急務'로서 '輕徭薄賦'에 의해 民心

---

138) 이에 대해서는 이 책 제5장에서 상론하였다.

139) 『八松封事』, 「論節省修攘疏」(丙子 2월 초8일), 50~51쪽.

140) 『八松封事』, 「擬論節省振作啓辭」(戊辰), 35~36쪽 ; 同, 「諫院請引接臣僚啓辭」(丙子 2월 초2일), 48쪽 ; 同, 「絶虜後申論振作修攘疏」(丙子 3월 초1일),

을 위로해야 하는데, 그 근본은 '헛된 비용을 없애고 누적된 폐단을 경장하는 것'에 있다면서 빨리 '스스로에게 죄를 돌리고 애통한 뜻을 표하는 하교'를 내려 위로 종묘에 고하고 아래로 중외에 하유한 뒤, 먼저 태묘주악과 능침독사를 정지하여 위기에 대처하려는 의지를 보이고, 환관과 궁첩을 내보내고 내수사의 탕장을 열어서 절약을 몸소 실천하라고 요구하였다. 그리고 진상공물과 기인방물은 물론 안으로는 각사 여러 아문, 밖으로는 제도의 각 영, 각관의 갖가지 헛된 비용을 모두 혁파하고, 제궁가의 절수에 의한 노전과 해택의 면세 등의 폐단 등도 일체 제거하여 전국의 백성이 국왕에게 '크게 개혁하려는 의지'[大有爲之志]가 있음을 분명히 알게 하여 백성을 고무·진작시켜야 한다고 주장하였다.141)

윤황의 이러한 주장은 道學的 經世論의 범주를 벗어난 것은 아닌 듯이 보이는데 물론 그가 여기에서 그친 것은 아니었다.142) 이것은 인조의 '大有爲之志', 즉 개혁 의지를 분명하게 하기 위한, 말하자면 구체적인 제도개혁을 위한 전제로서 요구한 것이었다. 그는 여기서 나아가서 군역제도의 모순과 공납제도의 모순을 지적하고 이를 해소함으로써 병사를 확보하고 군량을 조달할 수 있다고 주장하였다.

군역제도에 대해서는 그것이 편중되는 폐단에 대해서 지적하였다. 즉 외방의 영진을 비롯한 각 아문의 水陸諸軍에 대한 침탈이 심하여 민이 군역을 기피하므로 조금이라도 세력이 있는 자들은 모두 빠지고 빈궁한 無告之民만 軍伍에 편성된다. 이로 인해 가정이 파산한 자가 10 중 8·9이고, 남아 있는 자들도 飢寒과 困苦에 시달려 怨氣가 배

60쪽, '第念方今 賦役煩重 民力殫窮 怨咨入骨 思亂久矣.'
141) 『八松封事』, 「絶虜後申論振作修攘疏」(丙子 3월 초1일), 60쪽.
142) 도학적 경세론에 대해서는 이 책 5장 1절 1) 「道學的 經世論의 내용과 특징」 참조.

속에 가득 차 있으니 이런 군대가 100만이 있다 한들 戰陣에서는 아무런 쓸모가 없어서 '無兵之國'이라는 말이 나온다는 것이었다.

이를 해결하기 위해 윤황은 국왕이 먼저 宮掖近習의 小壯者부터 징발하고, 이어서 종실백관, 유생, 서리, 시민, 공사천까지 군대로 징발할 것을 제안하였다. 選兵할 때 豪門盛族에서 먼저 선발한 뒤에 小民에게 미친다면 원망하는 마음이 사라지고 감히 군역을 기피할 생각을 먹지 않을 것이라고 하였다. 그는 특히 고려왕조의 예를 들면서 朝臣 儒士는 물론 太學生들까지도 군역을 져야 함을 분명히 하였다.[143]

그리고 당시의 田政에 대해서는 세금은 가벼운데 공납이 무거운데다가 기타 잡요가 공납보다 무거운데, 전세는 국가 수입이 되지만 공납과 잡요는 대부분이 방납자인 奸人猾吏에게 돌아간다면서, 모든 진상공물을 혁파하고 중국의 예에 따라서 시중에서 사들여서 조달할 것을 제안하였다. 이것은 사실상 大同法을 주장한 것으로 간주할 수 있다. 윤황은 여기에 冗食과 浮費를 줄여나간다면 田稅 수입 중에서도 상당 부분을 절약할 수 있어 軍餉을 넉넉하게 공급할 수 있을 것으로 보았다.[144]

정묘호란 당시부터 윤황과 함께 척화론을 주장하였던 俞伯曾 역시 병자호란 직전의 國勢가 각종 제도적 모순으로 인해 '안팎의 모든 백

---

143) 『八松封事』, 「擬上疏」(辛未), 43~44쪽. 이것은 결국 士族收布論을 주장한 것으로 볼 수 있는데 인조 초에 나온 이귀·최명길 등의 그것에 대한 인식은 보이지 않는다.

144) 『八松封事』, 「擬上疏」(辛未), 44~45쪽. 그는 稅入과 貢物로 인한 歲出을 수치를 들어가면서 비교하여 이를 분석하기도 하고(同, 「絶虜後申論振作修攘疏」, 61~62쪽), 낭비를 줄이면 1만 석은 확보할 수 있을 것이라고 주장하기도 하였다(同, 「論節省修攘疏」, 54쪽). 그렇지만 역시 이전에 시행된 大同法에 대한 인식을 결여한 한계를 갖는다. 윤황의 이러한 변통론을 대동법과 관련지어 거론한 논고로서 李廷喆, 2004, 「17세기 朝鮮의 貢納制 改革論議와 大同法의 成立」, 고려대 박사학위논문, 77~79쪽 참조.

성'이 '반란을 생각하지 않는 사람이 없는' 상황이어서 外亂이 일어나지 않더라도 內亂이 반드시 일어날 것이라고 경고하고,[145] 당시의 '急務'는 '때에 맞추어 경장하여 일에 따라 (제도를) 적합하게'[因時更張隨事適宜]하는 것에 있으며, 法制를 개혁하지 않으면[膠守弊法 不爲變通] 아무리 도덕적 수양에 전념하더라도 국세를 만회할 수 없을 것이라고 주장했다.[146]

윤황보다 한 세대의 후진이었던 趙錫胤도 당시의 상황을 弊政은 쌓여 있고 민심은 離叛되어 있어 '大警動 大振作'이 없이는 안 될 것으로 보고 제도의 變通과 更張을 주장하였다.[147] 이들이 주장하는 폐정개혁의 내용은 윤황의 주장과 대동소이한 것이었으며, 실제로 윤황의 주장을 '폐단을 구제할 수 있는 큰 조치'[148] 또는 '保民固國'할 수 있는 '忠言至計'라고 보고[149] 그것의 실천을 인조에게 촉구하였다.

이들은 모두 인조를 비롯한 당시 신료들의 개혁을 거부하거나 소극적인 태도에 대해 통렬하게 비판하고, 인조가 결단하여 제도 개혁을 실천에 옮기라고 주장하였다.[150] 물론 당시 당국하고 있던 묘당과 대신들의 무책임한 태도를 주요 공격 대상으로 하였지만, 인조의 소극적인 태도에 대해서도 끊임없이 비판하였으며, 언관들은 물론 士類 일반에 만연한 保身主義와 名分主義에 의한 무책임성에 대해서도 날카롭게 비판하였다.[151] 이처럼 이들이 제도개혁을 적극 주장하고 이를 거

145) 『翠軒疏箚』卷2,「請立大志勵大臣開言路疏」(乙亥 2월 5일), 1쪽.
146) 『翠軒疏箚』卷1,「請振作修攘疏」(癸酉 正月 초3일), 42~43쪽.
147) 『樂靜集』卷7,「請責却虜使奮發修攘疏」(丙子), 叢刊 105-352, 2ㄴ.
148) 『翠軒疏箚』卷2,「因辭職兼陳所懷疏」(丙子 6월 3일), 30쪽.
149) 『樂靜集』卷7,「請責却虜使奮發修攘疏」(丙子), 叢刊 105-353, 4ㄱ~ㄴ.
150) 『八松封事』,「論節省修攘疏」(丙子 2월 초8일), 53~54쪽 ; 『翠軒疏箚』卷1,「請振作修攘疏」(癸酉 정월 초3일), 44쪽 ; 『樂靜集』卷7,「請責却虜使奮發修攘疏」(병자), 叢刊 105-355, 8ㄱ.
151) 「八松封事」,「擬論節省振作啓辭」(戊辰), 37~38쪽 ; 『翠軒疏箚』卷2,「請立大

부하는 지배층 전반을 비판한 것은 이들이 斥和 守舊論者와는 구별되는 중요한 특징으로 간주된다.

그러나 이들은 또한 정묘호란 이후 제도개혁이 이루어지지 못한 책임이 주화론에 있다고 보고 주화론자들을 비판하였다.152) 윤황은 정묘년 강화 이후 10년이 지났지만 '國勢가 나날이 쇠약해지고 인심이 나날이 나빠져서' 이 지경에 이른 것은 모두 '和議'가 '사람의 마음과 의지를 나태하게 만들고 국가를 위한 계책을 좌절시켜' 결국 '사람들의 義氣를 꺾어버렸기' 때문이라고 몰아붙였다.153) 이것은 이귀·최명길 등 주화론자들의 제도개혁을 위한 노력을 몰각한 소치였다. 이들에게는 主和論=守舊라는 등식만이 존재할 뿐, 主和 變通論者의 존재에 대해서는 인식이 미치지 못하고 있었다.

그리고 이들의 사고 속에는 논리적 모순과 비약이 존재하였다. 병자년을 전후한 시기의 조선이 국가체제가 마비되어 안팎의 모든 백성이 '난리를 일으킬 생각'[思亂]을 한 것이 이미 오래 되어, 제도개혁 없이는 '내란이 반드시 일어날 상황'이었다면 '保民과 養兵', '安民과 禦敵'을 병행하는 것은154) 거의 불가능에 가까운 일이었다고 보아야 한다. 보민과 안민에 가장 위협적인 요소가 바로 양병과 어적이기 때문이다. 설사 보민과 안민을 위한 제도개혁이 착수되었다고 가정하더라도 양병과 어적을 위해서는 최소한도의 시간적 여유가 요구되었다.

志勗大臣開言路疏」(乙亥 2월 5일), 6쪽 ;『樂靜集』卷7,「應旨陳時務疏」, 叢刊 105-356, 10ㄱ~ㄴ. 이들은 또한 이러한 신료들의 무책임한 태도가 최고 통치자로서 인조의 잘못된 자세에서 연원한다고 한결같이 지적하고 있다.

152) 『八松封事』,「命招入對啓辭」(丙子 8월 초2일), 68~69쪽 ;『樂靜集』卷7,「應旨陳時務疏」, 叢刊 105-358, 14ㄱ.

153) 『八松封事』,「諫院請警動振作箚」(丙子 8월 20일), 74쪽.

154) 『八松封事』,「論節省修撰疏」(丙子 2월 초8일), 51쪽 ;『翠軒疏箚』卷2,「擬玉堂箚」(丙子 7월 초5일), 34쪽.

유백증에게서는 이러한 모순에 대한 인식이 분명히 존재하였지만 '奮然히 振作'하면 '위기를 극복할 수 있다'면서 '非常之變'을 만나면 '非常之擧'에 의해 安民과 禦敵을 동시에 달성할 수 있다고 비약하였다.[155] 윤황에게서는 그러한 모순 자체에 대한 인식이 보이지 않으며, 인조가 한 번 결단하기만 하면 '士民이 感發'하여 모두 '상관을 친하게 여겨 윗사람을 위해 죽는 것이 마땅함'[親上死長之義]을 알고 '의리를 찾는 목소리가 바람처럼 일어나서 사기가 저절로 높아질 것'으로 보고 있었다.[156]

또한 윤황과 조석윤은 江都移御論, 江都保障論을 비판하였다. 윤황은 우리나라의 土地와 '人民之衆'이 '오랑캐보다 적지 않으며' 自古로 '정예군대가 있는 곳이라고 일컬어지는데' 당시에 약해져서 攻城이나 野戰은 불가능하다고 하더라도 어찌 '영토와 집안을 지키지 못할 이치'가 있겠느냐고 반문하면서 '작은 오랑캐에게 제압'당하여 '自保'하지 못하는 것은 수치스러운 일이라고 개탄하였다. 이어서 그는 '興發之計'를 沮害하고 '奮厲之意'를 꺾어버리는 것이 바로 江都保障論이라고 단언하였다. 즉 인조의 자강을 위한 의지를 나태하게 만들고 신료들이 內修外攘을 위한 계책을 소홀히 하게 만들었다는 것이다.[157] 그래서 윤황은 강화도에 있는 군량과 무기를 모두 서북지방으로 옮겨 배치하고 行宮을 불태워버려야만 國勢가 일어나고 民의 방어 의지가 확고해져서 '喪亡之禍'를 극복할 수 있을 것이라고 주장하였다.

나아가서 鄭蘊의 개성에 進駐하라는 제안을 인조를 위한 '深計'라고 칭찬하고 자신은 한 걸음 더 나아가서 평양에 進駐할 것을 제안하였

---

155) 『翠軒疏箚』 卷2, 「因辭職兼陳所懷疏」(丙子 6월 3일), 30쪽 ; 同, 「請下敎罪
　　 己感動民心疏」(丙子 4월), 19쪽.
156) 『八松封事』, 「論節省修攘疏」(丙子 2월 초8일), 55ㄴ.
157) 『八松封事』, 「諫院請警動振作箚」(丙子 8월 20일), 80ㄱ.

다. 그러면 四方의 勤王之兵과 八路의 忠義之士가 군량을 싸들고 구름같이 모여들어 병사와 군량이 부족해질 걱정이 없어질 것이라고 주장하였다.158) 조석윤 역시 강화도에 수만의 精兵을 모아들여서 헛되이 무기를 쌓아놓고 군량을 낭비하는 동안 적은 內地를 유린하여 億萬生靈이 魚肉이 된다면 국가가 어떻게 보존될 수 있겠느냐고 江都保障論을 비판하였다.159)

이러한 주장은 강도보장론이 진관체제 복구론과 함께 제기된 것이라는 점에 대한 인식 부족에서 나온 것으로서 변방방어론의 연장선상에서 나온 주장이었다. 이것은 만주족의 철기에 대항하여 변방방어가 불가능하다는 당시의 군사적 상식을 몰각한 주장이었으며, 국가체제의 재정비 없이 국왕의 투지만 갖고도 국가를 방어할 수 있다는 지극히 관념적 인식의 소산이자, 자신들이 제기한 변통론의 존재 이유를 스스로 부정하는 주장이었다. 병자년 당시의 척화론은 모두 이러한 군사적 상식에 대한 몰이해와 논리적 모순에 기초한 관념적 주장이었다.

斥和 變通論者들의 이러한 논리적 모순에 대해서는 李植에 의해 분명하게 지적되었다. 이식은 이 시기의 여러 논자 중 修身 위주 道學的 經世論의 문제점을 가장 분명하게 비판한 사람에 속한다. 반정 직후부터 변통과 경장의 필요성을 극론하였던 그는160) 병자년에도 이를 주장하면서 인조가 道德的 修養에만 치중하기 때문에 변통이 이루어지지 않는다고 비판하였다. 변통이란 弊政을 更張하고 '姦蠹'를 뿌리 뽑아서 '安民守國'하는 것이지 '御供'과 같은 '작은 비용이나 절약하는 것'이 아니라면서 '착하기만 해서는 정치가 되기에 부족하다'는 孟子의

158) 위와 같음, 80ㄴ, 81ㄴ, 82ㄱ.

159) 『樂靜集』 卷7, 「應旨陳時務疏」, 叢刊 105-365, 27ㄱ.

160) 『澤堂集』 卷2, 「癸亥冬論邊乞自效疏」, 叢刊 88-296~298 ; 同, 「乙丑秋應旨陳時弊疏」, 叢刊 88-298~303.

말을 인용하여 인조가 苟且하고 姑息적인 政治를 답습하여 '민을 혼란
에 빠뜨리고 나라를 병들게' 하고 있다고 비판하였다.[161]

이어서 군역 불균의 폐단을 극론한 뒤, 공경 이하 한 사람도 종군하
지 않는 자가 없게 하는 것을 '大律令'으로 삼고 정3품 이상은 將帥,
종6품 이상은 將官, 7품 이하는 朝士軍, 유생은 儒生軍, 武學은 武學
軍이라 각각 칭하고, 기타 雜職 諸衛와 市民, 坊民, 胥吏, 典僕 등에게
도 모두 각각 호칭을 붙여 '모든 민을 병사로 만들 것'[盡民爲兵]을 주
장하였다. 이렇게 하여 군대를 양성하는 것은 인조의 결단으로 '보름이
나 한 달 사이'에 가능한 것으로 간주하면서, 이렇게 한 뒤에야 西道의
進駐나 江華島의 포기를 논할 수 있다고 지적하고, 이러한 전제가 충
족되지도 않았는데 斥和와 主戰을 주장하는 것은 '村童野夫'가 비웃을
일이라고 척화론을 비판하였다.[162] 따라서 이러한 이식의 주장은 主和
變通論의 범주에 속한다고 볼 수 있다. 이식은 또한 군량의 조달방안
으로서 대동법을 명시적으로 제안하고, 조정 신료들이 變通을 꺼리고
'常規를 묵수하기만 힘쓴다'고 守法論者들을 비판하였다.

정묘호란 이후 이귀와 함께 主和 變通論을 견지하였던 최명길은 정
묘호란으로 號牌法이 폐기된 이후 李曙와 함께 軍籍을 작성하는 일을
담당하여 경오년에 이를 완성하였다.[163] 임신년 예조판서로서 원종추
숭을 성사시킨 이후 계유년에는 이조판서로서 관제변통을 다시 추진
하다가 김류의 반발을 샀으며,[164] 을해년에는 호조판서로서 갑술양전
을 실천에 옮기는 과정에서 정온의 반발에 직면하였다.[165] 그리고 화

---

161) 『仁祖實錄』卷33, 仁祖 14년 丙子 9월 甲寅, 34-646, 19ㄱ~ㄴ. 이식의 변통
론에 대해서는 이 책 5장 1절 참조.

162) 위와 같음, 34-647, 20ㄱ~21ㄱ.

163) 『明谷集』卷29, 「先祖領議政完城府院君文忠公行狀」, 叢刊 154, 455, 12ㄱ~
ㄴ.

164) 『仁祖實錄』卷28, 仁祖 11년 癸酉 7월 壬寅, 34-527, 33ㄴ~34ㄴ.

244

폐 사용을 적극적으로 건의하다가 비변사의 반대로 좌절되었으며,166)
연말에는 결국 인조로부터 '권력을 마음대로 휘두른다'[作威作福]는
비판을 받고 모든 실직에서 물러나야 했다.167) 최명길은 병자년 4월에
병조판서로 임명되었으나 더 이상 변통론을 주장하지 않고 강도 이어
를 건의하였지만 묘당에 의해 거부되었다.168) 변통론을 건의하기에는
시기가 이미 너무 늦었다고 본 것이 틀림없다.

  南人 가운데 金時讓은 계유년 체찰사 겸 도원수로서 절화를 내용으
로 하는 국서를 갖고 후금에 가는 회답사 김대건을 의주에 구류시키고
주화를 주장하였다가 처벌받은 일은 앞서 언급하였는데, 병자년에는
특히 사천제도의 폐단을 극론하면서 변통을 주장하였다. 그는 호패법
을 시행할 당시 군역으로 정한 자가 겨우 15만여 명이었는데, 私賤은
40여만 명이었다면서, 만약 '良妻幷産之法'을 革罷하면 20년 안에 强
兵 10여만 명을 얻을 수 있을 것이라고 전망하고, 당시와 같이 위급한
때에 이러한 것을 변통하지 않고 앉아서 망하기를 기다려서야 되겠느
냐고 반문하였다.169) 이렇게 본다면 김시양 역시 주화 변통론자의 범

---

165) 『仁祖實錄』卷31, 仁祖 13년 乙亥 10월 癸卯, 34-613, 63ㄴ. 甲戌量田에 대
    해서는, 吳仁澤, 1996, 「17·18세기 量田事業 硏究」, 釜山大 박사학위논문,
    55~63쪽 ; 崔潤晤, 2001, 「朝鮮後期 土地所有權의 發達과 地主制」, 延世大
    박사학위논문, 60쪽 참조.
166) 『仁祖實錄』卷31, 仁祖 13년 乙亥 7월 丙寅, 34-604, 45ㄱ ; 同, 9월 壬戌,
    34-611, 58ㄴ.
167) 『仁祖實錄』卷31, 仁祖 13년 乙亥, 12월 丙寅, 34-616, 68ㄱ.
168) 『仁祖實錄』卷32, 仁祖 14년 丙子 6월 丙戌, 34-635, 29ㄴ, "完城君崔鳴吉上
    箚 請移御江都 廟堂以爲不可 事寢不行." 이 최명길의 차자는 어디서도 찾을
    수 없다. 이 때 묘당은 金瑬를 가리킨다고 보아도 될 것 같다. 김류는 3월에
    上四道 都體察使가 되고(同, 34-628, 16ㄴ), 7월에 領議政이 되는 등(同,
    34-639, 4ㄴ) 병자년의 비변사를 주도하였다. 이 때 최명길은 병조판서로 임
    명되었으나 병으로 취임하지 못하였다(『明谷集』卷29, 「先祖領議政完城府
    院君文忠公行狀」, 叢刊 154-457, 16ㄴ).

주에 넣어도 좋을 것 같다.

이처럼 병자호란 직전에 조정에서는 주화론자는 물론이고 척화론자 가운데서도 변통론을 주장하는 논자가 있었지만 거의 수용되지 않았다. 따라서 조선의 방어역량은 매우 취약할 수밖에 없었는데, 그럼에도 불구하고 斥和 義理論이 조야를 지배하였다. 이런 상황 속에서 어떻게 주화론이 등장하여 어떤 논리로 자신의 주장을 정당화하였는지를 살펴보고자 한다.

2) 主和·斥和 논쟁과 丙子胡亂의 발발

(1) 主和·斥和 논쟁과 崔鳴吉의 名實論

병자년 조선 조정을 지배하고 있던 斥和論 일변도의 분위기에 변화를 가져온 것은 명나라 장수들에 의해서였다. 먼저 7월에는 副摠 白登庸이 서울에 와서 청나라 쪽 정황을 탐지해서 督府에 알려줄 것을 요청하였다.170) 이어서 9월 초에는 椵島에 주둔하고 있던 監軍 黃孫茂가 명나라 황제의 칙서를 가지고 서울에 왔는데, 칙서 전달은 구실일 뿐이었고 사실은 척화론 일변도인 조선조정에 현실을 직시하고 전쟁을 회피할 방도를 찾으라는 메시지를 전달하였다.171) 그는 칙서와 함께 자신이 생각하는 조선의 방어전략을 개진하였는데, 여기서 그는 조선이 청나라에 간첩을 파견하여 청나라 내부를 교란시키고 보다 더 정확한 정세 판단 위에서 방어전략을 재정비할 것을 제안하였다.172) 이

---

169) 『仁祖實錄』卷32, 仁祖 14년 丙子 4월 甲午, 34-630, 19ㄴ~20ㄱ.
170) 『仁祖實錄』卷14, 仁祖 14년 丙子 7월 己巳, 34-641~642, 9ㄴ~10ㄱ.
171) 『仁祖實錄』卷33, 仁祖 14년 丙子 9월 壬寅, 34-644, 15ㄱ~ㄴ. 이 때 황감군이 가져온 '칙서'는 명나라와 협력하여 청과 대적하자는 의례적인 내용이었을 뿐이다. 그의 실제 의도는 揭帖을 통해 나타났다.
172) 『仁祖實錄』卷33, 仁祖 14년 丙子 9월 甲辰, 34-644, 15ㄴ~16ㄱ.

것은 꼭 反間計 그 자체를 성사시키고자 한 것이라기보다는 방어대책
이 부실한 상황에서 무조건 전쟁으로 치닫는 것의 무모함을 경고하고
최소한의 방어력이 정비되기까지 외교를 통해서 시간을 끌어보라는
제안으로 이해된다.173)

이로 인해 조선 조정에서는 주화론과 척화론 사이에 본격적인 논쟁
이 시작되었다. 副摠 白登庸의 정탐 요청은 인조가 면전에서 난색을
표하는 것으로 끝났지만 칙서를 전달하면서 나온 황감군의 게첩에서
동일한 주장이 반복되자 조정에서는 이를 심각하게 논의하지 않을 수
없었다. 이 때 영의정 김류, 우의정 이홍주, 호조판서 김신국은 偵探과
行間에 대하여 회의적인 입장이었고 信使 파견도 거부하였다. 병조판
서 이성구와 한성판윤 최명길은 정탐과 행간은 물론 신사도 파견할 수
있다는 입장이었고, 인조는 정탐과 행간은 시도해볼 만하다는 입장이
었다.174)

그러자 최명길이 상소하여 김류 등의 애매한 태도를 비판하였다. 먼
저 그는 척화론 가운데 윤황의 상소문만은 '언론이 매우 바르고 방략
을 채택할 만하다'고 긍정하고, 윤황이 제기한 변통론을 거부한 묘당을

---

173) 이러한 황감군의 의도는 그가 가도로 돌아가서 보낸 回帖에서 분명히 드러난
다(『仁祖實錄』 卷33, 仁祖 14년 丙子 10월 乙未, 34-652, 30ㄱ 참조). 여기서
그는 청북지역이 '沿途가 險隘'하고 '長江'과 '天塹'을 갖춘 천험의 요새지인
데 신하들이 '經濟'에 어두워 방어 준비를 게을리하고 있다고 지적하면서 '有
君無臣'이라고 조선 조정의 신하들을 비판하였다. 다른 자료에서는 "見貴國
人心 軍容器械 決難當彼强虜 姑勿絶羈縻之計"(『尊周彙編』 卷3, 崇禎 9년
冬10월, 李離和 編, 『朝鮮事大斥邪關係資料集』 1, 驪江出版社 影印本, 1985,
230쪽 참조. 이하 『尊周彙編』의 쪽수는 모두 이 영인본에 의거함)라고 황감
군의 의도가 분명하게 밝혀져 있다.

174) 『仁祖實錄』 卷33, 仁祖 14년 丙子 9월 乙巳, 34-645, 16ㄴ~17ㄱ ; 『承政院日
記』 53冊, 仁祖 14년 丙子 9월 4일 乙巳, 3-445~446쪽. 이 두 기사는 발언
순서나 내용에 약간 차이가 있지만 대체로 각각의 입장을 이와 같이 정리할
수 있다고 생각한다.

'定算'이 없다고 비판하였다.175) 즉 묘당은 윤황의 주장을 수용하여 '戰守之計'를 결정하지도 못하고, 자신의 주장을 수용하여 '緩禍之謀'도 도모하지 못한다는 것이었다. 최명길은 이 양자가 동시에 병행되어야 할 것으로 보았다. 그래서 김류의 안주성 방어론을 비판하고, 평안병사는 의주성에서 승부를 거는 일전에 대비해야 하며, 동시에 심양에 국서를 보내어 청의 현황을 정탐하고 반응을 살펴야 한다는 것이었다.

최명길의 이 상소로 인해 비변사에서는 譯官 朴仁範과 權仁祿을 瀋陽에 보내기로 결정하자 삼사 언관들의 반대상소가 잇달았다. 홍문관에서는 校理 趙贇, 修撰 吳達濟 등이 상소하여 청과 절교하여 信使를 통하지 않으니 行間의 계책은 쓸 수 없다면서 황감군의 요구를 거절해야 한다고 주장하였다.176) 司諫院에서는 獻納 李一相, 正言 俞㯻·洪瑑 등이 '정탐한다는 명분을 빌려 差使를 오랑캐에게 보내고 국서를 부치는 것'은 '위로는 皇朝를 배반하는 것[負皇朝]이고 아래로는 吾民을 기만하는 것[欺吾民]'이라고 비판하였다. 여기에 司憲府의 掌令 金霱·閔光勳, 持平 閔應協, 執義 林塏 등이 동조하였다.177) 삼사 언관 가운데는 司諫 鄭太和가 유일하게 역관 파견에 찬성하였는데, 그는 예로부터 교전중에도 서로 사신을 통하여 적의 동정을 정탐하고 국서를 부치기도 했으니 묘당의 결정은 소견이 없지 않다고 주장하였다가 홍문관의 처치로 체차되었다.

삼사의 비난이 이어지자 영의정 김류와 우의정 이홍주가 상차하여 '謀國의 방도'에는 한 가지만 고집할 수 없다면서 信使는 결코 들여보

---

175) 『仁祖實錄』卷33, 仁祖 14년 丙子 9월 丙午, 34-645, 17ㄱ~ㄴ. 여기서 최명길이 말한 諫院 箚子와 備局回啓는 같은 책, 8월 辛卯, 34-643~644, 13ㄱ~15ㄱ에 실린 것을 말한다.
176) 『仁祖實錄』卷33, 仁祖 14년 丙子 9월 己酉, 34-645~646, 17ㄴ~18ㄱ.
177) 『仁祖實錄』卷33, 仁祖 14년 丙子 9월 丙辰, 34-647~648, 21ㄴ~22ㄴ.

낼 수 없지만 역관을 보내어 정탐하는 것은 '權宜處變之道'인데 삼사
가 '負皇朝 欺吾民'이라고 비난하니 공무를 집행할 수 없다면서 사직
을 청하였다. 이에 인조는 大臣의 말이 '이처럼 연약해서는 안 될 것
같다'라고 그 무책임한 태도에 대해 불쾌감을 표출하였다.[178] 삼사의
집요한 비판으로 결국 비변사에서는 역관을 의주에 머물게 하고 논의
가 결말나는 것을 기다려 들여보낼 것을 주청하지 않을 수 없었다.[179]
삼사에 의해 비변사의 결정이 번복되기 시작한 것이다.

이에 같은 날 열린 경연에서 知事 최명길은 국가의 긴급한 일이 이
와 같이 지연되는 것을 개탄하고, 年少輩들의 氣節은 취할 만하지만
그들의 말을 모두 들어줄 필요는 없다면서 行間을 위한 역관을 속히
파견하라고 촉구하였다. 그는 또한 '우리나라 사람들은 군사기밀의 중
요성을 알지 못한다'면서 앞으로는 '국왕이 심복 대신과 은밀히 의논하
여 결정하고, 承旨나 內官도 알지 못하게 해야 한다'고 주장하고, 국서
에는 '淸國'이라고 써서 보내는 것이 타당하다고 논계하였다.

그러자 동석하고 있던 시독관 조빈과 검토관 오달제 역시 비밀을 지
키지 못한 것은 잘못임을 인정하였다. 그러나 조빈은 정묘년 화약 이
후 10년간 자강책을 강구한 것은 조금도 없다면서 지금 만약 다시 화
친한다면 결국은 나라가 망하고 말 것이라고 반발했고, 오달제는 최명
길이 기필코 중론을 배척하고 사람을 보내려 한다고 비난하고 三司가
'正論'을 펼치고 있는데 최명길이 감히 '公議'를 돌아보지 않고 삼사와
서로 논쟁하려 든다고 힐난하자 최명길이 쫓기듯이 자리를 피할 수밖
에 없었다.[180]

---

178) 『仁祖實錄』卷33, 仁祖 14년 丙子 9월 丙辰, 34-648, 22ㄴ.
179) 『仁祖實錄』卷33, 仁祖 14년 丙子 9월 庚申, 34-648, 33ㄱ~ㄴ.
180) 『仁祖實錄』卷33, 仁祖 14년 丙子 9월 庚申, 34-648~649, 23ㄴ~24ㄴ ; 『承
政院日記』53冊, 仁祖 14년 丙子 9월 19일 庚申, 3-460~461.

이 때부터 삼사의 최명길 탄핵이 본격화되었다. 司諫院에서는 최명
길이 경연석상에서 '金汗'을 '淸國汗'이라고 쓰자고 한 것, 국가 대사를
심복 대신과 은밀히 의논하고, 승지와 사관도 물리쳐야 한다고 주장한
것 등은 국왕의 총명을 가리고, 자기 마음대로 하려는 것으로서 국가
에 화를 미치는 것이 無所不至할 것이니 관직을 삭탈하라고 청하였
다.181) 이에 인조는 '淸國'이라는 '新號' 사용은 事例에 당연한 것이고,
은밀하게 의논하라고 한 것은 경박한 무리들이 함부로 대사를 누설하
기 때문이라고 반박하고, 최명길은 '元勳重臣'으로서 '헛된 명성을 구
하지 않고 오로지 실사에만 힘써서'[不求虛名 專務實事] 그 충성과 計
慮가 다른 사람이 미칠 수 없다고 변호한 뒤, 언관들을 '循私護黨'으로
몰아서 正言 洪處厚와 申恦을 체차시키고, 뒤에 각각 堤川縣監, 開城
敎授로 外補하였다.

修撰 吳達濟는 상소하여 臺閣의 논의는 체면이 매우 무거워서 비록
大臣이라도 감히 대항하지 못하고 引咎·辭職하여 不安한 뜻을 보이
는 것이 마땅한데 최명길이 三司의 公論이 제기되었는데도 경연석상
에서 감히 '荒亂之說'을 진달하여 '위로는 天聰을 현혹하고 公議를 위
협하여 억제한다'면서, 최명길의 이와 같은 '방자하고 거리낌 없는 죄'
는 바로 잡지 않을 수 없다고 주장하였다가 파직당하였다.182) 副校理
尹集은 여기에 더하여 간악한 秦檜도 감히 사관을 물리치라고 말하지
못하였는데, 최명길이 진회가 못한 일을 차마 하였다면서, '조정과 대
각을 무시하고', '밖으로 도적의 강성한 세력을 업고서 안으로 자기 임
금을 겁주었다', '장차 임금으로 하여금 위에서 독단하게 하여 義理도
돌아보지 않고 臺論도 살피지 않아서, 사특한 의논만을 따르고 간사한
신하에만 의지하여 장차 나라가 망하게 하고야 말 것'이니 이것은 모

---

181) 『仁祖實錄』 卷33, 仁祖 14년 丙子 9월 戊辰, 34-650, 26ㄴ.
182) 『仁祖實錄』 卷33, 仁祖 14년 丙子 10월 壬申, 34-650, 27ㄱ~ㄴ.

두 최명길이 그렇게 만든 것이라고 규탄하였다.[183] 이와 같은 공격에 직면하여 최명길은 자신의 주화론을 변명하는 장문의 상소를 남기고 결국 사직하지 않을 수 없었다.[184]

이 때 척화론의 전형을 보여준 것은 校理 趙贇의 상소였다.[185] 그는 국가가 興하는 데는 반드시 그 근본이 있다고 전제하고 太祖 李成桂의 威化島 回軍을 예로 들면서 조선왕조의 '興王之本'은 '중국을 높이고 이적을 물리친 것'[尊中國 攘夷狄]에 있다고 주장하였다. 그래서 임진년에 명나라가 위기에 처한 조선을 도와서 '再造邦國'하게 하였으며, 이것이 인조반정의 명분 가운데 하나이기도 하였다고 상기시켰다. 따라서 위화도 회군에 나타난 '尊周之義'를 '克彰'하고, 三綱을 扶植는 것이 '興王之業'이므로 자손으로서 이러한 도리를 배반하면 天意와 人心을 거슬러서 국가를 보존할 수 없다고 반복하여 강조하면서, 이것을 '天命과 民心의 去就와 離合의 기미'라고 표현하였다. 우리 인민이 이것을 조상들로부터 들어서 잘 알고 있기 때문에 자연스럽게 '天朝'를 보고 부모처럼 생각하는 것이지 그것이 敎令으로 가능한 일은 아니라는 것이다. 그래서 정묘년 화약에 대해서도 義士들의 '含憤'이 극도에 달하였는데 이제 '僭號'한 이후에 '緩兵'을 핑계로 다시 화약을 맺으려 한다면 그 분노가 어떠하겠으며, '諸侯之國'으로서 '僭號之賊'과 通使·通書한다면 그것을 무엇이라고 부를 것이냐고 반문하였다.

우리나라에는 八路에 地方과 人衆이 있어 萬乘之富와 千里之大에 그치지 않는데, 自强하지 못하고 '오랑캐 보기를 호랑이처럼 여기니'

---

183) 『仁祖實錄』 卷33, 仁祖 14년 丙子 11월 戊申, 34-652~653, 30ㄴ~32ㄱ.

184) 『仁祖實錄』 卷33, 仁祖 14년 丙子 11월 丙午, 34-652, 30ㄱ. 그의 사직 차자는 실록에는 보이지 않고, 『遲川集』 卷11, 「丙子封事」第三, 叢刊 89-448~455, 26ㄱ~29ㄱ에 실려 있다. 이 차자는 최명길의 주화론을 가장 포괄적으로 보여주는 내용인데 자세한 분석은 뒤로 미룬다.

185) 『仁祖實錄』 卷33, 仁祖 14년 丙子 9월 癸亥, 34-649, 24ㄴ~25ㄴ.

한심하기 짝이 없다고 개탄하고, 인조가 忠義를 고취하고 賢才를 얻어 위임한다면 '사람들은 자신의 재주를 다하고 군사들은 죽을 힘을 내어 싸울 것'이니 '미친 오랑캐'는 두려워할 것이 못된다고 주장하였다. 그런데도 이들과 사신을 통한다면 광해군 때와 다를 것이 없으므로 '반란을 꿈꾸는 민'에게 구실을 주어 오랑캐가 군사를 일으키기도 전에 내란이 일어나 종사가 먼저 망할 수도 있을 것이라고 위협하면서, '主和誤國之說'이 君父를 不義에 빠뜨리는 것을 차마 볼 수 없다고 비분강개하였다.

修撰 吳達濟·李禂는 주화론이 '權宜'를 칭탁하고 '利害'에 의해 움직여서 '구차스럽게 편안하기를 도모'한다, '자강책을 강구할 생각은 않고 오로지 姑息的인 것만 힘쓰고 의리를 돌보지 않고 恥辱을 달게 여긴다'고 비판하고 '僭逆之虜'에 대해서는 당연히 우리가 먼저 끊어야 한다면서 '역관을 통해서 국서를 보내라는 명령'을 빨리 거두라고 극언하였다.186)

이와 같이 병자년 척화론자들의 주장은 中華主義와 華夷論에 기초한 對明義理論을 절대적 진리로 전제하고 조선왕조 국가는 명의 황제를 섬기는 제후의 나라[藩邦]로 규정하였다. 이들은 임진왜란 당시 명나라의 도움으로 멸망의 위기에 처한 조선이 부활되었다고 보고 '再造'의 은혜를 강조하였다. 따라서 당시 이들이 주장하는 자강책은 '再造藩邦'論의 범주에 속한다고 볼 수 있다.187)

이 시기 주화론을 대표하는 최명길 역시 '尊中國 攘夷狄'을 부정한 것은 아니었다. 그는 南宋代 金의 침략을 배경으로 하여 尊王攘夷 사

---

186)『仁祖實錄』卷33, 仁祖 14년 丙子 9월 甲子, 34-649~650, 25ㄴ~26ㄱ.
187) 당시 척화 의리론자들이 주장하는 자강책은 도학적 경세론의 범주에 머물고 있었다. '再造藩邦'論의 개념과 성격에 대해서는 金駿錫, 1998①, 앞의 논문 참조.

상을 집대성한 대표적인 학자인 胡安國(1074~1138)도 斥和論을 비판
한 사례가 있음을 들어서 자신의 논리적 근거로 제시하였다.[188] 즉 호
안국은 五代 後晉에서 景延廣이 거란족의 遼에 主戰論을 주장하였다
가 요의 침략으로 후진이 멸망한 사건에 대하여, 경연광이 '경솔하게
신뢰를 배반하여 스스로 전쟁의 꼬투리를 만들었다'고 비판하였다는
것이다.[189] 최명길은 '尊中國 攘夷狄'을 一生 事業으로 삼아온 호안국
이 경연광을 비판한 이유는 "人臣이 자신의 主君을 위해 謀國하는 데
서 遠慮를 갖지 않고 자기 주장을 내세우다가 나라가 멸망에 이르게
하는 것은 그 일이 비록 바르더라도 그 죄를 피할 수 없기 때문"이라
고 해석하였다.[190]

---

188) 胡安國은『春秋傳』을 편찬하여 尊王攘夷라는 大義를 높이 선양하였다. 여기
서 제시된 그의『春秋』해석은 '名實 관계'라는 입장에서『春秋』의 正名思想
인 尊王主義의 실체를 제시한 것이었으며,『春秋』의 華夷說을 綱常倫理와
연결시켜 이론적으로 체계화하였다. 그가 살던 南宋시대는 金人의 남침으로
남쪽으로 옮겨왔다. 이에 잃었던 중원 땅을 회복하고 宋朝 왕실의 안전을 유
지하기 위해 유학자들은 尊王을 주창함과 동시에 또한 攘夷를 강조하였는데,
이를 대표하는 저작이 바로 그의『春秋傳』이었다. 이에 대해서는 候外廬 외
지음, 박완식 옮김, 1993,『宋明理學史』1, 이론과 실천, 285~289쪽 참조.
189)『遲川集』卷11,「丙子封事 第三」, 叢刊 89-450~451, 30ㄴ~32ㄱ. 五代 後晉
의 石敬瑭은 桑維翰의 건의를 받아들여 遼에 대해 스스로 稱臣하고 거란의
원조를 받아 後唐을 멸망시켰다. 그 이후에는 燕雲 16州를 할양하고 매년 歲
幣를 바쳤었다. 그런데 석경당이 죽은 후 그의 조카 石重貴가 少帝가 되자
석경당의 거란에 대한 굴욕적인 태도에 불만을 품고 桑維翰의 만류에도 불
구하고 景延廣의 '去臣稱孫'하라는 건의를 받아들여 거란과의 전쟁을 불사하
였다가 後晉은 결국 거란의 침략으로 멸망당하였다. 五代 後晉과 거란 사이
의 이 사건에 대해서는 徐連達·吳浩坤·趙克堯 지음, 중국사연구회 옮김,
1989,『중국통사』, 청년사, 451쪽 ; 傅樂成 著, 辛勝夏 譯, 1998,『中國通史』
(下), 知永社, 592~602쪽 참조. 崔鳴吉은 朱子가『資治通鑑綱目』에서 桑維
翰과 景延廣 두 사람의 관직을 삭제하여 모두 폄하하였다고 밝히고, 胡安國
이 경연광을 비판한 말을 인용하여 자신의 입론의 근거로 삼고 있다. 최명길
이 인용한 것은『資治通鑑綱目』卷57 안에 있는 胡安國의 傳이다.

최명길이 자신의 주화론을 뒷받침할 사례로서 또 하나 제시한 것이 왜란 당시 牛溪 成渾의 주화론이었다.[191] 당시 성혼은 門生에게 보낸 편지에서 '講和而存'보다는 '守義而亡'하는 것이 낫다는 주장은 人臣의 '절개를 지키는 말'은 되지만 '宗社의 存亡'은 匹夫의 일과는 다르다고 말하면서 주화론을 옹호하였다. 최명길은 성혼의 이러한 주장은 '宗社'를 중요하게 생각하고 '시기와 역량을 헤아려서' 나온 '時中之義'였다고 긍정하였다. 그 역시 왜란 당시 국가를 보존할 수 있었던 것은 '명나라가 구제해 준' 은혜 덕분임을 인정하여 척화론자와 견해를 같이 하였지만, 그는 성혼을 비롯한 유성룡, 이덕형 등이 쏟아지는 비난을 피하지 않고 주화론을 견지한 '충성을 다하여 감당하려는 노력'에도 있었다고 주장하였다.[192]

최명길은 당시 '事勢'로 보아 주화론은 부득이한 것이었으며, 만약 이들이 '一切之論'만 '徒守'하고 '權宜之計'를 생각하지 않았다면 나라는 망하고 말았을 것이라면서 '事'에는 '名美而實不然者'가 있다고 '名實'論을 내놓았다.

> 道에는 經權이 있고 事에는 輕重이 있는데 時가 있는 곳에는 義가 따르기 마련이다. 聖人이 易을 지어서 中을 正보다 貴하게 여긴 것은 바로 이 때문이다.[193]

---

190) 『遲川集』 卷11, 「丙子封事 第三」, 叢刊 89-451, 32ㄱ, "盖以人臣 爲其君謀國 而不存遠慮 果於自用 以致亡人之國 則其事雖正 而其罪有不可逃故也."

191) 牛溪 成渾의 主和論에 대해서는 李章熙, 1989, 「牛溪 成渾에 關한 史的考察」, 『亞洲大學論文集』 11, 亞洲大(同, 2000, 『近世朝鮮史論攷』, 아세아문화사, 211~216쪽) 참조. 선조 27년 일본과의 강화가 불가피했던 사정에 대해서는 孫鍾聲, 1995, 「강화회담의 결렬과 일본의 재침」, 『한국사』 29, 국사편찬위원회 편, 96~105쪽 참조.

192) 『遲川集』 卷11, 「丙子封事 第三」, 叢刊 89-452, 33ㄱ~34ㄱ.

193) 위와 같음, 34ㄴ, "道有經權 事有輕重 時之所在 義亦隨之. 聖人作易 中貴於

즉 道에는 經權이 있고 事에는 輕重이 있어서 時가 있는 곳에 義가 따르기 마련이기 때문에 聖人이 『易』을 지어서 '中' 즉 '實'을 '正' 즉 '名'보다 귀하게 여겼다는 것이다.

이러한 그의 名實論은 李貴의 주화론과 같이 事勢論과 經權論에 기초하고 있으면서도 그것보다 진일보한 측면이 있다. 그것은 '時가 있는 곳'에 '義도 또한 따르기 마련'이라고 분명히 한 점이었다. 최명길은 자신의 주화론이 時勢에 있어서뿐만 아니라 의리에 있어서도 올바른 것이라는 확신을 거듭 표명하였다.194) 이귀의 經權論은 '堂堂大義'와 '謀國之遠慮'가 각각 분리되어 존재할 수도 있다고 정치적 현실주의를 긍정하였지만, 이와 분리된 大義=義理는 따로 존재하는 것으로 간주하였다.195) 이에 비해서 최명길의 名實論은 '時之所在 義亦隨之'라 하여 實과 유리된 名 자체를 인정하지 않고 있다. 즉 정치적 현실주의 그 자체에 의리가 존재한다고 주장하여 이와 괴리된 명분의 존재를 부정하였다. 그가 성혼의 주화론을 '宗社가 중요하므로 때와 역량을 헤아려서 때에 맞는 것을 의리로 삼았다'라고 평가한 것은 '국가의 존립'[實]보다 우월한 명분은 존재할 수 없다는 분명한 선언이기도 하였던 것이다.196)

최명길은 이러한 자신의 주화론이 척화론자들의 주장처럼 是非를

　　　正 良以此也."
194) 위와 같음 ; 同, 叢刊 89-453, 36ㄱ.
195) 정묘호란 당시 이귀의 주화론은 앞 절에서 상론하였다.
196) 최명길의 이러한 名實論은 元宗追崇論爭에서도 제시된 적이 있어 주목되는데, 이에 대해서는 이 책 156~157쪽 참조. 최명길의 名實論을 그의 陽明學的 인식을 보여주는 것으로 파악한 논자도 있다(李在喆, 1992, 「遲川 崔鳴吉의 經世觀과 官制變通論」, 『朝鮮史硏究』 1, 56쪽 참조). 王陽明의 名實論에는 분명히 최명길의 그것과 유사성이 존재한다고 생각된다. 王陽明의 名實論에 대해서는 張立文, 1995, 『中國哲學範疇發展史』(人道篇), 中國人民大學出版社, 제14장 名實論, 555~557쪽 참조.

돌보지 않고 '利害之說'로 君父를 오도한 것이 아니라 '時勢'를 참작하고 '義理'를 따져서 나온 것이며, 先儒의 定論으로 증명할 수 있고 祖宗의 '往迹'에서도 참고하여 국가의 안위와 保民을 염두에 두고 도리에 어긋나지 않고 事宜에 합당한 것을 '깊이 생각하고 헤아려서' 그 필연성을 확신하기에 이르렀다고 토로하였다.197)

그리고 척화론과 척화론자들의 행태를 조목조목 논파하였다. 淸이 이미 '僭號'하였으니 信使를 보낼 수 없다는 주장에 대하여 그들이 만약 정묘년 兄弟之盟을 어기고 우리에게 '非禮'를 강요한다면 義理에 비추어 결코 따를 수 없지만, 지금은 그렇지 않아서 그들이 隣國의 禮로 대하고 있으니 그들의 僭號 與否는 우리가 꼭 따져 물을 일은 아니라는 것이다.

그리고 명나라 사람들이 우리나라의 병력이 '單弱'하여 청나라에 대적할 수 없다는 것을 알고 우리에게 다른 것은 바라지 않고 間計를 요청한 것인데 年少輩들이 그러한 명나라의 '深慮'와 여기에 따르기로 한 廟堂의 '苦心'은 따져보지도 않고 '欺吾民 負皇朝' 등의 말을 朝報에 나오게 하여 遠近에 傳播되도록 하였다고 비난하였다. 우리나라는 서쪽으로 瀋陽이 있고, 바로 옆에는 椵島가 있어 이들이 모두 조보를 구해서 보고 우리나라의 國情을 엿보고 있으니 臺諫 啓辭는 신중하게 하지 않으면 안 되는데 연소배의 妄言으로 명의 비난을 초래하고 이웃한 적국이 의심을 품게 하는 잘못을 범하였다는 것이다.198)

또한 羅德憲 등의 처벌에 대해서도 비판하였다. 최명길은 그들에게 설사 죄가 있더라도 '조용히 죄를 논하여 밖으로 노출되지 않게' 하여 '국가를 위해 악을 감추는 의리'에 맞게 처리해야 될 일이었다는 것이다. 더구나 그들이 '(천자에게 행하는) 예를 거부하고 굴복하지 않은

197) 『遲川集』 卷11, 「丙子封事 第三」, 叢刊 89-453, 36ㄱ.
198) 『遲川集』 卷11, 「丙子封事 第三」, 叢刊 89-449~450, 28ㄴ~29ㄱ.

256

것'이 명백하여 처음에 묘당에서는 포상할 뜻을 갖고 있기까지 하였는데, 갑자기 '橫議'가 '卒發'하여 '오랑캐 조정에 무릎을 꿇은 죄'를 억지로 만들어 처벌하기에 이른 것도 잘못이며, 그로 인해 '藩國의 使臣'을 '참람한 역적에게 무릎을 꿇은 노예'로 만들어서 '소란스럽게 서로 전파시킨' 것도 잘못인데, 이러한 의견을 말하는 사람에 대해서 '勃然大怒'하여 말을 막아버리기까지 하는 것은 사람의 '性情'이 아니라는 것이었다.199)

이러한 일들이 잘못이라고 생각하였기 때문에 자신이 이러한 '軍機重事'에 대해서만 '腹心大臣'과 비밀히 의논하여 처리하고 승지와 내관도 알지 못하게 하자고 청한 것이지, 국가 대소사 모두를 그렇게 하자는 것이 아니었는데, 연소배들이 근거 없는 말을 만들어 자신을 공격한다고 개탄하였다. 그리고 이러한 연소배의 말이 한 번 나오자 온 조정이 서로 '和附'하여, 자신이 죄 없음을 분명히 알고 있는 신료들마저 '둘러서서 바라만 볼 뿐' 자신을 구원해 주는 자가 없었다고 폭로하고, 그 이유는 다름이 아니라 잘못 입을 열었다가는 '주화론이라는 함정'[和議科臼]에 빠지는 것을 면할 수 없기 때문이라고 조정의 잘못된 논의 풍토를 비판하였다.200)

최명길은 이러한 잘못된 행태가 모두 '好名'에서 유래된 폐단이라고 반복해서 강조하고, 이러한 폐단이 '政歸臺閣'을 조장하는 三司 官制의 모순에 의해 증폭된 것이라고 제도적으로 접근하였다. 5·6품의 三司 관원을 年少新進으로 충원하여 언로를 열어준 것은 '耳目의 민첩함'과 '志氣의 날카로움'에 의해 '治道'에 보탬이 되게 하려는 것일 뿐이고, 安危에 관계되는 국가대계는 老成한 大臣과 중신들이 그 마땅함을 헤아려서 국왕에게 보고하고 처치해야 하는 것이지 연소배가 감히

199) 위와 같음, 27ㄴ~28ㄱ.
200) 위와 같음, 29ㄴ~30ㄱ.

관여할 일이 아닌데, 인조반정 이후에 지나치게 言路가 확대되어 '政歸臺閣'의 형세가 조성되자, 국가 중대사에 대하여 大臣이 自斷하지 못하고 浮議에 제압되어 '朝廷이 존엄하지 못하고 國體가 나날이 가벼워지는' 결과를 초래하였다는 것이다. 이렇게 본다면 잘 알려진 최명길의 관제변통론이 '호명', 즉 주자학 명분론과 의리론에서 초래된 정치현실과의 모순을 제도적으로 극복하고자 한 시도임을 알 수 있게 된다.[201]

(2) 廟堂과 臺閣의 대립과 丙子胡亂의 발발

삼사의 강력한 반발에도 불구하고 청국 군대가 산해관으로 들어갔다는 첩보에 접하자 비변사의 건의를 받아들여 인조는 의주에 채류하고 있던 胡譯을 심양으로 들어가게 하였다.[202] 11월에 들어서자 드디어 청국이 겨울에 침입할 것이라는 보고가 처음으로 들어왔다.[203] 이어서 파견했던 胡譯이 돌아와서 이를 확인하자 조정에서는 긴장감이 고조되었다. 그런데 胡譯 朴仁範 등은 淸이 군사를 움직이려 한다는 것과 함께 朝鮮과의 和約을 지속할 의도가 있음을 전하였다.[204] 그러

---

201) 李在喆, 1992, 앞의 논문 ; 李綺南, 1992, 「崔鳴吉의 政治活動과 權力構造 改編論」, 『擇窩許善道先生停年紀念韓國史學論叢』, 一潮閣, 476~501쪽 ; 이 책 5장 3절 참조.
202) 『仁祖實錄』 卷33, 仁祖 14년 丙子 10월 丁丑, 34-650, 27ㄴ.
203) 『仁祖實錄』 卷33, 仁祖 14년 丙子 11월 甲辰, 34-652, 30ㄱ, 接伴使 李必榮 馳啓.
204) 『仁祖實錄』 卷33, 仁祖 14년 丙子 11월 壬子·癸丑, 34-653, 32ㄴ. 당시 瀋陽에서 譯官 朴仁範과 龍骨大·馬夫大 등과의 대화 내용은 『燃藜室記述』 卷25, 仁祖朝故事本末, 「丙子虜亂丁丑南漢出城」, Ⅵ-546 참조. 이 때 淸國 汗이 11월 25일로 날짜를 못박아서 和議를 다시 정하지 않으면 침략하겠다는 말과 함께 答書를 보냈다고 한다(『尊周彙編』 卷3, 崇禎 9년 11월, 235~236쪽). 『丙子錄』(1987, 앞의 책, 267쪽)에도 비슷한 내용이 실려 있다.

자 조정에서는 앞서 譯官을 파견할 때와 유사한 혼란이 반복되었다.

비변사에서는 한편으로는 朴蘭英을 別使로 파견하기로 하는가 하면, 다른 한편으로 변경에서는 胡人이 아무리 '和好'를 칭탁하고 오더라도 국경을 넘어 들어오는 것을 막아야 한다고 논계하였다. 그런가 하면 義州城을 修築하여 변방 수비를 강화하여야 하지만 현실적으로는 착수하기가 쉽지 않고, 軍粮과 兵器를 마련한다고 했지만 그것이 양적으로 부족하다는 것을 인정하면서도, 精抄軍 약 1만 8천여 명을 동원하여 변경에 진주케 하자거나, 사대부로부터 庶人에 이르기까지 출자하여 軍需를 돕게 하자는 논계가 이어졌다.205)

그러자 散職에 물러나 있던 完城君 崔鳴吉이 다시 상소하여 비변사의 일관성 없는 시책을 비판하고, 胡譯을 통해 청나라에서 별다른 강압적인 의사 전달이 없는 것에 주목하여 文官 堂上을 秋信使로 差任하여 파견할 것을 제안하였다.206) 그는 당시 兩西지방의 흉작이 전국에서 가장 심각하고, 가축의 전염병이 또한 참혹하여 明年의 농사가 전혀 가망이 없는데, 山城을 修築하고 將士를 供饋한다고 1결에 30여 필의 베를 내게 하였으므로 民力이 이미 고갈되고 원한이 하늘에 사무쳐 있기 때문에 화친을 맺는 일이 하루가 급하다고 개진하였다.

그는 '謀國의 방도'는 '誠實'에 힘써야지 '文具'에 그쳐서는 안 된다면서 먼저 화친을 성사시켜 민력을 休息시키고 財用을 撙節하여 國計를 여유 있게 만든 후에야 비로소 별도의 처치가 가능해진다고 자신의 主和論이 保民論에 근거하고 있음을 분명히 하였다. 이러한 최명길의 상소를 보고서야 秋信使 파견이 결정되었으며, 인조는 '부득이하여 다시 羈縻한다는 뜻을 中外에 布告'하게 하였다.207)

---

205) 『仁祖實錄』 卷33, 仁祖 14년 丙子 11월 癸丑・乙卯, 34-653, 32ㄴ~33ㄱ.
206) 『仁祖實錄』 卷33, 仁祖 14년 丙子 11월 乙卯, 34-653~654, 33ㄱ~34ㄴ.
207) 『仁祖實錄』 卷33, 仁祖 14년 丙子 11월 丙辰, 34-654, 34ㄴ~35ㄱ. 이때 비로

물론 이에 대해 吏曹參判 鄭蘊을 비롯한 三司 言官들의 격렬한 반발이 있었던 것도 역관 파견 당시와 유사했다. 鄭蘊은 승지와 사관도 모르게 중신들이 결정해야 된다는 최명길의 주장과 비밀리에 역관을 파견한 일을 是非와 事理의 邪正을 무시한 전례가 없는 '奸怪한 일'이며, 目前의 無事함만을 바라는 姑息之計라고 비난하고, 후일에 凶謀秘計를 꾸미는 '大奸慝'이 나오면 반드시 이 일로 증거 삼을 것이라고 경고하였다.[208] 정묘년 화약 이후 自强하지 못한 것이나 후금이 오만해지게 만든 것 등은 모두 주화론이 그렇게 만든 것이라고 비난하고, 그렇다고 强弱이 판명된 것도 아니고 勝負가 결판난 것도 아닌데, 使臣을 통하면 稱臣을 요구하고, 稱臣하면 割地를 구하여 결국 온 조정 신료가 야만인의 신하[左袵之陪臣]가 되고 온 나라의 인민이 야만인[左袵之人民]이 될 것이라면서 信使 파견을 즉각 중지하라고 요구하였다.

校理 金益熙와 副修撰 李尙馨 등은 지난 봄 '絶和'한 일은 '大義를 밝히고 一統을 높이기' 위한 것으로서 애초에 전쟁의 成敗와 국가의 存亡을 염두에 둔 것이 아니었다고 서슴지 않고 시인하였다.[209] 그런데 '자신의 몸과 처자만을 온전하게 지키려는 신하'에 의해 國是가 변하여 正論이 꺾이고 異議가 횡행하여, 오늘은 朴仁範을, 내일은 朴蘭英을, 또 다음 날에는 信使를 보내자고 청하는가 하면, 인조 역시 '淸'字를 써서 보내는 것에 동조하였으니, 장차 '帝'字를 쓰라고 협박하고 '臣妾'으로 취급하는 굴욕을 가해 올 것이라고 우려를 표명하고, 이처럼 '겁먹고 갈팡질팡하니' 어떻게 인심을 복종시키며 衆議를 잠재울

소 金鎏는 지난 2월의 斥和 결정을 비판하고, '不忠不韙'라는 비판에도 불구하고 자신이 주화론을 담당할 의사를 분명히 하였다.
208) 『仁祖實錄』 卷33, 仁祖 14년 丙子 11월 辛酉, 34-654~655, 35ㄱ~36ㄱ.
209) 『仁祖實錄』 卷33, 仁祖 14년 丙子 11월 辛酉, 34-655, 36ㄱ~37ㄱ.

수 있겠느냐고 반문하였다. 自强하지 못한 것도 다 羈縻之計 때문이라면서 인조에게 '결단을 내려 화의를 끊고 몸소 나서서 삼군을 격려'하고 信使 파견은 빨리 정지시키라고 청하였다.

인조는 이러한 三司의 반발을 모두 무시하고 비변사의 건의를 받아들여 秋信使로 박로를 파견하였다. 물론 이 때 三司 관원 모두가 척화론 일변도였던 것은 아니다. 副校理 尹集이 大司諫 李敏求와 正言 李時雨를 최명길에게 아첨한다고 비난하고 掌令 李行健의 避嫌 啓辭가 모호하다고 비판하였으며, 淸議에 버림받은 鄭太和를 다시 執義로 임용하였다고 인조에게 항의하고 있는 것을 보면 그것을 알 수 있다.210)

그리고 이 때는 중신들 가운데서도 信使 파견을 전제로 한 상소가 나오고 있었다. 병조판서 李聖求는 信使 파견에는 찬성하였다. 그렇지만 그들을 황제로 인정하지 않으면서 우리가 자진해서 국서에 '淸'이라는 글자를 쓰는 것은 반대하였다. 그들이 항의하면 그 때 논의해서 결정해도 늦지 않다는 것이 그의 주장이었다. 大司憲 李景奭 역시 이전처럼 '金'이라고 칭해도 해롭지 않을 것이라고 말하여 信使 파견에는 이의를 제기하지 않았다.211) 인조는 이성구의 주장을 수용하여 추신사 박로를 파견하되, 만약 청이 帝號를 쓰지 않은 것을 트집 잡는다면 비록 兵禍를 입는 한이 있어도 단호히 거절하여 구차하게 두려워하는 기색을 보이지 말라고 명하였다.212)

兩司에서는 이미 심양으로 떠난 박로를 돌아오게 하라고 논계하였지만 인조가 들어주지 않자 大司諫 金槃은 臺論이 정지되기도 전에 信使를 출발시켰으니 이는 廟堂이 臺閣을 무시하는 것이라고 비판하였다.213) 이를 전후하여 묘당과 대각의 대립을 개탄하는 논계가 줄을

---

210)『仁祖實錄』卷33, 仁祖 14년 丙子 11월 戊申, 34-652, 31ㄱ, 31ㄴ.
211)『仁祖實錄』卷33, 仁祖 14년 丙子 11월 甲子, 34-655, 37ㄱ~ㄴ.
212)『仁祖實錄』卷33, 仁祖 14년 丙子 12월 壬申, 34-656, 39ㄱ.

이었다. 심지어는 주화를 주장하는 묘당과 척화를 주장하는 대각은 양
립할 수 없으며, 대간이 없으면 언로가 없고 언로가 없으면 조정이 없
다는 극단적인 논계도 있었다.214) 그러는 가운데 추신사가 국경에 닿
기도 전에 淸軍의 선발대가 먼저 국경을 넘어왔다.215)

지금까지 병자호란 직전의 主和・斥和 논쟁을 개략적으로 살펴보았
다. 병자호란 당시 조선 봉건국가는 절체절명의 위기에 직면하였다. 만
주족 중심 다민족국가 淸의 우세한 군사력 앞에서 국가는 풍전등화의
위기에 직면하였으나 국왕 인조를 포함한 지배층 대부분은 국력을 결
집시켜 이에 대항하지 못하였음은 물론 현실적으로 그것이 불가능하
다는 것을 인식하지도 못하였고, 인식하였다 하더라도 그것을 현실 그
대로 받아들이려 하지 않았다. 병자호란과 그에 이어지는 삼전도의 치
욕은 당시 官人・儒者 일반을 지배하고 있던 정치사상으로서의 주자
학, 특히 주자학 명분론과 의리론 및 그것에 기초한 주자학 정치론이
현실 적합성을 상실하였다는 것을 분명하게 드러낸 역사적 사건이었
다.

이미 정묘호란으로 인해 인조 정권은 강화도로 파천하는 굴욕을 당
하였고, 정묘년의 화약이 일시적인 것이라는 것을 분명히 인식하고 있
었음에도 불구하고 재침에 대한 준비를 착실하게 실천에 옮기지 못하
였다. 만주족의 우세한 군사력에 맞서려면 국가체제 자체의 변통과 경
장에 의한 국방력 강화가 절실히 요구되었지만 주자학 명분론과 의리
론에 사로잡힌 지배층 일반은 오히려 그것을 거부하거나 방해하였으

---

213) 『仁祖實錄』卷33, 仁祖 14년 丙子 12월 甲戌, 34-656, 39ㄴ.
214) 『仁祖實錄』卷33, 仁祖 14년 丙子 12월 丙子, 34-656~657, 39ㄴ~40ㄴ.
215) 청국에서는 11월 27일에 明을 칠 계획을 정하고 조선의 사신을 기다렸는데,
    11월 29일까지도 도착하지 않자 먼저 조선정벌에 나섰다고 한다(『燃藜室記
    述』卷25, 仁祖朝故事本末, 「丙子虜亂丁丑南漢出城」, Ⅵ-547).

며, 그로 인해 현실적인 방어역량이 갖추어지지도 못한 상태에서 척화주전론을 고집하였다.

물론 척화론 진영에서도 變通論者가 없었던 것은 아니었다. 尹煌, 兪伯曾, 趙錫胤 등은 병자호란기의 대표적인 斥和 變通論者였는데, '나라를 좀먹고 민을 병들게'하여 '반란을 일으킬 생각을 안 하는 사람이 없는' 현실을 직시하고 제도의 변통과 개혁을 통한 '保民固國'을 인조에게 촉구하고 이를 거부하는 士類 일반에 만연한 保身主義와 名分主義를 통렬하게 비판하였다. 이들이 大同法과 士族收布論에 근접한 제도 개혁을 주장한 것은 주자학 명분론과 의리론의 본영인 척화론 진영에서도 당시의 국가적 위기에 직면하여 조선왕조를 지탱하는 양대 중심축이었던 지주제와 양반제를 일정하게 제한하지 않으면 안 된다는 인식이 싹텄다는 점에서 중요한 의미를 갖는 것이었다.

그러나 이들이 정묘호란 이후 제도 개혁이 지지부진하였던 책임을 주화론자들에게 전가한 것은 당시 변통과 경장을 둘러싼 정치적 갈등 관계, 즉 현실적 정치적 역학관계에 대한 정확한 인식을 결여한 것이었다. 그리고 이들의 사고 속에는 논리적 모순과 비약이 존재하였다. 이들이 주장한 保民과 養兵, 安民과 禦敵은 분명히 당시 국가적 위기를 타개하기 위해서는 모두 절실한 것이었지만 그것은 상호 모순된 성격의 것이었으며, 그 모순을 해소하고 국방력을 강화시키기 위해서는 최소한의 시간적 여유가 필요했다. 이들은 이 양자 사이의 모순과 긴장에 주의하지 못하였으며, 인식하였다 하더라도 애써 회피하고 군주의 '결단'과 士民의 '분발'이라는 정신적 요인에 의해 극복 가능하다고 비약하였다. 또한 이들이 江都保障論을 비판한 것은 邊方防禦論의 연장선상에서 나온 것이었는데, 이는 당시의 군사적 상식과는 동떨어진 주장이었다. 척화 변통론자들의 이러한 한계는 주자학 명분론과 의리론에서 벗어나지 못하였기 때문에 초래된 것이었다. 당시의 현실에 비추어 볼 때 이들이 만약 변통론에 철저했더라면 더 이상 척화론을 고집하지 못하였을 것이다.

척화 변통론의 이러한 모순에 대해서는 당시에 이미 李植에 의해 지적되었다. 이식 역시 '모든 민을 병사로 만들 것'을 주장하여 士族收布論으로의 길을 열어놓았고 大同法을 주장하였는데, 이것이 실천에 옮겨져 효과를 보기 전까지는 주화론을 견지해야 될 것으로 보았다. 주화 변통론이었다. 이귀가 사거한 뒤에는 최명길이 變通論을 계속 견지하였고 金時讓 등에 의해서도 주화 변통론이 제기되었다.

병자년에 이처럼 주화·척화 양 진영 모두에서 변통론을 주장하는 논자가 있었지만 조정에서는 모두 수용하지 않았다. 따라서 조선의 방어역량은 매우 취약할 수밖에 없었다. 병자년 초부터 척화론자들의 주장에 동조했던 국왕 인조도 점차 이러한 현실을 깨닫기 시작하였다. 그런데 아무도 먼저 이러한 현실을 인정하려 들지 않는 가운데 삼사 언관들을 중심으로 척화론이 횡행하였다.

이러한 조선 조정의 분위기를 전환시키는 계기를 만든 것은 椵島에 주둔하고 있던 명나라 장수들이었다. 이들이 오히려 나서서 조선의 청에 대한 강경론의 위험성에 경종을 울리고 화친을 유지할 것을 권고하였던 것이다. 최명길 등이 이것을 적극 수용하자고 주장하여 主和·斥和 논쟁이 본격화되었다. 척화론자들은 '尊中國 攘夷狄' 즉 '尊周의 의리'가 조선왕조의 '興王之本'이었으며 인조반정의 명분이기도 하였다고 상기시키고 對明義理論을 내세우면서 청과의 어떠한 외교적 교섭도 반대하였다. 이들은 정묘년 이후 자강하지 못한 것은 모두 주화론의 책임이라고 비난하고, 군주가 충의를 고취하고 賢才를 얻어 위임하면 청과 대항할 수 있는데, 자강책을 강구할 생각은 않고 오로지 고식적인 것만 힘쓰고 의리를 돌보지 않고 恥辱을 달게 여긴다고 비판하였다. 당시 척화론은 주로 三司 언관들에 의해 제기되었는데, 이들은 자신들의 주장이 '公議', '公論'이라고 내세우고, 이러한 臺閣의 논의는 대신도 거부해서는 안 된다고 '士林'에 특유한 公論政治의 원칙을 상기시켰다.

이 시기 주화론을 대표하는 최명길 역시 '尊中國 攘夷狄'을 부정한 것은 아니었다. 그는 南宋代 尊王攘夷 사상을 집대성한 胡安國이 遼에 대한 斥和 主戰論者였던 景延廣을 비판한 것, 임진왜란 당시 成渾이 주화론을 주장한 것 등을 예로 들면서 事勢에 따라서는 '尊周의 義理'가 주화론과 병행될 수 있음을 보이고자 하였다. 최명길은 자신의 주화론을 名實論으로 합리화하였다. 그의 명실론은 정치적 현실주의 그 자체에 의리가 존재한다고 주장하여 현실과 괴리된 명분의 존재를 부정하였다는 점에서 이귀의 사세론과 경권론보다 진일보한 논리로 간주된다.

그리고 당시 척화론과 척화론자들의 정치 행태를 조목조목 논파하였다. 특히 事勢·形勢는 따져보지도 않고 주자학 명분론·의리론만을 내세우는 삼사 언론의 무책임성을 통렬하게 고발하고, 그러한 현실과 괴리된 삼사 言官들의 주장이 公議·公論으로서 조정을 지배하여 아무도 이의를 제기하지 못하는 조정의 잘못된 논의 풍토를 비판하였다. 그는 이러한 잘못된 행태가 모두 '好名', 즉 주자학 명분론·의리론에 함몰된 당시 관인·유자 일반의 사상적 한계에서 유래된 폐단임을 반복해서 설파하고, 이러한 폐단이 '政歸臺閣'을 조장하는 삼사 官制의 모순에 의해 증폭된 것이라고 제도적으로 접근하였다. 그의 官制變通論은 주자학 명분론·의리론에서 초래된 이러한 정치 현실과의 모순을 제도적으로 극복하기 위한 시도였던 것이다.

이러한 이 시기 척화론과 주화론의 대립은 '再造藩邦'論과 '國家再造'論의 대립으로 그 성격을 규정해 볼 수 있다.216) 척화론이 왜란 당시 明의 '再造之恩'을 강조하면서 주자학 명분론과 의리론을 국가의 존립 그 자체보다 중시하는 입장이었다면 주화론은 保民을 위한 국가의 존립을 우선하는 사고였다. 주화론은 後金＝淸의 침략으로 절체절명의 위기에 직면한 국가를 유지·보존하기 위해서는 인조 정권의 집권 명분이었던 주자학 명분론과 의리론조차 굽힐 수 있다는 새로운 사고의 등장을 의미하는 것이었다. 이들은 자신들의 주장을 經權論·事勢論·名實論 등으로 합리화하였다. 따라서 이들에게서는 華夷論에 종속된 '藩邦' 관념에서 이것과 분리된 독자적인 '국가' 관념을 엿볼 수 있다. 여기에 이 시기 주화론의 등장을 '再造藩邦'論이 '國家再造'論으로 전화된 인식의 소산으로 규정하는 근거가 있다.

---

216) 金駿錫, 1998①, 앞의 논문, 130~135쪽 참조.

제5장 變通 指向 經世論의 등장과 전개

1. 17세기 前半 經世論의 두 경향

인조반정은 주자학 명분론과 의리론을 내세운 정치변란이었으므로 이후 명분론적 지향이 강화될 수밖에 없었다. 이러한 경향은 經世論에서도 드러났다. 修身 爲主의 道學的 經世論이 바로 그것이었다. 당시 대부분의 官人·儒者를 지배하고 있었던 것은 주자학 정치사상이었으므로 어쩌면 그것은 필연적인 일이었다. 그러나 그것만으로는 당시 조선왕조 국가가 직면한 대내외적 위기를 타개해 나갈 수 없었다. 그리하여 당시의 변화하는 현실에 맞게 법과 제도를 개혁해야 한다는 官人·儒者 들이 등장하였다. 즉 變法的 經世論者들이 등장하여 전반적인 제도개혁을 추진하려 하였다. 따라서 이 양자 사이에 정치적 갈등이 일어나는 것은 피할 수 없는 일이었다. 그리고 변법론자들의 개혁이 도학적 경세론자들과 기득권 세력의 반발에 직면하여 지지부진한 가운데 두 차례의 호란을 맞이하였다. 그리하여 변법론자들은 주화론에 의해 일단 국가를 유지 보존하고자 한 반면 道學的 經世論者들은 주자학 명분론과 의리론을 내세우면서 척화론을 주장하였다.

1) 道學的 經世論의 내용과 성격

인조반정 이후 점증하고 있는 대내외적 위기와 관련하여 관인 유자들에 의해 수많은 경세론이 상소문이나 차자의 형태로 제출되었다. 병자호란 직전까지의 인조 전반기에 제출된 이들 상소문에 공통적으로 등장하는 항목을 다음과 같은 열 가지 정도로 추출해 볼 수 있다.

1. 體天道 또는 敬天　　2. 務聖學
3. 節財用 또는 崇節儉　4. 嚴宮禁 또는 刑內
5. 親宗族 또는 敦宗　　6. 養士氣 또는 正士習 또는 勵廉恥
7. 嚴紀綱　　　　　　　8. 開言路 또는 納諫諍
9. 收人才 또는 用人　　10. 鎭人心 또는 恤民1)

이들 상소문을 검토해 보면 대부분의 관인·유자 들은 주자학 의리론과 명분론에 토대를 둔 君主聖學論을 이전 시기보다 확대 심화된

---

1) 예를 들면 반정 초 처음으로 제출된 司諫院 차자에는 "敬天, 恤民, 納諫諍, 嚴宮禁" 등이 제시되었고(『仁祖實錄』 卷2, 仁祖 元年 癸亥 7월 癸巳, 33-539, 20ㄴ), 홍문관에서는 다음 8가지 항목의 箚子를 올렸다. "立大志 懋聖學 重宗統 盡孝敬 納諫諍 公視聽 嚴宮禁 鎭人心"(『仁祖實錄』 卷3, 仁祖 元年 癸亥 9월 戊戌, 33-550~551쪽, 5ㄴ~7ㄱ. 그런데 여기에는 重宗統과 嚴宮禁 두 항목만 실려 있다. 전문은 『愚伏集』 卷4, 「弘文館八條箚」, 7ㄱ~16ㄴ, 叢刊 68-68~72에 보인다). 이 箚子에는 副提學 鄭經世, 副校理 金世濂·金時言, 修撰 姜碩期·李植, 博士 任叔英 등이 연명하였다. 한편 인조대 전반기에 『인조실록』에 실려 있는 상소문 중에 가장 긴 것에는 역시 다음과 같이 여덟 가지 항목이 설정되어 있다. "敬天, 恤民, 聽言, 用人, 崇儉, 敦宗, 刑內, 進學"(『仁祖實錄』 卷25, 仁祖 9년 辛未 10월 癸卯, 34-445~449, 20ㄴ~29ㄴ). 이 상소문에 연명한 副提學 李敬輿와 校理 李景曾은 西人이고 副校理 吳䎘, 修撰 姜大遂는 남인이다. 인조 11년 사헌부 연명 箚子에는 "1. 絶邪慾以養聖躬, 2. 務實德以謹天戒, 3. 廓言路以廣聰明, 4. 嚴宮禁以杜交通, 5. 省煩冗以紓民力, 6. 選將帥以固邊圉" 등 6개 항목이 제출되었다(『仁祖實錄』 卷28, 仁祖 11년 癸酉 12월 甲戌, 34-540, 59ㄱ~60ㄴ).

형태로 제기하였음을 알 수 있다. 우선 이 시기에 빈발하는 자연재해와도 관련하여 君主 修身이 더욱 강조되었다. '體天道' 또는 '敬天'의 항목을 설정하여 董仲舒 이래 유학의 전통적인 天譴災異說을 주자학적 理法天觀과 결합하여 정연하게 제시하였을[2] 뿐만 아니라 '人君은 天地를 父母로 삼아야 한다'[3]고 요구하기도 하였다. 나아가서는 "人君은 지위가 너무 높아서 자기 멋대로 할 수 있기 때문에 두려워할 것은 하늘밖에 없다"[4]고 이를 통한 군주권 견제의 의도를 노골적으로 드러내는 것도 드물지 않았다. 그리하여 홍수나 가뭄으로 인한 기근과 질병 같은 자연재난은 물론이고 별자리의 변화 및 심지어는 천둥·번개와 같은 일상적인 자연현상조차도 군주의 수신을 요구하는 계기로 활용되었다.[5] 병자호란 직전에 '移石의 변고'를 계기로 大司諫 尹煌은 '나라가 장차 망하려면 반드시 妖孽이 있기 마련'이라면서 "災異가 이와 같은데도 나라를 보전한 경우는 없었다"고 당시의 위기의식을 표현하였다.[6]

이러한 自然災異나 위기의식과 관련하여 군주수신의 방법으로서 가장 강조된 것이 군주성학이었다. 16세기 士林의 등장과 함께 적극적으로 주장된 君主聖學論은 李滉과 李珥에 의해 정합적으로 제시된 이래[7] 17세기 전반에 와서는 조선 주자학의 心學化 경향이 반영되어[8]

---

2) 『仁祖實錄』卷25, 仁祖 9년 辛未 10월 癸卯, 34-445, 21ㄱ ; 『仁祖實錄』卷31, 仁祖 13년 乙亥 8월 庚辰, 34-608, 53ㄱ. 조선시기 理法天觀의 수용과 그 정치사상적 의미에 대해서는 具萬玉, 2004, 『朝鮮後期 科學思想史 硏究 Ⅰ』, 혜안, 75~88쪽 참조.

3) 『仁祖實錄』卷28, 仁祖 11년 癸酉 12월 甲戌, 34-540, 59ㄴ, "人君以天地爲父母."

4) 『仁祖實錄』卷25, 仁祖 9년 辛未 10월 癸卯, 34-445, 21ㄱ.

5) 『仁祖實錄』卷7, 仁祖 2년 甲子 10월 己丑, 33-646, 16ㄴ.

6) 『仁祖實錄』卷32, 仁祖 14년 丙子 2월 癸未 34-623, 6ㄱ.

7) 金駿錫, 1997, 「儒敎思想論」, 『韓國史 認識과 歷史理論』, 金容燮敎授停年紀

君主 心術의 가장 핵심적인 방법으로서 강조되었다. 이를 위해 경연을 자주 열라고 일상적으로 주장하였을 뿐만 아니라 경연 자체가 형식화되는 것을 비판하고, 당시 정치의 난맥상을 인조의 聖學에 대한 소극적인 태도에서 연유한다고 보고 유교 경전 구절을 일일이 인용 나열하면서 그 '不實'과9) '無實見'을10) 통렬하게 비판하였다. 심지어는 '田穀·甲兵'과 관련된 經濟·軍事的 事功보다 '經史를 토론하고 躬行力究'하는 것이 중요하다면서 중단된 경연을 속개하라고 촉구하기도 하였다.11)

그리고 꼭 自然 災異가 아니더라도 治道의 本末論에 의거하여 그 근본을 '人主의 一心'에 두고서 孟子의 '求放心'에 의한 '立大本'을 聖學의 요체로서 강조하였다.12) 심지어는 天下之事의 千變萬化가 人主之心에 근본하지 않은 것이 없다면서, 人主之心을 바로잡으면 天下之事가 그로 인해 바르게 되는 것이 '自然之理'라는 극단적 주장도 나왔다.13) 여기에는 '事功'보다는 '德業' 즉 修己를 근본으로 보는 사고가 자리잡고 있는 경우가 대부분이었다.14) 여기서는 儒學의 궁극적 목표인 修己와 治人 가운데 이와 같이 修己를 근본으로 보는 경세론을 '도학'적 경세론으로 규정하고자 한다.15)

念 韓國史學論叢刊行委員會, 지식산업사, 488~490쪽(金駿錫, 2005①, 앞의 책에 재수록) 참조.

8) 具萬玉, 2004, 앞의 책, 103쪽 참조.

9) 『仁祖實錄』卷13, 仁祖 4년 丙寅 윤6월 丁未, 34-114, 21ㄱ.

10) 『仁祖實錄』卷25, 仁祖 9년 辛未 10월 癸卯, 34-449, 28ㄴ.

11) 『仁祖實錄』卷16, 仁祖 5년 丁卯 7월 戊辰, 34-213, 49ㄱ.

12) 『沙溪遺稿』卷1, 「辭執義仍陳十三事疏」, 叢刊 57-18, 16ㄱ~ㄴ.

13) 『仁祖實錄』卷32, 仁祖 14년 丙子 5월 丁未, 34-632, 24ㄱ.

14) 『愚伏集』卷4, 「弘文館八條箚」, 叢刊 68-68, 8ㄱ.

15) '道學'은 宋明理學의 별칭이다(中國孔子基金會 編, 1997, 『中國儒學百科全書』, 北京 : 中國大百科全書出版社, 574쪽, 「道學」 참조). 청 말기에 康有爲는 '義理派', '經世派'로 나누어 中國儒學史를 정리한 바 있다(康有爲, 「長興

君主聖學과 함께 군주수신의 항목으로서 제시된 것이 宮禁을 엄하게 할 것, 財用을 節約할 것, 宗族을 親愛할 것 등이었다. '嚴宮禁'이란 잘 알려져 있듯이 '女謁'로 표현되는 궁중 내의 大妃나 王妃의 가족·친척, 후궁이나 궁녀들을 잘 단속하여 대궐 안팎에서 사사로이 교통하는 일이 없게 하는 것을 말한다.

또한 재난에 직면했을 때 신료들에 의해 가장 일상적으로 주장되는 것이 비용의 절약이었다. 일차적으로는 궁중 안에서 소비되는 각종 물자를 줄이라고 논계하였다. 예를 들면 朔膳이나 三名日 方物의 폐지는 물론이고, 司饔院에서 사용되는 沙器, 醫司의 貢物, 工曹 其人의 價布, 太僕寺 草價 등을 줄이라고 주장하였을 뿐만 아니라 심지어는

學記」). 원래 孔子의 학문에는 義理와 經世가 모두 포함되어 있었는데, 董仲舒와 劉向 등에 의해 발전된 漢學은 經世에 치중한 것이었다면 朱熹 중심의 宋學은 義理에 치중한 것으로 보았다. 宋明理學이 '義理之學'에 치중한 것이라는 것은 누구나 인정하지만, 二程이나 朱熹뿐만 아니라 陸象山이나 王陽明 등이 유학의 '經世'라는 기본적 宗旨를 결코 방기한 것은 아니었다. 북송대 사대부의 '經世意識'(戶川芳郎·蜂屋邦夫·溝口雄三 지음, 조성을·이동철 옮김, 1990, 『유교사』, 이론과 실천, 248쪽)을 계승하여 朱熹의 단계에 와서 표출된 소위 '道學의 격렬성'은 이들의 經世에 대한 의지를 보여주는 것이었다(『유교사』, 1990, 앞의 책, 270~276쪽). 그렇지만 宋明理學은 불교와 도교의 宇宙論과 개체의 修煉에 중점을 두는 특질을 흡수하여 중점이 우주 본체에 대한 사고와 개인 수양의 완전함으로 옮겨감으로써 결국 義理之學에 치중하게 되었다(馮天瑜, 1998, 「實學과 儒家의 經世傳統」, 한국실학연구회 편, 『韓中實學史研究』, 민음사, 556~561쪽 참조). 南宋代에 葉適과 陳亮이 儒學 '經世'의 기치를 내세우며 이들과 대항하는 事功學派를 형성한 것은 朱子學의 본질이 義理之學에 있음을 분명히 보여준다(이승환, 1994, 「결과주의와 동기주의의 대결-진량과 주희의 왕패논쟁」, 『논쟁으로 보는 중국철학』, 예문서원, 214~216쪽 참조). 말하자면 陳亮과 朱熹 사이에 진행된 王覇論爭은 朱子學的 經世論, 또는 道學的 經世論의 한계를 분명하게 보여준 것이었다. 여기서는 송명이학 가운데 특히 주자학 경세론의 이러한 성격에 주목하여 통치자의 도덕적 修身을 강조하는 경세론을 '道學'的 經世論으로 규정하여, 法과 制度의 개혁을 강조하는 變法的 經世論과 구별하고자 한다.

宗廟社稷의 제사에 쓰는 樂舞를 폐지하라는 것 등이 그것이다.[16] 나
아가서 가마[乘輿]와 의복의 사치, 珠玉과 채색비단으로 만든 놀이개
를 금지하라고 논계하기도 하였는가 하면, 王子 혼인의 사치, 王子와
公主 저택의 규모 등도 늘 논란의 대상이었다.[17] 군주가 이처럼 검소
한 생활에 모범을 보여야만 궁중 안에서 부리는 '服使之輩'의 사치와
낭비를 막을 수 있을 뿐만 아니라 당시 士大夫家에서 거세게 일고 있
던 사치 풍조를 제어할 수 있을 것으로 보았다.

그런가 하면 親宗族, 敦宗 역시 자주 거론되었다. 이것은 국왕의 宗
親과 外屬 등에 대한 적절한 관리를 주문한 것이었다. 그들에게 적절
한 은혜를 베풀어 '귀한 신분'을 빙자하여 법과 제도를 어기는 일이 없
도록 하라는 것이다.[18] 이것은 종친이 늘 역모 사건의 중심으로 거론
되는 저간의 사정을 생각한다면 소홀히 할 수 없는 일이기도 하였
다.[19] 그리하여 죄를 범한 자는 가차 없이 처벌하되 그 후손들은 보살
펴야 한다는 것이 당시 官人 識者들의 일반적인 생각이었다.

君主修身의 연장선상에서 신료들에 의해 강력하게 제기된 것이 內
需司와 각 宮家 및 아문이 빚어내는 폐단이었다. 당시 봉건 지배층이
었던 내수사와 제궁가·아문 및 사대부 등이 柴場·堤堰·海澤·魚
箭에 대한 '立案折受'의 명목으로 주인이 있는 田地마저도 경쟁적으로
약탈하는 것이 일반화된 현상이었다. 이들 田結에 대해서는 왜란 이후
개간 장려정책에 편승하여 免稅의 특권이 주어졌다. 따라서 이들에 의
한 대토지소유 확대는 국가수입의 감소는 물론 民田冒占 등 허다한
폐단을 야기하였다.[20]

---

16) 『仁祖實錄』 卷19, 仁祖 6년 戊辰 8월 乙巳, 34-283, 10ㄴ~11ㄱ.
17) 『仁祖實錄』 卷25, 仁祖 9년 辛未 10월 癸卯, 34-448, 26ㄱ.
18) 『仁祖實錄』 卷25, 仁祖 9년 辛未 10월 癸卯, 34-448, 26ㄴ~27ㄴ.
19) 仁祖代 逆謀事件에 대해서는 이 책 3장 1절 참조.
20) 李景植, 1987, 「17世紀 土地折受制와 職田復舊論」, 『東方學志』 54·55·56,

나아가서 내수사 노비에게는 復戶의 특권이 부여되었으므로 公私
노비뿐만 아니라 부역을 기피하려는 양민들이 투속하는 일도 비일비
재하였다. 그리고 內需司 差人들이 직접 전국을 돌아다니면서 소속 田
地와 奴婢를 추쇄한다는 명목으로 횡포를 부리는 일도 드물지 않았
다.21) 諸宮家·衙門 역시 山林·川澤·魚鹽의 이익을 독점할 뿐만 아
니라 屯田을 경영하거나 사사로운 貿販, 또는 各司 貢物의 防納을 통
하여, 또는 高利貸에 의해 다투어 이익을 추구하는 데 몰두하고 있었
다.22) 심지어 각 衙門에서는 管餉穀과 餘丁價布를 가지고 장사하는
일도 있었다.23) 그 과정에서 빚어지는 宮奴와 그 府屬의 횡포는 司憲
府와 같은 사법기관으로서도 제어하지 못할 정도였다.24)

신료들이 이를 비판하는 근거 역시 天人合一論에 의거한 '王者無
私'의 관점에서 구하고 있었으며, 이를 私欲의 발현으로 규정하여 修
身의 차원에서 논계하였다.25) 이런 관점에서 볼 때 내수사는 본래 '人
主의 私藏'에 불과할 뿐 '三代 聖王의 제도'가 아니니 마땅히 혁파하고
그 수입은 戶曹에 귀속시켜야 한다는 것이었다.26) 이들은 내수사 수입
그 자체가 많지 않다는 점은 인정하면서도 군주가 여기서 모범을 보여

449~450쪽.

21) 『仁祖實錄』卷8, 仁祖 3년 乙丑 3월 乙卯 33-686, 39ㄱ~ㄴ.

22) 『仁祖實錄』卷25, 仁祖 9년 辛未 7월 庚辰, 34-436, 3ㄱ~ㄴ.

23) 『仁祖實錄』卷20, 仁祖 7년 己巳 3월 辛酉, 34-319, 12ㄴ, 13ㄴ.

24) 『仁祖實錄』卷25, 仁祖 9년 辛未 10월 癸卯, 34-446, 22ㄴ.

25) 『仁祖實錄』卷9, 仁祖 3년 乙丑 5월 壬戌, 34-8, 15ㄴ, "王者之於民 一視同
仁 如天地之無私 如父母之慈愛 或有厚薄之別 則便墮於己私之偏 豈所謂奉
三無私之意乎." 여기의 '奉三無私'는 『禮記』에 나오는 말이다. "子夏曰 三王
之德參於天地 敢問何如斯可謂參於天地矣. 孔子曰 奉三無私以勞天下. 子夏
曰 敢問何謂三無私. 孔子曰 天無私覆 地無私載 日月無私照 奉斯三者以勞
天下 此之謂三無私"(『禮記』孔子閒居 제29).

26) 『仁祖實錄』卷16, 仁祖 5년 丁卯 5월 丙寅, 34-198, 19ㄴ.

야만 諸宮家와 衙門의 횡포를 막을 수 있을 것으로 보고 있었다. 인조가 이를 받아들이지 않자 '宮府一體'論에 의거하여 내수사의 재물은 군주가 사사로이 쓸 수 있는 것이 아니라 '公家之物'임을 강조하였다.[27] 內需司 獄의 혁파를 주장할 때도 마찬가지 논리가 동원되었다.[28] 주목되는 것은 이것이 '弊習'의 혁파, 즉 제도개혁의 차원에서 주장되고 있다는 점이었다. 수신 위주의 도학적 경세론에서 제도개혁의 차원으로까지 나아가고 있는 것은 內需司 폐지 문제가 거의 유일한 것이었다고 하겠다. 이것은 도학적 경세론이 臣權 중심 政治論의 일환으로서 제기되었다는 것을 분명하게 보여준다.

養士氣, 收人才, 開言路, 嚴紀綱 등의 항목은 군주가 신료를 대할 때 취해야 할 道德的 자세와 當爲的 내용으로 채워져 있는데, 역시 人主之心을 公正하게 하는 것, 즉 君主 修身을 그 근본으로 보고 있는 점은 마찬가지이다. 여기서 주목되는 것은 그러한 군주의 '大公至正之心'과 臣僚 일반의 '公議', '公道', '公論'을 바로 등치시키고 있다는 점이다.[29] 여기에는 신료 일반의 公議와 公論에 따르는 것이 바로 '大公至正之道'라고 논리의 선후가 전도될 위험성이 내재되어 있다. 실제로 인조대 거의 대부분의 상소문에서는 신료들의 정치언론을 무한대로 허용해야 한다는 주장으로 가득 차 있었다. 그리고 신료들의 잘못을 군주 수신의 부족함에서 연유한 것으로 그 책임을 전가할 가능성을 항상적으로 열어놓았다.[30]

民生과 관련된 문제는 鎭人心 내지 恤民 항목에서 주로 언급되었는데 그 주장의 골자는 '節用之策'과 '薄斂之政'에 의한 '寬民力'에 그 초

---

27) 『仁祖實錄』 卷12, 仁祖 4년 丙寅 4월 丙子, 34-90, 25ㄴ.
28) 『仁祖實錄』 卷14, 仁祖 4년 丙寅 9월 壬午, 34-140, 23ㄴ.
29) 『仁祖實錄』 卷31, 仁祖 13년 乙亥 8월 庚辰, 34-606, 49ㄴ.
30) 『仁祖實錄』 卷25, 仁祖 9년 辛未 10월 癸卯, 34-447, 25ㄱ~ㄴ.

점이 맞추어져 있었다.[31] 예를 들면 '위로는 祭享ㆍ御供으로부터 아래로는 백관의 廩祿에 이르기까지 모두 줄여야 한다'든가, 각 아문 군관은 혁파하고, 逋欠은 모두 탕감해야 한다는 주장 등이 그것이다. 거의 대부분의 신료들의 생각이 그러하였으므로, 인조반정 초기에는 실제로 공물을 많이 줄여주었던 것 같다. 그러나 공물 견감의 한계가 어디까지인가 라는 문제가 있고, 그것이 실효가 있었는지도 의문이다. 실제로 인조 9년에 가면 '貢賦之役'이 半減되었는데도 民들의 원망이 이전과 다름이 없다는 지적이 나오는 것을 보면[32] 그 실효가 없었음을 알 수 있다.

정묘호란 직후 司憲府에서는 반정 초기에 이미 공물을 줄였는데, 또 줄이기를 청하는 것이 '未安'한 일임을 알지만 '民窮財盡'을 이유로 '다시 더 줄여 줄 것'[更加裁省]을 청하였는데, 이에 대하여 비변사에서는 반정 이후에 줄여주었기 때문에 더 이상 줄일 것이 없다고 거부하였다.[33] 실무자들이 이처럼 난색을 표했음에도 불구하고 언관들에 의한 '寬民力' 주장은 멈출 줄 몰랐다.[34] 급기야는 '國事와 民事가 둘로 나뉘었다'는 지적이 줄을 이었는데 이들 논자들은 대부분 국사보다는 민사를 우선하여야 한다고 주장하였다.[35]

한편 실무자들에 의해 '寬民力' 주장의 허점이 지적되기도 하였다. 인조 3년 호조판서 沈悅은 반정 이전인 임술년(1622)조 공물의 감면에 반대하면서 그 이유로서 미납자들은 '殘戶小民'이 아니라 '土豪'들이므로 이것을 탕감해 준다면 '豪强'의 '避役之習'만 키워줄 것이라고 주장하였다.[36] 恤民=寬民力을 주장한 대표적 상소문에서는 內需司에 투

31) 『仁祖實錄』 卷4, 仁祖 2년 甲子 正月 丁卯, 33-569, 2ㄴ.
32) 『仁祖實錄』 卷25, 仁祖 9년 辛未 10월 癸卯, 34-446, 23ㄱ.
33) 『仁祖實錄』 卷16, 仁祖 5년 丁卯 5월 癸酉, 34-200~201, 24ㄴ~25ㄱ.
34) 『仁祖實錄』 卷28, 仁祖 11년 癸酉 12월 甲戌, 34-540, 60ㄱ.
35) 『仁祖實錄』 卷29, 仁祖 12년 甲戌 5월 壬子, 34-551, 20ㄴ.

속하는 폐단을 거론하면서 '遐遠窮民'이 피해를 입는다고 했는데 이는
노비 소유자임이 분명하였다. 호패법이 폐지된 이후 유망민의 역을 田
結에 부과하는 것에 반대하고, 勳臣에 의해 탈점된 토지를 本主에게
환급해야 한다고 주장한 것 등은 중소지주의 입장을 대변하고 있다고
생각된다.[37]

　결국 인조대 '관민력' 주장은 국가의 안위보다는 중소지주의 유지 보
존을 우선하고 토호에게 유리한 경세론이었다. 이러한 주장에는 당시
의 민생을 위협하는 요인에 대한 구조적 인식이 결여되어 있었으며,
따라서 제도개혁을 통해서 國事와 民事를 일치시킬 수 있다는 발상은
나오기 어려웠다.

　지금까지 살펴본 '道學'的 經世論은 다음과 같은 특징이 있다. 첫째,
당시의 자연재해나 국가적 위기를 타개하는 관건을 주자학 명분론과
의리론의 연장선상에서 군주수신, 군주심술 여부로 환원하여 제기하였
다는 점이다. 경세론의 중심이 군주의 '事功'보다는 '德業' 즉 修己에
놓여 있었다. 이것은 주자학 정치사상 그 자체의 본질적 속성을 반영
한 것이었다.

　둘째, 도학적 경세론은 臣權 중심 정치론으로 활용될 소지가 다분하
였다는 점이다. 주자학 명분론과 의리론에 입각한 주자학 정치론의 결
정체인 君主聖學論은 결국 신료들에 의해 군주권 견제의 논리로 활용
되기 마련이었다. 이들이 제기하는 '公議'・'公道'에 의한 公論政治는
그것을 구현하기 위한 수단이었다.

---

36) 『仁祖實錄』 卷9, 仁祖 3년 乙丑 6월 壬寅, 34-15~16, 20ㄴ~21ㄱ.
37) 『仁祖實錄』 卷25, 仁祖 9년 辛未 10월 癸卯, 34-446, 22ㄱ, 23ㄱ, 23ㄴ ; 金盛
　　祐, 2001, 『조선중기 국가와 사족』, 역사비평사, 403~418쪽 참조. 여기서 말
　　하는 '與民休息' 정책은 바로 '寬民力' 위주의 도학적 경세론이 구현된 것이
　　었다.

셋째, 도학적 경세론은 그 내용이 군주 수신의 연장선상에서 '節用之策'과 '薄斂之政'에 의한 '與民休息'='寬民力'에 그 초점이 맞추어져 있다는 점이다. 이 시기 다른 논자들이 제기한 更張·變通論에 의한 법과 제도의 개혁에는 소극적이거나 반대하는 입장이었으며, '國事'보다 '民事'를 우선하는 논리였다.

넷째, 도학적 경세론은 결국 양반·지주 중심 경세론이었다는 점이다. 도학적 경세론의 주요 내용을 구성하는 寬民力論에서 國事보다 民事를 우선해야 한다고 주장할 때의 民은 양반지주=土豪인 경우가 대부분이었다. 따라서 이 논리에서는 17세기 국가적 위기를 타개하기 위해 제기된 量田과 大同, 號牌와 均役에 기본적으로 반대하였다.

다섯째, 도학적 경세론은 兩亂期 조선왕조 국가의 역사적 과제에 비추어볼 때 '再造藩邦'論의 범주에 속한다는 점이다. 즉 왜란과 호란으로 인해 초래된 국가의 위기를 극복하기 위한 수습방략이 주자학 명분론과 화이론 중심이어서, 그 국가의 성격이 중국=명의 '藩邦'이라는 의식을 떨쳐버리지 못한 봉건국가였다. 물론 이러한 논리는 이 시기 官人·儒者 일반을 지배한 논리였다. 그러나 만주족인 後金=淸의 등장으로 변화된 국제정세 속에서 그 대응방식을 두고 이들은 척화론과 주화론으로 분화되었는데, 도학적 경세론은 그 가운데 척화론을 뒷받침하는 논리가 되었다는 것이다. 앞서 언급한 바와 같이 주화론은 '再造藩邦'論에서 '國家再造'論으로 전화된 인식의 소산이었던 것이다.[38]

2) 變法的 經世論의 등장과 갈등

인조반정 직후의 정국에서는 새로운 정치에 대한 기대가 조야에 팽배하였다. 관인·유자들은 당시를 '鼎革之初', '更化之初', '正始之初'라

---

38) 金駿錫, 1998①, 「兩亂期의 國家再造 문제」, 『韓國史硏究』 101 참조.

고 부르면서 光海君代의 정치를 '弊政', '亂政'으로 규정하고, '變通'과 '更張'을 내세우면서 이를 극복해야 한다고 주장하였는데, 그 내용은 대부분 修身 위주의 도학적 경세론에 그치는 경우가 많았다. 이는 주자학 명분론과 의리론을 내세운 인조반정의 필연적 귀결이라고도 할 수 있을 것이다. 그러나 이를 부정하지 않으면서도 당시 조선왕조 국가가 직면한 대내외적 위기를 극복하기 위해서는 제도개혁이 필요함을 주장하는 관인·유자들이 속속 등장하였다. 반정공신 가운데는 이귀와 최명길이 대표적이고, 非功臣 士類 중 西人으로는 趙翼·李植·金堉 등이 있으며, 南人 가운데는 李睟光·李埈 등이 바로 그들이었다.

인조대 초반 10여 년 동안 變法的 經世論을 가장 강력하게 제기한 것은 李貴(1557~1633)였다. 이귀는 성장 과정에서 李恒福(1556~1618)· 李德馨(1561~1613) 등과 밀접하게 교유하였고, 李珥· 成渾에게 수학하였으며 治者로서의 責務意識과 識見 및 政治的 실천성을 갖고 있었음은 앞서 살핀 바와 같다.[39] 이러한 이귀의 책무의식과 실천성은 인조반정 이후 變法的 經世論의 강력한 제기로 표출되었다. 이귀는 인조를 만날 때마다 '구차스럽게 常規만 지키면서 혁연히 更張하지 않는다'고 비판하였다.[40] 그 更張의 내용에는 '用人'뿐만 아니라 '論議', '規模', '制度'를 포함하고 있다는 점에서 修身 위주의 道學的 經世論과는 분명히 그 성격을 달리한 것이었다.[41] 이귀는 反正을 왕조의 '중흥'으로 규정하고 이를 왕조의 개창 즉 '創業'과 같으며, '守成'과는

<hr/>

39) 이 책의 2장 3절 2) 「反正 以前 李貴의 정치 활동과 破朋黨論」 참조.
40) 『仁祖實錄』 卷3, 仁祖 元年 癸亥 윤10월 丁未, 33-561, 26ㄱ, "豈宜苟守常規而不爲赫然更張乎."
41) 『李忠定公章疏』 卷3, 「進所論時務冊子仍請以韓浚謙爲體察使疏」(10월), 23쪽.

다르다고 주장하였다. 이것은 제도개혁의 당위성을 강조하는 말로 볼 수 있겠는데, 이러한 '非常之擧'를 수행하기 위해서는 '時務를 아는'[識時務]는 俊傑 즉 '非常之人'이 있어야만 '非常之功'을 성취할 수 있다고 강조하였다. 守成의 시기에는 '因循舊規'해도 되지만 중흥의 시기에는 人主가 '반드시 분발하여 큰 개혁에 뜻을 두고'[必奮大有爲之志] '非常之人'을 얻어서 非常之擧를 단행해야 한다는 것이었다.[42]

이러한 이귀의 주장은 인조대를 왕조국가의 위기로 규정하고, 그 원인을 법제의 모순에서 구하면서, '時務를 아는' 俊傑=豪傑之士에 의해 '大變通大更張'을 통해서 積弊를 개혁해야 한다고 본 趙翼(1579~1655)의 주장과 매우 흡사하였다.[43] 두 사람 모두 李珥·成渾이 즐겨 인용한 魯齋 許衡의 다음 말을 인용하면서 識見=識時務를 강조하였다.

　　仁慈禮讓 孝悌忠信하고도 亡國敗家하는 일이 있다.[44]

이것은 修身 위주의 도학적 경세론만으로는 국가의 위기를 타개할 수 없다는 이들의 확고한 인식을 보여주는 것이었다.

반정 직후부터 變通과 更張의 필요성을 극론하였던[45] 李植(1584~

---

42)『李忠定公章疏』卷8,「陳軍務畫一箚」(丁卯 7월 8일), 1~2쪽.

43)『浦渚集』卷2,「因求言論時事疏」, 叢刊 85-54, 30ㄴ ; 同, 叢刊 85-55, 34ㄱ. 浦渚 趙翼의 개혁사상에 대해서는 金容欽, 2001,「浦渚 趙翼의 學問觀과 經世論의 性格」, 韓國史硏究會 編,『韓國 實學의 새로운 摸索』, 306~321쪽 참조.

44)『遲川集』卷18,「李貴行狀」, 叢刊 89-561, 56ㄱ ;『浦渚集』卷11,「因求言條陳固邊備改弊政箚」, 叢刊 85-198, 17ㄴ, '仁慈禮讓 孝悌忠信 而亡國敗家者有之.'

45)『澤堂集』卷2,「癸亥冬論邊乞自效疏」, 叢刊 88-296~298 ; 同,「乙丑秋應旨陳時弊疏」, 叢刊 88-298~303.

1647) 역시 다음과 같이 簡略＝修身 위주의 도학적 경세론을 분명하
게 비판하고 변법론을 피력하였다.

> 이른바 變通이란 오로지 弊政을 更張하고 姦蠹를 刮去하여 일체로
> 安民 守國하는 것을 當務로 삼아야 하는 것입니다. 그런데 지금 御供
> 을 줄이고 조그만 비용을 절약하는 것에 그쳐서 苟且하고 姑息的인
> 정치와 擾民 病國한 일들 일체를 그대로 따라서 답습하고 있습니다.
> '한갓 착하기만 한 것[徒善]으로는 정치가 될 수 없다'는 것은 바로 이
> 런 것을 말하는 것입니다.46)

그가 여기서 孟子의 '한갓 착하기만 한 것으로는 정치가 될 수 없다'는
말을 인용한 의도는 道德的 修養만으로는 정치가 될 수 없다는 인식
을 드러내기 위한 것으로서,47) 安民 守國을 위해서는 제도개혁이 필요
함을 강조한 것이다.

이어서 이식은 병자호란을 앞두고 시급히 개혁해야 될 일로서 軍政
과 財政의 '不均'을 지적하였는데, 이를 해결하기 위해 軍政에서는 양
반을 비롯한 모든 신분에 군역을 부과하는 방안을 제안하였고, 재정에
서는 대동법의 시행을 주장하여 양반제와 지주제에 제한을 가하는 방
향에서 제도개혁이 요구되고 있음을 분명하게 개진하였다. 그리고 이
러한 개혁안이 충분히 시행 가능한 것인데도 조정 안의 守法論者들에
의해 저지되고 있는 현실을 개탄하면서 인조에게 다시 省察하여 '斷然
施行'할 것을 촉구하였다.48)

---

46) 『仁祖實錄』 卷33, 仁祖 14년 丙子 9월 甲寅, 34-646, 19ㄴ.
47) 『孟子』 「離婁章句」 上, "徒善 不足以爲政 徒法 不能以自行." 이식이 뒷부분
　　의 '徒法 不能以自行'은 빼고 '徒善 不足以爲政'만을 인용한 것에서 그러한
　　의도를 읽을 수 있다.
48) 『仁祖實錄』 卷33, 仁祖 14년 丙子 9월 甲寅, 34-647, 21ㄱ.

崔鳴吉(1586~1647)은 반정 초부터 조선왕조 법제 자체의 정비를 주장하였다.『경국대전』자체가 편찬된 지 100년이 넘어 당시의 변화된 현실과 맞지 않아서 大小 臣僚들의 私情에 따라서 적용되거나 吏胥들이 농간을 부리는 수단으로 전락되어 나라에 법이 없는 것이나 마찬가지가 되었다고 인식하였다.[49] 그리하여 인조 초년부터 권력구조의 개편 방안을 건의하여 주자학 정치론의 모순을 극복하고자 시도하였으며, 이귀가 죽은 뒤, 병자호란을 전후한 시기에도 이를 실현하고자 노력하였다.[50]

南人 가운데 인조대 조정에서 保民을 위한 變通·更張論을 적극 주장한 대표적인 논자는 李睟光(1563~1628)이었다. 그는 양란기의 국가적 위기를 타개하기 위한 방안으로서 특히 법과 제도의 정비를 강조하였다. 즉 인조 초에 '懋實'해야 할 12가지 중 '明法制之實'을 한 항목으로 설정하고 법제를 '隨時制宜'하여 국가가 '危且亂'하는 상황에 이르지 않도록 할 것을 주문하면서 그 구체적 방안으로서『大典續錄』을 '詳加刪定'하여 '變而通之'할 것을 주장하였다.[51]

이들이 제기한 변법론은 주자학 명분론과 의리론에 강하게 사로잡

49)『遲川集』卷7,「論官制箚」, 叢刊 89-375, 9ㄱ~ㄴ.
50) 최명길의 개혁사상에 대해서는 다음과 같은 논고가 있어 참고된다. 吳洙彰, 1985,「仁祖代 政治勢力의 動向」,『韓國史論』13, 서울대 국사학과, 102~110쪽 ; 李綺南, 1992,「崔鳴吉의 政治活動과 權力構造 改編論」,『擇窩許善道先生停年紀念韓國史學論叢』, 一潮閣, 476~501쪽 ; 李在喆, 1992,「遲川 崔鳴吉의 經世觀과 官制變通論」,『朝鮮史硏究』1, 43~86쪽 ; 조성을, 1992, 「17세기 전반 서인관료의 사상」,『역사와 현실』8, 역사비평사, 61~84쪽 ; 배우성, 2003,「사회정책적 논의의 정치적 성격」, 한국역사연구회 17세기 정치사 연구반,『조선중기 정치와 정책』, 아카넷, 312~340쪽 ; 金泰永, 2003,「遲川 崔鳴吉의 現實 變通論」,『道山學報』9, 道山學研究院, 5~84쪽.
51)『芝峰集』卷22,「條陳懋實箚子」(乙丑), 叢刊 66-225, 33ㄱ~ㄴ. 이수광의 變法論에 대해서는 金泰永, 2003, 앞의 논문, 56쪽 ; 정호훈, 2004,『朝鮮後期 政治思想 研究』, 혜안, 162~173쪽 ; 具萬玉, 2004, 앞의 책, 154~157쪽 참조.

혀 있던 관인 유자들 대부분의 정서와는 맞지 않는 것이어서 유형무형의 반발에 직면하여 결국 정치적 갈등으로 표출되지 않을 수 없었다. 이귀는 자신의 변법론이 당시 국가가 직면한 대내외적 위기를 타개하기 위한 '謀國遠慮'임에도 불구하고 '예절만 따지면서 낮은 목소리로 속삭이는 무리'[繩趨尺步 低聲細語之輩], 즉 '好名無遠慮者'에 의해 사사건건 저지되고 있다고 상소문마다 개탄하였다.52) 이들은 目前의 일을 姑息的으로 처리할 뿐 '謀國遠慮'에는 뜻이 없으며,53) 오로지 도덕적 수양에만 집착하여 자신의 명예를 보존하는 데만 급급할 뿐 國事를 염두에 두지 않는다고 그 무책임성을 성토하였다.54) 그는 이들을 '浮議之輩'라고 부르면서 이들이 '好名', '虛名', '浮名'에만 사로잡혀 '謀臣智士'='非常之人'의 여러 장점을 버리고 한 가지 단점을 논하기 때문에 '天下之務', 즉 變通과 更張을 이루기 어렵다고 개탄하였다.

최명길 역시 인조반정 이후 개혁이 지지부진한 가장 핵심적인 원인을 당시 관인·유자들이 주자학 명분론과 의리론에만 집착하고 있기 때문이라고 보았다.

癸亥年 이후에 善類가 국사를 담당하고 淸議가 조정에 가득 찼지만, 名節을 서로 숭상하다 보니 왕왕 事實을 추구하지 않고 오로지 명분만 좇는 경향이 있었다. 그리하여 搢紳들 사이에 眞實敦朴之風이 부족하여 國家大計가 방해받는 일이 많았다.55)

---

52) 『李忠定公章疏』 卷3, 「進所論時務冊子仍請以韓浚謙爲體察使疏」(癸亥 10월), 24쪽.

53) 『李忠定公章疏』 卷5, 「請令廟堂料理經費畫一箚」(丁卯 4월 17일), 11쪽 ; 同, 卷16, 「三請抄兵以待皇命箚 再箚」(庚午 3월 11일), 14쪽, "低聲細語之輩 徒事姑息 無意於謀國遠慮."

54) 『李忠定公章疏』 卷8, 「陳軍務畫一箚」(丁卯 7월 8일), 1쪽, "知恥者 僅保名字 而亦不以國事爲念."

55) 『遲川集』 卷18, 「李貴行狀」, 叢刊 89-561, 56ㄱ.

여기서 최명길이 말한 善類, 淸議, 名節이 주자학 명분론과 의리론 또
는 그것만을 고집하는 관인 유자를 지칭함은 물론이다. 그로 인해 현
실[事實]을 현실대로 인식하려는 풍토[眞實敦朴之風]가 훼손되어 國
家大計가 방해받고 있다는 것이다.

변법을 둘러싼 논란은 인조대 거의 전 시기에 걸쳐서 나타났다. 예
를 들면 인조 3년 경연석상에서 최명길이 變法의 필요성을 제기하자
司諫 李埈이 이에 동조하였는데, 右議政 申欽은 이를 인정하면서도
자신은 능력이 없어서 감당할 수 없다고 이를 회피하였고, 刑曹判書
吳允謙은 祖宗之法을 遵行하면 된다고 분명하게 반대 의사를 표명하
였다.56) 變法論과 守法論의 대립이었다. 인조 5년 右議政 金瑬는 '전
후에 更張한 일이 많았지만 모두 끝이 좋지 못했다'고 하면서 "비록
마땅히 更張해야 될 일이라고 할지라도 民이 불편하게 여기면 옛 관례
대로 하는 것이 좋겠다"고 완곡하지만 분명하게 變法論에 반대하였
다.57)

인조 15년에는 우의정 최명길이 臺諫이 避嫌하는 제도를 개혁하려
하자 司諫院에서 '폐단을 바로잡으려다가 오히려 폐단을 늘리게 된다'
면서 이를 거부하였다.58) 인조 18년에 우의정 姜碩期는 "모든 개혁에
관한 일은 부득불 고쳐야 될 일이 아니라면 역대 임금이 계승해 온 고
사를 따르는 것도 안 될 것이 없다"고 守法論을 피력하였다.59) 심지어
는 "新法을 행하는 것이 舊法보다 100배 유리하지 않다면 개혁해서는
안 된다"는 극단적인 주장도 나왔다.60) 이에 대해 李貴는 "오늘날 國
勢를 보면 병든 곳이 많아서 마땅히 變通해야 하는데, 변통하면 폐단

---

56) 『仁祖實錄』 卷8, 仁祖 3년 乙丑 3월 己未, 33-687, 40ㄴ~41ㄱ.
57) 『仁祖實錄』 卷17, 仁祖 5년 丁卯 9월 戊子, 34-228, 20ㄴ.
58) 『仁祖實錄』 卷35, 仁祖 15년 丁丑 6월 甲寅, 34-694~695, 5ㄴ~6ㄱ.
59) 『仁祖實錄』 卷41, 仁祖 18년 庚辰 8월 甲寅, 35-96, 5ㄴ.
60) 『仁祖實錄』 卷26, 仁祖 10년 壬申 正月 辛酉, 34-467, 3ㄴ.

이 생긴다고 변통하지 않는다면 앉아서 멸망을 기다려야 한다"면서,[61]
"그것이 정당한 일이라면 열 번을 바꾸어도 무방하다"고[62] 대조적인
입장을 피력하였다.

왜란 이후 조선사회는 전쟁으로 인해 경작지는 황폐화되고 인구는
격감하였으며 농민층의 몰락과 유망이 일상화되어 있었다. 이와 함께
양안과 호적이 소실되어 土地・人丁・戶口에 대한 정확한 파악이 이
루어지지 않아서 賦稅 行政의 운영이 난관에 봉착하여 국가적 위기의
원인이 되었다.[63] 이를 극복하기 위해 봉건정부는 量田事業과 戶籍・
號牌法, 大同法 등을 추진하였지만 광해군대까지는 지지부진하거나
치폐를 반복하는 등 효율적으로 시행되지 못하였다. 이러한 정부 정책
들의 기조가 결국 양반・지주 계급의 이해관계와 상충되는 것이었기
때문이다. '寬民力'을 내세우는 도학적 경세론이 바로 이들의 이해관계
를 반영한 것이었음은 앞서 살핀 대로이다. 따라서 국가의 유지 존속
과 정상적 운영을 위해서는 당연히 수행되어야 했던 이들 사업들이 지
지부진한 가운데 인조대에는 점증하는 대내외적 위기와도 관련하여
변법론에 입각한 개혁의 차원에서 논의되기에 이르렀다.

인조 초에 號牌와 軍籍, 量田과 大同法이 일시에 제기되었는데, 趙
翼은 대동법을 주장하고, 沈悅은 量田을 먼저 해야 한다고 하였으며,
徐渻은 軍籍을 먼저 할 것을 주장하였다. 崔鳴吉은 처음에는 號牌法
을 먼저 할 것을 주장하다가 심열의 주장에 동조하여 量田을 먼저 할
것을 주장하였다. 이귀는 軍籍과 量田이 '今日急務'이기는 하지만 號
牌法이 없이는 '결코 안 된다'[決難爲之]면서 量田 先行論을 비판하였
다.[64] 그리하여 맨 먼저 시행에 들어갔던 大同法은 1년 만에 중단되었

61)『李忠定公章疏』卷9,「請赦潰逃軍兵箚」(丁卯 12월 3일), 40쪽.
62)『李忠定公章疏』卷11,「三論逃軍事箚」(戊辰 8월 14일), 5쪽.
63) 吳永敎, 2001,『朝鮮後期 鄕村支配政策 硏究』, 혜안, 21~50쪽 참조.

으며,65) 인조 3년에는 號牌法을 시행하여 상당한 성과를 거두었지만 정묘호란으로 좌절되었다.66) 이후에는 양전사업을 추진하여 불완전하나마 甲戌量田이 실현되었으며,67) 병자호란 이후에는 士族收布論과 大同法이 변통론자들에 의해 제기되었는데, 청국의 정치 군사적 압력으로 결국 실현을 보지 못하였다.68)

인조대에 삼정승으로 대표되는 대신들은 대부분 개혁에 대해서 소극적이거나 반대하였다. 반정 직후 조야의 중망을 받으면서 입각한 李元翼(1547~1634)은 처음에는 대동법에 찬성하였지만 이괄의 난 이후 대동법 혁파를 주도하였으며, 號牌法에 대해서는 분명하게 반대하였다.69) 尹昉(1563~1640)·申欽(1566~1628)·李廷龜(1564~1635) 등은 분명한 자기 입장을 갖지 못하여 개혁을 회피하는 경우가 많았고, 吳允謙(1559~1636)과 金瑬(1571~1648)는 대부분의 개혁정책에 대하여 반대하는 입장이었다.

---

64) 『李忠定公章疏』 卷4, 「請行號牌軍籍量田箚」(甲子 8월 1일), 40쪽.

65) 인조대 대동법에 대한 논의는 李廷喆, 2004, 「17세기 朝鮮의 貢納制 改革論議와 大同法의 成立」, 고려대 박사학위논문에 자세하게 정리되어 참고된다.

66) 인조대 호패법에 대해서는 다음의 논고가 참고된다. 李光麟, 1955, 「號牌考」, 『庸齋白樂濬博士還甲紀念國學論叢』, 595~604쪽 ; 金鍾洙, 1990, 「17세기 軍役制의 推移와 改革論」, 『韓國史論』 22, 서울대 국사학과 ; 김성우, 2001, 『조선중기 국가와 사족』, 역사비평사, 456~459쪽 ; 오영교, 2001, 『朝鮮後期 鄕村支配政策 硏究』, 혜안, 84~85쪽, 227~228쪽 참조.

67) 甲戌量田에 대해서는 吳仁澤, 1996, 「17·18세기 量田事業 硏究」, 釜山大 박사학위논문, 55~63쪽 ; 崔潤晤, 2001, 「朝鮮後期 土地所有權의 發達과 地主制」, 延世大 박사학위논문, 60쪽 참조.

68) 이정철, 2004, 앞의 논문 ; 이 책 6장 1절 1) 「淸의 政治·軍事的 압력과 變通論의 좌절」 참조.

69) 『仁祖實錄』 卷13, 仁祖 4년 丙寅 윤6월 丁未, 34-113, 19ㄱ. 이원익에 대해서는 최근에 농업론의 시각에서 지주 중심 농업론을 견지한 인물임이 밝혀졌다(金容燮, 2003, 「宣祖朝 '雇工歌'의 農政史的 意義」, 『學術院論文集』 人文·社會科學篇 제42호 참조).

이들은 개혁정책에 대해서뿐만 아니라 인조대 전반의 주요 정치적
쟁점에 대해서도 모호한 입장을 취하여 이귀의 비판을 받았다. 이귀는
李元翼・尹昉・申欽 등이 정승 자리를 차지하고 있으면서도 서로 미
루고 회피하기 때문에 國事가 되는 일이 없다고 이들의 무책임성을 비
판하고 相臣을 한 사람 선택하여 위임하여 국사를 담당하게 해야 한다
고 특유의 '得賢委任'論을 개진하였다. 그러자 같은 자리에 있던 李睟
光 역시 대신들 가운데 국사를 담당한 사람이 한 사람도 없다면서 이
귀의 주장에 적극 동조하였다.[70]

사실 인조대 전반에 국사를 책임지고 담당하려는 대신이 없다는 지
적은 자주 나왔다. 『仁祖實錄』의 史評에서도 軍國의 중요한 일은 대
신이 결단을 내린 뒤에야 衆議가 自定되는데, 모두 인조에게 미루고
스스로 담당하려 하지 않아서 반정 뒤에 '有君而無臣'을 풍자하는 '비
단저고리에 삼베치마'라는 노래가 유행될 정도라고 지적하였다.[71] 인
조는 이원익의 면전에서 "대신이 국사를 담당하지 않아서 국사가 이처
럼 혼란에 빠지게 되었다"고까지 말하여 책임 있는 자세를 요구했지만
이원익은 인조의 요구를 따르지 않았다.[72]

이귀・최명길의 변법론에 대하여 직・간접적으로 반발하여 대립한
것은 같은 반정공신이었던 金瑬였다. 이귀는 반정 직후부터 국가재정
이 고갈된 상태를 타개하고 군량을 확보하기 위한 방안으로서 魚・

---

70) 『仁祖實錄』 卷2, 仁祖 元年 癸亥 7월 壬子, 33-543, 29ㄴ.
71) 『仁祖實錄』 卷9, 仁祖 3년 乙丑 7월 丁巳, 34-18, 35ㄴ~36ㄱ.
72) 『仁祖實錄』 卷10, 仁祖 3년 乙丑 9월 丙寅, 34-33, 12ㄱ. 당시에 이원익을 비
   롯한 대신들이 이처럼 국사를 회피한 책임은 인조에게도 있었다. 인조가 당
   시 반정공신의 실세였던 金瑬나 李貴에게 권력이 집중되는 것을 우려하여
   이원익 등에게만 위임하려 했기 때문에 이들이 거부하였던 것이다. 이러한
   점에 대해서는 이귀가 여러 차례 지적하여 비판하였지만 인조는 이귀를 대신
   으로 삼아서 정사를 맡기려 하지 않았다.

塩·鐵의 이익을 호조가 관리하는 방안을 제시하였다.[73] 이에 호조판
서 沈悅이 이귀를 兼判書 또는 鹽鐵使로 임명하여 줄 것을 청하고, 대
신들은 그를 '鹽鐵句管堂上'이라 칭해서 호조와 함께 일하게 하자고
청하였다. 이 일은 인조가 따르지 않아서 유야무야 되었는데, 그 뒤 대
제학 金墳가 月課의 表題를 '擬宋司馬光請罷鹽鐵使'로 삼은 것은 명
백히 이귀를 왕안석에 비유하여 비판한 것이었다.[74] 인조 6~7년 사이
에도 병조판서 이귀는 여러 차례에 걸쳐서 각 衙門이 魚鹽을 貿販하
는 폐단을 지적하고, 그 이권을 호조에 넘겨야 한다고 주장하여 都體
察使 金墳와 대립하였다.[75]

정묘호란 뒤인 인조 5년부터 11년 이귀가 죽을 때까지 후금의 침략
에 대비한 서북 방어전략을 두고 이귀와 김류는 사사건건 서로 대립하
였다. 이것은 保民論에 입각한 이귀의 軍政變通論에 대한 金墳 일파
의 반발을 보여주는 것이었다.[76] 인조 11년에는 이조판서 최명길이 陰

---

73) 『李忠定公章疏』卷3,「論度支調度之策疏」(甲子 正月 初六日), 33쪽 ; 同, 卷
5,「請令廟堂料理經費畫一箚」(乙丑 4월 17일), 10~12쪽 ; 同,「再箚」(5월 16
일), 12~15쪽. 여기서 이귀는 魚塩鐵의 이익을 호조가 관리할 것을 주장하였
을 뿐만 아니라 銀鑛의 私採 허용, 貨幣 사용, 屯田 설치 등도 더불어 제안하
였는데, 이는 李德馨의 주장(『漢陰文稿』卷8,「陳時務八條啓」, 叢刊 65-392
~403쪽 참조)과 거의 일치한다. 이귀가 이덕형과 절친한 관계였다는 점에 대
해서는 본고 2장 3절 2)「反正 以前 李貴의 정치 활동과 破朋黨論」참조. 이
덕형의 상업론에 대해서는 白承哲, 2000,『朝鮮後期 商業史研究』, 86~120쪽
이 참고되고, 이귀의 魚塩鐵 관리 방안에 대해서는 李旭, 2002,「朝鮮後期 魚
塩政策 研究」, 고려대 박사학위논문, 51~54쪽에 상세하다.
74) 『仁祖實錄』卷9, 仁祖 3년 乙丑, 5월 癸丑, 34-5, 10ㄴ.
75) 『仁祖實錄』卷19, 仁祖 6년 戊辰 10월 戊申, 34-301, 47ㄴ.
76) 『李忠定公章疏』卷12,「申論敎鍊事仍請遞職箚」(戊辰 11월 10일), 8쪽에서
이귀는 '묘당에서 자신이 하려는 일을 꼭 반대하는 사람이 있다'고 하였는데
이것이 김류를 지칭한 말이라는 점은 3장 1절 2)「朋黨 打破論 대 朋黨 肯定
論」에서 이미 언급하였다. 이후 이귀는 병조판서로서 군정변통론에 관한 장
문의 상소를 누차에 걸쳐서 올리고 있다. 이에 대한 자세한 분석은 다음 절로

官 初入仕者가 주로 臺上으로 진출하는 폐단을 개혁할 것을 주장한 것에 대하여 領議政 尹昉은 찬성하였으나 좌의정 김류는 반대하였다.[77] 이처럼 병자호란 전의 인조대 전반에 동일한 반정공신이었던 이귀·최명길과 김류의 대립은 변법론과 수법론의 대립을 반영한 것이기도 하였다.

인조대 전반에 전개된 변법론과 수법론의 대립을 통해 다음과 같은 몇 가지 특징을 찾아볼 수 있다. 첫째, 인조대 전반의 정묘호란을 전후한 시기에는 주로 주화론 계열에서 변법론을 제기하였다는 점이다. 이들은 반정 초부터 後金=淸의 위협으로부터 국가를 방어하기 위해서는 법과 제도의 개혁을 통해서 왜란으로 인해 마비된 국가의 기능을 회복해야 한다는 것을 분명하게 인식하고 있었다. 즉 '國家'再造의 차원에서 변법론을 제기하였던 것이다. 그러나 그것이 수법론자들의 반발로 좌절되자 우선 국가를 유지하면서 국력을 기르기 위한 방편으로서 주화론의 입장에 섰던 것이다. 그리고 이 시기에 변법론을 적극적으로 제기한 李貴·崔鳴吉·趙翼 등은 모두 李珥의 經世論을 계승할 것을 천명하였다. 그리하여 이들의 변법론은 이이의 그것과 같이 모두 治者의 책무의식=책임론에 바탕을 둔 破朋黨論과 결합되어 제출되었다는 공통점을 보였다.

둘째, 이들은 주자학 명분론과 의리론 그 자체에 집착하는 경향이 있는 修身 위주의 도학적 경세론만으로는 당시의 국가적 위기를 타개할 수 없다는 것을 분명하게 인식하고 있었다는 점이다. 이들은 경세

미룬다.

77) 『仁祖實錄』卷 28, 仁祖 11년 癸酉 7월 壬寅, 34-527, 33ㄴ~34ㄴ. 여기서 제시된 최명길의 관제변통론은 '문벌보다 능력을 존중하는 자세에서 나온 것'으로서 '합리적인 관료제를 지향하는 것'이라는 평가가 있다(李在喆, 1992, 앞의 논문, 83쪽 참조). 이에 대해서는 본장의 3절에서 보다 자세히 검토할 것이다.

론을 치자의 도덕적 수양 여부로 환원하여 제도개혁을 등한시하는 당시 관인·유자 들의 사상 경향에 대해서 기회가 있을 때마다 비판하였다. '好名'과 '浮議'에 대한 이들의 비판적 인식은 이것을 잘 보여준다.

셋째, 이들은 '國事'와 '民事'가 일치되는 방향에서의 제도개혁을 추구하였다는 점이다. 이들이 시행하고자 하였던 量田, 號牌法, 大同法과 士族收布 등은 토호 양반 지주와 중간 모리배들의 착취와 횡포를 억제 내지 제거함으로써 零細 貧農을 포함한 民과 國家가 동시에 유리한 방향으로 제도를 개혁하자는 것이었다. 이것은 결국 이들이 당시의 위기에 처한 국가와 민생을 동시에 구제하기 위해서는 양반제와 지주제가 일정하게 제한되어야 한다고 인식하였음을 알 수 있다. 修身 위주의 도학적 경세론이 '寬民力'을 내세우면서 '國事'보다 '民事'를 우선함으로써 결과적으로 양반과 지주의 이익을 대변하는 경향과는 분명하게 구별된다. 여기에 이 시기 變法的 經世論의 특징이 있었다.

넷째, 그렇지만 이들 역시 제도개혁을 추구하면서 '民心'의 문제를 매우 중요하게 보고 있었다. 量田과 大同法, 號牌法 등이 모두 '均民役'을 통한 安民, 保民의 관점에서 추진된 것이었으므로 이들 역시 민심의 향배에 촉각을 곤두세우지 않을 수 없었다. 이들은 제도개혁에 대한 문제의식이 현실 속에서 나온 것이었으므로 특정한 이념이나 도식을 무조건 고집하지는 않았다. 이귀와 최명길이 대동법의 취지에 대해서는 적극 공감하면서도 이의 혁파에 찬성한 것은 이들의 그러한 태도와 관련된 것으로 보인다. 그 대신 이들은 호패법의 시행을 강력하게 주장하였다. 인조 3년에 호패법 시행이 결정된 것은 이 두 사람, 특히 이귀의 주장이 관철된 대표적인 사례라고 할 수 있다.

이귀는 호패법의 시행 과정을 예의 주시하면서 그 시행 과정에서의 폐단을 최소화하기 위한 대책 마련에 부심하였다. 당시에 호패법은 광해군대와는 달리 강력하게 추진되어 상당한 성공을 거둔 것으로 평가

되었지만 그 부작용 또한 심상치 않은 것이었다.[78] 인조 4년에 이귀는
호패법의 절목이 너무 복잡하다는 것, 그 시행 기한이 너무 짧다는 것,
그리고 호패를 재촉하는 폐단과 호패 관련 처벌이 너무 무거우니 완화
해야 한다는 등의 보완책을 줄기차게 제시하였다.[79] 무엇보다도 이귀
는 당시에 매우 민감한 현안이었던 萬科出身들의 서북 국경지역 赴防
과 落講儒生의 軍役 充定에 반대하였다. 그 이유로서 그는 兩班과 出
身의 인심을 잃고서는 후금의 위협으로부터 국가를 방어할 수 없다는
점을 들었다.[80] 그 대안으로서 이귀는 出身의 赴防은 면제하고, 落講
儒生들은 武學이라고 칭하여 이들을 모두 '禁衛軍'에 소속시킬 것을
제안하였다. 이것은 당시로 봐서는 매우 현실적인 주장이었지만 역시
金瑬·張晚 등에 의해 저지되어 실현되지 못하였다.[81] 그러나 이귀의
이러한 유연한 태도는 당시의 현실 속에서 양반제와 지주제 그 자체를
폐지하지 않고도 國家와 民이 相生할 수 있는 방안을 찾아나갈 수 있
었다는 것을 보여주는 것으로서 주목된다.

다섯째, 병자호란을 전후한 시기에는 척화론자들 가운데서도 變通
論者들이 등장하였다는 점이다. 尹煌(1571~1639), 兪伯曾(1587~
1646), 趙錫胤(1606~1655) 등이 바로 그들이었다.[82] 이들 역시 호란으
로 인한 국가적 위기 상황 속에서 修身 위주의 도학적 경세론만으로는
이를 타개할 수 없다는 것을 분명히 의식하였다. 그러나 이들이 병자

---

78) 金鍾洙, 1990, 앞의 논문, 156~161쪽 ; 金盛祐, 2001, 앞의 책, 458~459쪽. 김
   종수는 호패법에 대한 반발의 주체를 농민으로 보았고, 김성우는 士族으로
   보았는데, 사족으로 보는 것이 온당한 것 같다.
79) 『李忠定公章疏』卷7, 「請抄選鋒兼陳號牌事宜箚」(丙寅 9월 15일), 11~15쪽
   ; 同, 「申論號牌仍進世祖朝事目箚」(丙寅 10월 5일), 15~20쪽.
80) 『李忠定公章疏』卷6, 「陳變通軍政箚」, 37~40쪽 ; 同, 卷7, 「申論軍政箚」(7
   월 15일), 2~4쪽 ; 同, 「再箚」(7월 21일), 4~5쪽.
81) 『承政院日記』14책, 仁祖 4년 丙寅 7월 20일 庚寅, 1-670~673 참조.
82) 이 책의 4장 2절 2) 「斥和 變通論과 主和 變通論」 참조.

호란 당시에 주자학 명분론과 화이론에 입각한 척화론의 입장에 섰다는 것은 이들의 변통론이 再造'藩邦'論의 범주에 속한다는 것을 의미하였다. 이처럼 호란을 전후한 시기에 주화론과 척화론의 대립은 '國家再造'論과 '再造藩邦'論을 가름하는 중요한 의미를 지니고 있었음은 앞서 이미 지적하였다. 그러나 丁丑年 삼전도의 치욕 이후에는 강력한 淸의 압력 아래서 對明義理論이라는 공분모 아래에서 양자 사이에 협력할 수 있는 토양이 형성되었다.[83] 특히 甲申년(1644)에 명이 멸망한 이후에는 '再造藩邦'論이 유효성을 상실한 것이 분명해졌으므로 더욱 그러하였다. 즉 양자가 '國家再造'라는 대원칙에서 다시 만난 셈이었다.[84] 인조대 후반의 변통론은 이런 분위기 속에서 논의되었다. 그러나 인조대의 변법론은 아직 체계적이고 전면적인 국가재조론으로 제기된 것은 아니었다. 이 시기 변법론의 역사적 의의는 재조번방론에서 국가재조론으로 전화되었다는 점에 있었다. 즉 17세기 후반 국가재조론의 본격적인 전개를 예비한 것이었다.

2. 延平 李貴의 軍政變通論과 保民論

명과 후금 사이에서의 등거리 외교를 통해서 당시의 변화하는 국제정세에 대응하고자 했던 광해군대의 외교노선을 주자학 명분론과 의리론에 입각하여 비판하고, 반정의 명분으로서 親明 事大 노선을 표방한 인조 정권은 집권 초기부터 대 후금 國防力 강화에 절치부심하지 않을 수 없었다. 그러나 당시의 사회경제적 여건은 그러한 국방력 강화를 뒷받침할 만한 상황이 되지 못하였다. 왜란 이후 황폐화된 농경

---

83) 이 책의 6장 1절 1)-(2) 「仁祖代 後半 變通論과 大同法의 좌절」 참조.
84) 金駿錫, 1998①, 앞의 논문, 136쪽 참조.

지는 아직 복구되지 못하였으며, 농업생산력도 채 회복되지 않았다. 그
러한 혼란의 와중에서도 권문세가의 대토지소유는 확대 일로에 있었
고, 부세제도의 모순은 심화되었다. 공물 방납의 폐단은 이미 극에 달
해 있었고, 각종 부가세의 징수와 요역 징발 등으로 농민들은 생산에
전념할 여유를 얻지 못하였다. 여기에 광해군대의 궁궐 영건과 같은
토목사업을 빙자한 調度使의 횡포와 內需司의 확대는 백성들의 어려
움을 가중시키고 있었다. 반정 이후 민심 회복을 통한 정권 안정을 위
해 추진한 '寬民力' 정책은 국가재정을 악화시켰다. 따라서 이러한 상
황에서 국방력을 강화시킨다는 것은 지난한 일이 되지 않을 수 없었
다.

　　인조반정 당시 군사제도로는 訓練都監과 束伍軍이 있었다.[85] 그러
나 훈련도감의 군사들은 영락한 상태에 있었고,[86] 속오군은 광해군대
거의 조련이 이루어지지 않아서 군대로서의 의미를 상실한 지 이미 오
래였다.[87] 그나마 남아 있는 군대가 있다 하더라도 이들은 모두 倭賊
의 방어를 목적으로 설치된 것이었으므로 步兵 위주여서 '鐵騎'로 칭

---

85) 조선후기 군사제도에 대해서는 다음 연구사 정리가 참고된다. 車勇杰, 1981,
　「軍事制度」, 『韓國史論』 4, 국사편찬위원회 ; 閔賢九, 1983, 「韓國軍制史 研
　究의 槪觀」, 『朝鮮初期의 軍事制度와 政治』, 한국연구원 ; 남지대, 1987, 「조
　선후기 정치제도 연구현황」, 『韓國中世社會 解體期의 諸問題』(上), 한울 ;
　吳宗祿, 1995, 「군사제도」, 『한국역사입문②』, 풀빛 ; 同, 1999, 「壬辰倭亂~
　丙子胡亂時期 軍事史 研究의 現況과 課題」, 『軍史』 38 ; 김우철, 2000, 「조
　선후기 군사사 연구의 현황과 과제」, 『조선후기사 연구의 현황과 과제』, 창작
　과비평사. 최근에 나온 訓練都監에 관한 연구로는 金鍾洙, 2003, 『朝鮮後期
　中央軍制研究』, 혜안이 있고, 束伍軍에 대한 연구로는 徐台源, 1999, 『朝鮮
　後期 地方軍制研究』, 혜안 ; 金友哲, 2001, 『朝鮮後期 地方軍制史』, 景仁文
　化社 등이 있다.
86) 『仁祖實錄』 卷1, 仁祖 元年 癸亥 4월 丙子, 33-526, 51ㄴ, "金瑬曰……但都
　監之軍 亦已凋弊."
87) 金友哲, 2001, 앞의 책, 91~92쪽.

해지는 후금 군대의 기동력과 돌파력을 당해낼 수 없었다. 그리하여 인조대 군사전문가들 사이에서는 당시 조선이 '無兵之國'의 상태에 있다는 인식이 일반화되어 있었다.

다음 방어전략과 관련해서는 李适의 난 이후 邊方防禦論, 都城防禦論, 山城防禦論, 首都防衛論, 鎭管體制 復舊論 등이 분분하게 제기되는 가운데 도성방어론은 불가능한 것으로 판명되었고, 진관체제 복구론은 원칙론에는 모두 찬성하면서도 그것의 시행 가능성을 믿는 사람은 거의 없는 형편이었으며, 대체로 변방방어론과 산성방어론 및 수도방위론이 동시에 추진되었다. 인조반정 이후 이귀는 변방방어는 불가능하다고 보고 南軍赴防論을 비판하고, 진관체제 복구론을 주장하였으며, 그 대신 강화도와 남한산성을 보장으로 삼는 首都防衛論과 五衛制 復舊論에 의한 중앙군의 강화를 끈질기게 주장하였다. 여기서는 그의 군정변통론의 내용을 살펴보고 그 성격을 구명하고자 한다.

1) 集權體制의 強化와 保民論

(1) 鎭管體制 復舊論과 保民論

이귀의 진관체제 복구론은 국방력 강화가 어려운 당시의 현실에 대한 진단에서 출발하고 있다. 우선 군병 확보 그 자체가 어려울 뿐만 아니라 군사가 확보된다 하더라도 군량과 군수, 무기 등 그 어느 것도 갖추어진 것이 없을 뿐만 아니라 군대는 훈련이 되어 있지 않고 지휘관도 확보되지 못한 상태였다. 두 차례에 걸친 왜란의 피해에서 채 벗어나지 못한 당시의 현실 속에서 이러한 제반 사항들을 단기간 내에 모두를 갖추기란 누가 보아도 불가능한 일이었다. 그리고 나아가서 그는 후금의 鐵騎에 맞서 변방을 방어하는 것 자체가 불가능하다고 보고 있었다. 겨울에 압록강이 얼어붙으면 義州에서 江界까지 수백 리를 大鎭

이나 小堡를 설치해서 수비해야 하는데 그렇게 되면 방어 병력이 분산되어 대진은 수백 명, 소보는 수십 명의 소규모가 될 수밖에 없지만 철기는 수천, 수만 병력을 일시에 집중하여 기동력을 갖고 침략해 올 것이므로 방어가 불가능하다는 것이었다.[88]

여기에 대비하기 위해서는 방어 병력을 증가시키는 길밖에 없었는데, 이것을 평안도만으로는 감당할 수 없다고 보고 나온 것이 全羅道·忠淸道·慶尙道의 下三道 군사, 이른바 '南軍'='南兵'을 징병하여 서북지역에 赴防시키는 방안이었다. 이를 편의상 南軍赴防論이라고 부르기로 한다. 인조반정 이후에는 겨울만 닥치면 으레 서북지역에 부방시킬 남군을 동원하는 방안을 논의하기에 겨를이 없었다. 여기에 대해 이귀는 가장 집중적으로 일관되게 반대하였다. 우선 이귀는 남군과 본토병을 비교하면서 남병 10명이 본토병 2~3명을 당하지 못한다고 보았다.

본토병은 가족과 멀리 떨어져 있지 않으므로 이동에 따른 비용이나 가족에 대한 그리움으로 겪는 고통이 없다는 것이 첫 번째 이점이다. 그 지역의 기후와 풍토에 익숙하므로 질병이 발생하지 않는다는 점이 두 번째 이점이다. 下番하면 각자 자기 집으로 돌려보내고 立番할 때만 먹이면 되므로 군량 소비가 적다는 점이 세 번째 이점이다. 군사들 각자가 鄕里와 家屬을 보호하기 위해 죽을 각오로 수비에 임하는 것이 네 번째 이점이다. 평소에 훈련된 병사를 선발하여 대적하기에 유용하다는 것이 다섯 번째 이점이다.[89]

이에 비해 南軍은 먼 거리를 이동하여 飢寒에 허덕이고 기후와 풍

---

88) 『李忠定公章疏』 卷3, 「陳備虜機務畵一箚」, 8쪽.
89) 『李忠定公章疏』 卷3, 「陳備虜機務畵一箚」, 9쪽.

토에 익숙하지 않아서 부방하는 동안 죽는 사람이 많으며, 죽지 않더라도 질병으로 고생할 수밖에 없으므로 본토병만 못하다는 것이다. 게다가 남군 1만을 유지하려면 1년에 5만 석의 군량을 확보해야 하는데 그것을 어떻게 마련할 것인지 묻고 있다.

무엇보다도 이귀가 남군을 문제삼은 것은 그들에게 전투 의욕이 없다는 것이었다. 후금의 철기가 국경을 넘어서면 이들은 자신들의 부모와 처자의 사생존망을 모르기 때문에 모두 '潰散之心'을 갖지 않을 수 없다고 본다. 이러한 군사를 가지고 철기를 막는 것은 근본적으로 불가능하다는 것이 그의 판단이었다.

이귀가 생각한 유일한 방어 대책은 다음과 같다.

  각 읍 民人으로 하여금 미리 據險之處를 만들어 두게 하여, 邊報가 있으면 老弱者와 粮財를 옮겨서 들판을 비워[淸野] 대비하게 하면, 각처의 방어병사들이 모두 자기 父母와 妻子가 피난하고 있는 곳을 알기 때문에 將令의 명령을 따라서 潰散之心이 없을 것이다. 祖宗朝에 각 읍에 반드시 據險之處를 설치한 뜻이 어찌 좁은 소견에서 나온 것이겠는가.[90]

소위 '據險淸野' 전술이었다. 여기서 주목되는 것은 그 발상의 출발점이 병사들의 전투의욕을 어떻게 고취할 것인가에 두고 있다는 점이다. '國事와 民事를 일치시키려는 保民論'의 관점에서 국가방위를 구상하고 있는 것이 바로 그의 鎭管體制 復舊論이었던 것이다.

이귀는 평안도만이 아니라 전국이 모두 '據險淸野之計'에 의해 방어전략을 수립해야 한다고 보았다. 그를 위해서는 다음 세 가지 문제가 해결되어야 한다. 군병을 어떻게 선발할 것인가, 어디를 방어거점으로

---

90) 『李忠定公章疏』 卷8, 「陳軍務畫一箚」(丁卯 7월 8일), 4~5쪽.

설정할 것인가, 어떠한 방어전술을 구사할 것인가 등이 그것이다.

먼저 군병의 선발과 관련해서 이귀가 제시한 것이 바로 '選鋒'論이었다. 이귀는 '兵務精 不務多'라는 兵家의 格言을 내세우면서 精銳 병사 선발의 중요성을 늘 강조하고, 평상시에 지휘관들이 이들과 돈독한 신뢰관계를 형성해 두어야만 전쟁에 임해서 죽음을 무릅쓰고 싸우게 만들 수 있다는 것이다.[91] 이귀는 이들을 '腹心選鋒'이라고 불렀다. 이귀는 이러한 정예병을 확보하기 위해서는 兵農이 분리되어야 할 것으로 보았다.[92] 그리고 이들의 선발은 守令에게 맡겨야 한다고 주장하였다.

正軍, 保人, 公私賤, 人吏官屬, 才人, 白丁, 僧人을 勿論하고 "사격 잘하고 달리기 잘하며, 계곡을 뛰어넘어 다니면서 맹수를 때려잡을 수 있으면서도 飢渴을 피곤하게 여기지 않는" 용맹하고 健壯한 자를 수령이 일일이 방문하여 직접 만나보고 그 실제 능력을 시험해 본 이후에 선발하여 잘 보살펴서 恩德으로 돈독한 관계를 맺어둔다. 이렇게 하면 한 道에서 최소한 400~500명을 얻을 수 있고, 6도를 합하면 수천의 정예병을 얻을 수 있을 것으로 보았다.[93]

잘 알려진 것처럼 이귀는 정묘호란 직후에 도입된 營將制에 반대하였다.[94] 그 결정적인 이유는 정예병을 선발하여 '격려하여 권장하고 보살피는'[激勸撫養] 實體는 수령에게 있지 '客將'인 營將에게 있지 않기 때문에 영장이 이들을 지휘해 가지고는 '죽음을 무릅쓰고 싸우는 의리'[效死之義]를 기대할 수 없다는 것 때문이었다.[95] 이귀는 營將制度

---

91) 『李忠定公章疏』卷8, 「陳軍務畫一箚」(丁卯 7월 8일), 8쪽.

92) 위와 같음, 15쪽. 이귀의 병농분리론은 본절 3) 「兵農分離와 士族收布論」에 자세하다.

93) 『李忠定公章疏』卷8, 「陳軍務畫一箚」(丁卯 7월 8일), 16~17쪽.

94) 徐台源, 1999, 앞의 책, 68~9쪽 ; 김우철, 2001, 앞의 책, 95~96쪽.

95) 『李忠定公章疏』卷8, 「陳軍務畫一箚」(丁卯 7월 8일), 9쪽.

와 鎭管法은 상호 모순되는 제도라고 보았다. 수령이 '選鋒'을 '自擇'하여 '牙兵'이라고 칭하고 그 總數를 兵使에게 보고한 뒤, 技藝를 考閱하여 등급을 나누어 論賞하고 '恩信'으로 관계를 맺어 두도록 하여 이를 兵使가 감독하게 하자는 것이다. 이귀는 이것을 진관체제의 핵심적인 특징으로 보았는데, 이는 國事와 民事의 일치를 추구하는 그의 保民論의 발현이었던 것이다.

다음 어디를 방어거점으로 설정할 것인가의 문제가 있었다. 이귀는 정묘호란 직후에 安州와 黃州 築城에 반대하였다.[96] 안주와 황주는 '兩西'의 '大路'이고 '直路'이므로 大城을 쌓아야 한다는 주장은 바꿀 수 없는 '定論'인 듯하지만 그것은 '時勢'를 헤아리지 못한 주장이라는 것이다. 당시는 정묘호란으로 인해 兩西의 인민이 '困弊'하였는데, 어떻게 축성할 것이며, 설사 축성한다 하더라도 군량과 무기가 없어서 지킬 수도 없다는 것이 그의 주장이었다. 그는 '保民이 근본이고 築城은 末務'라고 말하면서 모든 일은 반드시 '時勢'를 보고 결정해야 하는데, 당시는 民을 '安集生聚'케 하는 것이 급선무라는 것이었다.[97] 그 대신 이귀는 成川, 慈山, 龍崗, 瑞興, 海州, 文化 등지에 있는 산성을 保守할 것을 주장하였는데, 그것은 據險淸野 전술을 염두에 둔 것이었다.[98]

그리고 이귀는 이러한 논리의 연장선상에서 臨津江 防禦論을 비판하고 平山山城을 방어할 것을 주장하였으며,[99] 都城은 방어할 수 없

96)『仁祖實錄』卷17, 仁祖 5년 丁卯 9월 丁亥, 34-227, 19ㄱ~ㄴ. 당시에 金堉, 崔鳴吉 등도 역시 모두 안주성 축성에 반대하였다.『潛谷遺稿』卷4,「論兩西事宜疏」(丁卯 6월), 叢刊 86-71~76 ;『遲川集』卷8,「辭備局堂上箚」, 叢刊 89-395~396 참조.
97)『李忠定公章疏』卷9,「申論軍務畫一箚」(丁卯 9월), 5~7쪽.
98)『李忠定公章疏』卷8,「陳軍務畫一箚」(丁卯 7월 8일), 12쪽.
99)『李忠定公章疏』卷8,「陳軍務畫一箚」(丁卯 7월 8일), 14ㄱ. 정묘호란 당시

다고 보고 그 대신 幸州山城과 南漢山城을 방어해야 할 것으로 보았
다. 이귀가 이와 같이 방어거점을 설정하는 원칙은 '家力'을 헤아리듯
이 '國力'을 헤아려서 '遠을 버리고 近을 방어'해야 하며, '밖을 輕하게
보고 안을 重하게' 해야 한다는 것이었다.[100]

　　마지막으로 '據險保民의 계책'으로 요약되는 그가 구상하는 방어전
술은 이렇다. 우선 兩西에서는 監司가 民人들을 깨우쳐서 각각 산채나
古城과 같은 險地를 확보하여 老弱者와 財畜이 의지할 곳으로 삼게
하고, 丁壯을 선발하여 수령으로 하여금 作隊 操鍊하게 한다. 적의 침
략이 있으면 兵使가 수령을 거느리고 夜擊하기도 하고 邀擊하기도 하
며, 혹은 '據險遮截'하기도 하고, '臨機出奇'하기도 한다. 그리고 정예
를 선발하여 기회를 틈타 '勦擊'한다면 비록 賊鋒을 차단할 수는 없다
고 하더라도 정묘호란 때처럼 적군이 마음대로 無人之境과 같이 치고
들어올 수는 없을 것으로 보고 있었다.[101]

　　그리고 이귀는 南漢山城이나 江華島일지라도 고립되어서는 방어할
수 없다고 보고, 경기도 내의 각 지역과 서로 연락하여 구원하는 세력

　　　三司의 척화론자들이 제기한 臨津江 把守論을 이귀가 비판하고 그 대신 江
　　都保障論을 제기한 것에 대해서는 4장 1절 1)-(2) 「江都保障論 대 臨津江
　　把守論」에서 상론하였는데, 이귀의 江都保障論은 이러한 鎭管體制 復舊論
　　을 배경으로 제기된 것이었다.
100)『李忠定公章疏』卷9, 「申論軍務畫一箚」(丁卯 9월), 7ㄱ.
101)『李忠定公章疏』卷8, 「陳軍務畫一箚」(丁卯 7월 8일), 12ㄱ~ㄴ ; 同 卷9, 「申
　　論軍務畫一箚」(丁卯 9월), 7ㄴ. 여기서는 兵使가 수령을 거느리는 것으로 되
　　어 있어 병사가 통솔하는 군대와 수령이 거느린 군대가 구분이 되어 있지 않
　　은데, 壬申年 상소에서는 兵使는 選鋒을 거느리고 城에 들어가지 않고 유격
　　전을 전개하여 적을 교란시키는 것으로 되어 있다『李忠定公章疏』卷23, 「陳
　　西邊軍務畫一箚」(壬申 12월 초4일), 24ㄴ]. 그리고 군대에 대해서도 병농분
　　리에 의해 壯兵과 農民으로 구별하여 壯兵 가운데서 選鋒을 선발하는 것으
　　로 되어 있고, 산성에 들어가서는 농민 가운데 壯健者를 뽑아서 鄕兵으로 삼
　　아서 산성 수비에 임하게 할 것을 말하고 있다(위의 같음, 25ㄴ).

을 이루어야만 지킬 수 있다고 주장한다. 즉 경기도 내 각 읍을 水原
禿城, 坡州山城, 幸州山城, 鳥島山城 등에 각각 나누어 소속하게 하
고, 수령으로 하여금 군병을 통솔하고 들어가 지키게 하면서 남한산성
과 강화도를 응원해야만 비록 鐵騎가 長驅하고자 하여도 '들판에는 약
탈할 것이 없고 성은 쉽게 공격하기 어렵게' 하여 경기도 전체를 방어
할 수 있게 된다는 것이다. 이귀는 이것을 '制勝方略鎭管之法'이라고
불렀다. 이렇게 하여 경기도를 보존해야만 三南이 안전하고, 역으로
반드시 삼남이 보전된 후에야 江都를 보존할 수 있다면서, '據險保民'
이야말로 '오늘날 국가를 온전하게 지킬 수 있는 長策'이라고 주장하
였다.102)

(2) 五衛制 復舊論과 集權體制의 强化

진관체제 복구론과 함께 이귀의 군정변통론의 또 다른 골격을 형성
하고 있는 것이 首都防衛論이었다. 그는 이것을 '深根固本의 계책'이
라고 불렀다. 반정 초부터 이귀는 호위청, 금위군, 어영군, 어영별대 등
여러 가지 명칭으로 수도 방어를 위한 정예부대를 편성하기 위해 심력
을 기울였다. 이를 위한 병력 자원으로서 그가 설정한 것 중의 하나가
바로 강원도와 삼남 지역에서 선발된 정예부대였고, 또 다른 하나가
出身·業武·閑良이었다.103) 이귀가 남군부방론에 끈질기게 반대하고
호패법의 시행을 집요하게 주장한 중요한 이유 중 하나가 바로 여기에
있었다.

이귀의 진관체제 복구론과 수도 방위론은 밀접한 관계를 맺고 있었
다. 후금의 철기에 맞서 변방 방어가 불가능하다고 본다면 수도 방위

---

102) 『李忠定公章疏』 卷9, 「申論軍務畵一箚」(丁卯 9월), 8ㄴ~10ㄴ.
103) 『李忠定公章疏』 卷3, 「請設都體察營於京城統御八道啓」(癸亥 10월 12일),
     26ㄴ~27ㄱ.

를 강화시켜야 한다는 것은 필연적 수순이었다. 그것을 위해 우선 금
위군을 확대 강화시킬 것을 주장하는 것과 동시에 도성 방어 역시 불
가능하다고 보고 남한산성의 축조를 주장하였다.[104]

이귀는 국가를 다스리기 위해서는 '반드시 먼저 근본을 강화해야 한
다'[必先固根本]는 원칙에 근거하여 明 景泰(1450~1457) 연간 兵部尙
書 于謙(1398~1457)이 설치한 十二團營과 李珥의 10만 養兵說을 예
로 들면서 국왕 호위군인 禁衛軍의 강화를 위한 扈衛廳의 설치를 주
장하였다. 이이가 병조판서로 있을 때 兵農을 구분하여 精兵 10만을
양성하여 평상시에는 6개월씩 교대로 번을 서게 하고, 유사시에는 10
만 명이 모두 모여 경성을 호위한다고 한 것은 명나라 우겸의 경우와
마찬가지로 '안을 重하게 여기고 밖을 輕하게 여기는 뜻'에서 나왔다
는 것이다. 그런데 당시 이를 담당한 훈련도감 군대 수천이 있지만 그
중 대부분이 '老殘無用'하여 헛되이 粮料만 낭비하고 있고, 연습을 전
폐하여 군정이 태타해져서 믿을 만한 군대가 되지 못한다면서 호위청
의 설치를 주장하였다.[105]

---

104) 『李忠定公章疏』卷3, 「陳備虜機務畫一箚」(癸亥 9월), 5ㄴ~8ㄱ.
105) 『李忠定公章疏』卷3, 「陳備虜機務畫一箚」(癸亥 9월), 5ㄴ~6ㄱ. 이 때 호위
청이 설치된 것으로 본 것은(李泰鎭, 1977, 『韓國軍制史』, 陸軍本部, 74쪽)
사실이 아니었다. 이 뒤에도 禁衛軍 설치 주장이 이귀에 의해 거의 한 달 간
격으로 계속되는 것을 보면 그것을 알 수 있다(『李忠定公章疏』卷3, 「請設都
體察營於京城統御八道啓」(癸亥 10월 12일), 26ㄱ~27ㄱ ; 『仁祖實錄』卷3,
仁祖 元年 癸亥 윤10월 壬寅, 33-558, 21ㄱ). 그것은 두 말할 것도 없이 反正
功臣의 私兵化 경향에 대한 견제 때문이었음은 물론이다. 이귀는 반정 당시
에 功臣들이 거느린 私募軍을 경성의 호위군대로 전환시키는 방안을 모색하
는 데 주력하였던 것 같다. 그래서 '私募軍을 혁파해야 한다'는 주장에 대한
대응논리로서 都體察府를 설치하고 國舅이자 南人인 韓浚謙을 도체찰사로
임명하자고 주장하여 功臣의 私兵이 아닌 公的인 경성 호위군대의 창설을
구상하였던 것이다. 이러한 이귀의 주장에 대해 인조는 國舅가 '병사를 주관
한 적이 없다'고 말하면서 거부하였다(『仁祖實錄』卷3, 仁祖 元年 윤10월 丁

그리고 한 달이 채 지나지 않아서 이귀는 禁衛軍 설치를 주장하였다. 그 방안으로서 우선 그는 강원도와 삼남에서 금위군을 抄擇하여 훈련도감 군병처럼 奉足을 지급하고 戶役을 면제한 뒤, 京城을 分番替守하는 것을 恒式으로 삼게 하고, 다음 出身・業武・閑良 중에서 武藝가 있는 자를 선발하여 奉足을 지급하고 分番替守하게 할 것을 제시하였다. 이귀는 이 때 都體察營의 설치를 같이 주장하였는데, 이들 禁衛軍을 모두 여기에 소속시키고 훈련도감 군과 함께 조련하게 하자고 제안하였다.106)

이 때 이귀는 자신과 金瑬・申景禛・李曙 등 4대장이 거느린 병력 역시 都體察營에 속하게 하여 그 지휘를 받게 하자고 주장하였는데, 이는 호위청이 功臣들의 私兵化되는 것을 의심하고 경계하는 조정 분위기로 인해서 설치되지 못한 것을 의식한 것이 틀림없다. 그리고 이를 훈련도감 군과 함께 조련하게 하자고 제안한 것은 자신이 김류가 거느린 훈련도감에 대항하기 위해 금위군을 창설하자고 주장하는 것이 아님을 인조에게 인식시키기 위한 것이었음이 분명하였다.

이귀의 이러한 제안은 인조가 당파적 행동으로 의심하여 실행되지 못하였다. 그런데 이러한 인조의 태도는 오히려 조정 내 유력자들의 당파적 행동을 자극하여 勳臣도 아니면서 경쟁적으로 私募軍을 거느리는 것으로 나타났다. 여기에는 韓浚謙, 東陽尉 申翊聖, 綾原君 李俌 등과 당시 三公, 즉 領議政 李元翼, 左議政 尹昉, 右議政 申欽 등이 포함되어 있었다.107) 이와 함께 빈발하는 역모사건은 뜻 있는 인사들

未, 33-560~561, 25ㄴ~26ㄱ). 이러한 인조의 우유부단한 태도는 오히려 공신이 아닌 사람들까지 私募軍을 거느리게 하여 인조 정권을 위협하는 형태로 나타나게 된다(『顯宗改修實錄』 卷22, 顯宗 11년 庚戌 7월 壬戌, 38-27, 54ㄴ 참조).

106) 『李忠定公章疏』 卷3, 「請設都體察營於京城統御八道啓」(癸亥 10월 12일), 26ㄴ~27ㄱ.

에게 공권력으로서 경성 호위군대가 강화될 필요성이 있음을 재인식
하는 계기가 되었을 것이다. 이런 분위기 속에서 이귀의 주장은 御營
廳의 성립으로 구현되기에 이른다.[108]

그런데 여기서 주목되는 것은 이귀가 정묘호란 이후에는 朝鮮前期
의 중앙군이었던 五衛制의 복구를 주장하고 있다는 점이다. 그가 이해
한 오위제는 도성 내의 오부를 오위에 속하게 할 뿐만 아니라 팔도 오
진관 역시 오위에 속하게 하여 긴급사태가 발생하면 경성을 호위하게
하는 제도였다.

천하에 변란이 일어나면 천하의 군사를 모두 경성에 모이게 하여 대
궐을 호위하게 하는 것이 바로 深根固本의 계책이니 그 계책이 원대
하다고 할 만하다. 우리나라 兵制에서도 변란이 일어나면 8도의 군대
를 동원하여 勤王하게 한다. 그리하여 혹은 守城하기도 하고 혹은 出
戰하게 하는데, 이것은 兵曹가 모두 상황에 따라서 통제한다. 그래서
병조판서를 主兵의 長으로 삼는 것이니 그 임무가 크지 아니한가?[109]

그는 이것을 '深根固本의 계책' 또는 '居重馭輕의 제도'[110]라고 부르면
서 그 '設立 本意'를 상기시키고 있다.

세조 3년에 이루어진 五衛組織은 睿宗 원년에 약간의 조정을 거쳐
『경국대전』에 올라 있다. 이 五衛에는 중앙군을 이루는 모든 兵種이

---

107) 『仁祖實錄』 卷7, 仁祖 2년 甲子 8월 丙戌, 33-634, 41ㄴ.
108) 李泰鎭, 1977, 앞의 책, 78쪽, 80~82쪽 참조.
109) 『李忠定公章疏』 卷15, 「上兵務畫一箚」(己巳), 23ㄱ.
110) 『李忠定公章疏』 卷12, 「請變通兵制箚」(戊辰 12월 9일), 20ㄴ~21ㄱ, "我祖宗
　　朝列聖 創制闕內五衛 令都城內五部 各屬於五衛 又令八道五鎭管 幷屬於五
　　衛 內三廳外 別設忠贊衛忠義衛族親衛忠翊衛忠順衛 皆屬五衛 脫有緩急 內
　　則五部 外則各道五鎭管將卒 皆赴衛於京城 其居重馭輕之制 可謂至矣盡
　　矣."

편입되어 있었을 뿐만 아니라 全國의 番上軍士를 거주지의 鎭管別로
파악하여 五衛에 분속시키는 체제로 규정되어 있었다. 이는 전국 각
지역을 鎭管編成으로 묶어서 균일적인 국방체제를 이룩한 鎭管體制
와 유기적인 관계 속에서 나온 것이었다.111) 결국 오위와 진관체제는
『경국대전』체제로 상징되는 전국적으로 일원화된 중앙집권적 군사제
도였다고 할 수 있겠는데, 이귀는 이 제도의 '설립 본의'를 복구하자고
주장한 것이었다.

그가 왜란 직후에 柳成龍이 주도하여 창설한 訓練都監과 束伍軍
제도를 비판한 것은 단순히 그것의 말단적 폐단에 의해 국방력이 약화
되었다는 차원만이 아니었다. 왜란이라는 긴급 상황에서 임기응변적으
로 설립된 이 군사제도 그 자체에 집착하여 중앙집권적 국가체제의 유
지라는 '設立 本意'가 망각되고 있는 점이 심각한 문제라고 그는 보고
있었다.

대개 人君은 大柄을 갖고, 立國하면 大權을 갖는 것이니, 이것을 얻
으면 반드시 강해지고 잃으면 반드시 약해지는 것은 歷代의 바꿀 수
없는 진리이고 百王이 모두 그러하였다. 무릇 人君之柄은 德과 威嚴
을 밝히는 데 있고, 立國之權은 輕重을 살피는 데 있다. 德과 威嚴 역
시 치우치거나 없앨 수 없고, 輕重도 뒤바꿔서는 안 된다. 위엄이 쌓여
서 德이 밝아지는 것이니 치우치거나 없애면 위태롭고, 重에 居하여
輕을 통제해야지 이것이 뒤바뀌면 敗한다. 위엄만 믿는 것은 몸에서
덕이 쇠하여 패배에 이르는 길이 되고, 重을 잃으면 輕이 자기에게 옮
겨오니 禍를 불러들이는 門이 된다. 오늘날 전전긍긍하면서 保惜愼守
하여 잃어버려서는 안 되는 것은 오로지 居重馭輕의 權에 있는 것이
다.112)

111) 閔賢九, 1968,「近世朝鮮前期 軍士制度의 成立」,『韓國軍制史』(近世朝鮮前
    期篇), 87~90쪽, 160~171쪽 참조.

人君의 大柄은 修身[德]에서 나오는 위엄에 있고, 立國의 大權은
'居重馭輕'에 있는데, 오늘날 더 절실히 요구되는 것은 '居重馭輕의
權'에 의한 立國이라는 것이 그의 생각이었다. 이것은 이귀가 당시의
절실한 과제를 중앙집권적 국가체제의 강화로 보고 있다는 것을 의미
한다고 보인다. 그가 鎭管體制와 五衛制의 복구를 주장한 것은 그러
한 중앙집권체제를 뒷받침하기 위한 군사제도를 확립하자는 것에 그
의의가 있었던 것이다.

이러한 그의 생각은 軍令의 계통을 정비하자는 데서도 분명하게 드
러난다. 앞서의 인용문(주 109)에서 居重馭輕의 제도로서 兵曹에서 팔
도의 군사를 조련할 것을 주장하고 있었던 것이다. 都元帥는 '專征於
外'하고 都體察使는 '運籌於內'하며113) 軍務의 變通에 관한 큰일은 廟
堂에서 논의하여 入啓하고 시행해야 하지만 일상적인 군대의 조련은
병조에서 담당해야만 '國體가 自尊'하여 外寇를 근심하지 않아도 될
뿐만 아니라 內患도 소멸된다는 것이다.114)

사실 따지고 보면 이괄의 반란이 가능했던 원인의 일단도 군령이 엄
격하지 않은 데 있었다. 副元帥 이괄이 西北 赴防軍을 몰고 반란을 일
으키자 都元帥 張晩의 휘하에는 지휘할 군대가 없어 정면충돌을 회피
할 수밖에 없는 형편이었다.115) 또 조정에서는 都元帥를 믿지 못하여
北人인 崔晛을 따로 督戰御史로 파견해야 할 정도였다. 이괄의 반란
이 진압된 뒤 인조가 최현에게 이괄의 군대가 어떻게 경성까지 들어올
수 있었느냐고 묻자 최현이 '명령이 여러 곳에서 나와서 기강이 서지

112)『李忠定公章疏』卷12,「請變通兵制箚」(戊辰 12월 9일), 19ㄴ.
113)『李忠定公章疏』卷3,「進所論時務冊子仍請以韓浚謙爲體察使疏」(癸亥 10
월), 22ㄱ.
114)『李忠定公章疏』卷3,「請設都體察營於京城統御八道啓」(癸亥 10월 12일),
26ㄴ~27ㄱ.
115)『仁祖實錄』卷4, 仁祖 2년 甲子 2월 丁未, 33-585, 34ㄱ.

않는 것'[號令多門 紀律不立]을 첫 번째로 거론할 정도로 당시의 군령
체계는 엉망이었다.[116] 이러한 상황은 정묘호란 때 다시 재현되어 당
시 도체찰사 장만이 휘하에 군사가 없어 후금과의 접전을 회피하였다
가 전후에 결국 양사의 탄핵을 받고 부여에 정배되기까지 하였다.[117]

이귀는 세 차례나 병조판서를 역임하면서, '병조가 군포나 거두는 한
가한 관청이 된 채 군졸을 조련하는 것이 무슨 일인지도 모른다'고 지
적하고,[118] 결국은 병조가 '군대를 다스려서 적을 방어하는 일'[治兵禦
敵]에 관여하지도 못하고 邊將이나 禁軍 하나도 임명하지 못하여 '一
有司之任'에 불과해져 '股肱之力'을 다하여 충성하고자 해도 되는 일
이 없다면서 사직을 청하였다.[119] 그리고 병조의 건의를 비변사에서
동문서답하면서 묵살한다고 비판하기도 하였다.[120]

이처럼 이귀는 당시의 국방력 문제를 단순히 군사제도의 차원에서
접근하지 않고 국가체제의 정비라는 보다 확대된 시야에서 접근할 것
을 강조하였다. 그는 16세기 이래 붕괴된『경국대전』체제가 지향했던
중앙집권적 국가체제를 재확립해야만 국방력이 강화될 수 있다고 본
것이다. 그 구체적 방안으로서 그는 진관체제와 오위제의 복구를 주장
하였는데, 그렇다고 하여 그가 15세기에 확립된『경국대전』체제 그
자체로 다시 돌아가자는 복고주의를 주장한 것으로 볼 수는 없을 것이
다. 설사 그가『경국대전』체제 그 자체를 복고하자고 하였다고 하더
라도 그것은 15세기의 收租權 分給制에 토대를 둔 그것과 이제 그것
이 완전히 폐기되고 地主佃戶制가 확대 발전되는 단계에서의 그것은

---

116)『仁祖實錄』卷4, 仁祖 2년 甲子 2월 乙巳, 33-584, 32ㄴ.
117)『仁祖實錄』卷15, 仁祖 5년 丁卯 3월 癸巳, 34-187, 63ㄴ ; 同, 11월 壬午,
    34-239, 42ㄴ.
118)『仁祖實錄』卷19, 仁祖 6년 戊辰 10월 丙申, 34-297, 39ㄱ.
119)『李忠定公章疏』卷14,「辭兵判箚」(己巳 7월), 15쪽.
120)『李忠定公章疏』卷15,「上兵務畵一箚」(己巳), 11ㄴ.

발전단계를 달리하는 것이 될 수밖에 없었다. 그의 진관체제와 오위제 복구론은 17세기의 변화된 현실 속에서 국방력 강화 문제를 국가체제의 개혁, 즉 '國家再造'라는 차원에서 새롭게 모색하는 가운데 나온 것이라는 점에 주목해야 할 것이다. 그것은 지주전호제가 일반화되고 양반제가 그 모순을 드러내는 가운데 새롭게 중앙집권적 국가체제를 정비하려는 시도였던 것이다.

2) 兵農分離와 士族收布論

(1) 兵農分離와 保民論

마지막으로 이귀의 병농분리론에 대해 검토해 보자. 앞서 이귀가 '客將'인 營將의 지휘로는 '죽음을 무릅쓰고 싸우는 의리'[效死之義]를 기대할 수 없다는 이유로 영장제를 비판하였음을 언급한 바 있지만 그가 영장제를 비판하는 또 다른 이유는 그것이 束伍軍의 문제점을 근본적으로 해소하지 않고 나온 제도라는 점 때문이었다. 잘 알려진 것처럼 임진왜란 중에 임기응변으로 설치된 속오군은 '新舊 軍制'의 중첩에 의한 '一身兩役'의 폐단으로 인해 군대로서의 기능을 거의 발휘하지 못하고 있었다.[121]

이에 대해 이귀는 다음과 같이 말하였다.

　　임진왜란 이후에 병농을 분리하지 않고 正軍의 保人과 公私賤까지도 선발하여 대오를 결속하고 束伍軍이라고 불렀다. 그리하여 常時에도 操鍊하고 習陣하는 것이 奉足이 있는 正軍과 다름이 없었다. 똑같은 公私賤이라도 선발된 자는 끝까지 고통받으므로 富者는 면하고 貧

---

121) 白承哲, 1990, 「17·18세기 軍役制의 變動과 運營」, 『李載龍博士還曆紀念韓國史學論叢』, 한울, 518~519쪽 ; 徐台源, 1999, 앞의 책, 35쪽 ; 金友哲, 2001, 앞의 책, 42~43쪽 참조.

者만 선발되니 그 원망과 고통이 바야흐로 극에 이르렀다. 그리고 비
상시에는 봉족도 지급하지 않고 戰陣으로 몰아 보내어 다른 장수에게
지휘하게 한다. 평일에 고통받고 원망하는 병사들을 몰아다가 죽음을
무릅쓰고 싸우는 의리를 기대하는 것은 어렵지 않겠는가?[122]

그는 속오군이 一身兩役의 폐단으로 '원망과 고통이 극심한'[怨苦方
極] 상태에서 奉足도 없이 戰陣에 몰아넣어서 '他將'의 지휘를 받게
하고서도 과연 '效死之義'를 기대할 수 있겠느냐고 묻고 있다. 여기서
도 그가 군사의 '效死之義'를 기준으로 속오군의 一身兩役의 폐단을
비판한다는 점에서 그에게 특유한 '國事와 民事의 일치를 추구하는 保
民論'이 발현되고 있음을 볼 수 있다.

그런데 이귀는 그것의 원인을 병농이 분리되지 못한 것에서 찾고 있
다는 점이 또 다른 특징이라 할 만하다. 속오군이 常時 操鍊하는 것은
奉足이 있는 正軍과 다름없으면서도 봉족을 지급하지 않는 것, 이것을
그는 '兵農不分'이라고 보고 있었다. 이 때문에 군사력은 강화되지도
못하면서 국가는 원망의 대상이 된다는 것이다.

이에 대한 해결방안으로서 그가 제시한 병농분리론은 다음과 같다.
그는 병농분리에 '大小가 있다'고 하면서 '大分'이란 먼저 '戰士'를 선
발한 후 나머지 모든 有役人은 朝官, 士人, 閑良, 公私賤을 가리지 않
고 1년에 半疋의 綿布를 내게 하고, 仰役奴에게서는 米 1斗를 거두어
들여서, 팔도에서 거둔 米布로써 戰士의 軍裝과 器械를 마련하게 한
다는 것이다.[123]

'小分'이란 正軍과 保人으로 구분하는 것이다. '正軍'이란 '戰士' 중
에서 精壯한 자를 뽑아서 戶首로 삼고 隊伍를 團束하여 上番하거나

---

122) 『李忠定公章疏』 卷9, 「申論軍務畫一箚」(丁卯 9월), 19ㄱ.
123) 『李忠定公章疏』 卷9, 「申論軍務畫一箚」(丁卯 9월), 20ㄴ.

전쟁에 나가는[赴戰] 사람들을 가리키는데, 이들은 將官을 정해서 常時 操鍊하여 전쟁에 대비하게 한다. '保人'은 '農民'이라고 부르는 사람들인데 生業에 종사하고 束伍에는 들어가지 않으면서 米布를 내어 戶首를 돕는 사람들을 가리킨다. 公私賤 중에서도 精壯者를 抄出하여 束伍로 삼고 나머지는 農民이라고 부른다. '戰士'가 출전하면 이들 농민들은 戰士의 농사일을 돕는다고 규정하고 있다.[124]

이렇게 본다면 그의 병농분리론은 조선전기의 保法을 연상시키는 측면이 있다. 실제로 그는 正軍과 保人을 구분하여 정군에게 봉족을 지급하는 것을 병농분리의 핵심으로 본 것 같다.[125] 그렇지만 그의 정군과 보인 사이의 관계에는 조선전기의 보법과는 중요한 차이점이 있었다. 그것은 保人 즉 농민이 米布를 직접 正軍에게 주는 것이 아니라 각 面 단위로 分農有司를 정하여 그것을 거두어서 관장하게 한 점이다.[126] 이것은 15세기 말의 保法보다는 16세기의 放軍收布에 보다 가깝다. 그렇지만 戰士=戶首가 출전할 때 그의 농삿일을 保人이 돕게 한 점은 오히려 保法과 유사한 측면이다.

그리고 농민이 내는 米布의 주된 용도가 戰士의 軍裝과 器械 마련에 있다는 점에서 전사도 생계를 위해서는 농업에 종사해야 함을 보여준다. 전사가 출전하면 보인이 그 농사를 돕게 하고 있다는 점에서 이귀 역시 그것을 인정하고 있음을 알 수 있다. 그렇다면 전사가 지주가 아니라면 가계를 유지하기 어렵다는 말이 된다. 이렇게 본다면 이귀가 주장하는 병농분리론은 군인 그 자체가 생계가 되는 직업군인 개념이 아니라는 것을 알 수 있다. 생계라는 측면에서 보면 오히려 병농일치론에 가깝다는 생각마저 든다.

---

124) 『李忠定公章疏』 卷9, 「申論軍務畫一箚」(丁卯 9월), 21ㄱ~ㄴ.
125) 『李忠定公章疏』 卷15, 「上兵務畫一箚」(己巳), 27ㄱ.
126) 『李忠定公章疏』 卷23, 「陳西邊軍務畫一箚」(壬申 12월 4일), 17ㄴ~18ㄱ.

전사와 농민 사이의 경계선도 불분명하다. 그는 전사를 壯兵·老
兵·弱兵으로 구분하고, 장병 가운데서 選鋒을 뽑는다고 하였다.[127]
그런데 據險淸野할 때는 산성 안에 들어가서 守城하는 '鄕兵'을 설정
하고 있는데 이들은 농민들 가운데서 선발하는 것으로 되어 있다.[128]

이처럼 그의 병농분리론은 경계선이 모호하고 혼란스러운 점도 있
지만 다음과 같은 몇 가지 특징을 보여준다. 첫째, 사실상 士族收布를
주장하였다는 점이다. 그가 '大分'이라고 표현한 것은 이것을 강조한
것으로 생각된다. 이러한 주장은 반정 직후부터 있었던 것으로서[129]
당시의 군역의 폐단을 해소하기 위해서는 16세기 이래 군역에서 사실
상 면제되고 있던 양반사족의 양보는 피할 수 없다는 그의 분명한 인
식을 보여준다.

둘째, 分兵農의 목적이 民의 자발성을 최대한으로 구현하는 데 두어
지고 있다는 점이다.

> 우선 兵農을 小分하면 병사가 원망하지 않고 농민이 고통받지 않는
> 다. 따라서 操鍊이 法度 있고 調發이 항상적이면서도 병농에 구별이
> 있어서 서로 침해하지 않고 서로 의지하게 되므로 병사는 死長之心을
> 갖게 되고 농민은 安居之樂을 갖게 된다.[130]

병사가 원망하지 않고 농민이 고통받지 않으면서도 '操鍊에 법도가 있

---

127) 『李忠定公章疏』卷23,「陳西邊軍務畫一箚」(壬申 12월 4일), 17ㄱ, 20ㄴ.
128) 『李忠定公章疏』卷23,「陳西邊軍務畫一箚」(壬申 12월 4일), 25ㄴ. 選鋒은
監兵使가 지휘하고, 壯兵은 守令이 지휘하고, 鄕兵은 邑領將이 지휘하는 것
으로 구분해볼 수 있다.
129) 『仁祖實錄』卷3, 仁祖 元年 癸亥 11월 戊辰, 33-567, 39ㄱ. 西人으로서 士族
收布論을 제기한 것은 이귀가 가장 빠른 것 같다.
130) 『李忠定公章疏』卷23,「陳西邊軍務畫一箚」(壬申 12월 4일), 20ㄱ.

고 항상 調發할 수 있으며' 兵士는 '상관을 위해 죽을 마음'[死長之心]을 갖고 전쟁에 나가고 농민은 安居之樂을 누리면서 생산에 종사하는 형태로 國事와 民事를 일치시키고자 한 점에 그의 병농분리론의 중요한 특징이 있다고 여겨진다.

그가 이를 위하여 얼마나 '民心'과 '民願'을 중시하였는가는 농민들의 名簿를 面有司가 관장하고 '主官', '主將', '上司'에게는 총 인원수만 보고할 뿐 구체적인 명단은 제시하지 않게 한다는 점에서 극명하게 드러난다. 한 번 명단이 올라가면 이들에 의한 抄兵의 근거가 되기 때문에 '民情'이 그것을 싫어한다는 것이 그가 제시한 이유였다.[131] 당시처럼 士族이 향촌의 향권을 좌우하는 시기에 朝官·生進·儒生 중에서 선발되는 面有司가 과연 이귀가 생각하는 대로 民心과 民願을 존중할는지는 의문이지만 民의 자발성을 헤치지 않으려는 그의 의도는 분명하게 알 수 있다.

셋째, 民의 자발성을 극대화한다는 원칙의 연장선상에서 그는 군사 선발에서는 '숫자보다 정예병을 중시하는'[兵務精 不務多] 원칙을 강조하고 있다는 점이다. 그가 束伍軍과 營將制를 비판하는 또 하나의 이유가 오로지 軍額을 많이 확보하는 것에 집착하는[貪多爲務] 점 때문이었다.[132] 그는 抄兵 그 자체보다 '健卒'을 얻는 것이 어렵고, 健卒을 얻는 것보다 이들이 전쟁에 임해서 '親上死長'하게 만드는 것이 더 어렵다고 말했다.[133] 앞서 언급한 '選鋒'論은 바로 이러한 民의 자발성을 극대화한다는 원칙에 근거해서 나온 것이었으며, 병농분리론은 그것의 출발점이었다. 軍士가 자발적으로 죽음을 무릅쓰고 전쟁에 임하게 하려면 主將이 평상시에 자기 자식처럼 軍卒을 '撫養'하고 同苦同

---

131) 『李忠定公章疏』卷23, 「陳西邊軍務畵一箚」(壬申 12월 4일), 19ㄴ.
132) 『李忠定公章疏』卷15, 「上兵務畵一箚」(己巳), 14ㄱ.
133) 『李忠定公章疏』卷9, 「申論軍務畵一箚」(丁卯 9월), 18ㄱ~ㄴ.

樂해야 한다. 그래야 전쟁이 일어나면 子弟가 父兄을 지키고, 手足이 頭目을 방어하듯이 主將을 親愛하는 '敢死之士'가 나올 수 있다. 이귀는 후금의 '鐵騎가 長驅하는 것'을 방어하기 위해서는 이러한 '選鋒'이 만여 명은 있어야 된다고 보았다.

이들을 선발하는 방법은 수령이 먼저 將領을 정하고 그로 하여금 隊長을 고르게 하고, 隊長에게 軍을 선발하게 하는 '分等督擇'='等等 自擇'하는 방법을 쓴다. 그리하여 兩班·公私賤·束伍軍을 勿論하고 '膽氣와 膂力이 있는 자'를 선발하여 '守令牙兵'이라 칭하고, 戶役은 면제하고 身役은 減免해 주어 오로지 技藝를 操鍊하는 데 전념하게 하고, 戰馬가 있을 경우에는 田役도 量減해 주고 말을 기르게 하여 '臨急調用의 계책'으로 삼는다.[134) 병농분리에 의거하여 농민들에게서 거두어들인 米布로 이들의 軍需를 조달하고, 또 物貨米布를 優給하여 才藝를 시험하고 分等論賞한다.

이귀는 이들의 자발성을 극대화하기 위해서는 이러한 物質的 誘引이 없어서는 안 된다고 보았다. 軍令만으로는 군사들이 '불 속에 뛰어들고 칼날도 피하지 않게'[赴湯火蹈 白刃不避] 만들 수는 없고 반드시 '격려·권장'하는 물질이 있어야 한다는 것이다.[135) 이들을 撫養·激勸하는 책임은 수령이 지게 하여, 그것의 勤慢을 따져서 근무 고과에 반영하게 하고, 이를 태만한 수령은 '輕重을 따져 論罰'하게 하였다. 이러한 군사는 부양하기 어렵기 때문에 그 수가 너무 많으면 안 된다. 전국적으로 일만 명 정도, 下三道라 하더라도 한 도에 3천 명을 넘지 말게 해야 한다는 것이 그의 주장이었다.[136) 그리고 選鋒의 명단 역시 수령만 알고 監兵使와 兵曹에는 그 總數만 보고하게 한 것 역시 이들의 자

---

134) 『李忠定公章疏』 卷15, 「上兵務畫一箚」(己巳), 16ㄴ.
135) 『李忠定公章疏』 卷23, 「陳西邊軍務畫一箚」(壬申 12월 4일), 34ㄴ.
136) 『李忠定公章疏』 卷9, 「申論軍務畫一箚」(丁卯 9월), 17ㄴ~18ㄱ.

312

발성을 헤치지 않으려는 배려에서 나온 것이었다.137)

(2) 號牌法과 士族收布論의 특징

이처럼 이귀의 병농분리론은 철저하게 民의 자발성을 극대화하여 국방력을 강화시키려는 방안이었다. 말 그대로 '國事와 民事의 일치를 추구하는 保民論'의 발현이었던 것이다. 그러나 과연 이러한 방안이 당시 兩班士族들의 반발을 얼마나 무마할 수 있었을지는 의문이다. 그 래서 이귀는 반정 초부터 그러한 兩班士族들의 반발을 의식한 여러 가지 방안을 내놓고 있었다. 예를 들면 이귀는 출신·업무·한량 중 무예가 있는 자는 모두 체부에 속하게 하고 봉족을 지급하여 상번할 때 식량을 준비할 수 있게 한 뒤 分番替守하게 하자고 제안하였다. 이 귀는 이들로써 禁衛軍을 창설하려 하였던 것이다. 이들에게는 평상시 변방의 赴防을 면제하고 경성 호위만을 전담하게 한다면 싫어하지는 않을 것으로 보았다.138)

사실 출신·업무·한량이 모두 사족은 아니었고, 당시에는 직역으로 서 확정된 것도 아니었다. 잘 알려진 것처럼 出身은 왜란 중에 군액을 확보하기 위한 고육책으로서 형식적인 武科를 대대적으로 설행하여 배출된 직역이었다.139) 이는 전쟁 수행과정에 능동적으로 참여한 사족 층에 대한 군공 포상의 차원에서 설행된 것이다. 그렇지만 그 합격자 모두가 사족은 아니었다. 그 목적이 어떻든 宣祖代 무과의 대량 시취 는 일반 양인을 비롯한 하층민들의 신분상승에 기여할 가능성이 컸 다.140) 그리고 士族이라 하더라도 군역을 모피하는 '閑遊者'들이 대부

---

137) 『李忠定公章疏』 卷15, 「上兵務畵一箚」(己巳), 17ㄱ.
138) 『李忠定公章疏』 卷3, 「請設都體察營於京城統御八道啓」(癸亥 10월 12일), 27ㄱ.
139) 金盛祐, 2001, 앞의 책, 354~359쪽 참조.

분이었다. 즉 출신에는 문무 관직 진출에 실패한 사족과 양인 상층으로서 재력이 있는 자들이 포함되어 있었던 것이다.

業儒・業武 역시 출신과 비슷한 신분구성을 이루었을 것으로 보인다. 중종대 이래 등장하는 이들은 관직 진출에 실패한 사족 자제들이 군역을 모피하기 위해 고안해 낸 類似職役이었다.[141] 세종・세조대부터 시작되어 중종대부터 본격화된 武學 설치 논의는 임진왜란과 정유재란 사이에 出身이 등장하는 것과 비슷한 배경을 갖고 지방에 설치되기에 이른다.[142] '業武'라는 '類似' 職役이 등장한 것은 아마 이러한 武學 설치와 밀접한 관계가 있었을 것이다. 閑良의 출신 성분 역시 兩班・中庶・良民이 혼재되어 있었으며, 원칙적으로는 군역을 부담하여야 하였지만 軍官으로의 冒屬을 시도하는 등 피역을 기도하면서 閑遊하는 계층이었다.[143]

16세기 이래 이들 유사직역의 등장은 군역제도의 문란의 일 양상으로서 양반 신분제도 모순의 표현으로 볼 수 있다. 문무 관리의 대열에서 탈락한 양반 사족이 군역을 모피하는 수단으로서 등장한 이들 직역에 常民들을 비롯한 제 계층이 입속함으로써 군포 징수에서 인징・족징 등의 폐단을 심화시킨 바로 그 장본인들이었던 것이다. 兩亂期의 국가적 위기를 타개하기 위하여 이들을 어떻게 처리할 것인가는 국가의 권력기반으로서 민심의 향배와 관련된 심각한 문제가 아닐 수 없었

---

140) 沈勝求, 1994, 「朝鮮 宣祖代 武科及第者의 身分」, 『歷史學報』 144 ; 同, 1996, 「壬辰倭亂 중 武科及第者의 身分과 特性」, 『韓國史硏究』 92 참조.

141) 李俊九, 1993, 『朝鮮後期 身分職役變動硏究』, 一潮閣, 35~36쪽 참조.

142) 李俊九, 1993, 위의 책, 63~68쪽 참조.

143) 李俊九, 1993, 위의 책, 111~114쪽 ; 金盛祐, 1992, 「17・18세기 前半 '閑遊者層'의 증가와 정부의 대책」, 『民族文化硏究』 25, 고려대 민족문화연구소 ; 同, 1992, 「조선후기 '閑遊者'層의 형성과 그 의의」, 『史叢』 40・41, 高大史學會 참조.

다. 인조대 호패법 논의에서 이들은 落講儒生의 처리 문제와 함께 논란을 거듭한 끝에 처음으로 제도화된 직역으로서 대두하게 된다.[144]

여기서 우선 확인해 둘 것은 반정 초부터 이귀가 강력한 호패법 시행논자였다는 점이다. 당시에 이귀는 軍籍과 量田보다 號牌가 먼저 시행되어야 한다고 끈질기게 주장하였다. 그는 '均役'을 통한 '安民'의 유일한 방책이 호패법 시행에 있다고 확신하였다. 호패를 시행해야만 군역을 균등하게 부과하여 有役者의 고통을 제거하고 '친족과 이웃이 침해당하는 근심'[族隣被侵之患]이 없어진다는 것이다.[145] 당시처럼 후금과 대치하고 있는 상황에서는 抄兵이 없는 해가 없을 것이므로 호패법을 시행하지 않으면 '民居에 恒籍이 없으므로 軍은 앞날이 없으며' '고통받는 자는 더욱 고통스럽고 한가한 자는 더욱 한가해질[苦者長苦 閑者長閑] 수밖에 없으므로 국가가 망하는 것을 앉아서 기다릴 수밖에 없을 것이라면서, 浮議에 흔들리지 말고 '豪傑之主'가 '斷以行之' 해야 한다고 누누이 역설하였다.[146] 그가 호패법 시행을 주장하는 것은 國事와 民事의 일치를 추구하는 保民論의 발현임을 확인할 수 있다.

그런데 이귀가 볼 때 有役之人은 '均其役'할 수 있다고 보고 호패법을 환영할 것이지만 無役之人이 문제였다. 無役之人 중에서 恒産者는 軍役에 充定하되 無恒産者는 '餘丁'이라고 칭하고 1년에 군포 1필만을 걷어서 軍需에 보태게 한다. 그리고 양반 중에서 '壯健者'를 뽑아서 '武學'이라고 칭하고 3년을 한도로 하여 武藝를 익히게 한 뒤 별도로 作隊하여 御營軍에 소속되게 한다. 이들에 대해서는 奉足을 지급하여 闕下에 上番하게 하고 赴防은 시키지 말자는 것이 그의 구상이었

---

144) 李俊九, 1993, 앞의 책 참조.
145) 『李忠定公章疏』 卷5, 「第三箚」(乙丑 7월 8일), 30ㄴ.
146) 『李忠定公章疏』 卷5, 「申請行號牌法箚」(乙丑 6월 15일), 24ㄴ~25ㄱ.

다.147)

여기서 이귀가 말하는 양반은 호패법 시행 당시 문제가 된 落講儒
生을 말하는 것이었다. 여러 가지 우여곡절을 거쳐 인조 4년에 전국적
으로 號牌法이 시행된 뒤에 그 役을 결정하는 과정에서 落講儒生이
문제가 되었는데, 당시의 조정 논의는 祖宗朝의 法制대로 군역에 충정
해야 한다는 원칙론과 士族임이 분명한 자는 罰布만 징수하고 군역에
서는 제외해야 한다는 명분론이 분분하게 제기되고 있는 실정이었
다.148)

이 때 이귀가 제안한 것이 落講儒生을 '武學' 또는 '武學禁軍'이라고
칭하여 禁衛軍을 강화시키자는 것이었다. 그는 落講儒生 가운데 '膂力
이 壯健한 者'를 뽑아서 '武學'이라 칭하고, 이들 가운데 將官을 擇定
하여 隊伍를 團束하고 훈련하게 하며, 赴防은 면제하고 禁衛에 속하
게 한다. 이들에게는 奉足으로 落講者 각 2인을 抄給하여, 이들에게서
番價木 각 2필을 거두게 한 뒤, 2개월 한도로 京中에서 立番하도록 하
자는 것이다.149) 그리고 出身을 赴防시켜서 이들의 원한을 사는 것을
비판하고, 출신 중 '연소한 壯健者'를 골라서 奉足 1인을 지급하고 서
쪽 부방은 영원히 면제해 주는 대신 1개월간 京中에서 侍衛하게 하자
고 제안하였다.150)

그는 호패법을 시행한 지금이 禁軍을 團束할 절호의 기회라면서 武
學禁軍의 창설과 出身의 부방을 면제하고 禁軍에 편성할 것 등을 南
軍 調發 중지와 함께 강력하게 주장하였다.151) 이러한 이귀의 제안은

---

147) 『李忠定公章疏』 卷5, 「第三箚」(乙丑 7월 8일), 30ㄱ.
148) 崔永浩, 1984, 「幼學·學生·校生考」, 『歷史學報』 101 참조.
149) 『李忠定公章疏』 卷6, 「陳變通軍政箚」(丙寅), 37~38쪽.
150) 위와 같음, 39ㄱ~ㄴ.
151) 『李忠定公章疏』 卷7, 「申論軍政箚」(丙寅 7월 15일), 2~4쪽 ; 同, 「再箚」(丙
寅 7월 21일), 4~5쪽.

장만·김류 등의 반대에 부딪혀 시행되지 못하였는데,152) 이귀는 '원대한 계책'이 '目前姑息'에 의해 사사건건 저지된다며 강력하게 반발하였다.

이귀가 주장하는 出身·武學·閑良의 禁衛軍 편성은 비록 실현되지 못하였지만 당시의 문란한 군역제도의 개혁 방향을 암시하는 것이어서 주목된다. 우선 그의 병농분리에 바탕을 둔 選鋒論과 모순되지 않는다는 점이다. 그리고 양반의 신분적 특권을 인정한 것은 아니었다는 점이다. 그의 방안에 따르면 금위군에 선발되지 못하는 양반사족은 어떤 형태로든 수포의 대상에서 벗어날 수 없었다. 그러면서도 현실적으로 존재하는 士族 우위의 사회 분위기를 수도 방위 병력 강화에 활용하려는 相生의 방안이었다는 점이다. 國事와 民事의 일치를 추구하는 그의 保民論은 이처럼 당시 최대의 쟁점이 되고 있던 閑遊者 처리 방안에서도 相生의 방향으로 구현되고 있었던 점에 이귀가 제시한 士族收布論의 특징이 있었다.

사실 이들 閑遊者 계층은 양반사족의 하층과 양인 상층을 포괄하는 계층으로서 자영농 이상의 경제 기반을 가진 향촌사회 주도층이었다. 이들을 어떻게 처리하느냐는 문제는 민심의 향배는 물론 향후 '國家再造'의 방향과도 관련하여 중대한 문제가 아닐 수 없었다. 인조 정권은 처음에는 낙강유생을 무조건 군역에 충정하기로 하였다가 삼사의 반발이 심해지자 결국 '士族에 대해서는 考講하지 말라'고 후퇴하게 된다.153) 문제는 여기서 '士族'이란 閑遊者 전체를 가리키는 것이 아니라 '四祖有顯官者'를 지칭한다는 사실이다.154) 소위 '分明士族之類', '簪

---

152) 『承政院日記』 제14책 仁祖 4년 丙寅 7월 20일 庚寅, 1-670~673 참조.

153) 『仁祖實錄』 卷14, 仁祖 4년 丙寅 12월 戊辰, 34-156, 55ㄱ, "上曰 依啓. 士族 依前定奪 勿爲考講."

154) 『承政院日記』 제14책, 仁祖 4년 丙寅 7월 20일 庚寅, 1-671, "(尹)昉曰 校生

纓之族', '京華世冑'들이 바로 이들로서 인조대 호패법 실패의 최대 원
인은 바로 이들과 閑遊者를 구분하려 한 점에 있었다고 생각된다. 이
것은 여기서 제외된 압도적 다수의 한유자들에게 심각한 위기의식을
조성하여 극단적인 반발을 불러일으킨 원인이었던 것이다. 인조 정권
으로서는 최악의 선택을 한 셈이었다.

똑같이 양반사족의 반발을 우려하여 落講儒生의 軍役 충정에 반대
하면서도 이들을 禁衛軍으로 유도하여 중앙군을 강화시키자는 방안과
'四祖有顯官者'의 신분적 특권을 방어하려는 방안 사이에는 엄청난 차
이가 있었다. 그것은 당시의 현실 속에서 變法論과 守法論의 대립을
반영하는 차이였으며, 양반의 신분적 특권을 사실상 무력화시키려는
'國家再造'의 방향과 양반을 '四祖有顯官者'로 제한하여 그 신분적 특
권을 방어하려는 '再造藩邦'의 방향과의 차이였다. 요컨대 이귀의 軍
政變通論은 變法論, '國家'再造論의 일환으로서 제기되었던 것이라고
할 수 있다는 것이다.

지금까지 살펴본 이귀의 軍政變通論은 다음과 같이 요약된다. 이귀
는 후금의 鐵騎에 맞서 邊方防禦는 불가능하다는 전제 아래 거주지에
서 근거리에 위치한 산성에서의 據險淸野 전술을 기본 방어전략으로
보고 이를 위해 전국적인 범위에서의 鎭管體制 復舊論을, 그리고 都
城防禦는 불가능하다고 보고 江華島와 南漢山城을 保障으로 삼는 首

五萬中 二萬盡皆定軍 則必多寃矣. 雖落講而四祖有顯官者爲武學 若是賤人
之子 則充定軍役何如. 上曰 卿言甚善." 이에 대해서는 禮曹判書 李廷龜도
언급하였다(『仁祖實錄』卷14, 仁祖 4년 丙寅 12월 甲子, 34-154, 52ㄴ). 당시
에 삼사에서 말한 '分明士族之類'란 바로 이들 '四祖有顯官者'를 지칭하는
것이 분명하였다(『仁祖實錄』卷14, 仁祖 4년 丙寅 8월 己酉, 34-130, 4ㄱ ;
『仁祖實錄』卷14, 仁祖 4년 丙寅 11월 庚寅, 34-149, 42ㄱ). 당시에 '民心可
失 士心不可失也'라는 유명한 말을 남긴 張維 역시 '京華世冑'와 '遐遠校生'
을 구분할 것을 주장하였다(『增補文獻備考』卷109, 兵考一, 24ㄱ~ㄴ 참조).

都 방어전략을 내놓았다. 이를 위하여 民의 자발성에 기초한 精銳兵의 선발, 重內輕外의 원칙에 의거해 수도 방위를 위한 정예부대의 편성, 全國의 鎭管體制와 首都 防衛를 유기적으로 결합시킬 수 있는 전국적으로 일원화된 중앙집권적 군사제도의 창설 등을 주장하였다.

이귀는 이러한 방어전략의 효율적 집행과 군사 동원을 위해서는 중앙집권적 국가체제 자체가 새롭게 강화되어야 한다고 보았다. 이귀야말로 국방력 강화 문제를 단순히 군사제도의 차원에서 접근하지 않고 국가체제의 재정비라는, 이른바 '國家再造'라는 확대된 시야에서 접근할 것을 강조한 대표적 정론가였다.

아울러 그의 이러한 구상을 관통하는 일관된 원칙은 '國事와 民事의 일치를 지향하는 保民論'의 구현에 있었다. 그는 당시의 생산력 조건과 사회적 정서를 고려하여 철저하게 民의 자발성을 극대화하는 방향에서 군병을 확보하기 위해 병농분리론과 選鋒論을 제출하였다. 여기에는 士族收布論이 포함되어 있어 양반사족의 신분적 특권은 인정되지 않았으며, 그로 인한 양반사족의 불만을 최대한 무마하기 위해 보다 유리한 조건 속에서 군역을 마칠 수 있는 방안으로서 禁衛軍의 편성을 제안하였다. 이는 양반사족의 신분적 특권은 인정하지 않으면서도 현실적으로 존재하는 士族 우위의 사회 분위기(＝封建性＝分權力)를 수도 방위력 강화(＝集權力 강화)로 발전적으로 해소하려는 相生의 變法論으로 간주된다.

이귀의 이러한 軍政變通論은 그가 생존해 있는 동안 구체적 각론에서는 중앙군 강화를 제외하고는 거의 실현되지 못하였지만 이후 조선후기 국방정책의 큰 골격이 되었다. 그의 수도방위 강화전략은 같은 反正功臣인 李曙(1580~1637)와 그의 長男 李時白(1581~1660)에 의해 계승되어 인조대에 御營廳·摠戎廳·守禦廳의 강화 내지 창설로 실현되었으며, 이후 肅宗代 禁衛營의 설치로 訓練都監·御營廳·禁

衛營의 소위 三軍門 都城守備體制로 구현되었다.[155] 그러나 鎭管體制 復舊論, 병농분리에 입각한 選鋒論, 士族收布論 등은 실현되지 못하여 이후 조선 봉건왕조 국가의 과제로 남게 되었다.

3. 遲川 崔鳴吉의 責務意識과 官制變通論

1) 治者로서의 責務意識과 官制變通論

(1) 國君死社稷之說 비판과 治者의 責務意識

병자호란과 그에 이어진 丁丑年 三田渡의 치욕[城下之盟]은 주자학 명분론·의리론과 현실 정치 사이의 모순이 빚어낸 조선왕조 초유의 수난이 아닐 수 없었다. 우선 주자학 명분론과 의리론에 함몰된 당시의 주류 관인·유자 들은 국방력 강화를 위한 제도개혁을 거부하거나 방해하였다. 그로 인해 후금=청에 대하여 국방력이 현저히 열세에 처해 있었는데도 이러한 현실을 무시하고 국왕의 의지나 忠義之士의 충성심만 있으면 방어할 수 있다고 강변하면서, 당시의 군사적 상식과는 동떨어진 邊方防禦論을 고집하였다. 당시 三司의 言官들 중심으로 제기된 이러한 斥和 主戰論은 '公議'·'公論'·'正論'으로서 朝野에 횡행하였다. 이들은 현실을 고려하여 後金=淸과의 외교적 교섭을 추진하려는 廟堂의 현실주의 정책을 公論政治를 내세우면서 사사건건 저지하거나 방해하였다. 묘당의 정책이 삼사에서 저지되기를 반복하는 가운데 국왕 인조를 비롯한 묘당의 대신들 역시 이들의 주장을 분명하게 비판하지 못하였으므로 정책은 일관성을 잃고 표류할 수밖에 없었다. 그리고 아무도 그로 인한 결과에 대해 책임을 지려하지 않았다. 정축

155) 李泰鎭, 1977, 앞의 책 참조.

년 城下之盟은 주자학 명분론과 의리론 및 그에 기초한 주자학 정치론에 함몰된 주류 관인·유자 들의 이러한 인식의 비현실성과 무책임성, 논의 구조의 난맥상, 책임정치의 부재 등에 의해 초래된 필연적 결과였던 것이다.

정축년 성하지맹 이후 최명길은 주자학 명분론과 의리론에 기초한 주자학 정치론에 의해 초래된 이러한 현실 정치의 난맥상을 정치제도의 개혁을 통해 타개해 보려 하였다. 그는 이러한 정치적 난맥상을 초래한 당시 정치제도의 문제점을 "의정부 서사제가 혁파되어 大臣이 그 職을 잃었고, 낭관 자천제 때문에 이조와 병조의 인사기관이 그 직을 잃었으며, 避嫌이 일어나서 대간이 그 직을 잃었다"[156)라고 요약하면서 大臣權 강화, 郞薦權 廢止, 三司 言官의 避嫌 禁止 등을 골자로 하는 官制變通論을 제출하였다.[157)

무엇보다도 이러한 최명길의 官制變通論을 관통하는 기본 정신은 治者로서의 책무의식에 바탕을 둔 책임정치를 구현해야 한다는 것이었다. 병자호란을 전후한 시기의 척화론에서 가장 자주 거론된 것이 바로 '군주는 종묘·사직을 잃으면 죽는 것이 마땅하다는 설'[國君死社稷之說]이었는데 이는 주자학 명분론·의리론을 국가와 인민의 存亡보다 우선하는 사고의 극단이었다. 이것은 당시의 주류 관인 유자들

---

156)『遲川集』卷12,「丁丑封事 第二」, 叢刊 89-465, 19ㄴ~20ㄱ.
157) 최명길의 관제변통론에 대해서는 다음 논고가 참고된다. 吳洙彰, 1985,「仁祖代 政治勢力의 動向」,『韓國史論』13, 서울대 국사학과, 102~110쪽 ; 李綺南, 1992,「崔鳴吉의 政治活動과 權力構造 改編論」,『擇窩許善道先生停年紀念韓國史學論叢』, 一潮閣, 476~501쪽 ; 李在喆, 1992,「遲川 崔鳴吉의 經世觀과 官制變通論」,『朝鮮史研究』1, 43~86쪽 ; 조성을, 1992,「17세기 전반 서인관료의 사상」,『역사와 현실』8, 역사비평사, 61~84쪽 ; 배우성, 2003,「사회정책적 논의의 정치적 성격」, 한국역사연구회 17세기 정치사 연구반,『조선중기 정치와 정책』, 아카넷, 312~340쪽 ; 金泰永, 2003,「遲川 崔鳴吉의 現實 變通論」,『道山學報』9, 道山學研究院, 5~84쪽.

이 자신들만의 사상과 이념을 지키기 위해서는 治者로서의 책무를 포기하는 것도 마다하지 않는 무책임한 논리의 전형이었다. 최명길은 정축년 인조에게 관제변통론을 제출하는 전제로서 먼저 이것을 논파하려 하였다.

우선 최명길은 정축년 출성과 성하지맹이 '時勢'와 '義理'에 비추어 불가피한 일이었다고 주장하고, 만약 인조가 '匹夫의 절개'에만 '집착'[膠守]하였다면 '宗社는 반드시 망하고 生靈도 모두 사라졌을 것'인데, '生民'을 위하여 치욕을 감수한 것은 '至仁大勇'이었다고 인조의 결단을 높이 평가하였다.158) 그는 『春秋公羊傳』을 인용하여 權道論을 개진하고, 『논어』에서 微子啓와 管仲이 '때에 맞추어 義를 제어하고 몸을 굽혀서 權을 행한 것'[隨時制義 屈身行權]을 孔子가 '仁하다고 인정하였다'고 이를 정당화하였다.

이어서 당시 '士夫' 사이에 횡행하고 있던 '國君死社稷之說'에 대해서는 그 출전인 『禮記』의 '國亡亦亡'이라는 傳을 인용하여 국가가 망한 것도 아닌데 군주가 죽지 않았다고 허물하는 것은 들어본 적이 없다고 반박하고,159) 그런데도 세상의 그릇된 유자[拘儒]가 經文의 本意는 알지도 못하면서 '천박한 식견'[口耳陋見]으로 朝廷의 일을 망령되이 의논한다고 비난하였다. 따라서 옛날 '경전의 밝은 교훈'[經傳明訓]과 '성현의 지나간 자취'[聖賢往跡] 속에 근거가 있고 오늘날의 '우리나라와 중국의 어르신들'[朝中耆舊]과 '재야의 스승이 되는 선비들'[林下師儒]도 異議를 제기하였다는 말을 들어본 적이 없는데 '편파적이고

---

158) 『遲川集』 卷12, 「丁丑封事 第一」, 叢刊 89-462, 14ㄱ ; 同, 「丁丑封事 第二」, 叢刊 89-463, 16ㄱ~ㄴ.

159) 위와 같음, 叢刊 89-464, 17ㄴ, "乃聞士夫間 或有爲國君死社稷之說 以議今日之事者 此甚惑已. 夫國君死社稷 乃禮記之語 而釋者曰 國亡亦亡 其國不亡 而追咎其君以不死 非臣所聞也." 출전은 『禮記集說大全』 卷2, 「曲禮」 下인데, 여기의 傳에는 "死社稷 謂國亡與亡也"로 되어 있다.

꽉 막힌 무리들[偏蔽執滯之輩]이 '식견이 밝지 못하여' 자기의 견해를
'고집'[膠守]하려고만 할 뿐 그것이 '잘못되고 망령됨'[謬妄]을 自覺하
지 못한다고 공박하였다.[160] 이는 주자학 명분론과 의리론에 매몰되어
치자로서의 책무의식을 포기한 당시의 주류 지식인에 대한 통렬한 비
판이었다.

사실 '國君死社稷之說'은 정축년 성하지맹으로 인하여 국왕 인조를
비롯한 관인 유자 일반에 만연된 패배의식을 반영한 것이었다.[161] 이
로 인해 신료들 사이에서는 出仕를 기피하는 풍조가 유행처럼 번져서
各司가 관원을 갖추지 못하는 한심한 상황이 상당 기간 지속되었으
며,[162] 국왕 인조조차도 정치에 대한 적극적인 의지를 상실하고 의기
소침해 있었던 것이 저간의 현실이었다. 따라서 인조에게 분발을 촉구
하기 위해서도 '國君死社稷之說'에 대한 논박은 시급하게 요청되었던
것이다.

(2) 官制變通論의 내용과 성격

병자호란을 전후한 시기의 척화론의 중요한 구성 요소 중 하나였던

---

160) 위와 같음, 17ㄴ~18ㄱ.
161) 최명길은 당시 주류 官人儒者들에게 만연한 패배의식을 "今之談者 多曰 時
　　事已去 後憂不測 雖欲至誠爲國 事無可及"이라고 전하고, "今國家境土 無所
　　缺失 祖宗德澤 猶未斬艾 變亂雖慘 而號令無壅於四方 財用雖竭 而餘力尙
　　存於三南"하여 얼마든지 轉禍爲福이 가능하다고 반론하였다(『遲川集』卷12,
　　「丁丑封事 第一」, 叢刊 89-462, 14ㄴ).
162) 『仁祖實錄』卷34, 仁祖 15년 丁丑 4월 癸酉, 34-683, 43ㄱ ; 同, 卷35, 仁祖
　　15년 丁丑 9월 辛未, 34-703, 22ㄱ. 이 때 인조는 신료들의 출사 기피 경향을
　　비판하면서 그 대표자로서 金尙憲을 지적하여 '欺君甚矣', '欺世盜名'이라고
　　강하게 비난하였다. 병자호란의 패전으로 인한 후유증으로 신료들 사이에 만
　　연된 출사 기피 풍조에 대해서는 한명기, 2003,「丙子胡亂 패전의 정치적 파
　　장」,『東方學志』119, 68~69쪽 참조.

'국군사사직지설'은 주자학 명분론과 의리론에 기초한 도덕적 명분주의의 극단을 드러낸 것이었는데, 당시의 관인 유자 모두가 여기에 매몰되어 있었던 것은 아니었다. 이미 정묘호란 당시부터 彼我의 역량에 대한 현실적 판단 위에서 주화론을 주장하는 논자들이 존재하였고, 병자호란 당시에도 조정에는 주화론에 동조하는 부류가 상당수 존재하였다.163) 그럼에도 불구하고 이들이 척화론자들의 저와 같은 비현실적이고 무책임한 논리에 밀려서 자신들의 주장을 제대로 펴지 못하고 국가의 존립과 관련된 주요 정책들이 척화론자들에 의해 휘둘리는 현실이 문제였던 것이다. 최명길이 관제변통론을 통하여 해결하고자 하였던 문제가 바로 이것이었다.

그리고 이러한 문제가 꼭 호란 당시에만 표출된 것도 아니었다. 앞서 인성군 이공의 처벌을 둘러싼 논의 과정에서도 드러났듯이 인조반정의 명분과 현실의 괴리 속에 이미 내재되어 있었다. 최명길은 반정 초부터 이미 이러한 문제점을 인식하고 이를 해소하기 위한 관제변통론을 제기하였는데, 여기서도 그가 당시 官制의 폐단으로서 거론한 핵심적인 문제는 그 무책임성에 있었다.

　　지금 備局이 오로지 국정을 주관하고 있어 의정부는 한가한 관서가 되고, 승정원은 단지 왕명의 출납만 관장하고 있어 승지는 하나의 該吏가 되고, 따로 도감을 두어 本司는 도리어 剩官이 되고, 자주 관원을 체직하여 省寺는 郵舍와 같게 되고, 문서를 管守하지 않아 吏胥들이 법을 농간하고, 겸직이 많아 책임을 전담하는 일이 없고[無專責之實], 일이 曹司에게 돌아가 직책을 분담하는 의미가 없고[無分職之意], 책

---

163) 이러한 사정은 정묘호란에 대한 張維의 발언(金泰永, 2003, 앞의 논문, 64쪽)과 丙子胡亂에 대한 李植의 발언(同, 69쪽)을 비롯하여 여러 곳에서 확인된다.

임 소재가 분명하지 않아[課責不明] 자리를 비우는 것이 풍습이 되고 [瘝曠成習], 녹봉이 너무 박하여 염치를 잃어버리기 쉽게 되었으니, 이 것이 모두 관제의 폐단입니다. …… 이로 인해 朝家의 政令을 책임 있 게 결단하는 곳이 없어[無所裁斷] 부득불 備局으로 모두 돌아가버리 고 맙니다.164)

즉 '책임 소재가 분명치 않아서'[課責不明] '朝家의 政令'을 책임지 는 기관이 없다[無所裁斷]는 것이 그가 인식한 당시 官制의 최대 문제 점이었다. 최명길이 議政府 署事法의 복구(인조 3년), 또는 備邊司의 개편(인조 15년)을 통해서 大臣權을 강화시키려고 했던 것은 이를 통 해서 책임정치를 구현하기 위해서였다. 인조 15년의 관제변통론의 대 강을 六曹와 臺閣이 '각각 그 직무를 다하게'[各職其職] 하는 것에 있 다고 보고 이를 大臣의 책임으로 규정한 것도 대신 책임정치에 대한 그의 지향을 표현한 것이었다.165)

그런데 병자호란 전후의 논의 과정에서 적나라하게 드러났듯이 이 러한 대신의 책임정치를 가로막는 가장 큰 장애는 公論政治를 표방하 는 三司의 무책임한 정치언론에 있었다. 앞서 살펴본 國君死社稷之說 을 비롯하여 병자년 봄에 후금의 사신을 쫓아낸 일, 羅德憲을 처벌한 일, 信使 파견이 번복된 일 등이 모두 그러한 사례에 속했다. 그리고 군사기밀과 국가 방위전략에 관한 핵심 사항까지 삼사 언론을 통해서 노출되기에 이르자 이를 비판하는 최명길의 논계가 있었음은 앞서 이 미 살핀 바 있는데, 이에 대해서는 최명길뿐만 아니라 尹昉 등 대신들 은 물론이고 인조 역시 여러 차례 문제를 제기한 일이 있었다.166) 최명

---

164) 『遲川集』 卷7, 「論官制箚」, 叢刊 89-375, 10ㄱ~ㄴ.

165) 『遲川集』 卷12, 「丁丑封事 第二」, 叢刊 89-465, 19ㄴ.

166) 『仁祖實錄』 卷32, 仁祖 14년 丙子 3월 己酉, 34-627, 13ㄴ ; 同, 3월 乙丑, 34-628, 16ㄱ.

길은 국가 중대사를 대신이 스스로 결정하지 못하고 '浮議'에 의해 제 압당하여 '정치가 대각으로 돌아가는'[政歸臺閣] 현실을 개탄하였 다.167) 그가 의정부 서사법을 복구하고자 한 것이나 그것이 안 된다면 비변사를 삼공이 총재가 되어 책임지는 기구로 개혁하고자 한 것은 이 러한 삼사의 무책임한 정치언론에 의해 국가 중대사가 농단되는 폐단 을 해소하고자 한 것이기도 하였다.168)

그렇다고 그가 삼사의 언론을 무조건 억압하려고만 한 것은 아니었 다. 군주의 失德이나 宰相의 不法을 논하는 것과 같은 것에 대해서는 비록 과격하더라도 관대하게 포용하여 '과감하게 말할 수 있는 길'[敢 言之路]을 열어 놓아야 한다고 보았다.169) 그가 郞薦權의 폐지를 주장 하고 三司 言官의 避嫌을 금지하고자 한 것은 특정 당파나 이념에 의 해 삼사 언론이 획일화되어 오히려 언로를 경색시키는 것을 막고, 삼 사 언론에서의 책임성을 제고하고자 한 의도에서 나온 것으로 이해된 다.170) 다만 軍國機務와 같은 국가 중대사가 있을 때 무책임한 언론에 의해 논의구조가 왜곡되고 정책의 결정과 집행에 혼란을 야기하는 것 에 대해서는 비변사의 有司堂上 또는 大臣이 책임지고 제어해야 할 것으로 보았던 것이다.

이와 관련하여 최명길의 관제변통론에서 드러난 또 하나의 문제의 식은 破朋黨의 실현에 있었다. 그는 일찍이 李珥의 破朋黨論의 계승 을 표방하고 "일은 공격하되 사람은 공격하지 않고, 사람은 공격하더 라도 당은 공격하지 않는다"[攻其事 無攻其人 攻其人 無攻其黨]고 그

---

167) 『遲川集』 卷11, 「丙子封事 第三」, 叢刊 89-449, 27ㄴ.
168) 『遲川集』 卷12, 「丁丑封事 第二」, 叢刊 89-465~466, 20ㄴ~21ㄱ. 여기서 有 司堂上 2명을 三司나 兩銓보다 聲望이 우월한 자로 차임하라고 한 것은 바 로 삼사 언론의 무책임성을 제어하기 위한 의도로 이해된다.
169) 『遲川集』 卷11, 「丙子封事 第三」, 叢刊 89-449, 27ㄱ~ㄴ.
170) 『遲川集』 卷7, 「論官制箚」, 叢刊 89-376, 12ㄱ.

구체적 실천지침까지 제안하기도 하였다.171) 그는 삼사 언론이 왜곡되는 또 다른 중요한 요인이 붕당적 정치 행태에 있다고 보았다.

(東西) 分黨 이후 當軸者는 銓曹를 근본으로 삼고 三司를 爪牙로 삼았다. 또한 그 무리 중에서 望重者 한 사람을 추대하여 맹주로 삼아서 人才를 通塞하는 일이나 조정의 시비를 논할 일이 있으면 먼저 맹주에게 나아가서 私室에서 의논하여서 행하였다. 그러므로 삼사의 논의가 한 사람의 입에서 나온 것과 같고, 毁譽와 是非가 동일하지 않은 것이 없었으며, 銓衡의 지위에 있는 자에 대해서는 탄핵하는 글이 이르지 않았고, 맹주의 집에는 鞍馬가 문에 가득하였다. 이로써 당당한 公朝가 도리어 植黨의 私窩가 되었는데도 積習成俗하여 당연하게 여겼다.172)

최명길은 郎薦制와 避嫌制가 이러한 붕당적 정치 행태를 관철시키는 주요한 수단이 되고 있는 현실에 주목하고 이의 폐지를 주장하였다. 즉 吏曹와 兵曹 郎官의 자천제는 銓郎의 권한을 '偏重'시켜 郎官이 '年少名流' 사이에 '반드시 다투어서 차지해야 할 자리'[必爭之地]로 인식되고 '黨論의 根柢'가 되어 이로 인해 조정의 분란이 격화될 수밖에 없다고 보고 이를 폐지하고 인사권은 모두 銓曹에 귀속시켜야 한다는 것이다.173)

또한 피험제는 臺諫의 언론이 세세한 일까지 '반드시 모두의 동의를 구하는'[必求僉同] 관행에서 나온 것으로서 대간으로 하여금 오히려 자신의 所見을 지키지 못하게 하는 폐단을 낳고 있으므로 폐지 또는

---

171) 『遲川集』卷8, 「論諸學士不爲朋黨箚」, 叢刊 89-404, 52ㄱ~ㄴ ; 同, 叢刊 89-405, 53ㄱ~ㄴ.
172) 위와 같음, 54ㄱ.
173) 『遲川集』卷12, 「丁丑封事 第二」, 叢刊 89-466, 21ㄱ~22ㄱ.

제한하여 언로를 더욱 열어 놓아야 한다는 것이다.174) 이것은 그의 破朋黨에 대한 의지를 보여줄 뿐만 아니라 당색과 관계없이 주자학 명분론과 의리론 그 자체가 朋黨的 양상을 띠면서 새로운 思考의 출현을 억압하고 있는 인조대 정치의 난맥상을 타개하기 위한 노력의 일환으로 간주된다.

이와 같이 주자학 명분론과 의리론에 집착하여 정치적 난맥상을 드러낸 삼사 중심의 공론정치를 억제하고 대신권의 강화를 통하여 육조와 대간이 '各職其職'하는 책임정치의 구현을 지향하는 최명길의 관제변통론은 강력한 군주권을 분명하게 전제하고 있었다. 사실 '國君死社稷之說'이야말로 주자학 명분론·의리론 그 자체를 군주권보다 우월하다고 보는 臣權 중심 정치론의 극단이기도 하였다. 그리고 공론정치를 표방하는 삼사의 무책임한 정치언론이 군주권을 위협하고 있다는 것은 이미 사림세력이 정계에 등장하는 과정에서 빚어진 士禍에서도 드러난 사실이었다. 따라서 대신권을 강화시켜 삼사의 공론정치를 억제하는 것은 군주권을 강화시키는 일이기도 하였다.175) 최명길은 피혐

---

174) 위와 같음, 22ㄱ. 여기서 최명길이 '古者臺諫'과 '今之臺諫'을 대비시키면서 피혐제를 비판한 것은 붕당적 정치 행태가 言路을 오히려 막고 있다는 분명한 인식의 소산이라고 할 수 있다. 그리하여 인조 3년에는 피혐제를 폐지하고 '大段擧措'가 아니라면 各自 陳啓하게 하자고 주장하였었다(『遲川集』卷7, 「論官制箚」, 叢刊 89-376, 12ㄱ). 그러나 이것은 또 다른 폐단을 낳을 것이 분명하므로 인조 15년에는 弘文館의 '多者爲主' 관례를 兩司에 확대 적용하되 소수자의 견해도 용납하여 언로를 열어놓아야 한다고 주장하였다(『遲川集』卷12, 「丁丑封事 第二」, 叢刊 89-466, 22ㄴ). 사실 인조대에는 붕당간 대립보다는 오히려 義理論 대 責任論(仁城君 李珙 처벌 문제), 臣權論 대 王權論(元宗追崇論爭), 斥和論 대 主和論 등이 주된 정치적 쟁점이 되었으므로 당색에 관계없이 주자학 명분론과 의리론에 사로잡힌 다수 官人 儒者들의 주장에 맞서기 위해서는 소수자의 견해를 존중해야 한다고 주장하지 않을 수 없었다.

175) 士林 등장 당시에 빚어진 士禍를 이와 같은 시각에서 보고 大臣權 강화가

제와 관련하여 '삼사의 공론'을 빙자하여 군주권을 침해하는 것을 분명
한 어조로 비판하고 군주의 최종 정무 재결권을 명확하게 인정하였
다.176) 이것은 그가 원종추숭 논쟁에서 정주학의 명분론과 의리론에
기초한 신권론에 맞서 공맹유학과 효치론에 입각한 왕권론의 입장에
섰던 것과도 일맥상통하는 것이다.177)

　이러한 최명길의 왕권론은 군주전제권을 절대화하고 일방적으로 강
조한 것은 아니었다. 그 역시 사림 계열 관인·유자에게 특유한 군주
성학론을 군주권 행사의 전제로서 공유하고 있었다. 그렇지만 당시 지
배층 일반에 만연한 사리사욕을 추구하는 경향과 정치에 대한 무책임
한 태도를 제어하기 위해서는 강력한 군주권이 요구된다고 생각하였
음에 틀림없다.178) 특히 지배 관료들이 주자학 명분론과 의리론에 침
윤되어 초래된 다음과 같은 폐단을 극복하기 위해서는 군주의 결단이
반드시 필요하다고 보고 있었다.

　　우리나라 사람들은 헛되이 화려한 것만 좇아서 실속 없이[浮華無實]
　　臺閣에서 한가롭게 노닐면서[翱翔] 맡은 일에 전념하지 않고[專不事
　　事] 스스로 淸流로 자칭한다.179)

오히려 君主權 강화로 귀결될 수 있다는 점에 대해서는 김용흠, 2004, 「조선
전기 훈구·사림의 갈등과 그 정치사상적 함의」, 『東方學志』124 참조.
176) 『遲川集』卷12, 「丁丑封事 第二」, 叢刊 89-467, 23ㄱ~ㄴ. 최명길이 삼사의
피혐을 군주권에 대한 도전으로 보고 비판한 것은 이외에도 여러 차례 있었
다(『遲川集』卷12, 「請令臺諫勿爲更引前嫌箚」, 叢刊 89-458, 5ㄱ). 이로써
보건대 그가 '公論' 그 자체를 부정하는 것이 아니라 당시 관인 유자 일반이
자신의 주장을 공론으로 내세우는 것을 부정하고 있음을 알 수 있다.
177) 김용흠, 2005, 「17세기 정치적 갈등과 주자학 정치론의 분화」, 오영교 편, 『양
란 후 국가위기 수습과 『속대전』 편찬』, 혜안, 29~36쪽 ; 이 책 3장 2절
1)-(3) 「王權論 대 臣權論」 참조.
178) 『遲川集』卷12, 「請令臺諫勿爲更引前嫌箚」, 叢刊 89-458, 5ㄱ.
179) 『遲川集』卷7, 「論官制箚」, 叢刊 89-375, 10ㄴ.

大抵 今世之人은 淸曠을 高致로 삼고 勤幹을 陋俗으로 간주하며, 循私를 厚風으로 알고, 奉法을 薄德하다고 생각합니다. 그리하여 자주 관직을 옮기는 것[數遷]을 영화로 여기고 久任을 苟且스럽게 생각하며, 關節을 法典으로 여기고 浮議를 公論으로 간주합니다. 만약 이러한 풍속을 크게 변혁하지 않는다면 비록 聖明이 위에 있고 名賢이 조정에 가득 차 있더라도 …… 良法과 美政이 설 땅이 없을 것입니다. 엎드려 원하건대 전하께서는 스스로 聖心으로 결단하고 相臣에게 자문하여, 近規에 얽매이지 말고 奮發振作하여, 王道를 반드시 행할 수 있고, 祖宗을 반드시 본받을 수 있다고 믿고, 弊政을 혁파하고 偸俗을 변혁하여 舊命을 새롭게 하고 至治를 행함으로써 東土生靈의 간절한 소망에 부응한다면 이보다 큰 다행이 없겠습니다.[180]

그는 이처럼 '淸流' 또는 '公論'이 명분과 의리를 내세워 처세의 방편으로 삼고 실제로는 私利私慾 추구에 몰두함으로써 국가의 公的 기능을 마비시키고 民生을 도외시하는 무책임한 행태를 비판하고, 이를 극복하기 위한 변통책으로서 言官은 避嫌과 呈告를 금지하고, 經筵을 담당한 자는 '자신의 임무에 책임을 다하고'[專責一任] '겸직과 천직을 금지하며', 불필요한 관인[冗官]은 '제거하고'[汰而去之], 監·兵·水使 등의 外官은 '오래 맡겨서 책임을 완수하게'[久任責成] 할 것을 제시하였다.[181]

그가 대신권을 강화시키고자 한 것도 '浮華無實'하고 '專不事事'하는 삼사 언관들을 제어하고 대신에 의한 책임정치를 구현하기 위한 것이었지 그에게 정무재결의 전권을 부여하자는 것은 아니었다. 그의 구상대로라면 국왕이 최종 정무 재결권을 갖되 그 집행은 대신에게 위임하며, 대신은 관료조직을 지휘하여 정책을 추진하고, 삼사 언관들을 통

---

180) 『遲川集』 卷7, 「論官制箚」, 叢刊 89-377, 13ㄱ~ㄴ.
181) 위와 같음, 叢刊 89-376, 12ㄱ~ㄴ.

해서 이를 감시 감독하되 그에 대한 책임을 국왕에게 지게 된다. 즉 국왕을 정점으로 하여 大臣과 六曹·三司가 '各職其職'하는 합리적인 관료제를 지향하고 있었다.

최명길이 이와 같은 官制變通論을 주장한 것은 '관제의 변통' 그 자체가 목적이 아니라 '國事와 民事의 일치를 지향하는 保民論'을 실현하기 위한 것이었다. 앞서 살펴본 바와 같이 그는 주자학 명분론과 의리론에 매몰된 수법론자들의 수신 위주 도학적 경세론만으로는 당시의 피폐해진 민생과 국가의 위기를 타개할 수 없다고 보고 폐법의 변통·경장을 강력하게 주장하였다. 그가 양전과 대동법·호패법을 均賦·均役의 일환으로서 원칙적으로 찬동하고, 호패법을 추진하였으며, 갑술양전을 적극 지지하였던 것은 그러한 인식과 지향의 소산이었다.[182] 결국 그는 17세기 전반의 현실 속에서 지주제와 양반제를 일정하게 억제하지 않고는 국가와 민생의 안정을 기할 수 없다고 보았음이 틀림없다. 그의 관제변통론은 이러한 사회경제 개혁을 추진하기 위한 전제로서 구상되었던 것이다.

---

182) 李在喆, 1992, 앞의 논문, 64~68쪽 참조. 최명길이 대동법을 반대한 것으로 파악한 논자들도 있지만(金潤坤, 1971, 「大同法의 施行을 둘러싼 贊反 兩論과 그 背景」, 『大東文化硏究』 8 ; 金玉根, 1977, 『朝鮮後期 經濟史硏究』, 瑞文堂, 107~110쪽 참조), 이재철은 '均民役'이라는 그 근본 취지에 대해서까지 반대한 것은 아니었다고 지적하였다. 量田과 大同, 號牌와 軍籍의 우선순위를 둘러싼 인조 초반의 논의에서 그는 均賦·均役을 위해서는 號牌가 최우선이라고 판단하였다고 보아야 할 것이다. 정묘호란으로 호패법이 무위로 돌아가자 그는 軍籍廳 堂上으로서 軍籍을 정리하였다. 이후에는 甲戌量田에 관여하였다.

2) 官制變通論의 淵源과 系統

(1) 官制變通論의 淵源과 蕩平論

인조대에 대신권을 강화시켜 책임정치를 구현해야 한다는 주장은 최명길만의 주장은 아니었다. 반정 직후부터 이귀 역시 기회 있을 때마다 줄기차게 이것을 주장하였다. 이귀는 이원익·윤방·신흠 등이 정승의 자리를 차지하고 있으면서도 서로 미루고 회피하기 때문에 국사가 되는 일이 없다고 이들의 무책임성을 비판하고 상신 한 사람을 선택하여 국사를 담당하게 해야 한다는 특유의 '득현위임'론을 여러 차례 개진하였음은 이미 살핀 것과 같다.[183] 그의 得賢委任論은 調劑論에 입각한 破朋黨論의 일환으로서 그의 지론인 變通 指向 經世論을 실현하기 위해 제기되었다. 또한 그는 병조판서로서 자신의 軍政變通論이 비변사에 의해 사사건건 저지되는 현실에 당면하여 軍令權의 재정비를 통하여 병조가 일상적인 군대 조련을 담당해야 한다고 주장한 것은 최명길이 대신권 강화를 통해서 六曹와 三司가 '各職其職'하게 해야 한다는 주장과 일맥상통하는 것이었다.[184]

南人으로서는 李睟光이 대신권 강화를 통한 책임정치를 적극 주장하였다. 반정 직후에 이미 이귀의 '得賢委任'論에 적극 동조하였던[185] 그 역시 '淸論'에 의해 기강이 무너져서 '옳고 그른 것을 가려서 주장하지 못하는' 현실을 국가의 위기로 보고 '專任責成'을 '懋實'해야 할 12가지 가운데 하나인 '任大臣之實'로서 제시하였다.[186] 그는 인조 초

---

183) 이 책 3장 1절 2)「朋黨 打破論 대 朋黨 肯定論」; 5장 1절 2)「變法的 經世論의 등장과 갈등」참조.
184) 이 책 5장 2절 참조.
185)『仁祖實錄』卷2, 仁祖 元年 癸亥 7월 壬子, 33-543, 29ㄴ.
186)『芝峰集』卷22,「條陳懋實箚子」(乙丑), 叢刊 66-219, 21ㄴ; 同, 22ㄴ, "七曰 任大臣之實"; 同, 叢刊 66-220, 23ㄱ.

의 대신들이 국사를 기꺼이 담당하려 들지 않는 것을 비판하면서, 인
조에게 '浮議'에 흔들리지 말고 '성의를 갖고 위임하여' '현명한 인재를
등용하고 民庶를 풍족하게 하며, 국가를 안정시키고 夷狄을 제압하는
일'을 大臣에게 책임지우라고 주문하였다.[187] 이수광이 이것을 보민론
에 바탕을 둔 변통 지향 경세론을 실현시키려는 방안으로서 파붕당론,
왕권론과 함께 거론한 것 역시 이귀·최명길과 동일한 문제의식을 보
여주는 것이었다.[188]

　그리고 사실 주자학 명분론과 의리론에 기초한 주자학 정치론의 폐
단과 모순은 사림 세력이 정계에 등장하는 과정에서 이미 노출되었다.
燕山君代에 士禍의 배경이 되었던 '權歸臺閣', '政出多門', '朋黨的 행
태의 등장' 등이 바로 그것이었다. 이에 대해서는 조광조 등 기묘 사림
단계에서 이미 문제제기가 이루어졌으며, 그에 대한 해결책으로서 대
신 책임론에 입각하여 대간의 임무를 관리 규찰이라는 본연의 임무로
제한함으로써 삼공·육경과 백관으로 이어지는 조정의 위계질서를 바
로잡아서 군주권을 강화시킬 것을 구상하였다. 이들은 당시에 훈구세
력의 전횡과 독단으로 빚어진 각종 폐정을 개혁하려는 변통 지향 경세
론의 일환으로서 이를 제기하였다가 기묘사화로 좌절되고 말았다.[189]
이후 훈구세력과 대항하는 과정에서 郎薦制가 정착되는 등 郎官權은

---

187) 위와 같음, 23ㄴ.
188) 이수광의 保民論은 같은 箚子의 '四曰 恤民之實'(上同, 叢刊 66-217~218,
　　 17ㄴ~19ㄴ), 破朋黨論은 '九曰 消朋黨之實'(上同, 叢刊 66-221~222, 25ㄱ~
　　 27ㄱ), 變法論은 '十二曰 明法制之實'(上同, 叢刊 66-224~225, 31ㄴ~33ㄴ)
　　 에 보인다. 이수광의 保民論과 變法論에 대해서는 具萬玉, 2004, 앞의 책,
　　 155~157쪽; 金泰永, 2003, 앞의 논문, 56쪽; 구만옥, 2005, 「17세기 朱子學
　　 的 自然觀의 변화와 實學的 自然認識의 擡頭」, 오영교 편, 앞의 책, 141~
　　 150쪽 등을 참고할 수 있고, 變法論과 王權論에 대해서는 정호훈, 2004, 『朝
　　 鮮後期 政治思想 硏究』, 혜안, 162~173쪽이 참고된다.
189) 김용흠, 2004, 앞의 논문, 306~316쪽 참조.

오히려 강화되었다.[190]

주자학 명분론과 의리론에 기초한 주자학 정치론의 폐단과 모순은 사림 세력이 정계를 장악한 선조대에는 동·서분당과 대립으로 표출되었다. 선조대에 조정에서 이에 대해 가장 적극적으로 문제를 제기한 것은 栗谷 李珥였다. 명종 말에서 선조 초에는 척신정치의 잔재 청산에 진력하였던 그는 그 연장선상에서 중종·명종 연간 훈척정치에 의해 국가가 위기에 직면하였다고 진단하고 이를 해결하기 위한 방안으로서 누적된 弊法의 改革, 즉 變通論을 강력하게 제기하였다.[191] 그는 선조대 士林이 집권한 뒤 이러한 폐정 개혁에 앞장서지 않고 수신 위주 의리론을 내세우면서 시비 논쟁에 몰두하여 사류의 분열을 조장하는 정치 행태에 대해 매우 비판적이었다. 그는 우선 이러한 현상이 당시 집권 관인·유자 일반에게 치자로서의 책무의식이 결여되었기 때문에 초래되었다 보고 대신 주도의 책임정치를 역설하였다.[192] 그리고

---

190) 金宇基, 1986, 「朝鮮前期 士林의 銓郞職進出과 그 役割」, 『大邱史學』 29 ; 同, 1990, 「銓郞과 三司의 관계에서 본 16세기 權力構造」, 『歷史敎育論集』 13·14, 경북대 ; 崔異敦, 1994, 『朝鮮中期 士林政治構造硏究』, 一潮閣, 130 ~172쪽 ; 金燉, 1997, 『朝鮮前期 君臣權力關係 硏究』, 서울대 출판부, 101~ 164쪽 참조. 기존의 논고는 대부분 己卯士林이 활발하게 활동할 때 銓郞權이 강화되었다는 사실에 기초하여 이를 기묘사림의 사상적 지향으로 간주하고 있는데, 이는 정치 현실과 사상적 지향(이상)과의 간격에 대한 주의를 소홀히 한 소치인 것 같다. 기묘사림의 지향은 대신권 강화를 통하여 변통론을 실현하는 것에 있었지만 당시 훈구대신과의 대립관계 속에서 불가피하게 삼사와 전랑의 활동에 의존하여 붕당적 양상을 띨 수밖에 없었다. 여기에 기묘사림의 현실과 이상 사이에 모순이 존재하였으며 결국 기묘사화로 좌절하게 되는 원인이 되었다고 생각된다(金燉, 1997, 위의 책, 164쪽 참조).

191) 『栗谷全書』 卷3, 「玉堂陳時弊疏」(己巳), 叢刊 44-60~65, 25ㄴ~35ㄱ ; 同, 「陳弭災五策箚」, 叢刊 44-65~67, 35ㄴ~39ㄴ.

192) 당시 治者로서의 責務意識의 결여에 의한 士類 일반의 無責任性에 대한 비판은 李珥의 거의 모든 상소문에서 나타난다. 『栗谷全書』 卷3, 「陳弭災五策箚」(己巳), 叢刊 44-66, 36ㄴ~37ㄱ ; 同, 卷5, 「辭直提學疏 三疏」(癸酉), 叢

東·西 分黨 사태에 직면해서는 '東正西邪'를 公論=國是로 내세우는 東人들을 비판하고, 兩是兩非論에 입각한 調劑保合論을 주장하였는데, 그는 이러한 사림의 대립이 '浮議'에 의해 격화되었다고 보고 賢者=大臣에게 '委任責成'해야만 '政在臺閣', '政在浮議'의 폐단을 극복하고 '罷朋黨'을 실현할 수 있을 것이라고 주장하였다.[193]

이이가 이처럼 파붕당을 실현하고 변통=경장을 실천할 수 있는 관건으로서 제기한 대신 책임정치는 대신이 百官을 통솔하여 '各執其職'하게 함으로써 구현되는 것이었으므로 銓曹 郞官의 通淸權이나 自薦制를 폐지하라고 주장하는 것은 지극히 당연한 것이었다.[194] 또한 그의 이러한 주장이 治者의 책무의식에 기초하고 있었으므로 臺諫의 呈病을 억제하고 避嫌하는 관행을 금지하여 官職久任論을 제기한 것도 같은 맥락에서 나온 주장이었다.[195]

이렇게 본다면 최명길의 官制變通論은 趙光祖에서 李珥를 거쳐 李

刊 44-94, 5ㄴ ; 同,「玉堂陳戒箚」(癸酉), 叢刊 44-95, 7ㄴ ; 同, 叢刊 44-96, 9ㄱ ; 同, 叢刊 44-97, 10ㄴ ; 同,「萬言封事」(甲戌), 叢刊 44-101, 18ㄴ~19ㄴ, '臣鄰無任事之實' 항목 ; 同, 44-105, 26ㄱ ; 이 책 2장 2절 참조.

193)『栗谷全書』卷7,「陳時弊疏」(壬午), 叢刊 44-146, 29ㄱ~ㄴ, '政亂於浮議者何謂也' 항목 ; 同, 叢刊 44-149, 35ㄱ ; 同, 卷4,「論朋黨疏」(壬申), 叢刊 44-87, 39ㄱ, "殿下以罷朋黨之責 委重於大臣." 이이의 파붕당론에 대해서는 이 책 2장 2절 참조.

194)『栗谷全書』卷8,「辭吏曹判書 三啓」(壬午), 叢刊 44-169, 13ㄴ~14ㄱ.

195) 李先敏, 1988,「李珥의 更張論」,『韓國史論』18, 서울대 국사학과, 246~247쪽 참조. 趙光祖에서 李珥로 이어지는 이러한 大臣 責任論은 鄭道傳의 宰相政治論과는 구별된다. 양자는 모두 大臣=宰相을 정치의 중심으로 삼는 점에서는 동일하지만 정도전의 재상정치론이 삼사의 권한이 활성화되기 전에 나온 것이었으므로 신권론의 발현이었다고 한다면 조광조와 이이의 대신 책임론은 삼사의 권한이 군주권을 위협하는 상황에서 나온 것이었으므로 오히려 왕권론으로 발현할 수 있다는 점에서 결정적으로 다르다. 기존의 연구에서 조광조와 이이의 주장을 신권론으로 이해한 것은 사림정치에서 삼사의 비중에 대한 주의를 소홀히 한 탓으로 여겨진다.

貴로 이어지는 士林 계열 변통론의 계보를 이은 것이었으며, '國事와 民事의 일치를 추구하는 保民論'의 발현이기도 하였다. 이것은 최명길 보다 한 세대 뒤 宋時烈이 趙光祖에서 이이를 거쳐 金長生으로 이어 지는 士林 계열 의리론을 계승한 것과 대비된다.196) 따라서 대신 책임 론에 기초한 최명길의 官制變通論은 송시열의 世道宰相論과 유사한 듯이 보이지만 중요한 차이점이 있었다.

송시열이 양란 이후 지배층 일반에 만연한 위기의식을 배경으로 하 여 君主聖學論에 입각한 論相說·世道宰相論을 제기한 것은 잘 알려 진 사실이다.197) 그 역시 군주가 '賢相'을 얻어서 백관을 통솔할 책임 을 부여하여 '委任責成'하게 할 것을 주장한 것은198) 최명길 등의 주장 과 유사해 보인다. 그러나 송시열의 세도재상론이 '復讐雪恥'라는 春 秋義理=尊周義理의 실현을 목적으로 하고 있지만 최명길 등의 대신 책임론은 '국사와 민사의 일치를 추구하는 보민론'에 입각한 변통·경 장의 실현을 지향한다는 점에 결정적 차이가 있었다.

또한 송시열의 그것이 사실상 士林의 '領袖'를 '世道' 宰相으로 설정 함으로써 朋黨 肯定論에 기초한 君子 一朋黨論을 지향하는 것에 대 해서 최명길 등의 그것은 破朋黨을 대신의 책무로 규정하여 破朋黨論 을 지향한 점도 중요한 차이점이다. 무엇보다도 송시열의 그것이 政務 의 全權을 宰相에게 위임할 것을 요구하는 臣權論의 입장이었다면 최 명길 등의 그것은 군주의 최종 정무 재결권을 인정하고 대신이 자신의 정책에 대해서 군주에게 책임을 지는 王權論의 입장이라는 점도 간과

---

196) 李俸珪, 1992,「조선 성리학의 전통 속에서 본 송시열의 성리학 사상」,『韓國 文化』13, 서울대 한국문화연구소, 437~439쪽 참조.

197) 金駿錫, 2003,『朝鮮後期 政治思想史 研究』, 혜안, 272~283쪽 ; 도현철, 2005, 「17세기 주자학 도통주의의 강화와 지주제 유지론」, 오영교 편, 앞의 책, 117 ~122쪽.

198)『宋子大全』卷5,「己丑封事」(8月), 叢刊 108-195~196, 18ㄴ~19ㄱ.

할 수 없는 차이점이다.

따라서 송시열은 공의·공론·공론정치의 대표자로서 세도 재상을 설정하고 있었으므로 삼사 언론의 문제점에 대한 인식이 결여되어 '관제의 변통'을 주장할 필요를 느끼지 않았지만 최명길 등에게서는 의리론에 기초한 삼사의 무책임한 정치언론을 규제해야만 대신 책임정치를 실현하여 왕권을 강화시킬 수 있을 것으로 보았으므로 관제변통론을 제출하게 된 것이었다.

이와 같이 최명길 등의 대신 책임론은 송시열의 世道宰相論과 유사해 보이지만 變通論·破朋黨論·王權論 대 義理論·君子—朋黨論·臣權論으로 그 지향점을 분명하게 달리하고 있었다.[199] 이것은 이들이 모두 조광조에서 이이로 이어지는 西人 계열 주자학 정치사상을 계승하고 있으면서도 17세기의 '국가재조' 방략과 관련하여 이들의 주자학 정치론이 서로 다른 두 방향으로 분화되고 있음을 분명하게 보여준다.

이귀·최명길 등의 대신 책임론은 효종·현종 연간에 대신을 역임한 김육·조익·이시백 등으로 계승되었지만 이들은 관제변통론을 제기하지는 못하였다. 여기에는 이 시기에 金尙憲·金集 등을 필두로 한 소위 西人 山林 系列 義理論者들의 정치공세가 작용하고 있었다. 孝宗·顯宗 연간에 조정에서 드러난 소위 '漢黨'과 '山黨'의 대립은 이러한 주자학 정치론의 분화에 그 근본 원인이 있었다.[200] 그리고 이 시기에는 '反淸斥和'를 기치로 삼는 對明義理論의 본영이었던 西人 山林 계열 내부에서도 兪棨·尹宣擧 등에 의해 대신 책임론에 입각한 변통

---

199) 송시열의 義理論·君子—朋黨論·臣權論에 대해서는 金駿錫, 2003, 앞의 책, 228~301쪽 참조.
200) 鄭萬祚, 1991, 「朝鮮 顯宗朝의 私義·公義 論爭」, 『韓國學論叢』14, 國民大 ; 同, 1992, 「17世紀 中葉 山林勢力(山黨)의 國政運營論」, 『擇窩許善道先生紀念 韓國史學論叢』, 523~532쪽 ; 同, 1999, 「17세기 중반 漢黨의 정치활동과 國政運營論」, 『韓國文化』23, 서울대 등 참조.

론이 제기되어 송시열 등과 갈등을 빚고 있었다.201)

최명길의 官制變通論이 다시 제기된 것은 肅宗代 西人이 老·少論으로 분당되는 시기에 少論의 宗主로 추대되었던 朴世采와 崔錫鼎에 의해서였다. 이들은 肅宗代 換局政治期를 살면서 西人과 南人, 그리고 老論과 少論 사이에 격화되는 소모적 정치투쟁을 해소하기 위해 제기한 탕평론의 일환으로서 대신 책임론에 입각한 관제변통론을 變通論·破朋黨論·王權論과 함께 제기하였는데 이는 이후 少論 蕩平論의 주요 구성요소가 되었다.202) 그러나 이들의 주장 역시 老論 黨人들의 반대에 직면하여 실천에 옮겨지지 못하였으며, 숙종대 후반 정치적 갈등의 주된 요인이 되었다.203) 이러한 주장은 英祖代 柳壽垣에 의해서 다시 제기되었으며, 영조대 탕평책에 일정 정도 반영되었다.204)

---

201) 김용흠, 2005, 앞의 논문 참조.

202) 朴世采에 대해서는 다음 논문이 참조된다. 姜信曄, 1990,「朝鮮後期 南溪 朴世采의 禮治論」,『慶州史學』9 ; 同, 1990,「17世紀 後半 朴世采의 蕩平策」,『東國歷史教育』2 ; 鄭萬祚, 1992, 앞의 논문 ; 鄭景姬, 1993,「肅宗代 蕩平論과 '蕩平'의 시도」,『韓國史論』30, 서울대 國史學科 ; 朴光用, 1994,「朝鮮後期 '蕩平' 研究」, 서울대 박사학위논문 ; 禹仁秀, 1994,「朝鮮 肅宗朝 南溪 朴世采의 老少仲裁와 皇極蕩平論」,『歷史教育論集』19 ; 정경희, 1994,「17세기 후반 '전향 노론' 학자의 사상」,『역사와 현실』13 ; 金成潤, 1997,『朝鮮後期 蕩平政治 研究』, 지식산업사, 54~76쪽 ; 金駿錫, 1998②,「18세기 蕩平論의 전개와 王權」, 朝鮮時代史學會 편『東洋 三國의 王權과 官僚制』, 國學資料院, 268~271쪽. 崔錫鼎에 대해서는 다음 논문 참조. 신병주, 1994,「17세기 후반 소론학자의 사상」,『역사와 현실』13 ; 姜信曄, 1994,「崔錫鼎의 政治思想」,『東國史學』28 ; 同,「崔錫鼎의 生涯와 思想」,『芝邨金甲周教授華甲紀念史學論叢』; 李在喆, 2000,「朝鮮後期 明谷 崔錫鼎의 現實認識과 政局運營 方案」,『李樹健教授停年紀念 韓國中世史論叢』, 597~639쪽.

203) 김용흠, 2000,「朝鮮後期 肅宗代 老·少論 대립의 논리」,『韓國史의 構造와 展開』, 河炫綱教授定年紀念論叢, 혜안, 635~674쪽 ; 同, 2001,「肅宗代 後半의 政治 爭點과 少論의 內紛」,『東方學志』111, 延世大 國學研究院, 85~136쪽 참조.

204) 朴光用, 1994, 앞의 논문, 130~140쪽 참조. 영조 17년에 吏曹 郎官의 通淸權

(2) 官制變通論과 實學 思想

인조대 이귀·최명길 등이 주장한 대신 책임론에 입각한 관제변통론은 정치투쟁의 소용돌이 속에서 충분히 구현되지 못하는 가운데 당색을 막론하고 후대 실학자들에 의해 정치제도 개혁론의 출발점으로서 거론되었다. 17세기 후반 柳馨遠과 18세기의 李瀷 등이 비변사를 폐지하고 議政府 署事法을 복구하자고 주장한 것은 그 대표적인 경우였다. 유형원은 자신의 정치제도 개혁론을 최명길의 상소문을 인용하여 출발하고 있다.205) 이익 역시 최명길의 말을 인용하여 '我朝八弊'를 나열한 뒤 이를 '識時之言'이라고 높이 평가하고,206) 인조반정 초에 이귀·최명길 등이 의정부 서사법을 복구하여 대신 책임정치를 실현하자고 주장한 것에 대하여 반대한 李元翼을 비판하였다.207) 이들이 모두 諫官制의 폐단을 지적한 뒤 삼사의 언론을 제어하고 대신권을 강화시키는 것이 왕권강화로 연결된다는 동일한 인식을 보인 것은 우연이 아니었던 것이다.208)

그러나 이들보다 최명길의 관제변통론을 가장 전면적으로 수용하여 발전시킨 것은 柳壽垣(1694~1755)이었다. 유수원은 18세기 전반을 살면서 양반문벌제도를 비판하고 士農工商의 四民一致를 지향하는 신분제도 개혁안을 제시하였으며, 상인적 매뉴팩처의 성립을 전망하는 商業論과 貨幣論을 개진한 실학자였음은 잘 알려져 있다.209) 그는 비

과 翰林回薦法이 혁파된 것은 그 대표적 사례에 해당된다.

205) 『磻溪隨錄』 卷16, 「職官之制」 下, 4ㄴ~5ㄴ.
206) 『星湖僿說』 卷14, 人事門, 「我朝八弊」, 61ㄴ~62ㄱ.
207) 『星湖僿說』 卷11, 人事門, 「備邊司」, 49ㄴ~50ㄱ.
208) 柳馨遠의 정치제도 개혁론에 대해서는 金駿錫, 2003, 앞의 책, 202~213쪽 ; 정호훈, 2004, 앞의 책, 238~239쪽 참조. 李瀷의 그것에 대해서는 원재린, 1997, 「星湖 李瀷의 人間觀과 政治 改革論」, 『學林』 18, 연세대 사학연구회, 92~94쪽 참조.
209) 姜萬吉, 1971, 「朝鮮後期 商業의 問題點-迂書의 商業政策分析」, 『韓國史

변사로 인해 三公六卿이 '失其職'하는 제도적 모순 때문에 治者의 무책임성이 만연되었다고 그 폐해를 극론하고 그것의 폐지를 강력하게 주장하였다.[210] 흥미로운 것은 그가 "대소 신료들은 모두 각각 맡은 직분이 있으므로 단지 자신의 책임을 다하기만 하면 된다"[大小臣工 各有主職 只當分任責成而已]는 점을 강조하면서 의정부 署事制마저도 三公을 '맡은 일이 없는 불필요한 사람'[職事之冗瑣者]으로 만들어 책임을 물을 수 있는 존재가 아니라면서 비판하고 있는 점이다.[211] 이것은 三公六卿의 위상을 높여야만 '各有主職', '分任責成'하는 합리적인 관료제 운영이 가능하다고 보는 인식의 소산으로 생각된다.

유수원은 또한 이러한 합리적인 관료제 운영을 저해하는 요소로서 사림에게 특유한 '公論', '淸議', '公論政治'의 폐단을 극론하고, 避嫌·呈告는 물론 通淸과 自代의 관행이 군주권을 잠식하여 조정의 위계질서를 교란시키고 있는 현실을 통렬하게 비판하였다.[212] 그리고 소위 '名流'들 사이의 이러한 관행이 당쟁을 격화시키고 있음을 최명길의 상소문을 인용하면서 극론하였다.[213] 그런 점에서 그는 이이 이래 이귀·최명길의 변통론과 파붕당론을 계승한 소론 당인들의 군주 중심 정치론을 분명하게 보여주었다.[214]

研究』6 ; 元裕漢, 1972,「朝鮮後期 貨幣流通構造의 改善論의 一面－柳壽垣의 현실적 貨幣論을 중심으로」,『歷史學報』56 ; 韓永愚, 1972,「柳壽垣의 身分改革思想」,『韓國史研究』8 ; 韓榮國, 1973,「柳壽垣의 迂書」, 歷史學會 編,『實學研究入門』, 一潮閣 ; 韓榮國, 1976,「聾巖 柳壽垣의 政治·經濟思想」(上),『大邱史學』10.

210)『迂書』卷1,「論備局」, 서울대학교 古典刊行會 影印本, 1971, 12쪽(이하 쪽수는 영인본 쪽수임), 下ㄱ(판심 우측면) ; 同, 卷3,「論官制之弊」, 55쪽, 下ㄱ.
211) 위와 같음, 53쪽, 下ㄱ.
212)『迂書』卷3,「論久任職官事例」, 61~69쪽 ; 同, 卷5,「論官制年格得失」, 96~98쪽 ; 同,「論物議」, 98~100쪽.
213)『迂書』卷4,「論主論之弊」, 77~80쪽.

또한 주목되는 것은 유수원이 최명길의 소위 '淸流'가 '浮華無實', '專不事事'하다는 비판을 수용하여 兩司의 직책을 육조로 나누어서 '六諫'과 '六察'을 설정하고 이들의 직무를 상론하고 있다는 점이다.215) 유수원의 이러한 관제변통론은 비변사 혁파, 의정부 강화, 淸要職 폐지, 그리고 종래 왕실 아래 직속되어 있던 승정원과 사간원·사헌부 등을 비롯한 각 아문을 6조에 분속시킨 정약용의 관제개혁안으로 발전하였다고 생각된다.216) 그에게서도 이것이 변통론과 破朋黨論 및 군주 중심 정치론과 함께 제기되었음은 지금까지 살펴본 이이 이래 변통론의 전통에 비추어 볼 때 지극히 자연스러운 일이었다.

지금까지 살펴본 바와 같이 최명길의 관제변통론은 주자학 명분론과 의리론에 기초한 주자학 정치론과 현실 정치 사이의 모순을 제도개혁을 통해서 극복하려는 노력의 소산이었다. 병자호란과 그에 이어진 정축년 城下之盟에 이르는 과정에서 그것은 극단적으로 드러났다. 당시 횡행했던 國君死社稷之說은 주자학 명분론과 의리론을 절대화하는 관인·유자 일반의 治者로서의 책무의식의 방기, 정치에 대한 무책임성을 잘 보여준다. 그는 備邊司 체제와 三司 언론의 제도와 관행이 이러한 모순을 부채질하였다고 보고 大臣權 강화, 郎薦權 폐지, 三司 言官의 避嫌 금지 등을 골자로 하는 관제변통론을 제출하였다. 그의 이러한 관제변통론은 破朋黨論, 王權論과 함께 '國事와 民事의 일치를 지향하는 保民論'을 실현하기 위한 변통 지향 경세론으로서 제기되었다.

---

214) 정호훈, 2004, 「조선후기 실학의 전개와 개혁론」, 『東方學志』 124, 376~377쪽 참조.

215) 『迂書』 卷5, 「論兩司合行職務事宜」, 92~94쪽.

216) 姜錫和, 1989, 「丁若鏞의 官制改革案 研究」, 『韓國史論』 21, 서울대 國史學科 ; 趙誠乙, 1991, 「丁若鏞의 政治經濟 改革思想 研究」, 연세대 박사학위논문, 312~323쪽 참조.

주자학 명분론과 의리론의 폐단은 士林 계열 관인·유자 들에 의해 주자학 정치론이 정착되는 과정에서부터 노출되었으며, 趙光祖 등 己卯士林 단계에서 이미 그것을 극복하기 위한 시도가 나타났다. 그러나 주자학 정치론의 문제점이 전면화 된 것은 사림 계열 儒者들이 집권한 宣祖代였다. 東·西 分黨과 갈등의 심화는 그것의 필연적 귀결이었다. 이 때 이를 극복하기 위한 노력을 보여준 대표적 인물이 李珥였다. 이이는 당시 사림 계열 관인 유자 일반에 만연한 무책임성을 통렬하게 비판하고, 국가적 위기를 타개하기 위한 변통론을 실천에 옮기기 위해 大臣 責任論을 제기하였다. 최명길이 주장한 관제변통론은 당시 이이에 의해 모두 제기되었는데, 최명길은 이것을 계승하여 군주 중심 정치론으로서 분명하게 제기하였다는 점에 그 의의가 있었다.

최명길의 대신 책임론은 한 세대 뒤에 표면화된 宋時烈의 世道宰相論과 대신권 강화에 의한 책임정치의 실현이라는 점에서 유사한 듯이 보이지만 송시열의 世道宰相論이 趙光祖에서 李珥를 거쳐 金長生으로 이어지는 의리론을 계승한 君子一朋黨論, 臣權 중심 정치론이었던 것에 비해 최명길의 대신 책임론은 조광조에서 이이를 거쳐 이귀로 이어지는 변통론을 계승하여 破朋黨論, 군주 중심 정치론으로서 제기되었다는 점에서 그 지향을 달리한 것이었다. 이것은 17세기의 역사적 과제였던 '國家再造' 방략과 관련하여 주자학 정치론이 분화되는 두 방향, 즉 保守·改良的 노선과 進步·改革的 노선을 분명하게 보여준다.

최명길의 관제변통론은 숙종대 朴世采·崔錫鼎 등 少論 당인들에 의해 蕩平論의 일환으로서 變通論·破朋黨論·王權論과 함께 제기되었지만 老論 당인들의 정치공세로 인해 실현되지 못하였다. 그 대신 당색을 떠나서 柳馨遠, 李瀷, 柳壽垣 등의 실학자들에 의해 관제개혁론의 출발점으로서 거론되었다. 이들의 관제개혁론이 破朋黨論, 王權

論과 함께 제기된 것은 우연이 아니었던 것이다. 특히 최명길의 관제변통론을 전면적으로 계승하여 발전시킨 것은 柳壽垣이었다. 그는 최명길의 臺諫이 '專不事事'하여 '浮華無實'하다는 비판을 수용하여 兩司의 직책을 육조에 분속시키는 개혁안을 구상하였다. 이러한 유수원의 관제개혁론은 후대의 茶山 丁若鏞에 의해 보다 체계화되어 제출되었다.

이처럼 최명길의 관제변통론은 주자학 명분론·의리론과 현실 정치와의 모순을 해소하기 위한 한 방편으로서 제기되어 조선후기 실학자들에 의해 체계화되기에 이르렀다. 이것은 조선후기의 사회개혁사상이었던 實學思想이 17세기 후반에 등장한 진보 개혁 노선의 國家再造論이 발전한 것이며, 인조대의 주화론 계열 변통론에 그 연원을 두고 있음을 분명하게 보여준다.

제6장 對明義理論의 內面化와 變通論의 位相

1. 淸의 政治·軍事的 압력과 政局 變動

1) 淸의 政治·軍事的 압력과 變通論의 좌절

(1) 戰後 處理와 官制變通論의 좌절

丁丑年 城下之盟 이후 환궁한 인조 조정으로서 당장 부딪힌 문제는 패전의 책임자를 처벌하는 일이었다. 西路都元帥 金自點, 諸道都元帥 沈器遠, 副元帥 尹璛, 江原監司 趙廷虎 등과 삼남의 감사와 병사에 대해서는 인조가 먼저 拿推하라는 명을 내렸다.[1] 다음 날에는 兩司 合啓로 강화도 수비를 담당했던 檢察使 金慶徵, 副使 李敏求, 江都留守 張紳, 京畿水使 申景珍, 忠淸水使 姜晉昕을 按律定罪하라고 논핵하였다.[2] 그리고 영의정 金瑬 등은 병자년 당시 언관으로서 척화론을 주

---

1) 『仁祖實錄』 卷34, 仁祖 15년 丁丑 2월 庚辰, 34-674, 26ㄱ. 인조는 김자점·심기원·윤숙은 중도정배, 신경원은 삭탈관작하게 하였는데, 이들을 더욱 무겁게 처벌해야 한다는 양사 합계가 반복되자 김자점은 절도에 정배하게 하고, 신경원 등은 遠竄케 하였다(同, 2월 乙酉, 34-676, 27ㄱ).

2) 위와 같음, 2월 辛巳, 34-674, 26ㄱ~ㄴ. 인조는 金慶徵과 張紳을 減死定配하게 하였는데(同, 2월 庚寅, 34-676, 29ㄴ), 이들을 按律定罪하라는 언관의 논계가 계속되자 장신은 3월에 자진케 하였고(同, 3월 庚申, 34-681, 40ㄴ), 김경징은 9월에 賜死하였다(同, 9월 丙戌, 34-704, 24ㄱ). 金慶徵은 領議政 金瑬의 외아들이었고, 張紳은 張維의 동생이었으며, 李敏求는 李聖求의 아우

도했던 尹煌, 李一相·兪㮁·洪瑑, 金壽翼, 趙絅, 兪棨 등의 '誤國人之罪'를 輕重을 나누어 書啓하여 처벌하게 하였다.[3]

이후 김자점·김경징 등에 대해서는 법대로 처벌할 것을 주장하고, 윤황 등에 대해서는 논죄가 불가하다는 삼사의 논계가 계속되었다. 그리고 尹昉과 金瑬에 대한 탄핵으로 확대되었다. 持平 金宗一은 尹昉이 宗廟社稷의 神主를 '더럽히고 잃어버리고도'[汚衊散失] '도망하여 구차하게 살아났다'면서, 윤방·김자점·김경징을 죽이지 않고는 神人의 분노를 위로할 수 없을 것이라고 논계하였다.[4]

일찍이 남한산성에서 이미 대신으로서 윤방과 김류의 무책임성을 탄핵한 바 있던 杞平君 兪伯曾은 金瑬가 처음에는 척화론을 강력하게 주장하다가 인조의 '적이 만약 깊이 쳐 들어오면 體察使는 그 죄를 면치 못할 것이다' 라는 말을 듣고 난 이후 주화론에 붙어서[附會和議] 尹鏶의 縛送과 尹煌 등의 論罪를 주도하였으며, 母喪을 핑계로 金慶徵을 인질로 청나라에 보내는 것을 회피하였다고 탄핵하였다.[5]

___

였으므로 인조도 함부로 처벌하기 어려웠을 뿐만 아니라 兩司의 장관마저 '外爲塞責 內實營救'하여 한편으로는 論罪하면서도 한편으로는 獄中에 있는 이들과 연락을 취할 정도였다(同, 3월 癸卯, 34-678, 33ㄱ~ㄴ). 그렇지만 당시 최후의 보루로 인식되었던 강화도를 지키지 못한 이들의 죄가 워낙 막중하였고, 청국군에 맞선 이들의 행태가 하도 상식을 벗어난 것이어서 인조로서도 이들의 죽음을 막을 수 없었다. 강화도에서의 이들의 행태에 대해서는 『燃藜室記述』卷26, 仁祖朝故事本末,「江都陷沒」에 자세하다.

3) 『仁祖實錄』卷34, 仁祖 15년 丁丑 2월 己丑, 34-676, 29ㄱ~ㄴ. 이에 인조는 즉각 尹煌, 兪㮁, 洪瑑, 兪棨 등은 定配케 하고, 李一相은 絶島定配케 하였으며, 趙絅, 金壽翼, 申悦은 門外黜送하라고 명하였다. 이로써 丙子年 斥和論者들을 '誤國之罪'로 처벌한 셈이 되었다.

4) 『仁祖實錄』卷34, 仁祖 15년 丁丑 4월 壬申, 34-682~683, 42ㄴ~43ㄱ.

5) 『仁祖實錄』卷35, 仁祖 15년 丁丑 6월 戊午, 34-695~696, 6ㄴ~8ㄱ. 金瑬-金慶徵-金震標의 처는 강화도에서 모두 같은 날 목 매어 자살하였다(『燃藜室記述』卷26, 仁祖朝故事本末,「殉節婦人」, VI-581~582쪽 참조). 이 때는

그리고 강화도에서 김경징이 저지른 잘못을 나열하면서 윤방이 그의 죄를 먼저 다스리지 못하여 강화도가 함몰되었다고 그 책임을 윤방에게 돌리고, 윤방이 종묘의 신주를 '汚衊散失'하였을 뿐만 아니라 인조가 아직 산성에 있을 때 '적진에 출입'한 것도 잘못이라고 비판하였다. 또한 김류가 언관들을 지휘하여 김경징에 대한 連啓를 가로막았다고 폭로하고, 인조에게도 김류의 권세가 두려워 '법을 집행하지 못한다'[不能行法]고 직격탄을 날렸다.[6]

이후 양사 합계로 김류와 윤방을 削黜하라는 논계가 계속되고,[7] 옥당도 나서서 김류·윤방·김자점을 법대로 처벌하라고 주장하자[8] 김류는 8월에 관작을 삭탈하고, 9월에는 김경징을 賜死하였다.[9] 그런데 윤방은 파직되었다가 바로 서용되어 자신의 강도에서의 행적에 잘못이 없음을 변명하다[10] 양사 합계로 김류와 윤방을 圍籬安置하라는 논계가 이어졌다.[11] 윤방에 대해서는 특히 兪伯曾이 끝까지 그의 처벌을 주장하였고,[12] 沈大孚는 윤방의 죄가 김류보다 크다고 논계하였다.[13] 해를 넘기면서 김류와 윤방의 安置, 김자점의 按律을 청하는 논계가 삼사에서 계속되자[14] 결국 김류는 삭출되고 윤방은 삭탈관작되었

인조비 한씨가 죽은 지 1년이 막 지난 시점이었는데 세자는 인질로 잡혀 갔으므로, 김류가 金慶徵의 母喪을 핑계로 인질에서 빼내려 한 것은 어불성설이었으며 논자들의 좋은 표적이 되었다. 이를 두고 具宏은 '東宮의 작위가 金慶徵만 못한가'라고 비판하였다.

6) 『翠軒疏箚』卷2,「論尹昉金鎏張紳李敏求金慶徵疏」, 49ㄱ.
7) 『仁祖實錄』卷35, 仁祖 15년 丁丑 7월 癸酉, 34-697, 11ㄱ ; 同, 7월 甲戌, 34-698, 12ㄱ.
8) 위와 같음, 7월 乙酉, 34-698, 13ㄱ.
9) 위와 같음, 8월 己亥, 34-700, 16ㄱ ; 同, 9월 丙戌, 34-704, 24ㄱ.
10) 위와 같음, 12월 丙申, 34-710, 37ㄱ~38ㄴ.
11) 위와 같음, 12월 乙巳, 34-712, 40ㄱ~ㄴ ; 同, 12월 癸丑, 34-712, 41ㄴ.
12) 『翠軒疏箚』卷3,「論尹昉汚衊廟社主疏」(戊寅 정월 12일), 1ㄱ~3ㄱ.
13) 『仁祖實錄』卷36, 仁祖 16년 戊寅 3월 乙酉, 35-14, 27ㄱ~28ㄴ.

다.15)

이처럼 정축년 성하지맹 이후의 패전 책임자 처벌은 지나치다 싶을 정도로 철저하게 진행되었다. 김류와 윤방의 처벌이 관철된 것은 앞서 살핀 최명길의 대신 책임론과도 통하는 것이었다. 최명길 역시 윤방과 김류는 죄가 무겁다는 입장이었다.16) 윤황 등의 척화론자에 대한 처벌도 최명길의 입장을 강화시켰다. 이들의 처벌에 반대하는 논자들도 이들에게 잘못이 있음을 인정한 것은 지나친 정치언론에 의해 청의 침입을 불러일으켰다는 광범위한 공감대가 형성되었음을 의미하는 것이었다. 이로써 병자년의 척화 변통론자와 주화 변통론자는 對明義理論의 공분모 위에서 협력할 수 있는 토양이 마련되었다.17) 大臣權 강화, 郎薦權 廢止, 三司 言官의 피혐 금지 등을 통한 대신 책임정치의 구현을 추구하는 최명길의 관제변통론은 이러한 분위기 속에서 다시 제기되었던 것이다.

정축년 우의정으로 정승이 된 최명길은 대신으로서 책임정치를 구현하겠다는 의지를 강하게 표명하였다. 城下之盟에도 불구하고 청의 연호 사용을 기피하는 朝野의 분위기에 맞서 최명길은 '表文을 받들고

---

14) 『仁祖實錄』卷36, 仁祖 16년 戊寅 2월 己亥, 35-6, 12ㄱ~13ㄱ, 玉堂上箚 ; 同, 2월 丁巳, 35-10, 19ㄴ, "兩司以尹昉金瑬安置 金自點按律事 連啓. 答曰 不允 金瑬門外黜送."

15) 위와 같음, 4월 甲子, 35-15, 29ㄱ ; 同, 4월 辛丑, 35-15, 30ㄴ.

16) 최명길은 윤방이 병자년에 浮議에 의해 龍骨大를 잘못 접대한 것과 年少輩에 맞서 江都移御를 관철시키지 못한 것이 잘못이라고 하였다(『仁祖實錄』卷35, 仁祖 15년 丁丑 7월 辛未, 34-697, 11ㄴ). 김류에 대해서는 그의 죄는 인정하지만 '權臣'은 아니며, '靖社'의 근본이고 '國之元氣'라고 규정하고 그를 죽이는 것에는 적극 반대하였다(『承政院日記』仁祖 15년 7월 7일 癸酉, 3-759, 下 ㄱ~ㄴ).

17) 병자년의 斥和 變通論과 主和 變通論에 대한 자세한 내용은 이 책 4장 2절 참조.

신하를 칭한'[奉表稱臣] 마당에 그 연호를 사용하는 것은 단지 하나의
절목에 불과할 뿐이라면서 "오늘날의 일은 신이 담당하겠다"고 나섰
다.18) 기묘년에는 영의정으로서 '침묵하고 大體를 지키는 것'만을 대신
의 업무로 간주하는 세간의 상식을 거부하고 '更張'에 대한 의지를 거
듭 표명하면서 인조를 설득하였다.19) 그리하여 인조 역시 그의 관제변
통론에 대해 대체로 동조하였던 것으로 여겨진다.20)

그렇지만 최명길의 관제변통론에 대한 의리론자들의 반발 역시 끈
질기게 이어져서 거의 실효를 거두지 못하였다. 언관들의 避嫌과 呈告
를 금지하여 삼사 언론의 책임성을 제고하고자 한 최명길의 주장에 대
하여 도승지 李景奭은 '법이 이미 정해졌으므로 마땅히 준수해야 한
다'고 동조하였지만,21) 獻納 趙壽益을 비롯한 司諫院에서는 '臺閣의
權力'을 가볍게 만들고 대간의 '公議'를 가로막는 일이라고 강하게 반
발하면서 이의 철회를 요구하였다.22) 이에 大司憲 李植마저도 조수익
이 논한 것은 '새로운 제도의 문제점을 바로 지적하였다'[正中新制之
失]고 인정할 수밖에 없었다.23)

---

18) 『仁祖實錄』卷34, 仁祖 15년 丁丑 2월 戊戌, 34-677, 31ㄴ, '今日之事 臣自當
之.'
19) 『仁祖實錄』卷38, 仁祖 17년 己卯 4월 戊申, 35-55, 22ㄴ~23ㄱ ; 同, 4월 乙
卯, 35-56, 24ㄱ~ㄴ.
20) 吳洙彰, 1985, 「仁祖代 政治勢力의 動向」, 李泰鎭 編, 『朝鮮時代 政治史의
再照明』, 汎潮社, 118~124쪽 참조.
21) 『仁祖實錄』卷35, 仁祖 15년 丁丑 6월 辛亥, 34-694, 4ㄴ, '此法已定 所當遵
守.'
22) 위와 같음, 5ㄱ~ㄴ, 獻納 趙壽益 上疏 ; 同, 6월 甲寅, 34-694, 5ㄴ~6ㄱ, 諫
院啓.
23) 『承政院日記』59冊, 仁祖 15년 丁丑 6월 16일 癸丑, 3-726 下ㄴ~727 上ㄱ.
이식은 避嫌은 원칙적으로 허용할 수 없지만 '異同避嫌'은 용인할 수밖에 없
다고 밝히고, 避嫌 대신 疏章으로 異論을 제기하게 한 최명길의 제안보다 직
접 詣闕하여 論啓하도록 하는 것이 '不失新制意'하면서도 '新制'보다 낫다고

郎薦權 역시 최명길의 주장으로 폐지되었지만 신료들의 반발로 인해 여전히 그 위력을 떨치고 있었다. 그리하여 인조의 罷朋黨에 대한 의지를 반영하여 北人 계열로서 이조판서로 발탁된 南以恭, 南以雄 등은 西人 郎官에 의해 제압되어 제대로 인사권을 행사하지 못한다고 토로할 수밖에 없었다.24) 최명길의 주장을 수용하여 낭천권이 혁파되었는데, 언제 복구되었느냐는 인조의 힐문에 대해서 西人인 이식은 郎薦權 혁파를 대신도 또한 그르게 여기기 때문에 관례대로 두고 시행하지 못하였다고 곧이곧대로 대답하였다.25)

이로써 의리론자들의 무분별한 정치언론과 붕당적 정치 행태를 억제할 수 있는 최소한도의 제도적 장치마저도 무위로 돌아갔으므로, 병자호란 이전과 동일한 정치행태가 반복되는 것을 피할 수 없었을 뿐만 아니라 정축년 城下之盟 이후에는 '國君死社稷之說'을 내세우면서 출사를 기피하는 무책임한 태도가 소위 '名官'들 사이에서 횡행하였다. 인조는 '조정을 깔보고 스스로 고상한 척'하면서 떠나는 이들의 행태에 대해 '평상시에는 在職하다가 난리를 당하니까 버리고 떠나는' 것은 '君臣之分'을 저버리는 것이라고 강하게 비판하였고, 최명길 역시 '仕進者'는 '必疵之'하고, '退去者'를 '必貴之'하는 풍토를 개탄하였다.26)

수정 제안하였다. 앞서 살핀 바와 같이 이식은 主和 變通論者에 속했다.

24) 『仁祖實錄』 卷36, 仁祖 16년 戊寅 6월 癸巳, 35-22, 44ㄱ ; 同, 卷45, 仁祖 22년 甲申 5월 庚戌, 35-185, 30ㄱ~ㄴ.

25) 『仁祖實錄』 卷45, 仁祖 22년 甲申 12월 丁巳, 35-202, 63ㄴ. 李植 역시 이조판서로 있으면서 낭천권의 폐단을 극력 진달한 것으로 보아(同, 卷46, 仁祖 23년 乙酉 2월 戊辰, 35-207, 4ㄴ, "判書李植 曾於筵中 極言郎官專擅之弊") 郎薦權 혁파에 동조하는 입장이었다. 따라서 최명길의 관제변통론을 '공신 중심 정치세력'의 정치노선으로 간주하는 견해(오수창, 1985, 앞의 논문, 124쪽)는 非功臣 士類 중에서도 李景奭, 李植 등이 동조하고 있는 점에 비추어 볼 때 사실과 일치하지 않는다는 것을 알 수 있다.

26) 『承政院日記』 57冊, 仁祖 15년 丁丑 4월 4일 癸酉, 3-640 上ㄱ, "上曰……今

이들은 金尙憲을 推尊하는 朝野의 분위기가 그러한 풍조를 부채질
하고 있다고 보고 金尙憲의 행태를 비판하고 있음이 주목된다. 최명길
은 김상헌이 남한산성에서 자신이 작성한 국서를 찢어버리고 통곡한
뒤 '물러나서 음식을 먹지 않고 그 절개를 지킨' 점을 높이 평가하였지
만 그 후 出城할 때 자결에 실패하고 나서 바로 향리로 떠나버린 것은
'그것을 올바르게 여기지 않는 사람도 있다'고 완곡하게 비판하고, 그
런데도 그의 행동을 '과장하는 사람들이 있다'며 그를 떠받드는 풍토를
경계하였다.[27]

左副承旨 韓亨吉은, 김상헌이 남한산성에서 청 태종에게 보내는 국
서를 찢고 통곡한 이후에 주화론자들이 줄줄이 청대하여 斥和를 주장
한 것을 '取名'이라고 비난하였다. 인조는, 金尙憲이 평소에는 '국난이
있으면 같이 죽겠다'고 말하다가 '오늘날에는 먼저 자신을 버리고' 떠
나버려 '年少하고 無識한 者들의 꼭두각시'가 된 것을 애석하게 여긴
다고 말하고, 김상헌이 자결에 실패한 일은 한 번 웃음거리도 되지 않
는데 '無識한 무리'가 '다른 사람이 미칠 수 없다'고 떠받드는 것은 '군
주를 속이는 것'[欺君], '세상을 속이고 명예를 도둑질 하는 것'[欺世盜
名]이라고 강하게 비난하였다.[28]

(2) 淸의 政治·軍事的 압력과 '結布'의 징수

그렇지만 최명길의 변통론을 무위로 돌아가게 만든 것은 의리론자

之爲此擧者 必以是爲高尙而然矣. 卑汚朝廷 自爲高尙而去者 何必强請乎.
平時則在職 而臨亂而委去 豈事理哉. 君臣之分 不當如是矣.";同, 3-640 下
ㄴ, "(崔)鳴吉曰……然今之人情 仕進者則必疵之 退去者則必貴之."

27) 위와 같음, 3-640 下ㄱ.

28)『仁祖實錄』卷35, 仁祖 15년 丁丑 9월 辛未, 34-703, 22ㄴ. 최명길과 김상헌
의 남한산성에서의 행적에 대해서는 오수창, 1998, 「최명길과 김상헌」,『역사
비평』42, 역사비평사 참조.

들의 이러한 무분별한 정치 행태보다 청나라의 압력과 이로 인해 초래된 대내외 정세의 변화에 보다 큰 원인이 있었다고 보아야 할 것 같다. 武力에 의해 정축년 城下之盟을 강요당한 조선정부로서는 정치·군사적인 측면은 물론 외교적 측면에서도 거대한 변화의 소용돌이 속에 말려들고 있었다. 우선 청나라와는 盟約에 규정된 徵兵, 歲幣, 刷還 등을 어떻게 이행할 것인가의 문제에 당장 직면하게 되었고, 명나라와는 관계를 단절하기로 이미 맹약에 규정되어 있었지만 당시 조야를 지배하고 있던 對明義理論은 차치하더라도 아직 분명한 실체로 존재하고 있던 명과의 관계를 실질적으로 어떻게 끌어갈 것이냐의 문제 및 청에 稱臣한 이후 일본과의 관계도 새로운 문제로 대두되고 있었다. 그리고 청과의 맹약과 실질적인 견제에도 불구하고 병자호란 이후 붕괴된 국가방위 태세를 어떻게 복구할 것인가도 피할 수 없는 과제였다.

청의 조선에 대한 徵兵, 歲幣, 刷還 등의 요구에 조선정부로서는 그 어느 것도 기꺼이 응할 수 없는 입장이었다. 그것은 對明義理論을 떠나서 국가의 존립 그 자체를 위협하는 것이었기 때문이다. 따라서 조선정부에서는 조야에 팽배해 있던 광범위한 反淸 情緖를 배경으로 가능하면 그것을 회피하거나 지연 또는 축소시키려는 흐름이 기조를 이루었다. 그렇지만 청으로서는 그러한 기조를 용납할 수 없었던 것 또한 당연한 일이었다. 이미 만주족 내부 생산력의 한계에 추동되어 滿·蒙·漢을 아우르는 다민족 국가의 건설에 생존을 걸고 있던 청으로서는 武力을 동원한 조선 원정에서 그에 상응하는 또는 그 이상의 대가를 얻어내어 명을 제압하고 중원을 장악해야만 했다. 따라서 청은 조선의 조야에 팽배한 반청 분위기에도 불구하고 자신들의 목적을 달성하기 위해 가능한 모든 수단을 동원하였다. 여기에는 군사적 위협은 물론이고, 인질로 잡고 있던 世子와 大君을 이용하는 것, 심지어는 조선 국왕을 바꾸는 것조차 불사할 태세였다.[29] 따라서 이를 타개하기 위해 국왕 인조를 비롯한 신료들 전반이 전전긍긍할 수밖에 없었던 것이 저간의 현실이었다.

徵兵과 刷還 등의 문제에 대해서는 그 해결책을 찾지 못하여 인조가 남한산성에서 죽지 못한 것을 한탄하면서 신료들과 같이 눈물을 흘린 것이 한두 번이 아니었다. 정축년 城下之盟 이후 이미 椵島 정벌에 조선군이 동원된 상태에서 청의 또 다른 징병 요구가 있을까봐 조정은 전전긍긍하였다. 인조는 기회 있을 때마다 징병을 면할 수만 있다면 다행이겠다고 대신들을 독려하였다. 그러나 정축년 謝恩使로 파견된 좌의정 李聖求는 徵兵에 관한 奏文을 전달하지도 못하고 돌아왔다.[30] 그 해 연말에 온 淸使는 징병에 대한 언급은 없었지만 刷還에 관한 요구를 다섯 가지로 나누어 제기하고 재상의 자녀와 결혼하는 일과 侍女를 뽑아 보내는 일을 새롭게 요구하였다.[31]

그리하여 재차 謝恩使로 파견된 최명길은 징병을 면제받고 돌아와 인조를 기쁘게 하였다.[32] 그러나 그것은 인조와 최명길의 착각에 지나

---

29) 한명기, 2003, 「丙子胡亂 패전의 정치적 파장-청의 조선 압박과 仁祖의 대응을 중심으로」, 『東方學志』119, 연세대 국학연구원 참조.

30) 『仁祖實錄』卷35, 仁祖 15년 丁丑 7월 庚午, 34-697, 10ㄱ. 이후 인조는 봉명사신으로서 이성구의 잘못을 여러 차례 질책하였다(『承政院日記』59冊, 仁祖 15년 丁丑 7월 7일 癸酉, 3-758, 下ㄴ).

31) 『仁祖實錄』卷35, 仁祖 15년 丁丑 11월 丙戌, 34-709, 35ㄴ.

32) 『仁祖實錄』卷36, 仁祖 16년 戊寅 2월 甲辰, 35-8, 15ㄴ~16ㄱ. 여기서 최명길이 '當初助兵之言 盖出於試我也'라고 말한 것은 이후 신경진의 장계를 보면 상황을 전혀 오판하고 있음이 드러난다. 최명길이 받은 칙서에 의하면 징병을 면제받은 것이 아니라 '상황이 어렵다면 강요하지 않겠다'는 것이었는데(『仁祖實錄』卷35, 仁祖 15년 丁丑 11월 癸巳, 34-710, 36ㄴ, '但徵兵 自當量時勢 詎肯强其所甚難乎'), 최명길과 인조가 징병을 면제한 것으로 확대 해석한 것이었다. 이 때 최명길은 인조의 허락도 받지 않고 세자의 귀환도 청하였는데, 또 다른 칙서에서는 이것을 거부하였다. 이것은 당시 조정 중신들이 세자의 귀환을 가장 중요한 정치적 과제로 여기고 있음을 보여준다.

352

지 않았다. 징병 면제에 대한 사은사로 또다시 파견된 우의정 申景禛이 심양에서 보내온 장계에 의하면 용골대 등이 '(청나라가) 징병을 연기한 것인가 아니면 아주 면제한 것인가'[限年不徵耶 抑爲終不之徵耶]라고 힐문하고 있는 것을 보면 그것을 알 수 있다.[33] 그리고 이들이 돌아와서 "당초에 징병을 하지 않는다고 말한 적이 없다"는 傳言을 듣고 조정에서는 다시 징병문제를 두고 논의를 거듭하지 않을 수 없었다.[34] 그래서 부랴부랴 다시 징병면제를 청하는 陳奏使를 보냈지만[35] 그가 도착하기도 전에 청측에서는 심양의 세자에게 徵兵, 侍女, 向化·走回人 등의 일을 재촉하였다.[36]

陳奏使 洪寶는 징병 면제를 허락받지 못했을 뿐만 아니라 도리어 '信義'를 어겼다는 질책을 담은 칙서만 갖고 돌아왔다. 칙서에는 최명길에게 '완전히 징병을 면제한다는 말'을 한 적이 없다고 다시 확인하고 신경진에게 5천 명을 징발하여 안주와 의주 사이에 대기시켰다가 명령을 들으면 즉시 오라고 일렀는데, 信義를 저버리고 '臣下들의 말을 듣고' 못하겠다고 '强辯'하고 있으니, '국왕이 신의가 없다는 것이 오히려 짐에게 폭로되었다'라고 말하면서, '왕의 두 아들을 망각하였는가' 라고 심양의 두 왕자를 볼모로 협박하는 것도 서슴지 않았다. 마지막에는 '왕을 살려준 은혜를 잊었느냐'고 힐문하고[37] 향화인 쇄환과 군사의 도착을 성화같이 독촉하였다.[38]

---

33) 『仁祖實錄』 卷36, 仁祖 16년 戊寅 3월 壬戌, 35-10, 20ㄴ.
34) 『承政院日記』 64冊, 인조 16년 戊寅 5월 11일 癸酉, 4-64, 下ㄱ, "李行遠曰彼言當初不發不徵兵之言云矣."
35) 『仁祖實錄』 卷36, 仁祖 16년 戊寅 5월 乙酉, 35-22, 43ㄱ.
36) 『仁祖實錄』 卷36, 仁祖 16년 戊寅 6월 己酉, 35-24, 47ㄱ.
37) 『仁祖實錄』 卷37, 仁祖 16년 戊寅 7월 乙酉, 35-29, 8ㄱ~ㄴ.
38) 『仁祖實錄』 卷37, 仁祖 16년 戊寅 7월 庚寅, 35-29, 9ㄱ ; 同, 8월 癸卯, 35-33, 17ㄴ.

그리하여 조선 조정에서는 부랴부랴 군사 5천을 마련하게 하고,39) 林慶業을 助防將으로 삼아서 먼저 봉황성에 들어가 군사 동원 상황을 설명하게 했다.40) 이 때도 인조는 남한산성에서 죽지 못한 것이 한스럽다면서 신료들과 함께 눈물을 흘렸다.41) 그런데 李時英 등은 '도로가 진흙탕이고 강물이 넘실거린다'는 핑계로 행군을 늦추어 기한을 넘기고 松山站에 도착하였는데, 馬夫達 등으로부터 '필요 없으니 돌아가라'는 말을 듣자마자 조정의 명령을 듣지도 않고 군대를 해산시켜 버렸다.42) 이로 인해 그 경위를 추궁하는 査官이 나올 예정이었는데, 조선 조정에서는 영의정 최명길을 파견하여 무마하였다.43)

그러나 이것은 일시적인 미봉책에 불과할 뿐 청의 조선에 대한 의심은 더욱 깊어질 수밖에 없었다. 그리하여 인조 17년(己卯) 7월에는 급기야 馬夫達이 와서 인조의 入朝를 요구하기에 이르렀다.44) 그러자 신료들 사이에서 청의 요구에 불성실하게 대응한 결과라는 반성이 터져 나오고, 이성구·신경진·박황 등에 의해 자신들도 심양에 있을 때 그런 말을 들었다는 고백이 이어졌다. 인조 역시 삼전도에서 몽골 간

---

39) 『仁祖實錄』 卷37, 仁祖 16년 戊寅 7월 戊子, 35-29, 8ㄴ. 이 부대는 武官 李時英을 摠督使로 삼고, 柳琳을 副將으로 삼아서 거느리게 했다(同, 9ㄱ).

40) 『仁祖實錄』 卷37, 仁祖 16년 戊寅 8월 甲辰, 35-33, 17ㄴ ; 同, 8월 癸丑, 35-34, 19ㄴ.

41) 『仁祖實錄』 卷37, 仁祖 16년 戊寅 8월 己酉, 35-34, 18ㄱ.

42) 『仁祖實錄』 卷37, 仁祖 16년 戊寅 9월 丁丑, 35-35, 21ㄱ~ㄴ. 비변사는 그 책임을 물어 李時英과 柳琳을 拿鞫할 것을 청하였다.

43) 『明谷集』 卷29, 「崔鳴吉行狀」, 叢刊 154-462, 26ㄱ~ㄴ. '助兵의 일로 대신 한두 사람이 죽어야 후세에 할 말이 있을 것'이라면서 장례 도구를 갖추고 죽음을 무릅쓰고 청에 가서 '모든 책임이 자신에게 있다'고 말하였다는 것이 바로 이 때였다. 崔錫鼎이 작성한 이 行狀에서는 최명길이 相府에 있을 때 '一不助兵'하였다고 내세웠는데, 이는 후술하는 바와 같이 조선이 徵兵과 糧餉 조달 및 歲貢으로 곤욕을 치른 것을 감안하면 전혀 무의미한 말이었다.

44) 『仁祖實錄』 卷39, 仁祖 17년 己卯 7월 丁巳, 35-64, 2ㄱ~ㄴ.

섭기에 고려가 그랬듯이 '父子가 서로 교대로 往來해야 한다'는 말을 들었다고 고백했다. 최명길은 '(인조가 청나라에) 입조하러 들어갈 수 없다는 말'은 형세상 말하기 어렵다고 말하자 이번에는 신료들이 먼저 눈물을 흘렸다.[45]

그리고 그 의도가 단순하지 않다는 데 의견이 모아졌고, 蒙古 간섭기의 고려에서와 같이 국왕과 세자를 바꾸어 앉히는 소위 '易置'에 대한 우려도 제기되었으며, 다시 군사를 동원할 위험성이 지적되었다.[46] 인조는 자신이 왕래하여 백성이 편안할 수 있다면 왕래하는 것이 무슨 어려울 것이 있겠느냐고 말하면서도, 고금 천하에 어찌 이런 나라가 있으며, 자신과 같은 사람이 있겠느냐, 장차 반드시 나라가 망하고 말 것이라고 말하면서 오열하니 신료들 역시 모두 같이 눈물을 흘렸다.

칙사가 떠난 뒤에는 유언비어가 난무하였고 조정은 공황 상태에 빠졌으며,[47] 인조는 병이 들었고, 궁중에는 저주의 변고가 일어났다.[48] 9월에는 淸使 滿月介가 와서 인조의 병을 확인하고 돌아가더니[49] 11월에 칙사가 다시 나와서 수군 6천 명을 12개월의 군량을 준비하여 2월까지 안주 등의 해변에 모이게 하고, 歲貢米 1만 包를 실어다 三叉河

---

45) 『承政院日記』 70冊, 仁祖 17년 己卯 7월 2일 丁巳, 4-338, 上ㄱ~ㄴ, "上曰 馬胡云 汝國於凡事 無着實擧行之意 似此爲之 則太平不可見 向化刷還等數件事 國王必須親往 面陳皇帝前 可也……以此事若搪塞 則後必有大於此者……三田渡兵甲森列之中 國王出見 而皇帝亦善遇之 況今入往 有何所妨云矣." 마부달의 이 말은 內官을 불러서 한 말이었다.
46) 『承政院日記』 70冊, 仁祖 17년 己卯 7월 14일 己巳, 4-355 上ㄴ~356 下ㄱ.
47) 『承政院日記』 70冊, 仁祖 17년 己卯 7월 23일 戊寅, 4-363 下ㄴ~364 上ㄱ.
48) 『仁祖實錄』 卷39, 仁祖 17년 己卯 8월 辛丑, 35-68, 11ㄴ.
49) 『仁祖實錄』 卷39, 仁祖 17년 己卯 9월 辛巳, 35-71~72, 17ㄴ18ㄱ. 이 때 인조의 병을 이유로 작년에 군사의 기일을 어긴 것을 용서한다고 傳諭하였다 (『通文館志』 卷9, 「紀年」, 仁祖大王 17년 己卯, 6ㄴ, "滿月介奉旨來問 上候違豫 諭赦緩愆師期").

의 小陵河와 大陵河 사이에 정박시키라고 요구하였다.50) 그리고 승지
와 중사를 관소로 불러 逃還人・採蔘人・向化人 등에 관한 일로 수없
이 책망하고 소리 지르며 새로 증축한 南漢山城을 허물라고 명하였
다.51) 청사가 출발하여 모화관에 이르자 백관이 길에 늘어서서 인조의
건강이 좋지 못하니 세자를 돌려보내 달라고 요청하였지만 約條를 '수
행하는 것은 힘쓰지 않고 속히 돌아오기만 바라니 매우 불가하다'는
모욕적인 말만 들어야 했다.52)

그렇지만 이것을 청국으로서도 마냥 거부할 수만은 없었던 모양이
다. 인조 18년(庚辰) 초에 謝恩副使 李景憲이 "국왕의 병이 날로 심해
져 세자를 대군과 교체하여 생전에 세자를 보고자 한다"고 禮部官에
게 개진하자53) 청국에서 세자의 귀국을 허락하는 대신 麟平大君 및
元孫과 교대하라고 명하는 칙서를 보내왔다.54) 그리고 세자와 함께 전

---

50)『仁祖實錄』卷39, 仁祖 17년 己卯 11월 戊寅, 35-74, 22ㄱ.
51)『承政院日記』72冊, 仁祖 17년 己卯 12월 7일 己丑, 4-514, 上ㄱ~ㄴ.
52)『仁祖實錄』卷39, 仁祖 17년 己卯 12월 辛卯, 35-75, 24ㄱ.
53)『仁祖實錄』卷40, 仁祖 18년 庚辰 正月 己巳, 35-77, 3ㄴ. 청국이 세자와 원
   손을 교대하게 한 것은 인조가 갑자기 사망할 가능성을 염두에 둔 것이었던
   같다. 후술하는 바와 같이 이것은 인조의 허락을 받은 것이 아니었으며, 이로
   인해 正朝副使 李景憲과 書狀官 申翊全이 決杖定配되었다(同, 閏正月 戊
   子, 35-79, 6ㄴ).
54)『仁祖實錄』卷40, 仁祖 18년 庚辰 正月 庚午, 35-78, 4ㄱ. 이 칙서에 의하면
   청은 인조를 親朝하게 할 생각이 분명히 있었는데 인조의 와병으로 생각을
   바꾼 것 같다. 쇄환이나 징병에 성실하게 응하였다면 인조 대신 인평대군이
   와도 될 일이었으며, 두 왕자도 끊임없이 왕래하게 하였을 것이라는 내용으
   로 그것을 알 수 있다(爾終不得親來朝覲 遣所留在彼之子 稽首稱謝 則我疑
   自釋 王之二子 必令往來無間矣). 그리고 남한산성과 평양성을 비롯한 제반
   의 성지 수축 역시 약속 위반이라고 따지면서, 이러한 일들이 반복되면 전쟁
   을 불사하겠다는 의지를 다시 천명하였다(何所利而在起兵端乎). 즉 인조의
   입조와 무력에 의한 위협을 모두 드러낸 셈이었다. 4월이 되어서야 인조는
   入朝를 시사하는 이 칙서의 의미를 헤아리고 깊은 우려를 표시하였다(同, 卷

해진 밀서에서는 인조는 믿지만 '臣僚諸臣'들이 술수를 부려 참언으로
이간질하는 것을 인조가 혹시나 믿을까 염려된다고 말하고, '諸臣質子'
가 친자식이 아니라는 것, 使臣 馬夫達·通事 刀里가 갑자기 같은 병
으로 죽은 일 등으로 조선 조정을 의심하지 않을 수 없다고 밝혔다.[55]
그리고 세자가 귀환하기도 전에 舟師를 징발하는 칙서가 譯官 張禮忠
을 통해 전해졌다.[56]

이러한 청의 조선에 대한 공격적인 압박은 조선 조야의 광범위한 반
발을 불러일으켰다. 入朝 문제로 비변사에서 논란이 있던 직후에 承旨
李景義가 상소하여 清使가 '차마 입에 담을 수 없는 일을 감히 여기서
말하는 것'은 '우리를 무시하는 것'[是已無我也]이라고 분통을 터뜨리
면서 江都를 근본으로 삼는 방어 대책을 길게 논하면서도, 오늘날의
상황은 世子가 그곳에 있으니 경솔하게 끊어서는 안 된다고 후퇴할 수
밖에 없었다. 다만 우리가 할 수 있는 도리를 다하여 '정예병을 양성'하
여 은연중 '침범할 수 없는 세력'를 형성한다면 저들이 '장악하고 조종
하는'[把握操縱] 것이 오늘과 같지는 않을 것이고, 또한 세자를 돌아오

40, 仁祖 18년 庚辰 4월 甲戌, 35-86, 21ㄴ, "上曰……盖其意 若日後有事 則
必將歸咎於執政 深可慮也").

55) 『仁祖實錄』 卷40, 仁祖 18년 庚辰 3월 己丑, 35-83, 15ㄴ.

56) 『仁祖實錄』 卷40, 仁祖 18년 庚辰 3월 丙午, 35-85, 18ㄴ~19ㄱ. 여기서는 군
량을 기한 안에 보낼 수 없다는 咨文에 대하여 '誤我……巧飾'이라고 비난하
고, 다시 한 번 남한산성과 평양성을 '修繕'한 것을 '惡念'의 싹이라고 질타하
였다. 그리고 遼·金·元 3史를 읽어보니 '朝鮮之爲國 反覆不常'하다가 국가
에 화만 끼쳤을 뿐 무슨 이익이 있었느냐고 역사를 들먹인 뒤에 '3년 사이에
강약이 뒤바뀌는 않았다'고 역시 武力 사용 가능성을 시사하면서 '逆天而
負朕'을 경고하였다. 이 때는 조선이 군량을 안 보낸 것이 아니라 보낸 1만
석 중 2,250석이 '色劣見退'되어 이를 연말까지 '辦出爲難 運致尤難'하여 庚
辰年 봄까지 연기해 달라고 호부에 咨文을 보낸 바 있는데(『通文館志』 卷9,
「紀年」, 仁朝大王 17년 己卯, 6ㄴ), 아마 추가분이 도착하지 않아서 칙서에서
는 이를 문제삼은 것 같다.

게 하는 관건도 여기에 달려 있다고 주장하였는데,57) 이는 變通論 계열의 입장을 대변하였다고 생각된다.

기묘년 말에는 김상헌이 상소하여 淸의 징병을 거부할 것을 주장하였다. 늘 그러하였듯이 그는 "자고로 죽지 않는 사람도 없고 망하지 않는 나라도 없다. 사망은 참을 수 있지만 逆은 행할 수 없다"58)라는 명제를 기본 전제로 삼고 논의를 전개하였다. 그는 '오늘날의 謀者'가 '예의는 지킬 수 없다'고 하니 '예의'는 그만두고, '利害'로 논하더라도 청나라가 무섭다고 명을 배반한다면 명의 '죄를 묻는 군대'가 벽력같이 당도할 것이라면서 명의 군대가 '오랑캐를 쓸어내고 요동의 강토를 회복'하지는 못하더라도 우리나라를 제압하는 데는 충분하다고 주장하였다.

또한 그는 '저들[淸]의 세력이 강해서 따르지 않으면 반드시 화가 있을 것'이라는 주장에 대해서는 '명분과 의리가 중요하므로 이것을 범하면 반드시 재앙이 있을 것'이라고 반박하고,59) 이것은 '앉아서 망하기를 기다리자'는 말이 아니라 '事가 順하면 民心이 기뻐하고 民心이 기뻐하면 근본이 강고해져서' 이로써 나라를 지키면 반드시 하늘의 도움을 받을 것이라고 주장하였다. 그는 태조의 위화도 회군과 선조 때 '임진년에 구제해 준 은혜를 입은 것'이 그 증거라고 내세우고 '義를 저버리고 은혜를 망각'하고서 어떻게 '臣下들이 국가에 충성을 다하게 만들 수 있겠느냐'고 반문하였다. 이것은 朱子學 名分論과 義理論者들의 입장을 대변한 것이었다.60)

---

57)『仁祖實錄』卷39, 仁祖 17년 己卯 7월 壬申, 35-65~66, 5ㄱ~6ㄱ, 承旨 李景義 上疏.

58)『仁祖實錄』卷39, 仁祖 17년 己卯 12월 戊申, 35-75, 25ㄴ, "自古無不死之人 亦無不亡之國 死亡可忍從 逆不可爲也."

59) 위와 같음, 35-75~76, 25ㄴ~26ㄱ, "名義之重 犯之必有殃. 與其負義 而終不免危亡 曷若守正而竢命於天乎."

인조 18년(庚辰) 초에는 원손을 심양으로 보내는 것에 대하여 대부분의 신료들이 반대하였다. 비변사에서는 '元孫이 나이가 어리고 병이 많아 먼 길을 떠나기 어렵다'고 하여 원손의 심양행을 거부하자고 반복하여 청하였지만 인조는 '國事가 이 지경에 이르렀으니 달리 좋은 방도가 없다' 면서 '오늘의 계책은 그들의 말을 흔쾌히 따라서 의심과 노여움을 풀어주는 것보다 좋은 방도는 없다'고 거부하였다.61)

그러나 兵曹判書 李時白, 應敎 李時楷, 修撰 趙啓遠, 持平 曹漢英, 北部參奉 河楗, 慶尙道 咸昌儒生 蔡以恒 등 말 그대로 조야가 모두 나서서 원손을 보내는 것에 반대하였다.62) 특히 함창 유생 채이항은 한 걸음 더 나가 세자가 돌아오는 것에 맞추어 江都로 들어가 수비할 계책을 세우고 명을 치려던 舟師로 방어하게 하며, 명에 알려 배후를 공격하는 형세를 갖추자고 까지 주장하였고,63) 병조판서 李時白은 어

---

60) 이것은 후술하는 趙絅의 상소와 함께 이 시기 '再造藩邦'論의 전형을 보여주었다. 이에 대해서는 南人인 掌令 柳碩에 의한 즉각적인 반론이 있었다(『仁祖實錄』卷40, 仁祖 18년 庚辰 正月 己未, 35-76, 1ㄱ). 그는 김상헌 상소 중 '自古無不亡之國 無不死之人'이라는 귀절을 적시하고, '身是匹夫 而猶不能自決 乃欲以溝瀆之諒 望於奉宗廟社稷之人君 何其不思之甚也'라고 반론하였다.

61) 『仁祖實錄』卷40, 仁祖 18년 庚辰 正月 辛未, 35-78, 4ㄴ, "上曰 國事至此 他無善策. 今日之計 莫如快從其言 以解其疑怒也." 다음 날 비국이 다시 청하자 인조는 "予病非輕 故預先招去 以爲他日之計 終不得免 而反有後悔 則以何策善其後也"(同, 正月 壬申, 35-78, 5ㄱ)라고 말하여 청의 의도가 자신이 갑자기 사망하여 세자가 즉위한 이후에 대비하고자 하는 것에 있기 때문에 거절할 수 없다고 말했다.

62) 『仁祖實錄』卷40, 仁祖 18년 庚辰 正月 壬申, 35-78, 5ㄱ. 持平 曹漢英은 '舟師不可調送 元孫不宜赴藩'을 주장하였고(同, 甲戌), 북부참봉 하익은 원손을 대신하여 다른 아이를 보내고, 舟師 파견을 明에 통보할 것을 주장하였다(同, 戊寅, 5ㄴ).

63) 『仁祖實錄』卷40, 仁祖 18년 庚辰 閏正月 丁亥, 35-79, 6ㄱ~ㄴ. 조한영도 다시 상소하여 비슷한 주장을 하였다(同 閏正月 己酉, 35-80, 8ㄴ~9ㄱ). 이들

쩔 수 없이 舟師를 파견한다는 뜻을 都督 陳洪範에게 미리 통보하자
고 거듭 청하였다.[64]

뿐만 아니라 청국의 요구에 따라 파견된 水軍은 청의 명령을 따르
지 않고 태업을 일삼아 청국을 자극하였다. 范文程 등이 세자에게 항
의한 바에 따르면 上將 林慶業이 이끄는 조선 수군은 전진하라 해도
전진하지 않으며, 米包를 遼河口에 내리라고 해도 따르지 않고, 漢船
을 만났는데도 발포하지 않으며, 발포하더라도 사람을 다치게 하지 않
고, 배 3척은 표류해 가버렸다고 핑계를 대고 명에 보내버렸다고 한
다.[65]

舟師 징발과 元孫의 심양행으로 촉발된 조선 내의 반청 분위기와

은 이후 이 상소로 인하여 모두 심양옥에 갇히는 신세가 되었다. 檢閱 趙復
陽도 舟師를 파하고 元孫을 되돌아오게 한 다음 大計를 정하여 大義를 펼치
고, 밀사를 파견하여 督府에 통보하자고 주장하였다(同, 2월 甲子, 35-81~
82, 11ㄴ~12ㄱ).

64) 『仁祖實錄』卷40, 仁祖 18년 庚辰 2월 己未, 35-81, 10ㄴ, 兵曹判書 李時白
上密箚 ; 同, 2월 甲子, 35-82, 12ㄱ~ㄴ. 이 때 인조는 漢人이 우리나라를 위
하여 비밀을 지켜주지 않을 것이고, 청나라가 우리나라를 한창 의심하고 있
으니 어쩔 수 없는 일이라면서 반대하였다.

65) 『仁祖實錄』卷41, 仁祖 18년 庚辰 7월 庚寅, 35-95, 2ㄱ~ㄴ. 庚辰年 林慶業
이 이끈 조선 수군의 규모와 행적에 대해서는 『林忠愍公實記』卷5, 「年譜」,
崇禎 13년 庚辰條에 상세하다. 이로 인해 范文程 등이 임경업에게 직접 와서
명과의 내통 여부를 심문하였지만 증거를 포착하지 못하자, 세공미는 내려놓
게 하고, 精砲 1千 名, 火兵 5백 명만 뽑아서 上將 林慶業이 거느리고 海州
衛로 가게 하고, 나머지 將官과 軍兵 및 沙格 등 4,658명은 副將 李浣이 거
느리고 귀국하게 하였다(同, 6월 29일조). 『仁祖實錄』에 의하면 7월 15일에
蓋州衛에 도착하여 임경업은 해주위로 가고, 이완은 귀국한 것으로 되어 있
다(『仁祖實錄』卷41, 仁祖 18년 庚辰 7월 戊申, 35-96, 4ㄱ). 이 때 임경업이
거느리고 간 戰船은 모두 120艘였는데, 파선되거나 훼손되어 모두 버리고 육
로로 귀환하였다. 임경업이 귀국한 것은 이듬해 정월이었다. 이 때 그는 명
황제의 密詔를 갖고 와서 인조에게 전달하였다고 하는데(『林忠愍公實記』卷
5, 「年譜」, 崇禎 14년 辛巳 正月條), 다른 곳에서는 확인되지 않는다.

조선 수군의 태업은 청국의 강경 대응을 불러올 수밖에 없었다. 용골
대 등이 徵兵・刷還・人質・築城 등과 관련된 違約 사례 12가지를 나
열하면서 '속임수를 일삼아서 믿을 구석이 조금도 없다'라고 질책한 것
은 그 시작에 불과하였다.[66] 용골대가 나와서 中江에 머물면서 領議
政, 吏曹判書, 都承旨와 朴潢 등을 소환하였고,[67] 영의정 洪瑞鳳의 말
을 듣고 金尚憲을 소환하였으며,[68] 도승지 申得淵의 말을 듣고 曹漢
英과 咸昌儒生 蔡以恒을 소환하였다.[69] 그것만이 아니었다. '上國'의
號令을 '廢閣하고 거행하지 않은' 책임을 물어서 備局 有司堂上과 左
議政 申景禛을 소환하고,[70] 八道監司도 소환하였으며,[71] 김상헌의 소
환이 지연되자 그를 체포하기 위해 군대를 투입하겠다고 협박하였
다.[72]

---

66) 『仁祖實錄』卷41, 仁祖 18년 庚辰 10월 壬戌, 35-100, 12ㄴ. 이 때 '不忍聞之
語'도 있었다는 것으로 보아 入朝나 易置 문제도 거론한 것 같다. 그렇지만
그 진의는 '今舟師調發之際 敢生橫議 致誤軍機者 將皆摘發'에 있었는데(同,
10월 乙丑, 13ㄱ) 조정에서는 이를 파악하지 못하고 있었다. 청국에서는 이미
5월에 조선 내의 반청 분위기를 파악하고 세자에게 그 경위를 묻고 있었다
(同, 卷40, 仁祖 18년 庚辰 5월 丁酉, 35-90, 28ㄴ). 이처럼 조선의 상황이 청
국에 상세히 알려지는 것에 대해서 인조는 潛商 때문이라고 하였지만 鄭太
和와 具鳳瑞는 譯官들 때문이라고 생각하였다. 구봉서는 京各司 吏胥의 태
반이 譯官의 친속이어서 문서를 왕래하는 가운데 이를 전파하여 치부 수단으
로 삼고 있다고 말하였다(同, 5월 庚子, 35-90, 29ㄱ~ㄴ).
67) 『仁祖實錄』卷41, 仁祖 18년 庚辰 10월 辛未, 35-100~101, 13ㄴ~14ㄱ.
68) 『仁祖實錄』卷41, 仁祖 18년 庚辰 11월 乙酉, 35-102, 16ㄴ.
69) 『仁祖實錄』卷41, 仁祖 18년 庚辰 11월 甲午, 35-103, 18ㄱ. 용골대 등이 신
득연을 협박하여 '橫議'를 주장한 자를 추궁하자 신득연은 최명길과 김상헌
・조한영 및 함창 유생 채이항을 써보였는데, 김상헌은 이미 소환하였으므로
조한영과 채이항을 소환한 것이다. 이 때 최명길이 소환되지 않은 이유는 명
백하지 않다.
70) 위와 같음, 18ㄴ.
71) 위와 같음, 11월 丁酉, 35-103, 19ㄴ.
72) 『仁祖實錄』卷41, 仁祖 18년 庚辰 11월 癸卯, 35-104, 20ㄱ. 용골대는 "국왕

이리하여 김상헌을 비롯한 조한영·채이항 등이 속속 심양으로 들어갔다. 인조는 김상헌 등의 일에 대하여 '宗社大計에 쫓겨서 이와 같은 차마 못할 짓'을 하여 기가 막힌다고 탄식하며 '國事'를 '마음대로 처리할 수 없는 것'[不能自由]에 대한 무력감을 토로하고, '요즘의 기상이 처참한 것은 정축년과 다를 것이 없다'라고 말하면서 결국 눈물을 흘리고 말았다[73] 漢人·向化人·走回人에 대한 刷送도 강력하게 시행되어 민심이 흉흉해졌다.[74] 그리고 柳琳을 대장으로 한 砲手 1천, 騎兵 5백, 牽夫 5백을 징발하였고,[75] 錦州 戰役에 世子와 大君을 종군케 하기 위해 精砲 50~60명을 징발하였으며,[76] 漢船의 출몰에 대비하여 兩西의 舟師를 빨리 출동시켜 '먼저 諸島를 점거'하라고 명하였다.[77]

그러나 이러한 청의 무력을 동원한 강압적 조치들은 실효를 거두지 못하였으며, 조선인들의 반발은 계속되었다. 錦州衛 전투에 참가한 조선군은 적극적으로 전투에 임하지 않았고,[78] 병사들도 출전을 꺼렸

과 대신 이하가 모두 김상헌과 한마음이라서 비호한다는 것을 잘 알고 있다"면서 만일 끝내 보내오지 않으면 김상헌을 체포하겠다는 뜻으로 글을 만들어 팔도에 효유하고 군대를 투입할 것이라고 말했다.

73) 『仁祖實錄』卷41, 仁祖 18년 庚辰 12월 丁巳, 35-105, 23ㄱ~ㄴ.

74) 『仁祖實錄』卷41, 仁祖 18년 庚辰 12월 庚申, 35-106, 24ㄱ~ㄴ; 同, 卷42, 仁祖 19년 辛巳 正月 戊寅, 35-107, 1ㄱ~ㄴ; 同, 2월 庚戌, 35-109, 4ㄱ.

75) 『燃藜室記述』卷26, 仁祖朝故事本末, 「淸人徵兵」, Ⅵ-595.

76) 『仁祖實錄』卷42, 仁祖 19년 辛巳 3월 癸巳, 35-111, 8ㄱ.

77) 『仁祖實錄』卷42, 仁祖 19년 辛巳 5월 癸巳, 35-117, 21ㄱ.

78) 우선 領兵將 柳琳은 稱病하고 지휘를 副將에게 위임하였으며, 軍中에 密令을 내려 '去丸'하고 발포하게 하였다(『藥泉集』卷17, 「統制使柳公神道碑銘」, 叢刊 132-215, 5ㄴ, "公在軍稱病篤 堅臥委軍事於副將 且密令軍中 發砲去丸 淸人初不之覺 俄而事露 戮下卒一人 而亦不以責公. 公因稱病轉甚 淸人許以他將代還"). 그리하여 星州軍 金得平은 '放砲不中'하였고, 李士龍은 '去丸虛放'하다가 이것이 '監胡'에게 발각되어 이사룡은 참수되고, 김득평은 杖刑에 처해졌다(『仁祖實錄』卷42, 仁祖 19년 辛巳 5월 戊寅, 35-115, 16ㄴ). 훗

다.79) 출몰하는 漢船에 대해서는 겉으로는 監·兵使를 申飭하여 '해안에 접근하지 못하게' 하고 瀋陽에 보고하였지만 동시에 平安監司 鄭太和에게 몰래 명하여 '粮饌'을 주게 하고, '우리나라가 마음대로 처리할 수 없는 상황임'을 전하게 하였다.80) 獨步를 보내 明과 交信한 것도 바로 이 때였다.81) 錦州衛 戰役이 치열하게 전개되던 인조 19(辛巳)·20(壬午) 연간에는 한선이 특히 빈번하게 출몰하였는데, 이를 살피지 않는다는 인조의 질책성 下敎에도 불구하고 潛通하는 일이 그치지 않았고 潛商도 횡행하였다.82)

───────────────

날 숙종은 이러한 李士龍을 表章하여 星州牧使를 증직하고, 그 후손을 녹용하게 했다(『燃藜室記述』卷26, 仁祖朝故事本末, 「淸人徵兵」, VI-595).

79) 『仁祖實錄』卷42, 仁祖 19년 辛巳 6월 甲寅, 35-118, 23ㄱ, "時遠近訛言 赴瀋軍全沒於戰陣 其妻子號怨不已 將行者莫不畏怵"; 同, 6월 壬戌, 35-119, 24ㄱ. 이 때 조정에서는 심양으로 떠나는 군사에게 '資裝綿布'를 주어 위로하였는데, 한 군사가 이것을 집어던지면서, '此去 吾當死矣 得此何爲'라고 말했다 한다.

80) 『仁祖實錄』卷42, 仁祖 19년 辛巳 8월 丙寅, 35-122, 31ㄱ; 同, 9월 癸未, 35-123, 32ㄱ. 平安監司 鄭太和는 이를 宣川府使 李烓에게 書信으로 전하였다가 나중에 이계의 발고로 청국의 사문을 당하였다(『息庵遺稿』卷22, 「大匡輔國崇祿大夫議政府領議政陽坡鄭公諡狀」, 叢刊 145-505, 14ㄴ. 이하 「陽坡諡狀」으로 줄임).

81) 『仁祖實錄』卷42, 仁祖 19년 辛巳 8월 戊辰, 35-122, 31ㄱ. 丁丑年 城下之盟 이후 獨步 파견을 비롯한 明과의 교섭은 崔鳴吉·申景禛·李時白 등 主和 變通論 계열이 주도하였다(『林忠愍公實記』卷5, 「年譜」, 崇禎 11년 戊寅 2月條; 『明谷集』卷29, 「崔鳴吉行狀」, 叢刊 154-464, 29ㄴ; 『燃藜室記述』卷26, 仁祖朝故事本末, 「獨步」, VI-596; 『灘叟實記』卷2, 「事跡」, 癸未 4월; 『尊周彙編』卷4, 崇禎 14년, 348~349쪽; 『仁祖實錄』卷44, 仁祖 21년 癸未 正月 戊午, 35-148, 3ㄱ 참조). 이들이 대명 교섭을 시도한 것은 정축년 이후 명과의 관계가 단절되었으므로 우리 쪽 사정을 일단 알려야 한다는 다분히 실무적 차원의 것이었다. 따라서 이들의 시도는 明과의 연합 작전을 통해서 淸을 정벌할 것까지 구상했던 義理論者들의 태도와는 구별된다.

82) 『仁祖實錄』卷43, 仁祖 20년 壬午 9월 庚午, 35-135, 18ㄱ; 同, 甲戌, "時淸國以沿海諸邑 多有與漢船潛通者 令我國遣官査出"; 同, 10월 庚戌, 35-138,

청국이 이러한 사태에 대해서 분명한 증거를 포착하고 조선 조정을 압박할 수 있게 한 것은 두 가지 요인 때문이었다. 하나는 錦州衛 戰役에서 패배한 명의 洪承疇가 항복하여 조선과의 교섭 사실을 청국에 알린 것이고, 또 다른 하나는 宣川府使 李烓의 발고였다.

洪承疇의 부하로부터 漢船이 宣川에 가서 "배 안에서 잔치를 벌이고, 大米 5백 斛과 인삼 5백 근을 선물로 받았으며, 문서도 있었다"는 증언을 들은 용골대 등은 明과 '往來貿易 私通不絶'한 것을 꾸짖고 이를 조사하기 위해 조사원을 보낸다는 내용의 칙서를 갖고 나와서, 崔鳴吉·李顯英·李植과 備局의 有司堂上, 兩司의 장관, 前平安監司 沈演, 前 兵使 金應海, 前 宣川府使 洪頤性 등을 모두 잡아오고, 현직 평안감사와 의주부윤도 모두 봉황성으로 들어오라고 명하였다.[83] 이들은 이를 관철시키기 위해 甲軍 2백 명을 데리고 나오는 것과 같은 군사적 위협도 불사하였다.

그리고 용골대의 명으로 李烓가 갑자기 잡혀들어 갔는데, 이계는 漢船에 대한 정태화의 書札을 바치고 獨步에 관한 일을 고해 바쳤으며,[84] 묻지도 않은 東陽尉 형제 申翊聖·申翊全, 許啓·李敬輿·李明

23ㄱ.

83) 『仁祖實錄』卷43, 仁祖 20년 壬午 10월 己酉, 35-137, 22ㄱ~ㄴ. 이들이 최명길을 부른 이유가 청국에서 柳琳을 불렀는데 그것을 반대한 것이라고 한 것을 보면 이 때는 아직 최명길이 독보를 통해 명과 통신한 것을 몰랐던 듯하다. 청국이 그것을 분명하게 파악한 것은 李烓의 발고와 潛商 高忠元·鄭二男의 초사를 통해서였다.

84) 이들이 李烓를 갑자기 체포한 것은 貳師 李景奭이 용골대 등에게 구두로 전달하였기 때문인 듯하다(『通文館志』卷9,「紀年」, 仁朝大王 20년 壬午, 10ㄱ). 그래서 이계는 갑자기 체포되었는데(『仁祖實錄』卷43, 仁祖 20년 壬午 10월 癸丑, 35-138, 23ㄴ), 용골대에게 鉤問받자 '持本國陰事 以告命壽'하였다(同, 10월 乙卯, 24ㄱ). 이 때 이계가 끌어댄 것은 軍官 李之龍과 전 평양감사 鄭太和였다. 최명길의 일을 공초한 것은 정주 상인 高忠元이었는데(『仁祖實錄』卷43, 仁祖 20년 壬午 10월 丙辰, 35-138, 24ㄱ), 비변사의 회계에 의하

漢 등 5신에 대해서도 발고하였다.[85] 그리하여 연말에 이들을 추문하는 사신이 나와서 심문하고[86] 결국 瀋陽으로 끌고 가 이듬해에 심양의 東館에 구금하여 버렸다.[87] 그리고 이들을 심문한 뒤 東陽尉 형제는 세자의 간청으로 석방하고,[88] 李敬興・李明漢・許啓 등은 모두 削職 放送하였지만[89] 崔鳴吉과 金尙憲은 계속 구금하였다. 이들에 대한 처분을 마무리하고 보내온 칙서에 의하면 최명길은 '간첩죄'[奸細之罪], 김상헌은 '무리를 현혹하여 나라를 그르친 죄'[惑衆誤國之罪]로 하옥하였으며, 高忠元 등은 참수형에 처하였다고 밝히고, 이후 동일한

면 "李烓書呈小紙之後 事之至此 固無足怪也"(同, 24ㄴ)라고 말하고 있고, 이 사건을 최종 처리한 칙서에도 "이계로 인해 단서를 얻었다"("皇旨以爲 因 李烓得緖 無可罪 而旣負本國 亦有後弊 送令本國科罪", 『通文館志』卷9, 「紀年」, 仁朝大王 20년 壬午, 10ㄴ~11ㄱ)고 되어 있는 것으로 보아 최명길의 일은 이계가 발고했다고 말해도 좋을 것이다. 용골대는 이로 인해 林慶業도 잡아들이라고 명하였는데, 임경업은 붙잡혀 金郊까지 왔다가 도주하자 조선정부는 팔도로 하여금 대대적으로 수색케 하고 현상금을 걸고 체포할 것을 명하였다(『仁祖實錄』卷43, 仁祖 20년 壬午 11월 壬申, 35-139, 26ㄴ).

85) 『通文館志』卷9, 「紀年」 仁朝大王 20년 壬午, 10ㄴ, "又告曾以侍從 下城後 論啓金尙憲 見忤黜降邊職. 又告東陽尉兄弟 許啓李明漢李敬興 預知漢船事." 조선 조정에서는 의외로 청국이 이계의 처분을 맡겨 오자 灣上에서 즉각 梟示하게 하였다(『仁祖實錄』卷43, 仁祖 20년 壬午 11월 戊寅, 35-140, 27ㄱ). 그 뒤에 청에서는 다시 '이계를 죽이지 말고 구금해 두고 기다리라'고 말했지만 그것은 이미 그를 참수한 이후였다(同, 11월 戊子, 35-141, 29ㄱ).

86) 『仁祖實錄』卷43, 仁祖 20년 壬午 12월 丁丑, 35-145, 37ㄴ. 인조가 질문하자 左議政 申景禛은 이들의 罪案에 대하여 "李敬興는 청국의 연호를 사용하지 않았다는 것이고, 李明漢은 지난해 명나라와 통신할 때 글을 지은 일이고, 許啓는 그 의논에 참여했다는 것이며, 東陽尉(申翊聖)은 時論을 주도했다는 것이고, 申翊全은 箕子廟의 제향에 참여하여 궁관을 그만두려고 꾀한 일이다" 고 답하였다(同, 12월 丙子, 35-144, 36ㄴ).

87) 『仁祖實錄』卷43, 仁祖 20년 壬午 12월 乙酉, 35-145, 38ㄴ ; 同, 卷44, 仁祖 21년 癸未 2월 乙亥, 35-149, 5ㄱ.

88) 『仁祖實錄』卷44, 仁祖 21년 癸未 2월 乙亥, 35-149~150, 5ㄱ~6ㄱ.

89) 『仁祖實錄』卷44, 仁祖 21년 癸未 2월 癸未, 35-150, 6ㄴ.

죄에 대해서는 법대로 처결하고 용서하지 않겠다고 천명하였다.90)

이로써 조선 내에서 명과 내통하거나 무역하는 일에 대하여 청국 나름으로 매듭을 지은 셈이었는데, 이 때 이들은 자신들의 이러한 행동을 합리화하는 논리를 만들어 세자에게 제시하였다. 즉 조선이 明에 대하여 임진왜란 때 은혜를 입었으므로 '先國王'까지 충성한 것은 옳지만 기미년 사르허 전투로 임진년의 은혜는 모두 갚은 셈이므로 지금까지 명에 연연하여 '(종사를) 지키는 계책'[扶植之計]으로 삼은 것은 매우 부당하다고 비판하였다. 그리고 병자호란과 그에 이어진 정축년 城下之盟으로 위로는 국왕과 세자로부터 아래로는 滿朝 群臣과 百萬 蒼生이 모두 '(청국) 황제의 은혜를 입어 살아났으므로' 그 은혜를 잊어서는 안 된다고 강변하고 청이 명과 전쟁을 벌여 만약 청이 불리해지면 당연히 '出兵하여 相救'해야 한다고 주장하자 세자는 '국왕에게 馳告하겠다'고 답할 수밖에 없었다.91)

이후에도 청은 조선에 대한 감시와 압력을 게을리하지 않았다. 인조 21년(癸未) 9월에는 청 太宗 홍타이지가 죽었는데, 그것을 알리는 告哀使로 於斯介·割斯介와 兩 博氏 등이 조선 조정에서 喪禮를 어떻게 치르는가를 감시하기 위해 밤낮으로 길을 달려 서울에 온 것은 그 대표적인 사례였다.92) 順治帝 즉위를 계기로 歲幣와 禮單을 줄여주고 최명길·김상헌을 석방하도록 허락하고, 의주에 감금되어 있던 신득연·조한영·채이항·박황 등도 이미 석방하였다고 칙서에 밝혔는데, 최명길과 김상헌은 실제로 석방되지 않았으며,93) 세폐와 예단을 줄여준

---

90) 『仁祖實錄』 卷44, 仁祖 21년 癸未 3월 戊午, 35-152, 11ㄱ~ㄴ.
91) 『仁祖實錄』 卷44, 仁祖 21년 癸未 2월 癸未, 35-150, 6ㄴ.
92) 『仁祖實錄』 卷44, 仁祖 21년 癸未 9월 甲午, 35-162, 30ㄱ.
93) 『仁祖實錄』 卷44, 仁祖 21년 癸未 10월 戊辰, 35-164, 35ㄴ~36ㄱ. 이들은 4월에 이미 석방되었는데(同, 4월 戊寅, 35-153~154, 13ㄴ~14ㄱ), 朴潢 등은 바로 석방되었지만 최명길과 김상헌은 실제로는 석방되지 않다가, 청이 북경

366

다는 것은 전혀 실상이 없었다.94) 이경여 등은 서용해도 좋다는 정명
수의 말을 듣고95) 이경여를 우의정으로 서용하여 인조 22년(甲申)에
세자를 보내주는 謝恩使로 심양에 파견하였는데, 심양에서 구류당하
는 사태까지 발생하였다.96) 징병은 명이 멸망한 이후 청이 북경으로
천도할 때까지 계속되었으며,97) 歲貢米는 그 이후인 인조 23년(乙酉)
까지 계속 요구하였다.98)

으로 천도하고 새로 즉위식을 거행한 이후에 비로소 석방되어 세자와 함께
귀국을 허락받았다(同, 卷45, 인조 22년 甲申 12월 戊午, 35-202, 64ㄴ).

94)『仁祖實錄』卷44, 仁祖 21년 癸未 10월 戊辰, 35-165, 36ㄱ.

95)『仁祖實錄』卷44, 仁祖 21년 癸未 10월 庚午, 35-165, 37ㄱ. 이 때 정명수는
譯官에서 勅使로 승진한 상태였다(同, 9월 丁巳, 35-164, 35ㄱ).

96)『仁祖實錄』卷45, 仁祖 22년 甲申 4월 丁卯, 35-179, 18ㄱ. 이경여를 구류했
을 뿐만 아니라 용골대 등은 "李景奭·李明漢·朴潢·閔聖徽·許啓·曹漢
英 등은 모두 南朝에 뜻이 있는 자들이니 모두 파직시키라"고 명하고 5신(李
敬輿·李景奭·李明漢·朴潢·閔聖徽)의 수용을 주장한 책임을 물어 '領相
과 吏判은 벌을 받아야 한다'고까지 말하였다. 청국에서는 북경으로 천도하
고 나서도 이경여·이경석·이명한·민성휘 등 4명만 세자의 간청으로 등용
을 '윤허'하였을 뿐, 그 나머지, 즉 朴潢·許啓·曹漢英의 등용은 허용하지
않았다(同, 卷46, 仁祖 23년 乙酉 2월 辛未, 35-207, 5ㄱ).

97)『仁祖實錄』卷45, 仁祖 22년 甲申 6월 癸未, 35-188, 36ㄱ.

98) 歲貢米는 원래 정축년 약조에 매년 1만 包(包는 조선의 石에 대응되는 청국
의 단위인 듯하다)를 보내도록 되어 있는데, 庚辰年에만 예외적으로 9천 포
를 감면받았을 뿐(『仁祖實錄』卷41, 仁祖 18년 庚辰 11월 庚寅, 35-102, 17
ㄴ) 매년 운송했던 듯하다. 명이 멸망하고 청이 북경으로 천도하는 동안에는
오히려 점차 요구량이 늘어나서 갑신년에는 1만 석을 추가로 요구하였으며
(同, 卷45, 仁祖 22년 甲申 9월 戊寅, 35-193, 45ㄴ), 이듬해인 乙酉年에는 무
려 20만 석을 요구하였다(同, 卷46, 仁祖 23년 乙酉 2월 甲戌, 35-208, 6ㄴ).
비변사와 해당 도감에서 정명수와 절충하여 겨우 10만 석으로 줄였는데(同,
2월 甲戌, 6ㄴ ; 同, 2월 乙亥, 6ㄴ~7ㄱ), 淸使가 백관을 모아놓고 7월 이전까
지 수송하라고 엄포를 놓자(同, 2월 庚辰, 35-209, 8ㄴ), 조선 조정에서는 감
히 이것을 거부할 엄두를 내지 못하였다(同, 3월 丙申, 35-211, 12ㄴ). 이로
인해 을해년에는 세공미를 거두어 운반하느라고 온 나라가 법석을 떨어야 했
다(同, 3월 庚戌, 35-215, 20ㄱ~ㄴ). 그렇게 해서 운반한 쌀이 運米船 102척

이제 조선 조정에서는 더 이상 청국의 요구를 거부할 엄두를 내지 못하였다. 그리하여 '오로지 청나라의 요구를 들어주어 무사하기를 바라는 것을 좋은 계책으로 여기는' 상황이 되었으며,99) '명령을 내리는 권한[制命之權]은 모두 청나라에 있기' 때문에 歲貢米 10만 석에 대한 청국의 요구를 수용할 수밖에 없었다.100)

계미년 말에 인조는 祭文과 祝帖에도 청국의 연호를 쓰라는 '密敎'를 승정원에 내렸으며,101) 영의정 이하 삼공·육경이 청국 황제의 '勅意'를 傳諭받기 위해 '서쪽 벽을 향하여 무릎을 꿇는' '見官禮'를 淸使의 館所에 나아가 거행하지 않으면 안 되었다.102) 大司諫 閔應亨이 '崇禎皇帝'의 죽음에 대해 服喪은 못하더라도 望哭하고 朝市를 정지하자고 건의하고, 承旨 申敏一은 '옛 군주를 위해 상복을 입는 것'은 청나라가 알아도 할 말이 있다면서 상복을 입자고 한 발 더 나갔으며, 인조 역시 "그 말이 매우 예에 합당하고 당초에 거행하지 못했으니 장차 천하후세에 부끄럽다"면서 대신에게 收議를 명하였지만 '결국 거행되지 못할' 정도로 조정 분위기는 변화되어 있었다.103)

또한 청나라에서는 世子와 元孫, 大君의 교체를 계속 강요하였고, 諸臣의 '質子' 역시 한 사람도 누락되는 것을 용납하지 않았다.104) 세자는 辛巳年 錦州衛 戰役에서와 같이 甲申年 명이 李自成 軍에게 멸

에 53,872석이었는데, 배가 부서져서 손실된 쌀이 17,725석이었고, 북경에 납부한 수량은 36,147석에 불과하였다(同, 9월 壬戌, 35-240, 70ㄱ). 이에 청국에서는 그 해 겨울에 미납된 쌀 5만 석의 추가 납입을 독촉하였다(同, 11월 癸亥, 35-249, 89ㄴ).

99) 『仁祖實錄』卷44, 仁祖 21년 癸未 6월 己卯, 35-158, 23ㄱ~ㄴ.
100) 『仁祖實錄』卷46, 仁祖 23년 乙酉 2월 乙亥, 35-208, 6ㄴ.
101) 『仁祖實錄』卷44, 仁祖 21년 癸未 12월 戊寅, 35-170, 46ㄱ.
102) 『仁祖實錄』卷45, 仁祖 22년 甲申 4월 甲申, 35-182, 23ㄱ.
103) 『仁祖實錄』卷45, 仁祖 22年 甲申 10월 辛未, 35-196, 52ㄱ.
104) 『仁祖實錄』卷45, 仁祖 22년 甲申 6월 癸未, 35-188, 36ㄱ~ㄴ.

368

망당한 이후 청의 北京 戰役에도 종군하지 않을 수 없었다.[105] 소현세
자는 갑신년 5월에 심양에서 북경으로 갔다가 6월에 심양으로 돌아와
서[106] 8월에는 다시 1,600여 리의 노정을 한 달 이상 걸려서 북경으로
갔는데, 이 때는 鳳林大君과 諸孫도 동행하였다.[107] 소현세자가 서거
한 이후 봉림대군이 세자가 되자 淸使가 와서 은근히 入朝를 요구하
고 謝恩使와 遠接使가 격에 맞지 않는다고 트집을 잡았다.[108] 姜嬪 獄
事 이후에는 소현세자의 아들들의 생사를 추궁하여 조선 조정을 긴장
시켰다.[109]

조선 조정이 청국의 요구에 굴종하면 할수록 칙사의 횡포도 더욱 심
해졌다. 칙사가 한 번 나오면 칙사를 접대할 비용과 이로 인한 민간의
출역도 벅찼지만, 칙사가 돌아갈 때 조선에서 얻은 물화를 운반하기
위해 의주에서 요구하는 刷馬를 공급하는 것도 만만치 않은 일이었
다.[110] 甲申年 淸이 북경으로 천도한 이후에는 공식적인 세폐는 감소

105)『仁祖實錄』卷45, 仁祖 22년 甲申 5월 甲午, 35-184, 27ㄴ~28ㄱ.
106)『仁祖實錄』卷45, 仁祖 22년 甲申 6월 癸未, 35-188, 36ㄱ.
107)『仁祖實錄』卷45, 仁祖 22년 甲申 9월 辛卯, 35-194, 48ㄱ. 소현세자는 癸未
　　年 12월에 심양을 출발하여(同, 卷 44, 仁祖 21년 癸未 12월 癸亥, 35-168, 43
　　ㄴ) 이듬해인 甲申年 1월에 서울에 도착하였다가 2월에 심양으로 출발하였
　　다(同, 卷45, 仁祖 22년 癸未, 2월 戊寅, 35-173, 5ㄴ). 그리고 12월에는 북경
　　을 출발하여 이듬해인 乙酉年 2월에 서울에 도착하였는데(同, 卷46, 仁祖 23
　　년 乙酉 2월 辛未, 35-207, 4ㄴ), 4월에 졸서하였다(同, 4월 戊寅, 35-216, 23
　　ㄱ). 따라서 세자의 갑작스러운 죽음에는 이러한 무리한 일정도 한 몫 하였을
　　것이다.
108)『仁祖實錄』卷48, 仁祖 25년 丁亥 3월 己亥, 35-295, 6ㄱ.
109)『仁祖實錄』卷49, 仁祖 26년 戊子 3월 己亥, 35-318~319, 6ㄴ~7ㄱ.
110) 예를 들면 庚辰年에 조선의 違約 사례 12가지를 나열하면서 조선을 질책하
　　기 위해 나온 용골대 등을 맞이하기 위해 각 站의 供費와 民間의 出役 비용
　　으로 호조에서 200석, 6조의 면포 15동을 지급하고 있고, 이들이 돌아갈 때의
　　쇄마 비용으로 宣惠廳에서 米 600석을 준비해 두고 있었다(『仁祖實錄』卷
　　41, 仁祖 18년 庚辰 10월 乙卯, 35-100, 12ㄱ~ㄴ). 의주의 쇄마 공급과 관련

되는 추세였는데,111) 이에 비례해서 칙사와 역관의 횡포는 더욱 늘어
갔다.112)

칙사가 서울에서 米布를 發賣하고 折銀할 때 市價의 10분의 1도 쳐
주지 않아 '市上齊民'이 '搥胸號泣'한다든가113) 의주에 머물면서 각 읍
의 항상적인 支供 이외에 '別樣需索之物'이 극히 번다하다는 평안감사
의 보고는114) 그러한 사례들에 속한다. 淸使가 譯官을 시켜 市民을 決
杖하겠다고 위협하여 '時貨'가 아닌 물건을 억지로 발매하려고 한 사
례도 있었다.115)

칙사의 세력을 믿고 역관들이 행패를 부리는 일도 비일비재하였다.
특히 鄭命壽와 결탁하여 李馨長이 부리는 행패가 교활하여 兩西의
監·兵使와 수령 및 경기도 일대의 수령들이 모두 이형장을 두려워하
여 앞을 다투어 뇌물을 바치는 형편이었다.116)

또한 칙사에게 조선 조정에서 주는 뇌물도 상당하였다. 乙酉年에는
인조가 淸使 두 사람에게 각각 銀 1,600냥, 정명수에게는 3,500냥을 하

해서는 인조대 내내 문제가 되었다.
111)『仁祖實錄』卷46, 仁祖 23년 乙酉 윤6월 乙酉, 35-232, 54ㄱ ; 同 卷48, 仁祖
    25년 丁亥 8월 辛巳, 35-307, 29ㄴ. 세폐 종류별 存減 來歷은『萬機要覽』上,
    財用篇 5,「歲幣各種元定數內存減來歷」, 677~678쪽 참조.
112) 淸使가 황제의 명을 칭탁하고 폐물과 예단을 받지 않으려 하자 조정에서는
    李馨長을 시켜 우리가 직접 수송해줄 뜻이 있음을 전하였는데, 鄭命壽 등은
    奏請使가 가는 편에 별도로 역관을 시켜 검속해 보내게 하고 있는 것은 그러
    한 추세를 반영한 사례였다(『仁祖實錄』卷46, 仁祖 23년 乙酉 윤6월 己丑,
    35-232, 54ㄴ~55ㄱ).
113)『仁祖實錄』卷48, 仁祖 25년 丁亥 3월 丙辰, 35-296, 8ㄱ.
114)『仁祖實錄』卷48, 仁祖 25년 丁亥 4월 丁亥, 35-299, 14ㄱ.
115)『仁祖實錄』卷50, 仁祖 27년 己丑 正月 己丑, 35-343, 3ㄱ.
116)『仁祖實錄』卷48, 仁祖 25년 丁亥 9월 戊申, 35-309~310, 34ㄴ~35ㄱ. 鄭命
    壽가 '貪縱無比', '奸巧'하다는 지적은『承政院日記』98冊, 仁祖 25년 丁亥 8
    월 20일 戊子, 5-666 下ㄱ에도 보인다.

370

사하였고, 또 세자가 청사 두 사람에게 각각 은 1,200냥, 정명수에게는 1,000냥을 주었는데,[117] 그 해 두 차례 칙사가 왔을 때 쓴 銀이 이미 21,440냥이라고 호조가 보고하였다.[118] 이듬해에는 세자 책봉사 일행에게 또 막대한 양의 은을 하사하였다.[119]

그렇다면 조선 정부에서는 정축년 이후 청과의 새로운 관계 속에서 발생한 이러한 비용을 어떻게 조달하였을까 하는 의문이 생긴다. 결론부터 말하면 인조 정부는 이를 대체로 田結에 부과할 수밖에 없었다. 그와 관련하여 주목되는 용어가 '結布'이다. 인조대 초에 이미 명 사신의 접대에 쓰기 위해 結布를 시행한 바 있었다.[120] 이 때는 정상적인 부세 운영으로는 적자 재정을 면치 못하였으므로 사신 접대와 같은 특별한 일이 생기면 신료들로서는 田結에서 수세하여 우선 긴급한 상황을 면하고자 하였던 것 같다. 이에 대해 인조는 매우 신중한 입장이어

---

117) 『仁祖實錄』 卷46, 仁祖 23년 乙酉 2월 壬午, 35-209, 8ㄴ~9ㄱ.

118) 『仁祖實錄』 卷46, 仁祖 23년 乙酉 6월 辛酉, 35-327, 44ㄱ. 인조와 세자가 준 은은 여기에 포함되지 않으며, 정부에서 지출한 칙사 접대 비용만을 지칭한 것으로 생각된다.

119) 『仁祖實錄』 卷47, 仁祖 24년 丙戌 正月 戊午, 35-255, 2ㄱ~ㄴ. 여기서 정명수에게 '例贈銀七百兩 密贈三千'이라 한 것으로 보아 칙사에게 1천 냥을 주는 것도 관례로 보아야 할 듯하다.

120) 명 사신을 접대하기 위한 비용을 마련하기 위해 인조 3년에는 3결포(『仁祖實錄』 卷8, 仁祖 3년 乙丑 2월 辛卯, 33-678, 22ㄱ~ㄴ)를, 인조 4년에는 6결포(同, 卷12, 仁祖 4년 丙寅 3월 癸亥, 34-84, 12ㄱ~ㄴ)를 시행하였다. 윤용출은 結布를 17세기 초·중엽에 시행된 임시적 현물세로 규정하고 그 내용을 山陵役과 詔使役 두 가지로 나누어 파악하였다(尹用出, 1995, 「17세기 초의 結布制」, 『釜大史學』 19 참조). 윤용출은 結布에 대하여 徭役의 物納稅化 측면에만 의미를 부여하였는데, 田結稅化도 중요하였던 것 같다. 大同法이 인조대 내내 논의에만 그치고 그 시행이 효종대로 미루어진 직접적인 원인은 바로 이 結布에 있었다고 보인다. 대동법은 결국 貢納의 田結稅化인데, 인조 조정에서는 徭役과 貢納 두 가지를 동시에 모두 田結에 부과할 수는 없었던 것이다. 효종대 대동법이 이 결포가 사라진 뒤 시행된 것이 그것을 말해준다.

서, 가능하면 전결의 부담을 늘리지 않는 선에서 대처하려 하였다. 그
리하여 인조 12년 삼남지방에서의 甲戌量田 이후 新 量案을 사용하는
대신 인조가 양전의 본래 의도였던 '均役'의 의미를 살려서 別收米 ·
皂隷米 및 兩西에서 移定한 結布를 모두 견감하라고 명하여 결포의
시행이 중단되었던 것 같다.121)

그러다가 丁丑年 淸使의 접대를 위해 호조에서는 다시 結布의 징수
를 청하였는데, 이번에는 10結 收布를 요청하였다.122) 己卯年에는 淸
使가 세 번이나 나와서 두 번까지는 모두 該曹에서 마련해서 버텼으나
세 번째 사신을 접대할 비용이 없어 다시 결포의 징수를 청하였는데,
이 때는 '陳田으로 인정해 준 것이 너무 많아 (세금을 거둘 수 있는)
전결이 크게 감소되어' 8결 수포를 해야 이전의 10결 수포와 수량이 같
아질 것이라고 비국에서 건의하자 인조가 따랐다.123)

그리하여 이제 結布는 부세 중의 하나로 인식되는 경향이 있었
다.124) 더구나 이후에는 인조가 난색을 보였음에도 불구하고 결포 징
수는 확대되는 경향을 보였다.125) 庚辰年에는 인조의 반대로 추가징수

---

121) 『仁祖實錄』卷31, 仁祖 13년 乙亥 6월 辛巳, 34-600, 36ㄴ.
122) 『仁祖實錄』卷35, 仁祖 15년 丁丑 7월 辛巳, 34-698, 13ㄱ.
123) 『仁祖實錄』卷38, 仁祖 17년 己卯 5월 甲申, 35-60, 33ㄱ～ㄴ. 인조가 처음부
    터 結布의 징수를 매우 어렵게 여겼음은 앞서 말한 바와 같다. 이해 초에 인
    조는 호조판서 李溟에게 세궤 마련방법을 물으니 이명은 3～4결포를 거두면
    해결할 수 있다고 답하였다(『承政院日記』68冊, 인조 17년 己卯 正月 7일 乙
    丑). 그런데 8결 수포를 건의한 것을 보면 인조가 3～4결 수포에는 반대 의사
    를 표명하였기 때문으로 보인다.
124) 『仁祖實錄』卷38, 仁祖 17년 己卯 6월 丙午, 35-62, 37ㄱ～ㄴ, "備局啓曰…
    …目今國家多故 賦役日煩 生民之困 可謂極矣. 其於事勢之不可已處 雖甚
    矜憫 亦無奈何 如賦稅之供 三手之米 西粮之運 結布之徵 是也."
125) 『仁祖實錄』卷41, 仁祖 18년 庚辰 9월 丁未, 35-99, 11ㄱ, "戶曹以勅使之行
    請略收結布. 上曰 此時民間 救死不贍 從略收布 亦所不忍. 國儲雖竭 民安
    則可以支過. 自本曹傾儲措辦 其勿分定於外方."

372

가 좌절되었지만 辛巳年에는 錦州衛 戰役에 군량을 운반하기 위해 結布뿐만 아니라 '結馬'의 징수도 불가피해지고 있었다.126) 壬午年 충청감사의 보고에 의하면 충청도의 경우 결포의 명목이 '三運交替軍 運載刷馬', '農軍資裝木' 등으로 늘어나고 있었다.127) 乙酉年에는 호조에서 歲幣의 부족분을 '民結'에서 징수하지 않을 수 없다고 말하였고,128) 세번째 淸使를 접대할 비용을 조달하기 위해 삼남과 강원 및 함경 등 5도에서 매 23결당 1필씩 거둬들이고 있었다.129)

결국 '結布'는 인조대 후반 청의 정치·군사적 압력 아래에서 국가를 지탱하는 중요한 요소가 되었는데, 이것이 내정에 미친 영향은 심대한 것이었다. 그것의 가장 심각한 측면은 인조대 후반 變通論, 그 중에서도 특히 대동법의 시행을 지연시킨 가장 핵심적인 요인으로 간주된다는 점이었다.

(3) 仁祖代 後半 變通論과 大同法의 좌절

인조대 후반에는 특히 청의 정치·군사적 압력으로 조성된 절박한 국가적 위기를 배경으로 하여 경세론이 다각적으로 제기되었다. 물론

126) 『承政院日記』80冊, 인조 19년 辛巳 11월 15일 丁亥, 4-856, 下ㄴ. 그렇지만 이것으로 끝난 것이 아니었다. 그 해 12월에는 錦州에 보낼 교체 군병을 조발하기 위해 結布 이외에 추가로 調兵과 徵布를 강행하지 않을 수 없었다 (同, 12월 23일 甲子, 4-874 上ㄱ).
127) 『仁祖實錄』卷43, 仁祖 20년 壬午 2월 辛亥, 35-129, 6ㄴ.
128) 『仁祖實錄』卷46, 仁祖 23년 乙酉 3월 庚戌, 35-215, 20ㄴ.
129) 『仁祖實錄』卷46, 仁祖 23년 乙酉 6월 辛酉, 35-227, 44ㄱ. 그런데 이후 淸使에 관련된 結布는 연대기에서 찾아볼 수 없는데 그 이유는 분명치 않다. 結布가 없어진 분명한 기록은 "在前勅使時 或別收結布 或取用各營 而今無是事"(『備邊司謄錄』제11책, 仁祖 25년 丁亥 3월 16일, 國史編纂委員會 影印本, 1982, 1권 894쪽, 이하 1-894로 표기)가 보인다. 즉 淸使 때문에 징수한 결포는 乙酉年 6월에서 丁亥年 3월 사이에 폐지되었다고 말할 수 있다.

당시에도 여전히 주자학 명분론과 의리론에 기초한 도학적 경세론이 주류를 이루었지만 인조대 전반의 變通論을 계승하여 法과 制度의 개혁을 통해 국가적 위기를 타개해야 한다는 주장도 지속적으로 제기되었다. 인조대 후반에는 이들 두 흐름이 서로 대립적이기보다는 상호보완적인 관계에 있었다는 점이 특징이었다. 청의 압력에 의해 대명의리론이라는 공분모 속에서 양자가 협력할 수 있는 토양을 형성하였던 것이다. 그렇지만 양자의 차이도 또한 분명하게 드러났다.

의리론의 극단에 있었던 논자는 서인으로는 金尙憲, 남인으로는 趙絅이 위치하고 있었다. 김상헌은 앞서 검토한 바와 같이 주자학 명분론과 의리론을 내세우면서 淸의 징병을 거부하라고 주장하였는데, 趙絅 역시 의리론을 천명하는 데 있어서 그에 뒤지지 않았다. 그가 庚辰年에 올린 10條疏에서는 ① 남한산성에서의 치욕을 잊지 말고 자강의 근본으로 삼을 것, ② 宗廟神主의 치욕을 잊지 말고 복수의 擧事를 일으킬 것, ③ 明의 再造之恩을 잊지 말고 朝聘을 통할 것, ④ 청의 兇狡한 말을 믿지 말고 國本을 보호할 것, ⑤ 上天의 경고를 소홀히 하지 말고 병자년 이전의 일을 거울로 삼을 것 등을 내세웠는데, 이는 당시 官人·儒者 일반의 공통된 정서라고 할 만한 것이었다.[130] 이를 실현하기 위해 그가 제시한 것은 ⑥ 환관이나 궁녀에게 빠지지 말고 날마다 儒臣을 만나서 조섭에 도움을 받을 것, ⑦ 개인적인 好惡를 없애고 賢邪를 辨別하여 조정의 기강을 진작할 것, ⑧ 虛文에 구애받지 말고 着實하게 장수를 선발할 것, ⑩ 백성을 돌보아서 나라의 근본을 굳히기 위해 君主의 節儉을 강조한 것 등으로서, 주자학 명분론과 의리론에 기초한 君主聖學論의 범주 가운데서도 君主修身만을 일방적으로 강조하는 내용으로 일관하였다.[131]

---

130) 『仁祖實錄』 卷40, 仁祖 18년 庚辰 5월 己丑, 35-87~88, 23ㄱ~25ㄴ.
131) 위와 같음, 35-88~89, 25ㄴ~27ㄱ. ⑨ 誠信交隣 以壯國勢에서 일본을 이용

374

이러한 의리론자들의 주장을 포괄하면서도 여기서 멈추지 않고 법과 제도의 개혁을 통해서 당시의 국가적 위기를 타개할 것을 주장한 대표적인 변통론자로서는 유백증, 조석윤, 조복양, 김익희 등을 들 수 있다. 병자호란 이전에 이미 국세를 만회하기 위해 법제의 변통을 강력하게 주장하여 척화 변통론의 입장을 취했던 유백증과 조석윤은 정축년 성하지맹 이후 청의 압력에 굴종할 수밖에 없는 현실을 강하게 비판하면서 변통론을 전개하였다.

俞伯曾(1587~1646)은 청의 압력에 의해 徵兵, 歲幣, 糧餉 등을 이행할 수밖에 없는 현실이 '反正의 名分'에 어긋나서 '부끄러운 마음이 광해군 때보다 백 배나 더하다'고 통탄하면서, '數千里의 封疆'과 '百餘萬의 人民'을 갖고도 청의 요구에 굴종할 수밖에 없을 정도로 '국력이 약해진' 것이 누구의 잘못이냐고 반문하였다.132)

정축년 성하지맹 이후에도 '잘못된 제도를 답습하여 혼란의 구렁텅이로 빠져 들어가 나라의 운명을 적에게 맡기고 마음대로 움직일 수 없는' 것을 보면 인조에게 과연 '復讐雪恥'에 대한 의지가 있는지 의심스럽다면서, '좋은 계책을 써서 弊政을 개혁'하지 않고 '(명나라에 대해) 망궐례를 거행하면서 통곡하고 조정에서 오열하는 것'은 '婦人의 仁'에 불과하다고 비판하였다. 그리고 徵兵, 歲幣, 糧餉 등을 淸의 요구대로 따라가다 보면 국가가 반드시 망하고 말 것이니, '섬겨도 반드시 망하고 섬기지 않아도 망할'[事之必亡 不事亦亡] 형세라면서 "옛부터 危亡한 나라가 없었던 적이 없지만 지금처럼 심한 경우가 있었는가" 라고 통탄해 마지않았다.133)

하여 청을 견제하는 방책을 말한 것이 좀 특이한 내용이었다.
132) 『翠軒疏箚』 卷3, 「辭大司諫疏」(癸未 9월 22일), 23ㄱ.
133) 『翠軒疏箚』 卷3, 「請復讐疏」(戊寅 10월 29일), 3ㄱ~ㄴ, 6ㄱ, 8ㄴ. 이는 유백증이 인조가 정축년 성하지맹 이후 매년 정월 초하루에 명에 대하여 望闕禮

그리하여 그는 한때 조정이 강화도로 들어간 뒤 명나라 군대를 청하여 청천강 이북에 주둔시키고 淸과 決戰을 해 볼 수도 있다고 생각하였다. 지금 '안팎의 인민'이 老弱大小를 불문하고 '皇朝'에 대한 말만 나오면 '흐느끼고 비분강개'하면서 모두 '팔을 걷어붙이고 용기를 내어 결전을 원할' 정도로 明의 '再造之恩'에 대한 생각이 골수에 차 있는 것은 지금의 '必亡之勢'가 '모두 오랑캐를 섬기는 것' 즉 淸을 섬기는 것에 있다고 믿기 때문이라는 것이다.

그렇지만 이 때도 그는 그 전제로서 '大義에 의거해 奮發하고 士氣를 높여 振作시키는 것'과 함께 '민의 폐단을 제거하고 인심을 따른다' 즉 民弊를 제거하기 위한 제도의 變通을 거론하였다.[134] 그가 '民弊를 痛革하기' 위하여 제안한 것은 祭享과 御供을 모두 限年 停罷하고, 諸宮家에 소속된 鹽盆과 魚箭을 모두 國家로 이관하는 것과 함께 大同法을 시행할 것,[135] 그리고 '내외의 역이 없는 한유자'는 '사족'을 물론하고 2필을 '수포'할 것과 귀천과 내외를 따지지 않고 10가를 1통으로 삼아서 1통에서 한 명의 전사를 양성하기 위해 '대소의 호구를 구분하여 쌀이나 포를 일정량' 거두어 養兵하는 방안이었다.[136] 즉 그는 도학적 경세론과 함께 대동법과 사족수포론을 내놓고 있었던 것이다.

趙錫胤(1606~1655)은 경진년에 원손을 심양에 보내는 것을 반대하였고, 김상헌·조한영·채이항 등이 심양으로 불려 들어가는 것을 '나라가 망하더라도 굳게 거절하자'고 주장할 정도로 청의 요구에 굴종하는 현실에 비판적이었다.[137] 그와 동시에 '난리 끝에 남은 민'이 '徭賦'

를 거행한 것, 신하들과 함께 눈물을 흘린 일 등을 비판한 것이었다.

134) 『翠軒疏箚』卷3, 「擬上疏」(庚辰 冬), 12ㄴ~13ㄴ, 14ㄴ.
135) 『翠軒疏箚』卷2, 「論尹昉金瑬張紳李敏求金慶徵疏」(丁丑 6월 22일), 49ㄴ~50ㄱ;同, 「請痛革民弊罷諸宮家鹽盆魚箭啓」(同年 11월 8일), 52ㄴ~53ㄴ.
136) 『翠軒疏箚』卷3, 「請復讐疏」(戊寅 10월 29일), 6ㄴ~7ㄱ.
137) 『樂靜集』卷8, 「請勿遣元孫赴瀋疏」(庚辰), 叢刊 105-370~371, 2ㄱ~4ㄴ;

와 '饑饉'으로 '流離失業'하여 원망이 도로에 가득 차서 民亂의 조짐이
나타날 정도의 국가적 위기를 극복하기 위해서는 '大振作大變革'하는
조치가 필요하다고 강조하였다.[138] 그는 반정 이후에 '舊習을 통렬하
게 혁파'하지 못하여 병자호란에서 '一敗塗地'하는 원인이 되었다고 말
하고, 늘 '更張'을 어렵게 여기는 인조와 '經費를 소홀히 할 수 없다',
'갑작스러운 변통은 거론할 수 없다'는 등 각종 핑계를 대면서 변통을
거부하는 신료들을 비판하였다.[139]

특히 '革弊惠民之局'이라는 특별 기관을 설치하여 '恤民'·'保民'을
위한 제도개혁을 추진할 것을 거듭 강조하였다.[140] 여기서 거론한 것
은 貢物防納之弊, 其人價布, 族隣之弊, 逃故闕布, 沿海魚鹽의 폐단,
屯田의 害 등이었는데, 이것은 그가 병자년에 權勢家에 의한 大土地
所有를 비판하고, 諸宮家 免稅之法의 혁파, 內需司를 비롯한 諸宮
家·權門·諸司에 의한 山林川澤의 절수 비판의 연장선상에서 나온
것이었다.[141]

趙復陽(1609~1671)도 또한 '革弊救民'과 같은 '非常之擧'를 위해서
는 '大段한 變通 과 節損'이 요구된다면서, 이를 실천에 옮기기 위해서
는 朝臣 중에서 '心計誠實者' 2~3인을 가려서 '句管堂上'과 같은 규정
을 만들어 그 일을 전담하게 해야 한다고 주장하여 사실상 조석윤이
말한 '革弊惠民之局'의 운영 방안을 구체화하였다. 그는 여기서 貢物
防納의 폐단을 해소하기 위해 大同法을 시행해야 한다고 특히 강력하
게 주장하였는데, 그는 이것이 '一時救民之道'일 뿐만 아니라 '東方治
化之基'가 될 수 있을 것이라고 대동법 시행에 대한 남다른 의지를 과

　　　同,「請勿遣金尙憲等入瀋疏」(未果上), 叢刊 105-371~372, 4ㄴ~7ㄴ.
138)『樂靜集』卷8,「請歸覲兼陳時弊疏」(癸未), 叢刊 105-374~375, 10ㄴ~12ㄴ.
139)『樂靜集』卷8,「陳民弊疏」, 叢刊 105-377~380, 15ㄴ~16ㄱ, 19ㄴ, 21ㄱ~ㄴ.
140)『樂靜集』卷9,「因旱災陳時事疏」, 叢刊 105-393, 12ㄱ~ㄴ.
141)『樂靜集』卷7,「應旨陳時務疏」, 叢刊 105-360~362, 17ㄱ~21ㄴ.

시하였다. 또한 군포 징수의 문란을 해소하기 위해서는 閑丁搜括과 年
例歲抄를 모두 중지해야 한다고 주장하였다.142)

金益熙(1610~1656)는 병자년에 홍문관에서 홍타이지를 청의 황제
로 추대하자는 '금국집정팔대신'과 '금국외번몽고' 명의의 서신을 받지
말라는 논의와 신사 파견을 반대하는 논의를 주도한 척화파의 일원이
었다.143) 정축년 정월 초에는 남한산성에서 그의 父 金槃과 함께 청에
화친을 청하는 국서를 보내는 것에 반대하고 '國君死社稷'之說에 동조
하였다.144) 그런데 그는 城下之盟 이후 생각이 바뀌었던 듯하다.

갑신년에 작성한 그의 「甲申封事」에 의하면, 그는 당시의 논자들을

> 금일의 논의를 볼 때 高者는 量力하지 못하고, 卑者는 束手하려 하
> 는데, 吾力을 헤아리지 못하고 성급하게 有爲하려 드는 것은 망령된
> 짓이다.145)

라고 비판하였다. 여기서 '高者'는 청과의 전쟁도 불사하자는 논자를,
그리고 '卑者'는 變通·更張을 꺼리는 논자를 지칭하는 것이 분명하다
고 생각되는데, 이는 결국 '의리론자'들의 주장을 비판한 것이었다. 그

---

142) 『松谷集』 卷3, 「論荒政疏」, 叢刊 119-111~114, 6ㄴ~12ㄱ. 趙復陽이 趙翼의
　　子임을 감안한다면 그가 대동법에 남다른 의지를 과시하는 것은 당연한 일이라
　　고 볼 수 있으며, 한정수괄과 연례세초를 중지하라는 그의 주장은 士族收布
　　論으로 나아갈 것임이 분명하였다.
143) 『滄洲遺稿』 卷12, 「玉堂請不受媵書不許西撻入國門箚」, 叢刊 119-458~459,
　　13ㄱ~15ㄴ ; 同, 「玉堂請勿送信使箚」, 叢刊 119-459~460, 15ㄴ~17ㄴ. 김익
　　희는 沙溪 金長生의 孫子이자 金槃의 子이고 愼獨齋 金集의 조카였는데 變
　　通論을 주장한 특이한 인물이었다.
144) 『仁祖實錄』 卷34, 仁祖 15년 丁丑 正月 己酉, 34-664, 6ㄱ.
145) 『滄洲遺稿』 卷8, 「甲申封事」, 叢刊 119-387~388, 4ㄴ~5ㄱ, "竊觀今日之論
　　高者不量力 卑者欲束手 不量吾力 驟欲有爲者 固妄矣. 以國家萬年之業 爲
　　目前苟安之圖者 亦不思之甚矣."

는 '때에 따라서 형세를 인식하고' 대응한다면 '별도의 환란'을 겪지 않고도 국가를 유지해 나갈 수 있다고 주장하였다. 이어서 '國君死社稷之說'도 비판하고, 지금이 어느 때인데 '평안한 시기를 답습하여' '앉아서 멸망을 기다리겠느냐'고 守法論者도 비판하였다.146)

그 대신 인조가 '有爲之志'를 갖고 분발한다면 '현명하고 유능한 인재를 임용하고 간사한 사람을 물리치며, 무너진 기강을 바로잡고 폐단을 혁파하며, 法度를 정비하고 事功을 일으켜서' '安民而固國'할 수 있으며, 이렇게 하여 '우리의 세력이 은연중에 강해져서 적을 두려워하지 않을 수 있게 된' 연후에는 '行巽之權'과 '竢復之長'이 가능하다고 하였다.147) 즉 그는 당시 청의 정치·군사적 압력에 대하여 제도개혁을 통해 국력을 길러서 대비해야 함을 역설하여 再造藩邦論으로부터 국가재조론으로의 전화를 보여준 전형적 사례에 속했다.

김익희는 "작게 변통하면 이익이 작고 크게 변통하면 이익이 크다" [小變則小益 大變則大益]는 程子의 말을 인용하면서 變通과 更張의 필요성을 거듭 강조하였는데,148) 물론 그가 '更張變通'해야 한다고 나열한 것들이 모두 제도개혁을 의미하는 것은 아니었다. 그가 여기서 제시한 것은 ① 賢才를 얻어서 책임을 맡긴다, ② 仕路를 맑게 하여 名器를 重하게 한다, ③ 贓法을 엄하게 하여 廉恥를 북돋운다, ④ 수령을 가려 뽑아서 국가의 근본을 重하게 한다, ⑦ 祀典을 삼가서 神人을 감동시킨다, ⑧ 公道를 넓혀서 紀綱을 진작한다, ⑨ 도학을 숭상하여 풍속을 바로잡는다는 것 등으로서, 대부분은 도학적 경세론의 범주

---

146) 위와 같음, 叢刊 119-388, 5ㄱ.

147) 위와 같음, 叢刊 119-386, 1ㄱ~ㄴ.

148) 그가 인용하고 있는 程子의 말은 "無今古無治亂 如生民之理 有窮則聖王之法 可改"(『滄洲遺稿』 卷8, 「甲申封事」, 叢刊 119-393, 15ㄱ), "天下之事 不進則退 無一定之理 惟智者爲能通其變於未窮 不使至於極……不捄則已 捄則須變 小變則小益 大變則大益"(同, 叢刊 119-397, 24ㄱ).

에 속하는 것이었다.

주목되는 것은 ⑤ 대동법을 시행하여 民力을 펴준다[行大同以寬民力], ⑥ 兵制를 닦아서 변방의 방위력을 높인다[修兵制以壯藩衛]는 두 항목이다. 그는 ⑤ 行大同以寬民力 항목에서 防納과 刀蹬의 폐단을 지적하면서 1결당 米 1석, 布 1필만을 호조에 '摠納'하게 하여 호조에서 該司에 분급하여 공물을 '각 기관이 시장에서 구입하게' 하자고 주장하였다.149) 그리고 ⑥ 修兵制以壯藩衛에서는 一身兩役의 폐단, 給保之規의 문란, 步兵收布의 폐단 등을 길게 논한 뒤 士族收布論을 제기하였다. 즉 '品官庶孼'의 자손이 양반을 칭하면서 '편안히 앉아서 역을 지지 않을' 뿐만 아니라 '土豪武斷의 무리'가 避役한 閑丁을 '長籬 안에 入接'하여 '雇僕'과 다름없이 役使하고 있다고 지적하고, 貴勢子弟·品官·校生으로부터 아래로 천한 氓隷에 이르기까지 1년에 收布 2필 하면 10만 양병이 가능해진다고 주장하였던 것이다. 이것은 '有田則有租 有身則有庸'이라는 '古人之法'이 있으니 '舊制를 修明'한 것에 불과하다고 '變通과 更張'에 대한 반발을 예상하고 이를 피해 가는 논리도 마련해 두었다.

인조대 후반에 청의 정치·군사적 압력으로 조성된 국가적 위기에 직면하여 이러한 문제점을 지적한 것은 이들만이 아니었다. 기묘년에 掌令 李尙馨은 身役과 田役이 겹쳐서 '뼈마저도 깎아내는' 형편이라면서 당시와 같은 큰 난리 이후에는 '大更張이 없을 수 없으니' 式年 大歲抄는 폐할 수 없더라도 매년 別歲抄라도 정지하자고 주장하였다.150) 신사년에 承文院副正字 李梡은 應旨上疏에서 大變通者 세 가지, 大振作者 네 가지를 거론하였는데, 그 가운데 '改貢賦' 항목에서 三公之子로부터 輿臺下賤까지 官爵이 없거나 生員·進士가 아닐 경우 15세

---

149) 『滄洲遺稿』卷8,「甲申封事」, 叢刊 119-392, 13ㄱ~14ㄴ.
150) 『仁祖實錄』卷38, 仁祖 17년 己卯 5월 丁丑, 35-59, 31ㄱ~ㄴ.

이상은 모두 收布 1필하고 모든 공물은 폐지하자는 독특한 주장을 내놓았다.151)

癸未年에 弘文館 副提學 金堉 등은 上箚하여 인조에게 '革弊救民'을 급선무로 삼으라고 요구하면서 衙門防納을 일체 금단하라고 주장하였다.152) 丁亥年에 이르면 大司諫 兪㯶, 司諫 閔光勳 등은 上箚하여 '貢物의 變通'과 '逃故의 蕩滌'은 이제 '논하는 자가 이미 너무 많아서' 물리도록 들었을 텐데[飫聞] 이를 시행하지 않는 이유가 뭐냐고 따져 물었다.153)

특히 大同法의 경우 인조 초에 시행되었다가 중단되었는데, 병자호란을 전후하여 이처럼 많은 논자들이 그 시행을 주장하고, 丁丑年 城下之盟 이후에는 忠淸監司 金堉, 慶尙監司 李命雄 등이 그 시행을 요청하였으며,154) 丙戌年에는 戶曹參判 李時昉을 비롯하여 參議 兪省曾 등이 다시 이의 시행을 주장하였는데도155) 시행되지 못한 이유는 어디에 있을까?

병술년에 이시방 등의 주장이 시행되지 못한 결정적 이유는 그 며칠 뒤에 최명길이 나서서 이를 반대하였기 때문인 것 같다. 문제는 왜 주화 변통론자로서 대신 책임정치를 골자로 하는 관제변통론을 제론하여 당대의 누구 못지 않은 변통론자인 최명길이 이를 반대하였는가 하는 점이다.

151) 『仁祖實錄』卷42, 仁祖 19년 辛巳 5월 癸未, 35-116, 18ㄱ.
152) 『仁祖實錄』卷44, 仁祖 21년 癸未 3월 丙申, 35-151, 8ㄱ~9ㄱ.
153) 『仁祖實錄』卷48, 仁祖 25년 丁亥 4월 庚辰, 35-298~299, 12ㄴ~13ㄴ.
154) 『仁祖實錄』卷37, 仁祖 16년 戊寅 12월 戊寅, 35-41, 32ㄱ ; 同, 卷39, 仁祖 17년 己卯 10월 壬子, 35-73, 20ㄴ. 己卯年 경상도에 대동법이 시행되었다는 이 기사는 私大同을 의미하는 것이었다. 이 시기 私大同에 대해서는 金德珍, 1996, 「16~17세기의 私大同에 대한 一考察」, 『全南史學』10 ; 박현순, 1997, 「16~17세기 貢納制 운영의 변화」, 『韓國史論』38, 서울대 참조.
155) 『仁祖實錄』卷47, 仁祖 24년 丙戌 7월 丁巳, 35-281, 33ㄱ~ㄴ.

이 때 최명길이 내세운 반대 이유의 첫 번째가 병자호란 이후 청의 정치·군사적 압력[十年兵革之餘]이었다. 이와 함께 자연재해로 인한 흉년, 沈器遠 옥사와 같은 逆變 및 이로 인한 민생의 어려움과 원망 등을 거론하였다.156) 결국 이런 이유들로 인해 '一夫의 怨咨'조차도 두려워해야 할 상황에서 '非時之擧'로 도리어 國體를 손상해서는 안 된다는 것이었다.

최명길이 이처럼 당시 대동법의 시행을 '非時之擧'로 보게 된 이유는 앞서 살핀 바와 같이 청의 정치·군사적 압력으로 발생하는 모든 비용을 田結에서 거둘 수밖에 없었던 현실에 있었다. 丙戌年은 歲貢米 10만 석을 조달하느라고 법석을 떨었던 乙酉年 바로 다음 해였다. 조선 봉건정부에서는 이를 결국 民結에서 조달할 수밖에 없었다.157) '結布'는 그것을 상징하는 용어였다.

이와 같이 청의 압력으로 인한 비용을 모두 田結에서 징수할 수밖에 없는 현실에서 또다시 공물 부담을 전결에 지우는 대동법을 즉각 시행하기는 어려웠던 것이다. 병자호란 직전에 대동법 시행을 강하게 주장했던 李植이 그 이후에는 이를 주장하지 않고 "오늘날의 계책은 安民만한 것이 없다. 저축도 그 다음이고 군정을 변통하는 것은 또 그 다음이다"라고 말한 이유도 바로 여기에 있었다고 생각된다.158)

이로 인해 대동법 시행은 효종 2년까지 미루어질 수밖에 없었다.159) 바꿔 말하면 인조 24년(丙戌)에 최명길의 반대로 무산되었던 대동법이 5년 후인 효종 2년(辛未)에 즉각 시행될 수 있었던 것은 인조대의 저

---

156) 『仁祖實錄』 卷47, 仁祖 24년 丙戌 8월 癸亥, 35-281, 53ㄴ~54ㄴ.

157) 『仁祖實錄』 卷46, 仁祖 23년 乙酉 3월 庚戌, 35-215, 20ㄴ.

158) 『澤堂集』 別集 卷4, 「庚辰九月陳時務密箚」, 叢刊 88-325, 6ㄴ.

159) 한영국, 1998, 『대동법의 시행』, 『한국사』 30, 국사편찬위원회, 486~487쪽. 인조대 대동법 논의에 대해서는 李廷喆, 2004, 「17세기 朝鮮의 貢納制 改革論議와 大同法의 成立」, 고려대 박사학위논문, 제1장 2절과 3절에 자세하다.

와 같은 논의의 소산이었다고도 말할 수 있는 것이다.

2) 對明義理論의 內面化와 沈器遠 逆謀事件

(1) 對明義理論의 內面化와 政治的 現實主義

청의 정치·군사적 압력과 이에 굴종할 수밖에 없는 현실은 이 시기 官人·儒者들에게 對明義理論이 내면화되는 계기가 되었다. 그것은 우선 出仕를 기피하는 것으로 나타났다. 이에 대해서는 정축년 이후 인조와 최명길에 의해 여러 차례 그 무책임성이 논파된 바 있는데, 徵兵, 歲幣 등으로 청의 요구에 굴종할 수밖에 없는 현실에서 그에 대한 반발도 만만치 않았다. 大司憲 金榮祖는 사대부가 퇴거하여 산야에 있는 이유가 '더러운 군주를 섬기는 것을 부끄러워하는 것'[恥事汚君]이라고 하고, 기꺼이 과거에 응하지 않는 儒生을 '小朝에 들어가는 것을 부끄럽게 여기기' 때문이라고 말하는 것과 같은 유언비어[興訛造謗]가 만연되어 일망타진하려는 조짐이 '조석 간에'[不朝則夕] 있을 것 같다는 위기의식을 전하였다. 그리고 이는 광해군 때에도 없었던 일이라고 비판하고, "이러한 말세를 당하여 벼슬하지 않은들 무슨 흠이 되느냐"고 항변하였다.160) 宋時烈·宋浚吉 등을 중심으로 湖西 지방에 山林이 형성되어 정치적 영향력을 갖기 시작한 것도 바로 이 무렵부터였다.161)

그리고 청의 압력에 굴종할 수밖에 없는 현실은 인조반정의 명분 그 자체를 위협하는 것이 아닐 수 없었다. 이에 대해서는 유백증을 비롯한 변통론자들이 주로 문제 삼았다.162) 그렇지만 신료들 내부에서 반

---

160)『仁祖實錄』卷35, 仁祖 15년 丁丑 8월 丁未, 34-700~701, 17ㄴ~18ㄱ.
161) 金世奉, 1995,「17世紀 湖西山林勢力 研究」, 檀國大 博士論文 참조.
162) 한명기, 2003, 앞의 논문, 84~86쪽.

정의 명분에 대한 의식이 약화되는 것은 피할 수 없는 일이었다. 辛巳年에 광해군이 죽었을 때의 작은 소동은 그것을 말하는 것이었다. 당시의 예조판서 李顯英은 인조반정을 '遜位'라고 표현하고 百官의 '變服과 會哭'을 주장하여 물의가 일어났다.163)

이에 대해서는 李時白이 강력하게 이의를 제기하였다. 그는 인조반정을 '遜位'라고 표현하는 것을 반박하고, 이러한 주장을 논파하지 못하면 '나라는 나라답지 못하고 군주는 군주답지 못할'[國不爲國 君不爲君] 것인데 宰相은 말하지 않고, 臺諫도 그르다고 하지 않으니 '殿下는 위에서 孤立되고 群臣은 아래에서 含黙한다'고 당시 조정 내에서 반정의 명분에 대한 의식이 희박해지는 현실을 비판하였다.164)

청의 압력이 국가적 차원에만 그친 것은 아니었다. 신료들에게서도 역시 이에 굴종하지 않을 수 없는 일이 일어날 수밖에 없었다. 甲申年에 掌令 李曼은 宰相家에서 '다투어 음식을 마련하여 사신에게 아부한' 일이 있었다고 폭로하고, 이것을 '禍를 避하고 福을 求'하기 위해 '節義'를 저버린 '私交'라고 비판하였다.165) 이만이 지적한 재상가는 李植이었는데, 이식은 이것은 자신의 처자가 한 일인데 자신이 미리 알았더라도 금할 수 없었을 것이라면서 '私交의 罪와 賂遺의 恥'를 면할 수 없다고 자수하였다.166) 이만도 그것을 알고 이를 지적한 것이었다. 당시 청과의 접촉이 늘어나는 가운데 신료들 사이에서 그들과 안면이

163) 『仁祖實錄』卷42, 仁祖 19년 辛巳 7월 甲申, 35-120, 26ㄴ. 이현영은 이시백의 비판으로 제출한 추고함사에서는 자신의 입장을 변명하면서 "광해가 倫紀에 죄를 얻어 신민들에게 버림을 받았으니 대의상으로는 죄인으로 여겨야 마땅하겠습니다만, 관 뚜껑을 덮은 뒤에 있어서는 이유없이 흐르는 눈물이 어찌 옛 관인에 대한 것보다 못할 수가 있겠습니까"라고 말하여 의리론자의 입장을 대변하였다(同, 27ㄴ).

164) 『承政院日記』79冊, 仁祖 19년 辛巳 9월 13일 丙戌, 4-825, 上ㄴ~下ㄱ.

165) 『仁祖實錄』卷45, 仁祖 22년 甲申 11월 壬寅, 35-200, 60ㄴ.

166) 『仁祖實錄』卷45, 仁祖 22년 甲申 11월 乙巳, 35-201, 61ㄴ~62ㄱ.

익숙해지고 또 일을 매끄럽게 처리하려다 보면 '公議'와 '王法'을 돌아
볼 여지가 없어지는 것이 현실이었던 것이다. 의리론자들이 출사를 기
피하는 실질적 이유도 여기에 있었다고 보아야 할 것이다.

의리론자들이 출사를 기피함에 따라 반정공신 가운데 병자호란 패
전의 책임을 지고 처벌받았던 金瑬, 沈器遠, 金自點 등과 같은 정치적
현실주의자들이 다시 등용되는 것은 피할 수 없는 일이었으며, 폐모
정청에 참여했던 북인 계열의 沈悅, 鄭廣敬, 金蓍國 등도 중용되었
다.167) 폐모론자의 등용에 대해서는 大司諫 兪伯曾이 강력하게 이의
를 제기하였지만 무시되었다.168) 이러한 현상들은 청의 압력으로 도덕
적 명분주의가 약화되고 정치적 현실주의가 강화되는 흐름을 반영한
것이었다. 이러한 추세는 지배층 내부의 紀綱을 문란케 하고 사치와
방종을 부채질하여 사대부들이 廉恥를 몰라 뇌물이 횡행하고 탐장이
낭자하다는 지적을 낳았다.169) 이와 관련하여 당시에 탄핵을 당한 대
표적인 인물이 沈器遠, 李溟, 李景曾 그리고 金瑬였다. 이는 정치적
현실주의에 대한 의리론자들의 대응의 한 유형이었다.

兵曹參議 閔應亨은 大臣이 '正其身'하지 못하고서 어떻게 백관을
통솔할 수 있겠느냐면서 金瑬, 李聖求, 沈器遠을 탄핵하였다.170) 김류
는 '괴팍하여 남의 말을 듣지 않고 자기 멋대로 일하므로'[剛愎自用]
'危亂'에 대처하여 큰일을 꾸려갈 수 없고, 이성구는 '다른 사람의 쌀을
받아서' 洪茂績에게서 이미 탄핵을 받았으며, 심기원은 守禦使를 겸하
면서 列邑의 貢物을 防納하였다고 폭로하였다. 심기원은 이후 大司憲
洪茂績의 탄핵을 받고 결국 좌의정을 사직하였다.171)

---

167)『仁祖實錄』卷44, 仁祖 21년 癸未 10월 丁巳, 35-164, 35ㄱ.
168)『仁祖實錄』卷44, 仁祖 21년 癸未 10월 丁巳, 35-164, 34ㄱ~35ㄱ.
169)『仁祖實錄』卷43, 仁祖 20년 壬午 6월 丁卯, 35-134, 15ㄱ.
170)『仁祖實錄』卷44, 仁祖 21년 癸未 3월 甲寅, 35-151~152, 9ㄴ~10ㄱ.
171)『仁祖實錄』卷44, 仁祖 21년 癸未 10월 丙戌, 35-166, 38ㄱ~ㄴ, 大司憲 洪

호조판서 李溟은 持平 李塝이 발론하여, 執義 金益熙·掌令 李時萬·持平 李塝·李齊衡 등이 削奪官爵을 청한 이후 兩司가 연계하여 몇 개월이 지난 이후 단지 罷職에서 그쳤다.[172] 이조판서 李景曾에 대해서는 유백증이 대신과 함께 인견한 자리에 함께 참여하여 그의 면전에서 인사 부정을 탄핵하였다.[173]

그런데 심기원을 제외하면 이들에 대한 탄핵은 일사불란하게 이루어지지 못하였으며, 구체성을 결여한 경우가 많았다. 사헌부의 이명에 대한 탄핵은 내부의 의견 불일치로 우여곡절을 겪었으며, 그의 죄명으로 나열된 것들도 개인적인 비리에 해당되는 것은 없고, 단지 '掊克', '剝割', 즉 백성들에게서 가혹하게 징수하였다는 것이었는데 이는 청의 압력에 대한 반발이 당색이 다른 李溟을 매개로 표출된 것이라는 인상이 강하다.[174] 이경증에 대해서는 유백증이 발론한 직후 양사가 바로 나서서 탄핵하였지만 구체성을 결여하여 '措語가 朦朧하고 人情에 끌려서 塞責하는 듯하다'고 우의정 徐景雨로부터 오히려 비판받았다.[175]

김류는 민응형의 비판에도 불구하고 오히려 다시 영의정에 제수되자, 양사에서 당시의 국가적 위기를 수습할 인물이 못 되니 체차하라고 청하였다.[176] 이러한 탄핵 역시 구체성을 결여한 것은 마찬가지였

茂續啓 ; 同, 11월 戊申, 35-168, 42ㄱ.

172) 『仁祖實錄』 卷45, 仁祖 22년 甲申 9월 癸卯, 35-194, 48ㄴ~49ㄱ, 持平 李塝 啓 ; 同, 9월 己酉, 35-195, 50ㄱ~ㄴ.

173) 『仁祖實錄』 卷45, 仁祖 22년 甲申 10월 丁丑, 35-197, 54ㄱ~ㄴ.

174) 李溟의 탄핵에 대해 인조가 '淸使之行 一年再三 而戶曹於接應之際 一不加賦'라고 그를 높이 평가하고 있는 것이 그것을 말해준다(『仁祖實錄』 卷45, 仁祖 22년 甲申 10월 甲辰, 35-195, 49ㄴ).

175) 『仁祖實錄』 卷45, 仁祖 22년 甲申 11월 甲申, 35-199, 57ㄱ.

176) 『仁祖實錄』 卷45, 仁祖 22년 甲申 10월 癸未, 35-198, 36ㄴ. 김류에 대한 탄핵 역시 순조롭지 못하였다. 원래는 양사가 領議政 金瑬와 左議政 洪瑞鳳을 모두 탄핵하려고 모여 의논하였지만 논의의 불일치로 성사되지 못하다가(同,

는데, 민응형이 김류를 탄핵한 실제 이유는 청의 압력에 굴복하는 그의 행태에 있었다.[177] 계미년에 다시 前 察訪 李重馨이 應旨上疏하여 김류와 이경증을 탄핵하였는데, 이 때는 김류에 대하여 '家舍가 崇高한 것과 재산을 聚斂한 것'이 광해군 때의 柳希奮이나 朴承宗보다 심하다고 그 비리를 구체적으로 지적하였다.[178]

이에 대해 인조는 김류가 병자호란 전에는 浮議에 휘둘려 일을 그르친 것이 많았지만 다시 영상이 된 뒤에는 '잘못이 조금도 없으므로' 그에 대한 탄핵은 부당할 뿐만 아니라 당시처럼 청국에 구애되어 '조정이 텅 비었다'고 할 만한 시기에 영의정을 탄핵하여 내쫓으려 하는 것은 '無計慮之甚者'라고 그 비현실성을 지적하였다. 그리고 '年少한 무리들이 國事에 성의를 다하려 하지 않는다', '명망이 무거운 사람이 國事에 최선을 다하려 하지 않는다'고 의리론자들이 도덕적 명분주의를 내세우면서 출사를 기피하는 경향을 거듭 비판하였다.[179] 그리하여 인조는 민응형을 順天府使로 外補하고, 김류를 재차 영의정으로 기용

10월 壬午), 김류만 탄핵하기에 이른 것이었다.

177) 『仁祖實錄』卷45, 仁祖 22년 甲申 10월 丁丑, 35-197, 53ㄴ~54ㄱ. 여기서 청국이 말하기도 전에 김류가 먼저 제기한 일이란 順治帝가 북경으로 천도한 이후 重臣으로 陳賀使를 보내자고 주장한 일을 말한다. 민응형은 이것을 예로 들면서 '영상이 나오면 나라는 반드시 망할 것'(領相若出 則國必亡矣)이라고 극언하였다.

178) 『仁祖實錄』卷46, 仁祖 23년 乙酉 12월 辛巳, 35-252~253, 93ㄴ~94ㄱ. 李重馨은 朴知誠의 제자로서, 元斗杓·李澥 등과 친밀하였다고 한다. 이중형이 金瑬와 李景曾을 동시에 탄핵한 것은 이들이 당시에 정치적 현실주의에서 공동보조를 취하였기 때문이다(同, 卷45, 仁祖 22년 甲申 11월 癸巳, 35-199, 58ㄴ 참조). 閔應亨과 洪茂績이 심기원을 탄핵한 이후 沈器遠 옥사가 일어났는데, 이경증이 이들의 '干名沽直之狀'을 미워하여 淸選에 주의하지 않았다고 한 것은 이경증이 金瑬·沈器遠의 政治的 現實主義에 동조하는 인물이었음을 말해준다.

179) 『仁祖實錄』卷45, 仁祖 22년 甲申 12월 丁巳, 35-201~202, 62ㄴ~63ㄴ.

하였으며, 이후 다시 김류를 탄핵한 전 찰방 이중형은 遠竄하는 등 강
력하게 대응하였다.

이와 같이 이 시기 정치적 현실주의가 강화되는 흐름은 인조대 내내
문제가 된 內需司와 諸宮家·衙門의 폐단 역시 심화시켰다. 이것은
의리론자들이 제기하는 도학적 경세론 중에서 유일하게 제도개혁을
요구하는 부분이었는데, 정치적 현실주의가 강화되는 추세에 밀려서
거의 실효를 거두지 못하였다.

정축년 이후 국가적 위기에 직면하여 의리론자와 변통론자를 막론
하고 많은 논자들이 내수사의 폐단을 거론하였다. '王者無私'의 원칙에
입각하여 그 자체의 혁파를 주장하는 것으로부터,[180) 민간의 전지 침
탈은 물론, 내수사 노비의 복호·투탁 문제, 내수사 獄의 폐단, 내수사
차인의 횡포 등 내수사의 폐단이 거의 전 범위에 걸쳐 거론되었다. 특
히 인조대 후반에는 趙錫胤이 이에 대해서 가장 적극적이고 지속적인
관심을 기울여 그의 시무상소에는 모두 내수사 문제를 거론하였다.[181)
그러나 인조는 내수사 문제에 대해서는 한 치의 양보도 허용하지 않았
다.[182)

그렇지만 궁가와 아문의 폐단에 대해서마저 무조건 거부할 수는 없
었다. 여러 宮家에서 魚鹽稅를 징수하는 폐단을 변통하는 것에 대해서

---

180) 『承政院日記』인조 16년 戊寅 4월 22일 乙卯, 4-40 下ㄴ~42 下ㄱ, 大司諫
    全湜 等 ; 『仁祖實錄』卷40, 仁祖 18년 庚辰 5월 己丑, 司諫 趙絅……上十條
    疏.
181) 『樂靜集』卷13, 「玉堂應旨進言箚」(庚辰), 叢刊 105-463~469 ; 同, 卷8, 「請
    歸覲兼陳時弊疏」(癸未), 叢刊 105-376, 13ㄱ~ㄴ ; 同, 「陳民弊疏」, 叢刊
    105-377~378, 15ㄴ~17ㄱ ; 同, 卷9, 「因旱灾陳時事疏」(丙戌), 叢刊 105-392,
    10ㄱ~ㄴ.
182) 甲申年에 평안도에서 받아들인 내수사와 각사의 노비공포를 심양에 들여보
    낸 일이 이 때 인조가 양보한 유일한 예인 듯하다(『仁祖實錄』卷45, 仁祖 22
    년 甲申 3월 乙未, 35-174, 7ㄴ~8ㄱ).

388

정축년에는 계속 거부하였지만183) 신사년 이후에는 따라 주기도 하였다.184) 宮家에서 立案을 받아 山林·川澤을 折受하는 폐단에 대해서도 甲申年에 사간원에서 적발하여 금단할 것을 청하자 따랐다.185) 그렇지만 문제는 이러한 조치들이 일시적인 현상에 그치고 그 이후에는 더욱 증가한다는 데 있었다.186) 각 衙門의 屯田에 대해서는 '丁丑年 이후에 신설된 곳은 모두 혁파하라'고 傳敎하였지만 그 이후에도 계속 문제가 되고 있었다.187) 乙酉年에 李景奭이 各 衙門 屯田과 宮家의 農庄이 民田을 侵占하는 폐단을 거론하자 인조는 절수된 立案의 유효성을 내세우면서 거부하였는데 이경석이 '굳게 청하기를 그치지 않으니'[固請不已] 마지못해 따라 주었지만,188) 며칠 뒤 비변사에서 둔전의 폐단을 종합적으로 거론하면서 다시 그 폐지를 계청하자 정축년 이후 설치한 둔전은 이미 조사 처리하였다는 핑계로 거부하였다.189)

이와 같이 인조대 후반에 청의 압력으로 비롯된 국가적 위기를 배경

183) 『仁祖實錄』 卷35, 仁祖 15년 丁丑 11월 壬申, 34-709, 34ㄴ. 여기에 대해 '諸宮家만 음식에 어염이 없을 수 없다'는 교묘한 답변으로 거부하는가 하면(同, 35ㄱ), "그 곳이 과연 賜牌한 곳이면 폐지할 수 없을 것이고, 사패한 곳이 아니라면 본 읍에서 마땅히 수세해야 할 일인데 대간이 논열할 필요가 어디 있느냐"고 비켜 나가기도 하였다(同, 12월 丙辰, 34-713, 42ㄱ).

184) 『仁祖實錄』 卷42, 仁祖 19년 辛巳 2월 癸丑, 35-109, 4ㄱ, "憲府備陳諸宮家魚鹽権税之弊 請令各道監司 査問嚴禁 上從之." 그리고 같은 해 9월에는 宮家에서 圖書를 보내 노비를 추쇄하거나 빚을 징수한다는 명목으로 민간을 침탈하는 폐단을 엄금하라고 사헌부가 청하자 역시 따랐다(同, 9월 戊寅, 35-122, 31ㄴ).

185) 『仁祖實錄』 卷45, 仁祖 22년 甲申 2월 壬子, 35-172, 3ㄱ.

186) 『仁祖實錄』 卷46, 仁祖 23년 乙酉 5월 己酉, 35-224, 39ㄴ.

187) 『備邊司謄錄』 제7책, 仁祖 20년 壬午 11월 23일, 1-599. 각 아문 둔전 혁파에 대한 이 傳敎에 대해서는 자주 거론되는데, 언제 내려진 것인지는 찾지 못하였고 이 기사가 가장 시기적으로 빠른 것이다.

188) 『仁祖實錄』 卷46, 仁祖 23년 乙酉 10월 戊申, 35-247, 85ㄱ~ㄴ.

189) 『仁祖實錄』 卷46, 仁祖 23년 乙酉 11월 癸丑, 35-248, 87ㄱ.

으로 내수사와 제궁가 및 아문의 폐단이 집중적으로 거론되었지만 그
것이 수용되지 못한 것에는 역시 청의 압력으로 형성된 정치적 현실주
의에도 그 원인이 있었다. 조선후기 왕실과 훈척 및 권세가에 의해 대
토지 소유가 확대된 것에는 이러한 배경도 작용하였던 것이다.

(2) 沈器遠 逆謀 事件과 義理論

청의 정치·군사적 압력에 굴종할 수밖에 없는 현실에 대한 조야의
광범위한 반발을 배경으로 하여 발생한 역모사건이 바로 沈器遠 逆謀
事件이었다. 심기원은 유생으로서 인조반정에 참여하여 반정 초부터
儒將으로서 명성이 있어서 將帥職 물망에 자주 올랐다.[190] 그리고 이
귀·최명길은 물론 李時白 형제와도 돈독한 관계를 유지하였다.[191] 그

---

190) 반정 초에 이귀는 심기원이 병조판서나 체찰사도 감당할 만하다고 평가하였
다(『仁祖實錄』卷1, 仁祖 元年 癸亥 3월 庚戌, 33-511, 21ㄴ). 그 뒤 심기원
은 삼사의 淸職을 두루 역임하면서도 癸亥年에는 都元帥 張晩 휘하의 元帥
府贊畫使(同, 卷3, 仁祖 元年 癸亥, 11월 乙丑, 33-566, 37ㄴ), 甲子年 이괄의
난 당시에는 漢南都元帥(同, 卷4, 仁祖 2년 甲子 2월 甲午, 33-579, 22ㄱ), 丙
寅年에는 三南都檢察使(同, 卷14, 仁祖 4년 丙寅 10월 乙卯, 34-145, 34ㄴ),
丁卯年 胡亂 당시에는 都巡檢使(同, 卷15, 仁祖 5년 丁卯 正月 乙酉,
34-159, 7ㄱ)를 거쳐 申景裕와 함께 扈衛大將이 되었다(同, 卷17, 仁祖 5년
丁卯 10월 甲午, 34-229, 22ㄴ). 그리고 병자호란 당시에는 留都大將(同, 卷
33, 仁祖 14년 丙子 12월 甲申, 34-657, 41ㄱ), 諸道元帥(同, 12월 庚子,
34-661, 49ㄱ) 등을 거쳐서 丁丑年 정월에는 金自點이 都元帥에서 兩西元帥
로 강등되자 三南江原道元帥가 되었다(同, 卷34, 仁祖 15년 丁丑 正月 甲辰,
34-663, 3ㄴ).
191) 최명길은 병자호란 패전의 책임으로 유배 상태에 있던 심기원의 석방을 청하
였고(『仁祖實錄』卷36, 仁祖 16년 戊寅 2월 甲辰, 35-8, 16ㄴ ; 同, 2월 壬子,
35-10, 19ㄱ), 신경진은 그의 등용을 청하였다(同, 卷37, 仁祖 16년 戊寅 7월
癸未, 35-28, 7ㄱ). 이시백 형제 역시 그와 매우 가깝게 지내서 심기원 옥사
이후 자신들의 결백을 변명하는 상소를 올리지 않으면 안 되었다(同, 卷45,
仁祖 22년 甲申 6월 壬申, 35-187, 24ㄱ).

렇지만 이들이 정치적 현실주의자이자 변통론자였지만 심기원은 변통
론에 거의 관심을 기울이지 않았다.[192] 그리하여 정치 노선상으로는
오히려 김류 쪽에 가까운 인물이었다.

병자호란 당시 그의 행적은 분명히 기대에 못 미치는 것이었지만 불
가피한 측면도 있었다고 생각된다.[193] 무인년에 崔鳴吉·申景禛 등의
석방과 등용 건의를 거부하였던 인조는 기묘년 7월에 그를 석방하고
경진년 2월에 金自點과 함께 바로 扈衛大將으로 삼았으며,[194] 신사년
에 병조판서를 거쳐서 임오년에 우의정으로 고속 승진하였다.[195] 그의
이러한 고속 승진은 앞서 언급한 바와 같이 청의 압력으로 인해 정치
적 현실주의가 강화되는 흐름을 반영한 것이었다. 그는 정승으로 재직
하면서 수어사를 겸직하였다가 앞서 살펴본 것처럼 민응형과 홍무적
의 탄핵을 받고 좌의정에서 사직한 뒤, 4개월 만에 副司直 黃瀷과 五
局別將 李元老의 上變으로 역모가 발각되어 거사일을 하루 앞두고 체
포되어 伏誅되었다.[196]

---

192) 예를 들면 정묘호란 당시에 호패법의 폐지를 가장 먼저 계청하였고, 임진강
　　방어론을 주장하여 이귀와는 그 노선을 달리하였다(『仁祖實錄』卷15, 仁祖 5
　　년 丁卯 正月 乙酉, 34-159, 6ㄴ, 7ㄱ).
193) 병자호란 당시의 심기원의 활동에 대해서는 柳在城, 1986, 『丙子胡亂史』,
　　192~13쪽 참조.
194) 『仁祖實錄』卷39, 仁祖 17년 己卯 7월 丙子, 35-66, 6ㄴ ; 同, 卷40, 仁祖 18
　　년 庚辰 2월 癸丑, 35-80, 9ㄴ.
195) 『仁祖實錄』卷42, 仁祖 19년 辛巳 2월 戊申, 35-108, 3ㄴ ; 同, 卷43, 仁祖 20
　　년 壬午 10월 庚戌, 35-138, 23ㄴ.
196) 『仁祖實錄』卷45, 仁祖 22년 甲申 3월 己酉, 35-175, 9ㄱ~ㄴ ; 同, 35-178,
　　15ㄴ. 심기원 역모 사건에 대해서는 李泰鎭, 1977, 앞의 책, 112~114쪽 ; 한명
　　기, 2003, 앞의 논문, 86~88쪽 참조. 그런데 이를 김자점이 조작한 것으로 보
　　는 것(이태진, 1977, 앞의 책, 114쪽)은 지나친 비약이었다. 김자점을 親淸派
　　로 간주하는 것도 사실과 일치되지 않는다. 당시에 인조 조정 내에서 친청 행
　　보를 갖기란 거의 불가능에 가까웠다고 생각된다. 김류·김자점·심기원은

이 역모의 가장 중요한 배경은 청의 정치·군사적 압력에 굴종하는 조선의 현실에 있었으며, 武臣들 사이에 만연된 조정에 대한 불만을 이용하여 무력으로 왕을 교체하고 명과 합세하여 청을 정벌할 것을 구상하였다. 심기원은 정축년 성하지맹의 치욕을 당한 인조를 반정의 명분을 거스른 것으로 간주하고 왕위에서 물러나게 한 뒤, 세자에게 전위하게 하거나 懷恩君을 추대하여 왕으로 옹립하려 하였으며, 그 名分으로서 '종사를 지키고 강상을 수립할 것'[扶宗社 樹綱常]을 내세웠다.

그가 이러한 역모를 구상한 것은 정축년 이후였으며, 먼저 자신의 재산을 털어 壯士를 모집하여 은밀하게 양성하였다.197) 그리고 청국의 체포령을 피하여 탈출시킨 林慶業을 통하여 명과 내통한 뒤, 漢船이 나오기를 기다려서 精銳 砲手 5만 명을 거느리고 瀋陽을 쓸어버리고 遼東을 수복할 것을 구상하였다.198) 또한 權斗昌 등은 명의 漢船과 합세하기 위해 崇禎 연호를 사용하려 하였으며, 宮家의 魚鹽之利를 혁파하고 '內帑所儲之貨'를 '括出'하여 '養兵之本'으로 삼는다면 '일이 매우 正大하여 의리에 해롭지 않을 것'이라고 생각하였다.199)

왕위교체에 관한 것만 제외한다면 이러한 이들의 주장은 당시 의리

청의 압력에 굴종할 수밖에 없는 인조의 정치적 현실주의에 동조하였다고 보는 것이 보다 사실에 가까울 것이다. 그런데 이에 대한 주자학 의리론자의 반발을 역이용하여 집권하려 한 것이 심기원 역모사건이었다.

197) 『仁祖實錄』 卷45, 仁祖 22년 甲申 3월 己酉, 35-175, 9ㄴ~10ㄱ. 그가 역모를 구상한 것은 호란의 패전으로 처벌을 받고 나서 서용되기 이전부터였다고 보아야 할 듯하다. 그가 守禦使로 있으면서 방납을 하였다는 민응형과 홍무적의 탄핵은 사실이었는데, 이것도 거사 자금을 마련하기 위한 것이었던 듯하다. 따라서 이들의 탄핵 그 자체가 거사의 계기가 된 것은 아니었다.

198) 위와 같음, 35-176, 12ㄱ~ㄴ, 哨官鄭蕡供稱. 경진년에 청국이 최명길과 임경업을 소환하였을 때 임경업을 도망하게 하여 명으로 탈출시킨 것은 심기원과 김자점이 같이 모의하여 한 것임이 후일 임경업의 공초로 분명해졌다(『仁祖實錄』 卷47, 仁祖 24년 丙戌 6월 壬辰, 35-279, 49ㄴ, 50ㄱ).

199) 『仁祖實錄』 卷45, 仁祖 22년 甲申 3월 己酉, 35-177, 14ㄱ~ㄴ.

론자들의 지향과 거의 일치하는 것이었는데, 이들은 당시 그 의리론을 대표하는 '淸流'를 제거할 것을 구상하는 모순된 태도를 보였다. 심기원은 스스로 '청류'를 자처하는 사람들이 '조정을 혼란에 빠뜨려서 국사가 나날이 잘못되게' 하고 있다면서 거사 후에는 '청류' 50여 인을 먼저 죽여야 한다고 하였고, '時輩' 중에는 더불어 사업을 의논할 만한 인물이 한 사람도 없다면서 '정치를 혼란시키는 인물'은 모두 제거해야 한다고도 말했다.200)

이렇게 본다면 심기원 역모사건은 스스로의 사상적 지향과 세력기반을 혼동하는 잘못을 범하고 있음을 알 수 있다. 그리고 그 자신 정치적 현실주의에 편승하여 출세 가도를 구가하였으면서도 의리론자들의 구상이 비현실적이라는 것을 간파하지 못하고 역모에 이를 차용하는 모순을 노출하였다. 이것이 당시 조야에 광범위하게 존재하고 있던 反淸 정서에도 불구하고 이 사건을 일과성의 촌극으로 머물게 한 중요한 요인이었다. 이 사건의 실패로 조야에서는 대명의리론이 더욱 내면화되었고, 인조 정권의 정치적 현실주의를 더욱 강화시키는 방향으로 작용하였다고 생각된다. '國有長君'論에 입각한 세자 교체와 姜嬪 獄事는 그러한 인조의 정치적 현실주의의 연장선상에서 나온 것이었다.

---

200) 위와 같음, 35-175, 10ㄱ~ㄴ. 이것은 黃瀷의 공초에 나오는 심기원의 말인데, 심기원은 자신의 공초에서 이것을 부인하였지만(同, 35-177, 13ㄱ), 그가 무신들과 역모를 하려고 한 배경에는 '淸流'에 대한 武臣들의 불만을 이용하려는 측면도 작용하였다고 생각된다(同, 35-176, 11ㄴ). 이 때 '時輩' 중 李時白만은 제거대상에서 제외하려 한 것을 보면 더욱 심기원 본인의 구상이었다는 생각이 든다(同, 35-175, 10ㄴ).

2. 王權 强化와 變通論의 位相

1) '國有長君'論과 姜嬪 獄事

(1) '國有長君'論과 世子 交替

청이 북경에 입성한 후 昭顯世子는 을유년 2월에 귀국하였는데 4월에 급서하였다.[201] 인조는 소현세자의 장례를 마치자마자 의정부 堂上과 六卿, 判尹, 兩司의 長官 등을 引見하여 후사 문제를 논의하였다.[202] 이 때 인조가 원손인 소현세자의 장자를 제치고 鳳林大君을 세

---

201) 소현세자에 대해서는 金龍德, 1977, 「昭顯世子 硏究」, 『朝鮮後期思想史硏究』乙酉文化社, 393~460쪽 ; 崔韶子, 1997, 「淸廷에서의 昭顯世子」, 『명청시대 중·한 관계사 연구』, 이화여자대학교 출판부, 237~253쪽 ; 李迎春, 1998, 「昭顯世子와 孝宗의 繼承權」, 『朝鮮後期 王位繼承 硏究』, 集文堂, 179~212쪽 참조. 김용덕은 '소현세자는 독살된 것이고 殺太子의 장본인은 바로 仁祖'라고 단정하였으며, 姜嬪 獄事도 '전혀 捏造된 것'(앞의 논문, 394쪽)이라고 주장하여 후대의 연구는 모두 이를 기정사실로 인정하고 있으나 이는 사실로 받아들이기 어렵다. 소현세자가 독살되었다는 유일한 근거는 宗室 珍原君 世完의 증언(『仁祖實錄』卷46, 仁祖 23년 乙酉 6월 戊寅, 35-229, 48ㄴ)인데 이는 조선시기의 시신 처리 절차의 과학성을 몰각한 후대의 증언에 불과하다. 屍身에 毒殺의 기미가 있는 것을 親父인 인조가 몰랐다는 것도 상식과 동떨어진 말이며, 소현세자의 상을 당하여 인조 스스로가 '大小斂을 內官에게만 맡겨 둘 수 없으니 族親 4~5인을 들여보내라'고 하교하고 있는데(同, 4월 己卯, 35-218, 26ㄱ) 인조가 소현세자를 독살하려 하였다면 있을 수 없는 일이다. 醫官 李馨益에 대한 처벌을 주장하는 것은 왕실의 초상에서 의례적인 일이며, 이에 인조가 반대한 것은 그가 인조도 치료하고 있었기 때문이다. 이후에 발생한 소현세자의 장례를 둘러싼 다툼은 주자학 명분론과 의리론에 의거하여 古禮를 따라서 朱子從厚說을 실천하려는 신료들과 이에 반대하고 『實錄』에 의거하여 조선왕조의 前例를 답습하려는 인조 사이의 갈등을 반영한 것이었을 뿐이다. 무엇보다도 중요한 것은 당시 정세로 보아 인조가 소현세자를 독살할 이유가 없었다는 점이다. 청국에서 '易置'의 가능성을 내세우면서 인조를 위협한 것은 앞서 이미 살핀 바와 같지만, 당시에는 청의 북경 입성이 이미 완료되어 그러한 필요성 자체가 소멸된 상태였다.

자로 지명하기 위해 내세운 논리가 '國有長君'論이었다. 인조는 신료들 일반을 지배하고 있는 주자학 명분론과 의리론에 입각하여 신료들이 宗統論과 守經論을 내세우면서 반발할 것을 미리 예상하고 이를 합리화하기 위해 權道論과 大臣責任論을 제기하고 이를 太宗이 讓寧大君을 폐한 사례와 世祖—睿宗—成宗 당시의 왕위계승 사례를 들어서 자신의 주장을 합리화하였다.

인조는 李敬輿가 常經을 지키면 保國할 수 있지만 權道를 쓰면 '人心'이 '波蕩'해질 것이라고 위협하자 세조 때의 일을 예로 들면서 대신 책임론을 거론하고, '權을 行하여 中을 얻는 것'이 '鎭定하는 방도'인데 무슨 '波蕩'할 근심이 있느냐고 반박하면서203) 세조 때의 일을 '隨時變通者'라고 합리화하였다. 그리고 자신도 '순서에 따라서 계승하는 것'이 '至順'한 것을 모르는 것이 아니지만 '금일의 형세'가 반드시 '나라에 장성한 군주가 있어야만'[國有長君] 宗社를 보존할 수 있다고 생각하기 때문이라고 말했다.204) 李植이 '書生의 식견'으로는 '오로지 常道를 지킬' 뿐 어떻게 '權變'을 알겠느냐고 회피하자, 인조는 '權을 쓰는 방도'를 모른다면 '詩書'를 어디에 쓰겠느냐고 비판하고 '今日의 定策'이 알기 어려운 權謀術數와 같은 것은 아니지 않느냐고 반문하였다.205)

---

202) 『仁祖實錄』 卷46, 仁祖 23년 乙酉 윤6월 壬午, 35-229~231, 49ㄱ~52ㄱ. 이때 元孫의 나이는 10세였는데, 인조가 세자 교체를 서두른 이유는 청국 사신이 나와서 이를 묻는 것에 대비하기 위한 것이었다. 실제로 이틀 후에 청국 사신과 대면한 자리에서 '幼稚元孫'이 후사를 잇는 것은 '危疑不安'하다고 청국의 입장을 전달하였는데, 인조가 봉림대군으로 교체한 것을 밝히자 네 사신이 다 기뻐하면서 '東方之幸'이라고 말하였다고 인조가 전했다(同, 윤6월 甲申, 35-231, 53ㄴ).

203) 『仁祖實錄』 卷46, 仁祖 23년 乙酉 윤6월 壬午, 35-229, 49ㄴ. 후일 인조는 이경여의 '人心……波蕩'이라는 말을 빌미로 그를 원방정배시켰다.

204) 위와 같음, 35-230, 50ㄱ.

인조가 이와 같이 신료들을 설득하였음에도 불구하고 李敬興·洪瑞鳳·沈悅·李德泂 등 의리론자들은 물론 李植·李景奭·李時白·金堉 등 변통론자들 역시 守經論을 고집하자 인조는 여러 차례 큰 소리를 지르면서 대신들의 합의 도출을 강요하였다.206) 그러자 金自點이 먼저 이것이 인조의 '深思遠慮'에서 나온 것이라면 '속히 斷定해야지 꼭 어렵게 여길 필요가 있느냐'[宜速斷定 何必持難]며 동조하였고, 김류 역시 인조의 뜻이 이미 정해졌다면 '신이 어찌 감히 가부를 논할 수 있겠습니까'라고 호응하면서 인조가 분명하게 '下敎'한다면 결단할 수 있다고 말하였다.207) 이에 인조는 대신의 의사가 歸一되었는지를 묻고 김류가 '異議가 없는 듯하다'고 답하자 비로소 봉림대군을 세자로 삼겠다는 의사를 분명하게 밝혔다.208)

이후 봉림대군이 스스로 세자를 사양하는 상소를 제외하면 이에 대해 이의를 제기한 사람은 없었다. 오히려 신료들은 봉림대군이 세자로 결정된 이후에 '私室'에 거처하는 것은 '매우 미안한 일'[誠極未安]이라면서 대궐 안으로 거처를 옮기게 하라고 청하였지만 인조가 오히려 '책봉되기 전에 대궐 안에 거처하는 것은 禮에 불가하다'고 거부하는 형편이었다.209)

이처럼 봉림대군으로의 세자 교체는 의리론자와 변통론자가 수경론을 내세우면서 모두 반대하는 가운데 인조가 형세론·권도론에 입각한 국유장군론으로 이를 합리화하고, 김류·김자점 등 정치적 현실주

---

205) 위와 같음, 50ㄱ~ㄴ.
206) 위와 같음, 51ㄱ.
207) 위와 같음, 50ㄴ ; 同, 51ㄱ, "(金)瑬曰 自上若下明敎 則可以立決."
208) 위와 같음, 51ㄴ, "上默然良久曰 大臣之意 則皆歸於一耶. (金)瑬曰 似無異議也" ; 同, 35-231, 52ㄱ, "上曰 以鳳林大君爲世子."
209) 『仁祖實錄』 卷46, 仁祖 23년 乙酉 윤6월 己丑, 35-232, 54ㄴ ; 同, 6월 壬辰, 55ㄴ.

의자들의 찬조로 강행되었으며, 대부분의 신료들 역시 이를 현실로 받아들일 수밖에 없었다. 그런데 世子嬪 姜氏가 이를 받아들이지 못하여 姜嬪 獄事가 빚어졌던 것이다.

(2) 姜嬪 獄事와 王權 强化

소현세자빈 姜氏가 廢黜·賜死된 것은 인조 24년 3월이었는데, 그것은 잘 알려진 것처럼 전복구이[生鰒炙]에 독이 들어있는 것이 발각되어 시작되었다.[210] 이 때 인조의 備忘記에 의하면

　姜嬪이 瀋陽에 있을 때 몰래 易位를 도모하였으며[潛圖易位], 紅錦과 翟衣를 미리 만들어 두었고 內殿의 호칭을 참칭하였다. 작년 가을에는 (大殿에서) 至近한 곳에까지 쫓아와서 분을 못 이겨 소리를 지르고 問候하는 禮를 폐한 지 이미 오래 되었다. 이것을 참으면 무엇을 참지 못하겠는가. 이것으로 미루어보건대[推度] 흉물을 묻고 독을 넣은 것[埋凶置毒]은 모두 다른 사람의 소행이 아닌 것이다.[211]

---

210) 金龍德, 1977, 앞의 논문, 442~443쪽 ; 李迎春, 1998, 앞의 책, 200~205쪽 참조. 여기서는 姜嬪 獄事 전체를 모략의 소산으로 보고 있는데, 이것은 사실과 일치하지 않는다. 姜嬪獄이 捏造되었다고 보는 견해는 모두 趙昭容과 金自點의 음모의 소산으로 간주하고 있는데, 이것은 孝宗代 金自點 역모사건 이후 사림의 입장, 특히 숙종대 丙申處分 이후 老論 당론의 소산이다(金龍德, 1977, 위의 논문, 454~456쪽 참조). 이러한 시각에 선 논자들은 『仁祖實錄』의 "由是兩宮隔絶 御膳置毒 勢所不能 而上意如此 人皆疑其由於趙氏之構成也"(卷47, 仁祖 24년 丙戌 正月 辛亥, 35-255, 1ㄴ)라는 실록 편찬자의 사론을 사실로 단정하고, 강빈 옥사의 전모가 궁인들을 비롯한 관련자들의 자백을 통하여 분명하게 밝혀진 또 다른 기사(同, 卷48, 仁祖 25년 丁亥 4월 丙申, 35-299~300, 14ㄴ~15ㄱ)는 무시하고 있다. 이 기사에 대한 분석은 후술한다.

211) 『仁祖實錄』卷47, 仁祖 24년 丙戌 2월 庚辰, 35-256, 4ㄱ~ㄴ.

라고 강빈의 죄를 나열하고 이러한 '君父를 害치려고 한' 죄를 다스리라고 該曹에 명하였다. 강빈이 심양에 있을 때 '몰래 왕위교체[易位]를 도모하였다', '紅錦과 翟衣를 미리 만들어 두었다', '內殿이라는 호칭을 僣稱했다'는 등의 소문은 당시에 광범위하게 퍼져 있었다. 그렇지만 아직 구체적인 물증은 없었고, 大殿 '가까운 곳에 접근하여 소리를 질렀다', '問候하는 禮를 廢했다'는 것만으로 廢黜·賜死하는 것은 너무 지나친 일이었으며, 궁중 안에 흉물을 묻고[埋凶] 御膳에 독을 넣은 일[置毒]은 姜嬪이 한 일이라는 분명한 증거가 없어서 '推度'할 뿐이었다.212)

그래서 신료들은 모두 나서서 반대할 수밖에 없었는데, 인조는 이경여, 홍무적, 심로 등을 처벌하고 최명길·이경석 등을 비판하면서 이를 강행하였다. 세자 교체에는 찬성했던 김류조차 이에 반대하다가 면직되었으며, 오직 김자점만이 인조의 뜻에 부응하였다.

그런데 그 후 밝혀진 강빈의 행위는 위의 備忘記나 廢黜·賜死 당시의 죄목보다도 훨씬 구체적이고도 심각한 것이었다. 인조 25년에 강빈의 행적에 깊이 관여했던 소현세자의 宮人인 辛生의 자백으로 관련자 10여 명을 국문하였는데, 이들의 공초에서 인조 22년 강빈이 심양에 있을 때 內人 繼還 등에게 보낸 편지에서 "세자를 내보내고(즉 입국시켜서 왕으로 삼고) 大殿으로 대신하게 하도록 (즉 인조를 세자 대신 심양에 오게 하여 붙잡아두도록) 청나라에 도모하려 한다"[方圖淸國 出送世子 而代以大殿]라고 말하여 '易位'를 도모했음이 밝혀졌으

---

212) 『仁祖實錄』 卷47, 仁祖 24년 丙戌 正月 辛亥, 35-255, 1ㄴ~2ㄱ. 이 때 인조는 內獄에서 5인의 殯宮內人과 3인의 御廚內人을 국문하였지만 사실을 밝혀내지 못하였다. 그런데 양사가 이들을 의금부에 내리라고 논계하자 이를 허락하였는데, 難玉·貞烈 등이 不服하고 죽어서 아무것도 밝히지 못하고 鞫廳을 파하였다. 그 이유는 이들이 범인이 아니었기 때문임이 나중에 밝혀졌다. 인조는 이로부터 한달 여를 망설이다가 강빈을 폐출할 결심을 하게 된다.

며, '御膳'에 독을 넣은 일은 監水剌 宮人 一例의 소행이라는 자백을
받아냈다.213) 뿐만 아니라 세자가 교체된 뒤인 인조 23년 겨울에는 새
세자를 독살하기 위한 음모도 있었다. 그리고 '埋凶' 즉 궁중에서 저주
를 위해 사용할 사람의 뼛가루를 심양에 있을 때부터 반입한 사실은
말 그대로 낭자하게 드러났으며, 여기에 강빈의 母 申氏와 姜文星・文
明・文斗・文璧 등 강빈의 오라비들이 깊숙이 관여한 사실도 밝혀졌
다.214)

이러한 일들에 대하여 인조 24년에는 수사를 통해서 구체적인 실상
을 밝히지는 못하였지만 인조는 이미 확신을 갖고 있었다. 그런데 신
료들 입장에서는 소문은 무성하였지만 구체적으로 드러난 것은 없었
으므로 인조가 주장하는 대로 무조건 따라 갈 수만은 없었다. 여기에
강빈의 폐출과 사사를 둘러싼 인조와 신료들 사이의 대립의 필연성이
있었다.

인조는 자신이 이미 앞서 인용한 비망기에서 밝힌 일에 대해 신료들
이 신뢰를 보이지 않는 것을 심각하게 받아들였다. 인조의 생각에는
비록 국청에서 구체적인 사실을 밝히지는 못하였지만 자신의 비망기

---

213) 『仁祖實錄』 卷48, 仁祖 25년 丁亥 4월 丙申, 35-299, 14ㄴ, '內婢愛順供稱'.
　　御膳에 독약을 넣은 일은 강빈의 母인 禮玉의 공초에서도 시인하였으며, 나
　　인 繼還의 오라비인 書史 崔得立의 공초에서는 砒礵을 두 차례 걸쳐 궁중에
　　들여보낸 일과 세자와 인조를 교체할 것이라는 말도 확인되었다(同, 35-300,
　　15ㄱ). 따라서 이것을 '辛生이 構誣'한 것으로 보는 老論 黨論(金龍德, 1977,
　　앞의 책, 456쪽)은 역사적 사실을 왜곡한 것이다.
214) 위와 같음. 姜碩期의 子 4형제는 이미 인조 23년 8월에 모두 濟州 등지에 유
　　배된 상태였다(金龍德, 1977, 앞의 논문, 440쪽). 즉 이 때 인조는 이미 강빈
　　과 그 일족의 음모를 눈치채고 있었는데, 구체적인 증거를 포착하지 못하여
　　이듬해인 인조 24년 2월까지 강빈의 처벌을 망설이고 있었던 것이다. 이외에
　　도 궁중 내부의 각종 詛呪 事件, 遺書件, 姜嬪의 裕腹子 살해사건 등이 일어
　　났다(金龍德, 1977, 위의 논문, 444쪽, 447~448쪽). 이러한 일들이 계속되자
　　인조는 강빈의 賜死를 결심한 것 같다.

만으로도 姜嬪이 '不孝한 사람'인 것만은 분명한데, 신료들이 강빈을 두둔하는 것은 자신을 '어린아이' 취급하는 것이라고 분통을 터뜨렸다.215) 인조는 '금일 조정 신하들'의 '임금을 아끼는 정성'[愛君之誠]은 털끝[鴻毛]보다 가벼운데 '당을 비호하는 마음'[護黨之心]은 태산보다 무겁다고 말하여 이러한 태도를 '護黨'으로 몰고 갔다.216)

삼사의 언관들 역시 심양에서의 강빈의 행태에 대한 소문은 인정하였으므로, 그녀가 죄가 없다는 것이 아니라 인조의 '骨肉'이므로 '법을 굽혀서 은혜를 온전하게'[屈法全恩] 해달라고 청하는 것이 주류를 이루었다. 그런데 대사헌 홍무적은 '강빈은 폐출할 수는 있지만 결코 죽일 수는 없다'고 처음으로 폐출과 사사를 분리하여 논계하면서 이로 인해 대신을 내쫓고 대간을 억압하는 것을 비판하고 "전하가 반드시 강빈을 죽이고자 한다면 먼저 신을 죽인 뒤에야 가능할 것이다"라고 극단적인 입장을 표출하였다.217) 지평 조한영은 강빈의 처벌에 반대하는 것은 '우리 임금을 진선진미한 경지'로 이끌려는 것이며, 온 나라 '공공'의 주장이지 '당론'이 아니라고 인조가 '호당'으로 몰아가는 것을 반박하였다.

이에 대해 인조는 강빈의 잘못을 다시 낱낱이 나열하면서 이러한데도 강빈을 비호하는 것은 '당을 비호하는 형세가 크게 성장한'[黨援太盛] 결과로 간주하였다.218) 이어서 국가에 倫紀가 밝지 못하여 君親에 대한 불효를 '尋常'하게 본다면서 홍무적 등의 논계를 '명예를 얻으려는 것'[得名], '각자의 保身을 위한 계책'[各爲身計]이라고 비판하고,

---

215) 『仁祖實錄』 卷47, 仁祖 24년 丙戌 2월 壬午, 35-257, 6ㄴ. 여기서 인조는 '小民도 그 며느리가 불효한다고 정장하면 官司에서 治罪'해야 하는데 군주의 말을 무시하는 것에 대해 분노한 것이다.
216) 『仁祖實錄』 卷47, 仁祖 24년 丙戌 2월 癸未, 35-258, 8ㄱ.
217) 『仁祖實錄』 卷47, 仁祖 24년 丙戌 2월 甲申, 35-259, 9ㄱ, 大司憲洪茂績啓.
218) 위와 같음, 10ㄴ.

자신이 이미 하교하였는데도 기꺼이 '擧行'하지 않으면서 도리어 '好勝者然'하는 신료들의 행태를 개탄하였다. 또한 이경여의 잘못을 나열하고 이경석이 당시의 일을 광해군 때에 비교한다고 비판한 뒤 이것은 모두 '나라를 위한 정성'[爲國之誠]이 천박하기 때문이라고 공격하였다.219) 그리고 신료들의 반발을 무릅쓰고 강빈의 폐출과 사사를 兩司에 말하라고 정원에 하교하였다.220)

이 때 김자점·최명길·이경석이 명을 받고 빈청에 나와서 김자점이 먼저 '상교가 이와 같으니 거스를 수 없다'고 말하자 최명길과 이경석이 감히 어기지 못하고 따를 수밖에 없었는데, 며칠 뒤 이경석과 최명길은 각각 상소하여 자신의 입장을 밝혔다. 우의정 이경석은 다시 諸臣들에게 물어서 처리할 것을 청하였고,221) 완성부원군 최명길은 결정이 너무 빠르다고 이의를 제기하고 지금의 '중지'가 폐출은 받아들이지만 사사를 받아들이지 못한다면서 다시 폐출과 사사를 분리하여 우선 폐출만 거행하고, 사사는 이후에 용서할 수 없다는 것을 재삼 확인한 뒤 거행해도 늦지 않다고 주장하였다.222)

인조는 이들이 대신으로서 입장을 바꾼 것에 대해 분노를 표출하였다. 최명길의 상소에 대해서는 '다른 사람의 말을 두려워해서 입장을 바꾸어'[被人恐動] '君上을 威脅'하려는 것으로 규정하고 '姜氏의 기세가 무겁다고 할 만하다'고 다시 '護黨'으로 몰고 간 뒤, "'자식을 죽이든 신하를 죽이든' 그것은 '君父'의 固有한 권한인데 浮議에 동요되어 君上을 협박하려 든다"고 비판하였다.223) 그리고 君臣 관계에 대해 다음과 같은 주목할 만한 발언을 내놓았다.

219) 위와 같음, 35-260, 11ㄴ~12ㄴ.
220) 『仁祖實錄』 卷47, 仁祖 24년 丙戌 2월 己丑, 35-261, 14ㄱ.
221) 『仁祖實錄』 卷47, 仁祖 24년 丙戌 2월 癸巳, 35-262, 13ㄴ~14ㄱ.
222) 『仁祖實錄』 卷47, 仁祖 24년 丙戌 2월 丁酉, 35-263, 17ㄴ~18ㄱ.
223) 『仁祖實錄』 卷47, 仁祖 24년 丙戌 2월 戊戌, 35-263, 18ㄱ~ㄴ.

　　이 일의 허실에 대해서 만일 직접 보고서 상세히 알지 못한다면 다
만 君上이 하는 말을 믿어야 하는데, 지금은 단지 姜黨의 말만 믿고
君上을 淺薄하게 여기고 이런 이상한 짓을 하니 매우 통탄스럽다.
…… 근래 벼슬자리를 잃을까 걱정하는 무리들은 오직 時勢에 달라붙
을 줄만 안다. 진실로 자신의 말이 시행되지 않는 것을 수치스럽게 여
긴다면 어찌 벼슬을 버리고 떠나지 않는가? …… 말을 이와 같이 하는
것은 뒷날 뼈를 부수어 바람에 날리는 화를 당할까 두려워하는 것에
지나지 않으니 이해에 동요되어 염치를 모두 상실한 것이다.224)

즉 군주에 대한 불신이 신료들의 黨派性과 保身主義의 소산이라고 질
타한 것이었다.

　　이경석의 상소에 대해서는 세 번의 상소가 모두 말이 달라서 마치
어린아이가 다른 사람에게 꾸중을 듣고 마음대로 울지 못하는 것과 흡
사하다면서 어찌 이와 같은 大臣이 있겠느냐고 탄식하였다. 그리고
"오늘의 일들은 필시 몇 명의 奸兇이 流言을 조작하여 대신을 恐動시
켜서 시일을 지연시키려는 계략임이 분명하다"고 단정하였다.

　　또한 金藎國의 子 金始蕃이 강빈에 대한 논계를 중지하자는 자신의
입장을 번복한 상소에 대해서는

　　이것은 士類의 마음을 잃어버려 終身 동안 禁錮될까 두려워서 그런
　　것이다. 君上이 비록 매우 권한이 없더라도 어찌 감히 이럴 수 있는
　　가?225)

라고 君主보다 士類를 더욱 두려워하는 朝臣들의 행태를 개탄하였다.

　　그런가 하면 다음과 같이 신료들의 성의 없는 태도를 질타하기도 하

───────────

224) 위와 같음, 35-264, 19ㄱ.
225) 위와 같음, 19ㄱ~ㄴ.

였다. 즉 대간이 이미 '毒을 넣은 일'을 말했으면 藥房은 당연히 問安
해야 하는데도 끝내 提起하지 않았고, 推鞫이 끝난 후에도 보통 일처
럼 보아 넘기고 역시 와서 그 연유를 묻지 않았다고 구체적으로 지적
하고는

> 신료들은 나더러 박대한다고 말하지만 신료들이 나를 얼마나 박대하
> 였는가? 事君을 저처럼 성의 없이 하고도 君上이 優待하기를 바라는
> 것이 옳은 일인가?[226]

라고 말하면서 "오늘날 신하들이 임금보기를 이와 같이 하니 임금이
신하들을 보는 것이 장차 어떠하겠는가?"라고 반문하였다.

이러한 인조의 비판에도 불구하고 삼사에서 강빈의 사사를 반대하
는 논계가 멈추지 않자 인조는 좌의정 김자점과 비국 당상 및 삼사의
장관을 인견한 자리에서 '서인'을 지적하여 이러한 논계가 그 붕당적
행태의 표현이라고 분노에 차서 비난하였다.

> 서인들 가운데 반드시 王莽·董卓과 같은 뜻을 품은 자가 있어 용렬
> 한 무리[庸孱之輩]를 협박하여 이런 논의를 폈을 것이다. …… 金始蕃
> 이 맨 먼저 停啓하자는 논의를 내놓았는데 도리어 時論이 두려워서
> 끝내는 失性하는 결과를 초래하였으니 西人의 위세가 막강하다 하겠
> 다. …… 南人과 北人들은 비유하면 마치 수척한 말이 재갈의 견제를
> 받아 채찍을 맞으면서 오직 이끄는 대로만 따라갈 뿐 마음대로 못하는
> 것과 같은데 이것은 벼슬을 잃어버릴까 걱정하여 그런 것에 지나지 않
> 는다. …… 西人들이 정권을 잡은 지 어언 20년이 지났으므로 기세가
> 두려워서 감히 異論을 제기하지 못하기 때문이다. …… 西人들이 방자
> 하고 꺼리는 것이 없이[縱恣無忌] 태연히 논집하고 있으니 이는 반드

---

226) 위와 같음, 20ㄱ.

시 주장하는 사람이 있을 것이다.[227]

그리고 큰 소리로 '죄악이 가득 차서 후환이 우려되기 때문에 내가 처단하고자 한 것'인데 '누가 감히 저지하겠는가'라고 말하면서 강씨가 '高聲으로 發惡하기에 처음에는 몹시 괴상하게 여겼는데 지금 와서 보니 필시 黨의 지원이 크다는 것[黨援之盛]을 믿고 그런 것'이라고 논계를 계속할 경우 換局과 같은 비상시국이 올 수도 있음을 시사하면서 신료들을 압박하였다. 이어서 김자점에게 "조정 신하들이 내 말을 사실이 아닌 것으로 생각하니 내가 몹시 부끄럽다"고 토로하였다.[228]

이와 같이 인조가 강경하게 신료들을 비판하고, 홍무적과 심로를 절도에 찬출하고 이미 절도에 유배되어 있던 이경여를 위리안치하라고 명하자 삼사에서는 강빈과 관련된 논계를 모두 정지하지 않을 수 없었다. 그 다음 날 강빈은 폐출·사사되었다.[229]

이후에도 인조는 신료들에 대한 압박을 멈추지 않았다. 인조는 김자점에게 강빈을 비호할 것을 주장한 자를 적발해 내라고 독려하면서

> 지금은 人臣이 君上을 너무나 멸시하고 있다. 이러한 습관이 만일 커진다면 반드시 못할 짓이 없게 될 것이다. 신하들이 강한 형세[臣强之勢]가 10에 8·9는 이루어졌다. 그래서 오늘 말한 것을 내일 변경하고, 내일 말한 것을 또 그 다음 날 변경하고 있으며, 人君이 褒賞하면 사람들이 반드시 천시하고, 人君이 비난하여도 털끝 하나 움직이지 아니하니 반드시 이를 주장하는 사람을 적발하여 不道의 법률로 다스려야만 사람들이 두려워하고 조심할 것이다.[230]

---

227) 『仁祖實錄』 卷47, 仁祖 24년 丙戌 3월 庚申, 35-266, 24ㄱ~ㄴ.
228) 위와 같음, 35-267, 25ㄱ, "朝臣以予言爲不實 予甚慚愧."
229) 「仁祖實錄』 卷47, 仁祖 24년 丙戌 3월 壬戌, 35-267, 26ㄱ~ㄴ.
230) 『仁祖實錄』 卷47, 仁祖 24년 丙戌 3월 庚午, 35-269, 29ㄱ.

라고 말하여 강빈의 賜死에 반대하는 신료들 일반의 정서를 군주권에 대한 도전으로 간수하고 그 주모자를 색출하여 제서하겠나는 의지를 표명하였다.[231]

이러한 인조의 자세는 인조가 서거할 때까지 일관되게 유지되었으며, 강빈과 관련된 사건들은 끝까지 추궁하여 그 실체를 규명해 냈고, 강빈의 母 신씨를 비롯한 강빈의 오라비를 모두 죽이고, 소현세자 소생의 아들들을 모두 제주에 유배시켜 결국 石鐵·石麟의 죽음을 유도하는 등과 같은 정치적 현실주의로 이를 뒷받침하였다.[232]

이와 같이 인조 말년에 소현세자의 급서를 계기로 하여 國有長君論에 입각한 세자 교체와 정치적 현실주의에 입각한 姜嬪 獄事의 처리를 통하여 인조는 丁丑年 城下之盟 이후 땅에 떨어진 군주권의 위상을 회복하고 전제군주권을 구축함으로써 이후 孝宗代 강력한 군주권 행사의 발판을 마련하였다. 이것은 강빈 옥사의 실체에 대한 인조의 확신이 있었기 때문에 가능한 일이었다. 이에 기초하여 인조는 주자학 명분론과 의리론의 무책임성과 비현실성, 그에 기초한 신료들의 당파적 태도를 분명하고도 가차없이 비판하여 잠재우고 君主權의 위상을 회복할 수 있었다고 사료된다.

2) 金自點 逆謀事件과 變通論의 位相

(1) 山林 系列 義理論의 정치 공세와 金自點 獄事

인조 말년에 세자 교체와 강빈 옥사를 통해서 정치적 현실주의에 입

---

231) 이 때 許啓가 궁중의 일은 外人이 알지 못하기 때문에 臺諫들이 '賜死之請'을 하였다고 말하자 인조는 "이것은 人臣이 감히 입에 담을 수 없는 말이다. 君上의 말을 어떻게 감히 믿을 수 없다고 하는가"라고 분노에 차서 외쳤다 (위와 같음, 30ㄱ).

232) 金龍德, 1977, 앞의 논문, 446~450쪽 ; 李迎春, 1998, 앞의 책, 207쪽 참조.

각한 군주권 강화의 흐름은 당시의 지배층이었던 관인·유자 일반에게 대명의리론뿐만 아니라 주자학 명분론과 의리론 그 자체를 내면화시켰다. 그러다가 인조가 서거하자마자 인조의 정치적 현실주의에 대한 반발로서 터져나온 것이 金自點 獄事였다.[233]

金自點(1588~1651)은 成渾 문인으로서 이귀와 밀접한 연계 속에서 인조반정을 모의하여 성사시키고, 金瑬·李貴의 다음 서열로 靖社功臣에 책봉되었다.[234] 그는 김류는 물론 이귀·최명길 등과도 반정공신 특유의 정치적 현실주의를 공유하고 있었다. 그가 이귀와 더불어 인성군 이공의 처벌을 강력하게 주장하고,[235] 尹義立의 딸을 세자빈으로 간택하는 것을 거세게 반대하였다가 인조의 노여움을 사 상당 기간 폐고된 일 등은 그것을 말해준다.[236] 그리고 그는 嚴法主義라는 점에서 이들보다 더 철저한 면모도 보여준다.[237]

---

233) 金自點 獄事에 대해서는 李泰鎭, 1977, 앞의 책, 112~115쪽 ; 金世奉, 2001, 「孝宗初 金自點 獄事에 대한 一研究」, 『史學志』 34, 단국대, 113~145쪽 참조. 이들 논고는 김자점을 친청파로 단정하고 소현세자의 급서와 강빈 옥사를 김자점과 조소용의 음모의 소산으로 간주하고 있는데, 여기서는 이것이 사실과 일치하지 않는다는 점을 보이고자 한다.

234) 김자점은 이귀와 함께 반정을 모의하다가 기밀이 누설되어 양사의 탄핵을 받았다(『光海君日記』 卷184, 光海君 14년 壬戌 12월 甲申, 33-485, 4ㄱ). 이 때의 위기를 김자점이 '궁중에 계책을 써서' 모면하였다고 한다(同, 卷185, 光海君 15년 癸亥 正月 丙申, 33-489, 2ㄴ~3ㄱ). 그것은 광해군의 후궁 임씨를 통해서 광해군이 반정 음모를 믿지 않게 만든 것이었다(『仁祖實錄』 卷3, 仁祖 元年 9월 辛丑, 33-552, 8ㄴ). 이로써 김자점은 반정공신으로서 자타가 공인하는 부동의 지위를 누리게 된다. 인조는 그것을 두고 김자점이 '平山大禍 救解之功'은 다른 사람이 미치지 못할 것이라고 인정할 정도였다(同, 윤10월 丙午, 33-560, 25ㄱ).

235) 『仁祖實錄』 卷8, 仁祖 3년 正月 丁丑, 33-676, 18ㄱ.

236) 金世奉, 2001, 앞의 논문, 118쪽 참조.

237) 반정 초에 奇俊格의 처벌을 논의하는 자리에서 尹昉이 죽여야 마땅하다고 하자 이귀가 그것은 인조의 재량에 달려 있다고 말하였는데, 김자점이 이귀

또한 그는 儒生 출신이면서 그 將才를 인정받기도 하였다. 그리하여 申欽에 의해 평안감사로 주천되기도 하였으며, 성묘호란 당시에는 臨津守禦使, 신미년에는 江都句管堂上을 거쳐서 인조 11년(癸酉)에는 마침내 都元帥가 되어 後金=淸의 침입에 대비한 양서의 방어 태세를 총 지휘하는 위치에 서게 되었다.[238]

그가 江都句管堂上으로 있을 때 구상한 軍粮 조달방안으로서 屯田의 설치, 魚鹽의 貿販과 通商 등을 거론하고 있는 점,[239] 그리고 據險淸野에 입각한 山城 중심 방어전략을 구상하고 있는 점 등은 이귀의 군정 변통론과 유사하다고 볼 수 있다.[240] 그러나 이귀의 據險淸野 전략에 의하면 산성에서 據險淸野하는 것은 監司가 지휘하고, 兵使를 비롯한 주요 군 지휘관들은 정예부대를 이끌고 지형지세를 이용하여 매복, 기습 등 제반 유격전을 전개하여 적을 교란시킴으로써 적의 南進을 저지시킬 것을 구상하였는데, 김자점의 山城 방어전술은 주력 부대 자체가 산성에 들어앉아서 방어하는 것으로 되어 있어 크게 달랐다.

이것은 김자점이 당시 軍政의 상식처럼 되어 있던 據險淸野 전술을

면전에서 "이귀의 말은 잘못이다. 그 말이 慈殿을 범하였으므로 上도 재량하여 감형할 수 없다. 일체 王法으로 처단하는 것이 옳다"고 말한 것(『仁祖實錄』卷2, 仁祖 元年 癸亥 7월 戊申, 27ㄱ), 그리고 그가 漢城府 判尹으로 있을 때 '處事嚴急 吏胥畏之如虎 而京兆之事 頗修擧矣'라는 평가를 받는 것 등은 그러한 사례에 속한다(同, 卷22, 仁祖 8년 庚午 正月 己亥, 34-360, 3ㄱ).

238) 金世奉, 2001, 앞의 논문, 118~119쪽 ;『仁祖實錄』卷15, 仁祖 5년 丁丑 2월 甲子, 34-178, 45ㄱ~ㄴ, 臨津守禦使 ; 同, 卷 25, 仁祖 9년 辛未 7월 丙子, 34-436, 2ㄱ, 江都句管堂上.

239)『仁祖實錄』卷25, 仁祖 9년 辛未 8월 甲辰, 34-439, 9ㄱ ; 同, 9월 丁亥, 34-442, 15ㄴ.

240)『仁祖實錄』卷2, 仁祖 11년 癸酉 2월 壬午, 34-515, 10ㄴ. 병자호란 당시 김자점의 산성 중심 방어전략에 대해서는 李泰鎭, 1977, 앞의 책, 105쪽 참조.

몰라서 그랬던 것이 아니라 병사와 군량을 비롯한 軍需·軍器 등이
턱없이 부족한 현실에서 나온 불가피한 선택이었다. 김자점에게서는
이와 같이 부족한 국방 역량 그 자체를 제고하려는 經綸, 즉 變通論에
대한 識見이 결여되어 있었다는 점이 이귀와의 결정적인 차이점이었
다. 따라서 병자호란에서의 그의 패배는 이미 정해진 일이나 다름없었
으며, 그에게 '勤王'을 기대하는 것 자체가 애당초 무리한 일이었다.241)

병자호란에서의 패전 책임으로 절도에 유배되어 있던 그가 다시 서
용된 것은 앞서 논한 바와 같이 청의 정치·군사적 압력에 굴종할 수
밖에 없는 현실로 인해 도덕적 명분주의가 약화되고 정치적 현실주의
가 강화되는 흐름 속에서 이루어진 일이었다. 그리하여 인조 18년에는
심기원과 함께 호위대장이 되고, 20년에는 병조판서, 21년에는 우의정
으로 고속 승진하였으며, 23년에는 김류와 함께 인조의 국유장군론에
동조하여 세자 교체를 찬조하였다.242)

그러나 인조 24년의 강빈 옥사에서는 매우 신중한 입장을 취하였다.
물론 그는 이것을 기본적으로 인조의 독단으로 처리해도 된다는 입장
이었으며, 신료들이 강빈의 폐출·사사에 반대하는 것에 대하여 '쓸모
없이 士論을 사모하여 세상의 명예를 구하는'[浮慕士論 要名於世] 관

---

241) 金世奉, 2001, 앞의 논문, 119쪽.

242) 金世奉, 2001, 앞의 논문, 120~121쪽. 그러나 여기서 김자점이 沈器遠 逆謀
　　事件을 조작한 것으로 본 것은 인정할 수 없다. 필자는 그러한 증거를 찾지
　　못하였으며, 이것을 주장하는 논자들이 제시한 유일한 자료는 『燃藜室記述』
　　(卷27, 仁祖朝故事本末, 「沈器遠之獄」, VI-629)인데 이것으로 김자점이 逆獄
　　을 조작하였다고 간주하는 것은 무리한 추론이라고 생각된다(이태진, 1977,
　　앞의 책, 114쪽 참조). 이것은 김자점의 嚴法主義의 소산으로 이해하는 것이
　　보다 순리적일 것이다. 그리고 김자점을 親淸派로 규정하는 것도 근거가 없
　　다. 당시 조야의 분위기로 볼 때 親淸派가 조정 내에서 존재하기는 거의 불
　　가능하였다는 것이 필자의 생각이다. 아울러 이들 논자들이 주장하는 昭顯世
　　子 毒殺說, 姜嬪 獄事 陰謀說 등도 근거가 희박하다고 본다.

408

인·유자 일반에 만연된 잘못된 습성 때문이라고 보고 있었다.243) 그렇지만 인조가 三司의 停啓를 기다리지 않고 대궐 안에서 바로 사사하려는 것에 대해서는 분명하게 반대하였다. 이에 대해 인조가 사사를 지연시켰다가 큰 화가 있을 것을 근심하자 김자점은 그런 일이 생기면 자신을 먼저 죽이라고 세 차례나 청하면서 저지하였다.244) 그리고 이 과정에서 처벌받은 홍무적과 이경여 등을 구원하였을 뿐만 아니라245) 김류·최명길·이경석 등에 대해서도 끝까지 伸救해 마지않았다.246)

또한 강빈을 폐출·사사하라는 인조의 전지를 처음 받았을 때 김자점이 '상의 하교가 이와 같으니 거스를 수 없다'라고 말하여 최명길과 이경석도 감히 어기지 못하였는데, 김자점은 이 때 자신이 육경에게도 의사를 분명히 물어서 그 가부를 세 번이나 확인한 후 진계하였음을 밝혔다.247)

> 빈청에서 분부를 받을 때 신이 육경에게 두루 묻지 않을 수 없다고 생각하고서, 호조판서 閔聖徽와 공조판서 李時白에게 물으니 모두 '대신과 뜻이 같다'고 하였습니다. 또 이조판서 南以雄에게도 물으니 '이 것은 대신이 처치하는 데 달렸다'고 하였습니다. 신이 억지로 권하기를 '所見이 다르면 異議를 제기해도 된다'고 하면서 세 번이나 물었는데도 '대신과 뜻이 같다'고 하였으니 六卿의 뜻이 진실로 이의가 없다는 것을 여기서 볼 수 있었습니다.248)

---

243) 『仁祖實錄』 卷47, 仁祖 24년 丙戌 2월 甲申, 35-259, 10ㄱ ; 同, 10ㄴ.
244) 『仁祖實錄』 卷47, 仁祖 24년 丙戌 2월 戊辰, 35-264, 19ㄴ.
245) 『仁祖實錄』 卷47, 仁祖 24년 丙戌 2월 甲申, 35-260, 11ㄱ~ㄴ.
246) 『仁祖實錄』 卷47, 仁祖 24년 丙戌 2월 戊戌, 35-264, 19ㄴ ; 同, 20ㄱ.
247) 『仁祖實錄』 卷47, 仁祖 24년 丙戌 2월 己丑, 35-261, 14ㄱ~ㄴ. 이 때의 啓辭는 다음과 같다. "姜之罪惡 無不知之 但事係重大 不得不審愼 故敢以愚意仰陳者 非有他也. 今者聖上 參酌恩義 已下成命 令政院分付該司擧行."
248) 『仁祖實錄』 卷47, 仁祖 24년 丙戌 2월 庚申, 35-267, 25ㄴ.

강빈이 폐출·사사된 이후 그는 강빈의 사사에 반대하는 주장에 대하여

> 흉한 물건을 파묻고 독을 넣은 것은 비록 단서가 없다고 하더라도 그 나머지 다섯 가지 죄[圖易位 造翟衣 稱內殿 發叱怒 廢問候]에 대해 명백히 사실이 아니라는 것을 밝히지 못하고 범연히 사형을 면해주기를 청한 것은 매우 말이 안 되는 짓이었습니다.249)

라고 자신의 입장을 분명히 하였는데, 그는 여기서 '흉물을 묻고'[埋凶] '독을 넣은 것'[置毒]에 대해서는 단서가 없음을 인정하였지만 나머지 다섯 가지 죄로도 사사하기에 충분하다는 것이었다. 그리고 이러한 입장에는 원두표뿐만 아니라 김상헌조차도 동조하였다.250) 그러므로 강빈 옥사는 인조가 주도하였으며, 김자점 등은 정치적 현실주의에 의거하여 이를 찬조한 것에 불과하였다는 것을 알 수 있다.

강빈 옥사에서 인조가 정치적 현실주의에 입각하여 신료들에 대한 공세를 강화하고 군주권을 강화시킨 것에 대한 신료들의 반발을 대변한 상소가 李應蓍 상소였다. 그 상소는 이경여·심로·홍무적의 처벌을 비판하고, 인조의 강빈 사사에 동조한 신료들을 '鄙夫'에 비유하였으며, 끝부분에서는 褒姒·驪姬와 같은 '총애하는 궁녀가 나라를 망하게 할 것'을 경계하면서 '여색을 멀리하는 것에 힘쓰라'라고 청하는 내

---

249) 『仁祖實錄』 卷47, 仁祖 24년 丙戌 3월 庚午, 35-269, 29ㄱ.
250) 위와 같음, 39ㄴ~40ㄱ. 이 때 원두표가 전한 김상헌의 말은 '天下無不是底父母'였다. 실록 사평에서는 이것이 실제로는 김상헌의 말이 아닌데 원두표가 지어내서 한 말이라고 하였지만, 이후 김상헌이 좌의정에 제수되는 것을 보면 사실로 간주해도 무리가 없을 듯하다(同, 3월 甲戌, 30ㄴ). 따라서 강빈 옥사를 '김자점이 鍛鍊하였다'는 老論 黨論(金龍德, 1977, 앞의 책, 456쪽)은 근거 없는 주장임을 알 수 있다.

용이었다.251) 여기서 이응시가 포사와 여희에 비유한 사람이 조소용이
라는 것은 누구에게도 분명하였다. 이렇게 본다면 강빈 옥사 낭시에도
조소용의 음모설이 신료들 사이에 퍼져 있었음을 짐작케 한다.

이에 대해 인조는 이응시가 '時論에 阿附한다', '忠臣을 鄙夫라고 지
목하는 것이 밉다', '반드시 大奸巨慝이 都下에 潛伏하여 이들을 사주'
하여 '충성을 다하는 사람'을 공격하고 '大事'를 행하려는 것이라고 분
노에 차서 비판하고252) 그를 北邊에 遠竄하라고 하교하였다.253) 이러
한 인조의 처사에 대해 김자점은 분명하게 반대하였다. 그는 '임금의
한 마디 말'은 '삼가지 않을 수 없는데' 이처럼 '분노에 가득찬 말'을 남
발하느냐고 비판하고 내버려두고 묻지 않으면 그 죄가 저절로 드러날
것인데 그를 처벌하면 그의 명성만 높여주게 된다면서 대간의 직책은
論事하는 것에 있으니 '결단코 죄를 줘서는 안 된다'라고 이응시의 처
벌에 반대하였다.254)

그리고 이 때 김자점이 특별히 청나라와 유착된 흔적은 보이지 않는
다. 인조 25년에 鄭命壽가 세폐를 감하는 데 힘썼으니 뇌물을 줄 것을
건의하고 있는데 이는 당시 흔히 있는 일이었다.255) 오히려 청국이 소
현세자의 諸子를 이용하여 인조 정권을 견제하려는 시도에 대해서는
이를 단호하게 저지해야 한다고 주장함으로써 反淸的 입장을 분명히

---

251)『仁祖實錄』卷47, 仁祖 24년 丙戌 4월 乙巳, 35-274, 39ㄱ~40ㄱ.
252)『仁祖實錄』卷47, 仁祖 24년 丙戌 5월 戊申, 35-275, 41ㄱ~ㄴ.
253)『仁祖實錄』卷47, 仁祖 24년 丙戌 5월 己酉, 35-275, 42ㄴ.
254)『仁祖實錄』卷47, 仁祖 24년 丙戌 5월 戊申 35-275, 41ㄴ. 김자점이 이응시
   처벌에 반대한 것은 강빈 옥사를 金自點과 趙昭容 음모설로 보는 통설을 사
   실로 인정할 수 없게 하는 분명한 증거로 보인다. 이후 이응시의 일이 논의될
   때마다 김자점이 이응시의 처벌이 잘못이라고 인조를 설득하고 있는 것을 보
   면 그것은 일시적인 정치적 제스처가 아님을 알 수 있다(同, 7월 丁未,
   35-280, 52ㄱ ; 同, 10월 乙亥, 35-286, 63ㄱ~ㄴ).
255)『仁祖實錄』卷48, 仁祖 25년 丁亥 9월 戊子, 35-308, 31ㄱ.

하였다.256)

그럼에도 불구하고 인조가 죽자마자 산림의 의리론 계열 언관들이 인조의 정치적 현실주의에 대한 반발로서 맨 먼저 김자점을 탄핵하여 해를 넘긴 孝宗 원년에 결국 光陽縣으로 遠竄되었다.257) 이 때 언관들이 나열한 김자점의 '나라를 그르친 죄'[誤國之罪]는 세 가지 정도로 나누어 볼 수 있는데, 첫째는 사치와 방종, 둘째는 궁중과 결탁하였다는 것, 셋째는 독단적 인사 등이 그것으로서, 강빈 옥사와 관련된 것은 거론되지 않았다.258) 김자점에 대한 탄핵은 그 일파에 대한 탄핵으로

---

256) 『仁祖實錄』 卷49, 仁祖 26년 戊子 3월 壬寅, 35-319, 7ㄱ~ㄴ. 김자점을 친청파로 규정하려면 청의 압력을 이용하여 적극적으로 자신의 권력을 유지 확대시키려는 의지와 행동이 드러나야 하는데, 이와 같은 사실은 그의 反淸的 입장을 분명하게 보여준다. 당시 인조와 김자점은 국가의 유지·보존을 위해서 청의 압력을 일정하게 수용할 수밖에 없는 현실을 인정하는 '정치적 현실주의'에서 벗어난 것은 아니었다. 그리고 이들 역시 의리론자들과 마찬가지로 對明義理論을 공유하고 있었다. 따라서 김자점을 친청파로 보는 기존의 통설은 재고되어야 할 것이다.

257) 『孝宗實錄』 卷1, 孝宗 卽位年 己丑 6월 庚戌, 35-372~373, 16ㄱ~17ㄱ. 양사의 합계에 대해 효종은 "어찌하여 선조 때 시비를 논변하지 않고 오늘에서야 발론하며, 경들 몇 사람의 소견이 수일 전보다 얼마나 老成해졌길래 갑자기 수일 뒤 이 논변을 하는가"라고 말하면서 거부하였는데, 이는 이들의 논계가 인조의 정치적 현실주의에 대한 반발임을 잘 보여주는 것이다. 김자점은 이 때 바로 영의정 직에서 사면하였으며(金世奉, 2001, 앞의 논문, 125쪽), 이듬해 2월에 大司憲 李厚源·大司諫 趙錫胤이 논계하여 洪川縣에 中途付處되었다가 李厚源의 논계로 같은 해 3월에 光陽縣으로 원찬되었다(『燃藜室記述』 卷30, 孝宗朝故事本末, 「金自點獄」, Ⅶ-473 참조).

258) 奢侈·放縱과 관련해서는 '專事土木之巧 至於尙方織組 務盡奢侈……廣開第宅 窮極侈麗 土田膏腴 遍於八方 縱奴驕橫 多行不義'(『孝宗實錄』 卷1, 孝宗 卽位年 己丑 6월 庚戌, 35-372, 16ㄱ~ㄴ), 宮禁과 결탁한 일에 대해서는 특히 인조 서거 직후의 행동이 거론되었다('擅招在外勳臣 將欲同受顧命 有若希冀定策者然 使宮奴 背負翁主 穿大道而行 直入宮中', 위와 같음, 16ㄴ). 그리고 독단적 인사와 관련해서는 '邊閫武倅 以其所親而差遣 四方輦輸 輻湊其門 至於士夫之嗜利趨附者 率皆引進 或通淸班 或授方面 外而民怨日深

확대되었는데, 이러한 정치 공세는 다분히 山林 계열의 진출과 입지 강화를 위한 당파적 성격을 강하게 띠고 있었다.[259) 김자점 일파가 역모를 모의한 것은 그에 대한 반발이었다.

　김자점 등이 역모를 시작한 것은 그가 탄핵받은 직후인 기축년 7월 이었는데, 趙昭容＝趙貴人에 의한 宮中 詛呪 事件과 동시에 시작되었다.[260) 역모사건의 주모자는 김자점과 그의 세 아들 韓山郡守 金鍊 · 谷城縣監 金鉽 · 進士 金鋌, 그의 손자 洛城尉 金世龍 · 進士 金世昌, 武人인 水原防禦使 邊士紀 · 廣州防禦使 奇震興 · 前節度使 安澈, 譯官인 知事 李馨長 등이었으며, 궁중 저주 사건은 조귀인과 그 사촌 오빠인 趙仁弼이 주도하였다. 이들은 변사기를 대장으로 삼고, 기진흥을 책사로 삼아서 무사를 모아 밤을 틈타서 경성을 범한 뒤에 崇善君을 추대하기로 하였다.[261) 거사 시기는 경인년 3월로 정하였다가 김자점이 유배되고 변사기 등이 파직되자 연기되어 차일피일하는 사이에 먼저 궁중 저주사건이 발각되어 수사가 진행되고 조인필의 체포령이 떨어지자 그의 사위인 海原副令 李暎과 進士 申壕가 上變하여 역모도 발각되었다.[262)

內而官方日紊'(위와 같음, 35-373, 17ㄱ) 등이 나열되었다.

259) 金世奉, 2001, 앞의 논문, 124~125쪽 참조. 孝宗 初 이들 山林 계열 義理論者들의 당파성에 대해서 金佐明은 다음과 같이 지적하였다. "當初山林之人 黜自點罪黨人之論 世謂之激揚 臣亦多之 而一隊之人 必欲網打後已 以此觀之 則激揚之論 未必盡公也"(「孝宗實錄』 卷6, 孝宗 2년 辛卯 正月 己丑, 35-467, 4ㄱ).

260)『孝宗實錄』卷7, 孝宗 2년 辛卯 12월 丙辰, 35-518~519, 47ㄴ~48ㄴ, 金鉽 · 金世龍 供招. 이 사건의 자세한 내용은 金世奉, 2001, 앞의 논문 참조.

261)『孝宗實錄』卷8, 孝宗 3년 壬辰 3월 乙亥, 35-536, 28ㄱ~ㄴ. 趙貴人은 金世龍을 추대하려 하였고(同, 35-535, 27ㄱ), 김세창은 金鉽을 추대하려는 계획이 있었다고 하였다(同, 卷7, 孝宗 2년 辛卯 12월 庚申, 35-520, 51ㄱ).

262)『孝宗實錄』卷7, 孝宗 2년 辛卯 12월 庚戌, 35-518, 46ㄱ.

김식은 군대를 동원하여 죽이고자 한 사람은 元斗杓와 '山人' 宋浚 吉·宋時烈 등이었으며, '山人이 아비를 모함하여 내가 분이 나서 이 일을 하였다'라고 공초하여 의리론자들이 김자점을 탄핵한 것이 역모 의 계기가 되었음을 자백하였다.263) 김자점 등이 이들을 제거하기 위 해 李馨長을 통하여 청국을 이용하려고 시도한 것도 사실이었던 것 같 다.264)

그렇지만 청국으로서는 당시에 김자점 일당만을 비호하고 있을 만 큼 한가한 상황이 아니었다. 청국에서는 효종이 즉위하자마자 弔祭使 를 파견하여 조선의 정국 동향을 파악하기 위해 백방으로 정보를 수집 하였던 것 같다. 그리고 병자년 척화파의 '무리'가 다시 조정에 포진하 여 '시정을 뒤바꾸어 장차 국사를 그르치려' 하기 때문에 한번 진정시 키는 조치가 불가피하다고 판단하고 소위 '6칙사'를 파견하기에 이르 렀던 것이다.265)

---

263) 『孝宗實錄』 卷7, 孝宗 2년 辛卯 12월 丙辰, 35-518, 47ㄴ.

264) 『孝宗實錄』 卷8, 孝宗 3년 壬辰 3월 癸酉, 35-535, 26ㄱ~ㄴ. 이 사실이 김자 점을 친청파로 보는 근거가 될 수는 없다. 인조 말년에 그가 영의정으로서 권 력의 정점에 있었을 때에는 청과 내통한 사실이 없었으며, 아래에서 살핀 바 와 같이 청나라에서도 그를 이용하여 조선 조정을 좌우하려는 의도를 갖고 있지도 않았다. 따라서 이것은 김자점 일파의 생존을 위한 마지막 시도였다 고 보는 것이 온당할 것이다.

265) 『孝宗實錄』 卷3, 孝宗 元年 庚寅 3월 甲寅, 35-415, 13ㄴ. 이것은 청국의 弔 祭에 사은하기 위해 파견된 謝恩使 일행이 청국에서 보낸 密啓이다. 이에 의 하면 청국에서는 弔祭使에 대한 예우가 전과 다르다는 것을 피부로 느끼고 그 책임이 예조판서 趙絅에게 있다고 간주하였으며, 金尙憲과 金集이 출사 한 것을 분명하게 파악하고 있었다. 그리고 당시의 섭정왕 多爾袞을 勅書에 는 분명히 '皇父王'이라고 표현하였는데, 조선 측에서 보낸 '謝恩文書'에서는 '攝政王'이라고 표현하는 결정적 실수를 저질러 청국을 자극하였다(同, 14ㄱ). 이래저래 당시 조선으로서는 查問使의 가혹한 사문을 피할 수 없는 지경에 몰리고 말았다. 그런데 『燃藜室記述』(卷30, 孝宗朝故事本末, 「淸使査問」, 「金 自點獄」)을 비롯한 각종 야사류에서는 이 부분이 과장되어 그 이유가 전적으

김자점에 대해서는 사은사 일행에게 처벌받은 이유를 묻고 그를 처벌한 것이 국왕의 명인지를 확인한 후 그의 처벌을 발론한 주론자가 누구냐, 그 때 양사의 장관은 누구였는냐고 캐묻자 이시방이 모른다고 잡아떼었다. 그러자 巴訖乃 등은

　　김자점은 큰 공이 있는 사람으로서 前王이 믿고 중히 여긴 자이다. 그리고 上國에도 정성을 바쳤는데, 이제 갑자기 쫓아냈다. 새로운 사람들과 무슨 일을 하려고 하는가? 사신이 끝내 주장한 자를 바른대로 말하지 않으니 이는 副使와 書狀官도 필시 그 사이에 干預한 것이다. 우리가 가서 조사하겠다.[266]

고 말하여 査問使가 조선에 나가는 계기가 된 것은 김자점의 일인 듯이 보인다.

　　그렇지만 사문사가 와서는 정작 김자점의 일은 묻지 않고, 城池 수축 건과 表文의 잘못을 구실로 영의정 이경석과 예조판서 조경을 의주의 백마산성에 위리안치하게 하고 돌아갔다.[267] 이들은 돌아가기 직전에 사문 결과를 효종 앞에서 신료들에게 선포하였는데, 김자점에 대해서는

로 김자점의 밀고 때문이라고 보는 경향이 있다.

266) 『孝宗實錄』卷3, 孝宗 元年 庚寅 3월 甲寅, 35-415, 13ㄱ~ㄴ. 청국에서 김자점을 '有誠於上國'한 것으로 파악하고 있는 점이 주목된다. 그렇지만 이들은 김자점을 탄핵한 대간의 언론이 '김자점 한 사람 때문이 아닐 것(此論非爲一自點而發)'이라고 간주하고 있으며, 이시방 등이 대간의 이름을 말해주지 않는 것은 '輕皇上之命 而畏臺諫之勢也'라고 몰아부쳤다(同, 13ㄱ). 이로써 이들이 김자점 때문이 아니라 김자점 탄핵으로 상징되는 조선 조정에서의 역학관계의 변화를 문제삼고 있음을 알 수 있다.

267) 『孝宗實錄』卷3, 孝宗 元年 庚寅 3월 辛酉, 35-417~418, 17ㄴ~19ㄱ ;『燃藜室記述』卷30, 孝宗朝故事本末,「淸使査問」, Ⅶ-471 참조.

김자점은 선왕 때부터 공이 많아 중임을 맡아 왔다고 들었는데 이제
내쫓는다고 하므로 그 이유를 묻고자 하였습니다. 그러나 이제 와서
들으니 불의한 일을 많이 하여 죄를 얻었다고 하기 때문에 묻지 않았
습니다.[268]

고 말한 것을 보면 김자점 개인을 비호할 생각이 애초부터 없었음을
알 수 있다. 따라서 김자점이 역모사건에 청나라를 끌어들인다는 것은
상상하기 어려운 일이 아닐 수 없었다.

이처럼 김자점 역모사건은 인조의 정치적 현실주의에 대한 반발로
서 산림 계열 의리론자들이 김자점에 대한 정치공세를 강화하는 가운
데 발생한 사건으로서 청국과는 무관한 사건이었다. 그리고 강빈 옥사
와도 직접적 관련이 없었음을 앞서 분명히 밝혔다. 그렇지만 청국의
사문으로 효종대에도 대명의리론은 내면화될 수밖에 없었는데, 이로
인해 청국에 굴종할 수밖에 없는 현실에 대한 불만을 산림 계열 의리
론자들은 모두 김자점에게 뒤집어씌우는 경향이 있었다. 강빈 옥사에
대해서도 신생의 자백으로 인한 관련자들의 공초를 신뢰하지 않고 조
귀인과 김자점에게 혐의를 두는 경향이 강하였다.

이에 대해서는 효종이 그것을 분명하게 부정하였음에도 불구하
고[269] 肅宗代 老論 黨人들은 효종의 증언조차 믿지 않고 '辛生이 構
誣하고 逆點이 鍛鍊하였다'는 것을 黨論으로 확정하여, 丙申處分 이

---

268) 『孝宗實錄』 卷3, 孝宗 元年 庚寅 3월 己巳, 35-419, 22ㄱ. 金尙憲과 金集에
대해서는 향리에 물러났으니 문제삼지 않겠다고 하였으며, 양사의 장관 등에
대해서는 '好生異議 攻擊他人 以衒己能 又有上疏爲惡言者'이라고 비판하면
서도 더 이상 문제삼지 않았다. 그 대신 "自今以往 或復用此等人 或復有此
等事 則必致辟焉 朝臣亦皆在此 使皆知悉"이라고 분명하게 못박았다.
269) 『孝宗實錄』 卷8, 孝宗 3년 壬辰 4월 丁卯, 35-551, 58ㄱ. 연대기상으로는 이
러한 효종의 발언을 뒤집는 말이 顯宗代에 宋浚吉에게서 처음 보인다(『顯宗
實錄』 卷16, 顯宗 10년 己酉 正月 己亥, 36-606, 4ㄴ, '金自點鍛鍊姜氏之獄').

후 老論 집권기에 姜嬪을 '愍懷嬪'으로 追復하였다.[270] 김자점 옥사에
대한 노론 당인들의 왜곡된 당론은 당시 관인·유자 일반에게 對明義
理論이 내면화되었다는 사실의 반증이었다.

(2) 李時白 형제의 變通 路線과 大同法 시행

인조대 말년에는 이와 같이 심기원 역모사건과 김자점 역모사건과
같은 반정공신에 의한 역모사건이 빈발하였다. 그런데 똑같은 반정공
신으로서 이들과 밀접한 관계를 맺고 있던 李時白(1581~1661)·李時
昉(1593~1660) 형제가 여기에 연루되지 않고 살아남아서 효종대에 현
달할 수 있었던 요인은 무엇이었는지 궁금해진다. 앞서 살펴본 바와
같이 이들 형제는 심기원과 매우 절친한 사이였고, 김자점과는 겹사돈
관계였다.[271] 이들은 모두 儒生 신분으로 인조반정에 가담하여 靖社功
臣에 책봉되었으며, 군사 분야의 전문가로 인정받아서 다년간 인조를
지근거리에서 호위하는 호위대장을 역임하였고, 공신으로서의 정치적
현실주의를 공유하고 있었다. 특히 이시백은 김자점과 인척관계였을
뿐만 아니라 이시백의 사위인 김련과 외손 김세창이 김자점 옥사에 연
루되어 복주되었고, 김자점이 대장으로 염두에 두었던 무인 변사기가
수원부사로 있을 때 京畿監司 金光煜과 사헌부의 공격에 맞서 그를
비호한 일이 있었으며,[272] 이로 인해 이들 형제는 김자점과 대립관계
에 있던 원두표의 집요한 공격을 받았다.[273]

---

270) 金龍德, 1977, 앞의 책, 456쪽 참조.
271) 金世奉, 2001, 앞의 논문, 118쪽, 김자점 가계도 참조. 이귀의 딸은 김자점의
    동생과 결혼했고, 李時白의 딸은 김자점의 장남 金鍊과 결혼하여 金世昌을
    낳았는데 이 두 사람은 金自點 逆謀 事件에서 모두 복주되었다.
272)『孝宗實錄』卷5, 孝宗 元年 庚寅 12월 戊寅, 35-463~465, 31ㄴ~34ㄱ, 35ㄱ.
273) 金自點 獄事가 드러나자 元斗杓는 '庇護逆賊之大臣 何敢參鞫'이라고 李時
    白을 비난하였는데 효종이 강력하게 옹호하여 겨우 벗어났다. 이듬해에는 원

심기원·김자점과의 이러한 유사성·친근성에도 불구하고 이들 형제가 역모에 연루되지 않고 살아남을 수 있었던 결정적인 차이점은 이들의 변통론에 대한 신념과 그것을 실천하려는 일관된 자세에서 찾아진다. 이들 형제는 이귀의 자식들로서 이귀의 정치적 현실주의는 물론 변통론의 정당성에 대해서도 믿어 의심치 않았다. 그렇지만 이를 관철시키기 위해 이귀가 좌충우돌하면서 조정에서 분란을 일으키는 것에 대해서는 늘 이를 말리는 입장이었다.274) 이러한 자기 부친의 처신을 보면서 이들의 변통론에 접근하는 자세는 보다 신중하고 실무적인 것이 되어 갔다. 이시백은 이귀의 軍政變通論을 계승하여 실천에 옮겼으며, 이시방은 재정변통론에 보다 치중하여 효종대 대동법 추진의 주역이 되었다.

이시백은 成渾과 李恒福의 문인으로서 이귀와 함께 인조반정을 성사시킨 이후에는 군사 관련 직책을 주로 역임하면서 이귀의 군정변통론을 구현하려고 노력하였다. 이시백은 자고로 '創業'은 쉽고 '中興'이 어려운 이유는 '중흥이란 잘못된 법규에 구애되고 안일에 빠져서 되는 일이 없기 때문'이라고 개혁과 변통의 필요성을 강조하였고,275) 官職久任의 필요성을 논하는 자리에서는 趙光祖－李珥－李貴로 이어지는 변통론의 전통을 내세웠다.276) 그는 병자호란 이후 營將制가 폐기되자 이귀의 鎭管體制 復舊論을 구현하려 노력하였고,277) 이귀가 일찍이

두표 계열의 李時楷가 '역적에 아부하였다'고 李時昉의 竄黜을 청하였는데, 金堉이 나서서 이들의 잘못을 지적하여 오히려 李時楷가 中途付處되고, 元斗杓는 開城留守로 출보되었다(『同春堂集』 卷23, 「延陽府院君李公諡狀」, 叢刊 107-270~271, 26ㄴ~27ㄱ). 이것은 소위 洛黨·原黨의 대립과는 성격이 다른 것이었다.

274) 『遲川集』 卷18, 「李貴行狀」, 叢刊 89-552, 37ㄱ.
275) 『仁祖實錄』 卷37, 仁祖 16년 戊寅 8월 己酉, 35-34, 18ㄱ.
276) 『仁祖實錄』 卷37, 仁祖 16년 戊寅 7월 庚辰, 35-28, 6ㄱ.
277) 『仁祖實錄』 卷39, 仁祖 17년 己卯 8월 戊戌, 35-68, 10ㄴ ; 『承政院日記』 仁

제안한바 있던 能磨兒法을 도입하려 시도하였다.[278] 이처럼 이시백이
變通論에 임하는 자세는 實事·實務에 입각한 것이었으며 항상 '민을
얻으면 번영하고 민을 잃으면 망한다'[得民者昌 失民者亡][279]는 원칙
하에 '민이 기뻐하면서도 나라에 유익한' 것을 추구하려 하였다.[280] 즉
이들의 변통론은 이귀·최명길 등 인조대 변통론자들의 '국사와 민사
의 일치를 지향하는 보민론'과 일맥상통하는 바가 있었다. 이것이 이시
백 형제가 심기원·김자점 등과 다른 결정적 차이점이었다.

특히 이시백의 군사 양성 방안은 이귀가 누누이 강조해 마지않던
'죽음을 두려워하지 않는 군사'[敢死之士]를 양성하는 방안을 몸소 실
천한 것으로 정평이 나 있었다.[281] 그리하여 정묘호란 당시에는 정예
부대인 이시백의 군사를 어디에 배치하느냐를 두고 좁게는 김류와 이
귀 사이에, 넓게는 의리론자와 변통론자 사이에 갈등을 노출할 정도였
다.[282] 그의 이러한 자세는 지나치게 철저한 측면이 있어서 병자호란

祖 17년 己卯 9월 4일 戊午, 4-412, 上ㄱ~ㄴ.

278)『承政院日記』67冊, 仁祖 16년 10월 22일 辛亥, 4-194, 下ㄴ. 能磨兒法은
『紀效新書』의 진법으로는 鐵騎의 기동력을 당해낼 수 없다고 보고 車戰을
위한 조선의 전통적 진법을 부활시킨 독자적 진법이었다. 能磨兒法에 대해서
는 盧永九, 1998,「朝鮮 增刊本『紀效新書』의 체제와 내용—顯宗 5년 재간
행『紀效新書』의 兵學史的 의미를 중심으로」,『軍史』36, 118~119쪽 참조.

279)『同春堂集』卷23,「延陽府院君李公諡狀」, 叢刊 107-273, 31ㄱ.

280)『承政院日記』61冊, 仁祖 15년 10월 9일 癸卯, 3-847, 上ㄴ~下ㄱ.

281)『同春堂集』卷23,「延陽府院君李公諡狀」, 叢刊 107-277, 39ㄴ~40ㄱ ;『李忠
定公章疏』卷9,「申論軍務畫一箚」(丁卯 9월), 18ㄴ. 인조도 여러 차례 이시
백이 이처럼 '사졸과 고락을 함께하고 있다는 것을 알고 있다'고 신뢰를 표현
하였다(『仁祖實錄』卷15, 仁祖 5년 丁卯 2월 乙巳, 34-170, 29ㄴ ; 同, 卷49,
仁祖 26년 戊子 5월 壬子, 35-324, 17ㄴ, '上曰 予素知時白與士卒同甘苦').

282)『仁祖實錄』卷15, 仁祖 5년 丁卯 正月 丙戌, 34-160, 8ㄱ~ㄴ. 여기에는 義理
論 대 變通論, 臨津江 把守論 대 江都 保障論, 金瑬 대 李貴의 대립이 깔려
있음은 본서 4장 1절에서 이미 살핀 바와 같다. 이 때 이귀는 이시백이 자신
의 아들이지만 자신은 본래 피혐하지 않는다면서, 이시백이 3천의 군사를 훈

당시에 남한산성에서 '士卒과 死生을 같이해야 하는데 자신만 甲胄를 입을 수 없다'고 하면서 갑옷을 입지 않고 전투를 지휘하다가 여러 차례 화살을 맞은 일도 있었다.[283]

그리고 이시백은 여러 차례의 외침과 변란으로 점철된 인조대의 혼란 속에서 심기원·김자점과는 달리 풍부한 戰勝 경험을 쌓고 있었다. 인조 2년 이괄의 난 당시에는 都元帥 張晩을 비롯한 李曙·崔鳴吉·李時發·金起宗 등의 '持久之計'를 물리치고 속전속결 전략으로 전환하게 하여 鞍峴 전투를 승리로 이끌었다.[284] 병자호란 당시 남한산성에서 수어사 이시백 휘하 조선군은 청의 공격을 여러 차례 격퇴하여 남한산성 방어에 중요한 역할을 담당하였다.[285] 그러면서도 산성 내에서 어영청·총융청·훈련도감의 군사들이 척화신을 배척하는 시위를 벌일 때 이시백의 수어청 군대만은 움직이지 못하도록 단속하는 진중한 처신을 보여 의리론자들의 전폭적인 신뢰를 획득하였다.[286]

그렇지만 그의 변통론적 지향은 의리론자들과의 마찰을 피할 수 없게 만들었다.

신하의 事君之道는 군주의 잘못을 바로잡는 것에 있는데, 凡事에 '上裁'라고 말하고 만약 過誤之擧가 있으면 그 잘못을 모두 人主의 책

런시킨 지가 오래되어 '만일 진에 임하도록 한다면 반드시 발길을 돌려 후퇴하는 일은 없을 것'이라고 전폭적인 신뢰를 표명하였다.

283) 『同春堂集』卷23, 「延陽府院君李公諡狀」, 叢刊 107-263, 11ㄴ, "軍吏持甲胄 請公着 公却之日 吾於此時 身率諸軍 死生與同 我何獨甲胄爲." 인조는 이를 듣고 이시백에게 '予若失卿 國將何恃. 今後則一依予命 臨戰必被甲'(同, 12ㄴ)이라고 특별히 명령해야만 했다.

284) 『同春堂集』卷23, 「延陽府院君李公諡狀」, 叢刊 107-260, 5ㄱ~6ㄱ.

285) 『丙子胡亂史』, 166~168쪽 참조.

286) 『仁祖實錄』卷36, 仁祖 16년 戊寅 正月 己巳, 35-1, 2ㄱ ; 李泰鎭, 1977, 앞의 책, 108쪽 참조.

420

임으로 돌린다.[287]

  그는 이처럼 의리론자들의 무책임성을 성토하였는가 하면 인재 등용
에서 門地와 履歷만을 따진다고 비판하기도 하였다.[288] 그리하여 주로
무신의 인사를 두고 의리론자들과 자주 갈등을 빚었다.[289] 앞서 언급
한 효종대 변사기를 둘러싼 갈등도 그런 류에 속했다. 이로 인해 그는
효종 즉위 초에 결국 김상헌의 논핵으로 이조판서를 사직하지 않을 수
없었다.[290]

  효종 초년의 의리론자들의 정치공세와 그에 이은 김자점 역모사건
은 이시백 형제에게는 최대의 정치적 위기였는데, 그가 이러한 위기를
극복하고 영의정까지 현달하는 데 직접적으로 작용한 것은 그의 治者
로서의 책무의식과 실천성이 인조와 그를 이은 효종에게 높이 평가받
았기 때문이다. 姜嬪 獄事 직후 公淸道 尼山縣에서 柳濯의 反逆 음모
사건이 일어났을 때, 인조는 강빈 옥사에 대한 신료들의 반발로 인한
태업을 은근히 걱정했는데,[291] 총융사 이시백이 주저 없이 단기 출전
을 자청하자 뒤에 인조는 이시백을 '진실로 君臣의 의리를 아는 사람',
'眞忠臣'이라고 높이 평가하였다.[292]

---

287) 『承政院日記』63冊, 仁祖 16년 正月 26일 庚寅, 3-998, 下ㄱ.
288) 『承政院日記』70冊, 仁祖 17년 己卯 8월 5일 庚寅, 4-381, 上ㄱ.
289) 『承政院日記』69冊, 仁祖 17년 己卯 6월 5일 辛卯, 4-303, 上ㄴ ; 同, 仁祖 17
    년 己卯 11월 19일 壬申, 4-488 下ㄴ~499 上ㄱ.
290) 『孝宗實錄』卷2, 孝宗 卽位年 己丑 11월 壬戌, 35-398, 22ㄱ ;『淸陰集』卷
    22, 「論吏兵判用人之失箚」(己丑 11월), 叢刊 77-289, 10ㄱ~ㄴ.
291) 『仁祖實錄』卷47, 仁祖 24년 丙戌 3월 乙亥, 35-270, 31ㄱ ; 同, 4월 戊寅,
    35-271, 33ㄱ.
292) 『仁祖實錄』卷47, 仁祖 24년 丙戌 5월 戊申, 35-275, 41ㄴ~42ㄱ. 인조는 이
    어서 沈器遠 역모사건 때 그가 모략을 받았지만 '延平之子 必無此事'라고 생
    각되어 '置之不問'하였다고 말하여 李貴－李時白 부자에 대한 강한 신뢰를
    표명하였다. 그러자 동석하고 있던 김자점이 당시에 혹시라도 의심하여 처벌

그리하여 인조는 죽기 직전에 魚水堂에서 영의정 김자점과 병조판
서 이시백을 불러서 뒤에 효종이 된 세자에게 술을 따르게 한 뒤, "이
두 신하는 나의 벗이다. 내가 죽은 뒤라도 너는 마땅히 예를 다해야 한
다"고 후일을 부탁하였다.293) 이리하여 이시백·이시방 형제는 효종의
깊은 신뢰를 바탕으로 김육·조익 등과 함께 인조대에 중단되었던 대
동법을 충청도 지방에서 시행하게 하는 성과를 거두었다.294)

이와 같이 李時白·李時昉 형제가 沈器遠 역모사건과 金自點 역모
사건에도 불구하고 살아남을 수 있었던 것은 치자로서의 책무의식과
실천적 자세가 인조와 그를 이은 효종을 비롯한 신료들 일반의 인정을
받았기 때문이다. 이들은 그러한 책무의식과 실천성을 바탕으로 '國家
再造'를 위한 제도의 변통과 개혁을 모색하였다. 즉 이들이 沈器遠이
나 金自點과 동일한 反正功臣으로서 정치적 현실주의를 공유하고 있
었지만 두 사람이 변통론에 관심을 두지 않고 정치적 현실주의 그 자

하였다면 후회막급이었을 것이라고 말하여 동조하고 있었다. 이로써 보더라
도 이시백 형제와 김자점 사이에 드러난 갈등은 거의 찾기 어려우며, 둘 사이
의 갈등을 강조하는 주장(李泰鎭, 1997, 앞의 책, 112~115쪽)에는 수긍하기
어렵다.

293) 『仁祖實錄』 卷50, 仁祖 27年 己丑 3月 乙亥, 35-347, 11ㄱ, "此二臣 吾所友
也. 吾百歲後 汝宜加禮";『同春堂集』 卷23, 「延陽府院君李公諡狀」, 叢刊
107-268, 21ㄱ~22ㄱ. 그런데 송준길이 작성한 諡狀에서는 인조가 한 말이
약간 다르게 나와 있다("此人我視如股肱 汝於異日 待之如我", 同, 22ㄱ). 후
일 김자점 옥사가 역옥으로 판명되자 효종은 이 일을 되새기며 인조가 이렇
게 말하자 이시백은 '感泣不已'하였는데, 김자점은 아무 말이 없었다면서 그
때 이미 김자점이 '不臣之心'을 갖고 있었던 것 같다고 회고하였다(『孝宗實
錄』 卷7, 孝宗 2年 辛卯 12月 戊午, 35-519, 49ㄴ).

294) 韓榮國, 1998, 「대동법의 시행」, 『한국사』 30, 국사편찬위원회, 486~487쪽.
효종대 李時昉이 金堉의 보호를 받으며 호서와 호남 대동법 시행에 결정적
역할을 한 자세한 내막에 대해서는 李廷喆, 2004, 앞의 논문, 123~141쪽 참
조.

체에 매몰되어 결국 의리론자들의 탄핵을 받고 역모사건을 일으키기에 이른 반면, 이들은 '更張과 變通'을 통한 국가의 유지·보존에 그 역량을 집중하는 가운데 의리론자들과도 공조를 모색하였다는 점에 결정적 차이가 있었다.

이들은 자신의 부친인 이귀와 변통론의 필요성과 정당성에 대해서는 인식을 같이하였지만 인조대 전반 그것이 좌절되는 과정을 경험하면서 보다 신중한 태도로, 實事·實務에 입각하여 변통론에 접근하려 하였다. 이시백은 이귀의 군정변통론을 계승하여 실천하고자 노력하였으며, 이시방은 재정변통론에 보다 치중하여 효종대 대동법 추진의 주역이 되었다. 이들 형제의 진중한 처신은 의리론자들과의 마찰에도 불구하고 인간적인 유대와 신뢰를 잃지 않는 중요한 요인이 되었으며, 향후 西人 山林 계열 변통론자들과의 정책 공조에 대한 전망을 제공하였다. 그리하여 肅宗代 西人이 老論과 少論으로 분열한 이후 崔鳴吉·趙翼·金堉 등과 함께 少論 變通論의 한 연원이 되었던 것이다.

지금까지 인조대 후반의 정국을 개괄적으로 살펴보았다. 정축년 성하지맹 이후 조선 조정에서는 패전 책임자 처리를 철저하게 진행하는 가운데, 최명길의 관제변통론 추진에 유리한 여건이 조성되었다. 그렇지만 대신권 강화, 낭천권 폐지, 삼사 언관의 피혐 금지 등을 골자로 하는 최명길의 관제변통론은 인조의 지원에도 불구하고 의리론자들의 반발에 직면하여 그 실효를 거두지 못하였다. 그리하여 의리론자들의 무분별한 정치언론과 붕당적 정치행태를 억제할 수 있는 최소한도의 제도적 장치마저 무위로 돌아갔으므로 병자호란 이전과 동일한 정치행태가 반복되는 것은 피할 수 없게 되었다.

그러나 최명길 등의 변통론을 무위로 돌아가게 만든 것은 의리론자들의 이러한 무분별한 정치 행태보다 청국의 정치·군사적 압력과 이로 인해 초래된 대내외 정세 변화에 보다 큰 원인이 있었다. 징병·세폐·쇄환 등 청의 조선에 대한 요구에 대해서는 가능하면 그것을 회피하거나 지연 또는 축소시켜야 한다는 것에 대해서는 조야에 이견이 없었다. 그것은 대명의리론을 떠나서 국가의 존립 그 자체를 위협하는 것이었기 때문이다. 그러나 청국으로서는 조선의 이러한 태도를 용납할 수 없었다. 그들은 조선의 조야에 팽배한 반청 정서에도 불구하고 자신들의 목적을 달성하기 위해 가능한 모든 수단을 동원하였다. 여기에는 군사적 위협은 물론, 인질로 잡고 있던 세자와 대군을 활용하는 것, 심지어는 조선 국왕을 교체하는 것조차 불사할 태세였다. 이로 인해 조선에서는 국왕 인조를 비롯한 신료들 전반이 전전긍긍할 수밖에 없었던 것이 저간의 현실이었다. 따라서 여기에는 親淸派가 들어설 어떠한 여지도 존재하지 않았다.

청의 요구 가운데 조선이 수용하기 가장 어려운 것은 징병이었다. 그것은 '夷狄'인 청과 협력하여 '天朝', '父母之國'으로 여겨 오던 '中華'인 명을 공격해야 하는 것이었으므로 사상적으로도 받아들이기 어려웠을 뿐만 아니라 현실적으로도 軍士를 동원하고 軍糧과 軍需·軍器를 마련한다는 것은 民에게 엄청난 부담을 강요해야만 하는 일이었기 때문이다.

그리하여 인조 15년(丁丑)에 인조를 비롯한 조야의 염원을 안고 청국에 간 우의정 崔鳴吉은 징병을 면제받고 돌아와 인조를 기쁘게 하였다. 그러나 그것은 착각이었다. 그것은 면제가 아니라 연기에 불과하였다. 인조 16년(戊寅)에는 청국의 徵兵, 侍女 징발, 向化·走回人 贖還에 대한 성화 같은 요구에 따라 李時英을 대장으로 한 5천 군사를 松山站으로 파견하지 않을 수 없었다. 그렇지만 일선 지휘관과 장병들의 태업으로 기한을 어겨 결국 거절당하는 수모를 겪었는데, 이 때도 영의정 최명길이 청국에 가서 이를 무마하지 않을 수 없었다.

그렇지만 조선에 대한 의심이 깊어질 대로 깊어진 청국에서는 인조

17년(己卯) 결국 인조의 入朝를 요구하기에 이르렀다. 이로 인해 유언비어가 난무하고, 조정은 공황 상태에 빠졌으며, 인조는 병이 들었고, 궁중에는 저주의 변고가 일어났다. 그럼에도 불구하고 청은 舟師 6천, 歲貢米 1만 포의 징발을 명하였다. 그리고 인조의 병세를 이유로 세자의 일시 귀국을 허용하는 대신 元孫과 麟平大君을 교대하게 하였다. 이러한 청의 조선에 대한 공격적인 압박은 조야의 광범위한 반발을 불러일으켰다. 金尙憲 등은 징병을 거부하라고 상소하였으며, 병조판서 李時白을 비롯한 持平 曹漢英, 북부참봉 하익, 咸昌 儒生 蔡以恒 등이 모두 나서서 元孫을 보내는 것에 반대하였다. 뿐만 아니라 인조 18년(庚辰)에 청국에 파견된 水軍 역시 태업을 일삼았고, 일부는 명에 투항하기까지 하였다.

이에 대해 청국은 領議政, 吏曹判書, 都承旨와 朴潢 등을 소환하였으며, 이들을 심문하여 金尙憲·曹漢英·蔡以恒 등을 소환하고, 김상헌 등의 소환이 지연되자 군대를 투입하겠다고 위협하는 등 강경 대응으로 맞섰다. 그리고 다시 인조 19년(辛巳)에 포수 1천, 기병 5백을 징발하였다. 그럼에도 불구하고 조선인의 반발은 계속되었다. 錦州衛 전투에서도 조선군은 적극적으로 전투에 임하지 않았고 병사들도 출전을 꺼렸다. 인조 19(辛巳)·20(壬午) 연간에 서해안에서 출몰하는 漢船에게 양식을 제공하고, 潛商도 횡행하였다. 獨步를 통해 명과 교신한 것도 이 때였다.

이러한 사태에 대해 명에서 투항한 洪承疇의 증언과 潛商과 내통한 李烓의 發告로 그 전모를 파악한 청국에서는 인조 20년(壬午) 말에 崔鳴吉·李顯英·李植 등을 소환하여 조사하고, 申翊聖·申翊全·許啓·李敬輿·李明漢 등 5신은 사신이 나와서 추문하고 심양으로 끌고 가 구금하였다. 그리고 이들에 대한 수사를 마무리 한 뒤 모두 석방하였지만 최명길과 김상헌은 계속 구금하였으며, 명과 내통하면 법대로 처단하겠다고 칙서를 통해 조선을 협박하였다. 그리하여 인조 21년(癸未) 이후 조선 조정에서는 감히 청국의 요구를 드러내 놓고 거부할 수 없는 분위기가 조성되었다.

이후에도 청은 조선에 대한 감시와 압력을 게을리하지 않았다. 세자와 원손, 대군의 교체를 계속 강요하였고, 諸臣의 '質子' 역시 한 사람도 누락되는 것을 용납하지 않았다. 징병은 인조 22년(甲申) 명이 멸망한 이후 청이 북경으로 천도할 때까지 계속되었으며, 歲貢米는 그 이후인 인조 23년(乙酉)까지도 계속 요구하였는데, 특히 이 때는 일시에 무려 20만 석을 요구할 정도였다. 그리고 勅使의 횡포는 날이 갈수록 심해졌으며, 조선 조정은 이들을 무마하기 위해 막대한 양의 뇌물을 주지 않을 수 없었다.

조선 조정에서는 이와 같은 청의 정치·군사적 압력으로 발생하는 비용을 거의 모두 田結에 부과하여 조달할 수밖에 없었다. '結布'는 그것을 상징하는 용어였다. 인조대 후반에 兪伯曾·趙錫胤·趙復陽·金益熙 등 변통론에 관심을 가진 거의 모든 논자가 거론한 대동법이 인조대에 시행되지 못하고 효종대로 미루어진 결정적인 이유는 바로 여기에 있었다. 즉 청국의 정치·군사적 압력은 조선에서의 변통론을 지연 내지 좌절시키는 중요한 요인으로 작용하였던 것이다.

청의 정치·군사적 압력과 이에 굴종할 수밖에 없는 현실은 이 시기 관인·유자들에게 대명의리론이 내면화되는 계기가 되었다. 이것은 의리론자들이 출사를 기피하는 것으로 나타났는데, 이로 인해 병자호란 패전의 책임을 지고 처벌받은 김류, 심기원, 김자점 등과 같은 정치적 현실주의자들이 재등장하는 요인이 되었다. 이후 인조대 말년의 정국에서 도덕적 명분주의는 약화되고 정치적 현실주의가 강화되었다. 당시에 신료들의 집요한 비판에도 불구하고 내수사를 비롯한 제궁가·아문의 폐단이 심화되고 대토지소유가 확대된 것은 이러한 흐름의 반영이기도 하였다.

沈器遠 역모사건은 이에 대한 의리론자들의 반발을 역이용하여 권력을 탈취하려는 시도였다. 이들은 청국의 체포령을 피해 명으로 탈출시킨 임경업을 통하여 명과 내통한 뒤, 명의 군대와 함께 심양을 공격하여 요동을 수복할 것을 구상하였는데, 이것은 당시 의리론자 일반의 정서를 반영한 것이었다. 그러나 심기원은 그 자신 정치적 현실주의의 입장을 취하였으면서도 이러한 의리론자들의 구상이 비현실적이라는 것을 간파하지 못하고 이를 역모에 차용하는 모순을 노출하였다. 이 사건의 실패는 조야에 대명의리론을 더욱 내면화시키고 인조 정권의 정치적 현실주의를 더욱 강화시키는 방향으로 작용하였다. '國有長君'論에 입각한 세자 교체와 강빈 옥사는 그러한 과정을 통해서 형성된 인조의 정치적 현실주의를 극명하게 드러낸 사건이었다.

소현세자는 淸이 북경으로 천도한 뒤 영구 귀국이 허용되었는데, 명·청 교체의 와중에서 北京과 瀋陽, 漢城을 여러 차례 왕래하는 무리한 일정으로 훼손된 건강을 채 회복하지 못하고 인조 23년(乙酉)에 귀국하자마자 急逝하였다. 이에 인조는 소현세자의 長男을 제치고 둘째 왕자인 鳳林大君을 세자로 책봉하는 모험을 감행하였다. 이에 대해서 의리론자와 변통론자를 막론하고 宗統論과 守經論을 내세우면서 거의 모두 반대하였는데, 인조는 形勢論과 權道論에 입각한 國有長君論으로 이를 합리화하고, 김류·김자점 등 정치적 현실주의자들의 협조를 얻어서 이를 강행하였으며, 대부분의 신료들 역시 이를 현실로 받아들일 수밖에 없었다. 그런데 世子嬪 姜氏가 이를 받아들이지 못하여 姜嬪 獄事가 빚어졌다.

御膳에 독을 넣은 사건이 처음 발각된 것은 인조 24년(丙戌) 정월이었는데 전모가 밝혀진 것은 인조 25년(丁亥) 4월이었다. 이 때 소현세자 宮人 辛生의 자백으로 강빈과 그 일족 및 궁인들의 埋凶에 의한 宮

中詛呪 사건과 御膳置毒 사건, 瀋陽에서 易位를 도모한 일 등은 물론 새 세자 독살 음모까지도 모두 드러났다. 그런데 인조는 이와 같이 사건의 전모가 밝혀지기 전인 인조 24년 2월에 姜嬪을 廢黜·賜死하려고 도모해서 신료들과 마찰을 빚었다.

이 때 인조는 埋凶과 置毒이 강빈의 소행이라는 확신을 갖고 있었으며, '易位를 도모하고 翟衣를 만들고 內殿을 칭한 일' 등 심양에서의 강빈의 행동에 대한 소문도 사실이라고 믿고 있었다. 여기에 강빈의 인조 자신에 대한 異常 행동인 '소리를 지르고 問候를 폐한 일'을 내세우면서 '君父를 害치려 한' 죄로 처벌하겠다고 나섰다. 그런데 이에 대해 대신들조차 자신의 말을 신뢰하지 않고 강빈을 비호하는 것을 인조는 '護黨'으로 몰아서 비판하였다. 인조는 평소에 주자학 명분론과 의리론을 내세우며 신료들이 군주권을 잠식해온 오랜 관행이 이번 사건을 통해서 극명하게 드러났다고 보고, 강빈의 廢黜·賜死에 반대하는 三司의 언론을 名分主義, 保身主義라고 비난하였다. 또한 대신들을 비롯한 신료 일반에 만연한 무책임한 태도와 不誠實性, 三司의 붕당적 행태 등을 지적하면서 군주를 신뢰하지 않는 신료들의 태도를 비판하고, 李敬輿와 洪茂績, 심로 등을 처벌한 뒤, 인조 24년 3월에 강빈의 폐출과 사사를 강행하였다. 그리고 1년 뒤인 인조 25년 4월에 신생의 자백에 의해 관련자들을 국문하여 강빈 옥사의 전모를 밝혀냈으므로 인조의 신료들에 대한 비판과 강빈의 폐출·사사는 정당성을 획득한 셈이었다.

즉 인조 말년에 소현세자의 급서를 계기로 하여 국유장군론에 입각한 세자 교체와 정치적 현실주의에 입각한 강빈 옥사의 처리를 통하여 인조는 정축년 성하지맹 이후 땅에 떨어진 군주권의 위상을 회복하고 전제왕권을 강화함으로써 이후 효종대 강력한 군주권 행사의 발판을 마련하였다. 이것은 강빈 옥사의 실체에 대한 인조의 확신이 있었기 때문에 가능한 일이었다. 이에 기초하여 인조는 주자학 명분론과 의리론의 무책임성과 비현실성, 그에 기초한 신료들의 당파적 태도를 분명하고 이를 가차 없이 비판하여 잠재우고 군주권의 위상을 회복할 수 있었다고 사료된다.

이와 같이 인조 말년에 왕권이 강화되는 흐름은 당시의 지배층이었던 관인·유자 일반에게 대명의리론뿐만 아니라 주자학 명분론과 의리론 그 자체를 더욱 내면화시켰다. 그리하여 인조가 죽자마자 인조의 정치적 현실주의에 대한 반발로서 터져나온 것이 金自點 獄事였다. 반정공신으로서 정치적 현실주의에 익숙한 김자점은 세자 교체나 강빈 옥사는 기본적으로 군주가 결단할 수 있는 문제로 간주하였다. 그렇지만 그 역시 강빈 옥사에서의 인조의 처분에 무조건 동조했던 것은 아니었다. 그렇지만 인조의 공격으로 수세에 몰렸던 의리론자들은 인조가 죽자 그에 대한 불만을 모두 김자점에게 뒤집어씌우는 경향이 있었다. 이들의 정치공세는 다분히 西人 山林 계열의 정계 진출과 입지 강화를 위한 당파적 성격을 강하게 띠고 있었다. 김자점 일파가 역모를 모의한 것은 그에 대한 반발이었다.

金自點 역모사건은 김자점 일족과 邊士紀 등 무인 및 역관 李馨長 등이 주도하였고, 趙貴人과 그의 사촌 趙仁弼이 주도하였던 宮中 저주사건과 같이 추진되었다. 이들이 山林 계열 의리론자들을 제거하기 위해 역관 李馨長을 통해서 청국을 이용하려 시도한 것은 사실이었지만 그로 인해 청국에서 소위 '6칙사'가 나온 것은 효종으로 왕위가 교체된 이후 병자년 斥和派 계열의 의리론자들이 득세하는 것을 저지하려 한 것이었지 김자점을 비호하려 한 것이 아니었다. 따라서 김자점을 친청파로 보는 것은 사실과 일치하지 않는다.

이처럼 김자점 역모사건은 인조의 정치적 현실주의에 대한 반발로서 산림 계열 의리론자들이 김자점에 대한 정치공세를 강화하는 가운

데 발생한 사건으로서 청국과는 무관한 사건이었다. 그리고 강빈 옥사
와도 직접적 관련은 없었다. 그렇지만 청국의 사문으로 효종대에도 대
명의리론은 더욱 내면화되고, 의리론자들의 정계 진출은 억제될 수밖
에 없었는데, 이로 인해 청국에 굴종할 수밖에 없는 현실에 대한 불만
을 산림 계열 의리론자들은 모두 김자점 탓으로 돌렸다. 강빈 옥사에
대해서도 신생의 자백으로 인한 관련자들의 공초를 신뢰하지 않고 조
귀인과 김자점에게 혐의를 두었다. 이에 대해서 효종이 그것을 분명하
게 부정하였음에도 불구하고 숙종대 老論 黨人들은 효종의 증언을 무
시하고 '辛生이 構誣하고 逆點이 鍛鍊하였다'는 것을 당론으로 확정하
였다.

이에 비해 李時白·李時昉 형제가 沈器遠 역모사건과 金自點 역모
사건에도 불구하고 살아남을 수 있었던 것은 치자로서의 책무의식과
실천적 자세가 인조와 그를 이은 효종을 비롯한 신료들 일반의 인정을
받았기 때문이다. 이들은 그러한 책무의식과 실천성을 바탕으로 '국가
재조'를 위한 제도의 변통과 개혁을 모색하였다. 즉 이들이 심기원이나
김자점과 동일한 반정공신으로서 정치적 현실주의를 공유하고 있었지
만 두 사람이 변통론에 관심을 두지 않고 정치적 현실주의 그 자체에
매몰되어 결국 의리론자들의 탄핵을 받고 역모사건을 일으키기에 이
른 반면, 이들은 '경장과 변통'을 통한 국가의 유지·보존에 그 역량을
집중하는 가운데 의리론자들과도 공조를 모색하였다는 점에 결정적
차이가 있었다.

이들은 자신의 부친인 이귀와 변통론의 필요성과 정당성에 대해서
는 인식을 같이하였지만 인조대 전반 그것이 좌절되는 과정을 경험하
면서 보다 신중한 태도로, 실사·실무에 입각하여 변통론에 접근하려
하였다. 이시백은 이귀의 군정변통론을 계승하여 실천하고자 노력하였
으며, 이시방은 재정변통론에 보다 치중하여 효종대 대동법 추진의 주

역이 되었다. 이들 형제의 진중한 처신은 의리론자들과의 마찰에도 불구하고 인간적인 유대와 신뢰를 잃지 않는 중요한 요인이 되었으며, 향후 서인 산림 계열 변통론자들과의 정책 공조에 대한 전망을 제공하였다. 그리하여 숙종대 서인이 노론과 소론으로 분열한 이후 최명길·조익 등과 함께 소론 변통론의 한 연원이 되었던 것이다.

제7장 結論

　지금까지 인조대의 주요 정치적 사건들을 서로 다른 사상과 정책의 대립이라는 시각에서 분석하고 그 대립의 논리를 추출하여 주자학 정치론의 분화라는 측면에서 조명하여 보았다. 그리고 그것을 당시의 역사적 과제였던 국가의 위기 수습방안과 관련하여 '再造藩邦'論과 '國家再造'論의 대립으로 규정하고 이를 보수와 진보의 대립으로 파악하였다. 이렇게 파악한 내용을 요약 정리하고 그 특징과 의의를 지적하는 것으로 결론을 맺기로 한다.

　조선후기 정치에 가장 큰 영향을 미친 것은 朱子學 政治思想이었다. 주자학은 麗末鮮初의 사회변동기에 양반 사대부 계층에 의해 집권적 봉건체제를 재편 강화시키는 이데올로기로서 도입되었다. 16세기 전반 士禍를 거치면서 16세기 후반 宣祖代에 李滉과 李珥에 의해 형성된 朝鮮 朱子學은 朱子學 名分論과 義理論을 강화시키는 형태로 程朱理學을 심화 정비한 것이었다. 이후 官人 儒者들 내부에서는 이와는 다른 사상 경향을 배제시키는 형태로 정치투쟁이 전개되었다. 己丑獄事와 仁祖反正은 程朱理學 일변도로 政界와 思想界가 재편되는 과정의 필연적 소산이었다. 이를 주도하거나 찬조하였던 서인과 남인은 정주 이학에 입각한 주자학 명분론과 의리론 및 그것의 연장선상에서 제출된 주자학 정치론인 군주성학론을 주된 사상 경향으로 수용하는 사상적 학문적 공통 지반을 갖고 있었다.

그러나 '兩亂期'의 변화하는 국내외 현실과 관련하여 주자학 명분론과 의리론만으로는 조선왕조가 직면한 국가적 위기에 대처해 나가는 데 많은 한계를 노출하였다. 대내적으로는 지주제의 확대, 농업생산력의 발전과 상품화폐경제의 성장, 이에 따른 농촌사회의 분해와 사회신분제의 동요, 수취체계의 문란과 군비·국방 대책과 관련된 재정수요의 증가 등등의 사회경제적 변동과 집권체제의 모순이 서로 착종하면서 심각한 현실 문제로 부각되었으며, 대외적으로는 만주족의 성장으로 중국에서 왕조가 교체되는 대대적인 국제정세의 변동으로 인하여 중화주의 세계관을 고수하고자 하는 조선왕조 국가를 위협하였다.

이러한 국가적 위기상황에 직면하여 光海君代 大北政權이 유교·주자학과는 이질적인 사상을 끌어들여 이를 극복하려 하였다면, '反正'의 명분으로 주자학 명분론과 의리론을 선양하면서 성립된 인조 정권에서는 주자학 정치사상 그 자체가 전면적으로 시험대에 올랐다. 실로 인조대는 당시의 대내외적으로 조성된 국가적 위기와 관련하여 주자학 정치사상의 모순과 한계가 가장 극적으로 표출된 시기였다. 이러한 모순된 현실 속에서 주자학 명분론과 의리론을 고수할 것인가, 아니면 그것을 굽혀서라도 국가적 위기를 타개하는 방안을 모색할 것인가를 두고 정치적 대립이 격화될 수밖에 없었다. 그것은 정국운영론, 예론, 군주론, 군신관계론, 사회경제 개혁론, 그리고 변화하는 국제정세와 관련해서는 주화론과 척화론의 대립 등으로 다양하게 표출되었다.

인조대 관인 유자들은 모두 주자학 명분론과 의리론을 절대적 진리로 신봉하였지만 이와 같은 심각한 국가적 위기에 부딪히자 그것만을 고집하지 않고 의리론을 汎儒敎的 차원으로 확대 해석하면서 현실에 적합한 대처방안을 모색하고, 정치적 행동으로 표출하는 사람들이 속속 등장하였는데, 이들이 내세운 것이 바로 變通論이었다. 그리하여 주자학 정치론이 義理論과 變通論이라는 대립구도 속에서 분화되었다. 이러한 대립은 인조대에 발생한 거의 대부분의 정치적 사건에서 드러났다.

먼저, 반정의 명분과 현실의 괴리, 정권의 정통성 문제 등을 둘러싸고 역모사건이 빈발하는 가운데 정치적 대립이 격화되어 주자학 정치론이 분화되는 계기가 마련되었다. 인조를 비롯한 반정 주체세력은 반정의 명분으로서 殺弟廢母를 내세웠지만 실제로는 大北 정권의 독점적 정국 운영 때문에 반정이 성공할 수 있었다는 것을 잘 알고 있었으므로 주자학 명분론·의리론의 기치 아래 현실적으로 존재하는 붕당 간 공존을 통해서 정국을 운영하려 하였다. 그리하여 남인은 물론 북인, 심지어는 대북 세력까지도 폐모 정청과 직접 관련되어 있지 않으면 포용하려 하였다. 이처럼 반정 주체세력이 구상한 多朋黨의 공존을 통한 정국 운영이 현실적으로 불가능하다는 것을 폭로한 것이 바로 빈발하는 역모사건이었다.

이들 역모사건의 중심으로 떠오른 仁城君 李珙의 처벌을 둘러싸고 진행된 일련의 논쟁은 반정 주체세력이 반정의 명분 그 자체를 지키는 것도 어려운 일이라는 것을 잘 보여주었다. 잇따른 역모사건에 인성군이 관련되어 정권의 안전을 지속적으로 위협하였음에도 불구하고 인조대 前半 내내 논란이 된 것은 그의 처벌이 반정의 명분, 즉 정권의 정통성과 직결된 문제였기 때문이다. 따라서 명분과 의리를 중시하는 주자학 정치론에 깊이 침윤되어 있던 국왕 인조와 관인·유자들로서는 쉽게 결단을 내리기 어려운 문제였다. 말하자면 지배적 정치사상으로서의 주자학 명분론과 의리론이 정치 현실 속에서 그 모순을 노출한 대표적 사건이었던 것이다.

仁城君의 처벌에 반대하는 국왕 인조의 입장에 동조하고 나온 것은 鄭經世를 필두로 한 南人 일부와 北人 鄭蘊 등이었다. 宋代 理學의

道德修養 理論을 현실 정치에 그대로 대입시키려는 정경세의 태도는
주자학 명분론과 의리론에 입각하여 정치를 바라보는 당대 관인·유
자 들의 세계관을 반영한 최고의 수준이었다. 그들에게 정치는 도덕과
의리의 연장선상에 있었으며, 분리될 수 없는 것이었다. 그것은 天理
論·守經論 등과 결합되어 整合的으로 표출되었다. 이들의 도덕적 명
분주의에 입각한 정치공세로 인해 초래된 정권의 위기를 국가의 위기
와 같은 차원에서 보고 가장 철저하게 논파한 인물이 반정공신 중 하
나인 이귀였다. 이귀가 鄭經世 등을 비판하는 논리의 핵심에는 국가와
정치에 대한 治者로서의 책임의식이 깔려 있었다. 즉 仁城君 처벌 등
의 논란에서는 의리론에 입각한 도덕적 명분주의에 대하여 책임론에
입각한 정치적 현실주의가 첨예하게 대치하고 있었던 것이다.

광해군 때 當局하고 있던 北人들이 尊尊 위주의 家·國不同論으로
자신들의 討逆 政局을 합리화하였다면, 주자학 명분론과 의리론을 내
세워 반정으로 이들을 축출하고 집권한 대표적 反正功臣이었던 이귀
는 책임론으로 討逆을 합리화하였다. 여기에 북인들과는 또 다른 방향
에서 주자학을 넘어서는 정치론이 마련되는 계기가 주어지고 있었던
것이다.

이귀는 같은 반정공신이었던 金瑬와도 첨예하게 대립하였다. 인조
반정 이후 공신 내부에서 이귀가 책임론에 입각한 정치적 현실주의 입
장을 취하였다면 김류는 의리론에 기초한 도덕적 명분주의를 대표하
는 인물이었다. 이들은 같은 공신으로서 破朋黨의 당위성을 인정한 것
은 동일하였다. 그렇지만 김류와 인조가 선택한 黨色 간의 안배를 통
한 調停論은 결국 朋黨 肯定論을 벗어나지 못하였다. 이것은 도덕적
명분주의라는 그 사상적 한계의 필연적 표출이었다. 이귀는 책임론에
입각한 정치적 현실주의의 입장에서 기존의 붕당을 인정하면서도 당
색을 떠나 '재능에 따른 인재 등용'[隨才收用], 즉 調劑論을 주장하였

다. 이귀의 조제론은 인물 등용의 기준을 變通 指向 經世論에 둠으로써 그것이 조정론으로 빠져드는 위험성을 극복하고, 논리와 방법에서 모두 破朋黨을 구현하였다. 인물 등용의 기준을 經世에 두고 그것을 책임 있게 수행할 수 있는 賢者 · 能者에게 믿고 맡겨야 한다는 이귀의 '得賢委任'論은 당시 나온 破朋黨論 가운데 가장 발전된 형태였다.

인조반정의 정당성과 인조 정권의 정통성 논쟁은 인조의 생부 定遠君 추존과 관련하여 仁祖代 전반 내내 진행된 일련의 典禮 論爭과 그 추진 과정에서 정점에 달하였다. 즉위 초기에 인조의 왕권이 취약했던 것은 꼭 '반정'의 모순 때문만은 아니었다. 주자학 정치론 그 자체가 전제왕권을 제약하는 논리로 가득 차 있었다. 이를 내세운 신료들의 압박에 대항하여 인조는 정원군의 追尊과 宗廟에의 입묘, 즉 元宗 追崇을 자신의 정통성 확립의 관건으로 보고 있었다. 여기에 반정공신 가운데서는 이귀와 최명길이, 山林에서는 朴知誡가 동조하고 나섰다. 이들이 서인 산림 金長生과 남인 鄭經世로 대표되는 다수의 관인 유자들의 반발을 무릅쓰고 원종 추숭에 찬성하였다는 것은 신료들 내부에서도 주자학의 臣權 중심 정치론의 문제점을 인식하고 王權論에 동조하는 세력이 등장하였음을 의미하는 것이었다. 원종 추숭을 추진하는 과정에서 서인과 남인을 막론하고 이에 동조하는 관인 유자들이 속속 나타나고 있었다. 17 · 18세기를 통하여 관인 유자들 사이에서 지속적인 쟁점이 되었던 왕권론과 신권론의 대립은 바로 이 원종 추숭 논쟁에서 본격화되었던 것이다.

인조가 자신의 生父 定遠君을 元宗으로 추숭하고 종묘에 입묘하였다는 것은 인조반정의 정당성에 대한 논란에 종지부를 찍고 인조 자신의 정통성을 확립하여 兩亂이라는 미증유의 국가적 위기 속에서 약화 일로에 있던 국왕권을 확립하는 중요한 계기가 되었다. 그 과정에서 정주학의 명분론과 의리론에 기초한 신권론에 맞서 孔孟 儒學과 孝治

論에 입각한 왕권론이 제기되어 국왕권 확립을 뒷받침하였다. 공맹 유학에 입각한 효치론은 주류 관인·유자 내부에서는 소수였지만 당대의 비주류 지식인 사이에서는 공감대를 확대시켜 가고 있었음을 논쟁 과정은 보여주었다. 그것은 주자학 명분론·의리론을 부정한 것은 아니었지만 당시의 정치 현실과도 관련하여 주자학이 심화 발전되는 한 유형으로 간주된다.

인조대 주자학 정치론은 명·청 교체라는 국제정세의 변동과 관련하여 만주족 왕조인 후금(＝淸)에 대한 대응책을 두고서도 분화되었다. 主和論과 斥和論의 대립이 바로 그것이었다. 인조반정으로 광해군대 명과 후금 사이에서 취한 등거리 외교를 비판하고 주자학 명분론과 의리론을 반정의 명분으로 선양하면서 집권한 인조 정권으로서는 후금의 침략에 대한 방어대책에 절치부심하지 않을 수 없었다. 그러나 국방력이라는 것이 단순히 군사력 증가나 군사조직의 창설로 강화되는 것이 아니었다. 당시에는 『경국대전』 체제 자체가 마비된 상태였으므로 새롭게 국가체제를 재정비해야만 국방력을 강화시킬 수 있는 상황이었으며, 그 방향은 그 때까지 조선왕조를 지탱하고 있던 양대 중심축인 양반제와 지주제의 모순을 어떤 방식으로든 해소하는 것이어야만 했다.

그리하여 반정 초의 개혁 국면에서 국가의 維持 保存을 통한 保民을 모색하는 變法論者들에 의해 量田과 大同, 號牌와 均役이 논의되고, 관인·유자 사이에서 점차 지지자를 확대시켜 갔다. 이들은 호패법 시행에 역량을 집중시켜 나가고자 하였지만 수법론자들의 반발과 정묘호란으로 호패법은 결국 결실을 보지 못하고 폐기되고 말았다. 제도 개혁을 통한 국가체제의 재정비와 그를 통한 국방력 강화가 지지부진한 상황에서 후금과 정면으로 맞서는 것은 무모한 일이었다. 여기에 변법론자들이 主和論을 취하게 되는 필연성이 있었다. 守法論者들은 주자학 명분론과 의리론 및 화이론으로 대표되는 자신들의 이념을 국가 그 자체보다 중시하면서 斥和論의 입장에 섰다.

그러나 주화론자들 역시 對明義理論을 포기한 것은 아니었다. 정묘호란기에 주화론을 대표하였던 이귀는 대명의리론을 고수하면서도 후금과 강화하지 않을 수 없는 현실을 經權論으로 합리화하였다. 후금의 위협으로부터 국가를 유지하는 것이 保民의 관건이라고 간주한 이귀는 事勢·形勢·時勢에 따라서 權道를 행사하면[因時制權] '權이 變해서 經이 될 수도 있다'고 보았다. 그것은 물론 自强을 위한 限時的인 '謀國의 權道'로서였다. 이념보다 현실을 중시하는 이러한 사상은 치자로서의 책무의식의 표현이기도 하였다. 그가 제출한 經權論, 즉 事勢論은 주자학 명분론과 화이론 그 자체를 부정하지는 않았다고 하더라도, 그러한 이념보다 국가를 우선하는 사고였다. 따라서 현실 상황의 변화에 따라서는 주자학 명분론과 의리론을 부정하는 방향으로 나갈 수도 있는 가능성을 내포한 정치사상으로 규정하지 않을 수 없다.

병자호란기에는 척화론 진영에서도 變通論者가 등장하였다. 尹煌, 兪伯曾, 趙錫胤 등은 병자호란기의 대표적인 斥和 變通論者였는데, '나라를 좀먹고 민을 병들게 하여'하여 '반란을 일으킬 생각을 안 하는 사람이 없는' 현실을 직시하고 제도의 변통과 개혁을 통한 '保民固國'을 인조에게 촉구하고 이를 거부하는 士類 일반에 만연한 保身主義와 名分主義를 통렬하게 비판하였다. 이들이 大同法과 士族收布論에 근접한 제도개혁을 주장한 것은 주자학 명분론과 의리론의 본영인 척화론 진영에서도 당시의 국가적 위기에 직면하여 조선왕조를 지탱하는 양대 중심축이었던 지주제와 양반제를 일정하게 제한하지 않으면 안 된다는 인식이 싹텄다는 점에서 중요한 의미를 갖는 것이었다.

그러나 이들이 정묘호란 이후 제도개혁이 지지부진하였던 책임을 주화론자들에게 전가한 것은 당시 變通과 更張을 둘러싼 현실적 정치적 역학관계에 대한 정확한 인식을 결여한 것이었다. 그리고 이들의 사고 속에는 논리적 모순과 비약이 존재하였다. 이들이 주장한 保民과 養兵, 安民과 禦敵은 분명히 당시 국가적 위기를 타개하기 위해서는 모두 절실한 것이었지만 그것은 상호 모순된 것이었으며, 그 모순을 해소하고 국방력을 강화시키기 위해서는 최소한의 시간적 여유가 필요했다. 이들은 이 양자 사이의 모순과 긴장에 주의하지 못하였으며, 인식하였다 하더라도 애써 회피하고 君主의 '결단'과 士民의 '분발'이라는 정신적 요인에 의해 극복 가능하다고 비약하였다. 또한 이들은 邊方防禦論의 연장선상에서 江都保障論을 비판하였는데, 이는 당시의 군사적 상식과는 동떨어진 주장이었다. 척화 변통론자들의 이러한 한계는 주자학 명분론과 의리론에서 벗어나지 못하였기 때문에 초래된 것이었다. 당시의 현실에 비추어 볼 때 이들이 만약 변통론에 철저했더라면 더 이상 척화론을 고집하지 못하였을 것이다.

척화론자들은 '尊中國 攘夷狄', 즉 '尊周의 義理'가 조선왕조를 일으킨 근본이었으며 인조반정의 명분이기도 하였다고 상기시키고 對明義理論을 내세우면서 청과의 어떠한 외교적 교섭도 반대하였다. 이들은 정묘년 이후 自强하지 못한 것은 모두 主和論의 책임이라고 비난하고, 군주가 忠義를 고취하고 賢才를 얻어 위임하면 청과 대항할 수 있는데, 자강책을 강구할 생각은 않고 오로지 姑息的인 것만 힘쓰고 의리를 돌보지 않고 恥辱을 달게 여긴다고 비판하였다. 당시 척화론은 주로 三司 언관들에 의해 제기되었는데, 이들은 자신들의 주장이 '公議', '公論'이라고 내세우고, 이러한 臺閣의 논의는 대신도 거부해서는 안 된다고 '士林'에 특유한 公論政治의 원칙을 상기시켰다.

이 시기 주화론을 대표하는 최명길 역시 '尊中國 攘夷狄'을 부정한 것은 아니었다. 그가 南宋代 尊王攘夷 사상을 집대성한 胡安國이 遼에 대한 척화 주전론자였던 景延廣을 비판한 것, 임진왜란 당시 成渾

이 주화론을 주장한 것 등을 예로 들면서 事勢에 따라서는 '尊周의 義理'가 주화론과 병행될 수 있다고 주장하였다. 최명길은 자신의 주화론을 名實論으로 합리화하였다. 그의 명실론은 정치적 현실주의 그 자체에 의리가 존재한다고 주장하여 현실과 괴리된 명분의 존재를 부정하였다는 점에서 李貴의 事勢論보다 진일보한 權道論이었다.

그리고 당시 척화론과 척화론자들의 정치 행태를 조목조목 논파하였다. 특히 事勢·形勢는 따져보지도 않고 주자학 명분론과 의리론만을 내세우는 三司 언론의 무책임성을 통렬하게 고발하고, 그러한 현실과 괴리된 三司 言官들의 주장이 公議·公論으로서 조정을 지배하여 아무도 異議를 제기하지 못하는 조정의 잘못된 논의 풍토를 비판하였다. 그는 이러한 잘못된 행태가 모두 '好名', 즉 주자학 명분론과 의리론에 함몰된 당시 관인 유자 일반의 사상적 한계에서 유래된 폐단임을 반복해서 설파하고, 이러한 폐단이 '政歸臺閣'을 조장하는 三司 官制의 모순에 의해 증폭된 것이라고 제도적으로 접근하였다. 그의 官制變通論은 주자학 명분론과 의리론에서 초래된 이러한 정치 현실과의 모순을 제도적으로 극복하기 위한 시도였던 것이다.

인조대 척화론과 주화론의 대립은 '再造藩邦'論과 '國家再造'論의 대립으로 그 성격을 규정해 볼 수 있다. 척화론이 왜란 당시 명의 '再造之恩'을 강조하면서 주자학 명분론과 의리론을 국가의 존립 그 자체보다 중시하는 입장이었다면 주화론은 保民을 위한 국가의 존립을 우선하는 사고였다. 주화론은 後金=淸의 침략으로 절체절명의 위기에 직면한 국가를 유지·보존하기 위해서는 인조정권의 집권 명분이었던 주자학 명분론과 의리론조차 굽힐 수 있다는 새로운 사고의 등장을 의미하는 것이었다. 이들은 자신들의 주장을 經權論·事勢論·名實論 등으로 합리화하였다. 따라서 이들에게서는 華夷論에 종속된 '藩邦' 관념에서 탈피하여 이것과 분리된 독자적인 '국가' 관념을 엿볼 수 있다. 즉 이 시기 주화론의 등장은 '再造藩邦'論에서 진일보한 '國家再造'論의 등장을 의미하는 것이었다.

主和·斥和 논쟁의 저변에는 經世論을 둘러싼 變法論과 守法論의 대립이 깔려 있었다. 수법론자들이 내세운 도학적 경세론은 양란기에 조성된 국가적 위기를 타개하는 관건을 주자학 명분론과 의리론의 연장선상에서 君主修身, 君主心術 여부로 환원하여 제기하였다. 그 내용은 '與民休息'='寬民力'에 그 초점이 맞추어진 양반·지주 중심 경세론이었다. 이 논리에서는 17세기 국가적 위기를 타개하기 위해 제기된 量田과 大同, 號牌와 均役에 기본적으로 반대하였다. 즉 변통론자들이 제기한 법과 제도의 개혁에는 소극적이거나 반대하는 입장이었으며, '國事'보다 '民事'를 우선하는 논리였다. 두 차례에 걸친 호란 당시에 척화 의리론자들은 바로 이 도학적 경세론을 견지하고 있었다. 따라서 이것은 양란기 조선왕조 국가의 역사적 과제에 비추어 볼 때 '再造藩邦'論의 범주에 속하였다.

이에 대하여 主和論 계열에서 제기한 것이 變法的 經世論이었다. 이들은 반정 초부터 후금=청의 위협으로부터 국가를 방어하기 위해서는 법과 제도의 개혁을 통해 왜란으로 인해 마비된 국가의 기능을 회복해야 함을 주장하였다. 즉 '國家'再造의 차원에서 변법론을 제기하였던 것이다. 이들은 주자학 명분론과 의리론 그 자체에 집착하는 경향이 있는 수신 위주의 도학적 경세론만으로는 당시의 국가적 위기를 타개할 수 없다는 것을 분명하게 인식하고 있었다. 이들은 '국사'와 '민사'가 일치되는 방향에서의 제도개혁을 추구하였다. 즉 이들이 시행하려 했던 양전과 대동법, 호패법과 사족수포 등은 토호 양반지주와 중간 모리배들의 착취와 횡포를 제거 내지 억제함으로써 영세빈농을 포함한 민과 국가가 동시에 유리한 방향에서 제도를 개혁하고자 하였던 것이다. 이것은 결국 이들이 당시의 위기에 처한 국가와 민생을 동시에 구제하기 위해서는 양반제와 지주제가 일정하게 제한되어야 한다고 보았음을 의미하는 것이다. 그러나 이들의 그러한 시도가 좌절되자 만주족의 침략으로 조성된 국가적 위기에 처하여 반정의 명분인 주자학 명분론과 화이론을 굽혀서라도 우선 국가를 유지 보존하고자 하였다. 여기에 이들이 주화론의 입장을 취한 소이가 있었던 것이다. 즉 호란 당시 主和論과 斥和論의 대립은 變法論과 守法論의 대립의 표현이었으며, 그것은 '國家'再造論과 再造'藩邦'論의 대립이기도 하였다는 것이다.

이귀의 軍政變通論과 최명길의 官制變通論은 이 시기의 대표적인 '國家'再造論이었다. 먼저 정묘호란기의 주화론자였던 이귀는 군정변통론을 내놓았는데, 이는 '국사와 민사의 일치를 지향하는 보민론'의 입장에서 나온 국가 방위전략이었다. 이귀는 후금의 鐵騎에 맞서 邊方防禦는 불가능하다는 전제 아래 거주지에서 근거리에 위치한 산성에서의 據險淸野 전술을 기본 방어전략으로 보고 이를 위해 전국적인 범위에서의 鎭管體制 復舊論을, 그리고 都城防禦는 불가능하다고 보고 江華島와 南漢山城을 保障으로 삼는 首都 방어전략을 내놓았다. 이를 위하여 民의 자발성에 기초한 精銳兵의 선발, 重內輕外의 원칙에 의거해 수도 방위를 위한 정예부대의 편성, 全國의 鎭管體制와 首都 防衛를 유기적으로 결합시킬 수 있는 전국적으로 일원화된 중앙집권적 군사제도의 창설 등을 주장하였다.

이귀는 이러한 방어전략의 효율적 집행과 군사 동원을 위해서는 중앙집권적 국가체제 자체가 새롭게 강화되어야 한다고 보았다. 이귀야말로 국방력 강화 문제를 단순히 군사제도의 차원에서 접근하지 않고 국가체제의 재정비라는, 이른바 '국가재조'라는 확대된 시야에서 접근할 것을 강조한 대표적 政論家였다.

아울러 그의 이러한 구상을 관통하는 일관된 원칙은 '國事와 民事의 일치를 지향하는 保民論'의 구현에 있었다. 그는 당시의 생산력 조건과 사회적 정서를 고려하여 철저하게 민의 자발성을 극대화하는 방향에서 군병을 확보하기 위해 兵農分離論과 選鋒論을 제출하였다. 여기에는 士族收布論이 포함되어 있어 양반사족의 신분적 특권은 인정되지 않았으며, 그로 인한 양반사족의 불만을 최대한 무마하기 위해 보다 유리한 조건에서 군역을 마칠 수 있는 방안으로서 禁衛軍의 편성을 제안하였다. 이는 양반사족의 신분적 특권은 인정하지 않으면서도 현실적으로 존재하는 士族 우위의 사회분위기(=封建性=分權力)를 수도 방위력 강화(=集權力 강화)로 발전적으로 해소하려는 相生의 變法論으로 간주된다.

또한 병자호란기의 주화론자인 최명길의 관제변통론은 주자학 명분론과 의리론에 기초한 주자학 정치론과 현실 정치 사이의 모순을 제도개혁을 통해서 극복하려는 노력의 소산이었다. 병자호란과 그에 이어진 정축년 성하지맹에 이르는 과정에서 그것은 극단적으로 드러났다. 당시 횡행했던 國君死社稷之說은 주자학 명분론과 의리론을 절대화하는 관인·유자 일반의 치자로서의 책무의식의 방기, 정치에 대한 무책임성을 잘 보여준다. 그는 비변사 체제와 삼사 언론의 제도와 관행이 이러한 모순을 부채질하였다고 보고 大臣權 강화, 郎薦權 폐지, 三司 言官의 避嫌 금지 등을 골자로 하는 官制變通論을 제출하였다. 그의 이러한 관제변통론은 파붕당론, 왕권론과 함께 '국사와 민사의 일치를 지향하는 보민론'을 실현하기 위한 변통 지향 경세론으로서 제기되었다.

최명길의 大臣 責任論은 한 세대 뒤에 표면화된 宋時烈의 世道宰相論과 大臣權 강화에 의한 책임정치의 실현이라는 점에서 유사한 듯보이지만 송시열의 世道宰相論이 조광조에서 이이를 거쳐 金長生으로 이어지는 의리론을 계승한 君子一朋黨論, 臣權 중심 정치론이었던 것에 비해 최명길의 대신 책임론은 조광조에서 이이를 거쳐 이귀로 이어지는 변통론을 계승하여 破朋黨論, 군주 중심 정치론으로서 제기되었다는 점에서 그 지향을 달리한 것이었다. 이것은 17세기의 역사적 과제였던 '국가재조' 방략과 관련하여 진보·개혁 노선과 보수·개량 노선으로 주자학 정치론이 분화되고 있음을 분명하게 보여주었다.

최명길의 관제변통론은 숙종대 朴世采·崔錫鼎 등 少論 당인들에 의해 탕평론의 일환으로서 變通論·破朋黨論·王權論과 함께 제기되었지만 노론 당인들의 정치공세로 인해 실현되지 못하였다. 그 대신 당색을 떠나서 柳馨遠, 李瀷, 柳壽垣 등의 실학자들에 의해 관제개혁론의 출발점으로서 거론되었다. 특히 최명길의 관제변통론을 전면적으로 계승하여 발전시킨 것은 柳壽垣이었다. 그는 최명길의 臺諫이 '專不事事'하여 '浮華無實'하다는 비판을 수용하여 兩司의 직책을 육조에 분속시키는 개혁안을 구상하였다. 이러한 유수원의 관제개혁론은 후대의 茶山 丁若鏞에 의해 보다 체계화되어 나타났다. 이처럼 최명길의 관제변통론은 주자학 명분론·의리론과 현실 정치와의 모순을 해소하기 위한 한 방편으로서 제기되어 조선후기 실학자들에 의해 체계화되기에 이르렀던 것이다.

이와 같이 인조대 前半에는 주자학 정치사상이 현실 속에서 모순과 한계를 드러내는 가운데 주자학 정치론이 분화되어 정치적 대립과 갈등으로 표출되었다. 그 과정에서 당시의 국가적 위기에 대한 대처방안을 두고 再造藩邦論이 國家再造論으로 전화되면서 양자 사이의 갈등이 정치적 대립구도를 형성하였다. 그러나 정축년 성하지맹 이후 명·청 교체의 와중에서 청국의 정치·군사적 압력이 강화되자 이러한 대립구도는 내면화·잠재화되면서 정국은 보다 복잡한 양상을 띠었다.

丁丑年 城下之盟 이후 仁祖代 後半의 정국변동에 결정적 영향을 미친 것은 청국의 정치·군사적 압력이었다. 徵兵·歲幣·刷還 등 청

의 조선에 대한 요구에 대해서는 가능하면 그것을 회피하거나 지연 또
는 축소시켜야 한다는 것에 대해서는 조야에 이견이 없었다. 그러나
청국으로서는 조선의 이러한 태도를 용납할 수 없었다. 그들은 조선의
조야에 팽배한 反淸 정서에도 불구하고 자신들의 목적을 달성하기 위
해 가능한 모든 수단을 동원하였다. 여기에는 군사적 위협은 물론, 인
질로 잡고 있던 세자와 大君을 활용하는 것, 심지어는 조선의 국왕을
교체하는 것조차 불사할 태세였다. 이로 인해 조선에서는 국왕 인조를
비롯한 신료들 전반이 전전긍긍할 수밖에 없었던 것이 저간의 현실이
었다. 따라서 여기에는 親淸派가 들어설 어떠한 여지도 존재하지 않았
다.

조선 조정에서는 이와 같은 청의 정치·군사적 압력으로 발생하는
비용을 거의 모두 田結에 부과하여 조달할 수밖에 없었다. '結布'는 그
것을 상징하는 용어였다. 인조대 후반에 兪伯曾 등 變通論에 관심을
가진 많은 논자들이 거론한 대동법이 인조대에 시행되지 못하고 효종
대로 미루어진 결정적인 이유는 바로 여기에 있었다. 즉 청국의 정치
·군사적 압력은 조선에서의 변통론을 지연 내지 좌절시키는 중요한
요인으로 작용하였던 것이다.

청의 정치·군사적 압력과 이에 굴종할 수밖에 없는 현실은 또한 이
시기 관인·유자 들에게 對明義理論이 내면화되는 계기가 되었다. 이
것은 의리론자들이 出仕를 기피하는 것으로 나타났는데, 이로 인해 병
자호란 패전의 책임을 지고 처벌받았던 金瑬, 沈器遠, 金自點 등과 같
은 정치적 현실주의자들이 재등장하는 요인이 되었다. 이후 인조대 말
년의 정국에서 도덕적 명분주의는 약화되고 정치적 현실주의가 강화
되었다. 당시 신료들의 집요한 비판에도 불구하고 內需司를 비롯한 諸
宮家·衙門의 폐단이 심화되고 대토지소유가 확대된 것은 이러한 흐
름의 반영이기도 하였다.

沈器遠 역모사건은 이에 대한 의리론자들의 반발을 역이용하여 권력을 탈취하려는 시도였다. 이 사건의 실패는 朝野에 對明義理論을 더욱 내면화시키고 인조 정권의 정치적 현실주의를 강화시키는 방향으로 작용하였다. '國有長君'論에 입각한 세자 교체와 姜嬪 獄事는 그러한 과정을 통해서 형성된 인조의 정치적 현실주의를 극명하게 드러낸 사건이었다. 이를 통하여 인조는 정축년 성하지맹 이후 땅에 떨어진 군주권의 위상을 회복함으로써 이후 효종대의 강력한 군주권 행사의 발판을 마련하였다. 이것은 강빈 옥사의 실체에 대한 인조의 확신이 있었기 때문에 가능한 일이었다. 이에 기초하여 인조는 주자학 명분론과 의리론의 무책임성과 비현실성, 그에 기초한 신료들의 당파적 태도를 분명하고도 가차없이 비판하고 군주권의 위상을 회복할 수 있었다고 사료된다.

이와 같이 인조 말년에 군주권이 강화되는 흐름은 당시의 지배층이었던 관인·유자 일반에게 對明義理論뿐만 아니라 주자학 명분론과 의리론 그 자체를 더욱 내면화시켰다. 그리하여 인조가 죽자마자 인조의 정치적 현실주의에 대한 반발로서 터져나온 것이 金自點 獄事였다. 김자점 역모사건은 인조의 정치적 현실주의에 대한 반발로서 산림 계열 의리론자들이 김자점에 대한 정치공세를 강화하는 가운데 발생한 사건으로서 청국과는 무관한 사건이었다.

이에 비해 李時白·李時昉 형제가 沈器遠 역모사건과 金自點 역모사건에도 불구하고 살아남을 수 있었던 것은 치자로서의 책무의식과 실천적 자세가 인조와 그를 이은 효종을 비롯한 신료들 일반의 인정을 받았기 때문이다. 이들은 그러한 책무의식과 실천성을 바탕으로 '국가재조'를 위한 제도의 變通과 改革을 모색하였다. 이들은 자신의 父親인 李貴와 변통론의 필요성과 정당성에 대해서는 인식을 같이 하였지만 仁祖代 前半 그것이 좌절되는 과정을 경험하면서 보다 신중한 태도로, 實事·實務에 입각하여 변통론에 접근하려 하였다. 이시백은 이 귀의 軍政變通論을 계승하여 실천하고자 노력하였으며, 이시방은 財政變通論에 보다 치중하여 효종대 대동법 추진의 주역이 되었다. 이들 형제의 진중한 처신은 의리론자들과의 마찰에도 불구하고 인간적인 유대와 신뢰를 잃지 않는 중요한 요인이 되었으며, 향후 西人 山林 계열 변통론자들과의 정책 공조에 대한 전망을 제공하였다. 그리하여 숙종대 西人이 老論과 少論으로 분열한 이후 少論 變通論의 한 연원이 되었던 것이다.

지금까지 인조대의 정치적 사건들을 사상적 대립의 표출로 보고 그 대립의 논리를 추출하여 그것이 정국 동향에 어떻게 작용하였는가를 살펴본 결과 다음과 같은 몇 가지 특징이 있음을 알 수 있었다. 우선, 인조대 정치사에서 주자학 정치사상, 주자학 정치론, 그 중에서도 특히 '士林' 계열 관인·유자 들에게 특유한 주자학 명분론과 의리론의 지배적이고도 규정적인 역할을 확인할 수 있었다. 이것은 국왕 인조를 포함한 당시의 지배층이었던 관인·유자 일반의 인식과 행동을 지배하였다. 따라서 거의 모든 정치적 사건, 대립과 갈등에는 이 논리가 일차적이고 우선적으로 관철되었다. 또한 그 논리가 매우 정합적이고 체계적이며 포괄적이었으므로 그것을 벗어난 다른 논리를 내세운다는 것이 얼마나 어렵고 위험한 일인가를 인조대 정치사는 잘 보여주었다고 생각된다.

둘째, 인조대의 주요 정치적 사건들은 지배적인 주자학 정치사상이 현실과 괴리되면서 문제가 되었음을 보여준다는 점이다. 그 현실이란 양란기의 국가적 위기 바로 그것이었다. 대내적으로 꼬리를 물고 빈발하는 역모사건은 정권의 정통성을 위협하였으며, 지주제와 양반제의 확대는 賦稅制度의 모순과 결합되어 국가의 존립을 위협하였다. 국가 재정수입은 감소되고 군사제도는 붕괴되어 외세의 침략에 무기력하게 노출되었다. 대외적으로는 만주족이 새롭게 성장하여 국제정세에도 심각한 변화가 초래되었다. 이러한 상황에서 주자학 명분론·의리론만을 고집하면 국가적 위기는 심화될 수밖에 없었다. 실로 인조대는 이와 관련하여 주자학 정치사상·정치론의 모순과 한계가 가장 극적으로 표출된 시기였다. 정축년 성하지맹은 그것을 상징하는 사건이었다.

셋째, 인조대에 變通論이 등장하여 정치적 갈등의 중요한 요인이 되었다는 점이다. 당시의 심각한 국가적 위기 상황을 타개하기 위해 주자학 명분론과 의리론을 부정하지 않으면서도 그것을 汎儒敎的 차원으로 확대 해석하면서 현실에 적합한 대처방안을 모색하고 정치적 행동으로 표출하는 관인·유자 들이 속속 등장하였다. 이들이 내세운 것이 바로 변통론이었다. 그것은 政局運營論, 禮論, 社會經濟 改革論, 軍備·國防 대책 등 정치와 정책 전반에 걸쳐서 제기되었다. 따라서 이들과 주자학 명분론·의리론을 고수하려는 관인 유자들 사이의 대립과 갈등은 피할 수 없는 일이었다. 여기에 주자학 정치론이 의리론과 변통론의 대립구도 속에서 분화되는 소이가 있었다.

넷째, 의리론 대 변통론의 대립구도는 인조대 주요 정치적 사건에서 대부분 확인되었다는 점이다. 인성군 이공의 처벌 문제에서는 도덕적 명분주의 대 정치적 현실주의, 의리론 대 책임론, 정국 운영과 관련해서는 조정론 대 조제론, 원종 추숭과 관련해서는 종통론 대 효치론, 정주학 대 공맹 유학, 신권론 대 왕권론, 대 후금(＝청) 관계 속에서는 척화론 대 주화론, 정론 대 권도론, 방어전략과 관련해서는 변방방어론 대 진관체제 복구론, 임진강 파수론 대 강도 보장론, 사회경제적 현안과 관련해서는 수법론 대 변법론 등의 대립구도가 그것이다. 이러한 대립구도는 의리론 대 변통론의 대립구도에 대응되며, 인조대 정치사에서 보수와 진보의 대립으로 표출되었다.

다섯째, 이 시기에 국가관에 중요한 변화가 일어났다는 점이다. 척화론에 대한 주화론의 등장은 화이론에 종속된 '藩邦' 의식으로부터 이 것과 분리된 독자적인 '국가' 관념의 등장을 분명하게 보여준다. 사실 위에서 언급한 정치적 대립 구도에는 이러한 국가관의 차이가 이미 내 재되어 있었다. 특히 주화론의 전제로서 양반제와 지주제의 폐단을 제 거하는 방향에서 법과 제도의 개혁을 통한 새로운 '국가' 체제를 모색 하는 변통론이 제출되었다는 것은 중요한 의미가 있었다. 이것은 이 시기가 양란으로 인한 국가적 위기 수습방안을 두고 再造'藩邦'論에서 나아가서 '國家'再造論이 등장한 시기에 해당된다는 것을 의미하는 것 이었다. 요컨대 인조대 정치사에서 의리론과 변통론의 대립이 보수와 진보의 대립으로 표출되었다면 그것은 재조번방론과 국가재조론의 대 립이기도 하였다는 점이다.

이로써 인조대를 再造藩邦論이 國家再造論으로 轉化되어 간 시기 로 규정하였던 서론의 전제들이 대부분 확인된 셈이다. 동일한 양란기 로서 광해군대가 유교 주자학과 이질적인 사상을 도입하여 국가재조 론을 모색한 시기였다면 인조대는 주자학 정치사상 내부에서 그것이 분화되어 새로운 국가체제를 모색하는 정치사상이 등장하였다는 특징 이 있었다.

명이 멸망한 이후인 17세기 후반에는 이제 再造藩邦論은 사라지고 전후 수습대책은 국가재조론으로 수렴되기에 이른다. 이후에는 '再造 藩邦' 논리의 연장선상에서 구질서·구법제의 보수·개량에 의해 국가 재조를 모색하는 논의와 이에 반대하고 새로운 인식태도와 방법론을 모색하여 구래 法制의 전면적 改廢·變革에 의한 변법적 수준의 국가 재조를 구상하는 논의가 양립하였다. 국가재조론의 분화였다. 즉 인조 대에 드러난 의리론 대 변통론, 신권론 대 왕권론, 수법론 대 변법론, 척화론 대 주화론, 재조번방론 대 국가재조론의 대립 구도가 17세기 후반에는 보수·개량 노선의 국가재조론과 진보·변법 노선의 국가재조론 사이의 대립구도로 이어지게 되었다.

인조대에 등장한 국가재조론은 아직 여러 가지 점에서 17세기 후반 이후의 국가재조론에는 미치지 못하였다. 우선 인조대에는 그것이 독자적인 철학적 논리에 입각한 학문론과 함께 정합적으로 제출된 것은 아니었다. 그리고 柳馨遠의 『磻溪隨錄』과 같이 국가체제 전반에 대한 체계적 개혁론의 형태를 띠지는 못한 채, 예를 들면 이귀의 군정변통론, 최명길의 관제변통론처럼 특정 분야에 제한된 형태로 제출되었다. 이것은 이들에게서 지주제의 모순에 대한 의식이 첨예화되지 못한 것과도 관련이 있었다. 또한 아직은 당색간의 차별성이 두드러지게 드러나지 않은 채로 서인과 남인 모두에서 나름대로의 경로를 통하여 등장하고 있었다. 따라서 당색간, 학파간의 특징은 분명하게 드러나지 않았다.

그렇지만 인조대 국가재조론의 등장은 다음과 같은 간과할 수 없는 의미가 있었다. 우선 주자학 정치사상에 대항하는 새로운 논리가 정치론의 측면에서는 분명하게 성립되었다는 점이다. 이것은 17세기 후반 변법적 국가재조론으로서의 脫(反)朱子學, 즉 實學의 등장을 예고하는 것이었다. 주자학 명분론·의리론이 현실 적합성을 상실하자 孔孟儒學에 주목하면서 汎儒敎的 차원에서 변통론을 제기한 것은 그 출발점이 되었다. 이귀의 군정변통론이나 최명길의 관제변통론이 이후 실학자들의 저술 속에서 원용되었던 것도 그 문제의식과 사유체계의 동질성을 반영한 것이었다.

다음, 18세기 蕩平政治論의 주요 구성 요소는 모두 드러났다는 점이다. 인조대 정치사에서 드러난 파붕당론으로서의 조제론, 왕권론, 변통론, 대신책임론 등은 숙종대 이후 본격적으로 제기된 탕평론의 주요 구성 요소들이었다. 英祖代 緩論 蕩平論者들이 인조대를 정국운영의 모델로 본 것이나 英·正祖代 탕평책에서 최명길의 관제변통론이 구현된 것은 그것을 말해준다.

또한 17세기 말 숙종대에 西人이 老論과 少論으로 분화되는 대립구도와 사상적, 인적 계보가 이 시기에 등장했다는 점이다. 인조대 의리론과 변통론의 대립구도는 숙종대 노론과 소론의 대립구도로 표출되었다. 朴世采는 李貴의 저술인『李忠定公章疏』에 序文을 써서 그 '經濟之術'과 '事功'을 높이 평가하였고, 朴世堂은 崔鳴吉의 禮論과 主和論에 공감을 표시하였다. 소론의 대표적인 지도자였던 이들은 이러한 주자학 정치사상과는 이질적인 새로운 정치론을 합리화하기 위해 古典儒學에 대한 새로운 해석을 시도하였다. 박세당의『思辨錄』이나 박세채의『範學全編』은 그러한 경향의 저술들이었다. 이와 같이 서인 내부에서 주자학 정치사상과는 다른 새로운 정치론에 공감하는 세력이 확대되자 정통 주자학 진영에서는 이를 저지하기 위해 宋時烈로 대표되는 朱子 道統主義者들이 등장하였다. 서인이 정통 주자학을 고집하는 老論과 새로운 사상을 모색하는 少論으로 分化되어 朋黨政治論 대 蕩平政治論이라는 대립구도가 등장하는 소이가 여기에 있었다.

결국 인조대 이귀와 최명길 등에 의해 제출된 정치적 현실주의, 책임론, 파붕당론, 왕권론, 사세론·명실론에 입각한 권도론, 변통론 등은 이후 현실 정치에서 절충과 타협을 모색하는 少論的 思惟方式·政治論의 주요 구성요소가 되었다. 이들이 인재 등용의 기준으로서 명분과 의리보다 치자의 책무의식에 바탕을 둔 현실에 대한 식견을 강조하고, 법과 제도의 개혁을 통하여 '國事와 民事의 일치를 지향하는 保民論'을 구현하려 한 것은 그것의 중요한 특징이었다. 특히 정치적 현실주의 그 자체에 의리가 존재한다고 주장하여 현실과 괴리된 명분의 존재를 부정하는 최명길의 名實論에 입각한 權道論은 少論 黨人들의 實事·實務 지향적 특징을 든든하게 뒷받침하는 논리가 되었다.

少論 黨人들의 이러한 사유방식은 17세기 후반 이후 당색과 결합되어 제출된 국가재조론의 두 흐름 가운데 주자 도통주의에 입각한 노론

의 보수·개량 노선에 대항하여 南人 古典儒學派와 함께 진보·개혁
적 국가재조론의 한 흐름을 형성하였다. 그렇지만 이러한 사상적 차이
에 의해 정치적 대립이 격화되어 肅宗·景宗代를 거치면서 換局과 處
分, 獄事가 반복되자 이들은 자신들의 국가구상을 현실 정치에 구현하
기 위해 절충과 타협을 모색하였다. 少論 黨人들이 탕평정치론을 제출
하고 그것을 실천하기 위해 노력한 것은 그 표현이었다. 18세기 英·
正祖代 탕평책이 추진되는 것과 함께 均役法·辛亥通貢 등과 같이 제
한적이지만 개혁이 이루어지고 이것이 『續大典』·『大典通編』 등으로
수렴된 것, 영조의 尊王論이나 정조의 君主道統說 등의 蕩平君主論을
통하여 왕권을 강화시키려 한 것 등은 그러한 少論 政治論이 현실 정
치에서 구현된 사례에 해당된다. 그리고 이러한 소론적 사유와 정치론
은 南人 古典儒學派나 老論 北學思想과는 구별되는 소론 실학의 특
징이기도 하였다.

이와 같이 인조대는 중세사상으로서의 주자학 정치론이 분화되어
주자학 명분론·의리론에 대립하는 새로운 정치론이 형성된 시기였다.
그것이 발전되어 實學과 蕩平政治論이 등장하게 되는데, 이는 대표적
인 중세사회 해체의 논리이자 근대지향적 사상이었다. 인조대는 그것
이 형성되는 시기였다는 점에 그 의미가 있었다.

인조대 형성되기 시작한 주자학과 실학, 붕당정치론과 탕평정치론의
대립구도는 18세기까지는 여전히 유효하였다고 생각된다. 그렇지만 이
러한 시각에서 인조대 이후 효종·현종 연간은 물론 탕평론이 등장한
숙종대를 비롯하여 탕평책이 본격적으로 추진된 영·정조대의 정치사
에 대한 분석은 아직 본격적으로 시도되지 않았다. 즉 사상사의 측면
에서는 주자학과 실학의 대립구도를 통일적으로 파악하는 방법론으로
서 국가재조론이 제출되어 있는 상태지만 현실 정치에서 그것이 어떻
게 드러났는지는 아직 충분하게 밝혀지지 않은 것이다. 이것은 이 책

에 이은 향후의 과제로 삼고자 한다.

참고문헌

Ⅰ. 資料

1. 年代記類

『朝鮮王朝實錄』   『承政院日記』

『備邊司謄錄』

2. 法典 및 官纂 資料

『經國大典』   『通文館志』

『同文彙考』   『尊周彙編』

『增補文獻備考』   『萬機要覽』

3. 黨爭關係 資料

『黨議通略』   『燃藜室記述』

『大東野乘』   『稗林』

4. 文集類

金萬基, 『瑞石集』   金尙憲, 『淸陰集』

金世濂, 『東溟集』   金益熙, 『滄洲遺稿』

金長生, 『沙溪全書』   南九萬, 『藥泉集』

朴世采, 『南溪集』   朴知誠, 『潛冶集』, 『潛冶先生年譜』

成渾, 『牛溪集』   宋時烈, 『宋子大全』

宋浚吉, 『同春堂集』   申翊聖, 『樂全堂集』

申欽,『象村集』 　　　　　　吳允謙,『楸灘集』
元斗杓,『灘叟實記』 　　　　　俞伯曾,『翠軒疏箚』
柳壽垣,『迂書』 　　　　　　　柳馨遠,『磻溪隨錄』
尹拯,『明齋遺稿』 　　　　　　尹煌,『八松封事』
尹鑴,『白湖全書』 　　　　　　李景奭,『白軒集』
李敬輿,『白江集』 　　　　　　李貴,『李忠定公章疏』
李德馨,『漢陰文稿』 　　　　　李民宬,『敬亭集』
李睟光,『芝峰集』 　　　　　　李植,『澤堂集』
李彦迪,『晦齋集』 　　　　　　李珥,『栗谷全書』
李瀷,『星湖僿說』 　　　　　　李廷龜,『月沙集』
李埈,『蒼石集』 　　　　　　　李恒福,『白沙集』
林慶業,『林忠愍公實記』 　　　任相元,『恬軒集』
張維,『谿谷集』 　　　　　　　鄭經世,『愚伏集』
趙絅,『龍洲遺稿』 　　　　　　趙錫胤,『樂靜集』
趙復陽,『松谷集』 　　　　　　趙翼,『浦渚集』
趙光祖,『靜菴集』 　　　　　　趙憲,『重峯集』
崔鳴吉,『遲川集』 　　　　　　崔錫鼎,『明谷集』
許穆,『記言』 　　　　　　　　허적,『水色集』

朱熹,『朱子大全』,『朱子語類』,『資治通鑑綱目』
程顥,『河南程氏文集』
『十三經注疏』 　　　　　　　『四書大全』
『五經大全』 　　　　　　　　『性理大全』

II. 研究論著

1. 著書

강만길 편, 2000,『조선후기사 연구의 현황과 과제』, 창작과 비평사.
姜周鎭, 1971,『李朝黨爭史研究』, 서울대 출판부.
고영진, 1995,『조선중기 예학사상사』, 한길사.
具萬玉, 2004,『朝鮮後期 科學思想史 研究 I』, 혜안.
近代史研究會 編, 1987,『韓國 中世社會 解體期의 諸問題』, 한울.
金度亨, 1994,『大韓帝國期의 政治思想 研究』, 지식산업사.

金燉, 1997,『朝鮮前期 君臣權力關係 硏究』, 서울대 출판부.

金盛祐, 2001,『조선중기 국가와 사족』, 역사비평사.

金成潤, 1997,『朝鮮後期 蕩平政治 硏究』, 지식산업사.

金玉根, 1977,『朝鮮後期 經濟史硏究』, 瑞文堂.

金龍德, 1977,『朝鮮後期思想史硏究』, 乙酉文化社.

金容燮, 1995,『朝鮮後期農業史硏究 I』(增補版), 지식산업사.

金容燮, 1990,『朝鮮後期農業史硏究 II』(增補版), 一潮閣.

金容燮, 1988,『朝鮮後期農學史硏究』, 一潮閣.

金容燮, 2000,『韓國中世農業史硏究』, 지식산업사.

金鍾洙, 2003,『朝鮮後期 中央軍制硏究』, 혜안.

金鍾圓, 1999,『근세 동아시아관계사 연구』, 혜안.

金友哲, 2001,『朝鮮後期 地方軍制史』, 景仁文化社.

金駿錫, 2003,『朝鮮後期 政治思想史 硏究』, 혜안.

金駿錫, 2005,『韓國 中世 儒敎政治思想史論 I』, 지식산업사

金駿錫, 2005,『韓國 中世 儒敎政治思想史論 II』, 지식산업사

都賢喆, 1999,『高麗末 士大夫의 政治思想 硏究』, 一潮閣.

박광용, 1998,『영조와 정조의 나라』, 푸른 역사.

방기중, 1993,『한국근현대사상사연구』, 역사비평사.

白承哲, 2000,『朝鮮後期 商業史 硏究』, 혜안.

徐台源, 1999,『朝鮮後期 地方軍制硏究』혜안.

歷史學會 編, 1973,『實學硏究入門』, 一潮閣.

吳永敎, 2001,『朝鮮後期 鄕村支配政策 硏究』, 혜안.

오영교 외, 2004,『조선 건국과 경국대전체제의 형성』, 혜안

오영교 외, 2005,『조선후기 체제변동과 속대전』, 혜안

禹仁秀, 1999,『朝鮮後期 山林勢力 硏究』, 一潮閣.

원재린, 2004,『조선후기 星湖學派의 학풍 연구』, 혜안.

柳在城, 1986,『丙子胡亂史』, 國防部戰史編纂委員會.

陸軍士官學校 韓國軍事硏究室, 1977,『韓國軍制史』(近世朝鮮後期篇), 陸軍
    本部

李景植, 1986,『朝鮮前期土地制度硏究』, 一潮閣.

李景植, 1998,『朝鮮前期土地制度硏究』II, 지식산업사.

李基淳, 1998,『仁祖·孝宗代 政治史 硏究』, 國學資料院.

李秉烋, 1984,『朝鮮前期 畿湖士林硏究』, 一潮閣.

李成茂 외, 1992,『朝鮮後期 黨爭의 綜合的 檢討』, 韓國精神文化研究院.

李樹健, 1995,『嶺南學派의 形成과 展開』, 一潮閣.

李迎春, 1998,『朝鮮後期 王位繼承 研究』, 集文堂.

李佑成, 1982,『韓國의 歷史像』, 창작과 비평사.

李在喆, 2001,『朝鮮後期 備邊司 研究』, 集文堂.

李俊九, 1993,『朝鮮後期 身分職役變動研究』, 一潮閣.

李泰鎭, 1985,『朝鮮後期 政治와 軍營制 變遷』, 韓國研究院.

李泰鎭 編, 1985,『朝鮮時代 政治史의 再照明』, 汎潮社.

정두희, 2000,『조광조』, 아카넷.

鄭奭鍾, 1984,『朝鮮後期社會變動研究』, 一潮閣.

鄭奭鍾, 1994,『조선후기의 정치와 사상』, 한길사.

정옥자, 1993,『조선후기 역사의 이해』, 一志社.

정옥자, 1998,『조선후기 조선중화사상연구』, 일지사.

정옥자 외, 1999,『정조시대의 사상과 문화』, 돌베개.

鄭昌烈 외, 1998,『韓中實學史研究』, 민음사.

鄭豪薰, 2004,『朝鮮後期 政治思想 研究』, 혜안.

정홍준, 1996,『조선중기 정치권력구조 연구』, 高麗大 民族文化研究所.

趙珖, 1988,『朝鮮後期 天主教史 研究』, 高麗大 民族文化研究所.

曺永祿, 1989,『中國近世政治史研究』, 지식산업사.

지두환, 1998,『조선시대 사상사의 재조명』, 역사문화.

지두환, 2000,『인조대왕과 친인척』, 역사문화.

崔韶子, 1997,『명청시대 중·한 관계사연구』, 이화여자대학 출판부.

최완수 외, 1998,『진경시대』1·2, 돌베개.

崔異敦, 1994,『朝鮮中期 士林政治構造研究』, 一潮閣.

韓國史研究會 編, 2001,『韓國 實學의 새로운 摸索』, 景仁文化社.

한명기, 1999,『임진왜란과 한중관계』, 역사비평사.

許捲洙, 1993,『朝鮮後期 南人과 西人의 學問的 對立』, 法仁文化社.

溝口雄三, 1980,『中國近代思想の屈折と展開』, 東京:東京大學出版會

溝口雄三, 1995,『中國の公と私』, 東京:研文出版

溝口雄三·伊東貴之·村田雄二郎, 1995,『中國という視座』, 東京:平凡社

大濱皓, 1983,『朱子の哲學』, 東京:東京大學出版會

武内義雄, 1967,『中國思想史』, 東京:岩波全書 73.

守本順一郎, 1967,『東洋政治思想史研究』, 東京 : 未來社.
岩間一雄, 1990,『中國政治思想史研究』, 東京 : 未來社.
友枝龍太郎, 1969,『朱子の思想形成』, 東京 : 未來社.
諸橋轍次, 1975,『儒學の目的と宋儒の活動』,『諸橋轍次著作集』第一卷.
戶川芳郎 外, 조성을 옮김, 1989,『儒教史』, 이론과 실천.

葛榮晋, 1987,『中國哲學範疇史』, 黑龍江人民出版社.
傅樂成 著, 辛勝夏 譯, 1998,『中國通史』(下), 知永社.
徐連達 외 지음, 중국사연구회 옮김, 1989,『중국통사』, 청년사.
楊國榮, 1990,『王學通論－從王陽明到熊十力』, 上海三聯書店
任繼愈 編著, 전택원 옮김, 1990,『中國哲學史』, 까치.
張立文, 1981,『朱熹思想研究』, 北京 : 中國社會科學出版社.
張立文, 1982,『宋明理學研究』, 北京 : 中國人民大學出版社
張立文, 1995,『中國哲學範疇發展史』(人道篇), 北京 : 中國人民大學出版社
張立文, 1998,『朱熹評傳』, 南京 : 南京大學出版社.
中國孔子基金會 編, 1997,『中國儒學百科全書』, 北京 : 中國大百科全書出版社.
陳來, 1992,『宋明理學』, 遼寧出版社
候外廬 외 지음, 박완식 옮김, 1993,『宋明理學史』1・2, 이론과 실천.

2. 學位論文

金甲千, 1998,「仁祖朝의 정치적 '適實' 지향성에 관한 연구」, 서울대 박사학
　　위논문.
金世奉, 1995,「17世紀 湖西山林勢力 研究」, 단국대 박사학위논문.
朴光用, 1994,「朝鮮後期 '蕩平' 研究」, 서울대 박사학위논문.
禹景燮, 2005,「宋時烈의 世道政治思想 研究」, 서울대 박사학위논문.
李旭, 2002,「朝鮮後期 魚鹽政策 研究」, 고려대 박사학위논문.
李廷喆, 2004,「17세기 朝鮮의 貢納制 改革論議와 大同法의 成立」, 고려대
　　박사학위논문.
張東宇, 1997,「茶山 禮學의 研究」, 연세대 박사학위논문.
鄭景姬, 2000,「朝鮮前期 禮制・禮學 研究』, 서울대 박사학위논문.
鄭演植, 1993,「조선후기 '役摠'의 운영과 良役 變通」, 서울대 박사학위논문.
趙誠乙, 1991,「丁若鏞의 政治經濟 改革思想 研究」, 연세대 박사학위논문.

崔潤晤, 2001,「朝鮮後期 土地所有權의 發達과 地主制」, 연세대 박사학위논 문.

韓基範, 1991,「沙溪 金長生과 愼獨齋 金集의 禮學思想研究」, 충남대 박사학 위논문.

3. 一般論文

姜萬吉, 1971,「朝鮮後期 商業의 問題點」,『韓國史研究』6.

姜錫和, 1989,「丁若鏞의 官制改革案 研究」,『韓國史論』21, 서울대 國史學科.

姜信曄, 1990,「朝鮮後期 南溪 朴世采의 禮治論」,『慶州史學』9.

姜信曄, 1990,「17世紀 後半 朴世采의 蕩平策」,『東國歷史敎育』2.

姜信曄, 1994,「崔錫鼎의 政治思想」,『東國史學』28.

高錫珪, 1985,「16·7세기 貢納制 改革의 方向」,『韓國史論』12, 서울대 국사 학과.

고석규, 1988,「鄭仁弘의 義兵活動과 山林 기반」,『韓國學報』51.

고영진, 1992,「17세기 전반 남인학자의 사상」,『역사와 현실』8, 한국역사연구 회.

具德會, 1988,「宣祖代 후반(1594~1608) 政治體制의 再編과 政局의 動向」, 『韓國史論』20, 서울대 국사학과.

구만옥, 1999,「16세기 말~17세기 초 朱子學的 宇宙論의 變化」,『韓國思想史 學』13.

구만옥, 2000,「朝鮮後期 '地球'說 수용의 思想史的 의의」,『韓國史의 構造와 展開』, 河炫綱敎授定年紀念論叢, 혜안.

琴章泰, 1992,「17세기 朝鮮朝 禮學派의 禮學과 그 社會意識」,『宗敎學研究』 11.

金光哲, 1983,「靜菴 趙光祖의 政治思想」,『釜山史學』7.

金燉, 1986,「朝鮮後期 黨爭史 研究의 現況과 '국사'敎科書의 敍述」,『歷史敎 育』39.

金斗鉉, 1989,「淸朝政權의 成立과 發展」, 서울大學校東洋史學研究室 編, 『講座 中國史』Ⅳ, 지식산업사.

金盛祐, 1992,「17·18세기 전반 '閑遊者層'의 증가와 정부의 대책」,『民族文 化研究』25, 高麗大 民族文化研究所.

金盛祐, 1992,「조선후기 '閑遊者'層의 형성과 그 의의」,『史叢』40·41, 高大

史學會.

金世奉, 2001, 「孝宗初 金自點 獄事에 대한 一研究」, 『史學志』 34, 단국대

김세봉, 2003, 「예론(禮論)의 전개와 그 양상」, 한국역사연구회 17세기 정치사
연구반, 『조선중기 정치와 정책』, 아카넷.

金龍德, 1964, 「昭顯世子 研究」, 『史學研究』 18.

金龍德, 1986, 「朋黨政治論 批判」, 『정신문화연구』 1986년 여름호.

金容燮, 1985, 「朱子의 土地論과 朝鮮後期 儒者」, 『延世論叢』 21.

金容燮, 1988, 「朝鮮後期의 社會變動과 實學」, 『東方學志』 58, 延世大 國學
研究院.

金容天, 1999, 「漢 宣帝期 禮制論議」, 『東國史學』 33.

金容欽, 1996, 「朝鮮後期 老・少論 分黨의 思想基盤」, 『學林』 17.

金容欽, 2000, 「朝鮮後期 肅宗代 老・少論 對立의 論理」, 『韓國史의 構造와
展開』, 河炫綱教授定年紀念論叢, 혜안.

金容欽, 2001, 「肅宗代의 政治 爭點과 少論의 內紛」, 『東方學志』 111.

金容欽, 2001, 「浦渚 趙翼의 學問觀과 經世論의 性格」, 韓國史研究會 編,
『韓國 實學의 새로운 摸索』, 景仁文化社.

김용흠, 2004, 「조선전기 훈구・사림의 갈등과 그 정치사상적 함의」, 『東方學
志』 124.

김용흠, 2005, 「17세기 政治的 갈등과 朱子學 政治論의 分化」, 오영교 편, 『조
선후기 체제변동과 속대전』, 혜안

김용흠, 2006, 「19세기 전반 勢道政治의 형성과 政治運營」, 『韓國史研究』
132.

金容欽, 2006, 「仁祖代 元宗 追崇 論爭과 王權論」, 『學林』 27, 연세대 사학연
구회

金容欽, 2006, 「遲川 崔鳴吉의 責務意識과 官制變通論」, 『朝鮮時代史學報』
37.

金容欽, 2006, 「17세기 前半 經世論의 두 경향」, 『역사문화연구』 24, 韓國外國
語大學校 歷史文化研究所

김용흠, 2006, 「丁卯胡亂과 主和・斥和 論爭」, 『韓國思想史學』 26, 韓國思想
史學會

김용흠, 2006, 「丙子胡亂期의 主和・斥和 論爭」, 『東方學志』 135, 연세대 국
학연구원

김용흠, 2006, 「仁祖反正의 名分과 政權의 正統性 論爭」, 『歷史學研究』 27,

460

　　　　호남사학회

김용흠, 2006, 「仁祖代 前半 정치적 갈등과 朋黨論」, 『역사와 경계』 60, 부산
　　　　경남사학회

김용흠, 2006, 「조선후기 역모 사건과 변통론의 위상」, 『사회와 역사』 70, 한국
　　　　사회사학회

김용흠, 2006, 「잠야(潛冶) 박지계(朴知誡)의 효치론(孝治論)과 변통론」, 『역
　　　　사와 현실』 61, 한국역사연구회

金宇基, 1986, 「朝鮮前期 士林의 銓郎職 進出과 그 役割」, 『大邱史學』 29.

金宇基, 1990, 「銓郎과 三司의 관계에서 본 16세기 權力構造」, 『歷史敎育論
　　　　集』 13·14.

金潤坤, 1971, 「大同法의 施行을 둘러싼 贊反 兩論과 그 背景」, 『大東文化硏
　　　　究』 8.

金貞信, 2000, 「朝鮮前期 士林의 '公' 인식과 君臣共治論」, 『學林』 21.

金貞信, 2000, 「16세기 말 性理學 理解와 現實認識」, 『朝鮮時代史學報』 13.

김정신, 2004, 「宣祖代 文昭殿 論爭과 朋黨」, 『韓國思想史學』 22, 韓國思想
　　　　史學會.

金鍾洙, 1990, 「17세기 軍役制의 推移와 改革論」, 『韓國史論』 22.

金駿錫, 1981, 「朝鮮前期의 社會思想」, 『東方學志』 29.

金駿錫, 1992, 「朝鮮後期 黨爭과 王權論의 推移」, 『朝鮮後期 黨爭의 綜合的
　　　　檢討』, 韓國精神文化硏究院.

金駿錫, 1997, 「儒敎思想論」, 『韓國史 認識과 歷史理論』, 金容燮敎授停年紀
　　　　念 韓國史學論叢, 지식산업사.

金駿錫, 1997, 「탕평책 실시의 배경」, 『한국사』 32, 국사편찬위원회.

金駿錫, 1998①, 「兩亂期의 國家再造 문제」, 『韓國史硏究』 101.

金駿錫, 1998②, 「18세기 蕩平論의 전개와 王權」, 朝鮮時代史學會 편, 『東洋
　　　　三國의 王權과 官僚制』, 國學資料院.

金駿錫, 1998③, 「實學의 胎動」, 『한국사』 31, 국사편찬위원회.

金泰永, 2003, 「遲川 崔鳴吉의 現實 變通論」, 『道山學報』 9, 道山學硏究院.

김훈식, 1986, 「여말선초 민본사상과 명분론」, 『애산학보』 4.

남지대, 1987, 「조선후기 정치제도 연구현황」, 近代史硏究會 編, 『韓國中世社
　　　　會 解體期의 諸問題』 (上), 한울.

閔賢九, 1968, 「近世朝鮮前期 軍士制度의 成立」, 『韓國軍制史』(近世朝鮮前
　　　　期篇), 陸軍本部.

박광용, 1983, 「蕩平論과 政局의 變化」, 『韓國史論』 10, 서울대 國史學科.

박광용, 1987, 「조선후기 정치세력 연구현황」, 近代史研究會 編, 앞의 책.

朴光用, 1989, 「朋黨政治와 蕩平」, 『東洋學』 19, 檀國大 東洋學研究所.

朴光用, 1991, 「조선 후기 정치사의 시기구분 문제」, 『聖心女子大學 論文集』 23.

朴光用, 1992, 「朝鮮後期 黨爭과 政局運營論의 變遷」, 『朝鮮後期 黨爭의 綜合的 檢討』, 韓國精神文化研究院.

박광용, 1994, 「조선후기 정치사 연구동향(1989~1994)」, 『韓國史論』 24, 국사편찬위원회.

朴光用, 1999, 「朝鮮時代 政治史 研究의 成果와 課題」, 『朝鮮時代 研究史』, 韓國精神文化研究院.

朴光用, 1999, 「肅宗代 己巳換局에 대한 검토」, 『東洋學』 29, 檀國大 東洋學研究所.

朴鍾天, 1998, 「仁祖代 典禮論爭(1623~1635)에 대한 宗敎學的 再評價」, 『宗敎學研究』 17.

배우성, 2003, 「사회정책적 논의의 정치적 성격」, 한국역사연구회 17세기 정치사 연구반, 『조선중기 정치와 정책』, 아카넷.

백승철, 1990, 「17·18세기 軍役制의 變動과 運營」, 『韓國史學論叢』, 李載龒博士還曆紀念 論文集.

백승철, 1994, 「16세기 부상대고(富商大賈)의 성장과 상업활동」, 『역사와 현실』 13, 한국역사연구회.

徐仁漢, 1984, 「仁祖初 服制論議에 대한 小考」, 『北岳史論』 創刊號.

成樂熏, 1965, 「韓國黨爭史」, 『韓國文化史大系』 Ⅱ, 高大 民族文化研究所.

宋贊植, 1978, 「朝鮮朝 士林政治의 權力構造」, 『經濟史學』 2.

申明鎬, 1993, 「宣祖末·光海君初의 政局과 外戚」, 『淸溪史學』 10.

신병주, 1992, 「17세기 전반 북인 관료의 사상」, 『역사와 현실』 8, 한국역사연구회.

沈勝求, 1994, 「朝鮮 宣祖代 武科及第者의 身分」, 『歷史學報』 144.

沈勝求, 1996, 「壬辰倭亂 중 武科 及第者의 身分과 特性」, 『韓國史研究』 92.

吳洙彰, 1985, 「仁祖代 政治勢力의 動向」, 『韓國史論』 13, 서울대 국사학과.

吳洙彰, 1987, 「朝鮮後期 政治運營 研究의 現況과 課題」, 『韓國中世社會 解體期의 諸問題』(上), 한울.

吳永敎, 1991, 「朝鮮後期 五家作統制의 構造와 展開」, 『東方學志』 73.

吳永敎, 1993, 「17세기 地方制度 改革論의 전개」, 『東方學志』 77 · 78 · 79 합집.

오항녕, 1992, 「17세기 전반 서인 산림의 사상」, 『역사와 현실』 8, 한국역사연구회.

吳恒寧, 1993, 「朝鮮 孝宗대의 政局動向과 그 性格」, 『泰東古典研究』 9.

禹仁秀, 1989, 「朝鮮 孝宗代 北伐政策과 山林」, 『歷史敎育論集』 15.

禹仁秀, 1991, 「朝鮮 仁祖代 政局의 動向과 山林의 役割」, 『大邱史學』 41.

禹仁秀, 1994, 「朝鮮 肅宗朝 南溪 朴世采의 老少仲裁와 皇極蕩平論」, 『歷史敎育論集』 19.

원재린, 1997, 「星湖 李瀷의 人間觀과 政治改革論」, 『學林』 18.

元在麟, 2001, 「星湖 李瀷의 刑政觀과 '漢法' 受容論」, 『龜泉元裕漢敎授停年紀念論叢』(下), 혜안.

元在麟, 2001, 「英 · 正祖代 星湖學派의 學風과 政治 志向」, 『東方學志』 111, 延世大.

元裕漢, 1972, 「朝鮮後期 貨幣流通構造의 改善論의 一面」, 『歷史學報』 56.

李光麟, 1955, 「號牌考」, 『庸齋白樂濬博士還甲紀念國學論叢』.

李景植, 1973, 「17세기 農地開墾과 地主制의 展開」, 『韓國史研究』 9.

李景植, 1987, 「17세기 土地折受制와 職田復舊論」, 『東方學志』 54 · 55 · 56 합집.

李景植, 1990, 「朝鮮前期의 土地改革論議」, 『韓國史研究』 61 · 62.

李綺南, 1992, 「崔鳴吉의 政治活動과 權力構造 改編論」, 『擇窩許善道先生停年紀念韓國史學論叢』, 一潮閣.

李範稷, 1988, 「朝鮮後期 王室 構造 研究」, 『國史館論叢』 80.

李範稷, 1993, 「訥齋 朴祥의 愼妃復位疏에 나타난 義理思想」, 『韓國思想史學』 4 · 5.

李範學, 1989, 「宋代 朱子學의 成立과 發展」, 『講座 中國史』 Ⅲ, 지식산업사.

李範學, 1982, 「王安石 改革論의 形成과 性格」, 『東洋史研究』 31.

李俸珪, 1992, 「조선 성리학의 전통 속에서 본 송시열의 성리학 사상」, 『韓國文化』 13.

이봉규, 1996, 「예송의 철학적 분석에 대한 재검토」, 『大東文化研究』 31.

李先敏, 1988, 「李珥의 更張論」, 『韓國史論』 18, 서울대 국사학과.

李成茂, 1992, 「朝鮮後期 黨爭史 研究의 方向」, 『朝鮮後期 黨爭의 綜合的 檢討』, 韓國精神文化研究院.

李成茂, 1992,「17世紀 禮論과 黨爭」,『朝鮮後期 黨爭의 綜合的 檢討』, 韓國
　　精神文化研究院.

李樹健, 1977,「西厓 柳成龍의 社會經濟觀」,『大邱史學』12·13.

이승준, 2002,「濮議(1065~1066)와 臺諫 세력의 대두」,『學林』23.

李迎春, 1985,「尤菴 宋時烈의 尊周思想」,『清溪史學』2.

李迎春, 1989,「第一次 禮訟과 尹善道의 禮論」,『清溪史學』6.

李迎春, 1990,「潛冶 朴知誠의 禮學과 元宗追崇論」,『清溪史學』7.

李迎春, 1991,「服制禮訟과 政局變動」,『國史館論叢』22.

李迎春, 1992,「禮訟의 黨爭的 性格에 대한 再檢討」,『朝鮮後期 黨爭의 綜合
　　的 檢討』, 韓國精神文化研究院.

李在喆, 1992,「遲川 崔鳴吉의 經世觀과 官制變通論」,『朝鮮史研究』1.

李在喆, 2000,「朝鮮後期 明谷 崔錫鼎의 現實認識과 政局運營 方案」,『李樹
　　健教授停年紀念 韓國中世史論叢』.

李泰鎭, 1977,「中央五軍營制의 成立過程」,『韓國軍制史』(近世朝鮮後期篇),
　　陸軍本部.

李賢珍, 2000,「仁祖代 元宗追崇論의 推移와 性格」,『北岳史論』7, 국민대.

李賢珍, 2002,「조선전기 昭陵復位論의 추이와 그 의미」,『朝鮮時代史學報』
　　23.

李賢珍, 2003,「17세기 전반 啓運宮 服制論」,『韓國史論』49, 서울대 國史學
　　科.

鄭景姬, 1993,「肅宗代 蕩平論과 '蕩平' 시도」,『韓國史論』30, 서울대 國史學
　　科.

정경희, 1994,「17세기 후반 '전향 노론' 학자의 사상」,『역사와 현실』13.

丁斗榮, 1998,「18세기 '君民一體' 思想의 構造와 性格-霞谷 鄭齊斗의 經學
　　과 政治運營論을 중심으로」,『朝鮮時代史學報』5.

鄭萬祚, 1989,「16세기 士林系 官僚의 朋黨論」,『韓國學論叢』12.

鄭萬祚, 1991,「朝鮮 顯宗朝 私義·公義 論爭」,『韓國學論叢』14.

鄭萬祚, 1992,「17세기 중엽 山林勢力의 政治運營論」,『擇窩許善道先生停年
　　紀念韓國史學論叢』, 一潮閣.

鄭萬祚, 1992,「17세기 중반 漢黨의 정치활동과 國政運營論」,『韓國文化』23,
　　서울대.

鄭萬祚, 1992,「朝鮮時代 朋黨論의 展開와 그 性格」,『朝鮮後期 黨爭의 綜合
　　的 檢討』, 韓國精神文化研究院.

鄭萬祚, 1998, 「붕당의 성격」, 『한국사』 30, 국사편찬위원회.

鄭奭鍾, 1985, 「朝鮮後期 政治史硏究의 課題」, 『韓國近代社會經濟史硏究』, 魯山劉元東博士華甲紀念論叢, 正音文化社.

鄭玉子, 1989, 「17세기 思想界의 再編과 禮論」, 『韓國文化』 10.

鄭台燮, 1990, 「'大禮議'의 典禮論 分析」, 『東國史學』 24.

鄭台燮, 1994, 「明末의 禮學」, 『東國史學』 28.

鄭豪薰, 1994, 「백호 윤휴의 현실인식과 정치경제 개혁론」, 『學林』 16.

鄭豪薰, 1995, 「尹鑴의 經學思想과 國家權力 强化論」, 『韓國史硏究』 89.

鄭豪薰, 2001, 「17세기 전반 京畿南人의 世界觀과 政治論」, 『東方學志』 111, 연세대.

鄭豪薰, 2001, 「朝鮮後期 北人의 學問 傳統과 政治理念」, 『東方學志』 113, 연세대.

鄭豪薰, 2003, 「朝鮮後期 새로운 政治論의 전개와 『孝經』」, 『朱子思想과 朝鮮의 儒者』, 혜안.

정호훈, 2004, 「조선후기 실학의 전개와 개혁론」, 『東方學志』 124, 延世大 國學硏究院.

趙珖, 1979, 「洪大容의 政治思想 硏究」, 『民族文化硏究』 14.

趙珖, 1981, 「實學者의 國防意識」, 『朝鮮後期 國防體制의 諸問題』, 國史編纂委員會.

趙珖, 1985, 「朝鮮後期의 歷史認識」, 韓國史硏究會 編, 『韓國史學史의 硏究』, 乙酉文化社.

趙珖, 1992, 「朝鮮後期 實學思想의 硏究動向과 展望」, 『何石金昌洙敎授華甲紀念史學論叢』, 범우사.

趙珖, 1993, 「朝鮮後期 思想界의 轉換期的 特性」, 한국사연구회편, 『韓國史 轉換期의 문제들』, 지식산업사.

趙珖, 1997, 「조선후기 서양과의 관계」, 『한국사』 32, 국사편찬위원회.

조광, 1998, 「실학의 발전」, 『한국사』 35, 국사편찬위원회.

조광, 2000, 「실학과 개화사상」, 강만길 편, 『조선후기사 연구의 현황과 과제』, 창작과 비평사.

池斗煥, 1987, 「朝鮮後期 實學硏究의 問題點과 方向」, 『泰東古典硏究』 3.

池斗煥, 1987, 「朝鮮後期 禮訟硏究」, 『釜大史學』 11.

池斗煥, 1988, 「朝鮮後期 戶布制 論議」, 『韓國史論』 19, 서울대 국사학과.

崔永浩, 1984, 「幼學·學生·校生考」, 『歷史學報』 101.

崔潤晤, 1991,「肅宗朝 方田法 施行의 歷史的 性格」,『國史館論叢』38.

崔異敦, 1989,「16세기 郞官權의 成長과 朋黨政治」,『奎章閣』12.

韓明基, 1988,「光海君代의 大北勢力과 政局의 動向」,『韓國史論』20, 서울대 국사학과.

韓明基, 1992,「柳夢寅의 經世論 硏究」,『韓國學報』67.

韓明基, 1997,「17세기 초 인조반정과 조명관계」,『東洋學』27, 단국대 동양학 연구소.

韓明基, 2002,「17·18세기 韓中關係와 仁祖反正」,『韓國史學報』13, 高麗史學會.

한명기, 2003,「丙子胡亂 패전의 정치적 파장−청의 조선 압박과 仁祖의 대응을 중심으로」,『東方學志』119, 延世大 國學硏究院.

한명기, 2003,「조청관계(朝淸關係)의 추이」, 한국역사연구회 17세기 정치사 연구반,『조선중기 정치와 정책』, 아카넷.

韓榮國, 1973,「柳壽垣의 迂書」, 歷史學會 編,『實學硏究入門』, 一潮閣.

韓榮國, 1976,「聾巖 柳壽垣의 政治·經濟思想(上)」,『大邱史學』10.

한영국, 1998,「대동법의 시행」,『한국사』30, 국사편찬위원회.

韓永愚, 1972,「柳壽垣의 身分改革思想」,『韓國史硏究』8.

韓永愚, 1992,「李睟光의 學問과 思想」,『韓國文化』13.

洪順敏, 1986,「肅宗初期의 政治構造와 '換局'」,『韓國史論』15, 서울대 국사학과.

黃元九, 1963,「所謂 己亥服制 問題에 대하여」,『延世論叢』2.

黃元九, 1963,「李朝 禮學의 形成過程」,『東方學志』6.

宋晞, 1974,「朱子의 政治論」,『朱子學入門』, 東京：明德出版社.

中山八郎, 1957,「明의 嘉靖朝의 大禮問題의 發端에 就いて」,『人文研究』8·9, 大阪市立大文學會.

中山八郎, 1963,「再ひ嘉靖朝의 大禮問題의 發端에 就いて」,『清水博士追悼記念明代史論叢』, 東京.

ABSTRACT

The Political History during late Chosŏn I
-Theoretical Schisms and *Pyŏnt´ongnon*
during the Reign of King Injo -

Kim, Yong Hŭm

In order to categorize the political struggles during the reign of King Injo(仁祖) as an outgrowth of the antagonism between conservatism and progressivism, this study analyzes the major political events which emerged during the reign of King Injo from the standpoint of the enmity between opposing political ideas and policies of the day. Moreover, this study also highlights the rivalry which erupted as a result of the split amongst the adherents of the Chu Hsi school(朱子學).

Chu Hsi's political philosophy exercised great influence during late Chosŏn period. The Chosŏn style Neo Confucianism(朝鮮朱子學), which was formed during the reign of King Sunjo(宣祖) by Yi Hwang(李滉) and Yi Yi(李珥) following the political purges(士禍, *Sahwa*) of the early 16th century, in essence represented a deepening of the Cheng Zhu School of Confucianism(程朱理學) that involved the strengthening of the notions of *Myŏngbunnon* (名分論, moral obligation) and *Ŭiriron*(義理論, moral justice) advanced by Chu Hsi(朱熹). The Confucian scholars from the *Sŏin*(西人, Western) and *Namin*(南人, Southern) factions who led or participated in the Restoration of King Injo(仁祖反正) shared the ideal and philosophical basis of accepting Chu Hsi's political theory called the *Kunju sŏnghaknon*(君主聖學論), which was an extension of the notions of *Myŏngbunnon* and *Ŭiriron*.

However, these notions of *Myŏngbunnon* and *Ŭiriron* exposed the Chosŏn dynasty's limitations coping with the actual national crisis it faced at that time, a national crisis which stemmed from the rapidly changing domestic and international circumstances after the Restoration of King Injo. While all Confucian scholars during the reign of King Injo adhered to the neo Confucian based theories of *Myŏngbunnon* and *Ŭiriron* as the absolute truth, there were some scholars who, when faced with such a serious national crisis, sought out countermeasures that, while involving the reinterpretation of the *Ŭiriron* at the universal Confucian(汎儒學) level, meshed with reality. These scholars were at the forefront of the emergence of the notion of *Pyŏnt´ongnon* (變通論, Reform of the government structure). As a result, Confucian scholars broke into antagonistic camps, with one group who focused on the achievement of *Myŏngbunnon* and *Ŭiriron*, and the other emphasizing the *Pyŏnt´ongnon*. This antagonism was clearly exposed during the major political incidents that emerged during the reign of King Injo.

First, the surfacing of contentious political issues such as the attempts to justify the restoration of King Injo, which were growingly estranged from reality, and those pertaining to the legitimacy of Injo's political power had the effect of splitting adherents of Chu Hsi's political theory into those who promoted moral idealism and those who placed greater importance on political realism. This antagonism between the opposing concepts of moral justice and political realism erupted during the discussions over the punishment that should be meted out to Yi Kong(李珙). These arguments eventually expanded to encompass political management theories, with another split emerging, this time, between those advocating the removal of political factionalism and those demanding its continuation. These arguments were based on the inherent antagonism between the *Ŭiriron* and *Pyŏnt'ongnon*. King Injo desrrrrired to ensure the legitimacy of his own rule by conferring his father a posthumous name. During this process, the *Wanggwŏnnon*(王權論, theory of sovereignty) based on the Confucius Mencius School of Confucianism(孔孟 儒學) and of the *Hyoch'iron*(孝治論) were introduced as a means of reaffirming support for the royal authority vis à vis the rising notion of *Sin'gwŏnnon*(臣權論, theory of subject's authority), which in turn was based on the Cheng Zhu School of Confucianism's notions of *Myŏngbunnon* and *Ŭiriron*.

In addition, adherents of Chu Hsi's political theory during the reign of King Injo were also divided over how to respond to the Qing(清) dynasty, that is, how to relate to the shifts in international politics which marked the transition from the Ming (明) to the Qing dynasty. This division took the form of the antagonism between the competing notions of *Chuhwaron*(主和論, make peace with the Qing) and *Ch'ŏkhwaron*(斥和論, Reject the Qing). The majority of Confucian scholars in the government, who regarded the Sino centric view based on the notion of *Myŏngbunnon* as more important than the actual security of state, adopted the *Ch'ŏkhwaron* position with regards to the threat emanating from the Qing. Conversely, scholars such as Yi Kwi(李貴) and Ch'oe Myŏnggil(崔鳴吉), who advocated the notion of *Chuhwaron* and placed the utmost importance on securing the state from the threat emanating from Qing, used the notion of *Kwŏndoron*(權道論, theory of flexible path) to justify their theory. The emergence of the notion of *Chuhwaron* coincided with the appearance of the *Kukka chaejoron*(國家再造論, theory of national reconstruction), a theory which was more progressive than the *Chaejo pŏnbangnon*(再造蕃邦論, theory of national restoration based on the Sino centric view).

As such, the struggle between the *Chuhwaron* and *Ch'ŏkhwaron* was carried out based on the antagonism that existed between the *Pyŏnbŏpnon*(變法論, reform theory) and *Subŏpron*(守法論, preservation of existing system), relating to the *kyŏngseron*(經世論, governance theory). The *Chuhwaron* faction argued that to defend the state from the threat emanating from Qing, a reorganization of the state management system that had become paralyzed after the Hideyoshi Invasions(倭亂) should be brought about through the reform of laws and institutions. In other words, these scholars were advancing a reform theory that bordered on national reconstruction. The antagonism between the *Chuhwaron* and *Ch'ŏkhwaron* was in effect an expression of the struggle between the *Pyŏnbŏpnon* and *Subŏpron*, and of the struggle between the *Kukka chaejoron* and *Chaejo pŏnbangnon*. This antagonism also reflected the struggle between progressivism and conservatism which existed during the reign of King Injo. Yi Kwi's *Kunjŏng pyŏnt'ongnon*(軍政變通論, reform of military structure) and Ch'oe Myŏnggil's *Kwanje pyŏnt'ongnon*(官制變通論, reform of the official system) can thus be regarded as representative theories of national reconstruction which emerged during this period.

As such, new theories which went against Chu Hsi's political philosophy from a political theory standpoint were established during the reign of King Injo, theories which prefaced the emergence of the national reconstruction reform theory advocated by the *Silhak*(實學, Practical Learning) school of thought during the second half of the 17th century. Furthermore, the notions of *Chojeron*(調劑論), which advocated the removal of factionalism, *Wanggwŏnnon*, and *Pyŏnt'ongnon* clearly evident in the politics of the King Injo era, became the main factors in the establishment of the *T'angp'yŏng*(蕩平論, theory of Impartiality) politics theory that was en vogue during the reign of King Sukjong(肅宗). In addition, the roots of the division of the *Sŏin* faction into the *Noron*(老論) and *Soron*(少論) factions which occurred during the reign of King Sukjong (late 17th century), as well as their philosophical and scholarly genealogies, can also be traced back to this period.

Keywords : Injo, Chu Hsi's political theory, *Myŏngbunnon, Ŭiriron, Pyŏnt'ongnon. Sin'gwŏnnon, Wanggwŏnnon, Chuhwaron, Ch'ŏkhwaron, Kukka chaejoron, Chaejo pŏnbangnon, Noron, Soron, Silhak,* theory of *T'angp'yŏng* politics

찾아보기

474

476

478

482

486

488

지은이 | 金容欽(김용흠)

서울대학교 국사학과 졸업
연세대학교 대학원 문학석사
연세대학교 대학원 문학박사
현 연세대학교 국학연구원 연구교수

주요 논문 |
「朝鮮後期 老·少論 分黨의 思想基盤」(1996)
「朝鮮後期 肅宗代 老·少論 對立의 論理」(2000)
「浦渚 趙翼의 學問觀과 經世論의 性格」(2001)
「조선전기 훈구·사림의 갈등과 그 정치사상적 함의」(2004)
「17세기 政治的 갈등과 朱子學 政治論의 分化」(2005)
「19세기 전반 勢道政治의 형성과 政治運營」(2006)
「潛冶 朴知誡의 孝治論과 변통론」(2006)

연세국학총서 86
朝鮮後期 政治史 硏究 I 仁祖代 政治論의 分化와 變通論
金 容 欽 지음

2006년 12월 20일 초판 1쇄 발행

펴낸이·오일주
펴낸곳·도서출판 혜안
등록번호·제22-471호
등록일자·1993년 7월 30일

⊛ 121-836 서울시 마포구 서교동 326-26번지 102호
전화·3141-3711~2 / 팩시밀리·3141-3710
E-Mail hyeanpub@hanmail.net

ISBN 89 - 8494 - 292 - 8 93910
값 30,000원